Urkundliche Geschichte Des Hansischen Stahlhofes Zu London, Volumes 1-2

Johann Martin Lappenberg

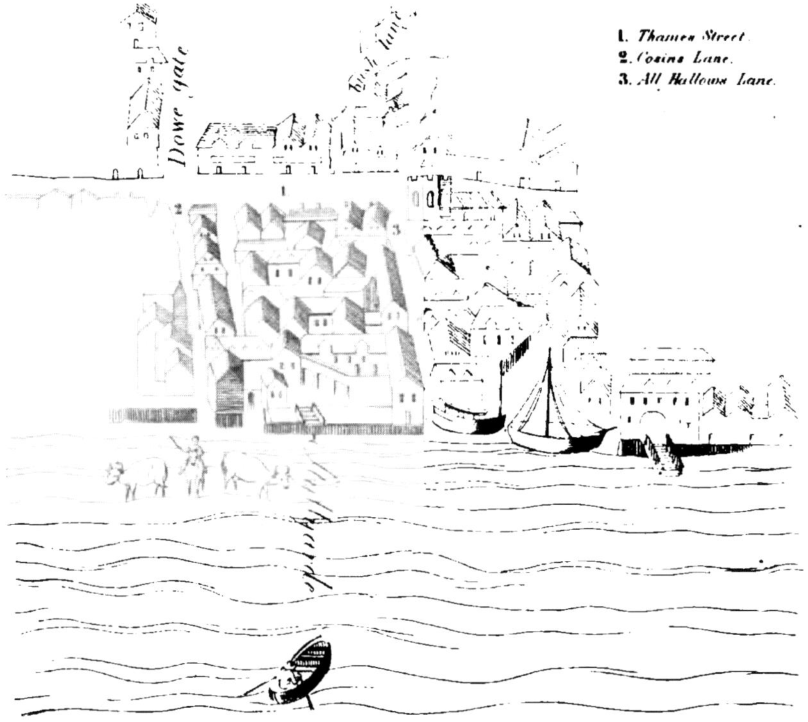

IV DER STAHLHOF zu LONDON 1797.

Nordseite an der Thames Street.

Südseite an der Themse.

URKUNDLICHE GESCHICHTE

des

HANSISCHEN STAHLHOFES

zu

LONDON.

Von

J. M. Lappenberg, Dr.

In zwei Abtheilungen mit vier Tafeln in Steindruck.

HAMBURG, 1851.

Gedruckt in der Langhoff'schen Buchdruckerei.

Vorwort.

Von allen Theilen der über die grössere Hälfte Europa's sich erstreckenden Geschichte der deutschen Hanse, welche auch mich in früheren Jahren so sehr in Anspruch genommen hat, ist keiner, welcher schon seit längerer Zeit so sehr neuer Forschungen und Mittheilungen bedürftig erschien, als die der hansischen Factorei zu London. In dieser finden sich die ältesten Spuren der deutschen Hanse, vor denen zu Wisby und Nowgorod; hier war ihre Erscheinung am bedeutungsvollsten, sowohl durch die vorgerückten Culturzustände Englands, als durch ihre dort lange behauptete Macht und ihren stillen, aber mächtigen Einfluss auf die Entwickelung des ihnen allmälig nachstrebenden englischen Kaufmanns; hier haben sich sichtbare Ueberreste der alten Factorei erhalten, wie, da das Haus der Oesterlingen zu Antwerpen viel neuern Ursprungs ist, sonst nirgends. Die drei Hansestädte besitzen dort noch die uralte Gildhalle nebst den späteren Erweiterungen, unter dem Namen des Stahlhofes, unverrückt auf der ursprünglichen Stelle, wie solches nur bei Kirchen der Fall, bei keinem königlichen Pallast in London und nur sehr selten in einer anderen Residenz nachzuweisen, wie in einem fremden Lande sie wohl noch nie behauptet worden ist. Der durch diese Betrachtung wiederholt angeregten Forschung über diese anziehende Erscheinung in einem Lande, welches durch sich selbst unsere Aufmerksamkeit sehr fesselt, wurde eine neue Aufforderung mittelst einer bisher auf dem lübecker Archive unbeachtet gebliebenen Masse von Documenten, welche sich sämmtlich auf die älteren Eigenthums-Verhältnisse des Stahlhofes beziehen, und bei der formellen Uebertragung desselben an die Hansen im Jahre 1475 ihnen überliefert sein dürften. Zu diesen fanden sich noch viele neuere zu Lübeck, andere noch bisher bei dem Stahlhofsmeister zu London aufbewahrte; auch die Commerz-Bibliothek zu Hamburg lieferte einen so werthvollen als schwer zu entziffernden Beitrag; andere hatte ich aus hamburger Abschriften schon vor Jahren der londoner Urkunden-Commission zum Abdrucke mitgetheilt; manches bisher Unbeachtete enthielten andere ältere englische, so wie die von jener Commission herausgegebenen Werke, was Alles sich gegenseitig erläuterte und Vieles in ein neues, kaum noch verhofftes Licht stellte.

Zu der nicht selten an mich ergangenen Aufforderung zu einer Fortsetzung der "Urkundlichen Geschichte der deutschen Hanse," gesellte sich kürzlich noch eine andere, durch den Plan, den Stahlhof zu London zu verkaufen, und die mir gewordene amtliche Aufgabe, dessen Eigenthums-Verhältnisse zu untersuchen. So ist diese Monographie entstanden, welche zunächst letzteren Zweck ins Auge fasste, aber zugleich als Fortsetzung und Ergänzung dieses Abschnittes des grösseren Werkes über die hansische Geschichte dienen wird. Die Verschiedenartigkeit der Zwecke habe ich mich bemühet, durch die Sonderung der Rubriken weniger unbequem zu machen. Ich habe geglaubt, da auch manche der lediglich die Stahlhofs-Gebäude betreffenden Documente, wenn auch nicht von allgemeinem Interesse für Deutsche, es doch für die Hansestädte sind, so wie für Engländer, den Abdruck der unbekannten Urkunden nicht beschränken, dagegen von gedruckten nur wenige, wichtige berichtigt, mit einigen nur in sehr seltenen Werken enthaltenen wieder aufnehmen zu dürfen. Letztere habe ich stets namhaft gemacht; der überwiegend grössere Theil der Urkunden ist aus den wohl erhaltenen, grösstentheils mit den Siegeln wohl versehenen Original-Urkunden des lübecker Archives, so dass ich nur den gegentheiligen Fall in den Noten bemerkt habe. In der Darstellung wie in der Urkunden-Sammlung habe ich das Bekannte möglichst vermieden, und namentlich das ältere, so wie das neuere, von mir herausgegebene Werk von *Sartorius* vorausgesetzt, und angenommen, dass auch das Urkunden-Verzeichniss des ersteren Werkes jedem gründlichen Leser zur Hand sei. Dagegen habe ich von den zahlreichen Documenten, welche den Stahlhof zu Boston und vorzüglich den zu Lynn betreffen, nur wenige abgedruckt, da sie, seit dem Verkaufe jener, für uns kein, nur für englische Local-Geschichtsforscher einiges Interesse besitzen, und ohnehin die durch ihr Alter merkwürdigsten bereits in dem lübecker Urkundenbuche ihren Platz gefunden haben.

Hamburg, am 22. November 1851.

Inhalts-Verzeichniss.

Erste Abtheilung.

Geschichte des hansischen Stahlhofes zu London.

§ 1. Aelteste Nachrichten über die Niederlassungen der Deutschen in England bis zum Jahre 1282. Seite 3.
§ 2. Verhältnisse der hansischen Kaufleute in London zu den dortigen Behörden .... „ 18.
§ 3. Die älteren Statuten der Hansen zu London .... „ 24.
Anhang. Dynant in der Hanse .... „ 35.
§ 4. Geschichtliches über die Hanse zu London seit dem Vertrage mit dem dortigen Magistrate bis zum utrechter Vertrage 1282—1475 .... „ 36.
§ 5. Das Eigenthum der Stahlhofs-Gebäude .... „ 56.
1. Die Gildhalle der Deutschen .... „ 56.
2. Das Haus des Ritters von Salisbury .... „ 58.
3. Das Haus des R. Lyons .... „ 59.
4. Das Haus östlich von der Gildhalle .... „ 66.
5. Die fünf Häuser westwärts von Windgoose Lane .... „ 66.
6. Das Haus ostwärts von Windgoose Lane nebst dem Stahlhofe .... „ 68.
§ 6. Die Baulichkeiten des Stahlhofes bis zum grossen Brande .... „ 72.
§ 7. Die Gemälde Holbein's auf dem Stahlhofe .... „ 82.
§ 8. Das Bischofs-Thor .... „ 88.
§ 9. Die hansische Factorei vom utrechter Vertrage bis zur Schliessung des Stahlhofes 1475—1598 „ 90.
§ 10. Der hansische Stahlhof vom Jahre 1598 bis zum grossen Brande von London 1666 ..... „ 107.
§ 11. Die kirchlichen Verhältnisse der Deutschen vor und nach dem grossen Brande .... „ 122.
§ 12. Vom Neubau des Stahlhofes und dessen fernerer Verwaltung .... „ 134.
§ 13. Von einigen rechtlichen Verhältnissen des Stahlhofes .... „ 142.
§ 14. Verzeichniss der Aelterleute, Stahlhofsmeister und Secretaire des Stahlhofes .... „ 156.

Anhang.
1. Der hansische Stahlhof zu Boston .... Seite 162.
2. Der hansische Stahlhof zu Lynn .... „ 165.
Erläuterungen zu den Ansichten des Stahlhofes .... „ 172.
Zusätze und Berichtigungen einiger Druckfehler beider Abtheilungen .... „ 174

Zweite Abtheilung.

Urkunden.

Urkunden, betreffend den Stahlhof zu London .... Seite 1.
Anhang von Urkunden, betreffend die Stahlhöfe zu Boston und Lynn .... „ 205.

GESCHICHTE

DES

HANSISCHEN STAHLHOFES

ZU

LONDON.

§ 1.

Aelteste Nachrichten über die Niederlassungen der Deutschen in England.

Die erste Niederlassung der deutschen Hanse in England gleicht in ihrem äusserem Hervortreten sehr der Weise, in welcher dieselben Bedürfnisse des Handels ähnliche Einrichtungen in Nowgorod, Wisby, Bergen gestalteten. Stets finden sich bei ihnen ein eigenthümlicher Grundbesitz mit Haus und Speichern, ein Landungsplatz, Zollfreiheiten, gewisse Vereinbarungen über die Jurisdiction und verwandte Berechtigungen, so wie Verpflichtungen der Deutschen zu Geldleistungen und selbst zur Wehrpflicht. Doch sind uns diese Verhältnisse in England besonders anziehend durch die Rücksicht, dass sie sich länger erhalten haben, und erst anderen wichtigeren Handels-Interessen gewichen sind, so unterscheiden sie sich von den Niederlassungen in jenen anderen Ländern auch wesentlich dadurch, dass sie bei einem in Sprache und Sitte näher stehenden, in Bildung wenigstens gleichgestellten Volke begründet werden konnten. Schon dieser Umstand lässt auf ein höheres Alter der Niederlassungen in England folgern, als derer an den Ostseeküsten, auf eine Zeit, wo dort noch die Cultur-Verhältnisse denen ähnelten, welche später in den letzteren angetroffen wurden.

Der Verkehr der Deutschen, namentlich der Sachsen, mit England ist ohne Zweifel älter, als die Besitznahme dieses Landes durch jene, die Friesen und Jüten. Theils wird von der Colonia Agrippina ein Handelsverkehr nach britanischen Städten stattgefunden, theils werden den Sachsen, welche das sächsische Gestade im östlichen England besetzten, sich Handelsleute angeschlossen haben. Dass jedenfalls London von den Schiffern und Kaufleuten des Rheins und der Maass schon in den Zeiten der gemeinschaftlichen römischen Herrschaft besucht wurde, kann schon desshalb nicht bezweifelt werden, weil es ohne Verkehr mit den östlich belegenen Völkern nie das bereits von Tacitus gepriesene Emporium [1]) hätte werden können, da für den Handel mit Mittel-Europa die Häfen an der Südküste günstiger belegen waren. Nachdem aber die Angelsachsen das Christenthum angenommen hatten, gingen die Geistlichen derselben mit friesischen und anderen deutschen Schiffen als Missionare nach Deutschland. [2]) Das Schreiben Kaiser Karls des Grossen an den König von Mercien Offa, [3]) in welchem

[1]) Taciti Annal. l. XIV. c. 33. Londinium .... copia negotiatorum et commeatuum maxime celebre.

[2]) Baedae Histor. eccles. l. IV. c. 22. Altfridi Vita S. Ludgeri c. 11 in Monum. hist. German. T. II.

[3]) Vollständig abgedruckt in *Wilkins* Concilia. T. I. *Bouquet* Script. rer. Gallic. T. VII.

jener den englischen Kaufleuten Sicherheit und Gerechtigkeit verspricht, welche Gegenseitigkeit verlangen, möge man immerhin nicht unmittelbar auf das nördliche Deutschland beziehen, doch lässt sich nicht bezweifeln, dass den deutschen Kaufleuten seit der Vermählung der Tochter des Königs Aethelstan, Eadgythe, mit Kaiser Otto dem Grossen die freundlichsten Verhältnisse in England gesichert wurden. Mit demselben Kaiser schloss auch König Eadgar ein festes Friedensbündniss,[1]) ein Bündniss, welches, da beider Monarchen Länder durch das Meer von einander getrennt lagen, sich nach den Verhältnissen jener Zeit kaum auf Anderes als die Sicherheit ihrer reisenden Unterthanen bezogen haben kann. Dass aber wirklich ein Vertrag die günstige Stellung der deutschen Kaufleute in England gesichert hat, erfahren wir aus einem höchst merkwürdigen Documente über die Einrichtungen der Stadt London zur Zeit des Königs Aethelred II., Eadgars zweiten Sohnes und Nachfolgers (978—1016). Wir müssen hierüber Folgendes bemerken: Die deutschen Kaufleute werden nicht wie andere in demselben Documente nach ihren Heimaths-Ländern oder ihrer Stadt benannt, sondern als die Leute des Kaisers (homines imperatoris), welche in ihren Schiffen kommen, bezeichnet. Diese Benennung, welche also augenscheinlich nicht die Kaufleute einer einzelnen Stadt, wie etwa Cölns, andeuten soll, scheint doch nur durch einen vom Kaiser seinen Leuten durch ein Vertrags-Verhältniss mit dem Könige von England einst gesicherten Schutz zu erklären. Die Londoner bezeugen, dass diese Leute des Kaisers derselben guten Rechte würdig erachtet seien (bonarum legum digni), wie sie selbst, — eine Erklärung, welche sowohl durch ihre alterthümliche Färbung auffällt, als auch einen vor dem der vorhergenannten Franzosen (Ponthieu), Normannen, Fläminger (Hogge), Lütticher und Brabanter (Nivelle) sehr bevorzugten, im Mittelalter, wo der Fremdling so wenig geachtet ward, ungewöhnlichen Rechtszustand bezeugt. Es war jenen verstattet, ihre Einkäufe, mit Ausnahme einiger Gegenstände, am Bord ihrer Schiffe zu machen, wodurch vermuthlich gewisse Marktabgaben erspart wurden. Vorkauf vor den Bürgern war ihnen jedoch untersagt. Am Weihnachts-Abend hatten sie dagegen zwei graue Tücher und ein braunes darzubringen, zehn Pfund Pfeffer, fünf Männer-Handschuhe und zwei kleine Tonnen mit Essig, auch eben so viel auf Ostern. Es ist nicht angegeben, an wen diese Gegenstände zu entrichten waren; nach dem Zusammenhange scheint die städtische Behörde zu verstehen.

Diese Abgiften werfen ein bedeutendes Licht auf die dortige Lage der Deutschen. Die Gemeinschaftlichkeit der jährlichen Abgaben setzt eine engere Verbindung unter den Leuten des Kaisers voraus, als die Nationalität allein begründet, eine, auf ihren Handels-Interessen beruhende, durch einen Alderman vertretene Gilde oder Hanse, wie wir sie ein Jahrhundert später ausdrücklich benannt finden. Besonders beachtungswerth ist aber die Zeit, zu welcher die Geschenke abgeliefert werden, da sie voraussetzt, dass die Leute des Kaisers sich auch im Winter, zu der Zeit, wo die Schifffahrt ruhet, zu London aufhalten. Es scheint uns daher nicht zu gewagt, anzunehmen, dass ihnen schon damals Besitzungen am Ufer der Themse verstattet waren, wie sie im folgenden Jahrhunderte für die Cölner von den normannischen Königen deutlich anerkannt sind.

---

[1]) Florentii Chronic. ad a. 959: Imperator cum eo (Eadgaro) pactum firmissae pacis firmavit.

Was die darzubringenden Gegenstände selbst betrifft, so bemerken wir als Anzeichen ihres hohen Alters, dass sich Geld nicht darunter befindet. Handschuhe und Pfeffer wurden, wenn gleich in geringerem Maasse, welcher Umstand hier auf die grössere Zahl der Darbringenden folgern lässt, auch in deutschen Ländern als Abgabe fremder Kaufleute an die Ortsobrigkeit für die Erlaubniss, die Messen zu besuchen, dargebracht, wie bei dem bekannten Pfeifergericht zu Frankfurt am Main und in anderen Reichsstädten.[1] Von anderen Abgaben, wie den zwei oder fünf Schillingen an den König, welche nach späteren Urkunden deutsche Hansen zu erlegen hatten, von Verpflichtungen gegen den Bischof zu London, von denen unten gleichfalls die Rede sein wird, oder an Privatpersonen, spricht das hier vorliegende, mit anscheinend grosser Sachkunde zusammengetragene Document nicht weiter.

Zur Zeit König Aethelreds und bald hernach ist es uns vergönnt, einige deutsche Städte nachzuweisen, deren Einwohner damals nach England handelten. Hiezu gehören das damals zu Deutschland zu zählende Thiel an der Waal,[2] Lüttich, Bremen[3]) und Cöln, dessen Bürgern die Urkunden des folgenden Jahrhunderts das ältere Recht an ihrer Gildhalle zu London bestätigen.

Die freundlichen Verhältnisse König Kanuts zum Kaiser Conrad II. und die Verlobung der Tochter des ersteren, der nur zu früh verstorbenen Gunhilde, mit dem Sohne des letzteren, dem nachherigen Kaiser Heinrich III., können den deutschen Kaufleuten in England nur vortheilhaft gewesen sein. Kanut hatte den Raubzügen der Nordländer ein Ende gesetzt, und ein friedlicher Handels-Verkehr erwachte auf der Ost- und Nordsee. Schon in seinen Tagen war Brügge ein Welt-Markt geworden.[4]) Doch aus den Zeiten des Unterganges der angelsächsischen Dynastie, so wie der ersten normannischen Könige in England haben die Mönche in ihren Chroniken uns Andeutungen über die Handels-Verhältnisse zu hinterlassen, zu geringe Einsicht oder Musse besessen. Doch vermuthlich schon den Zeiten König Henry's I. gehören Nachrichten des Wilhelm von Malmesbury an, welcher in seinen Schilderungen von London wie von York bemerkt,[5]) dass beide Städte von deutschen Kaufleuten und Schiffern viel besucht werden. Henry II. sagte in einem, dem Kaiser Friedrich Rothbart mit einer Gesandtschaft und kostbaren Geschenken übermachten, von seinem Kanzler Thomas von

---

[1]) Vergl. *J. H. H. Fries* vom Pfeifergerichte zu Frankfurt am Main. S. 147 flgd. Auch die Stadt Nimwegen schickte jährlich für ihre Zollfreiheit an die Stadt Lüttich auf Weihnachten durch einen Abgesandten einen weissen Handschuh mit weissem Pfeffer angefüllt. Siehe Björnstahl's Briefe. Th. V. S. 359.

[2]) Erwähnt bei Alpertus de diversitate temporum zum Jahre 1018 auf Anlass der Fehde über die freie Rheinschifffahrt bis ins Meer. l. II. c. 20 in Monumentis hist. German. T. IV. p. 718.

[3]) Vita S. Bernwardi in den Miraculis c. 9, ibid. p. 784. Diese sind aus einer Handschrift zu Anfange des zwölften Jahrhunderts, und berichten von zwei nach England reisenden Bremer Kaufleuten Godeschalk und Elverich. Den letzteren haben wir vielleicht in einer Bremischen Urkunde vom Jahre 1139 im Hamburgischen Urkundenbuch No. 160 wieder gefunden.

[4]) Schon in dem ums Jahr 1042 geschriebenen Encomium Emmae (Duchesne Script. rer. Normannic. *Langebek* Script. rer. Danic. T. III. p. 499) heisst es: Hoc castellum (Bruggense) Flandrensibus incolis incolitur, quod tum frequentia negociatorum, tum affluentia omnium, quae prima mortales ducunt, famosissimum habetur.

[5]) De Gestis pontificum. Prolog. l. II. Londonia, civibus nobilis, opima civium divitiis, constipata negotiatorum ex omni terra et maxime ex Germania venientium commerciis. Prolog. l. III. Eboracum, a duabus partibus Husae fluminis edificata, includit in medio sinus sui naves a Germania et Hybernia venientes. Lib. IV. wird im Hafen von

Becket zu Northampton vollzogenen Schreiben, im Jahre 1157, den Unterthanen desselben Sicherheit des Verkehrs zu, [1]) welches dieser im Anfange des Octobers zu Würzburg empfing. Mit diesem Könige beginnen die urkundlichen Nachrichten über den Handel der Deutschen in England, um sodann bis auf den heutigen Tag nicht wieder durch wesentliche Lücken unterbrochen zu werden.

Gleichzeitig mit dem Handel der Deutschen nach England hat sich auch der von Brügge und anderen flämischen Städten entwickelt. Auch diese Städte, früher 17, hernach durch Zuziehung mehrerer nordfranzösischer Städte, 24 an der Zahl, bildeten ein Bündniss unter sich, welchem sie den Namen der londoner Hanse gaben. Ihre noch vorhandenen kurzen Statuten [2]) lassen nicht erkennen, ob diese sich der deutschen Hanse lediglich nachbildete oder ob sie gleichzeitig entstanden ist; doch wird nirgends eines Hauses, Landungsplatzes oder anderen Besitzthumes der flämischen Hanse in England gedacht, welche einen Mittelpunkt der dortigen Landsleute dargeboten hätten. Wir sehen sie nirgends durch die Könige von England anerkannt; nur einmal finden wir sechs flandrischen Städten zusammen einen Geleitsbrief ertheilt, vom Könige Johann im Jahre 1209, doch nicht einmal nach England, sondern nach La Rochelle. [3]) Diese Hanse verschwindet unseren Augen in der letzten Hälfte des vierzehnten Jahrhunderts, und kann ein Blick auf dieselbe uns nur dazu dienen, um die eigenthümlich begünstigte Stellung der deutschen Hanse recht lebhaft hervorzuheben.

Während einer geraumen Zeit, der langen Regierung des Königs Henry II., und unter seinen Söhnen, König Richard Löwenherz und Johann ohne Land, bis zu dessen letzten Jahren bestand ein lebhafter Verkehr zwischen Deutschland und England, welcher durch die Vermählung Herzog Heinrich des Löwen mit Mathilde, der Tochter des Königs Henry II. (1167), so wie die Verhältnisse seines Sohnes, Kaiser Otto IV., zu England wesentlich gefördert wurden. Doch lassen sich keine Privilegien für Deutsche, sondern nur für die cölner Kaufleute in diesem Lande nachweisen. Es scheint, dass sie an die Stelle der früher so benannten Kaufleute des Kaisers getreten waren, und wie die Urkunden der späteren Jahre es höchst wahrscheinlich machen, ihre deutschen Landsleute in dem fremden Lande vertraten.

Eines dieser Privilegien, welches für uns das älteste derselben ist und erweislich in die Jahre 1154—1179 fällt, und an demselben als Residenz des Königs nicht sehr gewöhnlichen Orte und in derselben Gesinnung, wie König Henry's Schreiben an Kaiser Friedrich, vermuthlich also auch zu derselben Zeit (1157) ausgestellt ist, bringt uns bereits die Bestätigung des königlichen Schutzes für das

---

Bristol der Schiffe aus Norwegen und anderen überseeischen Ländern gedacht, doch sind die Deutschen nicht ausdrücklich benannt. Man nimmt gewöhnlich an, dass Wilhelm von Malmesbury im Jahre 1142, wo seine Historia novella schliesst, gestorben ist. Die Bücher von den Bischöfen, wenigstens die drei ersten, hören ums Jahr 1125 auf; Buch IV. gedenkt freilich der Erhebung eines Capellans König Heinrichs II., Alfred, zum Bischofe von Worcester, was im Jahre 1158 geschah, doch ist hier ein ungeschicktes Interpolat nicht zu verkennen, da kurz vorher von Alfreds Vorgänger Teolf (seit 1125) als einem Lebenden die Rede ist.

[1]) Jenes Schreiben ist uns aufbewahrt in des Domherrn Radevich zu Freisingen Fortsetzung von Otto Frising. lib. de Gestis Friderici I. Imp. "Si(n)t inter nos et populos nostros dilectionis et pacis unitas indivisa, commercia tuta."

[2]) *Warnkönig* Flandrische Staats- und Rechts-Geschichte. Th. I. Urkundenbuch S. 81—86.

[3]) Rotuli literar. patent. T. I. p. 91 b.

Haus der Cölner zu London, so wie ihrer Personen und Waaren. In diesem Hause finden wir unbedenklich den Ursprung und höchst wahrscheinlich einen Theil der etwas später so benannten Gildhalle der Deutschen und des hansichen Stahlhofes. Der König will sie wie seine Leute und Freunde betrachtet wissen. Wenn wir hier vielleicht alle deutschen Kaufleute zu verstehen haben, so mag eine andere gleichzeitig ertheilte Begünstigung, den Rheinwein zu einem gewissen, dem der französichen Weine gleichen Preise verkaufen zu dürfen, nur den Cölnern selbst gegolten haben. Ein drittes Privilegium König Henry's II., dessen Datum uns verstattet war, genau zu ermitteln, 1175, am St. Johannis Abend, erstreckte den vom Könige den Bürgern, Kaufleuten und Leuten von Cöln für ihre Sachen und Besitzungen verliehenen Schutz auf alle Länder des Königs in Frankreich wie in England.

Der in dieser Weise gesicherte und begünstigte Handel der Deutschen in England hatte keine Störungen zu besorgen. Durch König Richard Löwenherz erwirkten die Cölner sogar eine neue Begünstigung. Als dieser, gleich nach seiner Befreiung aus der österreichischen Gefangenschaft, durch Cöln gereiset und wahrscheinlich dort in Aufbringung der von ihm übernommenen Zahlungen gefördert war, ertheilte er 1194, Februar 6, seinen geliebten Bürgern von Cöln, in Gegenwart des Herzogs Heinrich von Brabant zu Löwen, einen Freibrief, in welchem er dieselben der jährlichen Rente von zwei englischen Schillingen von ihrer Gildhalle zu London, aber auch aller anderen Abgaben an den König, welche von ihren Personen und Waaren in jener Stadt und in ganz England zu entrichten waren, gänzlich enthob.

Dieses sehr ausgedehnte Privilegium zu bestätigen, trug Richards Nachfolger, König Johann, lange Bedenken, ob er gleich in enge Beziehungen zu der geld- und einflussreichen Stadt Cöln trat. Sie war nemlich seinem Neffen, Herzog Heinrich des Löwen Sohne, Otto, dem römischen Könige, der dort im Jahre 1198 erwählt und zu Aachen vom Erzbischofe von Cöln, Adolf, gekrönt, in jener Stadt vorzugsweise verweilte, sehr förderlich.[1] 1202, Juni 4, erliess der König von England ein Dankschreiben an die Bürger von Cöln wegen der von ihnen dem Könige Otto geleisteten Dienste. Zwei Jahre später wiederholte er diesen Dank und forderte sie, von denen das Glück seines Neffen begonnen habe, auf, denselben jetzt noch zum Gipfel desselben, der Kaiserwürde, zu führen. Den Cölnern selbst ertheilte er seinen Schutz für ihre Sachen und Besitzungen (also auch die Gildhalle), so wie freies Geleit in seinem ganzen Lande, doch nimmt er, ohne Rücksicht auf das vor zehn Jahren von seinem königlichen Bruder ihnen ertheilte Privilegium, alle schuldigen und alten Abgaben, welche ihre Vorfahren den seinigen, den Königen von England, zu entrichten pflegten, auch für sich in Anspruch. Ein im folgenden Jahre, 1205, December 25, den cölner Leuten für ihre Weine und Waaren ertheilter Schutzbrief verlangt nicht nur gleichfalls die Zahlung der Zölle, sondern fügt auch noch die Bedingung hinzu, dass jene dem Könige Otto treu verbleiben. Cölner waren vermuthlich Wilhelm und Hugo von Rodenburg, welche im Jahre 1208 König Otto's Gesandte, den ruhmvollen Helden Bernhard von Horstmar und des Königs Seneschal Conrad von Wilre nach England auf ihrem Schiffe hinübergeführt hatten,

---

[1]) Colonia Agrippina, in regnis inclyta, colloquio celebrato cum regni primatibus, de electione novi regis tractare coepit etc. Arnold. Lubec. l. VI. c. 1, c. 7, l. VII. c. 1 sq.

und die Erlaubniss erhielten, in England mit ihren Waaren, gegen Erlegung der Abgaben, zu handeln. Doch könnten wir auch Utrechter von der Rheinmündung oder Bremer von der Weser in ihnen suchen. [1])

Am Schlusse des Jahres 1206 ertheilte der König dem Hildebrand von Sachsen freies Geleit für sich und seine Waaren in allen seinen englischen Provinzen, hin und zurück. Es ist uns nicht vergönnt, diesen Namen einer besonderen Stadt in den sächsischen Landen zuzuweisen. [2]) Utrechter erhielten 1209 vom Könige, auf Fürbitten des Pfalzgrafen Heinrich, sicheres Geleit in England für ihren Handel.

Erst im Jahre 1213, Juli 24, konnte König Johann sich entschliessen, den Cölnern alle von Richard denselben verliehenen Rechte zu bestätigen, wobei nur als Erläuterung ein Vorbehalt für die Freiheiten der Stadt London, über welche der König nicht zu verfügen hatte, eingeschaltet wurde. Wenn gleich der Name Kaiser Otto's hier nicht aufgeführt wird, so möchte doch wohl vorzüglich die Rücksicht auf denselben, der in seinen Geldnöthen von den Cölnern so reichlich unterstützt und mit König Johann durch den mit der Schlacht von Bouvines zu seinem Verderben bald beendigten Krieg vom Könige Philippe Auguste bedroht wurde, die Bestätigung jenes seltenen Freibriefes veranlasst haben.

Diese Vermuthung gewinnt an Wahrscheinlichkeit, wenn wir zwei Tage später von demselben Könige einen Befehl an seine Beamten finden, die Leute des römischen Kaisers aus Bremen in England, gegen Erlegung der Abgaben, ungehindert verkehren zu lassen. Bremen erscheint hier, da Thiel, Lüttich und Utrecht nie zu der deutschen Hanse und jedenfalls später nicht zu den Städten des Kaisers gerechnet sind, als die erste Hanse- und die erste deutsche Stadt, deren Bürger nach den Cölnern Schutz und Begünstigungen in England erhielten.

Jedoch fehlt es keinesweges an Belegen, dass noch andere deutsche Kaufleute England, und nicht nur die nächst gelegenen östlichen, sondern auch die entfernteren Häfen besuchten. Noch König Johann erliess 1214 an seine Beamten zu Southampton einen Befehl, die Schiffe der Kaufleute vom Lande des Herrn Kaisers frei zu entlassen, so ferne sie nur Sicherheit geleistet hatten, dass sie nach ihrem eigenen Lande, und nicht nach denen der Feinde des Königs zurückkehrten. Einen Befehl zum Schutze der ebenso bezeichneten Kaufleute, welche in Taunton (Somerset) ungebührlich behandelt waren, erliess der König 1215, April 7.

Aus den ersten Jahren seines Nachfolgers, König Henry III., haben wir keine Bestätigungen der Rechte der Cölner oder anderer Deutschen in England. Nach der rettungslosen Niederlage Otto's bei Bouvines, welcher im nächsten Jahre König Johanns Tod gefolgt war, und im Jahre 1218 auch derjenige des Kaisers, war die Veranlassung zu ausserordentlichen Begünstigungen weggefallen. Den

---

[1]) Nur nicht mit *Sudendorf* Kaufleute aus dem damaligen Dorfe Rothenburg im Stifte Bremen. Geschlechtsnamen waren bei Bürgern damals zwar nicht die Regel, doch nicht ungewöhnlich.

[2]) Siehe Urkunde No. 8 aus den Rotulis literar. patent. fol. 57 b. Auf derselben Seite findet sich dort ein gleichlautendes Patent vom 29. December für Ricardus de Haverland, ein Name, welcher sowohl auf Deutschland als auf England hindeutet.

Cölnern könnte nach ihrem Abfalle vom Kaiser Otto die Gildhalle schon vom Könige Johann entzogen sein; deren Besitzergreifung Henry III. erst einige Jahre nach seiner Thronbesteigung und nach Kaiser Otto's Tode ihnen wieder bewilligte. [1])

Doch sehr bald darauf gestatten die Urkunden uns, zu erkennen, wie viele deutsche Städte bereits an dem Handel nach England mit eigenen Schiffen theilnahmen. Der König hatte 1223, Juli 27, den Bailliffs seiner Hafenstädte den Befehl ertheilt, sämmtliche Schiffe, welche sich in ihren Revieren befanden, mit Beschlag zu belegen, und zu seinem Dienste nach Portsmouth zu führen. [2]) Diese harte Maassregel ward erst im Juni des folgenden Jahres aufgehoben. Am 4. Juni 1224 ordnete der König die Entfreiung eines dem Herbord von Bremen gehörigen Schiffes mit den von ihm geladenen Waaren der sächsischen Kaufleute im Hafen zu Winchelsey an. Einige Tage später verfügte derselbe die Loslassung von zehn zu Lynn angehaltenen Schiffen, von Kaufleuten aus Staveren, Groningen, Cöln, und anderen Kaufleuten des Kaisers von Alemannien und des Herzoges von Sachsen. Juni 28 wurde geboten, zu Portsmouth einige Schiffe des Gerhard und des Radulf von Staveren und dasjenige des Godschalk von Hamburg, Leute des Kaisers von Alemannien, loszulassen, eine uns merkwürdige, weil zufällig die älteste Erwähnung des wahrscheinlich viel älteren hamburgischen Verkehrs nach England. [3]) Am 13. Juli erfolgte der Befehl, die Koggen des Lambert von Bremen und des Bracher von Emden im Hafen von London wieder frei zu geben. Auch auf den Jahrmärkten zu Winchester und Southampton waren Kaufleute aus den Landen des Kaisers angehalten, deren Befreiung gleichfalls nunmehr verfügt wurde. Ein Befehl, die Schiffe der Cölner im Hafen zu Yarmouth frei zu geben, ist sehr lehrreich, weil er zugleich der von Norwegen, Island und Friesland, vermuthlich durch Vermittelung der Hanse dort versammelten Schiffe gedenkt, ausser denen der Schotten und Dänen, auch die fremden Fischer-Fahrzeuge besonders hervorhebt, während die Schiffe aus dem Lande des Königs von Frankreich und aus Poitou als feindliche bezeichnet werden.

Wenn wir nach den in den Urkunden zufällig erwähnten Städtenamen urtheilen dürfen, so handelten alle an oder unferne von der Nordsee belegenen Städte nach England, doch haben wir bisher den Namen keiner Ostseestadt bemerkt. Doch fuhren auch lübecker Kauffahrer schon auf England, wie wir höchst unerwartet gewiss aus einem Privilegium des Kaisers Friedrich II. vom Jahre 1226, Juni, erfahren, welches zugleich noch unerwarteter einen Blick gestattet auf den Handelsneid der Cölner, Thieler und ihrer Genossen, welche ihrem freilich seit länger als zwei Jahrhunderten behaupteten Besitze des dortigen Handels gerne ausschliessliche Rechte verschafft hätten. Der Kaiser gebot, dass die ebengedachten Kaufleute, die lübecker Bürger, welche bisweilen nach England reiseten, zu dem schnöden Missbrauche und den willkührlichen Schatzungen, welche jene gegen diese erfunden hätten, durchaus nicht zwingen, und die einen mit den anderen gleiche Rechte geniessen

---

[1]) Cives Coloniae reddunt computum de XXX marcis pro habenda saisina de Gildhalla sua in Londonia, in thesauro liberaverunt et quieti sunt. Magnus rotulus anno regni 4. Henrici III. (1219—1220). Bei *R. Madox* History of the Exchecquer. T. I. p. 414.

[2]) Rotuli literar. clausar. T. I. p. 569a et 570a.

[3]) Hamburgisches Urkundenbuch. Th. I. No. CCCCLXXXI, nach Rotuli literarum clausarum. T. I. p. 607.

sollten. [1]) Vermuthlich hatten die Lübecker geltend gemacht, dass den Kaufleuten des Kaisers die Privilegien in England gemeinschaftlich ertheilt seien. Jene missbräuchliche Behandlung der Lübecker auf der Gildhalle zu London durch die Cölner [2]) dürfte nichts Anderes gewesen sein, als jenes "Hansen," Hänseln, ein von ihrem Erzbischofe Conrad im Jahre 1259 noch anerkannter Gebrauch, nach welchem die Cölner auch die in ihre Stadt gegen das Verbot kommenden fremden Kaufleute zu binden und peinigen pflegten, [3]) wobei der Verhaftende gegen diejenigen, welche solche Misshandlungen sich nicht wollten gefallen lassen, sogar das Recht auf die Freiheit und die Güter der Widerspenstigen in Anspruch nahm — eine Sitte, zu deren Erklärung man sich der Strenge erinnern muss, mit welcher die Satzung, dass Gast nicht mit Gast handeln dürfe, in vielen Städten lange erhalten worden ist.

Von mehrfachem Interesse ist der vom Könige Henry III. im Jahre 1230 den braunschweiger Kaufleuten verliehene Schutzbrief, auf Anhalten seines Blutsverwandten, des Herzoges Otto (des Kindes) von Braunschweig, eines Enkels Heinrich des Löwen. Hier sehen wir also binnenländische Kaufleute, welche bei den vielen Verbindungen, welche wir aus jenen Jahren zwischen Braunschweig und Hamburg kennen, auf den Schiffen der letzteren Stadt nach England gegangen sein werden.

Wir wissen nicht, ob es günstige Verhältnisse waren, welche es den Cölnern gestatteten, oder ungünstige, welche sie zwangen, im Jahre 1235, November 8, ihr vom Könige Johann erhaltenes Privilegium für die Gildhalle zu London und ganz England erneuern zu lassen. [4]) Vermuthlich waren Störungen ihres Verkehrs eingetreten, da wir auch noch einen an demselben Tage wie jenen ausgestellten Schutzbrief derselben für den Jahrmarkt zu Hoyland in Yorkshire finden, und die Cölner benutzten die damals schon, unter Mitwirkung ihres Erzbischofes, verhandelte Vermählung des Kaisers mit der Schwester König Henry's, um ihren Beschwerden und Anträgen ein geneigtes Ohr zu verschaffen.

Der Verkehr der Deutschen in der Ostsee und im Norden hatte seit einem Jahrhunderte sich schwunghaft entwickelt. Selbst in England, mit welchem Norwegen einen unmittelbaren Verkehr schon lange unterhielt, bemerken wir sächsische Kaufleute in norwegischen Schiffen. Es konnte daher nicht lange währen, bis die Niederlassung der deutschen Kaufleute zu Wisby auf Gothland ihre Verbindungen nach England hin erstreckte, welche ihnen durch die Gildhalle ihrer Landsleute zu London bedeutend erleichtert werden mussten. 1237 ertheilte König Henry allen Kaufleuten von Gothland und ihren Erben, welche mit ihren Waaren nach England kommen würden, für ewige Zeiten sicheres

---

[1]) "Insuper burgenses Lubicenses predicti, euntes quandoque in Angliam, ab illo prauo abusu et exactionis onere, quod Colonienses et Telenses et eorum socii contra ipsos inuenisse dicuntur, omnino absoluimus, illum penitus delentes abusum: set illo iure et conditione utantur, quibus Colonienses et Telenses et eorum socii uti noscuntur." Lübecker Urkundenbuch. Bd. I. S. 46.

[2]) *Lacomblet* Urkundenbuch zur Geschichte des Niederrheins. Th. II. S. 262.

[3]) Urkundliche Geschichte der deutschen Hanse. Th. I. p. XIX.

[4]) *Hakluyt* Collection of Voyages. T. I. p. 130.

Geleit und Befreiung von allen Einfuhr- und Ausfuhrzöllen. Dass unter dem Ausdrucke: "aller Kaufleute von Gothland," die mit den dortigen Deutschen befreundeten Gothländer einbegriffen waren, mag zugegeben werden, doch würde schon bei der damaligen Grösse der deutschen Factorei in Wisby eine Beschränkung jenes Privilegii auf die Eingebornen von Gothland irrig erscheinen, wenn auch nicht die Aufbewahrung der wohlerhaltenen Urkunde auf dem Archive zu Lübeck bewiese, an wen dieselbe ertheilt wurde. [1])

Der Besitz dieses Privilegii mag es erklären, weshalb die Lübecker kein besonderes Handels-Privilegium besassen, zugleich aber auch, wie sie bald nach Erlangung von jenem an die Spitze der deutschen Kaufleute traten, um für sich und andere Städte Alemanniens vom Könige die von ihm 1238, August 26, gewährte Bestätigung aller Rechte und Befreiungen der Kaufleute dieses Landes zu erhalten, so wie eine Befreiung vom Strandrechte, falls nur ein Lebender aus dem gestrandeten Schiffe das Ufer erreichte. [2])

Wir bemerken hier nun zuerst in den angeführten Documenten vom Jahre 1224 und von jetzt an häufiger den Namen Alemannien für Deutschland. Jener war den normannischen Cancellisten geläufig, doch ist zu beachten, dass bis zur Zeit Friedrichs II. von Schwaben jene Bezeichnung im englischen Curialstyle sich keine Geltung verschaffte. Im Volke dagegen, welches die angelsächsische Sprache fester hielt, blieb der Name der Deutschen, *Dutch*, *Teutonici*, woher wir denn später stets den Ausdruck finden: "domus, quae Guildhalla Teutonicorum *vulgariter* nuncupatur," [3]) eben so wie das Hospital der heiligen Maria zu Jerusalem den Namen des Hauses der Deutschen — domus Teutonicorum — erhielt.

Es vergingen fast zwanzig Jahre, ehe neue Privilegien von dem Könige den Hansen ertheilt wurden. Doch begegnen wir innerhalb dieser Zeit einer nicht uninteressanten Verhandlung, König Erich Plogpenning von Dänemark verfolgte die Stadt Lübeck mit dem von seinem Vater, Waldemar II., anererbten Hasse. Sie rüsteten ihre Koggen gegen ihn, überfielen Dänemark mit ihren Gewaffneten, eroberten Copenhagen, Burg und Stadt, verbrannten beide bis auf den Grund und führten viele reiche Gefangene mit den dort gefundenen Gütern und Kleinodien weg. [4]) Bei diesem Anlasse wurden einige Kaufleute aus London, welche sich damals zufällig in Copenhagen befanden, verletzt und ihrer Güter beraubt. Diese wandten sich an den Mayor und den Rath ihrer Stadt, welche nach längeren Verhandlungen im Jahre 1251, August 1, einen Vergleich herbei-

---

[1]) Der Abdruck im Lübecker Urkundenbuche Th. I. S. 84 ist besser als bei *Rymer*, welcher die Namen W. de Raleghe und A. de Sto Amando irrig hat. Jener irrt nur im Titel des Bischofes von Carlisle, Carleolensis.

[2]) Dass diese Urkunde von *Dreyer* dem Könige Henry II. und dem Jahre 1176 irrig zugeschrieben ist, habe ich schon in der Urkundlichen Geschichte der deutschen Hanse Th. II. S. 711 nachgewiesen. Der Umstand, dass in dem Titel des Königes das übliche Dominus Hiberniae fehlt, kann bei dem Mangel des Originales nicht entscheiden. Dagegen bemerke ich noch zu den früher angeführten Gründen, dass der Ausdruck Civitates Alemannie für die von mir gegebene Zeitangabe stimmt, und dass die Erwähnung der Consules Lubecenses und die Anrede: amici karissimi, eher auf eine noch spätere als eine frühere Zeit hindeuten. Doch der Inhalt entscheidet für 1238.

[3]) Vergl. meine Anmerkung a. a. O. Th. I. S. 279.

[4]) *Detmar* Lübecker Chronik. Th. I. 128.

führten. [1]) Die Vergleichs-Urkunde enthält unter den Zeugen einen für uns sehr merkwürdigen Namen: *Arnold, Thedmar's Sohn*, Altermann der Deutschen. Auf diesen, welchen wir als einen geborenen Engländer bald näher werden kennen lernen, folgen noch mehrere andere Engländer, sodann ein Genter, sieben cölner Kaufleute und zuletzt einer aus Bremen, Arnold, Rosekin's Sohn. Das Schreiben des Magistrates von London enthält am Schlusse eine Aufforderung an die Lübecker und die ihrigen, mit ihren Sachen und Waaren zuversichtlich nach London und anderen Orten Englands zu kommen.

Die Ertheilung neuer königlicher Privilegien ward durch Rücksichten höherer Politik begünstigt, welche selbst in der Handelsgeschichte, wie wir schon oben wiederhohlt gesehen, eine wichtigere Rolle gespielt hat, als auf den ersten Anblick anzunehmen scheint, deren gewandte Benutzung aber die deutschen Hansen der älteren Zeit schon trefflich verstanden. Des Königes Bruder, Richard, Graf von Cornwall, war zu Anfang des Jahres 1257 von den bei Frankfurt am Main versammelten deutschen Fürsten zum römischen Könige erwählt, am 12. April von London, am 27. desselben Monats von Yarmouth nach dem Festlande abgereiset, wo er am 17. Mai zu Aachen durch den Erzbischof von Mainz gekrönt ward. In der dazwischen liegenden Zeit fand König Henry es für angemessen, den Bürgern der freien Reichsstadt Lübeck, auf die Befürwortung seines Bruders Richard, einen huldreichen Schutzbrief zu ertheilen, jedoch, vermuthlich damit dieser ihrer Dienste desto sicherer sei, nur auf sieben Jahre. Dennoch zögerten die Lübecker, dem Könige Richard zu huldigen, da sie noch zu viel Gewicht auf die Aussichten des Königes Alfons von Castilien legten. Ein Schreiben des Bischofes von Lübeck, welcher selbst zum Könige Richard gereiset war, scheint sie jedoch über die Sachlage besser unterrichtet und zur Aufgebung der vorsichtigen Neutralität bewogen zu haben. [2]) Die deutschen Hansestädte müssen dem Könige Richard nützlich gewesen sein oder doch ihre Dienste versprochen haben. Denn als er nach seiner ersten Rückkehr nach England zum zweiten Male nach Deutschland zog, vermochte er seinen Bruder Henry, zwei Tage vor seiner am 17. Juni 1260 erfolgten Abreise, den *Kaufleuten des Reiches Alemannien, welche in London das Haus besitzen, welches gewöhnlich die Gildhalle der Deutschen genannt wird*, seinen Schutz zuzusichern in allen Freiheiten und Gewohnheiten, welche sie zu seiner und seiner Vorfahren Zeiten genossen. Dieses Privilegium wurde den deutschen Kaufleuten um so bereitwilliger ertheilt, da ohne das von ihnen nach London gebrachte Getreide England durch den damaligen Miswachs sehr gelitten hätte; es war aber für jene besonders wichtig, da in jenen Tagen das zu Oxford versammelte Parlament viele von den Londonern begünstigte,

---

[1]) Die desfallsigen Urkunden siehe im Lübecker Urkundenbuche. Die Zeit ergiebt sich daraus, dass die dort aufgeführten Sheriffs (Vicecomites) von London, William (nicht Willo) Fitz Richard und Humfrid Le Fevre dieses Amt 1251 Michaelis bis zum folgenden Jahre um dieselbe Zeit bekleideten. S. Chronica Maiorum et Vicecomitum London. ed. *Th. Stapleton* (Camden Society). p. 224.

[2]) Lübecker Urkundenbuch Th. I. S. 233. Die Herausgeber setzen dieses Schreiben in das Jahr 1260, weil der Bischof damals verreiset war. Aus den von mir in *Michelsen* und *Asmussen* Archiv für Staats- und Kirchengeschichte der Herzogthümer Schleswig-Holstein und Lauenburg Bd. II. S. 294 bekannt gemachten Nachrichten über jenen Bischof geht jedoch hervor, dass er im Jahre 1258: "a rege Romanorum vocatus recessit." Am 6. October desselben Jahres war er zu Speier bei dem Könige. S. *Gebauers* König Richard S. 369.

den Fremden und dem Handelsverkehre nachtheilige Beschlüsse fasste. Der Umfang der Privilegien ist freilich sehr unbestimmt, doch ist die Urkunde dadurch wichtig, dass sie die Gildhalle nicht den Cölnern, sondern den dazu berechtigten deutschen Kaufleuten zuschreibt. Wahrscheinlich hatte eine förmliche Anerkennung der Cölner über das längst thatsächlich bestehende Verhältniss stattgefunden, vielleicht war diese zugleich das Ergebniss der bald zu erwähnenden, in diesem Jahre geschehenen Erweiterung der Gildhalle. Von einer Gildhalle der Cölner ist später nur auf Anlass ihrer mit den übrigen Hansen entstandenen Streitigkeiten die Rede. Die Bedeutung der Gildhalle aber scheint um diese Zeit, wie ein späterer Vorfall lehrt, besonders darin zu liegen, dass andere fremde Kaufleute in London bei den Bürgern wohnen mussten, welche gegen gewisse Procente die Vermittler beim Verkaufe der Waaren machten und jene auf jede Weise controliren konnten. Als man jedoch den fremden Kaufleuten erlaubte, in eigenen Häusern zu wohnen, so wussten die sehr gekränkten Bürger bald vielerlei Vergehen derselben gegen Maass und Gewicht u. A. zu entdecken, und zwanzig derselben, zum Tower geschleppt, mussten froh sein, sich nach geraumer Zeit mit einer Busse von 1000 £ Sterl. loskaufen zu dürfen. [1])

Die späteren Jahre der Regierung König Henry's III. bringen keine fernere Bestätigungen der Rechte der gesammten deutschen Kaufleute der Gildhalle zu London, aber einige andere Privilegien neuer Art für einige deutsche Städte. Das erste gestattet, auf Anhalten des Herzoges Albrecht von Braunschweig, [2]) seinen Kaufleuten von Hamburg für ewige Zeiten ihre eigene Hanse in seinem Reiche zu haben, gegen die schuldigen und üblichen Abgaben. Auf diese in dem Schlosse von Kenilworth, 1266, November 8, ausgestellte Urkunde [3]) erfolgte wenige Wochen später, am 23. December, für die Lübecker eine nach damaligen Rechtsbegriffen werthvolle Zusicherung, [4]) gleichfalls auf Fürsprache des Herzoges Albrecht von Braunschweig, [5]) dass die Lübecker und ihre Waaren nicht mit Arrest belegt werden sollten, falls sie nicht die Hauptschuldner oder Bürgen wären, oder sie Gut der Schuldner aus ihrer Vaterstadt in Händen, oder auch die lübecker Gerichte Engländern ihre Rechte verweigert hätten; für Vergehungen ihrer Diener solle das in deren Gewahrsame gefundene Gut der Herren nicht haften. Auch wolle der König zu seinem Behufe keine Güter derselben oder ihrer Diener ohne den gehörigen Ersatz wegnehmen, vorbehältlich jedoch seiner alten Rechte auf Schiffe, welche mehr als zwanzig Tonnen Wein einführen. [6]) Wenige Tage später, am 5. Januar 1267, erfolgte indessen

---

[1]) *Fabyans* Chronicles zum Jahre 1285.

[2]) Herzog Albrecht hatte durch Vermittelung des Königs die Tochter des Markgrafen von Monferrat, Alaisia oder Adelheid, eine Nichte der Königin Eleonore, Tochter des Grafen Raimond Berengar IV. von Provence, geheirathet.

[3]) Hamburgisches Urkundenbuch. Th. I. No. DCCVI.

[4]) Abgedruckt bei *Sudendorf* die Welfen-Urkunden. S. 117.

[5]) Lübeck hatte sich den Schutz des Herzoges Albrecht erbeten, und mit ihm und seinen Brüdern desfallsige Verträge abgeschlossen. S. *Detmar* zum Jahre 1261; Lübecker Urkundenbuch zum Jahre 1262, No. CCLXV, zum Jahre 1269, März, und 1273, März, No. CCCX und CCCXXX, woraus wahrscheinlich wird, dass ähnliche Verträge vom Jahre 1261 und 1265 verloren gegangen sind. Sein Verhältniss zu Hamburg scheint auf dem Freundschafts-Vertrage vom Jahre 1258, August 13 (s. Hamburgisches Urkundenbuch. Th. I. No. DCXXV), zu beruhen.

[6]) Salvis tamen inde nobis debitis et antiquis prisis nostris. Vergl. über prise, prisage *Blackstone* Commentaries on the law of England. T. I. p. 315.

eine andere Ausfertigung derselben Urkunde, mit einem eigenthümlichen Zusatze, dass die Lübecker ihre Hanse haben möchten, eben so wie die Cölner sie hielten und in vergangenen Zeiten gehabt hätten, fünf englische Schillinge dafür entrichtend, unter Vorbehalt der gewöhnlichen Abgaben und Zölle. Jedoch sollte das jetzt ausgefertigte Patent nur so lange Kraft haben, als die Lübecker unter der Herrschaft und dem Schutze des vorgenannten Herzoges sich befinden würden.

Die Bewilligung, eine Hanse in England zu bilden, ist dort nicht auffallend, so ferne englische Städte dieses Recht häufig erhalten haben, [1]) wenn gleich dasselbe unseres Wissens sonst nie an die Kaufleute fremder Städte ertheilt ist, weder in jenem, noch in einem anderen Lande. Indessen ist nicht zu ersehen, wie das Verhältniss dieser einzelnen Hansen der Hamburger und Lübecker zu der allgemeinen Hanse sich gestaltete, oder ob alle nach England handelnden deutschen Städte, welche an der Gildhalle zu London theilnahmen, dieselbe Abgabe entrichteten, was wir jedoch weder von den Cölnern, noch den Bremern, noch Anderen wissen. Indessen erkennen wir aus einem uns erhaltenen Schreiben der hamburger Kaufleute in England, aus dem dreizehnten Jahrhunderte, dass diese ihren eigenen Altermann besassen. Dieser, von den übrigen Hamburgern beleidigt, anstatt den Ausspruch des Rathes zu Hamburg abzuwarten, wandte sich an das königliche Gericht zu London, was als eine grosse Verletzung der Rechte der Deutschen in England betrachtet wurde. Dass der Kläger sich an den Altermann der Deutschen hätte wenden sollen, wird nicht hervorgehoben. Wahrscheinlich ist es aber, dass die Hamburger, so wie die Lübecker die im Jahre 1266 und 1267 besessenen Particulier-Hansen längst besassen, als durch das Privilegium vom Jahre 1260 die Vereinigung aller Deutschen der londoner Gildhalle anerkannt ward, wodurch Zweifel über das Fortbestehen jener kleinen Vereine hervorgerufen wurden, deren Beseitigung die besondere Bestätigung des Königes erheischte. Die Veranlassung zu diesen Zweifeln möchte zunächst in dem Aufstande der Londoner in dem Kriege der Barone unter Simon von Montfort gelegen haben, so wie dem Sühnegelde von 20,000 Mark, welches die Bürger dem Könige zu entrichten hatten; eine Begebenheit, deren Einwirkung auf Bremen wir gleichfalls bald zu berücksichtigen haben werden.

Der wachsende Handelsverkehr und die Vereinigung aller deutschen Kaufleute im Jahre 1260 scheinen eine Vergrösserung der alten Gildhalle der Cölner veranlasst zu haben. Wir finden, dass jene in diesem Jahre die jährlich zu zahlende Rente von zwei Schillingen, von einer neben ihrer, im Kirchspiele aller Heiligen belegenen, Gildhalle ankauften. Da wir hier ersehen, dass dieses Gebäude in demselben Kirchspiele lag, in welchem wir es später und noch gegenwärtig kennen, so dürfen wir es wohl auf derselben Stelle in Dowgate Ward suchen, wo die cölner Gildhalle war, von welcher wir durch eine zufällige Anführung aus einer Untersuchung unter König Henry III. erfahren, dass sie östlich von Dowgate (Downgate) lag. [2]) Aus jenem Stücke Landes wird der später erwähnte

[1]) Urkundliche Geschichte der deutschen Hanse. Th. I. S. XVI.

[2]) *Maitland* History and Survey of London, Th. I. p. 29, führt an aus einer Inquisition made in the 28. Henry III. (1243—1244): That the corn arriving between the gate of the Guildhall of the merchants of Cullen, which is east from Downgate, and the house then appartaining to the archbishop of Canterbury, west from Baynards Castle, was to be measured by the measure and measurer of the Queens Soke or Queenhith.

Garten gebildet und werden darauf einige der angränzenden Gebäude errichtet sein. Dass wir William Cosyn, dessen Namen das dem ehemaligen Garten und der Gildhalle angränzende Gässchen noch trägt, darf als ein fernerer Grund für die angegebene Lage des fraglichen Platzes angesehen werden.

Die Uebertragung der Rente geschah an den schon früher genannten *Arnold, Thedmar's Sohn*, der hier ausdrücklich als Altermann der nach England kommenden Kaufleute Alemanniens bezeichnet wird, ein Mann, über welchen einige nicht werthlose Nachrichten auf uns gelangt sind.

Arnald, genannt von Grevinge, aus der Stadt Cöln, war mit seiner aus derselben Stadt gebürtigen kinderlosen Frau, Ode, nach Canterbury zum Grabe des im Jahre 1170 erschlagenen Erzbischofes Thomas gewallfahret, um sich daselbst Nachkommenschaft zu erflehen. Sollte ihnen ein Kind verliehen werden, so gelobten sie, dasselbe dem Dienste Gottes zu weihen, wenn ein Sohn, als Mönch in dem dortigen Kloster des heiligen Thomas. Da sich bald Hoffnung zur Erfüllung ihres Wunsches zeigte, so verweilte Arnald in London, wo seine Frau einen Sohn gebar, welcher den Namen Thomas erhielt, später wurde ihnen in dieser Stadt, wohin sie gänzlich übersiedelten, eine Tochter, Juliane, geboren. Thomas ward freilich nicht Mönch, nahm aber das Kreuz und begleitete den Grafen Balduin von Flandern nach Constantinopel (1203), wo er starb. Seine Schwester Juliane heirathete einen Deutschen, Thedmar, aus der Stadt Bremen, welchem sie eilf Kinder brachte. Von vier stattlich vermählten Töchtern entspross eine zahlreiche Nachkommenschaft; von den Söhnen erreichte einer, Arnold, geboren am 9. August des Jahres 1201, ein hohes Alter. Dieser spielte in den Angelegenheiten der Stadt London eine bedeutende Rolle. Einmal vernehmen wir, dass er zu den königlichen Schatzungen eine unverhältnissmässige Summe bezahlen musste, später, dass die Anhänger des Grafen von Leicester, Simon von Montfort, ihn wegen seiner Treue zum Könige Henry III. hinzurichten beschlossen hatten und er nur durch die zeitig eingetroffene Nachricht von dem Siege des Königes zu Evesham (1265, August 4) von der drohenden Gefahr befreiet wurde; — so wie Anderes, was nur durch nähere Kenntniss der Geschichte Londons uns von Interesse sein würde. [1]) Doch sei noch erwähnt, dass er zu denjenigen Männern in London gehörte, welche übliche Missbräuche beim Wiegen abgeschafft haben, ein Gegenstand, welcher an allen Handelsorten viele Aufmerksamkeit und Anstrengung damals in Anspruch nahm. Diese Verbesserung war jedoch der Regierung irrthümlich als eine willkürliche Abänderung der Waage und der Gewichte geschildert, und jener ward von dem Könige im Exchecquer-Gerichte, 1257, Februar 11, der Verwaltung seines Stadtdistrictes (Warda) enthoben. Erst 1259, November 5, ward durch den Justitiar vor dem Könige auf dem Folkesmote bei dem St. Paul's Kreuze zu London erklärt, dass Arnold widerrechtlich seines Amtes entsetzt worden sei, worauf derselbe auf dem nächsten Husting die frühere Verwaltung wieder erhielt. [2]) Es war bald hernach, dass er den deutschen Kaufleuten, welchen seine Ungnade manche Ungelegenheit gebracht haben muss, die Rente von dem Lande bei der Gildhalle abtrat. Vielleicht erscheint, wenn wir das Datum des den Lübeckern

---

[1]) De antiquis legibus liber sive Cronica maiorum et vicecomitum Londoniarum ed. *Th. Stapleton* (Camden Society). p. 239 sq. 34, 115, 165.

[2]) S. a. a. O. p. 25, 34, 37, 43.

ertheilten Freibriefes, 1257, Mai 11, gegen das der Verurtheilung des Altermannes der Deutschen halten, dessen Nachsuchung als eine Folge der durch jene gefährdete Lage deutscher Kaufleute in London; dagegen mag das Privilegium der Hansen vom Jahre 1260 auch in einiger Verbindung zu seiner Wiederherstellung gestanden haben. Irrig würde es jedoch sein, die Verbesserung der Waage auf den Stahlhof beziehen zu wollen, auf welchem die englischen Alterthumsforscher die königliche Waage finden wollen, wir sehen vielmehr aus unserer Urkunde, dass die Ward, in welcher die Gildhalle der Deutschen lag, einen anderen Altermann hatte: die seine war in der Hand des Mayors geblieben und keinem anderen Altermanne zugetheilt. Von Arnold Thedmar wird noch erwähnt, dass im Jahre 1270 der Urkundenschrein der Bürger (scrinium civium) unter seiner Obhut gewesen, während drei andere Altermannen die Schlüssel dazu hatten. 1274 wird er noch unter diesen Männern in einem Schreiben König Edwards I. aufgeführt. [1]) Auch wird seiner noch einmal bei den kirchlichen Verhältnissen gedacht werden.

Wenn wir aus einer interessanten Stadt-Chronik, welcher der Name derjenigen der Mayors und Sheriffs zu London ertheilt ist, alle diese zahlreichen Einzelheiten über einen sonst wenig bemerkten Mann, sogar über seine Familiengeschichte haben entnehmen können, so müssen wir vermuthen, dass er selbst in nahem Verhältnisse zu derselben stand. Ich finde keinen Grund zu bezweifeln, dass er der Verfasser derselben war. Die Chronik ist von einem londoner Bürger, wie der ganze Inhalt ergiebt, nicht von einem Geistlichen; der lateinische Text reicht bis 1274, wo Arnold Thedmar erweislich, der französische Anhang, welchem die obige Notiz über den Urkundenschrein eingeschaltet ist, reicht bis 1292, wo er höchst wahrscheinlich noch lebte. Die Mittheilung der vielen Documente der Stadt konnte nur von einem Manne geschehen, welchem, wie dem Arnold Thedmar, die städtischen Urkunden zugänglich waren. Die besondere Theilnahme an dem römischen Könige Richard, wodurch jene Chronik uns zugleich eine schätzbare Quelle für dessen Geschichte wird, erklärt sich leicht, wenn der Verfasser deutscher Herkunft war und mit Deutschen in enger Verbindung stand. Auch der Wahl des Rudolf von Habsburg wird gedacht. Wenn wir auf den ersten Blättern der Handschrift königliche Rescripte an den Arnold Thedmar, welche seine Privatangelegenheiten betreffen, finden; [2]) am Schlusse derselben aber die ausführlichsten Nachrichten über seine Familie und seine Geburt, bis auf deren Stunde, [3]) so scheint die Person des Verfassers nicht zu bezweifeln. Dass nun aber diese Bürger-Chronik vom Arnold selbst und nicht etwa von einem Sohne geschrieben ist, möchte auch daraus hervorgehen, dass er selbst weder gepriesen wird, noch Frau und Kinder desselben benannt werden. Diese sind uns überall unbekannt geblieben. Ein Johann Thedmar kommt 1286 als Zeuge über gewisse Rechte der Stadt London vor. [4])

Auf die unruhigen Zeiten des Krieges der Barone, wie jener Aufstand gegen den König Henry III. genannt zu werden pflegt, so wie auf jenen englischen Altermann bremischer Abkunft,

[1]) Chronica maiorum et vicecomitum London. p. 253, 165.

[2]) Daselbst von *Stapleton* im Anhange S. 240 abgedruckt.

[3]) Daselbst S. 238 flgd.

[4]) Placita Quo Warranto a. 14. Edwardi II.

führen uns noch einige Briefe des Herzoges Albrecht von Braunschweig und der Stadt Bremen an König Edward I. zurück, welche dem Jahre 1279 zuzuschreiben sind. [1]) Es ergiebt sich aus denselben, dass ein bremischer Bürger, Hermann von Bremen, in den Geschäften des Arnold, dem Sohne seines ehemaligen Mitbürgers Thedmar, diente und daher bei dem grossen Sühngelde, welches die Londoner nach dem Aufstande dem Könige um Weihnachten 1265 entrichteten, zu der desfallsigen Abgabe zugezogen werden sollte, gleich seinem Herrn, welcher erst nach sechs bis sieben Jahren von den ungebührlichen Ansprüchen entfreiet wurde. Jener entfernte sich jedoch aus England zeitig und die Londoner hatten zur Rache seine Landsleute, die Bremer, von dem Besuche Englands seit vierzehn Jahren ausgeschlossen. Es ist wunderlich, dass wir den Herzog Albrecht von Braunschweig wiederum und zwar nunmehr als Vertreter der dritten noch bestehenden Hansestadt erscheinen sehen, und zwar in derselben Veranlassung, wegen welcher er den Hamburgern und Lübeckern sich durch die Anerkennung ihrer particulairen Hansen hatte förderlich erweisen können.

Bei dem Regierungsantritte König Edwards I. (1272, November) scheint eine Bestätigung der Privilegien der Hanse nicht erforderlich erachtet zu sein: man betrachtete sie als den Bürgern von London gleich berechtigt. Vielleicht stand ihre Spaltung in einzelne Hansen augenblicklich vereinten Schritten entgegen. Doch zwang sie jedenfalls zu diesen eine bald darauf, schon im Jahre 1275, zur Untersuchung gelangte Streitigkeit der Bürger mit den Deutschen, welche viel Licht auf die Verhältnisse der letzteren wirft. Jene betraf zunächst die Unterhaltung des Bischofsthores, worüber unten ausführlich berichtet werden wird. Der desfallsige, erst im Jahre 1282 zu Stande gekommene Vergleich erkennt die Verpflichtungen der Hansen an; aber dagegen wurden ihnen von dem Mayor und den Bürgern von London ihre alten Freiheiten bestätigt und ausserdem denselben die Befreiung von der Abgabe, genannt Muragium, bewilligt; es ward ihnen ferner gestattet, ihr Getreide in den Gasthöfen und Speichern der Stadt vierzig Tage lang zum Verkaufe zu lagern. Schliesslich ward das Recht der Hansen, ihren Altermann wie früher zu haben, bestätigt, jedoch musste derselbe gewisse Rechte in London besitzen, nach seiner Erwählung durch die deutschen Kaufleute dem Mayor und den Altermannen der Stadt vorgestellt werden und vor denselben den Eid ablegen, dass er in seinen Morgensprachen Recht und Gesetz handhaben und in seinem Amte den Rechten und Gewohnheiten der Stadt nicht nahe treten wolle.

Kurz vor diesem Vertrage hatten die Hansen (1281, November 18) auch vom Könige eine Bestätigung ihrer gemeinschaftlichen Privilegien erhalten. Die Rückkehr der Bremer, der erfolgte Tod des Herzoges Albrecht von Braunschweig, von dessen Schutze das Privilegium der Lübecker ausdrücklich abhängig gemacht war, die mit den Bürgern von London entstandenen Streitigkeiten hatten die Anerkennung des Werthes der gemeinsamen Privilegien der deutschen Kaufleute von der deutschen Gildhalle neu geweckt. Die gestärkte Vereinigung und das neue Privilegium bewährten ihren Erfolg in dem

---

[1]) *Rymer* Foedera. T. I. p. 534, wo diese Briefe irrig dem Jahre 1276 beigegeben sind. Sie müssen nach den in denselben liegenden Zeitangaben kurz vor dem am 15. August 1279 erfolgten Tode des Herzoges Albrecht geschrieben sein.

wichtigen im nächsten Juni Monate erfolgten Vergleiche der Hansen mit der Stadt. Ueber diesen sei hier nur noch bemerkt, dass in demselben die gesammte Hanse vertreten wurde durch einen Bürger von Cöln, drei Bürger von Dortmund, einen von Münster und einen aus Hamburg, wenn der Altermann Gerhard Merbode nicht etwa auch dieser Stadt durch Geburt angehörte.

§ 2.

Verhältnisse der hansischen Kaufleute in London zu den dortigen Behörden.

Die hohe Bedeutung, welche der Besitz der Gildhalle für die Mitglieder der deutschen Hanse hatte, wird am hellsten hervortreten, wenn wir, von den eigentlichen Handels- und Zoll-Privilegien absehend, die eigenthümliche Stellung derselben zu der Stadt London und den Regierungsbehörden näher betrachten. Wir werden daraus erkennen, wie manche Opfer sie dem Besitze einer Factorei zu London brachten, aber auch zugleich wie sehr wichtig ihnen dieselbe unter den damaligen Verhältnissen war.

Für ihren Antheil an der Befestigung und Bewachung des Bischofsthores hatten die Hansen von der Stadt London die Befreiung von der zur Erhaltung der Stadtmauern bestimmten Abgabe, genannt Mauergeld (Muragium), erhalten, so wie das Recht, das von ihnen nach London gebrachte Getreide, so ferne besondere Veranlassungen den König oder den Magistrat nicht veranlassten, einen schleunigen Verkauf zu verlangen, vierzig Tage in ihren Speichern unverkauft an sich zu halten. Später wurden jedoch alle fremden Kaufleute und die Hansen insbesondere vom Mauergelde, der Brückensteuer und dem Pflastergelde (pavagium) in allen Theilen Englands befreiet, [1]) wie auch der Termin von vierzig Tagen für den Verkauf eingeführter Waaren den Fremden allgemein verstattet wurde. [2]) So bahnten die Hansen durch ihre Privilegien überall dem freien Verkehre den Weg, welchen die anderen freilich oft wieder aus den Händen liessen, während jene ihn durch jede Anstrengung und jedes Opfer sich zu erhalten wussten.

Es ward den Hansen in dem Vertrage mit der Stadt London vom Jahre 1282 das alte Recht bestätigt, einen Altermann zu haben, welcher in ihren Höfen Recht sprach, nur sollte dieser, wie man wenigstens zu Zeiten den Vertrag auslegte, aus den Altermannen der Stadt London gewählt werden (ita tamen quod Aldermannus ille sit de libertate civitatis praedictae); eine Bestimmung, welche gewöhnlich dahin verstanden ist, dass der erwählte Altermann ein Bürger von London sein müsse. Das eigentliche Haupt des Comtoirs zu London für die Erhaltung der Gerechtsame der Deutschen, die Verwaltung und Rücksprache, oft mündliche, mit den Hansestädten war aber nicht jener englische, sondern der deutsche Altermann, wie denn Henneke Buch, der älteste uns bekannte Altermann der Deutschen, aus-

---

[1]) Privilegium König Edwards I. vom Jahre 1303, Februar 1, in der Bestätigung König Edwards II. vom Jahre 1328, August 8.

[2]) Urkundliche Geschichte der deutschen Hanse. Th. II. S. 722. Hamburgisches Urkundenbuch. No. 715.

drücklich als hamburgischer Bürger bezeichnet wird,[1]) und der, wie das Statut vom Jahre 1437 genau nachweiset, aus der Mitte der Deutschen selbst gewählt werden musste. Wir finden selbst 1383 beide neben einander aufgeführt; 1461 wird bei Anlass einer freiwilligen Steuer der deutsche Altermann der Kaufleute der deutschen Hanse ausdrücklich hervorgehoben. Der von den Deutschen erwählte englische Altermann musste von denselben dem Mayor und den Altermannen der Stadt London vorgestellt werden und vor denselben einen Eid dahin ablegen, dass er in den Höfen der Deutschen Recht und Gerechtigkeit allen und jeden zutheilen und in seinem Amte sich so benehmen wolle, dass das Recht und die Gewohnheiten der Stadt nicht beeinträchtigt würden. In dem Vergleiche der Stadt mit dem deutschen Comtoire vom Jahre 1427 ward dessen Verpflichtung dem Interesse der ersteren nicht entgegen zu sein, noch mehr hervorgehoben. Dieser englische Altermann, sein Amt und sein Ehrengeschenk, — funfzehn goldene Nobeln in einem Paar Handschuhe, welches ihm jährlich auf Neujahr überreicht wurde — scheinen vorzüglich den Hansen dazu gedient zu haben, um sich einen einflussreichen Bürger in London für ihre dortigen Interessen zu gewinnen. Daher finden wir auch 1344 selbst den Mayor von London, John Hamond, als Altermann der Deutschen. Dieselbe Rücksicht führte auch zu anderen Leistungen.

Der Mayor von London als solcher erhielt jährlich im Februar ein Fass des besten Störs, oder, wenn die Deutschen es vorzogen, anstatt dessen vierzig Schillinge, zwei Fässer Hering, oder für jedes dreizehn Schillinge vier Pfenninge oder zwei Nobeln[2]) und einen Centner polnischen Wachses oder vierzig Schillinge. Die fremden Kaufleute entrichteten alle ähnliche Summen an den Mayor von London. In den Kriegen mit Frankreich und Schottland wollte man den Grund finden, dass die Mayors diese Zahlungen nicht mehr erhielten, welche ihnen zu der Bestreitung ihres amtlichen Aufwandes unentbehrlich seien. Schon Edward II. bewilligte daher denselben eine Rente von 20 £ Sterl.; doch sein Nachfolger fand sich bewogen, im Jahre 1332 die auf 50 £ Sterl. angegebene Einbusse durch eine entsprechende Rente zu ersetzen. Gleich darauf vereinten sich die fremden Kaufleute einem bei ihnen beliebten Mayor, Andrew Aubry, ein freiwilliges Geschenk von 50 Marken für seine ausserordentlichen Auslagen darzubringen.[3]) Die Jahresspenden der Deutschen an den Mayor mögen aus diesen Geschenken sich erhalten haben. Die beiden Sheriffs von London erhielten von den Hansen im Februar zusammen eben so viel als der Mayor. Im April jährlich wurden den beiden Sheriffs auf ihren Comtoirs[4]) vierzig Schillinge entrichtet, um in den Angelegenheiten der Hansen Gericht in deren Halle zu hegen, eine Angabe, welche mit derjenigen über die Gerichtsbarkeit der Altermannen der

---

[1]) Hiernach sind die älteren Darstellungen und auch Urkundliche Geschichte der deutschen Hanse, Th. I. S. 282, zu berichtigen oder doch zu ergänzen.

[2]) Jene Angabe findet sich in der Urkunde vom Jahre 1427, diese in dem deutschen Verzeichnisse. Die Goldmünze der Nobel, welche in der Mitte des vierzehnten Jahrhunderts in England aufkam (s. H. Knyghton Chronic. 1344), hatte an Werth 80 Pfenninge oder 6 Schillinge 8 Pfenninge, deren zwei entsprechen also der Bestimmung vom Jahre 1427.

[3]) Chroniques de London ed. *G. J. Aungier* (Camden Society). p. 68, 69, 75.

[4]) Compter oder Counter in Poultry und in Breadstreet, letzteres 1555 nach Woodstreet verlegt, bei denen auch die Gefängnisse für Schuldner und Bruchfällige, welche nicht zahlen konnten, sich befanden.

Deutschen dahin zu vereinigen ist, dass die Sheriffs in jener Halle über Streitigkeiten von Hansen mit Engländern erkannten, so wie die Untersuchung in Criminalfällen leiteten. Jene zwei £ Sterl. wurden noch 1589 im April an das Comtoir von Woodstreet entrichtet, also ohne Zweifel bis zur Schliessung der Factorei im Jahre 1597.

Ausserdem zahlten die Hansen jährlich an drei Rechtsbeistände — Counsels, Sergeants at law — [1]) jedem zwei £ Sterl., damit sie für den deutschen Kaufmann sprächen und dessen Sachen förderten. Der Pförtner des königlichen Gerichtshofes, die Starchamber, erhielt zwei Nobeln, also ⅔ £ Sterl. Auch er nahm mit den Rechtsbeiständen an dem Schmause Theil, welchen die Factorei am St. Barbarae Tage zu geben pflegte. Die Diener des Mayors und der Sheriffs in den beiden Compters erhielten gleichfalls auf Neujahr jeder einen Nobel, die Pförtner dieser Beamten zusammen einen Nobel, die Yeomannen des Mayors einen Nobel und die der beiden Sheriffs zusammen eben so.

Wir dürfen hier die Bemerkung nicht zurückhalten, dass unter allen diesen Abgaben keine war, welche sich auf Rechte an den Gebäuden, den Grund und Boden oder die Uferstrecke der deutschen Gildhalle bezog, sondern sämmtlich auf die Anerkennung und Unterstützung der Rechtsprechung. Dieser Gegenstand bedarf jedoch noch einiger Erläuterungen, welche hier ihren nicht ungeeigneten Platz finden mögen. Die Verhältnisse der Gerichtsbarkeit waren in England den fremden Kaufleuten, besonders aber den Hansen nicht ungünstig. Dass die Jurisdiction des von den Hansen gewählten Altermannes jedenfalls für die Streitigkeiten derselben unter einander von den Engländern anerkannt war, belegt der Vertrag vom Jahre 1282. Doch scheint seine Competenz auch über Engländer und deren Handelsstreitigkeiten mit den Deutschen sich erstreckt zu haben, da sonst die dem Altermanne auferlegte Verpflichtung auf das Londoner Recht zu weit gegangen wäre. Bei gerichtlichen Untersuchungen, mit Ausnahme derer, welche sich auf Verbrechen bezogen, auf denen die Todesstrafe stand, erhielten alle Kaufleute, die Deutschen an der Spitze, durch das Privilegium König Edwards I. vom Jahre 1303, Februar 1, [2]) das Recht, dass die Hälfte der Geschworenen aus ihrer Mitte und Männern ihrer Sprache genommen werde, die Jury de medietate linguae. In England konnte eine solche Anordnung um so leichter getroffen werden, da schon seit der Zeit des Königes Aethelred dort in gewissen Fällen für die unter den Engländern lebenden Waliser zu dem Gerichte sechs Männer aus jedem der beiden Volksstämme gezogen wurden. [3]) König Edward III. ordnete 1353 jene gemischte Jury auch in den von den Mayors der englischen Stapelplätze verhandelten Sachen an. [4])

Das Privilegium vom Jahre 1303 enthielt noch eine andere die Fremden begünstigende Bestimmung, durch welche denselben ein zu London wohnender Mann gegeben wurde als Justiciarius oder

---

[1]) In der überaus schlechten Abschrift der Gebühren heissen sie: mannen van lage, wie auch Chaucer in den Canterbury Tales mit demselben Ausdrucke: Man of law, den Sergeant at law bezeichnet.

[2]) Siehe dasselbe in der Bestätigung König Edwards II. vom Jahre 1328 bei *Rymer* Foedera. T. III. p. 747.

[3]) Ordinance respecting the Dunsetas bei *Thorpe* Ancient laws of England. p. 151.

[4]) Ordinance of the Staple. c. VIII. Statutes of the Realm. p. 336.

Richter, um ihre Streitigkeiten in Handelssachen nach dem Handelsrechte — secundum legem mercatoriam — unter welchem hier wohl zunächst das vom Könige Edward I. im Jahre 1283 erlassene Statut für alle Kaufleute wider schlechte Schuldener [1]) zu verstehen ist, rasch zu verhandeln und Schulden beizutreiben, wenn die Sheriffs und Mayors von London darin sich säumig erwiesen; eine Einrichtung, welche den für die Fremden an anderen Orten errichteten Gastgerichten einiger Maassen entspricht. Es fehlt uns jedoch an Nachrichten darüber, wie ferne dieses Justiciariat für die Gesammtheit der fremden Kaufleute in England in's Leben trat, und wie lange es sich erhalten haben mag. Vielleicht war der Ritter William Walworth, welcher in einer hansischen Urkunde vom Jahre 1383 "des gemeinen Kaufmannes oberster Olderman in ganz England" genannt wird, ein solcher Justiciar aller fremden Kaufleute in England, doch ist wahrscheinlicher, dass derselbe es bloss für die Deutchen gewesen ist. Jedenfalls konnte für die Deutschen ein solcher Justiciar in einer anderen Person als der ihres englischen Altermannes nicht lange bestehen, wenn ihnen auch das Recht auf einen solchen Richter verblieb.

Der Ausdruck "des gemenen kopmans olderman" gestattet allerdings solche Beschränkung auf die deutschen Hansen, und scheint sie sogar zu verlangen, da zwischen den übrigen fremden Kaufleuten in England und den dortigen Deutschen keine Gemeinschaft obwaltete. Jener war also der englische Altermann, welchen schon der Vertrag der Hansen mit der Stadt London vom Jahre 1282 bestätigt, und der sich von dem im Jahre 1303 durch den König Edward III. allen fremden Kaufleute verheissenen Justiciar wenig unterscheidet und diesen für jene überflüssig machte. Unter den jährlichen Geschenken abseiten der Hansen finden wir daher auch keine für einen Justiciar, und sogar keines für ihren englischen Altermann, wenn gleich dieser selbst in dem Vertrage vom Jahre 1427 ausführlich erwähnt wird. Den Hansen war die Anstellung eines solchen Oberrichters für ihre processualischen Angelegenheiten mit Engländern und anderen Fremden, welche eine schnelle und unparteiische Entscheidung sicherte, stets willkommen, er mochte nun als Justiciar vom Könige unmittelbar ihnen gegeben, oder von ihnen selbst aus den londoner Altermannen erwählt und von seinen Collegen bestätigt sein; und haben sie noch später ähnliche Verhältnisse in Portugal und Spanien herbeigeführt. [2]) In London waren es auch nicht sie selbst, sondern der Magistrat, welcher dasselbe in Vergessenheit zu bringen suchte, und in der Zeit des Königes Henry V. keinen seiner Altermannen zu dem gedachten Behufe den deutschen Hansen in England gestatten wollte. Diese wandten sich, nachdem sie über sieben Jahre eines englischen Altermannes entbehrt hatten, an den König Henry VI. und das Parlament. Letzteres bestätigte den Hansen das Recht, dass ihnen ein Altermann, wie früher gebräuchlich, angewiesen werde. Da jedoch weder zugleich ein Altermann angewiesen, noch gesagt war, durch wen er angewiesen werden solle, so ersuchten die Hansen den König, ihnen den W. Crowmere oder einen anderen Altermann der Stadt London zu ihrem Altermanne und Richter zu ertheilen. Dieses Gesuch gewährte der König in einem Rescripte vom 18. Februar 1426, in welchem er, auf das Privilegium vom Jahre 1303 ausdrücklich sich beziehend, das Amt des englischen Altermannes der Deutschen

[1]) Statutum editum pro mercatoribus ad debita sua celeriter recuperanda. Daselbst p. 53.

[2]) *Sartorius* Geschichte der deutschen Hanse. Th. III. S. 476 flgd., S. 450.

mit denselben Worten angiebt, wie dort dasjenige des Justitiars für alle fremden Kaufleute geschildert wurde. So waren beide Institute, das des königlichen Justitiars und das des städtischen Altermannes, für die Deutschen augenscheinlich mit einander verschmolzen.

Eine Folge der königlichen Anordnung scheint auch der oben gedachte, ein Jahr später erfolgte Vertrag des londoner Stadtrathes mit den Hansen gewesen zu sein. Doch entstanden nach einigen Jahren neue Streitigkeiten, sei es über die Anstellung des englischen Altermannes, oder was glaublicher ist, über dessen Competenz. Der König bestellte nämlich mittelst eines Rescriptes vom 12. November 1442 den londoner Altermann Henry Frowick zum Justitiar für die deutschen Kaufleute zu London, nicht, wie im Jahre 1426 gesagt wurde, für diejenigen in England, übrigens mit denselben Worten, deren sich das Privilegium vom Jahre 1303 an der betreffenden Stelle bediente. Doch wird hier noch deutlicher als früher gesagt, dass derselbe alle Schuldklagen der Deutschen hören und gehörig beendigen solle, "iustitiarius ad audiendum et debito fine terminandum," eine Commission of Oyer et terminer, der technische Ausdruck des englischen Rechtes lautet.

Nach dieser Zeit sind mir keine Spuren späterer englischer Justitiarien oder Altermannen vorgekommen. Der Utrechter Vertrag vom Jahre 1474 bestätigt ausdrücklich das im Privilegio verliehene Recht auf eine aus beiden Nationalitäten zusammengesetzte Jury, doch erwähnt er des Justitiars, so wie des Altermannes hier so wenig als an anderen Stellen, obgleich er auch den Vertrag vom Jahre 1282 zu einem anderen Behufe, nämlich wegen der Unterhaltung des Bischofsthores, anführt. Doch blieb den Hansen durch jenen Vertrag immer noch das Recht, in Civilsachen nicht vor englische Gerichte gezogen zu werden, da ihre Kaufleute und Schiffer von dem Admiralitätsgerichte ausdrücklich befreiet wurden; für alle aus Contracten herrührende Klagen gegen dieselben aber bestimmt wurde, falls die Beklagten es verlangten, dass zwei oder mehr Richter ausserhalb der Grafschaft zur Vernehmung und Schlichtung der Sache mit königlicher Authorität ernannt werden sollten.

Wir nehmen also auch hier wahr, dass die Deutschen wenig Werth auf das allgemeine Privilegium für die fremden Kaufleute vom Jahre 1303, so wie auf ähnliche legten, da sie selbst längst im Gefolge ihrer uralten Gildhalle bessere besassen und daher nicht von den Ansichten der Engländer über die Zulässigkeit der fremden Kaufleute abhingen. Dieses ward von den Königen von England häufig anerkannt, nicht nur durch die zahlreichen Bestätigungen der hansischen Privilegien, sondern auch durch begünstigende Clauseln in den Privilegien der Stadt London, wie vom Könige Edward III. im Jahre 1316, December 4, [1]) als er den übrigen Fremden den Kleinhandel, den Besitz eigener Häuser und die Makelei untersagte. Im Allgemeinen dürfen wir annehmen, dass die Hansen die allgemeinen Privilegien für die Fremden nur selten für sich geltend zu machen hatten, und in dem Besitze der Gildhalle die Mittel fanden, ihre Angehörigen anzuhalten, in den Streitigkeiten unter einander sich dem Ausspruche des deutschen Altermannes zu unterwerfen. Es konnte daher für die Hansen sehr leicht jede Veranlassung schwinden, auf die Erwählung englischer Altermannen zu wachen. Als aber die hansischen Kaufleute die Gildhalle seltener bewohnten und sogar die Packräume zu ver-

---

[1]) *J. Luffman* the Charters of London complete. p. 109.

miethen begannen, so schwand mit dem früheren gemeinsamen Leben und der alten Disciplin auch die Jurisdiction des deutschen Altermannes dahin.

So wechselnd sich nun auch im Laufe der Jahrhunderte die Bedeutung der Privilegien der Hansen gestaltete, so wurde ihr Besitz doch stets als werthvoll betrachtet und von Seiten der Behörden, besonders der unteren und deren Diener, in deren Interesse geltend gemacht. Die jährlichen Abgiften oder Neujahrsgeschenke an dieselben hörten, wenn einmal eingeführt, nicht wieder auf, und es fanden sich stets neue Bewerber. Die Rechnung des Clerks vom Jahre 1590 führt nicht nur die schon oben erwähnten 2 £ Sterl. für die Sheriffs auf unter der Bezeichnung: Vicecomitibus der Stadt London, vigore compositionis, sondern als Neujahrsgeschenke auch folgende. Zuerst an Mr. Fantschawe, the Queens remembrancer, 2 £ Sterl. Dem Keeper der Sternkammer 13 sh. 4 den., wobei also die oben angegebenen zwei Nobeln zu 6 sh. 8 den. berechnet sind. Eben so sind die Geschenke an die Sergeants, Yeomen und Pförtner des Mayors und der Sheriffs unverändert. Dann folgen aber noch der Postmeister mit 1 £ Sterl.; dessen Diener 6 sh. 8 den., sämmtliche Posten eben so viel. Den Sergeants of the Admiralitie 5 sh., den clerks of the Counsel 4 £ Sterl., dem keeper of the counsel Chamber 10 sh.; dessen Diener 2 sh. 6 den. Ferner die Dienerschaft des Lordkanzlers: dem Secretair 10 sh., den Kammerdienern 10 sh., dem Pförtner zur Court 7 sh., dem Diener 1 sh.; des Herrn Pförtner 2 sh. 6 den. Annoch die Dienerschaft des Lord Schatzmeister: den Secretairen 1 £ Sterl., den Kammerdienern 10 sh. den Pförtnern 2 sh. 6 den. Zuletzt noch die Diener des Secretairs für die auswärtigen Angelegenheiten Mr. Walsingham: seinen Clerks 1 £ Sterl., seinen Kammerdienern 10 sh., seinem Pförtner 10 sh. Doch ist diese Liste nicht erschöpfend, denn nur der Gesammtbetrag dessen, "welches den Custumer Searchers K. Maytt. Zollhaus und andern ihrer Maytt. und der Stadt London den Officierern an Neujarsgifften altem Brauch nach verehret," betrug 21 £ Sterl. 15 sh. 6 den. Des Mayors bemerken wir nicht ausdrücklich wie früher gedacht, doch mag er kein Geld angenommen, sondern die alten oder denen ähnliche Gaben für ehrenvoller betrachtet haben. Denn es finden sich noch zwei Posten: "Wegen eines Ehrsamen Kauffmannes an Wein vnd Störe verschenkt worden, laut der Billen £st. 10. — 8 den." und an einer anderen Stelle, wie zu König Aethelreds Zeiten: "Item vor Handschen zu den Newe Jahrsgifften 10 sh."

Mit der Vernichtung der hansischen Privilegien hörten selbstverständlich alle diese Spenden auf.

§ 3.

Die älteren Statuten der Hansen zu London.

Wenn die höchste Bedeutung der Gildhalle in der aus derselben fliessenden, durch die eigene Gerichtsbarkeit besiegelten Vereinigung der Deutschen zu London lag, so wird deren practischer Werth besonders anschaulich durch die älteren Statuten des Comtoirs. Diese sind neuerlich aufgefunden in einem Handbüchlein, gleich wie die Nowgoroder Skras aus verschiedenen Zeiten auf uns gekommen sind, leider in einer von einem, der deutschen Sprache kaum kundigen Schreiber gemachten Handschrift. Schon das Jahr, welches es an der Spitze trägt, 1446, ist erweislich irrig, anstatt 1437, in welchem die dort erwähnte hansische Gesandtschaft nach London stattfand. Die einzelnen Statuten, so weit sie mit Jahreszahlen versehen sind, beginnen mit dem Jahre 1320 und hören mit 1460 auf, also vor der Erweiterung der Gildhalle durch das von der Regierung anerkannte Eigenthum, wenn gleich vermuthlich nicht vor dem Besitze des Stahlhofes.

Die Statuten sind nicht systematisch geordnet, und enthalten besonders die älteren derselben nur hauspolizeiliche Bestimmungen. Doch führen sie uns eben dadurch ein anschauliches Bild der Gildhalle der Deutschen vor die Augen und liefern uns neben her gar manche lehrreiche Nachrichten. Beides zeigt sich schon an dem ältesten Statute, dem vom Jahre 1320. Dieses enthält lediglich die Ansetzung einer Strafe für diejenigen, welche Stroh und anderen Unrath auf dem Hofe herumliegen lassen. Aber es werden hier verschiedene Häuser der Hansen, ausser den Buden und Kammern, bezeichnet, jener Hof wird ausdrücklich der Stahlhof genannt, welcher also damals schon von allen Deutschen bewohnt war. Das Alter dieses Beschlusses ergiebt sich besonders aus den in demselben angeordneten Strafen, welche nicht auf Geld, sondern auf Wachs lauten. Freilich ward dasselbe wohl selten anders als in dessen Geldeswerthe entrichtet. Der Betrag ward zu den Wachskerzen verwandt, welche die Hansen in der Kirche All Hallows the More unterhielten. In der Ordnung der Halle vom Jahre 1554 ist die einfache Strafe auf acht Pfenninge gesetzt. [1]

1348, September 5, setzte der gemeine Kaufmann, aus allen Häfen Englands versammelt, fest, dass derjenige, welcher gegen den anderen Schmähworte brauche, ihn schlüge oder das Messer zöge, in die allgemeine Büchse ein hundert Schilling Sterling zahlen solle. Die Grösse der Busse — fünf Pfund Sterling — mag für jene Zeit auffallend erscheinen; doch findet sie sich eben so in dem Statute vom Jahre 1554. [2] Auch ist nur die Strafe für die Worte gross zu nennen; für thätliche Vergehungen ist sie in älteren deutschen Städtesatzungen, wie auch in der Nowgoroder Skra zehn Mark Silber. Aus der Erwähnung der allgemeinen Büchse lässt sich auf eine Vereinigung der Deutschen in den einzelnen Häfen Englands schliessen, deren Altermannen zu Boston, Yarmouth und Hull wir auch im Jahre 1383, in Lynn schon früher kennen.

Ein Statut vom Jahre 1375 gegen solche, welche Gut kaufen und, ohne zu bezahlen, mit demselben entweichen, ist durch die Namen eines lübecker und eines elbinger Bürgermeisters, Simon Swerting und Hartwig Beteke, welche von der zu Lübeck versammelten Hanse an König Edward III. nach London gesandt wurden, beglaubigt. Diese Sendung wird durch den von dem Könige den beiden dabei benannten Bürgermeistern ertheilten Geleitsbrief bestätigt. [3]

1391 ward eine Anordnung getroffen, damit der Landlord oder Hauswirth die Miethe der Häuser, Buden, Kammern nicht zu sehr in die Höhe treibe. Man erkennt aus derselben, wie die Hansen nicht in ihrem Eigenthum wohnten und die Stahlhofs-Gebäude anderen Herren gehörten, die

---

[1]) *Marquard* De Jure Mercatorum. Document. p. 225.

[2]) A. a. O. S. 228.

[3]) *Rymer* Foedera. T. III. p. 1040.

durch den Andrang der Hansen, welche in der Nähe der Gildhalle zu wohnen begehrten, zur Auftreibung der Miethen leicht versucht waren.

Die dem Alter nach folgenden Artikel sind dadurch von Interesse, dass sie uns die eigentliche Gildhalle eröffnen. Der Raum für die auszuführenden Waaren war zu beschränkt geworden; die Gesellen wollten die Halle zum Packen missbrauchen, wie in Nowgorod die Kirche. Dieses ward 1393 bei Strafe von 20 Schillingen Sterling untersagt. Doch versuchten jene jetzt ihre englischen Freunde in die Halle zu bringen, auch in derselben zu fechten und Ball zu schlagen. Eines wie das andere wurde 1396 bei 20 Pfenningen Sterling verboten. Wer mit dem Steine von der Halle in den Hof wirft und dort oder an den Mauern oder an den Strebepfeilern Schaden thut, soll 5 Schillinge Sterling in die Büchse zahlen und der Altermann ward befugt, einen jeden auf seinen Eid zu befragen, ob er der Schuldige sei?

Die Artikel von der Erhebung der Brüche vom Jahre 1400 deuten uns an, wie viele ältere Bestimmungen uns verloren sind. Die Auferlegung der Brüche soll geschehen, wie sie vor Zeiten angeordnet ist. Der Altermann soll nicht erst anfragen, ob über Brüche gerichtet oder Morgensprache gehalten werden solle, was zu Parteinahmen Anlass gab, sondern er soll vier Männer zu sich rufen, und was er mit diesen entscheidet, müssen die Schuldigen büssen, ohne dass die Uebrigen es zu erfahren brauchen. Bussen unter vier Pfenningen soll der Altermann behalten, grössere kommen in die allgemeine Büchse. Die Hansestädte haben beschlossen, dass keine Bussen erlassen werden sollen; wer sie nicht entrichtet, verliert des Kaufmannes Recht.

Ein Beschluss vom Jahre 1410 gedenkt wieder des Stahlhofes, dessen kleine Pforte von den zur Mahlzeit in der Gildhalle Weggehenden zugemacht werden soll. Um neun Uhr Abends aber wird sie verriegelt, und wer später kommt, darf weder klopfen, noch rufen, bei Strafe von 20 Schillingen. Durch diese Strenge suchte man die Waaren vor Dieben und nächtlichem Ueberfalle zu bewahren.

Einen Beschluss der Hansestädte vom Jahre 1416 gegen böse Schuldner können wir hier, so wie Anderes, was der allgemeinen Geschichte der Hanse angehört, mit Stillschweigen übergehen.

Die Entrichtung des Schosses, der Abgabe, durch welche die Factorei erhalten wurde und welche, gleich wie in den Hansestädten, aus einer gesetzlichen Quote des von dem Pflichtigen selbst taxirten Werthes seines Vermögens bestand, begegnete vielen Schwierigkeiten. Ein älteres Statut (No. LVII) verordnete, dass der Kaufmann, welcher über See zog, ohne das Schoss entrichtet zu haben, dessen Belauf doppelt und noch eine Mark Silbers zahlen solle. Die Richtigkeit seiner Taxation musste er mit einem vor dem Crucifixe abgelegten Eide bekräftigen. 1423 ward die Anordnung getroffen, dass der Kaufmann das Schoss zahlen müsse, ehe er England verliess oder seine Güter oder Wechsel wegsendete. Eben so war der hansische Schiffer verpflichtet, Schoss zu zahlen, und der Altermann war befugt, widrigenfalls dessen Schiff mit Hülfe der englischen Behörde in die Kette zu legen, so wie den säumigen Kaufmann herauszuholen. Der Schiffer musste bei seiner Ankunft in England den Werth des Schiffes angeben und dasselbe, so wie auch seine Fracht, diese jedoch nach Abzug der Auslagen für Beköstigung und Lohn der Schiffskinder oder Matrosen und anderer Unkosten, für sich und seine Rheder verschossen. Aus den übrigen englischen Häfen mussten die deutschen Kaufleute das

Schoss von ihren Waaren, die Schiffer von ihren Schiffen nach London senden. Nichts war von dem Schosse befreiet, als nur die Führung der Matrosen. Ueber die auszuführenden Güter erhielten die Kaufleute einen Pfundbrief, als Beweis dafür, dass sie dem Comtoir das Pfundgeld [1]) entrichtet hatten, welches Document sie in der Heimath vorzeigen mussten.

Ein Beschluss vom Jahre 1428 untersagt bei 20 Schillingen Strafe, mit dem Clerk (clericus) oder Schreiber der Factorei wegen seiner Geschäfte zu streiten. Dieses ist das erste Mal, dass ein solcher zu London erwähnt wird, als ein eigener Beamter zu den Correspondenzen mit den anderen Comtoiren in England, für die Ausfertigung der Pfundbriefe und anderer Atteste, so wie auch Berichte an die Hansestädte und Missionen an dieselben. Es ist um so wahrscheinlicher, dass die Ansetzung eines Clerk in London viel älter war als dieses Statut, wenn Engländer zu den Altermannen genommen wurden.

Hieher gehört auch das Verbot, auf den Kammern, in den Tavernen oder auf anderen heimlichen Plätzen zu würfeln. Für jeden Straffall wurden 40 Schillinge gebüsst, von welchen der Angeber einen Nobel erhielt.

In demselben Jahre ward noch der Beschluss in der Halle gefasst, dass kein Kaufmann gestatten solle, dass der Wäger Gut wiege, ohne seine Hand von den Waagschaalen ferne zu halten und darauf achte, dass das Zünglein in der Spalte der Waage stehe. Wer dieses versäumte, hatte 40 Schillinge in die Büchse zu entrichten. Der Inhalt dieser Anordnung könnte einer viel älteren Zeit angehören, und wird er wohl nur in der Bestimmung der Geldstrafe neu gewesen sein. Schon vom Jahre 1282 ist ein Vertrag der Grafen von Flandern mit den Kaufleuten des römischen Reichs und den von Spanien über die Waage zu Brügge vorhanden, welcher die genauesten Bestimmungen enthält. [2]) So erheblich war dieser Gegenstand, dass im Jahre 1352 den deutschen Kaufleuten zu Brügge gestattet ward, ein Haus oder einen Keller zum Behufe des Wägens sich anzuschaffen. [3]) In der nowgoroder Skra sieht man die Sorge der Hansen für die Waagen seit der ältesten Zeit. [4]) In England gestalteten diese Verhältnisse sich anders, wo bekanntlich die Aufsicht über Maass und Gewicht sehr alt, sogar in der Magna Carta des Königes Johann bedungen ist, und wo namentlich die Londoner über deren Richtigkeit und die gewissenhafte Handhabung derselben wachten. 1256 erlangten die Bürger von London vom Könige Henry III. ein Statut über das Verfahren beim Wägen, wozu, wie es scheint, der hansische und londoner Altermann Arnold, Thetmar's Sohn, durch seine Berichtigung der früheren Weise eine Mitveranlassung gegeben hatte. [5]) Um diese Zeit hatten manche fremde Kaufleute, welche

---

[1]) Vom hansischen Pfundgelde siehe schon die cölner Conföderation vom Jahre 1367. Urkundliche Geschichte der deutschen Hanse. Th. II. S. 608.

[2]) Urkundliche Geschichte der deutschen Hanse. Th. II. S. 123 und 125, wo für *dof*wichte zu lesen ist *clof*wichte, wie auch das lübecker Urkundenbuch berichtigt hat. Vergl. Urkunde vom Jahre 1309 daselbst S. 249. Aehnliches für Holland im Jahre 1358 siehe S. 450.

[3]) Daselbst S. 419.

[4]) Daselbst S. 40, 268.

[5]) Chronica Maiorum et Vicecomitum London. p. 25, 34, 37.

bei den londoner Bürgern in deren Häusern wohnen sollten, sich eigene Häuser erbauet, in welchen sie ihre Waaren vor den Augen des englischen Kaufmannes verbargen, und diejenigen, welche nicht bei Centnern auf der königlichen Waage gewogen werden mussten, sondern nach kleinen Maassen und Gewichten verkauft wurden, gegen die Ordnung wogen. 1269 wurden daher den Fremden ihre Waagschaalen und Gewichte genommen und dieselben in Eastcheap verbrannt und zerstossen; von jenen wurden aber ihrer zwanzig zum Tower abgeführt und erst nach Erlegung einer Busse von tausend Pfund Sterling freigelassen.[1] Das Privilegium König Edwards I. vom Jahre 1303 für die fremden Kaufleute enthält gleichfalls bündige Zusicherungen für die Einheit und Richtigkeit der Gewichte in England, so wie über das Verfahren bei dem öffentlichen Wägen. Der Werth, welcher in jenen Jahrhunderten noch auf die Sicherstellung dieser ersten Grundlage eines redlichen Verkehrs gelegt werden musste, so wie die Verpflichtung, zu grösseren Massen von Waaren sich nur der öffentlichen Waage zu bedienen, lassen uns wiederum die Bedeutsamkeit der Lage der deutschen Gildhalle neben dem Platze der königlichen Waage oder des Steelyards erkennen.

In dieselbe Zeit scheinen auch die folgenden Artikel zu gehören. Kein Hanse soll dem anderen im Verkaufe hinderlich sein und den fremden Käufer von dem anderen weg zu sich in seine Bude zu locken suchen. Wer darüber befunden wird, muss 40 Schillinge Sterling büssen. Dieselbe Strafe zahlt, wer zum Nachtheile anderer Kaufleute dem Engländer Waaren verkauft, welche noch jenseits der See sind. Bei gleicher Strafe war es auch verboten, Proben der Waaren heimlich aus dem Hofe zu tragen und ausserhalb desselben zu handeln.

Im Jahre 1431 begegnen wir einer Verfügung, welche in anderen hansischen Statuten schon früher vorkommt und häufig wiederholt wird, beim Ankaufe der Tücher darauf zu achten, dass sie die gehörige Länge und Breite haben. Eine Verordnung vom Jahre 1445 enthält nähere Bestimmungen über den Tuchhandel.

Die Stellung der Hansen in England unterschied sich von derjenigen in anderen Ländern vorzüglich dadurch, dass in diesen sie gewöhnlich mehr mit der Habsucht der Behörden zu kämpfen hatten, dort aber, und dort selbst mehr als in Flandern, wo sie an dem Zwischenhandel theilnahmen und die Gegenstände der Landesindustrie kauften, an der emporblühenden Schiffahrt und eigener Handelsthätigkeit einen natürlichen und ehrenwerthen Widerstand fanden. Nirgends mussten daher die Hansen so eifrig bemühet sein, ihre monopolistischen Einrichtungen zu sichern. In dem Recesse auf dem Hansetage zu Lübeck 1434, Bonifacii (Juni 5), wurden in diesem Sinne Gesetze für die Factoreien abgefasst, welche von den zur Verhandlung mit der Regierung beauftragten hansischen Gesandten überbracht wurden, bei welcher Veranlassung das Comtoir zu London auch zuerst ein eigenes Siegel erhalten haben soll.[2] Wir können diesen Recess nicht viel weiter berücksichtigen, als wir ihn aus den

---

[1]) Siehe Chronica Maiorum et Vicecomitum London. p. 118.

[2]) *Köhler* bei Willebrandt a. a. O. S. 212. Der in diesem Jahre zu Lübeck abgefassten "Ghesette zum Besten der Kopman und von dat ghemene Gut" gedenkt auch *Detmar's* Chronik zu diesem Jahre bei *Grautoff* Th. II. S. 67. Doch waren sie nicht bloss für die Factorei zu London bestimmt, sondern für die Hansen im ganzen Auslande.

Statuten des Comtoirs zu London kennen. [1]) Er bezweckte vornemlich, dass ein Hanse mit einem Inländer weder eine Handelsgesellschaft zusammen, noch ein Schiff gemeinschaftlich haben soll. Auch durfte ein Hanse aus seiner Stadt in die Fremde nur Waaren an die daselbst lebenden Hansen senden, ausser Wein, Bier und Hering (siehe Art. X. 3), Artikel, deren Ausfuhr schon in früheren Recessen begünstigt wurde. [2])

Mit der Anwesenheit der im Jahre 1437 zu London zur Fortsetzung der 1434 begonnenen Verhandlungen gegenwärtigen hansischen Gesandten wurden die wichtigen Anordnungen in Verbindung gebracht, mit welchen unsere alte Sammlung der Statuten des dortigen Comtoirs eröffnet wird. Doch findet sich hier irrthümlich anstatt 1437 das Jahr 1447, ein Irrthum, welcher auch in anderen Abschriften sich gefunden hat. [3])

Es wurde damals beschlossen, dass der Altermann, zwei Beisitzer und neun Männer aus den drei Drittheilen der Hanse alljährlich neu erwählt werden sollten, um gemeinschaftlich einen Rath zu bilden. Diese Eintheilung in Drittheile war einigen hansischen Comtoiren eigenthümlich und ging nicht von einer Eintheilung der Hansestädte unter sich auf den Hansetagen aus, sondern bezweckte eine gleichmässige Vertheilung des Einflusses der aus den verschiedenen Hansestädten anwesenden Kaufleute bei den Wahlen der Aelterleute und Beisitzer, wie bei anderen gemeinschaftlichen Angelegenheiten. Sollte in solchen Fällen lediglich die einfache Stimmenmehrheit entscheiden, so hätte die Lenkung der Angelegenheiten sehr leicht in die Hände der zufällig zahlreich anwesenden Kaufleute aus einigen benachbarten Städten gerathen können. Die Vertheilung in Drittheile oder später in Viertheile gestaltete sich in jedem Lande nach dem Verhältnisse, in welchem die Kaufleute der einzelnen Hansestädte dasselbe besuchten und konnte also dadurch mit der Rücksicht auf alte geschichtliche Verhältnisse und die Erwerbung gemeinschaftlicher Privilegien zusammen fallen, ohne davon unmittelbar auszugehen oder daran gebunden zu sein. [4]) In Wisby und in Bergen ist jene Eintheilung nicht nachzuweisen. Die Vertheilung der vier Schlüssel zu der St. Peters-Kiste in der St. Marienkirche zu Wisby, deren die älteste nowgoroder Skra gedenkt, lässt auf keine Eintheilung der Factorei schliessen, wenn jene an die Altermannen von Gothland, Lübeck, Soest und Dortmund vertheilt wurden. Jedoch finden wir eine solche Eintheilung zu Brügge bereits im Jahr 1347, wo Lübeck mit den wendischen und sächsischen Städten das erste Drittheil bildet; Westfalen, seltsamer Weise verbunden mit Preussen, worin wir vielleicht die Abstammung der deutschen Colonisten in den Städten des letzteren Landes zu erkennen haben, ohne Zweifel mit Cöln an der Spitze, das zweite, und Gothland mit Livland und Schweden (?) das

---

[1]) Bestimmungen, welche auf das Seerecht sich beziehen, habe ich zum Abdrucke mitgetheilt in *Pardessus* Collection de lois maritimes. T. II. p.

[2]) So 1417, 1418. Siehe *Pardessus* l. l. p. 465, 469.

[3]) Man erkennt dieses aus *Köhler's* Angaben zum Jahre 1447. *Marquard* de iure mercatorum. p. 407. Die Vermuthung, dass dieselben Gesandten wie 1437 wiederum im Jahre 1447 in London gewesen sein könnten, widerlegt sich dadurch, dass der Bürgermeister Vicke van dem Hove bereits 1442 verstorben ist.

[4]) Urkundliche Geschichte der deutschen Hanse Th. I. S. XXV, 44, 85.

dritte.[1]) Nachdem der Sitz des Comtoirs von Brügge nach Antwerpen verlegt war, finden wir hier vier Quartiere in den Statuten vom Jahre 1572, nämlich Lübeck mit den wendischen, pommerschen und holsteinischen, Cöln mit den überrheinischen und westfälischen, Braunschweig mit den sächsischen und überrheinischen Städten, endlich Danzig mit dem ganzen Lande zu Preussen und Livland nebst den dazu gehörigen Hansestädten. Dieselbe Eintheilung finden wir schon in der nowgoroder Skra vom Jahre 1514, und dort noch 1603 ausführlich nachgewiesen.[2]) Doch scheint mir aus einem Schreiben der Städte des lübischen und des wisbyschen Drittels an die Kaufleute zu Nowgorod vom Jahre 1366 zu folgen, dass auch dort in früherer Zeit die Eintheilung der hansischen Kaufleute in das lübische, gothländische und ein drittes unbenanntes, vermuthlich westfälisches Drittel[3]) hergebracht war, wenn sie gleich in den älteren Skras nicht erwähnt wird. Auch scheint mir schon der hansische Recess vom Jahre 1363, Juni 24, von der Zulassung der Kaufleute von Riga zu einem Drittheile in dem nowgoroder Hofe zu sprechen und dürfte das Bestehen der Eintheilung ganz ausser Zweifel setzen.[4])

In London finden wir die Eintheilung in Drittheile im Jahre 1437 und wiederum in den Statuten des Comtoirs vom Jahre 1554. Sie waren aber hier verschieden von denen zu Brügge und sind es selbst unter sich. 1437 bildete Cöln mit den geldrischen Städten und Dynant das erste Drittheil allein, worin wir wohl erkennen können, dass die Kaufleute dieser Städte, wenn gleich Cöln seine frühere Bedeutung durch die Versandung des Rheins längst verloren hatte, den dritten Theil des hansischen Handels in London in Händen hatten. Das zweite Drittheil umfasste alle sächsischen, wendischen, westfälischen, clevisch-bergischen und sonst diesseits des Rheins gelegene Städte. Preussen aber war mit Livland und Gothland zu dem letzten Drittheile vereinigt. Die Eintheilung in drei Theile war jedoch 1554 dahin verändert, dass Lübeck mit den wendischen, pommerschen, sächsischen und westfälischen Städten das erste bildete. Zu Cöln, welches seine alte Handelsmacht zu London grossentheils eingebüsst hatte, waren ausser den überrheinischen Städten auch die der Mark, von Berg, die friesischen und die überysselschen gefügt. Im letzten Drittheile, dem der Erbaren von Danzig, wird Gothland nicht mehr genannt. Es dient zur Bestätigung der über die Eintheilung der Hansestädte auf den Comtoiren hier aufgestellten Ansicht, dass in den letztgedachten Statuten die Aufzählung der Drittheile mit der Bemerkung eingeleitet wird, dass in allen Recessen und der Comtoir-Ordnung eine gewisse Austheilung der Hansestädte zu ordentlicher Erwählung des Altermannes und Kaufmannes-Rathes nöthig befunden sei.

---

[1]) Urkundliche Geschichte der deutschen Hanse. Th. II. S. 395. Ein Schreiben des gothländischen Drittels, welches sich über das lübische und das westfälische Drittel beschwert, ums Jahr 1352, siehe daselbst S. 428.

[2]) Siehe die nowgoroder Skra, welche *Willebrandt* Anhang S. 101 mit 1514 datirt, aber irrthümlich zum Jahre 1564 abgedruckt hat. *Sartorius* Geschichte. Th. III. S. 234 hat 1514 in 1504 verändern und der Skra dieses Datum geben wollen. Doch ergiebt sich aus *Karamsin* Russischer Geschichte Th. VI. S. 209, Th. VII. S. 46, dass 1514 richtig ist. Indessen ist die Jahreszahl 1484 im Texte, durch welche Sartorius getäuscht ist, in 1494 zu berichtigen, wie Willebrandt aus seinem eigenen Werke S. 112, wo von den Begebenheiten dieses Jahres die Rede ist, hätte entnehmen können.

[3]) Urkundliche Geschichte der deutschen Hanse. Th. II. S. 582 flgd.

[4]) Daselbst S. 524.

Wenn nun die Eintheilung der Hansestädte in Kreise auf den Factoreien, in welchen der Ursprung der ganzen Hanse zu finden ist, von jenen ausging, so konnte sie doch kaum ohne einige Einwirkung auf deren Städtebund bleiben und hat selbst eine gelegentliche Nachahmung in demselben bei passenden Vorkommnissen gefunden. Jene bemerken wir zuerst in einem an die Kaufleute des lübecker Drittheils zu Brügge von den im Jahre 1356 zu Lübeck versammelten Städten gerichteten Schreiben desselben. Ein anderes von den preussischen Städten zu Danzig 1362 ausgestellt, spricht von ihrem Drittheile eben nur in Beziehung auf ihre Privilegien in Flandern. 1366 wird einer Streitigkeit gedacht, welche zwischen den Wisbyern und den livländischen Städten über ihr Drittheil in Flandern entstanden war, und hierauf schrieben die Räthe des lübischen und des wisbyschen Drittheils an die preussischen Städte. [1]) Von letzterer, der Nachahmung, findet sich ein Beispiel in dem Recesse über die Tagefahrt zu Cöln, 1367, November 17, wo die "tertia pars Lubecensis" durch Rathmänner von vier Seestädten vertreten war. Diese Abtheilung erscheint noch einige Male in dieser Zeit, doch in ausgesprochenem Gegensatze zu den anderen Drittheilen und sogar ausdrücklich auf die slavischen Seestädte und Hamburg beschränkt. [2]) Fast scheint es, als ob die Lübecker einen solchen Sprachgebrauch einzuführen versuchten, um durch denselben Cöln, die sächsischen und andere Städte der hansischen Union, welche sich damals der Theilnahme an dem Kriege gegen Dänemark entzogen, an ihre Bundespflicht zu erinnern und ihre Hülfe auch da in Anspruch zu nehmen, wo jener Particular-Interessen denselben davon abriethen.

Nur um Missverständnissen zu entgehen, sei hier bemerkt, dass in den Tohopesaten der Hansestädte zur Erhaltung des Landfriedens auch Eintheilungen in Drittel und Viertel sich finden, welche aber schon deshalb zu jenen älteren Eintheilungen in keinen unmittelbaren Beziehungen stehen, weil Preussen, Livland und Gothland an denselben durchaus keinen Antheil genommen haben.

Die Eintheilung der hansischen Drittheile in London hat besonders die Eigenthümlichkeit, dass zu Cöln nur das Land jenseits (für London diesseits) des Rheins gezählt wird mit der Stadt Dynant. Diese Stadt gehört der Geschichte der Hanse so ausschliesslich nur in Beziehung auf das Comtoir zu London an, dass wir derselben unten einige abgesonderte Berücksichtigung schenken werden.

Kehren wir zu den durch die hansischen Gesandten im Jahre 1437 verfügten Bestimmungen zurück, so finden wir in den Statuten des Comtoirs noch eine derselben ausdrücklich und wiederholt hervorgehoben. Sie gehört zu den vielen Anordnungen, durch welche dem Missbrauche gewehret werden sollte, dass fremde Güter nicht als hansische in England eingeführt würden und dadurch nicht zu gerechten Beschwerden der Engländer Anlass gegeben werde (Art. XX und XXVIII).

Eine ausführliche Ordnung vom Jahre 1445 über den Handel mit Tüchern ist mit der obengedachten vom Jahre 1431 zusammenzustellen. Sie zeigt, wie viele Orte in England sich mit der Tuchbereitung beschäftigten und wie sehr Englands Wolle, als Sessel der Pair's, verdiente sein Oberhaus zu schmücken.

---

[1]) Urkundliche Geschichte der deutschen Hanse. Th. II. S. 436, 511, 577; vergl. S. 579.

[2]) Daselbst S. 606, 611, 636, 657, 659.

Die Verordnung vom Jahre 1446, August 4, wäre nicht erforderlich aufzuführen, wenn sie nicht schon des Stahlhofes an der Themse und der dortigen Polizei des hansischen Altermannes gedächte.

Bald darauf waren wieder Streitigkeiten mit der königlichen Regierung und dem Londoner Magistrate entstanden, da diese argwöhnten, dass manche nicht den Hansestädten angehörige Deutsche an den Privilegien derselben theilnähmen; ein Missbrauch, gegen welchen schon das Privilegium vom Jahre 1317 sich verwahrt hatte. Man erkennt leicht, dass die Hansestädte einem solchen, ihren Privilegien und speciellem Interesse schädlichen Unfuge kräftig entgegentreten mussten; auch das Comtoir durfte, wenn es seine Stellung verstand, dergleichen nicht fördern. Doch hatten häufig einzelne Kaufleute, durch Privatinteresse verleitet, versucht, Fremde als Hansebrüder den englischen Behörden gegenüber darzustellen. Die Besorgniss des königlichen Rathes, dass die Hansestädte gar noch fremde Städte in ihren Bund zum Nachtheile der Engländer aufnehmen würden, zeigt, wie wenig diese die Wirkungen des Handelsneides, welcher sie selbst verblendete, kannten. Doch war allerdings auf keinem der grossen Stapelplätze die Zahl der theilnehmenden Hansestädte so gross als in London. Während einzelne alte Hansestädte ihre Bedeutung verloren, traten in dieser Zeit andere bedeutender auf, und die eigenthümliche Unkunde der Inselbewohner über das Festland mag die Berichtigung mancher falschen Anschuldigung sehr erschwert haben. Die Beschlüsse des gemeinen Kaufmannes zu London vom 7. Februar 1447 beabsichtigten, die alte Ordnung herzustellen und zu diesem Zwecke ward die Unanwendbarkeit einiger hansischen Beschlüsse auf die Verhältnisse in England ausgesprochen. Namentlich war dieses der Fall mit einem Recesse, wornach Aussenhansen sich in die Hanse einkaufen oder durch siebenjährigen Dienst das Recht zum Einkaufe sich erwerben konnten, womit die Beschlüsse vom Jahre 1434, welche den Comtoirs verboten, an andere als an Hansen Güter zu senden, und den hansischen Kaufleuten in Deutschland von anderen Kaufleuten Güter zu empfangen, unvereinbar schienen. Es ward also verboten, einen Knecht oder Handlungsdiener in London zu halten, jemandes Waaren als hansische einzuführen, oder Güter an andere zu senden, als an solche, welche der Hanse angehören und aus derselben gebürtig waren, bei Strafe von drei Mark Gold. Es wurden auch die bei diesem Anlasse hier eingeschalteten Verordnungen vom Jahre 1437 erneuert.

In demselben Jahre wurden auf dem Hansetage einige Verfügungen erneuert, welche den Genuss der hansischen Privilegien, so wie auch besonders die Wahl zum Altermanne auf sämmtlichen Comtoiren von dem Bürgerrechte in einer Hansestadt und dessen geschehener Nachweisung abhängig machten. Auch wurde es untersagt, was schon damals geschah, so wie jetzt versucht wird, das Bürgerrecht in zwei Städten zu erwerben.

Wir gedenken hier auch der Artikel LVIII—LXI, von denen zwei sich in dem hansischen Recesse vom Jahre 1447 nachweisen lassen und die beiden anderen gleichzeitigen hansischen Ordinanzien entlehnt sind.

Ein Beschluss vom Jahre 1448, Juli 1, beabsichtigte, den Ungelegenheiten vorzubeugen, in welche das Comtoir durch leichtsinnige Mitglieder versetzt wurde, welche über See zogen, ohne die schuldigen Zölle entrichtet zu haben. 1449, April 2, wurden Maassregeln gegen solche gefasst, welche abreiseten, ohne die Lastträger und Arbeitsleute bezahlt zu haben. Am 12. Mai desselben Jahrs wurden zwei verschiedene Beschlüsse gefasst. Der erste untersagte den Hansen bei Geldstrafe, lose Weiber in ihre Wohnungen auf den Stahlhof zu bringen, — bei welchem Anlasse diese Bezeichnung also in dem jetzigen Umfange und jetziger Bedeutung gedacht wird. Ferner ward untersagt, Heringe auf Lieferung vor der Ankunft der Schonenfahrer zu deren Nachtheil zu verkaufen. Auch ward in jenen Tagen verboten, Kaufmannsgüter, welche ausgeführt werden sollen, auf dem Stahlhofe über Nacht stehen zu lassen. [1])

1452, Juni 28, ward geboten, dass niemand ohne Genehmigung des Altermannes fremde Barbier- oder Goldschmidts-Burschen [2]) oder andere fremde lose Gesellen auf dem Stahlhofe beherbergen solle. Aus der angefügten Begründung dieses Verbots ergiebt sich, dass die jungen Kaufmanns-Gesellen, in Abwesenheit ihrer Herren, lose Frauenzimmer, vermuthlich als Männer verkleidet, auf deren Zimmer gebracht und die dadurch veranlassten Raufereien die Aufmerksamkeit der Nachbaren und des Altermannes der Ward erweckt hatten. Diese hatten die Kammern, aus welchen der lärmende Unfug erscholl, mit Gewalt zu öffnen verlangt, wozu die Deutschen die Erlaubniss nicht ertheilen wollten und so eine denselben unerfreuliche, schmähliche Scene vor der Halle herbeigeführt wurde.

Beschlüsse der Hansestädte gegen die Verfälschung der Privilegien wurden im Jahre 1455 nach London gebracht, deren in den Statuten Art. XI gedacht wird, doch fehlt deren genauerer Inhalt in unserer Handschrift.

Vom 20. September 1456 datirt sind einige Artikel, welche man dem Inhalte nach für viel älter halten möchte, über die Erhaltung der Authorität des Altermannes in der Morgensprache. Demselben wurde noch das Recht verliehen, den widerspenstigen Hansen durch einen englischen Sergeanten holen zu lassen und einzusperren, bis er dem Rechtsspruche genügt hatte.

1457 erinnern auch unsere Statuten an die unruhigen Jahre der Kämpfe um die Krone Englands in einem beim Bischofsthore unten anzuführenden Artikel.

Aus dem letzten der datirten Artikel 1460, October 9, ersehen wir, dass ein jeder Kaufmann, welcher eine Kammer auf dem Stahlhofe inne hatte, der Reihe nach eine Woche die Schlüssel zum Hofe zur Verwahrung übernehmen und denselben schliessen musste.

Ausser den vorstehend aufgeführten Artikeln befinden sich deren noch manche, welche entweder ohne Jahreszahl der Beliebung eingetragen sind oder bei denen sich in unserer Handschrift nicht erkennen lässt, ob sie zu dem letzt vorhergangenen datirten Artikel zu zählen sind. Unter diesen sind die ersten: Art. 5—9, welche von der Gewinnung des Factorei-Rechtes handeln, deren Unerlässlichkeit, dem Verfahren dabei und den Folgen. Das Verfahren bei der Aufnahme wird als sehr einfach dargestellt und wir finden nichts von den Hänseleien erwähnt, welche die Cölner einst in London übten und welche zu Bergen noch lange im Gebrauche waren. Möglich, dass auch hier ältere Gewohnheiten, besonders für die Gesellen, sich erhalten hatten, deren die schriftlichen Statuten nicht gedenken; doch

---

[1]) Bei *Marquard* l. l. p. 409 vom Jahre 1461.

[2]) Von den fremden Goldschmieden siehe unten § 6 zu Ende.

kam es jedenfalls in England dem Comtoire mehr darauf an, zuverlässige, redliche Mitglieder zu besitzen, welche die Privilegien nicht missbrauchten, als die durch jene Proben der Ausdauer und Unerschrockenheit zu bewährenden, meist physischen Vorzüge, welche auf solchen Vorposten der Civilisation, wie Bergen, Wisby und Nowgorod damals waren, unentbehrlich erscheinen mussten. Bei dem Wortlaute dieser Artikel, der Grösse der Geldstrafen und der fast ängstlichen Berücksichtigung der Regierung möchte ich die vorliegende Fassung jener für nicht älter oder jünger halten als das Datum des vorhergehenden Art. V, nämlich 1447.

Von diesem Jahre sind auch die in Art. XIII. aufgenommenen hansischen Statuten gegen solche, welche in Flandern oder anderen Orten Bürger werden und heirathen.

Art. XIV. weiset den Zusammenhang der Deutschen in London mit denen in den englischen Häfen deutlich nach. Es durfte von jenen weder ein Schoss beliebt, noch sonst ein alle Deutschen in England bindender Beschluss gefasst werden, ohne dass dieselben durch einen oder zwei Bevollmächtigte an dem zur Berathung und Beschlussnahme anberaumten Tage zu erscheinen aufgefordert waren. Doch mussten die dann Wegbleibenden sich den Beschlüssen der Mehrheit unterwerfen. Von diesen Factoreien in den Hafenstädten sind die zu Boston und Lynn Regis die bekanntesten. Doch werden auch andere genannt, wie York, Hull, Bristol, Norwich und Ipswich, für welche, so wie für die drei vorher genannten englischen Städte die Hanse im Jahre 1450 beschloss, sich eine besondere Zusicherung ihrer Privilegien ertheilen zu lassen. Manche dieser Niederlagen der Deutschen müssen von hohem Alter sein, wie die von York; für (Kingstown am) Hull finden wir einen Beleg in der dem Jahre 1383 angehörigen Vereinbarung der Deutschen in England über den von ihren dorthin handelnden Landsleuten zu Bergen zu zahlenden Schoss. Von Ipswich bezeugen dasselbe einige spätere Vereinbarungen, wo auch des ehemaligen dortigen Altermannes gedacht wird. [1]) Auch zu Yarmouth erscheint 1383 eine hansische Factorei.

Der Art. XV. ist wiederum ein hansischer Artikel, welcher den Factoreien in der Fremde das Recht der Autonomie bestätigt.

Art. XVI. handelt von dem Kostenersatze durch denjenigen, welcher vor dem höchsten Gerichte zu London seine Sache verliert, so wie von der Strafe, welche derselbe an die allgemeine Casse erlegen soll; Art. XVII. und XVIII. vom Verfahren in Rechtssachen vor dem Altermanne. Dazu gehören auch die drei folgenden Artikel, welche bei Strafe untersagen, an Fremde mitzutheilen, was in der Halle in der Morgensprache verhandelt ist, gegen dort gefasste Urtheile zu sprechen, so wie dasjenige anzufechten, was in Folge eines abgestatteten Eides geordnet ist.

Art. XXIV. enthält das Verbot des Würfelspieles in Wirthshäusern oder heimlichen Orten; auch soll der Angeber eine Belohnung erhalten; eine der ältesten mir bekannten gesetzlichen Bestimmungen zum Besten des Angebers.

Art. XXIX. zeigt, wie sehr dem Comtoir daran lag, die Abneigung der Eingebornen gegen die begünstigten Fremden nicht zu reizen. Der hansische Kaufmann, welcher versäumte des Königes

---

[1]) Vom Jahre 1476 und 1481, siehe *Burmeister* a. a. O. S. 60.

Zoll zu bezahlen und deshalb in Strafe genommen wurde, hatte eine der Busse gleiche Summe dem Comtoir zu entrichten.

Die folgenden Artikel XXXI. bis XXXIV. zeigen aber dagegen, welchen Werth die Hansen auf die volle Erhaltung ihrer gemeinsamen Privilegien legten. Ein Hanse, welcher sich in irgend einer Stadt Englands wider der Deutschen Privilegien hatte Geld abdringen lassen und die desfallsige Beschwerde nicht verfolgte, musste dem Comtoir den Belauf der widerrechtlich gezahlten Summe und eine Strafe von zwei Pfund Sterling entrichten. Schutzbriefe und andere Begünstigungen durfte kein Hanse für sich allein bei der Regierung nachsuchen, bei Strafe einer Mark Goldes. Wer ohne Genehmigung des Altermannes einen anderen vor ein englisches Gericht vorlud, musste fünf Pfund Sterling Strafe erlegen. Selbst wenn er besorgen musste, dass sein Gegner entfliehen würde und der Altermann nicht aufzufinden war, musste er sich die Beistimmung anderer deutschen Kaufleute einholen, ehe er das englische Gericht anging. Wenn jedoch ein Hanse seinen deutschen Schuldner vor seinen Landesleuten belangt hatte, dieser aber zur Zahlung oder Sicherstellung nicht zu bringen war, so standen dem Gläubiger alle Schritte bei den englischen Behörden frei.

Für die Rechtlichkeit des Handels glaubte man dadurch zu sorgen, dass der Handel mit Sämereien von Zwiebeln auf Probe bei grosser Geldstrafe — von hundert Schilling Sterling — verboten wurde; eine für uns nicht sehr deutliche Verfügung, zu deren Verständnisse wir uns wohl zu vergegenwärtigen haben, dass vor der Einführung der jetzt gewöhnlichen Gemüse unsere Vorfahren auf Kohl und Zwiebeln beschränkt waren.

Art. L. soll übertriebener Gastfreiheit wehren, zu welcher der Kaufmann, der leicht gewinnt und übersieht, dass er eben so leicht verlieren kann, stets geneigt war. Es wurde bei schwerer Strafe verboten, fremde Gesandte auf dem Stahlhofe zu beherbergen oder mit anderen Gästen bewirthen.

Unter den verschiedenen Anhängen der Statuten von derselben oder doch ähnlichen, fast gleichzeitigen Handschrift sind die letzten und der Entstehung nach jüngsten drei Tafel- und Küchen-Ordnungen, deren erste das Datum 1513, August 17, trägt. Wir erkennen in der Ordnung für die höhere und die Gesellen-Tafel dieselben Grundsätze wie in den Statuten; strenge Trennung des Gesellen von den Meistern, und Unterordnung beider unter den Altermann. Ausser den eigentlichen Dienern des Stahlhofes, dem Spenser, dem Koche, dem Lastträger (Porter), dem Bootsmanne u. w. a., werden drei Beamte des Kaufmannes genannt, welche zu ihren Aemtern vermuthlich aus der Mitte der gesammten Kaufleute jährlich erwählt wurden; der Rechenmeister, welchen wir den Buchführer oder Cassirer der Gesellschaft nennen würden, der Baumeister und der Hausmeister. In den Statuten vom Jahre 1554, Theil III., wird der Erwählung zu diesen Aemtern ausdrücklich gedacht und ersehen wir daraus, dass deren waren: "drei Schossmeister, zwei Hausmeister, die dem Hause und Gesellschaft fürstehen, zwei Baumeister und zwei Gartenmeister und dann Etliche, die des Kaufmanns Rechnung übersehen und schliessen helfen." Von diesen ist uns der Hausmeister besonders beachtungswerth, da seine Functionen die des Altermannes und der übrigen Stahlhofs-Beamten überlebt haben, nachdem mit der Aufhebung der hansischen Factorei durch die Königin Elisabeth auch deren Altermann und Beisitzer oder Räthe erloschen und bei der Wiedererlangung der Stahlhofs-Gebäude, zur Vermeidung jeder anstössigen Missdeutung, die Hansen ihrem Beamten nicht den Titel eines Altermannes, sondern nur den eines Hausmeisters ertheilten.

Dynant in der Hanse.

Unter den Städten, welche vorübergehend der deutschen Hanse angehörten, ist keine, deren Verhältnisse in dieser Beziehung so räthselhaft erscheinen, als die der Stadt Dynant, an den Flüssen Maas und Sambre im Bisthume Lüttich belegen. Die Kaufleute von Lüttich werden schon in der angelsächsischen Zeit unter den begünstigten aufgeführt, so wie die von Hogge und Nivelle; doch wird Dynant nicht erwähnt. [1]) Diese Stadt erwirkte vom Könige Edward III. im Jahre 1329, Mai 15, für sich eine besondere Anerkennung auf unbeschränkte Zeit der vom Könige Edward I. den spanischen und anderen fremden Kaufleuten gestatteten und von Edward III. im Jahre 1328, Juli 8, auf drei Jahre bestätigten Privilegien. [2]) Sie wird dabei als die Stadt Dynant in Alemannien bezeichnet, wie denn das Bisthum Lüttich auch stets zu Deutschland gehörte. Es ist daher auffallend, dass jene Stadt sich ein besonderes Privilegium zu erwirken für erforderlich hielt, als andere hansische Städte solche für sich allein nicht mehr zu suchen pflegten. Ihre Bürger scheinen sich aber bald dem allgemeinen deutschen Bunde angeschlossen zu haben, wenigstens für London, da fünfzehn Jahre später, 1344, in dem königlichen Kanzleigerichte es glaubwürdig nachgewiesen wurde, dass sie zu den Theilhabern der deutschen Gildhalle gehörten, und also die Privilegien der zu derselben berechtigten Kaufleute mit zu geniessen befuget wären. [3]) Schon dieses Document weiset hinlänglich nach, dass unter den Dynantern nicht bloss hansische Kaufleute in jener Stadt zu verstehen sind, eine Ansicht, [4]) welche auch durch die nachfolgenden Umstände völlig widerlegt wird. Doch finden wir Dynant auf keinem Hansetage und in keiner Conföderation der Städte mit aufgeführt. [5]) Seine Kaufleute scheinen sich also nur der Factorei zu London angeschlossen zu haben. Dennoch ertheilte König Edward III. den Dynantern im Jahre 1359 wiederum einen besonderen Geleitsbrief. [6]) In dem Londoner Statute vom Jahre 1437 wird Dynant nach Cöln in unserer Handschrift aufgeführt, während sie in anderen fehlt. [7]) Auch fehlt sie wiederum in den Statuten des Comtoirs vom Jahre 1554.

Doch muss die Zahl der Dynanter oder die Bedeutung ihres Handels einige Zeit hindurch sehr gross gewesen sein, da sie eine besondere Halle und vielleicht noch andere Gebäude auf oder neben dem Stahlhofe besassen. Als im Jahre 1369 die Stadt London dem Könige eine ausserordentliche Kriegssteuer zahlte, forderte sie dem in London wohnenden fremden Kaufmanne einen Beitrag

---

[1]) Siehe die Iudicia Londoniae, in der Abtheilung II. No. 1.

[2]) Urkundliche Geschichte der deutschen Hanse. Th. II. S. 742.

[3]) Daselbst S. 382.

[4]) Sie ist von *Burmeister* a. a. O. S. 99 aufgestellt.

[5]) *Sartorius* führt sie weder in der urkundlichen Geschichte Th. I. S. 86, noch in dem älteren Werke Th. II. S. 750—787 in der Abhandlung über die zur Hanse gehörigen Städte auf.

[6]) Calendarium rotulorum patent. p. 170. No. 10.

[7]) Wie in der von *Marquard* de iure Mercatorum. p. 407 benutzten.

von 62 Pfund Sterling ab, von denen 40 Pfund von den Deutschen, 22 Pfund aber von den Dynantern entrichtet werden sollten.[1]) Dieses ungleiche Verhältniss scheint nur durch den Umfang der von den Dynantern innegehabten und von der Gildhalle der Deutschen ganz getrennten Gebäude zu erklären. Es hat sich auch der Name der Dynanter Halle unter den Stahlhofs-Räumlichkeiten, bis diese alle im Jahre 1666 in Asche gelegt wurden, erhalten.

Von den hansischen Beziehungen Dynants hören wir nur noch einmal. Diese Stadt, welche durch ihren Handel und ihre Kupferschmieden, welche letztere den dort verfertigten Töpfen und anderen Waaren den Namen der Dynanterie verschafft haben, sehr wohlhabend war, hatte in dem Kriege, welchen der Herzog Philipp der Gute von Burgund gegen die Lütticher führte, den Zorn der Feinde besonders gereizt. Sie ward im August des Jahres 1466 von diesen und durch eine ausgebrochene Feuersbrunst gänzlich zerstört und dem Boden gleich gemacht.[2]) Ihre Kaufleute flüchteten sich nach der befreundeten Stadt Huy. Als Einwohner dieser Stadt durften sie nicht länger die bisherigen Vorrechte in England in Anspruch nehmen. Der Bischof von Lüttich bewirkte jedoch durch Verhandlung mit dem Comtoir zu Brügge, so wie hernach mit den Hansestädten einen Vergleich, in Folge dessen diese unter dem 4. April 1471 den Dynantern gestatteten, auf fernere zwanzig Jahre die bisherigen Vorrechte zu geniessen. Vor Ablauf dieser Zeit sollte um deren etwanige fernere Verlängerung verhandelt werden, was nicht geschehen zu sein scheint.[3]) Dynants Name verschwindet auch, wie oben bemerkt ist, gänzlich aus der Geschichte der deutschen Hanse und haben wir nur noch einer hieher gehörigen Erwähnung desselben zu gedenken. Nämlich am 9. November des eben gedachten Jahres 1471 gestattete König Edward IV. den Kaufleuten und Schmieden (officium bateriae) der Stadt Middelburg, ob sie gleich nicht in der deutschen Hanse begriffen sei, alle die Vorrechte und Befreiungen, welche die von Dynant vor dessen Zerstörung im ganzen Königreiche besessen hatten.[4]) Wir finden hier also noch eine unerwartete Bestätigung der Stellung der Stadt Dynant in der deutschen Hanse und ihrer Vorrechte in England. Zu jener ist aber Middelburg auch in London nicht gezählt, wie die Statuten des Comtoirs vom Jahre 1554 ausweisen.

§ 4.

Geschichtliches über die Hanse zu London seit dem Vertrage mit dem dortigen Magistrate bis zum Utrechter Vertrage. 1282—1474.

So wie in der ganzen Geschichte Englands, so ist es auch in derjenigen der deutschen Hanse beachtungswerth, wie das Recht, vor Allem das vertragsmässige, dort eine grössere Anerkennung ge-

---

[1]) Siehe unten Urkunde zum Jahre 1449, September 8.

[2]) *Ph. de Commynes* Mémoires. l. II. zum Jahre 1466. Magnum Chronicon Belgicum apud *Pistorium*. Th. III. p. 426. *Barante* Histoire des Ducs de Bourgogne. Ed. II. T. XVI. p. 279.

[3]) Siehe unten Urkunde von jenem Datum.

[4]) *Rymer* Foedera. T. XI. p. 729.

funden hat, als gleichzeitig in den übrigen Staaten Europa's und wie dadurch die Engländer den Hansen mehr wie die weniger entwickelten Nationen des Nordens stets treuere Freunde und selbst, wenn der Lauf der Dinge es so mit brachte, würdigere Gegner geworden sind. Der Vergleich mit der Stadt London vom Jahre 1282 darf daher für ein bedeutendes Ereigniss angesehen werden, ein gewichtiges Resultat wohlgerichteter Bestrebungen und geschickter Benutzung der Wahl des Richard von Cornwall, des Schutzes des Herzoges Albrecht von Braunschweig und anderer dargebotener Verhältnisse zu einer Zeit, in welcher in England und noch mehr in Deutschland die politischen Wirren so sehr überhand genommen hatten. Der in England gewonnene gemeinsame Stützpunkt — gemeinsamer als in den meistens nur von den nördlich gelegenen Hansestädten besuchten nordischen Emporien und fester begründet als in Flandern — war um so wichtiger, da die bisherigen Kaufleute des Kaisers sich mehr in Unterthanen verschiedener Landesherren sonderten und theils sich unter sich trennten und befehdeten, theils manche von ihnen gegen das Ausland eine bedrohliche Stellung erstrebten. Zu einer Fehde mit England ergab sich keine Veranlassung; doch fehlte manchen der Städte auch dazu die Neigung nicht. Eben so merkwürdig als wenig beachtet ist nämlich das Streben der Hansen, eine Herrschaft der Meere sich anzumaassen, indem die Flämingen und Friesen von dem Befahren der Ostsee nach Gothland, wie sie gegen die alten Satzungen neuerlich gethan, so wie die Gothländer von der Westsee (Nordsee), welches das alte Recht ihnen vergeblich untersagte, ausgeschlossen wurden. Einige nordholländische Städte, wie uns von Campen und Zwoll bekannt ist, gingen in ihren gegen Lübeck ums Jahr 1286 ausgesprochenen Wünschen so weit, selbst allen Engländern die Fahrt durch die Ostsee gänzlich untersagen zu wollen. [1]) Lübeck und die mit demselben näher vereinten Hansestädte, welche für Gothland und Nowgorod diesen Zweck wohl ohne ihr Zuthun erreichten, scheinen jedoch aller Schritte gegen England in dieser Beziehung sich enthalten zu haben, eben so wie König Edward von allen feindlichen Maassregeln, zu welchen König Erich II. von Norwegen ihn damals aufforderte. [2]) Die Verhältnisse der Hansen in England erlitten daher in den nächsten Jahren und bis zur Mitte des nächstfolgenden Jahrhunderts keine wesentliche Störung. Die Privilegien wurden von den Nachfolgern des Königs bestätigt, auch erweitert; geringfügige Streitigkeiten über Beschlagnahme im Kriege, freiwillige Steuern, Jurisdictions-Ueberschreitungen wurden durch ausgestellte Reverse oder Erneuerung der Privilegien bald beigelegt. Nur die Streitigkeiten mit den Engländern zu Bergen, später in Island drohten bisweilen den Frieden der Hansen in England selbst zu beeinträchtigen.

Der Verkehr mit Norwegen hatte seit den Zeiten der Angelsachsen nie aufgehört. [3]) Schon in den ersten Jahren nach der Eroberung Englands soll der König Olav den normannischen Engländern einen Platz zum Handelsverkehre in der kürzlich gegründeten Stadt Bergen (gleich wie die Deutschen einen solchen an der Themse vermuthlich schon besassen) eingeräumt haben, [4]) und in seinen ersten

[1]) Lübecker Urkundenbuch. Th. I. No. 485 und 486.

[2]) Siehe dessen Schreiben vom Jahre 1285, Mai 10, und 1286, März 7, bei *Rymer*. T. I. p. 654.

[3]) Vergl. meine Geschichte Grossbritanniens. Th. I.

[4]) *L. von Holberg* Beschreibung von Bergen. Th. I. S. 6. Bergen wird mit fünf anderen norwegischen Seestädten: Kopenga (Nidaros), Tunsberg, Burgus (Borg) und Alsa (Asia? Oslo, Opsloe, wie Borg im südlichen Nor-

Regierungsjahren hatte der König Henry III. (1217) dem Könige Hakuin von Norwegen gegenseitigen Handelsverkehr angeboten. [1]) Der Handel von den Elb- und Wesermündungen her, und den christlich-germanischen Ostseeküsten, von Hamburg, Bremen, Schleswig und Aldenburg, ward durch die Bestimmung des das nördliche Europa umfangenden Erzbisthumes Hamburg gefördert in Jahrhunderten, wo die Geistlichkeit selbst auf den Schutz des Handelsverkehres und der Schiffahrt den grössten Einfluss auszuüben pflegte, doch trat jenem auch später der Abfall der nordischen Bisthümer von der hamburgischen Mutterkirche hindernd entgegen. Von Norwegen wissen wir auch, dass angelsächsische und scotische Missionare dort die Deutschen früh, und nicht ohne Erfolg zu verdrängen strebten, was nicht ohne schädliche Nachwirkung auf den aufkeimenden Völkerverkehr bleiben konnte. Die Bestrebungen Kaiser Lothars und die glücklicheren Heinrich des Löwen, die Fahrt auf der Ostsee für Deutschland, zunächst zur Insel Gothland, zu gewinnen, brachten auch bald einen lebendigen Verkehr mit Norwegen, welcher schon ums Jahr 1186 den König Suerrer eine zum Nachtheile seines Landes überströmende Zufuhr besorgen liess. Ist auch die Wahrnehmung richtig, dass vor der Mitte des dreizehnten Jahrhunderts der Verkehr zwischen Norwegen und den deutschen Städten nicht durch Urkunden sich nachweisen lässt, so bemerken wir jedoch bereits in der ältesten derselben, dem Friedensbündnisse des Königes Hako des Alten mit den Lübeckern vom Jahre 1250, dass ihnen daselbst solches Privilegium und solche Freiheit ertheilt werden, wie sie selbige in seinem Reiche zu irgend einer Zeit am ausgedehntesten besessen hätten. Schon vor 1247 hatte jener König bereits deutsche Handwerker nach Bergen gerufen und ihnen die früher von den jetzt weggewiesenen Engländern und Schotten besetzten Gegenden der Stadt Bergen eingeräumt. [2]) König Magnus ertheilte ihnen 1271 das Recht freier Ein- und Ausfuhr in Bergen zur Sommerszeit und bald darauf das Recht, das ganze Jahr hindurch dort zu wohnen. [3]) Die Engländer, vorzüglich Kaufleute von Lynn, Hull und Berwick, wussten jedoch sich wieder die Erlaubniss, nach Bergen zurückzukehren, zu verschaffen. König Erich II., wie oben erwähnt, begünstigte sie in ihren Streitigkeiten mit den Deutschen bis zu ihrer neuen im Jahre 1312 erfolgten Vertreibung. Doch einige Jahre darauf versuchten sie, nördlich von Bergen festen Fuss zu fassen, wozu die den Unterthanen des Erzbischofes von Nidaros vom Könige Edward 1316, Februar 16, ertheilten Privilegien den Weg bahnen sollten.

Diese Züge werden genügen, um anzudeuten, wie alt und gründlich die Handelseifersucht zwischen den Deutschen und Engländern in Norwegen war. Diese musste noch mehr durch das Bestreben der Deutschen genährt werden, in einem unmittelbaren Handelsverkehre von ihrem Comtoir zu

---

wegen), bereits von Ordericus Vitalis Histor. ecclesiast. l. X. und Cuneghella, was sich jedoch nur in Schweden zu finden scheint, nemlich Kongself in Bahus-Lehn, aufgeführt.

[1]) *Rymer* l. l. T. I. p. 149.

[2]) Thormod. Torfaei Histor. Norwegiae. T. IV. p. 352.

[3]) Nach *L. von Holberg*, a. a. O. Th. I. S. 127, 164, geschah dieses erst ums Jahr 1312 durch König Hagen Magnussen. Doch kennen wir jedenfalls die deutschen Handwerker zu Bergen vor dem letzteren Jahre. Siehe Urkundliche Geschichte der deutschen Hanse. Th. I. S. 209 flgd. Eine ausdrückliche Beschwerde des Königes Edward II. über die Bevorzugung der Osterlingen vor seinen Unterthanen in Norwegen vom Jahre 1313, November 4, siehe bei *Rymer* l. a.

Bergen die nordischen Producte nach England und dessen Wolle und andere Erzeugnisse nach Norwegen zu führen. Schon unter dem Könige Henry III. lassen sich Spuren dieser Fahrt nachweisen, wie sie auch für alle Kaufleute von Gothland, also auch für und vermuthlich zunächst für die dortigen Deutschen schon früher bestanden hatte. [1] Die unmittelbare Verbindung gelang jenen so sehr, dass die Deutschen in England verlangen durften, dass ihre Landsleute aus Bergen für die Theilnahme an den hansischen Privilegien auch ihre Lasten mit tragen sollten. Am 17. Februar 1383 ward wegen dieser Angelegenheit ein Tag gehalten, zu welchem die Deutschen aus den verschiedenen englischen Hafenstädten ihre Bevollmächtigten sandten; die von Bergen hatten den Altermann von Boston, mit dessen Factorei sie besonders enge verbunden waren, und zwei Kaufleute aus ihrer Mitte zu ihrer Vertretung beauftragt. Diese bestätigten, was bereits bei einer früheren Verhandlung von ihren früheren Deputirten verhiessen war, dass vom nächsten Ostern an der nach England handelnde gemeine Kaufmann zu Northberghen [2] — diesen Namen gab man in England dem norwegischen Bergen — den Schoss nach demselben Ansatze und mit derselben Strenge einsammeln und an die Büchse des Comtoirs zu London abliefern wolle, wie die Deutschen in England, nach Abzug von fünf Pfund englischen Geldes, welche jene zu gewissen Gaben dort zu verwenden pflegten. Abgezogen vom Schosse wurden auch die Reisekosten für die von Bergen zu den Tagfahrten des gemeinen Kaufmannes in London entbotenen Deputirten, so wie für die etwanigen mitzuübernehmenden Vorschüsse zur Deckung der in dem Vergleiche näher verzeichneten gemeinsamen Auslagen. Der Ausfertigung dieses Vergleiches setzten die vorgenannten drei Männer, die Altermannen zu London, Hull und Yarmouth und andere Deutsche ihre Siegel bei, aber auch vor allen der oberste Altermann des gemeinen Kaufmannes, der Ritter Sir William Walworth, welcher zu mehreren Malen das Amt des Mayors von London bekleidet hatte.

Der Handel der Engländer nach Norwegen war in dieser Weise sehr enge beschränkt, als eine neue Erscheinung ihn völlig zu vernichten drohte, welche in ihrer Beziehung auf die vorliegenden Verhältnisse noch nicht gehörig erörtert ist. Zu den Thaten, welche vorzüglich beitrugen, die Hansen in den Augen Englands, wie des übrigen Europa's zu erheben, gehört die Besiegung und Vertilgung der den Namen der Vitalianer oder auch der Likedeeler führenden Seeräuber in der Ost- und Nordsee, eine Begebenheit, welche der Handelsneid der Zeitgenossen und die Unkunde neuerer englischer Schriftsteller auf das Gehässigste enstellt haben. Es ist bekannt, wie die Städte Rostock und Wismar in dem Kriege zwischen dem Könige Albrecht von Schweden und der Königin Margaretha von Dänemark im Jahre 1391 einigen Freibeutern Bestallungen ertheilten, um das von den Dänen belagerte Stockholm

---

[1]) Siehe unten Urkunde No. XXIV. Das Privilegium des Königes Henry III. vom Jahre 1237 bei *Rymer* l. l. T. I. p. 231. Lübecker Urkundenbuch Th. I. No. 77 nach der Urschrift, welche zu Lübeck vorhanden, ein Umstand, welcher beweiset, dass unter den gothländer Kaufleuten Deutsche gemeint sind.

[2]) In englischen Urkunden steht gewöhnlich für Nortbergen: Northberne. Siehe das Schreiben des Königes Edward II. an König Hakuin vom Jahre 1313, April 16. Ferner die Urkunden vom Jahre 1411, Mai 15 und September 9. *Willebrandt* Th. III. S. 50. *Rymer* h. a. 1415, December 13. 1434, April 28. Daselbst h. a. Proceedings of the Privy Council. T. IV. p. 208. Vermuthlich haben die Engländer das flandrische Bergen, Mons, von dem norwegischen durch die vorgesetzte Bezeichnung der Himmelsgegend unterscheiden wollen.

zu verproviantiren und feindliche Schiffe aufzubringen. Doch schon im folgenden Jahre missbrauchten die Vitalianer ihre Befugnisse und gesellten sich zu den zahllosen Seeräubern, welche seit mehreren Jahrhunderten die Ost- und Nordsee beunruhigten. 1392 machten sie in starker Schaar einen Angriff auf Bergen, wobei sie nicht nur die Häuser der Unterthanen der Königin Margaretha, sondern auch die Niederlassungen der Hansen und der englischen Kaufleute plünderten und zerstörten.[1] Den Engländern, welche alle als Kaufleute der damals bedeutenden Handelstadt Lynn bezeichnet werden, wurden 21 Häuser verbrannt, deren Werth sie selbst jedoch auf nicht mehr als 440 Nobels angaben; den Werth der geraubten Waaren taxirten sie auf 1815 Pfund Sterling. Wenn gleich König Richard II. der Königin Margaretha gestattete, drei Kriegsschiffe zu Lynn ausrüsten zu lassen,[2] so wurden ungeachtet aller geleisteten Hülfe in den folgenden Jahren den Engländern viele Schiffe von den Seeräubern geplündert, besonders durch Gödeke Michael und den Claus Stortebeker. Jener Mordbrand, so wie diese Räubereien wurden von den englischen Kaufleuten als Thaten der Hansen dargestellt und wurde von diesen der Schadensersatz in Anspruch genommen, während diesseits der See männiglich bekannt war, wie jene Seeräuber mit unzähligen ihrer Genossen von den Hansen, namentlich von den Hamburgern besiegt, gefangen und hingerichtet waren. Eben jene Seeräuber, über welche die Engländer sich vorzüglich zu beschweren Anlass hatten, wurden zu Hamburg ums Jahr 1402 hingerichtet.[3] Dagegen musste König Heinrich IV. sich von einigen kleinen friesischen Gemeinden vorwerfen lassen, dass sein Gouverneur zu Calais die Likedeler begünstige, wenn nicht gar im Solde habe.[4] Wir finden auch in den ziemlich zahlreich erhaltenen Verhandlungen keine Spur, dass die wider die Hansestädte vorgebrachten Anschuldigungen irgend eine Anerkennung oder Folge gefunden haben, und würden, wenn jene irgend erweislich gewesen wären, die Hansen zu Lynn schwerlich eine so willige Aufnahme stets gefunden haben. Die Zerstörung der Niederlassung der Kaufleute von Lynn zu Bergen hatte jedoch wichtige Folgen für den Handel der Engländer. Die Hansen konnten eine solche Niederlassung nicht begünstigen, und wurde sie nie wieder sehr bedeutend, wenn gleich jene eine Gesellschaft mit einem Altermanne dort hatten. Dagegen dehnte der Verkehr der Deutschen zu Bergen mit England sich immer mehr aus. 1411 finden wir nicht weniger als neun hansische Kaufleute aus Bergen allein zu Boston, welche die englische Politik nachsichtiger als andere Hansen behandelte.[5] Doch waren damals neue Streitigkeiten zwischen den Deutschen und Engländern zu Bergen ausgebrochen und die Kaufleute von Lynn benutzten die ihnen stets willkommene Gelegenheit, die Liste ihrer älteren, wenn auch noch so unbegründeten Beschwerden bei dem Könige Henry IV. einzureichen, welcher dieselben

---

[1]) Detmar zum Jahre 1392. *Hakluyt* The principal navigations. P. I. p. 169 in dem Documente über die Verhandlung der englischen und hansischen Deputirten giebt das Jahr 1394 an, was wohl nur auf einem Schreibfehler beruhen mag. Unter den S. 164 genannten Deputirten ist unter dem Secretary Thederic Knesnolt der hamburgische Secretarius Diedrich Koesuelt (irrig Colsfeld) gemeint.

[2]) *Rymer* Foedera. T. VII. p. 744 a. 1393, April 20.

[3]) Vergl. Zeitschrift für hamburgische Geschichte. Bd. II. S. 54.

[4]) Siehe das Schreiben der Oster- und Westergoer vom Jahre 1401 bei *Rymer* Foedera. T. VIII. p. 193.

[5]) *Rymer* l. l. T. VIII. p. 684, 700.

an die Altermannen der Hansen zu Lynn und zu Bergen übersandte. Es muss uns lächerlich erscheinen, giebt aber ein trauriges Bild von der geringen Einsicht der Behörden, wenn unter den Beschwerden jener Angriff auf Bergen obenan steht.[1] Nach dieser zu urtheilen, müssen auch die übrigen Beschuldigungen gegen die Hansen nicht nur höchst übertrieben, sondern ganz unbegründet gewesen sein. Auch hören wir nichts mehr von weiteren Verhandlungen über die Zwistigkeiten im Norden. Dagegen sandte nach einigen Jahren König Henry V., bald nach dem glorreichen Siege bei Agincourt und dem zu London empfangenen Besuche des Kaisers Sigismund,[2] eine glänzende Gesandtschaft an die ehrenwerthe Gesellschaft der deutschen Hanse des heiligen Reiches — honorabilis Societatis Hansae teutonicae sancti Imperii — aus drei Bischöfen, zwei Rittern und dem Doctor der Rechte Mag. Philip Morgan bestehend, deren Vollmacht vom 2. December 1416 nur von der beiderseitigen Erneuerung der alten Verträge und Begünstigungen spricht,[3] diejenige vom 25. Februar 1417 aber deutlich zu erkennen giebt, dass von den alten Irrungen zu Bergen und den Seeräubereien der Vitalianer die Rede war.

König Erich der Pommer hatte den Ausländern die Handelsschiffahrt auf Island, Finmarken Halogaland wegen der vielen dort enstandenen Streitigkeiten untersagt, dagegen Bergen zu seinem Stapelplatze erklärt, und andere Einrichtungen getroffen, um fremde Kaufleute herbeizuziehen, besonders den Engländern, wie seiner Gemahlin, der Königin Philippa Brudersohn, König Henry VI. von England erwähnt, dieselben Begünstigungen zugestanden, welche die Hansen genossen.[4] Doch hatten die englischen Kaufleute wiederum bei Bergen einen grossen Verlust beim Ueberfalle dieser Stadt durch den Freibeuter Bartholomäus Voet im Jahre 1428 erlitten, zu dessen Ersatze die im Jahre 1430 erfolgte Abordnung eines königlichen Gesandten in der Person des Mag. William Sprever, Dr. d. R., an den König von Dänemark und die Hansestädte[5] erfolglos blieb und durch die ebengedachte Verfügung auf den Fischfang bei den Nordlanden beschränkt, vermochten sie zu Bergen keinen lebhaften Verkehr wieder zu erwerben und konnten den Hansen nur durch ärgerliche Streitigkeiten schaden,[6] unter welchen stets die Deutschen in England am meisten litten.

Die Stellung der Hansen in England hatte sich immer mehr befestigt, wie im Allgemeinen aus den bekannten königlichen Bestätigungen ihrer Privilegien bekannt ist. Wenn die von den Cölnern im Jahre 1338 nachgesuchte und erhaltene Bestätigung ihrer besonderen Vorrechte auf innere Zerwürfnisse mit den Hansen deuten sollte, so kam doch zuletzt auch jene später wiederum allen Landsleuten zu Gute. Auch Streitigkeiten mit der Stadt London wurden durch strenge Wahrung des

---

[1]) *Rymer* Foedera. T. VIII. p. 722 sq. Die Zeit wird hier bezeichnet: circa annum regni regis Ricardi II. quartumdecimum, also ums Jahr 1391, anstatt 1392. Vergl. noch das Schreiben des Königes Henry IV. an den Magistrat zu Bergen (apud Northe Berne) von 1411, September 22, daselbst p. 736; auch desselben von 1415, December 13.

[2]) 1416, April 25 bis August 24, siehe *Aschbach* Geschichte des Kaisers Sigismund. Th. II. S. 162—170.

[3]) *Rymer* l. l. T. IX. p. 414.

[4]) *Rymer* 1434, April 28. Proceedings of the Privy Council. T. IV. p. 208.

[5]) Proceedings of the Privy Council. T. IV. p. 71.

[6]) *Holberg* Beschreibung von Bergen. Th. I. S. 151, 164 flgd.

denselben zukommenden Rechtes und selbst gelegentliche Nachgiebigkeit vermieden, wie die Vergleiche des Comtoirs mit der Stadt vom Jahre 1369 und 1427 darlegen. Die Easterlingen galten den Engländern unter den mit ihrem Könige verbündeten Nationen, wie der londoner Chronist Fabyan rücksichtlich des Königes Edward III. sich ausdrückt. [1]) Die Regierung suchte sogar den Streitigkeiten der Hansen mit den Bürgern von London vorzubeugen, dadurch, dass sie, wie jener König in seinen letzten Lebensjahren, die Privilegien jener genehmigte nur unter dem Vorbehalte der von ihm und seinen Vorfahren ertheilten und bestätigten Privilegien der deutschen Kaufleute von der Hanse, [2]) während von ähnlichen Begünstigungen anderer fremden Kaufleute in diesen Zeiten und in so grosser Ausdehnung nie mehr die Rede ist.

Wenn es gleich ausserhalb des Gesichtskreises dieser Abhandlung liegt, eine Geschichte der Hansen in England zu geben, so dürfen wir doch nicht unterlassen, durch einige Andeutungen uns zur Anschauung zu bringen, wie die Hansen die privilegirte Stellung, welche sie anfänglich mit vielen anderen fremden Kaufleuten theilten, sich ausschliesslich erhielten und dieselbe befestigten. Der hauptsächlichste Grund dürfte wohl in der guten Ordnung liegen, welche die Häupter des Bundes unter ihren Angehörigen zu erhalten strebten; ein anderer in der allmälig steigenden Handelseifersucht der Engländer selbst, welche die Deutschen aufforderte, allen Anlass zu Störungen des Friedens zu vermeiden. Während die Kriege mit Frankreich theils den Verkehr mit diesem Lande hemmten, theils die Entwickelung der englischen Industrie aufhielten, wurde die engere Verbindung mit dem Norden, so wie mit Deutschland durch manche engere, oben schon angedeutete Bande bekräftigt, welche nicht verfehlten, die Deutschen dem Könige von England und seinen Rittern näher zu bringen, als dieses an anderen Orten geschah. König Edward III. hatte schon früher werthvolle Gegenstände an Bürger von Cöln versetzt, mit deren Verkaufe er, da die Auslösung versäumt wurde, bedroht wurde, weshalb er mit der Bitte, ihm von seinen Gläubigern einen gewogentlichen Aufschub zu bewirken, durch ein Schreiben vom Jahre 1342, Februar 14, an den Rath und die Stadt Cöln sich wandte, wobei er zugleich die bevorstehende Zahlung durch den Mag. Paul de Montefiore und andere Kaufleute in Flandern verhiess. [3]) In besonders naher Verbindung mit dem Könige stand Tideman von Lymbergh. Ihm und dem Johann von Wolde war 1343 die Hälfte der dem Könige von den Kaufleuten bewilligten Abgabe von vierzig Schillingen vom Sack Wolle verpachtet. [4]) Edward III. hatte 1344, im März, den beiden Clippink und den beiden Atwolde die grosse Reichskrone verpfändet. [5]) 1346, um Ostern, gab der

---

[1]) Fabyan Chronicle ad a. 1347.

[2]) *Cotton* Abridgement. p. 133. *Luffman* The Charters of London. p. 109, welcher letztere jedoch die deutsche Hanse in High Almaine verwandelt hat.

[3]) *Rymer* Foedera. T. II. p. 1186. Dieses Magister Paulus de Monte Florum wird auch gedacht, 1346, November, in den Kalendars of the Exchecquer. T. I. p. 161. Von den Anleihen der Italiener in England siehe die Abhandlung von *Bond* in der British Archeology. T. XXVIII.

[4]) *Rymer* l. l. p. 1222. Hierauf werden vermuthlich lauten die in der Abbreviatio Rotulorum originalium T. II. p. 153 angeführten Brevia de denariis de custumis et subsidiis provenientibus mercatoribus Alemannie assignatis.

[5]) *Rymer* l. l. T. III. p. 7.

König jenem allein zur Sicherheit für ein Anlehen die zweite Reichskrone, welche derselbe drei Jahre in seinem Gewahrsam behielt und 1349, Februar 17, zurücklieferte. [1]) 1346, April 18, erhielt Tideman Lymbergh mit vier Clyppingen, Johan von Bek und Tideman Spisenaghel eine besondere Ausfertigung der hansischen Privilegien, deren Veranlassung uns nicht vorliegt, jedoch nur in irgend einer Begünstigung gesucht werden darf. [2]) In den nachfolgenden Jahren wurden ihm verschiedene goldene Becher, Krüge und goldene, mit Edelsteinen verzierte Schmuckgegenstände vom Könige verpfändet. [3]) Auch den Prinzen von Wales, Edward, bekannt unter dem Namen des schwarzen Prinzen, hatte jener Kaufmann sich verpflichtet, welcher ihm die Zinnwerke in Cornwall auf drei Jahre in Pacht überliess, durch einen vom Könige 1347, August 25, bestätigten Vertrag. [4]) Vielleicht stammt aus dieser Zeit die Nachricht, dass deutsche Bergleute ihre Kunst die Engländer gelehrt haben. Wie hoch jener in des Königes Gunst stand, erhellt aus dem Befehle vom Jahre 1351, Juli 30, wornach die Güter der deutschen Kaufleute von der Hanse, wegen gewisser in Flandern mit den Engländern erhobenen Streitigkeiten, in England mit Beschlag belegt werden sollten, mit Ausnahme derer des Tideman von Lymbergh und des Oliver von Revele (Reule). Die Reichthümer jenes althansischen Rothschild müssen aber sehr gross gewesen sein, wenn 1348 oder 1350 der König ihm eine grosse Zahl Landgüter in sieben verschiedenen Grafschaften auf tausend Jahre überlassen konnte. [5]) Bald darauf hatte er dem Könige die Wollensteuer (subsidium lanarum) auf's Neue abgepachtet. [6]) Zu allen Zeiten waren einzelne hansische Kaufleute dem Könige von England in ihren Kriegen durch Ueberlassung von Schiffen, Herbeischaffung von Lebensmitteln und von Waffen förderlich, besonders im vierzehnten Jahrhunderte zu den Kriegen mit Frankreich. Deshalb werden sie auch unter die Alliirten des Königes gezählt, obgleich wir keine Spuren eines Vertrages mit den Hansestädten oder einzelnen derselben zu den ebengedachten Zwecken vorfinden. Ueber *Jacob Doseyn*, dessen Dienste bei der Belagerung von Calais oder einem ähnlichen Anlasse so sehr anerkannt wurden, dass in England eine Sage ging, wie die Osterlingen alle ihre Freiheiten in England durch ihn hätten, wissen wir nichts Näheres zu berichten. [7])

So wie die einzelnen Deutschen sich und ihre Hanse in die günstigsten Verhältnisse zum Könige stellten, so benutzten sie auch die sich darbietenden Veranlassungen, um sich den allgemein dargebrachten Huldigungen für dieselben öffentlich anzuschliessen. Wir vermissen sie daher auch nicht

---

[1]) Kalendars of the Exchecquer. Vol. I. p. 156.

[2]) Urkundliche Geschichte der deutschen Hanse. Th. II. S. 384.

[3]) Kalendars of the Exchecquer. Vol. I. p. 170. Dort wird auch der dem Kaufmanne Alwyn de Reule ertheilten Verschreibungen gedacht, welcher ohne Zweifel der Genosse der T. von Limberg ist, welcher in anderen Urkunden Oliver de Reuele, auch Reulo genannt wird. Urkundliche Geschichte der deutschen Hanse. Th. II. S. 421 und 747.

[4]) Urkundliche Geschichte der deutschen Hanse. Th. II. S. 392.

[5]) Kalendarium Rotulorum patentium. Fol. 157 b und 159.

[6]) Abbreviatio Rotulorum originalium. T. II. Fol. 212.

[7]) Fabyan Chronicle zum Jahre 1346. T. I. p. 459 und daselbst die Randbemerkung. Bekannt ist es, dass Graf Johann der Eiserne von Holstein damals durch seine Waffenthaten den Dank des Königes von England zu verdienen wusste. Siehe Presbyteri Bremensis Chronica Holsatiae und die von mir zu Kopenhagen aufgefundenen desfallsigen Urkunden, abgedruckt im Report Appendix C., auch in der schleswig-holstein-lauenburg. Urkunden-Sammlung.

bei den uns durch ein Gedicht des Zeitgenossen, John Lydgate, näher bekannten grossen Festlichkeiten, welche den Einzug des einige Monate vorher zu Paris gekrönten Königes Henry VI. in seine Stadt London am 21. Februar 1431 begleiteten. Nachdem der Dichter erwähnt hat, wie der londoner Mayor in rothem Sammet, die Sheriffs und Altermannen in ihren mit Pelzwerk besetzten scharlachenen Mänteln zu Pferde, darauf die Bürger nach ihren Gewerken weiss und geputzt einherzogen, berichtet er von den sich anschliessenden Fremden:

And for to remembre of other alyens,
Fyrst Jeneueyes, thoughe they were straungeris,
Florentynes and Venycyens,
And Esterlinges, glad in her maneres,
Conveyed withe sergeauntes and other officeres,
Estatly horsed, aftyr the maier riding,
Passid the subbarbis to mete withe the Kyng. [1])

Der Antheil der Hansen an dem Schaugepränge oder der allegorischen Darstellung ist aus der Erzählung des Dichters nicht zu erkennen, doch wird ein solcher vermuthlich so wenig gefehlt haben, wie bei ähnlichen Festlichkeiten, deren wir in einer folgenden Periode gedenken können.

Wie sehr die Hansen Ursache hatten, der bestehenden Verhältnisse mit der Krone sich zu freuen, konnte man schon wenige Monate nach des Königes Heimkehr wahrnehmen, wo die "*Merchants Dalmaigne*," wie der anglonormannische Kanzleistyl die Esterlyngen der Volkssprache betitelte, von dem geheimen Rathe zu Westminster 1431, Mai 10, von dem für alle fremden Kaufleute erhöhten Zolle auf ihre erhobenen Beschwerden, als ihren Privilegien zuwider entfreiet wurden, [2]) wie denn ähnliche Anerkennungen des alten Rechtes stets sich wiederholten. Bei dieser Gewissenhaftigkeit, welche die Rechte der Fremden wie der Eingeborenen in England schützte, schien das glückliche Verhältniss der hansischen Factorei nie gestört werden zu können. Es ist eine irrige Ansicht, dass der Neid englischer Handelsgesellschaften schon vor dem sechszehnten Jahrhunderte bedeutend genug gewesen wäre, um die Hanse in England zu untergraben. [3]) Die Veranlassungen, welche allmälig dieselbe erschütterten, beruhten zunächst auf reineren Motiven, zu denen jener sich erst später gesellte. Der einen derselben haben wir schon länger gedacht, der Streitigkeiten in Norwegen, wo beide anfänglich gleich berechtigt erscheinen; das andere tritt in der vorliegenden Zeit, wo die Engländer nach Beendigung der Kriege mit Frankreich sich mehr dem Handel hingaben, häufiger hervor, nämlich ihr Verlangen, in den deutschen Handelsstädten dieselben Rechte zu geniessen, wie die Hansen in England, oder doch nicht schlechter gestellt zu werden, wie die Deutschen in ihren eigenen Städten. Die Engländer hatten nach ihren Unfällen in Norwegen sich vorzüglich der Ostsee zugewandt, wo wir sie aber in diesem Jahrhunderte in endlose Streitigkeiten mit dem Hochmeister von Preussen und den Städten Danzig und

---

[1]) *Lydgate* Minor poems ed. J. O. Halliwell. (Percy Society.) p. 4.

[2]) Proceedings of the Privy Council. T. IV. p. 86 sq.

[3]) Ueber deren späteres Emporkommen habe ich in der Urkundlichen Geschichte Th. I. S. 290 das Erforderliche nachgewiesen.

Elbingen verwickelt finden. [1]) Dennoch hatte der Handel der Engländer nach diesen Küsten bald eine solche Bedeutung gewonnen, dass König Richard II. jenen das Recht ertheilte, einen Gouverneur oder Consul ihrer dortigen Factorei zu erwählen, welcher sie daselbst vertrete. Da die Veranlassung zu den Zwistigkeiten mehr die Beschwerden der Engländer über die von jenen Städten ihnen angeblich widerfahrenen Beschädigungen und Beleidigungen betraf, als die Verhältnisse der Preussen in England, so erscheinen lange Zeit die Hansestädte in dieselben nicht verwickelt, so dass der König Richard II. 1388 denselben Gesandten verschiedene Vollmachten für Preussen und wegen der besonders Stralsund betreffenden Vorfälle für diese Stadt und die Kaufleute der Hanse in Alemannien ertheilte. Schon König Henry IV. stellte auf Ansuchen der englischen Kaufleute eine Erklärung darüber aus, dass jene in Deutschland eben so günstig, als die Deutschen vermöge ihrer Privilegien in England zu behandeln seien. Mit dieser Bedingung, so wie derjenigen, dass die Hansen keinen Fremden für einen Genossen ausgeben sollten, wurde zugleich verlangt, dass der Hochmeister und die Städte Lübeck, Wismar, Rostock, Stralsund, Greifswald und ihre Verbündeten auf Mitsommer 1400 vor dem Geheimen Rathe zu London durch Bevollmächtigte erscheinen sollten, um wegen der den englischen Unterthanen zugefügten Beleidigungen und Schäden sich zu verantworten. [2])

Alle diese Zwistigkeiten der englischen Kaufleute, so wie besonders der Bürger von London erledigten sich gewöhnlich ganz im Interesse der Deutschen und dienten gegen kleine von ihnen dargebrachte Opfer nur zu erneuerter Anerkennung ihrer alten Rechte. Im Jahre 1408 wurden die Hansen in England durch den König von der ihnen abseiten der Steuereinnehmer zugemutheten Zahlung einer neuen Abgabe von anderthalb Zehnten freigesprochen, unter Anerkennung ihrer durch das Privilegium König Edwards I. vom Jahre 1303 unter grosser Begünstigung festgestellten Verzollung, wobei das Kanzleigericht nach Aussagen über frühere ähnliche Fälle unter König Richard II. verfuhr und die Freiwilligkeit der von den Deutschen geleisteten Zahlungen zu milden Zwecken für die Kirchspielsarmen oder die Ward anerkannte. Zehn Jahre später (1418) versuchten die Sheriffs von London, welche von der königlichen Schatzkammer die königlichen Einkünfte aus der Stadt und der Grafschaft Middlesex gepachtet hatten, die Erhebung einiger neuen Abgaben von Wein, Salz, Bauholz, Wachs, Theer, Flachs, Werg und anderen Waaren auf die Kaufleute von der Gildhalle der Deutschen auszudehnen. Der Magistrat von London jedoch, bei welchem die Sheriffs ihre Beschwerden wider die Deutschen anbrachten, war unparteiisch genug, die Exemtion der letzteren als in den Rechten begründet unumwunden anzuerkennen und für die Zukunft zuzusichern. Nach etwa neun Jahren (1427) waren die derzeitigen Sheriffs wiederum mit ähnlichen neuen Ansprüchen hervorgetreten, auf Zölle für die althergebrachten Ausfuhr-Artikel, aber auch auf Reis und Abgaben allerlei andere Waaren. [3]) Auch

---

[1]) *J. Voigt* Geschichte von Preussen. Th. V. S. 204 flgd.

[2]) *Rymer* l. l. ad a. 1399, December 6. Ein Schreiben englischer Kaufleute vom Jahre 1423 bei *Burmeister* a. a. O. S. 169 führt jenen Vorbehalt irrig auf König Edward I. zurück.

[3]) Auf diese Zölle scheint sich schon die Beschwerde der Factorei zu London vom Jahre 1423 zu beziehen. Bei *Burmeister* Beiträge zur Geschichte Europa's. S. 172 und 173.

hier erklärte der Mayor J. Reynewell mit dem übrigen londoner Magistrate sich gegen die Belastung der Deutschen mit den neuen Abgaben und bestätigte den alten Vertrag der Stadt mit denselben vom Jahre 1282. Nur ward verlangt, dass der englische Altermann der Deutschen — ein Verhältniss, welches von dem londoner Magistrate ungerne gesehen war, aber der König erst im verwichenen Jahre durch Ernennung des Altermannes W. Crowmere geordnet hatte — auf die vertragsmässige Weise erwählet und noch bestimmter wie früher darauf beeidigt werde, dass er dem Rechte und Nutzen der Stadt nicht entgegen handeln wolle. Noch 1461 ward von den Steuersammlern ausdrücklich anerkannt, dass ein denselben von den Hansen gegebener Beitrag ein freiwilliger sei und auf keiner Verpflichtung beruhe.

So freundlich sich die Verhältnisse in London unter dem Einflusse der Regierung immer wieder gestalteten, so viele Wolken zogen sich von auswärts her zusammen. Schon gleich nach dem Tode des Königes Henry V. wandten sich einige englische Kaufleute in der durch den Regierungswechsel ermuthigten Hoffnung an das Parlament zu London mit einer Beschwerde über die gewaltsame Auflösung ihrer lange bestandenen Factorei zu Danzig und andere daselbst und zu Greifswalde erlittene Unbill. Die Deutschen zu London oder wie sie schon damals genannt wurden, "*die vom Stahlhofe,*" nahmen sich ihrer Landsleute vor dem königlichen Rathe an, doch konnten sie selbst nicht unterlassen, grössere Berücksichtigung anzuempfehlen, indem sie ihre eigenen günstigen Verhältnisse zu den hohen geistlichen und weltlichen Herren des Landes hervorhoben.[1] Auch war es erst im Jahre 1432, dass sich das Haus der Gemeinen an den König Henry VI. wandte mit dem Gesuche, dass die zu London wohnenden hansischen Kaufleute zum Ersatze des von ihren Landsleuten in ihrer Heimath englischen Kaufleuten zugefügten Schadens verpflichtet werden sollten, eine Bitte, auf welche jedoch der König, welcher erst im letztverwichenen Jahre die hansischen Privilegien bestätigt hatte, nicht einging.[2] Doch genügte jene formelle Confirmation nicht zur Ausführung und die Hansestädte, im Bewusstsein ihrer gesicherten Stellung, verbündeten sich enger mit dem Hochmeister, welcher die Engländer aus seinem Lande herauswies, weil der König von England den den seinigen zugefügten Schaden nicht zu ersetzen vermochte, während die Städte die Ausfuhren aus England zu beschränken strebten und sogar bei hoher Strafe verboten, englische Tücher nach den Hansestädten zu führen.[3] 1434 begab sich eine hansische Gesandtschaft, bestehend aus vier Bürgermeistern, den Herren Everhard Hardenust von Cöln, Johann Klingenberg von Lübeck, Hinrich Hoyer von Hamburg und Hinrich Vorrad von Danzig, nach London und hatte ihre Beschwerden beinahe erledigt, als kurz vor dem Abschlusse die englischen Kaufleute mit ihren Klagen wider die Hansen ungestüm in den Weg traten. Wegen der zu London damals herrschenden Pest wurden auf Anhalten des Königes im Jahre 1435, Februar 12, die Verhandlungen der hansischen mit den königlichen Gesandten nach Brügge verlegt. Die kühnen Hansen sprachen schon davon, ihre Kaufleute alle aus England zurückzuziehen, um den Engländern dadurch

[1]) Siehe das eben gedachte Schreiben des Comtoirs vom Jahre 1423, Januar 11.
[2]) *Cotton* Abridgement. p. 604.
[3]) *Köhler* bei Willebrandt zum Jahre 1434. Detmar zu demselben Jahre.

ihre Unentbehrlichkeit bemerkbar zu machen. Doch auch diese bis zum 13. Januar 1436 fortgesetzten Unterhandlungen führten nicht zum Ziele, ungeachtet der guten Absichten des Königes, welcher unter dem 22. April jene noch einmal aufforderte, mit seinen Abgeordneten, da diese wegen der seinerseits mit Flandern obwaltenden Zwistigkeiten nicht nach Brügge gehen konnten, in England, oder, falls sie es vorzögen, in Calais, der grossen englischen Stapelstadt, zu verhandeln.

Die Hansen scheinen ersteres vorgezogen zu haben; jedenfalls waren sie im folgenden Jahre in London. Hier waren die englischen Kaufleute höchst erbittert wegen des vom Könige Erich VII. von Dänemark ihnen untersagten Handels nach Island, eine Maasregel, welche sie durch die Hansen veranlasst glaubten, weshalb sie wiederum bei dem Könige Henry darauf antrugen, dass er die Privilegien der Deutschen in England aufheben möge. Diese hatten aber hier eine wichtige Stütze erworben in dem Cardinal Henry Beaufort, Bischofe von Winchester, welcher des Königes Henry VI. geheimen Rath damals lenkte. Er stellte demselben vor, dass die Hansen nur ihre alten, oft begünstigten Rechte verlangten, während die Engländer zu ihren Forderungen durchaus unbefugt seien. Sie selbst würden ja die Zugeständnisse nie gewähren, wenn Fremde von ihnen begehrten, was sie jetzt von diesen; deshalb schloss der Cardinal, nach dem Berichte des lübecker Chronisten: "ghevet over de nyen vunde (Erfindungen, Einwürfe) unde maket unsem ryke nen nyen orleghe myt Landen unde steden, der wy nicht entberen konen und dar unse koepman van noet weghen verkeren moet!" [1]) Am 22. März 1437 ward der den Hansen höchst günstig lautende Vertrag zu London unterzeichnet, welchen der König am 7. Juni desselben Jahres bestätigte. [2])

Unter den englischen Abgeordneten bemerken wir einen Altermann von London, Henry Frowick, und an der Spitze derselben William, Bischof von Lincoln. Die Vermuthung liegt sehr nahe, wenn wir zehn Tage nach dem Datum der königlichen Unterschrift das Haus in Windgos Lane neben der Esterlings-Halle von der Wittwe Johanna Bokland an den Cardinal von England, Heinrich, und Wilhelm, den Bischof von Lincoln, und deren Genossen übertragen sehen, dass die kurz vorangegangenen Verhandlungen mit den Hansen in einiger Beziehung zu dieser Uebertragung gestanden haben. Doch sind wir, wenn gleich der Charakter des Cardinals manche schlimme Auslegung rechtfertigen könnte, [3]) um so weniger berechtigt, derselben eine der Ehre desselben, so wie des Bischofes von Lincoln ungünstige Deutung unterzulegen, als über den ersteren gerade damals eine Untersuchung schwebte, aus welcher der König ihn am 26. Juni desselben Jahres durch eine allgemeine Verzeihung entliess.

---

[1]) Detmar bei *Grautoff.* Th. II. S. 75.

[2]) Siehe denselben bei *Rymer* Foedera T. V. P. I. p. 39. Eberhard Hardenust war damals nicht zugegen, und anstatt des Bürgermeisters Hinrich Hoyer hatte Hamburg dessen Collegen Vicke van dem Hove gesandt. Die hamburgischen Stadtrechnungen führen auf, dass diesem damals die grosse Summe von 1407 tal. 4 sol. bezahlt ist.

[3]) Lingard nimmt den Prälaten zu sehr in Schutz. Wenn er gar Shakespear's Fantasie beschuldigt, die Agonien, in welchen jener sterbend in dessen Henry VI. P. II. geschildert wird, ganz erfunden zu haben, so übersieht er, ausser der Frage, ob der Dichter nicht einem älteren Drama folgte, die historischen Quellen des letzteren, Hall's Chronicle, welcher sich auf des Cardinals Caplan beruft.

Die Privilegien gegen den Andrang der selbstthätiger gewordenen Engländer zu erhalten, ward immer schwieriger. Da diese in Preussen, Danzig und den anderen Hansestädten keine werthvollen Freibriefe besassen, so machten sie Anspruch auf eine vollständige Gegenseitigkeit. Ein Statut, welches der König mit dem Parlament im Jahre 1439 erliess, um die fremden Kaufleute vielen lästigen Beschränkungen zu unterwerfen, befreite freilich die deutschen Kaufleute und alle anderen, welche dem Könige gehorsam sind (les merchauntz de Hanse Dalmaigne et toutz autres merchauntz desouth le obeisaunce du Roy), von denselben, [1]) doch bald ging schon das Parlament so weit, den König zu befugen, alle Freiheiten der Hansen aufzuheben, bis den Beschwerden der Engländer in Preussen und Danzig abgeholfen sei. Auch in Stettin und Cöslin waren Engländer verletzt worden. Ein Abgeordneter wurde noch im Februar 1443 nach Cöln entboten und das gute Vernehmen wieder hergestellt. [2]) Die Kämpfe im Inneren des Landes wie mit Frankreich mögen es erklären, dass stets erneuerte Befehle zur Erhaltung der Vorrechte der Deutschen erforderlich wurden. Lehrreich ist ein solcher vom Jahre 1446, Februar 12, an die Steuerbeamten zu Boston gerichtet, dadurch, dass er auf das allen fremden Kaufleuten vom Könige Edward II. im Jahre 1317 bewilligte Privilegium zurückgeht, so wie auch das vom Könige Edward III. im Jahre 1354 den deutschen Kaufleuten ertheilte bestätigt. Um diese Zeit vernehmen wir neue Beschwerden der Engländer über die Deutschen in Norwegen, durch welche der König sogar dahin gebracht war, dem Henry Spiker zu Derby Kaperbriefe gegen die Hansen zu ertheilen. Diese wurden jedoch auf den Grund des in jenen Tagen so sehr wichtigen Privilegii, dass die hansischen Kaufleute nur für eigene Schulden und Vergehungen oder übernommene Bürgschaften zu haften hätten, vom Könige 1447, März 20, zurückgenommen. Gleichzeitig hatte der König den Hansen für sich und ihre Waaren ein sicheres Geleit auf die nächstkommenden drei Jahre ertheilt, namentlich gegen alle erlassenen oder zu erlassenden Kaperbriefe, vorausgesetzt, dass sie ihre Zölle und anderen Abgaben entrichteten. [3])

In den vielfachen nächstfolgenden Verhandlungen gelang es nicht, den Zwist zu heben, wie es denn wohl unmöglich gewesen wäre, da derselbe nicht etwa entgegenstehende Ansichten der Regierungen betraf, welche sich vermitteln lassen, sondern Völker, welche sich in den wichtigsten Rechts- und Handelsfragen mit dem Eifer der Selbsterhaltung entgegenstanden. Diese Streitigkeiten haben für uns hier vorzüglich das Interesse, dass sie die Bande, welche Cöln mit den übrigen Hansestädten verknüpfte, mehr und mehr lockerten, den Vorrang Lübecks befestigten und zu dem utrechter Vertrage, welcher den Hansen das Eigenthum des Stahlhofes verlieh, geführt haben.

Die Verhandlungen, zu welchen man es wenigstens nicht an einem Aufwande von Personen und Zusammenkünften fehlen liess, wurden von Seiten der englischen Regierung unermüdlich fortgesetzt. Eine königliche Vollmacht vom Jahre 1448, Juli 24, beauftragte die Ritter Robert Shottesbroke

---

[1]) 18. Henrici VI. 1—4. Statutes of the Realm. T. II. p. 305.

[2]) Proceedings of the Privy Council. T. V. Preface p. XCI. *Rymer* Foedera. a. 1440, Februar 2.

[3]) Proceedings of the Privy Council. T. VI. p. 61. *Dreyer* De iure naufragii. p. 279 führt eine mir unbekannte Ausfertigung dieses Beschlusses an.

und John Beek mit dem Mag. Richard Caunton, J. U. Dr. und Archidiaconus zu Salisbury, mit den hansischen Gesandten an einem geeigneten Orte zusammenzukommen, um die vorhandenen Streitigkeiten gemeinschaftlich zu schlichten. [1]) Im folgenden Jahre waren sie nach Lübeck gegangen, dessen Rath jedoch allein mit ihnen nicht unterhandeln wollte: die Hansestädte wurden berufen, allein nur die Preussen kamen, von den binnenländischen Städten keine. Die englischen Gesandten, obgleich durch das Ausbleiben so vieler Städte verletzt, begannen die Unterhandlungen mit planmässiger Schlauheit, welcher indessen die anwesenden hansischen Deputirten, welche die abwesenden Städte zu vertreten nicht befugt waren, eben so vorsichtig als fest entgegentraten. Man gelangte jedoch dahin, den Sitz der Verhandlungen nach Deventer zu beschliessen und zu denselben die Frist von zwei Jahren zu bewilligen. Doch die ungestümen feindseligen Gesinnungen englischer Unterthanen zerstörten unerwartet wieder die mühsam angebahnten Friedensverhandlungen und entzündeten viel bitterere und gefährlichere Streitigkeiten als die bisherigen. Einige Engländer beabsichtigten die Schiffe, auf welchen die Prinzessin Maria von Geldern zu ihrer Vermählung mit König Jacob II. nach Schottland geführt wurde, anzugreifen und zu nehmen. Sie verfehlten diese, stiessen aber auf eine Handelsflotte, bestehend aus 108 mit Salz aus der Bay von Biscaya reich beladenen grossen Schiffen, welche zum Theile Lübeckern, anderen Theiles nach Preussen und Livland, zum grössten Theile nach Holland, Seeland und Campen gehörten. Ungeachtet des von den königlichen Gesandten zugesicherten sicheren Geleites führten die Engländer diese Schiffe unter dem nichtigen Vorwande, dass sie Feindesgut mit ihrer Flagge deckten, in englische Häfen und entfreiten nur die der Holländer. [2]) Dieser Friedensbruch musste in Zeiten, wo die Hansen den Reichsadler, welcher in den Wappenschildern ihrer Factoreien hervortrat, so wie ihre städtische Flaggen gegen Beleidigungen auf der noch freien See und ihr Eigenthum gegen Raub zu schützen oder doch den Frevel zu strafen, den Muth und einige Kraft besassen, zu zahllosen Repressalien führen. Die Bergenfahrer von Lübeck, welche die Ost- und Nordsee Jahrhunderte hindurch gegen die Seeräuber geschützt haben, ergriffen als Repressalie ein englisches grosses, mit Tuch beladenes Schiff und brachten es auf nach Bergen, wo jedoch der zufällig anwesende, neu erwählte König Christian von Dänemark, welchen die Hansen zur Entscheidung der wegen der Beute erhobenen Streitigkeiten zum Schiedsrichter angerufen hatten, dasselbe, weil in seinen Gewässern genommen, nach Kopenhagen führte und die ganze Ladung zu seinem Vortheile verkaufte. Die Erbitterung der Lübecker stieg so sehr, dass sie die reclamirenden englischen Kaufleute mit dem nach Preussen zur Erlangung von Privilegien reisenden königlichen Gesandten, Dr. Caunton, in ihrer Stadt festnahmen. Auf Verwendung der anwesenden hansischen Deputirten wurden jene gegen ihr Gelübde, die Stadt ohne Genehmigung des Rathes nicht verlassen zu wollen, auf freien Fuss gesetzt, doch der grössere Theil, unter anderen Dr. Caunton, entflohen im folgenden Jahre. [3])

---

[1]) *Rymer* Foedera. T. XI. p. 217.

[2]) Wir lernen diese Vorgänge, wenn gleich oft in späteren Verhandlungen angedeutet, erst genauer aus Detmar's Chronik zum Jahre 1449 kennen.

[3]) Detmar zum Jahre 1450 und 1451.

Diese Verwickelungen Lübecks mit England wurden von den übrigen Hansestädten sehr ungerne gesehen, da die Aussicht zu gütlicher Ausgleichung dadurch immer ferner gerückt wurde. Die Verhandlungen des Hansetages vom Jahre 1450 geben ein anschauliches Bild der Lage der Städte und ihrer nicht ungeschickten Staatskunst. Die nördlichen Hansestädte konnten sich nicht von Lübeck trennen, doch Cöln, in der Erinnerung seiner ehemaligen, von den norddeutschen Städten unabhängigen Stellung und jetzt mit geringeren Mitteln versehen, als sie selbst früher und die anderen Städte gegenwärtig besassen, suchte allein eine Absonderung zu bewirken. Der König sah die Annäherung der Cölner gerne und erwiederte deren Schreiben vom 24. September 1452 mit dem Ausdrucke der freundlichsten Gesinnung für dieselben und Anklagen gegen Lübeck.[1]) Seine Fehde mit derselben und einigen preussischen Städten ward erst im Jahre 1456 durch einen auf Vermittelung einiger anderen Hansestädte auf acht Jahre bewilligten Waffenstillstand beendigt.[2])

Doch nur wenige Jahre waren vergangen, als im Sommer 1458 die Hansestädte und besonders Lübeck wiederum stark verletzt wurden. Richard Neville, der unter dem Namen des Königmachers in der Geschichte Englands sehr bekannte Graf *von Warwick*, war kürzlich zum Gouverneur von Calais ernannt und ihm das Commando über die Flotte aufgetragen. Kaum hatte er sein neues Amt angetreten, als 18 grosse und 10 kleine lübecker Schiffe, welche Wein und Salz aus der Bay von Biscaya nach Livland führten, die Strasse von Calais berührend, dort für französische Schiffe angesehen wurden.[3]) Der kühne Graf mit nur fünf grossen und sieben kleinen Schiffen griff am Frühmorgen des 29. Mai die vermeinten Feinde an, ob er gleich seines Irrthums muss bald gewahr geworden sein. Die hansischen Schiffe setzten sich trefflich zur Gegenwehr,[4]) so dass Warwick mit grossem Verluste am späten Abende nach Calais sich zurückziehen musste, jedoch nicht ohne sechs schwach bemannte Kauffahrer genommen zu haben. Die Schiffe wurden nach England geführt, die Schiffscapitaine eingesperrt, die Matrosen entlassen und die reiche Beute zur Hälfte des Werthes verschleudert. Der König musste über den Friedensbruch zürnen und beschied unter dem 31. Juli den Grafen Warwick zu einer am 13. August zu Rochester durch eine Anzahl beauftragter königlicher Räthe abzuhaltenden Untersuchung.[5]) Diese hatten in wenigen Tagen dem Könige zu berichten, doch wurde der gerechten Beschwerde der Lübecker nicht abgeholfen.

Die Privilegien der Hansen wurden noch vom Könige Henry VI. am 5. December desselben Jahres und vom Könige Edward IV. 1461, November 6; 1462, Februar 20 und December 7; 1463, *März* 9,[6])

---

[1]) *Rymer* Foedera. T. V. P. II. p. 38.

[2]) Detmar zum Jahre 1452. Rescript des Königes Henry VI. vom Jahre 1456, März 1, bei *Rymer* l. l. p. 66.

[3]) Detmar zum Jahre 1458. Die englischen Berichte geben 28 Schiffe an, während Detmar nur von 18 grossen Schiffen spricht.

[4]) Der im Treffen anwesende Berichterstatter schreibt: Men says, there was not so great a battle upon the sea this forty winters: and forsooth we were well and truly beat. *Fenn* Paston Letters. T. I. p. 161.

[5]) *Rymer* l. l. 1458, Juli 31. Ein ähnliches, aber für ihn glücklicheres Gefecht hatte Warwick um dieselbe Zeit mit Spaniern und einigen Genuesen.

[6]) Bei *Willebrandt* S. 68 irrig unter 1462, wie *Sartorius* Th. II. S. 822 richtig bemerkt, doch übersah, dass er dieselbe Urkunde vorher selbst unter 1462 aufgeführt hatte.

bestätigt. Doch waren mittlerweile den Lübeckern siebenzig Schiffe genommen, vier und vierzig durch den Engländer Robert Chain, neunzehn durch den Grafen von Warwick und sieben von Bergen kommende durch den Hauptmann Ross — ein Verlust für die Hansen, welchen sie vor dem Parlamente auf 200,000 £ nachwiesen. [1]) Beinahe nicht minder nachtheilig war die 1463, April 29, erlassene Parlaments-Acte, wodurch den Hansen derselbe Zoll wie den Eingeborenen für Wein und Wolle, so wie die doppelte Abgabe von Zinn abgefordert wurde. [2]) Die Verhandlungen, welche zu Hamburg auf Johannis 1464 gehalten werden sollten, mussten wegen der dort herrschenden grossen Pest ausgesetzt werden; aber auch im folgenden Jahre war in dieser Stadt, wohin der König seine anfänglich nach Utrecht bestimmten Gesandten auf den Wunsch der Cölner zu Ende Juli 1465 geschickt hatte, [3]) keine Vereinbarung der Engländer mit den Lübeckern zu erreichen, weil jene für den den letzteren unter der vorigen Regierung zugefügten Schaden nicht aufkommen wollten. [4]) Der König, wie die Engländer behaupteten, von der Hanse mit einer bedeutenden Summe Geldes unterstützt, [5]) worin wir gleichwohl eine Bestechung nicht erkennen können, fuhr jedoch fort, in der ausdrücklich ausgesprochenen, besonders vom Rathe zu Hamburg stets wieder angeregten Erwartung der Erneuerung der Friedensverhandlungen, den sämmtlichen Hansen, welche an der Gildhalle der Deutschen zu London Theil hatten, 1466, März 4, die alten Privilegien zu erneuern, und zwar auf mehrere Jahre, während den englischen Kaufleuten von einzelnen Hansestädten entsprechende Geleitsbriefe ertheilt wurden. 1469, Mai 12, ernannte der König auf's Neue Gesandte zu Verhandlungen mit den Hansestädten, ohne den Ort der Verhandlungen zu bestimmen, [6]) doch kamen diese nicht zu Stande. Der königliche Geheime Rath verurtheilte unterdessen zu London die Easterlingen in den abseiten der Merchant Adventurers gegen sie erhobenen und lange vor demselben verhandelten Streitigkeiten zur Zahlung von £ 13,520,

---

[1]) Diese Angabe, welche *Köhler* zum Jahre 1462 einer mir unbekannten Quelle, falls sie nicht ein Schreiben der Hanse vom Jahre 1604 ist, entlehnt, scheint ungenau. Den dortigen Comes Wormicensis haben wir richtiger benamen können. Doch ist Robert Chein (Chamberlain?) mir unbekannt. Der Letztgenannte ist vielleicht in Lord Thomas Roos zu suchen.

[2]) Statutes of the Realm. Vol. II. p. 392.

[3]) In den lateinischen Vollmachten des Königes findet sich in dieser Zeit der Ausdruck eingeschaltet: *le Mesne Hansae*, wie 1465, Juni 11, wo *Rymer* ihn auf Patriae et civitates Hanzae Teutonicae; 1472, März 5, wo derselbe ihn auf Hansa Teutonica bezogen hat; richtiger aber 1469, Mai 12, wo er gelesen und gedruckt hat: cum Gubernatoribus patriarum et civitatum Hansae teutonicae, alias vocatis le Mesne Hanzae. "Mesne lord" ist ein Herr, welcher das von ihm verliehene Lehen, Afterlehen, von einem höheren Herrn hat; und soll also hier die unabhängige Stellung des Hochmeisters und der Reichsstädte andeuten, welche unmittelbar unter dem deutschen Kaiser standen.

[4]) Siehe unsere Urkunde und *Detmar* zum Jahre 1465. S. 285 flgd. *Rymer* l. l. p. 131. c. 130, wo die vier Vollmachten für dieselben Gesandten zu Verhandlungen mit Dänemark, Polen, dem deutschen Ordensmeister und den Hansestädten, d. d. Westminster, 1465, Juni 11. *Willebrandt* Th. III. S. 70 hat nur die letztere in der bei Rymer abgekürzten, ohne Berücksichtigung der vorher abgedruckten, unverständlichen Gestalt, wo selbst die Namen der Gesandten und das Datum fehlen, und unter der verkehrten Bezeichnung eines "Recessus Regis Angliae cum deputatis Hansae" wieder gegeben, welche Sartorius Th. II. S. 822 noch mit dem 9. März irrig angeführt.

[5]) *Anderson* History of Commerce. T. I. p. 488.

[6]) *Rymer* l. l. T. V. P. II. p. 169.

über deren Zahlung aber der englische Berichterstatter bemerkt, nichts erfahren zu haben. [1]) Dagegen wurden viele Hansen zu London verhaftet, weil man ihnen Schuld geben wollte, dass die Dänen, im Verfolge der mit den Engländern, besonders den Kaufleuten von Lynn stattgefundenen Streitigkeiten in Island, bei denen der dortige königliche Vogt von denselben erschlagen war, vier nach Preussen bestimmte grosse, schwer beladene Schiffe derselben gekapert hatten. [2]) Auf den Hansetagen zu Lübeck 1469, Mai 1, und auf Christi Himmelfahrt 1470 ward deshalb der Beschluss gefasst, nicht nur die englischen Tücher nicht länger in Deutschland zuzulassen, sondern auch die hansischen Kaufleute aus England zurückzuberufen. [3]) Wir nehmen nun wahr, dass am 10. Mai 1469 die Privilegien aller deutschen Kaufleute, welche zu ihrer Gildhalle in London gehörten, nur bis zum letzten August desselben Jahres verlängert wurden. Wirklich scheinen die Hansen das schutz- und treulose England verlassen zu haben. Denn viele ihrer Schiffer und Kaufleute vereinigten sich, um von dem England feindlichen Herzoge von Burgund, Karl dem Kühnen, sich Kaperbriefe gegen die Engländer ertheilen zu lassen. [4]) Da sie diese schon im Herbste 1469 und im folgenden Winter mit grossem Erfolge benutzten, so ward ihre Hülfe bald weiter in Anspruch genommen. Auf letztgedachtem Hansetage ward den zu Lübeck versammelten Gesandten ein Schreiben der verbannten, zu St. Michel an der Maas in ihrem väterlichen Erbe, dem Herzogthume Bar belegen, residirenden Königin Margarethe, der Gemahlin des abgesetzten Königes Henry VI., d. d. 1470, Mai 1, überreicht, in welchem sie die schwer verletzte Hanse zur gemeinschaftlichen Rache aufforderte und zu diesem Zwecke eine gemeinschaftliche Berathung des hansischen Altermannes zu Brügge, seines Secretairs und einiger dortiger Räthe mit den ihrigen vorschlug. [5]) Die Erwiederung der Städte ist uns unbekannt, doch war es die hansische Flotte, welche den nach Holland fliehenden König Edward nach seiner Einschiffung zu Lynn auf hoher See schreckte und zur zeitigsten Landung zu Alkmar veranlasste[6]) — vermuthlich, ohne wohlbegründeten Argwohn einer Gefahr für seine Person, da eine Vorstellung abseiten des Herzoges von Burgund die Hansen leicht bewog, sich zurückzuziehen. Im März des folgenden Jahres 1471 waren es sogar vierzehn wohlausgerüstete hansische Schiffe, welche mit vier anderen vom Herzoge von Burgund angenommen,

---

[1]) *Fabyan* Chronicles ad a. 1419. Auf diese Feindseligkeiten bezieht sich das Datum 1468, November 19, welches in der Parlaments-Acte 1473, October 6, als deren Anfangspunkt angegeben ist.

[2]) Detmar zum Jahre 1468 und 1469. Chronicon Slavicum. *A. Crantz* Dania. l. VIII. c. 34. Ejusd. Vandalia. l. XII. c. 38 et 40. *Traciger* Hamburgische Chronik. *Polydor Virgilii* Histor. ad a. 1473. Von diesen Gefangenen spricht auch der Vergleich des Comtoirs vom Jahre 1478, November 11. *Köhler's* Angabe zum Jahre 1472, dass König Edward alle auf dem Stahlhofe residirenden Kaufleute habe erwürgen lassen, kann nur eine arge Uebertreibung sein.

[3]) Detmar zum Jahre 1469.

[4]) Detmar zum Jahre 1470.

[5]) *Willebrandt* a. a. O. S. 105.

[6]) *Ph. de Commynes* Memoires. L. III. Ch. 5. Pour ce temps les Ostrelins estoient ennemys des Anglois, et aussi des François, et avoient plusieurs navires de guerre en la mer: et estoient fort crainctz des Anglois (et non sans cause, car ilz sont bons combatans) et leur avoient porté grant dommaige en ceste annee la et prins plusieurs navires etc. *Hall's* Chronicle.

den König Edward nach England zurückführten und dort einige Wochen zu seiner Verfügung blieben. [1]) Mit Recht waren die Hansen über die Rückkehr des Königes Edward erfreuet, und hatten dieselbe befördert, weil sie darin eines der sichersten Mittel zur Herstellung des Friedens und Erlangung ihrer Privilegien erkannten. Nur Cöln hatte die lancastersche Partei, die weisse Rose, ergriffen. Zur Belohnung hatte der König Henry VI., in der kurzen Zeit, in welcher er wieder zur Regierung gelangt war, 1470, December 29, ein Privilegium auf 5 Jahre vom 10. October 1470 angerechnet, für die Cölner allein ausgestellt, [2]) ohne jedoch die übrigen Mitglieder der deutschen Hanse ausdrücklich auszuschliessen. Edward IV. dagegen nach seiner bald erfolgten Wiederherstellung auf dem Thron verlieh den Cölnern in den Ausfertigungen vom Jahre 1471, Juli 6, December 29, und 1472, Februar 18, nur eine Verlängerung von Ostern 1471 bis zu demselben Termine des folgenden Jahres. Der Grund der Ausstellung dieses Privilegii für Cöln lag wahrscheinlich darin, dass deren Kaufleute wegen ihrer Trennung von den anderen Hansen, besonders in England, und wegen der Nichtbesendung der letzten Hansetage auf dem letztgedachten von den Vortheilen der übrigen Hansen und der Gemeinschaft mit denselben durch Bundesbeschluss vom Jahre 1470 ausgeschlossen waren. Diese bemächtigten sich indessen der Privilegien, des Silbergeräthes, der Briefe, Siegel und Casse des verödeten Comtoirs. [3]) Doch verkannte der König nicht das Bedürfniss einer baldigen Herstellung des guten Vernehmens mit den Seestädten. Durch Vermittelung zweier englischer Kaufleute, vermuthlich der nach Calais gesandten H. Bentley und W. von Bristowe, wurde das Comtoir in Brügge veranlasst, die unterbrochenen Verhandlungen wieder aufzunehmen. Im Auftrage der Städte ward wiederum Hamburg für die gemeinschaftliche Zusammenkunft vorgeschlagen. Besonders scheinen es die Factoreien zu Bergen und zu Brügge gewesen zu sein, welche die Hansestädte zu friedlichen Gesinnungen stimmten, da sie es waren, welche vorzüglich den Handel des Auslandes mit London vermittelten. Sie fehlten daher nicht bei der stattlichen Gesandtschaft für die Friedensverhandlungen. Neue Vollmachten wurden vom Könige 1472, März 5 und December 10, ausgestellt. Unter dem 21. Mai 1473 genehmigte derselbe, dass die Verhandlungen am 1. Juli in der unterdessen zugänglich gewordenen Stadt *Utrecht* eröffnet wurden und dehnte den Waffenstillstand vom 25. Juni bis zum 1. October desselben Jahres aus, wogegen auch der Rath zu Lübeck, in seinem und der übrigen Hansestädte Namen, allen Feindseligkeiten gegen England für dieselbe Zeit entsagte. Vorzüglich waren aber die Verhandlungen befördert durch den Schaden, welchen der muthige danziger Schiffscapitain *Paul Benecke* dem englischen Handel, welcher sich unter burgundischer Flagge versteckte, zufügte. [4]) Auch die Hansestädte, besonders die dazu beauftragten Städte Hamburg und Bremen, sandten Schiffe mit Reisigen an die Küsten Englands, um sie zu verheeren.

---

[1]) *Ph. de Commynes* l. c. c. 6. *Hall's* Chronicle.

[2]) *Rymer* l. l. p. 183.

[3]) *Willebrandt* a. a. O. Th. III. S. 228. Von den Streitigkeiten der Cölner mit den Flamländern siehe *Sartorius* Th. II. S. 548 flgd. Vergl. auch *Burmeister* S. 63 flgd. und S. 77. Aehnliche Unordnungen, wie unter den Hansen zu London, fanden damals unter denen zu Brügge statt. *Sartorius* a. a. O. S. 545.

[4]) Siehe *Reimer Kock's* lebendige Erzählung von dem deutschen Seehelden bei *Grautoff* a. a. O. Th. II. S. 701—708. Vergleiche auch Detmar zum Jahre 1473.

Schon am 6. October desselben Jahres stellte ein Parlaments-Beschluss die Feindseligkeiten gegen die Hansen ein und befugte den König, mit denselben die alten freundlichen Verhältnisse herzustellen und die Privilegien urkundlich neu zu bestätigen. [1]) Die Verhandlungen waren im Juli begonnen und am 9. September im Vertrags-Projecte unterzeichnet, die Zusammenkunft war dann, um einen endlichen Abschluss der verschiedenen Vollmachtgeber zu bewirken, zum 15. December, sodann zum 15. Januar ausgesetzt, zu welcher der König unter dem 2. December 1473 eine erweiterte Vollmacht ausstellte. [2]) Noch December 26 desselben Jahres bestätigten der König von England und sein Parlament *die* Einstellung der Feindseligkeiten, so wie die alten Freiheiten der Hansestädte. [3]) Endlich kam der lange gewünschte Friedensvertrag am 28. Februar 1474 zu Utrecht zu Stande, welchen der König von England unter dem 20. Juli desselben Jahres zu Westminster für sich, seine Unterthanen und seine Nachkommen für ewige Zeiten ratificirte. Am 28. Juli desselben Jahres wurden auch die alten Privilegien der Hansen neu bestätigt.

Die zahlreichen Bestimmungen des utrechter Vertrages aufzuzählen, scheint hier nicht erforderlich, da jener Vertrag längst wohlbekannt ist, die uns hier zunächst angehenden aber, wodurch als Ersatz und Genugthuung für den von englischen Unterthanen erlittenen Schaden das Eigenthum des Stahlhofes zu *London* und ähnlicher Gebäude zu *Lynn* und *Boston* an die Hansen übertragen wurde, so wie die von jenen zu zahlende Rente später ausführlich sollen erörtert werden. [4]) Wir erinnern hier nur daran, dass ein solches Eigenthum auch in diesem Jahrhunderte dem Handel so wichtig war, dass im Jahre 1477 die Hanse sich ein ähnliches, schoss- und abgabenfreies Grundeigenthum zu Bergen an der Somme verschaffte, und noch 1545 zu Antwerpen das noch jetzt ihnen zugehörige Osterlinger Haus. Ausser dem ebengedachten Grundeigenthume wurde den Hansen zum ferneren Schadensersatze und zur Vertilgung alles entstandenen Hasses eine beträchtliche Summe Geldes verhiessen, welche ihnen in der Weise werden sollte, dass bis zu deren Belaufe die von den hansischen Kaufleuten zu entrichtenden königlichen Zölle nicht baar erhoben wurden. Diese Summe war anfänglich auf £ 15,000 geschätzt, wurde aber, weil der König jeden einzelnen Hansen, welcher wegen Beleidigung, Verhaftung, Verlust an Schiffen, Waaren und anderen Sachen gegen seine Unterthanen zu klagen hatte, schadlos zu halten versprach, auf £ 10,000 ermässiget. Dieses Geld sollte den Hansen durch Compensation mit den von denselben zu entrichtenden königlichen Zöllen werden. Dieser Artikel des Vergleiches trat einige Monate nach der königlichen Bestätigung vom 20. Juli 1474 durch eine Bekanntmachung des Königes vom 14. December desselben Jahres ins Leben. Doch fand die Ausführung mancherlei Schwierigkeit,

---

[1]) Die Parlaments-Acte vom Jahre 1473, October 6, in englischer Sprache siehe unten in Abtheilung II. In lateinischer Uebersetzung, jedoch ohne Datum, nebst der Confirmation des Königes Richard II. im Jahre 1377, November 6, über die älteren Privilegien ist sie abgedruckt bei *Haeberlin* Analecta medii aevi. Angeführt ist sie in *Prynne's* Tower Records. p. 693.

[2]) *Haeberlin* Analecta. p. 128.

[3]) Detmar zum Jahre 1473. *Köhler* in seinen oft verworrenen Berichten zum Jahre 1472 bei *Willebrandt* a. a. O. Th. III. S. 230.

[4]) Der Vertrag ist gedruckt bei *Rymer* l. l. T. XI. p. 793. *Lünig* Reichs-Archiv. *Dumont* Corps diplom. etc.

wie nicht nur der königliche Erlass vom 3. Juni 1475 an die Zöllner zu Boston verräth, sondern vorzüglich die Nothwendigkeit, dass zwei Nachfolger des Königes Edward, Richard III. 1484, December 5, und Henry VII. 1486, Juni 29, seine Bekanntmachung bestätigen mussten. Die vertragsmässige Schuld war also noch immer nicht getilgt, und mancherlei Documente lehren uns, dass der Missbrauch, welchen angebliche Hansen zur Benutzung der geringen Zölle und jetzt zur gänzlichen Befreiung von deren Entrichtung sich gestatteten, dem Comtoir zu London mancherlei Verwickelungen herbeiführten.

Der Vertrag stellte ferner fest, dass eine Summe von £ 484, welche die aus den Gefängnissen befreiten deutschen Kaufleute dem Könige geliehen hatten, den Hansen, mit Ausschluss der Cölner, wieder erstattet werden sollte. Auch ertheilte der König die Zusicherung, dass sobald die Gesandten der Hansen eine Stadt nicht länger für ein Bundesglied anerkennten oder eine Stadt von dem Bunde sich trennte, er, der König, sie als eine fremde und unprivilegirte in seinem Lande ansehen und am wenigsten ihr grössere oder ähnliche Privilegien als den Hansen ertheilen wolle, bis er durch Briefe der hansischen Gesandten über die Wiederaufnahme jener Stadt vergewissert sei.

In der uns zunächst vorliegenden Beziehung muss uns bei diesem Vertrage auffallen, dass wenn gleich nicht weniger als sieben Hansestädte ihre Rathsmitglieder unter den Deputirten hatten, nämlich ausser Lübeck, Hamburg, Danzig, noch Dortmund, Münster, Deventer und Campen, und neben denselben die Abgeordneten der Comtoire der Hansen zu Brügge, zu London und zu Bergen, dennoch die in London früher so sehr einflussreichen Cölner gänzlich fehlten. Wir erkennen hierin, dass der obige Beschluss der Hansen über die Ausschliessung der Cölner nicht nur factisch ausgeführt, sondern auch von der englischen Regierung, unerachtet der jenen ertheilten speciellen Privilegien, anerkannt war. Sie sahen sich endlich gedrängt, ihren Frieden mit den übrigen Hansestädten herzustellen, und sandten deshalb ihre Deputirten zu dem Tage, welcher auf Pfingsten 1476 zu Lübeck gehalten wurde. Der Kaiser verwandte sich für dieselben: doch eine vollkommene Verständigung ward erst auf einer am 8. September desselben Jahres zu Bremen gehaltenen Versammlung erreicht. Die Cölner gelobten, abgesehen von den die auf dem Comtoir zu Brügge stattgefundenen Irrungen betreffenden Bestimmungen, die von ihnen zu London in Gewahrsam genommenen Privilegien, Briefe, Siegel, Silbergeräthe, Casse u. a. zurückzustellen, was am Gelde fehlen könnte, wiederzuersetzen; auch für den zurückgehaltenen Schoss zahlten sie 250 £. Dagegen erhielten die Cölner wieder Räume im Stahlhofe und ihren ehemaligen Antheil an der Wahl der Altermannen und Beisitzer. Die Hansestädte verpflichteten sich auch, an den König von England und die vier Stapel oder hansischen Comtoire zu schreiben, dass Cöln wieder in den Bund aufgenommen sei. Nur die Wiederaufnahme in den Stapel zu Brügge und die desfallsige Anzeige an den Herzog Karl von Burgund sollte ausgesetzt bleiben, bis die Fehde der Cölner mit letzterem beigelegt sein würde. [1]) Das verheissene Schreiben der Städte an den König von England in Betreff der Wiederherstellung der Cölner erfolgte noch unter dem 26. November desselben Jahres mit einer Verwendung für dieselben. Nicht so rasch ging es mit der von diesen verheissenen Wieder-

---

[1]) Siehe die Sühne der Cölner mit der Hanse vom Jahre 1476, September, 1478, November, und Detmar zum Jahre 1476.

erstattung der dem Stahlhofe gehörigen Geräthe und Gelder, bis endlich durch einige von der Stadt Cöln an das Comtoir zu London gesandte bevollmächtigte Bürger und Kaufleute auch die hierüber obwaltenden Zwistigkeiten durch einen im Jahre 1478, November 11, abgeschlossenen Vergleich erledigt wurden. Wir finden die Namen der Cölner auf dem Stahlhofe noch in den dortigen Baulichkeiten der nächsten Jahrzehende; aber der Handel Cölns mit England hat nie seine frühere Bedeutung wiedergewonnen und die alte heilige Stadt trat mehr und mehr vor den Seestädten zurück, welche, wenn auch der Bund in Ausdehnung verlor, durch eigene Energie, Reichthum und Macht unter den damaligen Staaten Europa's bis zur Mitte des folgenden Jahrhunderts eine noch ungeschwächte Stellung behaupteten.

§ 5.

Das Eigenthum der Stahlhofs-Gebäude.

Die Hansestädte erhielten beim Abschlusse des utrechter Vertrages eine grosse Anzahl von Documenten über die früheren Uebertragungen der jetzt ihnen zum Eigenthume überlieferten Gebäude, andere, über die von ihnen bereits inne gehabten, besassen sie schon seit längerer Zeit. Uns ist dadurch eine in ihrer Art, selbst bei Pallästen und den grössten Gebäuden seltene, fast ununterbrochene Sammlung der Besitztitel der verschiedenen Theile des Stahlhofes während mehrerer Jahrhunderte vor jenem Vertrage geworden, so dass wir die Thatsache dieses Besitzes schon als einen Eigenthums-Titel geltend machen dürfen. Es ist diese Sammlung in unseren Urkunden mit wenigen Ausnahmen abgedruckt, da eben in der Vollständigkeit die Absichtlichkeit und der Zweck der Eigenthums-Uebertragung ausgesprochen ist, und der Abdruck sich jedenfalls dem Forscher durch vielfache unverhoffte Belehrung belohnt. Doch schien es auch erforderlich, hier aus jener Quelle kurz und übersichtlich die frühere Geschichte der einzelnen Häuser des Stahlhofes zu geben, eine Zusammenstellung, welche theils das Verständniss der Urkunden erleichtern wird, theils uns zahlreiche, historisch interessante Personen, theils dadurch wieder die Bedeutung und den Werth des uns vorliegenden wichtigen Platzes in dem Mittelpunkte des Welthandels vorführet.

1. Die Gildhalle der Deutschen.

In den Jahrhunderten, in welchen die deutsche Hanse die grösste Macht besass und ihr die grössten Rechte eingeräumt wurden, war dennoch der Umfang ihres Grundeigenthumes zu London auf die Gildhalle, oder wie sie später zur leichteren Unterscheidung von der Gildhalle des londoner Magistrats genannt wurde: le Esterlynges Halle, [1]) oder in dem lateinischen Curialstyle: Aula Theutonicorum, und deren Zubehörigkeiten beschränkt. Die Lage der Gildhalle im Kirchspiele Aller Heiligen finden wir in einer Urkunde ums Jahr 1260 ausdrücklich bemerkt, die nähere Bezeichnung in Dowgate Ward fehlt in der uns erhaltenen Abschrift, wird jedoch schon 1383 erwähnt. Sie liegt also unfern von Dow-

---

[1]) Siehe Urkunde vom Jahre 1410, Februar 25.

oder Downgate und der ehemaligen, schon zu König Henry's II. Zeiten längst verfallenen Mauer und Befestigung am Ufer der Themse. [1])

Um die grosse Bedeutung dieses Platzes zu würdigen, so vergegenwärtige man sich, dass die alte Stadt der Bürger von London nur ein Thor an der Wasserseite oder Hafenthor besass, nämlich Downgate oberhalb der londoner Brücke. Andere ähnliche Benennungen, wie Billyngsgate, Wolfgate, Ebgate u. a. bezeichnen nur die nach ihren Eigenthümern oder anderen Zufälligkeiten benannten Pforten zu den Landungsplätzen, jenes aber die ursprüngliche niedrige Lage. Unmittelbar längs der zu diesem Hafenthore hinleitenden Strasse [2]) in ihrer ganzen Strecke von Thames-Street bis zum Strome waren die Gildhalle und die Werfte der Deutschen gelegen und nahmen also die für den mit seinen Waaren ankommenden Kaufmann günstigste Stelle in London ein, eine Bemerkung, welche zugleich auf ein hohes Alter des Besitzes zurückzuweisen scheint. Schon der Name der Gildhalle, welchen in London nur noch das alte Rathhaus führte, deutet auf angelsächsische Zeiten, vielleicht auf solche, wo die londoner Bürger noch keine Gildhalle besassen. Der Umstand aber, dass es die Cölner, die Bürger der alten Colonia Agrippina, waren, bei denen wir ursprünglich diese Gildhalle finden, gestattet die Möglichkeit eines Zusammenhanges engerer Handelsbeziehungen in den Zeiten der römischen Herrschaft. Wenn nun gleich wir durch solche Rückblicke uns nicht zu der Annahme eines damaligen Grundbesitzes an der späteren Stelle berechtigt finden, so dürfen wir doch mit einiger Zuversicht annehmen, dass die cölner Kaufleute in London als willkommene, einflussreiche Gäste längst verweilten, zu der Zeit, als das alte Downgate mit seinen Thürmen beim Verschwinden der Hafenmauer oder des am Ufer belegenen Walles einging. Zu dieser Epoche dürfte ihnen der freigewordene Platz, vielleicht das dazu gehörige Gebäude, wie der Thurm der Gildhalle, welcher von den Kaufleuten schwerlich erbauet war, vom Könige übertragen sein. Das Gässchen Cosyns Lane ist, wie oben erwähnt, wohl erst später erbauet. Die Gegend des eingegangenen Walles am Ufer erkennen wir auch darin, dass wir in dem fraglichen Theile der Upper Thames-street neben der Allerheiligen Kirche einen grösseren unbebauten Platz finden, der zu einer Reepschlägerei, Ropery, benutzt ward, welche der Gasse, obgleich sie eine Haupt- und Heerstrasse (vicus regius) bildete, noch lange ihren Namen verlieh, den sie nicht vor der Mitte des funfzehnten Jahrhunderts gegen den jetzigen vertauschte. Sollte der cölner Besitz neben Dowgate aber älter sein, wie die Niederreissung des Thores, so liesse sich annehmen, dass die Cölner als nächste, bei feindlichen Angriffen auf die Stadt höchst gefährdete Anwohner einen Antheil an der Vertheidigung des Thores hatten, welcher bei dessen Aufhebung auf Bishopsgate übertragen wurde. Zu jenem, so ferne es mit der Gildhalle der Deutschen zusammenfiel, welche nur etwa drei und dreissig Fuss an der Ecke von Cosyns Lane und Thames-street breit und hundert Fuss tief war, gehörte ein Thurm und ein Kay, und also auch der dazwischen liegende, später als der Garten be-

[1]) Von diesen Mauern giebt Fitz Stephen zur Zeit König Henry's II. die älteste Kunde, deren Richtigkeit man hat bezweifeln wollen, doch schon durch *Maitland* a. a. O. T. I. p. 20 begründet und durch manche aufgefundene Ueberreste bestätigt ist.

[2]) Das dazwischen liegende Gässchen Cosins Lane ist, wie der Name des in den Urkunden der deutschen Gildhalle unter den Zeugen vorkommenden Namen des Stifters andeutet, im dreizehnten Jahrhundert angelegt.

zeichnete freie Platz. [1]) Des Kayum Esterlingeshalle, als nahe bei der deutschen Gildhalle belegen, gedenkt ausdrücklich eine Urkunde vom Jahre 1409, Januar 16. Der damalige Kay dürfte dort zu suchen sein, wo wir später das stattliche Gebäude erblicken, welches Hollar als des Hausmeisters Quartier bezeichnet, oder doch auf dessen westlichem Theile. Das Nähere in Betreff dieser Gildhalle können wir erst in seinem Zustande in späterer Zeit schildern, um so mehr, da die Feuersbrünste vom Jahre 1177 an auch sie dürften getroffen haben. Der Name deutet uns jedoch eine grosse Halle der Hansen an, in welcher die Morgensprache gehalten und das gemeinschaftliche Mahl eingenommen wurde. An bedeckten Verschlägen für die Waaren dürfte es zu keiner Zeit gefehlt haben.

Der Platz östlich von der Gildhalle, von welchem den Deutschen 1260 die bisherige jährliche Rente erlassen wurde, muss der Raum zwischen jenem Gebäude und dem Windgoose Gässlein gewesen sein, auf welchem wir später die Rathsstube finden. Der ganze grosse Raum von der Gildhalle und dem Garten ostwärts bis zur Allerheiligen Strasse ist erst später erworben. Die Wohnungen, Packräume, welche auf Hollar's Riss zwischen dem Garten und Windgooselane mit No. 17 bezeichnet sind, dürften erst 1474 den Hansen eigenthümlich übertragen sein. Doch scheinen sie schon früher einige der Gildhalle angränzende Gebäude gemiethet zu haben, wie ausdrücklich von demjenigen behauptet wird, welches auf der nächst gelegenen Stelle stand. Die Nachweisung aller späteren Erwerbungen ist im Allgemeinen sehr leicht, doch schwer zur Anschaulichkeit und genauen Angabe der Lage und Maassbestimmungen zu bringen. Es fehlt an einem Risse vor dem grossen Brande, während wir deutlich erkennen, dass die Gässchen im Stahlhofe, welche genauere Bezeichnungen darzubieten scheinen, ihre Richtung bei Erweiterungen der Gildhalle und Anlegung neuer Gebäude verändert haben, so dass die spätere gerade Richtung derselben für die frühere Zeit nicht maassgebend sein kann.

2. Das Haus des Ritter von Salisbury.

Wenn wir uns den geringen Umfang der Gildhalle vergegenwärtigen und ihn mit den grösseren Räumen vergleichen, welche die Hansen, namentlich zu Bergen, besassen, so wird man bald auf die Vermuthung geführt, dass, so sehr unsere Vorfahren mit engen Räumlichkeiten sich zu behelfen wussten, sie zu London in der Blüthezeit der Hanse, schon ihrer Waaren wegen nach dem Besitze grösserer Plätze und Gebäude streben mussten. Städte, welche mit Cöln, das im Jahre 1388 von den anderen Hansen sich absondern zu wollen schien, weniger befreundet waren, mögen zunächst ein anderes Obdach, Packräume und Landungsplatz gesucht haben. Die der Gildhalle angrenzenden Gebäude, von welchen wir ausführliche Nachrichten gleich geben werden, mussten die willkommensten sein, doch ehe es ihnen gelang über diese verfügen zu können, durften sie andere gut gelegene Plätze nicht verschmähen. Sehr wahrscheinlich hatten sie, wie das Vorhandensein der desfalsigen Urkunde im hansischen Archive annehmen lässt, in der letzten Hälfte des vierzehnten Jahrhundertes ein zweites Haus ihne, gleichfalls in der Themsen-Strasse, doch diesseits der londoner Brücke, dem Tower gegenüber, in der Tower

[1]) Urkunde Königs Edward IV. 1475, April 28: inter dictum domum (Guildhalla Theutonicorum) et quoddam gardinum eidem domui spectans.

Street Ward, St. Dunstans Kirchspiel, also unferne des Zollgebäudes, belegen, ein grosses Gebäude, welches durch einen Kay an der Themse, so wie durch seine Lage in der Nähe des Marktes bei Billingsgate für die Bedürfnisse der Factorei sich sehr empfahl. In dieser Gegend waren sehr alte, grosse steinerne Gebäude, als deren Erbauer der Volksglaube den Julius Cäsar betrachtete, in denen Alterthumsforscher aber eine Wohnung des Prinzen von Wales suchen. Mehr Wahrscheinlichkeit hat die Ansicht derer für sich, welche in jener auch Petty Wales, aber wohl richtiger Galley Key genannten Gegend (in vorgedachter Ward, doch im Aller Heiligen Barking Kirchspiele) einen Kay und eine Halle für genuesische Kaufleute mit ihren Galeeren suchen. Ueber einen dortigen Besitz der Genuesen scheinen jedoch keine Nachrichten vorhanden zu sein. [1]) Hier war es, wo die Hansen einen zweiten Kaufhof, früher dem Henry Combemartyn, [2]) damals dem Ritter Thomas von Salisbury gehörig, von dem londoner Bürger und Gewürzkrämer Raymund Love, [3]) welcher jenen von dem derzeitigen Eigenthümer für die Jahre 1365 bis 1380 in Miethe hatte, sich vermuthlich für dieselbe Zeit übertragen liessen. Es scheint indessen nicht, dass dieser Vertrag der Hansen weit über das letztgedachte Jahr hinaus verlängert wurde, da es uns in diesem Falle schwerlich an irgend welchen Nachrichten über den Besitz fehlen würde. Da jedoch der Familienname der Grafen von Salisbury der von Montague war, so könnte man in dem Besitze der unten abgedruckten beiden Documente vom Jahre 1311 die Hinweisung auf eine ältere Verbindung der Hansen mit dem Eigenthümer jenes Hauses suchen.

3. Das Haus des Sir Richard Lyons.

Es scheint nicht, dass die Hansen im vierzehnten Jahrhunderte ihre Grundstücke in London durch Ankäufe vergrösserten, was erst unter König Edward IV. nachzuweisen ist. Englische Schriftsteller jedoch behaupten, dass sie im Jahre 1382 ein Haus mit einem grossen Kay an der Themse, zunächst bei ihrer alten Halle belegen, einst dem *Richard Lyons*, Sheriff von London, gehörig, gemiethet haben. [4]) Vielleicht ist dieses schon damals geschehen, doch die vorhandenen Urkunden beweisen nur, dass dieses Haus mit dem Kay seine Eigenthümer häufig wechselte, aber auch da ihrer mehrere, und häufig Personen, welche nicht zu London ansässig sein konnten, zu sein pflegten, von denselben nicht bewohnt wurde. Der häufige Wechsel der Eigenthümer könnte die Vermuthung bestärken, dass das Haus auf lange Jahre vortheilhaft und sicher vermiethet war, und daher leichter von einer Hand in die andere

---

[1]) Die Genuesen scheinen jedoch einige Zeit hindurch in London ein Haus besessen zu haben, da im Jahre 1441 der Magistrat dieser Stadt von ihnen vor der Sternkammer "socage" forderte, einen Erbzins vom Grundeigenthume. Sir *H. Nicholas* Proceedings of the Privy Council. T. V. p. 169.

[2]) W. Combemartyn war Sheriff zu London 1303.

[3]) Ein John Love war Sheriff zu London 1389.

[4]) *J. Stowe* Survey of London. 1598. Edit. 1633. p. 250. *J. Howel* Londinopolis. 1657. p. 98, und daraus *Maitland* History of London. Eine handschriftliche hamburger Chronik aus der Mitte des siebenzehnten Jahrhunderts will wissen, dass: "Anno Domini 1343 mietheten die Hansen ein an der Themse zu London gelegenes grosses Haus; kauften selbiges später, dazu noch nachbarlich belegene Häuser, so Steelhouse, auch Steelgard heissen, und nanuten es Stalhof. Als unlängst (1630) der Bund derer Hansen zerging, blieb solches den Städten Lübeck, Bremen und Hamburg zu erb und eigen. Sitzen auch noch darin und handeln dapfer."

überging. Jedenfalls beweiset das Statut der Factorei zu London vom Jahre 1391, März 16, dass die deutschen Kaufleute Häuser, Kammern, Buden und Keller von Hauseigenthümern gemiethet hatten, welche wir doch nur in der unmittelbaren Nähe ihrer Gildhalle suchen dürfen.

Dieses Grundstück gehörte, wie eine Urkunde vom Jahre 1409 nachweiset, einst dem *Jacob Palmer*, welcher in uns unbekannter Zeit es dem Geistlichen Richard Chaddesle übertrug.[1]) In diesem lassen Name und Stand vielleicht den Magister *Richard von Chaddesleye*, Professor des canonischen Rechts zu Oxford, erkennen,[2]) wenn die Rücksicht auf die Zeit nicht auf einen jüngeren Neffen hinweist. Von diesem gelangte jenes Haus[3]) am 10. Mai 1375 an den oben erwähnten *Richard Lyons*, einen reichen Goldschmidt, Bürger und Altermann zu London, welcher wegen der beim Verkaufe von Juwelen angeblich verübten Betrügereien zur Einkerkerung verurtheilt, doch später freigelassen war.[4]) Doch 1376 verfiel er einer misslichen Anklage durch das Haus der Gemeinen. Er hatte, laut der Anklage, den Geheimen Rath des Königes hintergangen, als er 1372 mit einem anderen londoner Bürger, John von Hedingham, die königlichen Zölle gepachtet hatte, und sich unstatthafte Erlaubnissscheine zur Ausfuhr von Wolle und Stapelwaaren verschafft; als er 1375 die Aufsicht über die Münze im Tower erhalten,[5]) hatte er nachtheilige Münzveränderungen angerathen, Schulden des Königes für geringen Werth angekauft, Bestechungen als Maklerlohn angenommen bei Bezahlung der königlichen Schulden. Es steht dahin, wie fern Lyons sich in allen diesen Fällen nach heutigen Rechtsbegriffen vergangen hatte, einige der Anklagepunkte wusste er zu beantworten, wegen anderer unterwarf er sich der Gnade des Königs. Er ward jedoch ins Gefängniss gesetzt und sein Eigenthum eingezogen.[6]) Vermuthlich ward, um einer Confiscation zu entgehen, im Jahre 1375 von Lyons der Versuch gemacht, das fragliche Haus und Kay an Richard Chaddesle, welcher den Kaufpreis nicht erhalten haben mag oder mit ihm befreundet war, zurückzugeben. Wir finden 1377 vor dem Könige eine Untersuchung anhängig, welche mit Vernichtung einer solchen Uebertragung geendet haben muss. In der desfallsigen Uebertragungs-Urkunde wird es bezeichnet: "tenementum cum kayo in Windegos lane in parochia Omnium Sanctorum." Diese Gasse, Windgos Alley, vom Volkswitze später auch Wildgose lane genannt, lag östlich von der Gildhalle der Deutschen, westlich von All Hallows Lane. Howell beschreibt sie als den Weg zu diesem Hause oder dessen Kay, und bemerkt, dass sie meistens von den Steelyard Kaufleuten bebauet sei. In der Urkunde

---

[1]) Die Palmer erscheinen in englischen Documenten seit 1207, siehe Rotuli literarum clausarum u. a.; manche davon erweislich in London, wie Radolf 1220, siehe daselbst p. 436 b, Roger Palmer, Rossin le Paumer, blader (Kornhändler) und Altermann von Faringdon Ward, und 1308—1309 ein Sheriff zu London, siehe French Chronicle of London. Liber de antiquis legibus. So mannigfach die Vornamen sind, mit welchen Mitglieder dieses Geschlechtes erscheinen, so ist uns doch kein Jacob Palmer weiter vorgekommen.

[2]) Urkunde vom Jahre 1334 bei *Rymer* T. II. p. 898.

[3]) Die Chroniken bezeichnen ihn als lapidary, Steinmetz oder Juwelier. In einer Urkunde Königs Edward III. vom Jahre 1364 wird er vinetarius, Weinhändler, genannt. Abbreviatio rotulorum originalium. T. IV. p. 283.

[4]) Henr. de Knyghton de eventibus Angliae T. V. ed. *Twysden*. p. 2636.

[5]) Abbreviatio rotulorum originalium. T. II. p. 322 et 326.

[6]) *Maitland* l. c. p. 134.

vom Jahre 1409, Juni 16, wird jenes Grundstück noch näher beschrieben, als belegen im Kirchspiele Omnium Sanctorum ad fenum, belegen zwischen dem Grundstücke des Bartholomeus (Barthold) Frestlyng [1]) im Osten, dem Kay Esterlingshalle im Westen, der Themse im Süden und dem Grundstück des Radulf Blakeney im Norden; 1377 wird auch die Lage in der Gasse La Roperie angegeben. Es erstreckte sich nicht unmittelbar an die später angelegte Thames-street und gränzte also auch nicht an das Hauptgebäude der Gildhalle, sondern stiess im Norden an ein zum Garten derselben gehörendes Stück. Richard Lyons ward im Jahre 1381 ein Opfer des Aufstandes des Wat Tyler und der Rebellen von Kent, welche ihn aus seinem Hause herauszogen und im nächsten Graben [2]) hinrichteten. Derselbe Aufstand drohte auch den Hansen gefährlich zu werden; die Aufrührer verfolgten die fremden Kaufleute, besonders die Deutschen oder Flāminger, welche sie aus den Kirchen herausschleppten, und, um ihre angefeindete Nationalität zu erkennen, die Wörter "bread and cheese" ihnen auszusprechen geboten, worauf sie diejenigen, von denen sie "Brod und Käse" vernahmen, niederstiessen. [3])

1382 wurde das Haus des Richard Lyons mit dem Kay vom Könige, als ihm zurückverfallen, eingezogen, [4]) weil jener ein Bastard gewesen sei. Er hatte dem Könige jährlich 8 Mark für dieses Lehn entrichtet. Am 23. August desselben Jahres übertrug der König es unter denselben Dienstleistungen, wie es früher verliehen war, an den Ritter *J. Clanvou*, welcher später als ein Lollarde oder Anhänger des Wicklef verdächtiget ward, [5]) doch vom Könige und seinem Geheimen Rathe in wichtigen Verhandlungen, wie 1389 bei dem mit Frankreich und den Flämingern abzuschliessenden Frieden gebraucht wurde; [6]) und *Nicolaus Sharnesfelde*, gleichfalls im Geheimen Rathe des Königes und Bannerträger, damals zu den Verhandlungen zu einem Freundschaftsbündnisse mit des Königes Schwager, dem römischen Könige Wenceslav bevollmächtiget, [7]) an den londoner Bürger und Weinhändler *William More*, [8]) *Paul Gysors* und die Capellane *William Fettyndon* und *John Boudiche*; doch schon im folgenden Jahre auf Bitte des W. More, welcher neulich 203 Mark dafür bezahlt hatte, und unter Genehmigung der eben genannten Genossen desselben, an seinen Knapen *John Sliegh*. [9]) Dieser blieb eilf Jahre Eigen-

---

[1]) *Barthold von Frestelyng* lässt sich als ein wohlhabender Bürger und Corduanhändler zu London im Jahre 1363 nachweisen. Siehe Abbreviatio rotulorum originalium in curia Scaccarii. T. II. p. 279.

[2]) H. de Knyghton l. c.

[3]) *Stowe* l. c. p. 51.

[4]) Unum messuagium cum wharvo. Calend. Inquisit. post mortem s. escaetarum. Vol. III. p. 49 et 52.

[5]) Walsingham histor. Anglica a. 1387. Proceedings of the Privy Council. T. I. p. 6—14 c, 88. *Rymer* Foedera.

[6]) *Rymer* l. l. ad a. 1388, November 26.

[7]) *Rymer* l. l. T. III. ad a. 1382, August 16, und 1383, März 10. Proceedings of the Privy Council. T. I.

[8]) *William More*, 1383 Sheriff, 1396 Mayor zu London.

[9]) Johannes Slegh de Fossedyk und seine Gemahlin Cecilia finden wir in Calend. Inquisit. zum Jahre 1395 (T. III. p. 184), als in Lincolnshire begütert, aufgeführt. In derselben Grafschaft finden wir 1349 Johannes Slegh de Swanton, welcher an diesem Orte und zu Coningsby Schenkungen an das Kloster zu Barlinges machte. Siehe Calendarium rotulorum chartarum et inquisitionum ad quod damnum. Fol. 320. 1387 führte John Sleigh im Auftrage des Königes zwanzig auf der See gefangene Feinde nach dem Tower. *Rymer* ad a. 1387, Juni 7.

thümer dieses Grundstücks, welches nach einer späteren Urkunde als sein ehemaliger Besitz bezeichnet wird, vermuthlich, weil er der letzte war, welchem der König es unmittelbar verliehen hatte. 1394, August 29, übertrug er dasselbe an *William Parker*, Bürger und Gewürzkrämer zu London,[1] *John Rumsey* und *John West*. — 1407 übertrug J. West die Rechte an dem fraglichen Grundstücke auf die Cleriker Mag. *Dionysius Lopham*,[2] *Henry Henore* und *Thomas Chamberleyn*, so wie den Knapen *John Norebury* aus Hertfordshire[3] und *Henry Somer*. In einem Documente vom Jahre 1409, Februar 1, verzichteten die beiden erstgenannten Cleriker und H. Somer auf alle ihre Ansprüche an die Länder und Häuser, welche der Knape John Sleigh in der Stadt London und zwar in den Grafschaften Middlesex und Surrey besass, zu Gunsten des Thomas Chamberleyn, wie der Knape John Norebury schon im Jahre 1408, December 5, eine ähnliche Urkunde ausgestellt hatte. Der nunmehr allein berechtigte Thomas Chamberleyn übertrug schon am 16. Juni desselben Jahres 1409 seine Rechte an jenem Grundstücke, dessen frühere Inhaber und Lage er, wie oben angegeben ist, bezeichnet, nunmehr an *Marcus Le Feyre*, *Richard Bank* und die Geistlichen *William Byggynges* und *John Marketstede*. Der erstgenannte M. Le Feyre schied schon am 12. Juli desselben Jahres aus dieser Gemeinschaft zum Besten der drei übrigen Genossen, welche noch zwei Jahre in derselben verblieben.

Aus einer von dem benachbarten nördlich belegenen Hause handelnden Urkunde vom Jahre 1410, Februar 25, erfahren wir beiläufig, dass damals die *Herzogin von Ireland* dasselbe bewohnte. Diese war die erste geschiedene oder wahrscheinlicher die zweite verwittwete Gemahlin des ehemaligen Günstlings König Richard II., Robert de Vere, Earl von Oxford. Jener hatte diesen zum Marquess von Dublin, hernach zum Herzoge von Ireland erhoben, jedoch im Jahre 1388 auf Andringen des gegen denselben erbitterten Volkes ächten müssen. Er war bereits 1392 in der Verbannung zu Löwen verstorben, doch seine Leiche nach England heimgeführt und in der Familien-Gruft zu Coln in Essex, in Gegenwart des königlichen Freundes beigesetzt.[4] Beide Gemahlinnen überlebten ihn. Die erste war Philippa gewesen, die jugendliche, schöne Tochter des Ritters Ingelram von Coucy und der Isabella, einer Tochter König Edwards III.[5] Die willkührliche Scheidung von dieser Gemahlin erweckte nicht nur das lebhafte Missvergnügen der Mutter des Grafen von Oxford, sondern zog ihm auch vielen Hass im Volke zu. Doch hat seine zweite Verheirathung für uns ein eigenthümliches Interesse, besonders wenn wir uns die zweite Frau als die neben der deutschen Gildhalle wohnende Herzogin von Ireland zu

---

¹) *W. Parker*, 1396 Sheriff zu London.

²) 1389 ward er vom Könige in dessen Dienste nach Schottland gesandt. Proceedings of the Privy Council. T. I. p. 18. Wir erkennen in ihm einen der Notare, welche im Jahre 1399 die Abdankungs-Acte des Königes Richard II. mit unterzeichneten. R. Ottesbourne Chron. Anglic. ed. *Hearne*. p. 211. Rotul. parlament. apud *Twysden* Scriptores histor. Anglican. p. 2743. Als ein Bevollmächtigter für ähnliche Zwecke, wie oben, erscheint er auch 1392. Calendar. Inquisit. post mortem. P. III. p. 165.

³) Er ward 1401 vom Könige Henry IV. zu seinem Geheimen Rathe berufen und wird in den Verhandlungen der folgenden Jahre häufig genannt. Siehe Proceedings of the Privy Council. T. I und II.

⁴) *Leland* History of Ireland. T. I. p. 334 sq.

⁵) Vergl. Calendarium rotulor. patent. p. 235 b, 240 b, 243 b, 244 b.

denken haben. Der damals fünfzehnjährige König hatte sich zu Anfang des Jahres 1382 vermählt mit Anna von Luxemburg, der jüngsten, jugendlichen Tochter des deutschen Kaisers Carl IV. aus seiner vierten Ehe mit Elisabeth, der Tochter des Herzoges Bogislav IV. von Pommern, und also der leiblichen Schwester des römischen Königes Sigismund und Stiefschwester des römischen Königes Wenzeslaus; eine bei ihrem Volke sehr beliebte Fürstin (1394), welche noch lange den schönen Namen der guten Königin Anna geführt hat. In ihrer Begleitung befand sich ein Hoffräulein, welches sich weder durch vornehme Geburt, noch durch Schönheit auszeichnete; ein Fräulein von Landskron.[1]) Für dieses Frauenzimmer, von heftiger Liebe entbrannt, wusste Graf Oxford beim Papste Urban VI. die Auflösung seiner bisherigen Ehe zu bewirken und heirathete darauf jene Deutsche ums Jahr 1387. Nach seiner Verbannung wurde der Herzogin von Ireland vom Könige aus den von seiner Mutter gepachteten Gütern eine Rente von 100 Mark oder 66 £ 13 *sh.* 4 *d.* bewilligt.[2]) Im Jahre 1401 finden wir die Herzogin von Ireland an der Spitze des Hofstaates der Königin Isabelle, der zweiten Gemahlin des Königes Henry IV.[3]) Da wir nicht das Datum der Erhebung des Grafen von Oxford zum Herzoge von Ireland wissen, so ist es auch unklar, mit welchem Rechte die geschiedene Gemahlin desselben ihn auch geführt, wie es allerdings geschehen. Die 1389, October 6, geschehene, der Anhänglichkeit des Königes an den gestürzten Günstling durchaus entsprechende Pensions-Ertheilung kann sich jedoch wohl nur auf die zweite Gemahlin beziehen, welche den Titel jedenfalls führte.

1411, November 24, übertragen R. Bank und seine beiden Genossen das fragliche Grundstück an den Geistlichen *John Ikelyngton*, welchen wir als Kämmerer der königlichen Excheoquer kennen,[4]) und den Kaspen, nachherigen Schatzmeister von England, *Hugo Mortymer.*[5]) Wir besitzen ausser der Uebertragungs-Urkunde auch hier, wie in späteren Fällen, die Vollmacht für einige Personen, welche den neuen Erwerbern das Grundstück überliefern sollten. Nachdem H. Mortymer auf seine desfalsigen Rechte am 10. November 1413 zu Gunsten des J. Ikelyngton verzichtet hatte, auch *Richard Wiltshire* am 20. November desselben Jahres gewissen Rechten, welche er an das ehemals dem *J. Sleigh* gehörige Haus und Kay besessen, entsagt hatte, übertrug am 28. November J. Ikelyngton durch seinen Bevollmächtigten R. Bukeland dieselben dem *Richard Courtenay*, Bischofe von Norwich,[6])

---

[1]) *Froissart* Chroniques. L. III. Ch. 68 ed. *Buchon.* T. XI. p. 5. Walsingham Chron. Richardi II. ad a. 1387 apud *Camden* Anglica, Normannica. p. 328. Ihr Vater wird von letzterem: quidam cellarius (in dessen Ypodigma Neustriae. ibid. p. 541: sellarius) genannt. Vielleicht ist hier ein Kellermeister oder Mundschenk gemeint. Doch vielleicht ist Cancellarius zu lesen, und wirklich finden wir in Schlesien, wo die von Landskron seit 1160 ansässig gewesen sein sollen, 1397 Peter von Landskron als Kanzler des Herzogs Conrad II. zu Oels und Cosel. Die dritte Vermählung Kaiser Carls IV. mit Anna von Schweidnitz kann leicht Schlesierinnen an seinen Hof geführt haben.

[2]) Proceedings and Ordinances of the Privy Council. T. I. p. 12 b und 89.

[3]) Ebendaselbst p. 132 und 136.

[4]) Wir finden ihn als Kämmerer des königlichen Exchecquer unter König Henry IV., wie er es vermuthlich schon unter Richard II. gewesen. Calend. rotul. patent. p. 244, 246 b.

[5]) Er war im Jahre 1415—1416 Schatzmeister von England unter König Henry V. Calend. rotul. patent. p. 265 und 265 *b*.

[6]) Er bekleidete diese Würde nur seit dem 27. September 1413 bis zu seinem am 14. September 1415 erfolgten Tode.

und dem Ritter *Roger Leche.* [1]) Von diesen beiden wurden dieselben durch deren ihrerseits dazu bevollmächtigten R. Bukeland an die edle Frau *Alduncia Portale* am 27. Januar 1415 übertragen. Diese, welche sich bald hernach mit dem Ritter *Thomas Ferrers* vermählte, überliess mit demselben das in Rede stehende Haus mit dem Kay an *Richard Bokeland*, *William Olden* und *Roger Twyford.* Diese Ueberlassung scheint nur für die Zeit von 20 Jahren zur Sicherheit eines von R. Bokeland gemachten Anlehens beabsichtigt zu sein durch einen Contract, aus welchem wir ersehen, dass das Haus und der Kay zu einem Werthe von jährlich 5 Mark Sterling angeschlagen sind. Der Ritter Thomas Ferrers verstarb nach wenigen Jahren (1420) und seine Wittwe verzichtete 1421, März 6, gegen 600 Mark Sterling, welche R. Bokeland ihr zahlte, auf die ihr noch zuständigen Ansprüche an das Haus und den Kay. Am 21. April desselben Jahres vermählte sie sich zu London mit dem portugiesischen Ritter *Peter Vincentii* von Faro, der südlichsten Spitze des Königreiches Algarve, welcher im Dienste des Königes von England in Frankreich kämpfte, eine Erscheinung, welche nicht auffallen kann, wenn wir uns erinnern, wie durch John von Gaunt, des Herzoges von Lancaster Vermählung mit Constanze, der Tochter König Peter IV. des Grausamen von Castilien, England in nähere Beziehung zu Portugal kam und seine Tochter Philippa, die Schwester König Henry's IV., mit dem Könige Johann I. von Portugal vermählt wurde. Der Besitz einiger auf jene Heirath bezüglichen, im Jahre 1438 *bis 1441* aufgenommenen Documente in dem hansischen Archive lässt vermuthen, dass in dieser Zeit noch Ansprüche von der Alduncia oder ihren Nachkommen an das fragliche Haus gemacht sein könnten, doch waren diese jedenfalls erfolglos. Aus mehreren vorhandenen Documenten von den Jahren 1421 bis 1431 [2]) ergiebt sich, wie Bokeland, welcher in ersterem Jahre jenes Haus selbst bewohnte, und seine Genossen ihre Rechte zuweilen für einige Zeit übertrugen, bis W. Twyford und W. Hayton ganz aus der Gemeinschaft schieden. 1437, Juni 17, übertrug die alleinige Inhaberin dieser Rechte, des Richard Bokeland Wittwe Johanna, sie dem Cardinal von England, *Heinrich*, [3]) *William Alnewyk*, Bischofe von Lincoln, [4]) *John Fray*, Chief Baron des Königes, [5]) *John Brokle*, Altermann zu London, und *Thomas Rothewell.* Das Datum dieses Contractes kann als ein sehr auffallendes erscheinen, wenn wir es zusammenhalten mit der zehn Tage vorher erfolgten königlichen Bestätigung eines Vergleiches der Hansen

---

[1]) *Roger Leche* ward 1401 und 1403 aus Derbyshire zum Geheimen Rathe des Königes Henry IV. berufen. Siehe Proceedings of the Privy Council. T. I und II.

[2]) Aus diesen viele historisch interessante Einzelheiten enthaltenden Documenten geht in Bezug auf die obigen Verhältnisse hervor, dass Thomas Ferrers nicht im Jahre 1420, in welchem König Henry V. sich mit der französischen Prinzessin Catharina vermählte, starb, sondern erst im Februar 1421, kurz vor der Krönung der neuen Königin. Die in dem Hause des R. Werner vor einem Notare eingegangene Verlobung oder Civil-Ehe geschah also etwa neun Wochen nach dem Ableben des ersten Mannes; die kirchliche Einsegnung zu St. Giles im folgenden Jahre, nachdem die Frau des Kindes von dem zweiten Manne eben genesen war.

[3]) *Heinrich Beaufort,* Sohn des John von Gaunt, 1404 vom Bisthum Lincoln nach Winchester versetzt, wo er 1447 starb. 1426 war er vom Papste Martin zum Cardinal ernannt.

[4]) Er war 1426 zum Bischofe von Norwich ernannt und 1436 nach Lincoln versetzt, wo er 1449 verstarb.

[5]) Wir finden diesen reichbegüterten Ritter auch als Bevollmächtigten des Klosters St. Albans. Calend. Inquisit. post mortem. T. IV. p. 303, 304, 309. Seine Wittwe vermählte sich wieder mit dem später in unseren Urkunden vorkommenden Ritter John Say. Siehe ebendaselbst p. 390 zum Jahre 1478.

mit seinen Bevollmächtigten, an deren Spitze der Bischof von Lincoln stand, und dessen Abschliessung vorzüglich durch den Cardinal Heinrich Beaufort gefördert war. Doch scheint die Nachricht, dass die Hansen damals die Bestätigung ihrer Privilegien durch Bestechung des Cardinals Heinrich erlangt hätten, lediglich auf einem neueren Missverständnisse zu beruhen, [1]) so wahrscheinlich es sein mag, dass die persönlichen Berührungen die Veranlassung zur Verhandlung über das neben der Gildhalle der Deutschen belegene, von diesen vielleicht schon längst gemiethete Haus gegeben haben mögen. Jene Uebertragung war keine unbedingte, da nach zehn Jahren Bokeland's Wittwe in einer Urkunde vom Jahre 1447, December 21, so wie kurz vorher in einer vom 12. December datirten, der oben genannte Bischof von Lincoln, J. Fray und Th. Rothewell, ihre Rechte an das fragliche Grundstück und Kay in Windgose Lane übertrugen an den *Radulf Boteler*, Ritter und Herrn *von Sudeley*, und an den Knapen *John Hende jun.* Letzterer, vermuthlich der Sohn des gleichbenannten begüterten Mannes, welchem König Henry IV. seine Einkünfte aus sehr vielen Zöllen verpachtet hatte, findet sich 1454 unter den Marschällen des königlichen Hauses. [2])

Wir dürfen hier aber den erstgenannten Radulf Boteler oder Botiller, gewöhnlicher Lord Sudeley, in gerichtlichen Acten aber mit beiden Namen genannt, nicht stillschweigend übergehen. Er ward im Jahre 1443 vom Könige Henry VI. zu den Verhandlungen mit dem Herzoge von Bretagne verwandt, 1450 war er Seneschal des königlichen Hauses, ward 1451 mit Truppen zur Verstärkung von Calais gesandt und findet sich seitdem in dem Geheimen Rathe des Königes. [3]) Einen vielleicht mehr genannten, aber wenig ruhmvollen Namen hinterliess seine Wittwe *Alicia*. Diese in erster Ehe dem Lord *William Lovell* ums Jahr 1444 vermählt, wurde später beschuldigt, mit dem jungen Könige Edward IV. ums Jahr 1462 heimlich verheirathet gewesen zu sein, und ist aus diesem Grunde die rechtmässige Geburt seines Sohnes Edward V. bestritten. [4])

Aus diesen Händen ward das fragliche Grundstück an *John Wethamstede*, den gelehrten Abt zu St. Albans, durch Schenkung oder Tausch gegen verschiedene, zwischen jenem Kloster und London belegene Ländereien übertragen, unter Genehmigung des Königs Henry VI. [5]) Diese Erwerbung abseiten des Klosters St. Albans geschah im Jahre 1456, also im Jahre nach der vom Könige daselbst verlorenen Schlacht gegen Richard, den Herzog von York. Ausser dem Eigenthum des

---

[1]) *Sartorius* Geschichte des hanseatischen Bundes. Th. II. S. 594. Note, bezieht sich auf *Köhler* (bei *Willebrandt)*, welcher jedoch von einer Bestechung nichts weiss, sondern nur kurz anführt, was *Detmar* Lübecker Chronik von der Verwendung des Cardinals für die Hanseaten ausführlich berichtet.

[2]) Proceedings and Ordinances of the Privy Council. Vol. I. p. 268, 334 sq. Vol. II. p. 114. Vol. VI. p. 232.

[3]) Proceedings of the Privy Council. T. VI.

[4]) Dr. *Shaw* in der im Jahre 1483 auf Anstiften des Herzoges von Glocester, nachherigen Königes Richard III., öffentlich gehaltenen Rede nennt sie "Eleonore," doch die oben angeführten Acten vom Jahre 1444—1475 ertheilen ihr den obigen Namen. In dieser Ungenauigkeit könnte man allerdings einen Grund mehr gegen die wider Lady Boteler erhobene Beschuldigung finden.

[5]) Calendarium Inquisit. post mortem. T. IV. p. 298. Henrici VI. No. 43: Radulphus Boteler et alii pro Abbate de Sancto Albano *ad quod damnum*: London in parochia Omnium Sanctorum ad Fenum 1 messuagium sive tenementum in Wyndegoselane ibidem cum kaio et aliis pertinentiis abuttat. London.

Gebäudes und seinen Zubehörungen, dessen jährlicher Reinertrag damals auf 8 £ geschätzt wurde, gestattete der König die geistlichen Immunitäten für dasselbe. Es verblieb nun bei dem Kloster St. Albans bis 1475, März 25, dessen Abt Wilhelm es dem *William Dudley*, Dechanten der königlichen Capelle, Magister *J. Gunthorp*, Dechanten der Cathedrale zu Wells,[1] und Magister *William Hatclyf*, Geheimschreiber des Königs, übertrug. Am folgenden 17. April gaben diese es in die Hand des Königes Edward IV., welcher es am 28. desselben Monats den Kaufleuten der deutschen Hanse für immer, frei von allen Abgaben und Diensten, verlieh. Zwei Hallen, binnen des Stahlhofes gelegen, trugen noch bis zum grossen Brande den Namen des Abtes.

4. Das Haus östlich von der Gildhalle.

Aus einem späteren, von einigen Räthen des Königes Henry VIII. ausgestellten Documente über eine unter seinem Vorgänger Henry VII. im Jahre 1506 stattgefundene Untersuchung erfahren wir, dass König Richard II. auch ein Haus des John von Northampton eingezogen hatte, welches zwischen der grossen Halle von Estland oder der Easterlings, der alten Gildhalle, und an der Ecke der Windgose Lane gelegen war. Dieses Haus schenkte er im Jahr 1385, Mai 21, an *Roger Syglem* aus Böhmen, einen Magister beider Rechte, welcher mit der oben bereits gedachten kaiserlichen Prinzessin Anna, der Gemahlin König Richard II., nach London gekommen sein wird. Wir finden denselben in dem Dienste König Henry's IV. im Jahre 1401 bestimmt zu einer Gesandtschaft wegen der Vermählung seiner ältesten Prinzessin Blanche mit Ludwig, dem Sohne des römischen Königes Ruprecht von der Pfalz, so wie um dieselbe Zeit unter anderen Beamten des Königes in englischen Häfen.[2] Er war also, falls er jenes Haus so lange behielt, einer der Nachbarn seiner Landsmännin, der Herzogin von Ireland. Es lässt sich nichts Zuverlässiges über das fernere Schicksal dieses Hauses nachweisen, doch gestattet die Zeit und scheint die Beschränkung der Lage zu verlangen, dass wir annehmen, dass es an der nordwestlichen Ecke der Windgose Lane lag, auf dem auf Hollar's Risse zwischen der Halle der Deutschen, der Rathsstube und den beiden Gassen bezeichneten Raume. Es hat dann eines oder einige der gleich zu besprechenden fünf Häuser gebildet, als deren früheren Besitzer wir also denselben John von Northampton kennen lernen, dessen wir als des Eigenthümers des Hauses mit dem Stahlhofe bald zu gedenken haben. Wahrscheinlich ist es 1391 bei der Wiedereinsetzung des J. von Northampton in seine früheren Rechte demselben, wie es mit den übrigen dortigen Häusern geschah, wieder zurückgestellt und später mit denselben vereint geblieben.

5. Die fünf Häuser westwärts an Windgose Lane.

Zu dem unter König Edward IV. im Jahre 1475 erworbenen Grundbesitze der Hansen gehörten auch fünf Wohnungen, welche an der östlich von ihnen laufenden Windgose Lane lagen, und deren Eckhaus im Norden bildend nach der Themsestrasse, und zwar nach deren Theile derselben, welcher

---

[1]) Erwählt 1472, December, gestorben 1498, siehe Monastic. Anglic. T. II. p. 283.

[2]) Proceedings of the Privy Council. T. I. p. 128. T. II. p. 60.

nach der dortigen Reepschlägerei, the Ropery, genannt wurde, ausgingen; im Westen die Esterlingshalle und der dazu gehörige Garten, im Süden das Haus des Knapen Joh. Sleigh, welches zuletzt der Abt von St. Albans besass. Diese Häuser, von denen das südlichste allein, wenn nicht mit den übrigen vier im Jahre 1409 dem Radulf Blackeney gehörte, waren im Jahre 1410 im Besitze des Capellans *William Bysouthe*, des Tuchhändlers *John Brykelys* [1]) und des Waarenhändlers *Robert Treys*, Bürger von London, in welchem Jahre am 25. Februar sie diese und andere Besitzungen in Dowgate Ward vor dem Mayor und den Sheriffs von London dem Knapen *Robert Cumberton* [2]) überliessen. [3]) Schon nach wenigen Tagen übertrug R. Cumberton seine Rechte an den Besitzungen in Dowgate an seinen Schwiegersohn *Robert Fitz Robert* den Jüngeren und dessen mit seiner Tochter *Margaretha* zu gewärtigende Erben.

1434, August 20, wurden diese Häuser von Robert Fitz Robert, Bürger zu London, mit anderen Besitzungen in acht verschiedenen Kirchspielen Londons als Geschenk überliefert an: *John Neel*, Meister des Hauses St. Thomae von Accon zu London, eines Zweiges der Tempelherren, [4]) den Altermann *Henry Frowyck*, [5]) den Zinngiesser *John Grace*, alle Bürger von London, so wie an den Geistlichen *William Kirkeby* und den Capellan *Richard Davy*. Diese übertrugen 1436, Januar 16, ihre vorgedachten Rechte, so weit sie im Aller Heiligen Kirchspiel ihnen gehörten, wiederum der Margaretha, Robert Fitz Robert's Wittwe, für ihre Lebenszeit gegen die Bedingung, dass sie einen Capellan für die täglich zu lesende Seelenmesse des Robert Fitz Robert in der St. Marien Capelle in St. Mary Aldermary Church (der ältesten Marien-Kirche Londons) in Watling Street, Cordwainer Ward Street, halte, mit der Bedingung des Rückfalls, sobald die gedachte Messe drei Monate hindurch nicht gelesen sein sollte. [6])

1470, August 8, übertrug der Knape *Thomas*, Sohn des vorgedachten *Henry Frowyk*, in welchem die gedachten Rechte sich allmälig vereinigt hatten, dieselben ohne Rückhalt der Margaretha, Wittwe des Robert Fitz Robert, Sohnes des vorgedachten Robert Fitz Robert. Von dieser Wittwe des Enkels des Knapen Robert Cumberton, wurden jene fünf Wohnungen, vermittelst einer Urkunde vom 15. April 1475 dem Könige Edward IV. geschenkt, welcher sie durch seine Urkunde vom 28. April 1475 der deutschen Hanse für sich und seine Erben auf ewige Zeiten verlieh.

---

[1]) *John Brykelys* verstarb 1451 und wurde in der Kirche All Hallows the more beigesetzt, welcher er, so wie den Armen, reiche Vermächtnisse hinterliess; siehe *Stowe* a. a. O. S. 251.

[2]) *Robert Cumberton* starb 1422, beerdigt in der Kirche St. Mary Aldermanbury in Chapelgate Ward.

[3]) Es mag zur weiteren Erforschung dieser Verhältnisse vielleicht gelegentlich dienen, zu wissen, dass der vorgedachte John Northampton, Vater des Jacob Northampton durch seine Mutter ein Bruder war des Johann Cumberton, welcher einen Sohn hatte, genannt Wilhelm. Siehe Calendarium Inquisitionum post mortem. T. IV. p. 82. No. 7 ad a. 1424.

[4]) Unter diesem Meister erhielt das genannte Hospital im Jahre 1445 die Rechte einer Corporation. Er starb 1463. Siehe Monastic. Anglic. T. VI, p. 645.

[5]) *Henry Frowyk* bekleidete in den Jahren 1435 und 1444 das Amt des Mayors zu London. Auch er war einer der englischen Bevollmächtigten bei dem oben gedachten Vergleiche mit den Hansen vom Jahre 1437, Juni 17.

[6]) Siehe die beiden Urkunden vom Jahre 1434 und 1436 in dem Vidimus vom Jahre 1475, August 11.

Diese fünf Wohnungen können wohl nur an der rechten Seite der Windgose Lane gesucht werden, doch muss diese Gasse eine mehr östliche Richtung gehabt haben, als auf Hollar's Risse vom Jahre 1667. Sie entsprechen einigermaassen dessen No. 6 und den dahinter südwärts liegenden Nummern 17.

6. Das Haus ostwärts von Windgose Lane mit dem Stahlhofe.

Von besonderem Interesse ist der östliche Theil der hansischen Stahlhofs-Gebäude, welcher den ursprünglichen Stahlhof in sich fasste. Diese gehörten einst dem *John Norhampton*, Bürger und Tuchhändler (draper) zu London (1381 und 1382 Mayor dieser Stadt), welchem König Richard II. wegen der durch denselben erregten Unruhen sie in Folge eines richterlichen Spruches als ihm verfallen,[1]) nahm und im Jahre 1384, September 22, dem schon um seinen Grossvater, König Edward III., wohlverdienten und geliebten, vor einigen Jahren auch mit einer Jagdgerechtigkeit begabten Capellane Richard Medeford verlieh.[2]) Ein Stück Landes und Rente am *Steelyard* (quaedam terra et redditus apud le Steelyerde) im Kirchspiel Aller Heiligen zu London am Heywharf (gewöhnlich Omnium Sanctorum ad Fenum) war der Priory, nachherigen Abtei zu Bermondsey in Surrey, verliehen, wie die 1384—1385 von J. Norhampton und seiner Ehefrau Petronilla (von welcher diese Besitzung herzustammen scheint) angetragene Untersuchung ergiebt.[3]) Diese Rente von 18 Schillingen, welche viel älter sein dürfte, da schon im Jahre 1291 diese Priory aus jenem Kirchspiele eine Rente von 1 £ 1 sh. 4 d. erhob, und die also zu den Renten aus der Stadt London gehört haben kann, mit welchen im Jahre 1082 Junker Alwine (Aylwin Child) die von ihm gestiftete Priory ausstattete,[4]) war damals irrthümlich als zu dem Eigenthum des J. Norhampton gehörig, mit sequestrirt, ward jedoch bald wieder dem Kloster zurückgegeben.

Jenes Grundstück wird beschrieben als ein Haus mit der Färberei (le Dyhouse) und zwei Häusern über den Stufen und einem Weinkeller in Windgose Lane an der Themse. Da jedoch der König und das Parlament später jenen Spruch für ungültig erklärten und aufhoben (s. die königliche Erklärung vom Jahre 1391, December 1), so fand sich auch Richard Medeford, welcher mittlerweile (1389) zum Bischofe von Chichester erwählt war,[5]) bewogen, jenes Grundstück dem J. Norhampton zurückzustellen durch eine Urkunde vom Jahre 1392, Mai 28. Dieser vermachte in seinem Testamente die wieder erworbene Besitzung dem *Hospitale der heiligen Maria*, welches der londoner Bürger Wilhelm von *Elsyng*, innerhalb Cripplegate zu London, gestiftet hatte. Die Uebertragung an das Hospital geschah vermuthlich durch den nur als Geschäftsführer für den Abt zu St. Albans bereits angeführten Chief Baron des Königes, John Fray, zu Anfange der Regierung des Königes

---

[1]) Thomas Walsingham Histor. Anglic. anno 1384.

[2]) Siehe Urkunde vom Jahre 1443, November 16, No. LXXXVI. Von ihm siehe auch Walsingham ad annum 1388. Calendarium rotulorum patent. ad annum 1384. p. 209. H. de Knighton Chronic. l. V. p. 2705.

[3]) Calendarium Inquisitionum post mortem s. escaetar. Vol. III. p. 71. anno 8. Ricardi II. No. 77. Monastic. Anglic. T. V. p. 99.

[4]) Ecclesiastica Taxatio. Anno 1291. Fol. 10.

[5]) 1395 ward er nach Salisbury versetzt, wo er im Mai 1407 verstorben ist.

Henry VI.[1]) 1427, Mai 15, überliessen der Prior dieses Hospitals, Johannes von Dally,[2]) und der Convent dieselben mit der Werfte und allen Zubehörungen, welche bisher an den Maurer Edward Warlaw vermiethet waren, wie in dem Testamente des W. Stafford vom Jahre 1450 berichtet wird, nunmehr auf viermal zwanzig Jahre, also bis zum Jahre 1507, zur Miethe von 7 £ jährlich, an den Bürger, Fischhändler und Altermann Sir *John Reynewell*, Sohn des William Reynewell, welcher im Jahre 1411 Sheriff, 1426 Mayor von London gewesen war.[3])

Bei diesem letzteren Anlasse werden die fraglichen Gebäude bezeichnet als belegen in Wendegayne (Windegose) Lane, im grossen Kirchspiele Aller Heiligen, in der Ropery, der Länge nach im Norden an die Gebäude einst des Robert Cumberton, jetzt des vorgenannten John Reynewell stossend, im Süden am Ufer des Themsestromes, der Breite nach zwischen den Gebäuden des vorgenannten John Reynewell im Osten und der öffentlichen Strasse Wendegayne Lane im Westen. Diese Gebäude des R. Cumberton scheinen keine andere zu sein, als die obigen fünf in der Windgose Lane und ostwärts von denselben. John Reynewell übertrug seine Rechte an vielen in London belegenen Besitzungen, namentlich auch an den oben bezeichneten, auf *William Cumbes*, *William Abraham*, *John Rofkyn*, *John Colston*, *John Gyfford* und *William Stafford* im Jahre 1441, Juni 19, unter einigen in seinem Testamente vom 18. September 1443 näher bezeichneten Bestimmungen. Es wird auf Anlass des Todes des J. Reynewell und der in dem Testamente angeordneten Uebertragung gewesen sein, dass am 16. November desselben Jahres eine Untersuchung wegen dieser einst dem Könige Richard II. anheim gefallenen Häuser angeordnet, aber nachdem deren Restitution von J. Norhampton nachgewiesen war, zurückgenommen wurde. Der letztgenannte *W. Stafford* gelangte in den alleinigen Besitz jener Gebäude und überliess sie, was die uns vorliegenden Gebäude mit der Werfte betrifft, für immer der Stadt London, und zwar mit Genehmigung des Elsyngs-Spitales, welches dieselben bisher nur auf 80 Jahre veräussert hatte.

1474, December 8, übertrug der Rath von London ein Haus, genannt *le Stolehof* oder *le Styleyard* nebst anderen Ländereien und Gebäuden im grossen Kirchspiele Aller Heiligen zu London in der Thamesstrasse, an den vom Könige Edward IV. bei seinem Regierungsantritte zum *Grafen von Essex* erhobenen Henry, bis dahin Herrn von Bourgchier, gegenwärtig königlichen Schatzmeister, den Ritter *J. Say* und *Richard Fowler*, königlichen Kanzler des Herzogthums Lancaster,[4]) gegen eine

---

[1]) Calendarium Inquisitionum post mortem. T. IV. p. 298. No. 441: Johannes Fray et alii pro priore de Elsyngspitle. London in parochia Omnium Sanctorum ad Fenum 1 messuagium in Themes Street cum shopis et aliis pertinentiis ibidem.

[2]) John de Dalby wird er in Monastic. Anglic. T. VI. p. 704 genannt.

[3]) *Stowe* a. a. O. S. 563 nennt den Vater Robert und einen Kurzewaarenhändler, S. 226 aber William Reinewell, Fischhändler, wie in unserer Urkunde vom Jahre 1458. Dort ist auch das Epitaphium des 1445 (? 1443) verstorbenen Sohnes in der Kirche St. Botulf, Billingsgate Ward, welcher Kirche er ein steinernes Haus vermacht hatte. An letzterem Orte ist ein kurzer Auszug seines unten vollständig abgedruckten, durch seine milden Stiftungen höchst anziehenden Testamentes.

[4]) Vom zweiten siehe oben S. 64. Note 5. Beide letztgenannte erscheinen auch in der Urkunde über den Stahlhof zu Boston vom Jahre 1475, Mai 8.

jährliche Rente von 52 £ 18 sh. 10 den. Dass dieser Stahlhof mit dem obengenannten Dyehouse in Verbindung stehe, kann wohl nicht bezweifelt werden. Wenn gleich die Etymologie des ersten Wortes nicht ganz klar ist, so scheint es sich dennoch auf das Stählen oder Färben von Tüchern zu beziehen. Londoner Alterthumsforscher behaupten jedoch, dass dieser Platz seinen Namen davon trage, dass auf demselben einst des Königes Wage (steelyard, beam) gestanden habe, um das Gewicht der in London eingeführten oder zu verzollenden Waaren festzustellen. Als das Tunnage an die Corporation in London vom Könige verliehen und die Wage nach der Strasse Cornhill, später nach Eastcheap verlegt worden, sei der alte Name des Steelyard dem Platze, wo dieselbe früher gestanden, verblieben. Ich muss die Richtigkeit dieser Angabe dahin gestellt sein lassen, da das von Schiffen erhobene Tonnengeld mir mit der Wage in keiner Verbindung zu stehen scheint. Sollte indessen das Tronage gemeint sein, d. h. die Abgabe für das Wägen des Bleies, Wachses, Pfeffers, Alauns etc., welches König Heinrich IV. im Jahre 1399 auf die Bürger zu London übertrug, so kann unter Steelyard nur eine Schnellwage verstanden werden, und ist die frühere Verdeutschung jenes Wortes als jene noch dort bestand, in Stahlhof nicht wohl zu erklären. Doch würde, wenn obige Angabe sich ganz oder theilweise bewähren sollte, jedenfalls meine obige Angabe über die grosse Bedeutung des Platzes der deutschen Gildhalle im alten London nur eine neue Bestätigung erhalten. [1])

Wie der Stahlhof im alten, engeren Sinne, oder die Gebäude, welche einst dem J. Northampton gehörten, aus den Händen des Grafen von Essex und seiner Genossen in die des Königs übertragen sind, darüber fehlt uns das Document. Doch dürfen wir wohl annehmen, dass sie es nur für den König in Empfang nahmen, da bereits in dem unter dem 20. Juli 1474 vom Könige Edward IV. ratificirten, zu Utrecht geschlossenen Vertrage mit der Hansa [2]) derselben zum gebührenden Schadensersatze versprochen wurde, dass der König den Hansen "certas domos et mansiones, eis et eorum successoribus in perpetuum possidendas et habendas, appropriabit seu appropriari faciet: videlicet quandam curiam Londoniae sitam, vocatam *Staelhof* alias *Stylyard*, cum eidem adherentibus aedificiis et eiusdem universis iuribus usque ad Guildehaldam Theutonicorum inclusive se extendentem:" worauf noch hinzugefügt wird, dass die Hansen dieselben Lasten wie andere neue Grundeigenthümer tragen, jedoch auch die unbedingteste Disposition über jene Gebäude geniessen sollen.

Für den eigentlichen alten Stahlhof besitzen wir kein anderes Uebertragungsdocument, so viel mir bekannt geworden ist. Doch sind die übrigen angrenzenden Besitzungen, welche seit jener Zeit unter diesem Namen mitbegriffen zu werden pflegten, theils viel länger in dem hanseatischen Besitz, theils durch eine im Jahre 1475, April 28, von dem Könige ausgestellte Urkunde besonders bestätigt. Auch der Stahlhof muss schon seit langen Jahren von den wechselnden Eigenthümern an die Hansen

---

[1]) P. Hudson Turner nach *P. Cunningham* Handbook of London, s. v. Steelyard. Im Jahre 1531 bestätigte König Heinrich VIII. dem Sir W. Sidney sein Amt des Keeper of the great beam and common balance or weight within the City of London, welches Amt früher ein gewisser William Stafford (der obengenannte?) inne gehabt, und ertheilt ihm das Recht, alle Beamten "of the great beam and balance, and of the iron beam and of the *beam of the steelyard*, and of the weights" zu ernennen. Siehe *Luffmann* Charters of London. p. 153 sq.

[2]) *Rymer* Foedera. T. V. P. III. p. 36.

vermiethet gewesen sein. Wir sehen nämlich schon lange vor dem utrechter Vertrage, dass diese den Namen der Stahlhofes Kaufleute, nicht freilich in officiellen Documenten, führten. Wir finden sie zuerst von den Engländern so benannt, welche bei der Bezeichnung der Gildhalle nur an die im Jahre 1411 erbauete der Bürger von London zu denken gewohnt waren. In einer Beschwerde englischer Kaufleute über die Hansen vom Jahre 1422 [1]) findet sich, nachdem zu Anfang derselben die Kaufleute von der Hanse in Alemannien, genannt *Osterlingen*, benannt sind, später zum ersten Male die Bezeichnung: "*derer vom Stahlhofe*." In den Statuten wird schon im Jahre 1320 und 1410 des Stahlhofes gedacht, wie es scheint, als eines Theiles der hansischen Besitzungen, welcher reinlich zu halten und während der Essstunde verschlossen werden soll, und welcher damals, noch ums Jahr 1434 von dem Hofe der Deutschen unterschieden wurde. 1446, 1449 ist von dem eigentlichen Stahlhofe, wo sich der Krahn befand, als im Gebrauche der Hansen unverkennbar die Rede. Um diese Zeit (1457, 1460) werden unter dem Stahlhofe sämmtliche von den dortigen Hansen bewohnte Räume, im Gegensatze der allgemeinen Gildhalle, verstanden. Wie lange der deutsche Namen des Stahlhofes schon üblich gewesen sein muss, ergiebt sich vorzüglich aus dem utrechter Vertrage, wo der König von England sich desselben nicht nur bedient, sondern sogar als den gebräuchlichen Ausdruck vor dem des Steelyard anführt. Sollte in dem Datum 1320 kein Irrthum obwalten, so finden wir hier nicht nur die älteste und bekannte Zeitangabe über denselben, sondern dadurch auch den Beweis, dass die Benutzung desselben durch die Hansen über die Zeit des ältesten und bekannten Eigenthümers, des J. Northampton, hinausreicht.

Aus der Parlaments-Acte vom Jahre 1475, so wie aus den Quitungen der Priorin des Nonnenklosters U. L. Frauen zu *Clerkenwell* in Middlesex, jetzt in der Stadt London selbst belegen, vom Jahre 1480—1487, ersieht man, dass dieselbe damals eine Rente von 35 Schillingen von dem Stahlhofe selbst vermöge alter Stiftungen bezog. Der Ursprung derselben ist unbekannt, so wie die Lage des dem Kloster etwa überwiesenen Theiles des Stahlhofes. Unter den Urkunden dieses Klosters werden deren aus den drei anderen Aller Heiligen Kirchspielen, noch Omnium Sanctorum super cellario, All Hallows the Less angeführt, jedoch nicht auch All Hallows the More.

So wie dem Kloster zu Clerkenwell, so wurde durch die gedachte Parlaments-Acte auch der Abtei von *Bermondesey* in Southwark, unferne der London Bridge, also jetzt gleichfalls in London, ihre oben erwähnte Rente von 18 Schillingen anerkannt und ward gegen völligen Verzicht auf dieselbe ihr ein Ersatz durch Aufhebung gewisser dem Könige bisher zustehender Rechte.

Dem Bischofe von *Winchester* ward durch dieselbe Acte seine alte zu Almosen bestimmte Rente von vier Schillingen und sechs Pfenningen erhalten. Rücksichtlich der letzteren besagt die Quitung vom Jahre 1484 und 1485 ausdrücklich, dass die Rente in Wohnungen des Hotels oder grossen Hauses (hospitium) belegen war, welches einst J. Northampton besass und hernach R. Cumberton. Diese Angabe dürfte sich auf keinen der uns genauer bekannten Plätze beziehen, als auf die oben gedachten fünf Häuser in Windgose Lane. Der Zins wurde vom Rentmeister (baillif) des Bischofes

---

[1]) *Burmeister* Beiträge zur Geschichte Europa's. S. 166.

auf seiner jenseits der Themse in Southwark, dem Stahlhofe gegenüber belegenen, durch den bischöflichen Pallast (Winchester-house) viele Jahrhunderte ausgezeichneten und in einen Stadtdistrict verwandelten Besitzung (manerium) jährlich auf St. Michaelis erhoben.

§ 6.

Die Baulichkeiten bis zum grossen Brande im Jahre 1666.

Der Theil des Stahlhofes, welcher die ursprüngliche Gildhalle der Deutschen bildete, lag in der Thames-Street und im Osten von Cosins Lane; weiter östlich standen die anderen Gebäude. Jener erstreckte sich südwärts bis zur Themse und besass dort eine Werfte. Die Gildhalle der Deutschen scheint ursprünglich eine hölzerne Halle gewesen zu sein, deren nächste Bestimmung war, die Güter gegen Wind und Wetter, so wie gegen Diebe zu sichern. Solche hölzerne Hallen waren die der reichen londoner Gilden, selbst das Stadthaus, Guildhall, war vor seiner Verlegung an die jetzige Stelle ein sehr dürftiges Gebäude. Wir hören von der Gildhalle der deutschen Kaufleute zu London eher als von einer der dortigen Gilden, welche erst seit Ertheilung ihrer Privilegien unter König Edward III. erwähnt werden, [1]) während wir jene schon vom Könige Henry III. amtlich genannt wissen. In diesem hohen Alter wird auch der Grund liegen, weshalb die Halle der deutschen Kaufleute gleich wie das Stadthaus eine Gildhalle genannt wurde, während die neuen Häuser der londoner Gilden lediglich Hallen heissen. Sind nun auch diese letzteren Hallen in ihrer ursprünglichen Gestalt älter als das Jahr, worin sie zuerst genannt werden, so lässt sich doch aus jenen Umständen vielleicht folgern, dass die Gildhalle der deutschen Kaufleute sich vor anderen durch festeren Bau ausgezeichnet hat. Dieser wurde dadurch nothwendig, dass während die londoner Bürger in ihren Häusern wohnten und der Halle lediglich zu ihren Innungszwecken bedurften, die Fremden für die Festigkeit der ihrigen zu sorgen besondere Veranlassung hatten, also eines steinernen Baues nicht entbehren konnten. Dieser bekam auch zugleich eine andere Ausführung, weil die Fremden es wünschen mussten, dort zu wohnen, und neben der Halle für die Benutzung aller Gildegenossen der Schlafzimmer, Kirche, Keller, Vorrathskammer und der Ställe bedurften. Auch die Speicher oder Waarenräume erhielten einen anderen Umfang als die jener städtischen Gilden, welche nur fertige Artikel ihres Gewerbes zum Verkaufe hinbrachten, während die Hansen neben den verschiedensten Einfuhr-Artikeln auch gekaufte Waaren aufzubewahren hatten. Wir dürfen also wohl annehmen, dass die Gildhalle der Deutschen, welche König Henry III. ein Haus nennt, auch von Steinen erbauet war. Sie wird unter diesem Könige auch die grosse Halle von Estland, Ostland oder der Easterlingen genannt.

Doch muss sie schon im Jahre 1408 aus mehreren Häusern und Gebäuden (domos ac mansiones in warda de Dovegate) bestanden haben, deren der Bericht der Steuerbeamten gedenkt, welche absichtlich

[1]) *W. Herbert* History of the twelve Livery Companies of London. Vol. I. p. 86 sq.

die sonst gewöhnliche Bezeichnung der Gildhalle der Deutschen umgehen. Wir müssen es freilich unentschieden lassen, ob diese verschiedenen Gebäude noch auf dem Platze der ursprünglichen Gildhalle standen, oder ob schon manche, erst später ganz erworbene Baulichkeiten darunter begriffen waren.

Nach der Erwerbung der Stahlhofs-Gebäude durch den utrechter Vergleich finden wir eine steinerne Mauer vor Windgose Lane längst der Thamesstrasse gezogen, [1]) und dürfen annehmen, dass die ganze Façade mit wenigen Fenstern versehen und zur Vertheidigung gegen einen Ueberfall des Pöbels eingerichtet war. Im Westen ist noch gegenwärtig die alte Gränzmauer vorhanden, vom festen, im Mittelalter gebräuchlichen Packmauerwerke aufgeführt, mit Strebepfeilern, worin noch einige Reste gothischer Bogen zu erkennen sind. Zur Zeit der Königin Elisabeth wird die Gildhalle, damals die alte Halle genannt, beschrieben als ein grosses steinernes Gebäude, mit drei runden Thoren nach der Strasse hin, von denen das mittlere, viel grösser als die beiden anderen, selten geöffnet ward, die beiden kleineren aber zugemauert waren. [2]) Ueber diesen drei Thoren las man die folgenden Inschriften: [3])

Haec domus est laeta, semper bonitate repleta;
Hic pax, hic requies, hic gaudia semper honesta.

Aurum blanditiae pater est natusque doloris;
Qui caret hoc moeret, qui tenet, hic metuit.

Qui bonis parere recusat, quasi vitato fumo in flammam incidit.

Die mittlere dieser Inschriften ist dieselbe, welche wir auf einem der weiter zu besprechenden Gemälde Holbein's finden und welche dem Thomas Morus zugeschrieben wird.

Die Halle diente zu den allgemeinen Versammlungen der Kaufleute und zu ihrem Esssaale, vermuthlich auch zu den Morgensprachen. Auf dem Risse von Hollar finden wir die Rathsstube von der vermuthlich zu klein angegebenen Aula Theutonicorum getrennt. In jener versammelten sich also die Altermannen mit den Beisitzern. Die Halle endete mit einem Thurme, der jedoch sehr niedrig gewesen sein muss und auf den alten Prospecten nicht zu bemerken ist. Man hat bisweilen irrig den Thurm der ostwärts belegenen grossen Kirche Aller Heiligen dafür angesehen. [4]) Er wird gedient haben, um in den unruhigen Tagen die Privilegien, das Silbergeräthe, Baarschaften und andere werthvolle Gegenstände, welche der Factorei und einzelnen Kaufleuten gehörten, aufzubewahren. Neben dem Thurme findet sich ein alterthümlicher, solider Keller, welcher noch den Namen Chapel führt, ohne dass wir jedoch nähere Kunde über eine in früher oder späterer Zeit vorhandene Capelle besitzen.

Auf dem zur alten Gildhalle gehörigen Platze unmittelbar an der Themse lag ein, wie die Ansichten vor dem grossen Brande in London zu erkennen geben, sehr stattliches Gebäude, welches zur Wohnung des Hausmeisters diente. Hier findet man noch eine grosse steinerne Küche.

Zwischen der Gildhalle und dem letztgedachten Gebäude lag der *Garten*, in welchem Fruchtbäume und Reben gepflanzt wurden. Er muss den Deutschen zu ihrer Erheiterung viel werth gewesen sein, da sie ihn auf einem so werthvollen Platze, wenn auch verkleinert, doch zum grössten Theile

---

[1]) Siehe unten das Document vom Jahre 1509—1547. [2]) *Stowe* Survey of London.
[3]) *Maitland* a. a. O. S. 1055. [4]) *Herbert* History of the twelve Livery Companies. T. I. p. 12.

sich erhielten. Es wird mancher kleine Missbrauch dort getrieben sein und das unbefugte Abbrechen der Früchte musste bei Strafe von fünf englischen Schillingen untersagt werden. Noch im siebenzehnten Jahrhunderte ward ein Gärtner gehalten, welcher 1 £ 5 s. und mehr erhielt, um den Wein zu beschneiden. 1663 wurde dem William Passant 7 £ 16 s. 6 d. gezahlt, weil er den Hof eingerichtet und den Wein geschnitten hatte.

Das zunächst liegende, einst dem Sir Richard Lyons gehörige, grosse Haus wird auf Hollar's Risse das *Rheinische Weinhaus* genannt. Die ältesten Beschreibungen des Stahlhofes gedenken dieses Namens nicht, doch fehlt es nicht an anderen älteren Zeugen für denselben und die Bestimmung des Hauses oder eines Theils desselben. Thomas Nash in seiner im Jahre 1592 gedruckten Schrift: "Pierce penilesse his supplication to the divel," lässt einen trägen Mann sagen: "Let us goe to the stilliard and drink Rhenish wine." [1]) Einige Jahre später lesen wir in einem Schauspiele von Webster: "I come to entreat you to meet him this afternoon at the Rhenish winehouse in the Stillyard. Will you steal forth and taste of a Dutch bun and a keg of sturgeon?" [2]) Als grosse Delicatessen werden der Rheinwein des Stahlhofes und die dortigen geräucherten Ochsenzungen geschildert in Nabbes's Bride 1640: "Who would let a cit (whose teeth are rotten out with sweet meat his mother brings him from goshippings), breath upon her vernish for the promise of a dry neats tongue and a pottle of Rhenish at the stillyard, when she may command a Blade to toss and tumble her?" Es ward in letzterer Zeit von Paul van der Velde, einem Cölner, einige Jahre im Dienste des Caspar Monheim, sodann 20 Jahre selbstständig dort gehalten, welcher das Gebäude mit vielen Kosten hergestellt und eine der schönsten Trinkstuben in London eingerichtet hatte, wofür die Städte ihm gegen das in späteren Fällen noch aufrecht erhaltene Verbot, dass Verheirathete auf dem Stahlhofe nicht wohnen dürfen, gestatteten, sich zu verehelichen und dort zu bleiben, jedoch erst auf ein von 14 deputirten Räthen des anglobritischen parlamentarischen Senates eigenhändig unterzeichnetes Verwendungs-Schreiben vom 12. Februar 1648. Auch nach dem grossen Brande verblieb die Erinnerung an die Genüsse jenes Hauses: "The Steelyard was lately famous for Rhenish wines, Neats Tongues" etc., sagt Blount's Glossographie 1670.

Es ist von den londoner Topographen richtig bemerkt, dass die Hansen das Recht besassen, Rheinwein in Detail zu verkaufen, aber es ist nicht beachtet, dass dieses Recht auf das älteste von König Henry II. den Cölnern ertheilte Privilegium, ihren Rheinwein in Nöseln (sextarius) zu drei Pfenningen zu verkaufen, zurückzuführen sein dürfte. Der utrechter Vertrag hatte dieses Privilegium ausdrücklich bestätigt: "Item .. concordatum et conclusum est, quod providebitur eisdem mercatoribus, quod vina Renensia minuatim et ad retalliam futuris temporibus vendere valeant, prout ab antiquo soliti sunt et consueti." Das Privilegium der Weinschenke ward noch bei den Vermiethungen des grossen Hauses im vorigen Jahrhunderte in Anschlag gebracht und giebt sich diese Bestimmung noch später auf den Grundrissen in der Bezeichnung des Kaffeehauses zu erkennen. Der Platz des

---

[1]) In dem neuen Abdrucke der Shakespeare Society, ed. *J. P. Collier*. 1842. S. 56.

[2]) *Webster's* Plays, ed. Dyce. T. III. p. 34.

alten rheinischen Weinhauses nebst dem dahinter gelegenen kleinen Garten war jedoch schon damals zu Packhäusern benutzt.

Den hinteren Raum des rheinischen Weinhauses finden wir bei Hollar, vielleicht irrig, den *Winter-Saal* bezeichnet; über seine Bestimmung ist mir nichts Näheres vorgekommen. Hier könnte der ursprüngliche Stahlhof gewesen sein, und liesse es sich so erklären, wenn der Bericht vom Jahre 1507 bemerkt, dass der Stahlhof der Esssaal der hansischen Kaufleute sei. Ueber und neben der Gildhalle und dem rheinischen Weinhause werden die besseren Zimmer gewesen sein, in welchen hansische Gesandte und Boten aufgenommen und beherbergt wurden.

An der Themse lag die *Sommer-Halle*, "ein Ruhm (Raum) für Allmanns Gesichte gelegen," wie im Jahre 1607 gesagt wird, mit der Bemerkung, dass kein Residirender sie für sich selber brauche. 1569 flgd. finden sich auf der Sommer-Halle im Garten (coenaculum horti) dort auch mitten im Winter die Besprechungen des Kaufmannes wie der Gesandten gehalten. 1640 hatte der Hausmeister Brand sie zum Prunk und zur Zierde sehr herausgeschmückt und so wie auf die übrigen nahegelegenen von ihm bewohnten Gebäude (Hollar's No. 2) viele Kosten verwendet.

Die übrigen Gebäude bestanden theils in Räumen, Schuppen und Häusern zur Aufbewahrung von Waaren, theils in Häusern, oder wie die älteren Statuten Art. XLVIII sie noch kennen, in Buden. In diesen besassen die Kaufleute, namentlich die Gesellen, ihre Kammern, in welchen sie sich Abends zu rechter Zeit einzufinden hatten.

Auf der zur Werfte frei gebliebenen Stelle befand sich ein grosser *Krahn*, welcher auch schon auf den älteren Abbildungen dieser Themsegegend nicht zu fehlen pflegt. Er wurde jedoch mit jedem Jahre weniger benutzt, da nur unter wenigen Bogen der londoner Brücke das Wasser genug Tiefe hatte, damit beladene Schiffe ohne Gefahr passirten. Das Publicum zog also vor, jenseits der Brücke zu landen und die Waaren von dort zu Lande transportiren zu lassen, obgleich das Krahngeld sehr niedrig gestellt wurde. 1749 scheint die Benutzung des Krahnes fast ganz aufgehört zu haben, wozu die von dem Stahlhofsmeister Jacobsen gestatteten Befreiungen vom Krahngelde an dortige Miether und die vom gegenüberliegenden Southwark kommenden Böte nicht wenig beigetragen hatte.

Kein Artikel ward so gerne hieher gebracht als das Eisen, welches die Kosten des Landtransportes nicht tragen konnte. Der Stahl fehlt daher nicht in dem Tarife der Lastträger auf dem Stahlhofe vom Jahre 1449, und Stowe gedenkt desselben unter den dorthin gebrachten Waaren. Die Lagerung sehr grosser Massen von Eisenstangen auf dem Stahlhofe ist jedoch erst im vorigen Jahrhunderte nachzuweisen, wo zuweilen über 300 £, durchschnittlich 200 £, dafür eingenommen wurden, ein Umstand, welcher wunderlich genug die vermeinte ursprüngliche Bestimmung des Stahlhofes zu bestätigen schien. Schon Minscheus, [1]) und H. Blount im Law Dictionary und in der Glossographia sagen: "It is called Stilliard of a broad place or Court, wherein steele was much sold." Die Masse des gelagerten Eisens nahm so sehr zu, dass Pennant in seinem Werke über London im Jahre 1790 vom Stahlhofe sagt: "at this time it is the great repository of the imported iron, which furnishes our

---

[1]) *J. Minschaei* Ductor in linguas XI. Londini, 1617. Fol.

metropolis with that necessary material. The quantity of bars, that fills the yards and warehouses of this quarter, strikes with astonishment the most indifferent beholder. Next to the waterside are two eagles with imperial crowns round their necks placed on two columns."

Es ist hier der Ort, noch einiger Gebäude zu gedenken, welche wir als Anhängsel des Stahlhofes — theils als vermuthlich nur vorübergehende, theils als später erworbene — zu betrachten haben. Im hansischen Recesse vom Jahre 1600 ward beschlossen, dass unerachtet der geschehenen Schliessung des Stahlhofes den Lakenbereitern die Rente nicht zu entziehen. Wir finden auch in den Ausgaben dieses Jahres, dass ihnen 14 £, im folgenden, wo uns jedoch nicht die volle Jahresrechnung vorliegt, 1 £ 14 sh. bezahlt ist. [1]) Es scheint diese Zahlung sich auf die s. g. *Achterkammern* — Hinterhäuser — beim Stahlhofe an der Aller Heiligen Kirche, die Themse hinab belegen (also in All Hallows Lane), zu beziehen, welche die Deutschen auf verschiedene Jahre sich zu verschaffen gewusst. [2]) Der Recess vom Jahre 1584, October 8, gedenkt im Art. 8 der sieben Achterkammern, dem Stahlhofe zu London angelegen, um welche, da sie ohne grosse Ungelegenheit vom Hause nicht zu entrathen, man mit den Lakenbereitern weiter handeln müsse. [3]) 1587, Juni 19, schrieb darauf der gemeine Kaufmann zu London, dass die Les (lease) der sieben Achterkammern von ihnen, damit jene nicht vom Hause separirt werden mögen, mit der Societät der Lakenhändler mit allem Fleiss befördert und dass sie uns die Les auf 21 Jahr um den alten Preis, als 150 £ Kaufpreis und 14 £ jährlicher Rente, erneuert sei. [4]) Um diesen Preis und für die Verpflichtung, die Gebäude zu erhalten, war dieser Contract bereits im Jahre 1566 eingegangen. Die Nachricht von der von Hintmann (1589—1591) geschehenen Vermiethung jener Kammern an englische Tuchmacher, [5]) scheint mir daher unklar und die dabei erwähnte Drohung, dass die Deutschen sie bald verlassen werden, dient nicht zur Verdeutlichung, da der Contract ohnehin mit dem Jahre 1608 ablief. Jedenfalls scheinen diese Wohnungen eine Beziehung zu dem im sechszehnten Jahrhunderte so sehr bedeutenden Handel der Hansen in London mit Tüchern gehabt zu haben. Während die alten Statuten des Comtoirs Art. IX. verlangen, dass der Tuchhandel nur in Blackwall Hall betrieben werden sollte, gestatteten die Statuten vom Jahre 1554 denselben auch in der Scheerleute Häuser. Die Scheerleute (shermen) oder Tuchscheerer waren eine Gilde, welche bis zum Jahre 1480 mit den Tuchhändlern (Drapers) und Schneidern in London vereint gewesen waren, hatten seit 1527 mit dem Mystery der Walker (fullers) sich vereint und führen hinfort mit diesen den gemeinschaftlichen Namen der Clothworkers. [6]) Es ist daher wahrscheinlich, dass jenes Miethverhältniss mit den Lakenbereitern eine Erleichterung des Tuchhandels bezweckte, um jene in die Nähe des Stahlhofes herbeizuziehen. Es scheint jedoch, dass im Jahre 1608 jener Vertrag nicht erneuert ist, da auch der

---

[1]) *Burmeister* a. a. O. S. 80.

[2]) *Sartorius* Geschichte der deutschen Hanse. Th. III. S. 422.

[3]) Ebendaselbst S. 395 aus den braunschweiger Archival-Acten vom Jahre 1584. Der Contract vom Jahre 1566 ist in dem hansischen Visitations-Protocolle vom Jahre 1574 verzeichnet.

[4]) Bremer Archival-Acten vom Jahre 1587.

[5]) *Sartorius* a. a. O. S. 395.

[6]) *Herbert* History of the twelve Livery Companies of London. Vol. II. p. 654.

Tuchhandel der Hansen vernichtet war. Die Residirenden unterliessen nicht, im Jahre 1607 anzufragen, ob jene dem Stahlhofe anschiessende Wohnung und Küche, welche dem Amte der Wandbereiter gehörten, wieder zu kaufen seien, bemerkten jedoch dabei, dass sie selbst kein Geld hätten, auch leider viele Kammern und Waarenhäuser leer ständen.

Schwierig ist es daher, über einen Ankauf von zwei Grundstücken klar zu werden, welchen die Factorei im Jahre 1610 machte, also zu einer Zeit, wo sie eines grösseren Raumes kaum noch bedürftig erschien. Undeutlich ist auch die Lage dieser Häuser, welche in dem Verkaufs-Documente angegeben wird: "in Cosons Lane, alias Haywharf Lane," zwei Gassen, welche in der seit 1666 erhaltenen Richtung durch die ganze Breite des Stahlhofes und der Aller Heiligen Gasse getrennt sind. Da jedoch in einer anderen gleichzeitigen Niederzeichnung die Wohnungen in All Hallows Lane genannt werden, so dürfte dieses für die östliche Lage und eine Gegend entscheiden, wo vor dem grossen Brande die letztgenannte Gasse mit Haywharf Lane sich so berührt haben könnte, dass einige Häuser zu beiden Gassen gehörten. Diese Häuser waren einst Eigenthum einer geistlichen Stiftung und durch die Parlaments-Acte vom Jahre 1547 über die Aufhebung von Capellen (Chauntries), geistlichen Collegien u. a. an König Edward VI. gefallen. Sie waren schon früher oder durch denselben mit seinem Hofe zu East Greenwich vereint, an welchen das eine Haus 20 Schillinge, das andere 13 Schillinge 4 Pfenninge Rente zu gleichen Theilen auf Michaelis und Mariä Verkündigung zahlten. Sie gelangten in die Hände des Edward Forster und aus diesen mittelst einer königlichen Verleihung vom 19. Mai 1610 in das gemeinsame Eigenthum des Ritter Francis Morice zu Westminster und des Francis Phillips zu London. Auf Betrieb des Stahlhofs-Inspectors Holtscho, welcher schon 1608 diese Angelegenheit leitete, ward durch eine Verkaufs-Acte von 1610, Juni 10, das Eigenthum dieser Häuser "in fee simple" übertragen von den genannten beiden Rittern an Philip Chewte, Secretair des königlichen Geheimschreibers Sir Thomas Eddis, zu London. Von diesem kaufte Holtscho sie sogleich und bezahlte mit Stahlhofs-Gelde. Da jedoch Fremde kein Grundstück in London kaufen konnten, so wurden in der Verkaufs-Acte von 1610, August 21, als Käufer genannt: Henry Keyte, Thomas Gyppes, Mattheus Alexander und Charles Purret. Diese vier Männer fertigten dagegen einen Revers aus, um zu erklären, dass diese Häuser nur auf ihren Namen gestellt seien, aber den Residirenden auf dem Stahlhofe, J. Wachendorf, H. Holtscho, Herman Rikman und G. Stampeel und deren Nachfolgern im Stahlhofe gehörten, welche für den fee simple an den König die Chauntry-Rente mit 1 £ 13 sh. 4 d. bezahlten. Genaueres weiss ich über diese Häuser nicht nachzuweisen. Sie müssen auf dem Platze No. 16 auf Hollar's Risse gestanden haben. Der Kaufpreis scheint nur 50 £ betragen zu haben, was in dem schlechten Zustande solcher auf Zeitpacht veräussert gewesener Häuser zu erklären sein mag. Von den damals an den König, jetzt noch an einen Privatmann bezahlten Renten wird unten die Rede sein. Der Umstand, dass die Verhandlungen des Stahlhofsmeisters schon im Jahre 1608 begannen, in welchem der Contract mit den Lakenbereitern aufhörte, könnte auf die Vermuthung führen, dass in beiden Fällen dieselben Häuser gemeint sind, für welche auch der Umstand spricht, dass von den vier Londonern, welche ihre Namen zu dem Kaufe hergaben, der erste ein Merchant tailor, die beiden folgenden Lakenbereiter (clothworkers) und der letzte ein Tuchhändler (draper) waren. Ferner auch der Umstand, dass die Stahlhofs-Rechnung vom Jahre 1691 für die Lakenbereiter-Gesellschaft 1 £ 14 sh., also vielleicht jene Quitrenten aufführt. In diesem Falle dürften wir unter den früheren Eigenthümern jener Häuser Edward Forster, den Inhaber zu treuen Händen für das Amt der Wandbereiter, suchen. Doch spricht ausser anderen Gründen gegen diese Vermuthung die Notiz der Rechnung vom Jahre 1631, dass die gedachten beiden Häuser an diejenigen der Lakenbereiter gränzten.

Die Benutzung des Raumes nach der Erwerbung des Stahlhofes hatte vorzüglich den Zweck, viele Waarenhäuser und Kammern für die anwesenden hansischen Kaufleute zu errichten. Zur Erweiterung des Grundes wurde, ausser den gedachten Miethungen und Ankäufen, dem Wasser eine Uferstrecke abgewonnen. Auf einem Risse aus der Zeit der Königin Elisabeth erblicken wir noch Vieh auf dem Ufer vor dem Stahlhofe weidend. Selbst auf dem Risse Hollar's vom Jahre 1667 beträgt die Tiefe nur 378 Fuss, während sie 1797 sich auf mehr als 428 Fuss herausstellt. Doch wahrscheinlich ist das gewonnene Land noch grösser, da im Uebrigen die Maasse des neuen Risses grösser erscheint, als Hollar's. Bei diesem beträgt die Breite des ganzen Gebäudes an der Thames Strasse 201 Fuss, am Wasser 184 Fuss; auf jenem 172 Fuss an der Strasse und 157 Fuss am Wasser. Da nun aber die Breite an der Strasse, wenn überall, doch jedenfalls nur sehr unwesentlich bei dem Neubau nach dem grossen Brande gewonnen haben kann, so muss Hollar mit einem kleinem Fussmaasse gemessen haben, wenn gleich der Maassstab der Zeichnung fast übereinstimmt.

Ueber die Verwendung der Räumlichkeiten erhalten wir einige Notizen von eigenthümlichem Interesse. Die Rechnungen vor dem Brande geben uns, ausser den Miethern und Miethpreisen von etwa 90 einzelnen Häusern, Hallen, Kammern und Packräumen, noch die Namen der einzelnen Räumlichkeiten. Diese sind aber nicht, wie das auf dem Comtoir zu Bergen bei den grösseren Räumen der Fall war, ältere oder willkührlich gewählte Namen, sondern wir finden in denselben die der vermuthlichen Erbauer, oder, falls wir dieses nicht immer annehmen wollen, von Vorstehern der Handlung und solcher Männer in den Hansestädten, denen zu Ehren der Name ertheilt wurde, also jedenfalls der Zeitgenossen. Die Rechnungen belehren uns selbst einigermaassen über die Lage der Gebäude und gestatten uns zuweilen, sie noch auf Hollar's Risse nachzuweisen. Der Schreiber hat die Namen häufig entstellt, doch können immer noch genug davon unzweifelhaft erkannt werden, um auch bei manchen der übrigen Zeit und Vaterstadt, wenn auch nur mittelst gleichbenannter Vorfahren, mit ziemlicher Zuversicht angeben zu können. Es mögen hier die Listen folgen nach den Rechnungen des Inspectors Johann Held vom Jahre 1631, mit Ergänzungen aus späteren Rechnungen und mit einigen Nachweisungen und Andeutungen versehen, aus denen sich folgern lässt, dass die Häuser ihre Namen grösstentheils in den ersten funfzig Jahren nach dem utrechter Vergleiche erhalten haben. Gewiss werden Localforscher der Hansestädte noch manche fernere Erläuterung bringen.

A. Die Häuser ausserhalb des Stahlhofes in Wingoos Alley gelegen: 1) *Antonius van Marle* Kammer und Waarenhaus. Der Name gehörte einem bekannten cölner Geschlechte, aus welchem Johan van Marle Bürgermeister war, 1492, 1495 und 1498. 2) *Joachim Gerward* Kammer und Packhaus. Ein Secretair von Deventer, Stephan Gerward war 1473 unter den hansischen Abgeordneten zu Utrecht. 3) *Gerhard von Wesell* Kammer. Derselbe war Bürgermeister zu Cöln 1494 bis

1597. 4) *Henrich Niederhof* Kammer. 5) *Melchior Lübbers* Kammer und Packhaus. Der Vorname deutet auf Cöln. 6) *Henrich Barker* Kammer und Waarenhaus. 7) *Henrich Müller* desgleichen. Vergl. unten D. No. 26, 45 und 54. 8) *Arnold Metteler* desgleichen. Dieser Name deutet auf Lübeck, wo Johannes von Meteler, Rathmann, gestorben 1373, und Hinrich Meteler, Rathmann, gestorben 1433. 9) Noch eine Wohnung gegen Henrich Barks (*Barkers*) Kammer über. Wird später vielleicht irrthümlich Henry Bleks genannt.

B. Die Häuser ausserhalb des Stahlhofes längs der Thames Strasse: 1) *Guildhalle Theutonicorum*, an dem Westende des Stahlhofes gelegen. 1630 verhäuert an John Revell für 6 £ 10 sh. Bei Hollar No. 4. 2) Negest dito *Halle*, an der Ecke von Wingoose Lane, war 1631 in fünf verschiedenen Abtheilungen verhäuert für 16 £. 3) Neben (in) vorgedachtem Hause, 1631 verhäuert an William Cowltsman für 9 £. 4) Das Haus, *Pelican* genannt, 1614 auf 21 Jahre verhäuert an Wolter Wetstone für 2 £. Dieses Haus und die beiden folgenden entsprechen der No. 8, dem rheinischen Weinhause auf Hollar's Risse, und ist also im Pelican das eigentliche alte Weinhaus zu suchen. 5) Das negeste Haus. 6) Das negeste Haus zum Westen bei des Stahlhofes Pforte, in zwei Abtheilungen zu 14 £. 7) Das Haus zum Osten bei der Pforte, zu 4 £. Ist mit den folgenden Hollar's No. 17. 8) Das negeste Haus, genannt die *Swoen*, der Schwan, hatte Richard Floridewe zu 10 £. Hier ist nicht an ein Haus zu denken, welches der in Dowgate Ward, jedoch gegen dessen östliche Gränze hin belegenen Swan Alley den Namen gegeben hat. Jenes wird die westliche Hälfte von Hollar's No. 15 gebildet haben. 9) Das negeste Haus seiende von Ostseidt des Stahlhofes, alias das Eckhaus von Aller Heiligen Lane, 1617 auf 21 Jahre an William Bighs zu 10 £ jährliche Miethe. Bei Hollar No. 15, oder dessen östliche Hälfte; auf dem Risse von 1797 ein Wirthshaus — public house — genannt.

C. Die Häuser ausserhalb des Stahlhofes in Aller Heiligen Lane: 1) Das negeste und erste Haus. 1611 an Johan Norman auf 21 Jahre für 8 £ jährlich. 2) Das negeste Haus. 3) Das negeste Haus. Diese drei Häuser sind bei Hollar links von No. 15, unter No. 17. 4) Das negeste Haus seinde eines der zwei Häuser, so von Ihrer Majestät gekauft waren. 1610, März 25, auf 21 Jahre verkauft an Abraham Metz zu 6 £ jährlich. 5) Das zweite und niedrigste Haus. Das Waarenhaus zu 1 £ 10 sh., die oberen Räume zu 2 £ und die Garret über diesen Räumen zu 1 £ 10 sh. Die "Obengedachte von Ihre Mayt. gekaufte zwei alte verfallene Wohnungen (schreibt C. Stritholdt) habe den 24. Juni (1647) an Henry Cleaver verlassen à 6 £ per Annum mit Condition, dass er solche abbrechen und von Newen auf seine eigene Unkosten soll wieder aufbawen lassen." Die beiden letztgedachten Häuser entsprechen Hollar's No. 16.

D. Die Kammern und Packhäuser binnen dem Stahlhofe: 1. *Dinanter Halle* war von Paul van der Velde bewohnt. Sie zahlte 1647 die höchste Miethe, jährlich 15 £ 3 sh. 4 d. Nur 1662 findet sich der Name richtig geschrieben und zufällig, da sie sonst regelmässig Dianter Halle genannt ist. So sehr war der Ursprung vergessen. Die Miethe und Localität lassen noch die Vermuthung zu, dass wir sie in No. 9 zu suchen haben, und dass Hollar aus der ihm unverständlichen Bezeichnung die der Winter-Halle oder des Winter-Saales gemacht hat. Wir finden sie viele Jahre im Besitze von Paul van der Velde. 2) Ein kleines Packhaus. Alle folgenden Gebäude sind Packräume, wo das

Gegentheil nicht bemerkt ist. 3) *Gerwin Klipping* (auch Kliffing, Klifting, Giffting). Ein lübecker Bürger Johann Clippink war ums Jahr 1271 zu Boston. Zwei Conrad und zwei Johann Clippink kennen wir aus einer Urkunde vom Jahre 1346 und anderen gleichzeitigen Documenten. Evert Clippink siehe in den Statuten Art. X, 9. 4) *Johan Questenberg.* Tideman aus diesem Geschlechte war 1418 unter den Hansen zu London; und Carsten siehe Statuten Art. X, 9. 5) Ein Packhaus unter der grossen Halle, ehemals ein Kalkhaus. 6) *Johan Smitken* zweites Packhaus. Vergl. unten No. 24. Gegenüber dem Krahne gelegen. 7) *Harmen Smidt* (Smitken). Vergl. No. 53 und 56. 8) *Hans Stutte.* In diesem finden wir den Altermann der Factorei vom Jahre 1480. Vergl. No. 51. 9) *Sander* (Lander, Van der) *Tacken.* Vergl. No. 52. Der Name kam in Hamburg vor. 10) *Lütke Büring.* Seine noch bestehende milde Stiftung zu Hamburg war im Jahre 1531 vorhanden; sie war vermuthlich nicht viel älter. 11) *Albert von Gueiss.* Er war Bürgermeister zu Cöln 1523 und 1526. Vergl. No. 40 und 57. 12) *Harmen Schele.* Vielleicht der im Jahre 1566 zu Hamburg verstorbene Rathmann, welcher 1543 zum Oberalten zu St. Petri erwählt war. 13) *Henrich Salzburg.* Der im Jahre 1503 verstorbene Rathmann zu Hamburg. 14) *Arnolf Browler.* Es ist wohl zu lesen: *Arnold Bouweiler*, Bürgermeister zu Cöln in den Jahren 1516—1552. 15) *Jacob Abzagen*, Abragan, vielleicht Abraham? 16) *John Hardenrat*, häufig Hardencratt. Johann Hardenratt findet sich als Bürgermeister zu Cöln 1584—1608. 17) *Eler Esich.* Zu Hamburg Kirchgeschworner zu St. Nicolai 1617, Oberalter 1621, Rathsherr 1623, gestorben 1640. Die letzteren drei hatten Kammern ausser den Waarenhäusern, welche sich mit No. 6 zusammen vermiethet finden. 18) *Peter Imhoff.* Vergleiche No. 33 und 47. 19) *Matthias Timmermann* kleines Packhaus, zum Bierkeller vermiethet. Er war ein zu Danzig angesessener, 1569 zu London verstorbener Bruder des Moritz T., Altermannes 1566—1588. Karsten T. von Hamburg, war 1535 Rathsherr in Lübeck, gestorben 1542. Gottschalk T. daselbst, desgleichen, erwählt 1559, gestorben 1570. Siehe No. 23. 20) *Jacob van Wherden* (Worden). 21) *Harmen Ploge.* 22) *Detert Brand.* Vergl. No. 50. Den Namen des Dietrich Brand und von Brand's Gesellen tragen zwei vergoldete Trinkschaalen im Inventare von 1574. 23) *Matthias Timmermann.* Siehe No. 19. 24) *Johan Smitken.* Vergl. oben No. 6. Hier finden sich 1631 noch ferner an der Middel Lane: ein anderes Packhaus *bei der Pumpe* und *Henrich Niderhof* in Wingoose Alley. (Siehe oben No. 4.) 25) *Hans Müller.* Oben A. 7 ward Heinrich Müller genannt. Vergleiche unten No. 45 und 54. 26) Der grosse *Bierkeller* unter dem *Krahne.* 27) *Cord von Suchten.* Wie No. 1, 2 und 26 an Paul van der Velde vermiethet. Jener mag ein Vater des 1558 verstorbenen Altermannes Hinrich von Suchten gewesen sein. 28) *Lütke Schepenstede.* Aeltere Schepenstede finden sich zu Lübeck; der Rathmann Johann, gestorben 1340; ein anderer dieses Namens, gestorben 1388; der Rathmann Cord, gestorben 1527. 1641 ward dieses Gebäude zum Pferdestalle gebraucht, 1655 vermiethet. 29) *Peter Schosen* (Sehusen, Hohusen?). Vergl. No. 48. 30) *Peter Rover* Kammer und Waarenhaus. 1529 Kirchgeschworner zu St. Petri in Hamburg, wo er Gotteswohnungen stiftete 1535, gestorben 1546. Ein anderer dieses Namens, Kirchgeschworner daselbst 1611, Oberalter 1614, Rathsherr 1621, gestorben 1634. Vergleiche No. 49. 31) *Arnold Westenberg.* 32) *Dirich Schutenberg* Kammer und Packhaus. 33) *Martin Imhoff.* Vergleiche No. 47 und No. 18. 34 und 35) *John Sterkenhusen* und

Anton von Marle. Vergleiche oben A. 1. 36) *Abets* (Abbots) *Halle*, zweite. 37) *Abets* (Abbots) *Halle*, erste. Diese Hallen dürften schon von dem Abte zu St. Albans erbauet sein, dessen Kloster vom Jahre 1456 bis 1475 das einst dem Sir Richard Lyons gehöige Haus besass. 38) *Harmen Burgenreich.* Hermann Borgentrick zu Hamburg, Jurat zu St. Petri 1496, und ein anderer desselben Namens 1544. 39 und 40) *Jacob Kangiesser* und *Hans van der Biesen* (Giesen) Packhäuser und drei Kammern. Godhart Kannegeter war wiederholt Bürgermeister zu Cöln in den Jahren 1515—1530. Vergleiche oben No. 11 und 57. 41) *Wolter Bischof.* Vermuthlich Nachkomme des Wolter Bischop, welcher, wie die lübecker Chronik berichtet, in dem Seetreffen bei Copenhagen ein hansisches Schiff führte und ein grosses Schiff mit Schweden nahm. 42) *Harmen Soderman.* Hermann Suderman, Bürgermeister zu Cöln in den Jahren 1541—1567. 43) *Peter Savowe.* 44) *Hans Polman.* Die beiden letztgedachten Waarenhäuser nebst drei Kammern hatte Marcus Brandt noch im Jahre 1648. 45) *Hans Müller* zweites Waarenhaus. Siehe No. 25, 45 und 54. 46) *Abets Erste Hall*, so das Storhaus (Storehouse, Victualienspeicher oder Keller) gewesen. Vergl. oben No. 36 und 37. 47) *Martin Imhoff* Kammer. Siehe No. 33. 48) *Peter Schosen.* Siehe No. 29. 49) *Peter Rovers* Kammer. Siehe No. 30. 50) *Dietrich Brand* Kammer. Siehe No. 22. 51—53) *Hans Studten.* Siehe No. 8. Sander *(Van der) Tacken.* Siehe No. 9, und *Harmen Smitken.* Siehe No. 7 und 53. 54) *Hans Müller* Kammer, alias *kleine Halle.* Siehe No. 26. 55) *Die grosse Halle im Stahlhove* zu 8 £ jährlich vermiethet. Auch in dieser lässt sich der Winter-Saal Hollar's suchen. 56) *Harmen Smit.* Siehe No. 7 und 53. 57) *Albert Gissen* Kammer. Siehe No. 11. 58 und 59) *Johan Starkenberg* (Sterkenhusen). Siehe No. 34, und *Georg Semeler* Kammer. 60—66) *Claus Brömse*, *Johan Stommele*, *Hans Rosendorf* und *Eggert van Kempe*, benebest *Sommer-Halle* und zwei Waarenhäuser hatte Conrad Stritholz in Besitzung für die uralte Rente von £ 6. Im folgenden Jahre hatte sein Nachfolger J. Jacobsen alles dieses zur Behausung. Hier finden wir also Hollar's No. 2. In Claus Bromse müssen wir den berühmten lübecker Bürgermeister oder dessen gleichbenannten Vater finden.

Der Ertrag der Miethen, welchen Stritholz auf etwa £ 300 gebracht hatte, wurde unter seinem Nachfolger um £ 50 erhöhet. Der sehr schlechte Zustand der Gebäude hatte eine geringe Ertragsfähigkeit zur Folge. Die Häuser waren nicht alle, wie es doch ein königliches Edict verlangte, von Steinen errichtet, wie namentlich 1623 das Eckhaus der Kirche gegenüber, welches damals ein Rechtsgelehrter unter gewissen Bedingungen neu aufzubauen sich erbot. 1641 wurden die grosse Halle Theutonicorum, welche zur Südseite niedergefallen, so wie der Thurm, die Scheidemauer im Westen des Stahlhofes und die Brücke auf der Themse, hergestellt. Auch das Steinhovet — die steinernen Vorsetzen — an der Themse verlangten kostspielige Reparaturen. Des Neubaues der zwei Häuser in All Hallows Lane im Jahre 1647 ist bereits oben unter Litt. C. No. 4 und 5 gedacht. 1660 erhielt der Meister James Wingrove £ 400 für vier von Grund aus neu erbauete Häuser.

Die Miether der verschiedenen Locale waren in den letzten Jahrzehenden vor dem grossen Brande häufig noch Deutsche, so weit die Namen sie erkennen lassen, doch auch viele und vielleicht in der Mehrzahl Engländer. Zu Anfange des siebenzehnten Jahrhunderts finden wir auch Goldschmiede auf dem Stahlhofe zugelassen, falls sie aus den Hansestädten gebürtig waren, [1]) wie früher das hansische Statut vom Jahre 1452 bezeugt, dass es jener Zeit mit Bewilligung des Altermannes geschehen durfte. Wahrscheinlich beruhte diese Anweisung auf früheren Vorgängen. Denn Fremde wurden in die Gilde der Goldschmiede zu London, gegen Eintrittsgeld und Abstattung eines Eides, zugelassen und zahlreich in deren zweite Classe — genannt Alicant (d. h. Aliegenae), auch Alicant strangers, unter denen viele, wenn nicht, wie ein Statut der Goldschmiede zu London vom Jahre 1444 für die fremden Zunftgenossen vermuthen lässt, alle Deutsche und Niederländer waren. Sie sind wenigstens seit dem Jahre 1338 und vermuthlich viel früher nachzuweisen. 1469 verzeichnete eine Liste deren 112. Dass Nürnberger hier nicht fehlten, wird man leicht errathen, wenn sich auch nicht Namen wie im Jahre 1517 "Roger Winburger von Neurenburgh in Estland" fänden. Es charakterisirt England, dass es von jeher nicht nur grosse deutsche Künstler wie Holbein, Händel u. a. würdig empfing, sondern dass auch Handwerker, welche sich so vortheilhaft auszeichneten, wie die englischen Goldschmiede, die fremden Nebenbuhler in ihrer Zunft duldeten und sich damit begnügten, ihre eigene Vorzüglichkeit in Preiskämpfen, wie wir über einen derselben vom Jahre 1464 ausführlich berichtet sind, [2]) anerkannt zu finden.

Die Hansestädte zogen ersichtlich keine Vortheile aus dem schlecht benutzten Stahlhofe, dessen Ertrag kaum dazu diente, um die Kosten der erfolglosen Gesandtschaften zur Wiedererlangung ihrer Privilegien zu decken. Im Sommer 1664 schlug der Hausmeister Jacobsen den Hansestädten vor, die baufälligen Gebäude in- und ausserhalb des Stahlhofes mit der Verpflichtung der Herstellung derselben auf Contracte von 21 oder mehr Jahren (building leases), wie es früher in einigen Fällen bereits geschehen, zu vermiethen. Es fanden sich jedoch keine annehmliche Bewerber. Man darf es daher für die Eigenthümer nicht als ein Unglück ansehen, dass der grosse Brand am Sonntag Morgen, den 2. September 1666, auch ihre Gebäude ergriff und in Asche legte. Der Stahlhofsmeister Jacobsen, welcher nur mit den schon brennenden Kleidern dem Feuer entrann, welches wie "Flammen vom Himmel um sich gefressen," bestätigt, dass der Werth der verbrannten Waaren grösser gewesen, als derjenige der Häuser sammt dem Grunde.

§ 7.

Die Gemälde von Holbein.

Ein sehr werthvoller, eigenthümlicher Schmuck der Gildhalle bestand in zwei in dem Esssaale befindlichen grossen Gemälden des ersten deutschen Künstlers, dessen Verdienste England anerkannt

---

[1]) *Burmeister* a. a. O. S. 79 mit der, wegen der einige Jahre früher stattgefundenen Besitznahme des Stahlhofes durch die königliche Regierung auffallenden Jahreszahl 1601.

[2]) *W. Herbert* History of the twelve livery Companies in London. T. II. p. 178—199.

hat und den es bis zu seinem im Jahre 1554 erfolgten Tode an London zu fesseln wusste. In jener Zeit, wo eine lebendige Begeisterung für die Kunst von Italien aus das übrige Europa durchdrang, und König Franz I. den Leonardo da Vinci zu sich gerufen hatte, kam *Hans Holbein* im Jahre 1526 nach England, wo er bei dem grossen Kanzler Thomas Morus mehrere Jahre eine Wohnstätte und die Gelegenheit fand, dem Könige Henry VIII. und dem englischen Adel die Werke seiner Kunst zu zeigen. Schon während seines ersten Aufenthalts zu London malte er (falls in einer der Figuren Anna Boleyn richtig erkannt ist) für seine deutschen Landsleute zwei viel bewunderte, seit langer Zeit leider verschwundene Gemälde in Wasserfarben, den Triumph des Reichthums und den der Armuth, Gegenstände, welche für die angegebene Bestimmung in der Kaufmanns-Halle besonders geeignet scheinen mussten. Während der Zeit, in welcher er diese Bilder malte, dürfte es gewesen sein, wo Holbein auf der londoner Brücke an der Stadtseite, also sehr nahe bei dem Stahlhofe wohnte, in einem Hause, in welchem, wie Walpole erzählt, Lord Oxford wenige Tage vor dem grossen Brande zu London 1666 ein Gemälde Holbein's, den Künstler mit seiner Familie vorstellend, entdeckte und kaufte, jedoch durch die Feuersbrunst vor der Ablieferung verlor.

Als nach der Restitution des Stahlhofes durch König James I. das gemeinsame Leben der Hansen aufhörte und die Hallen vermiethet wurden, beschlossen die Städte, jene Bilder dem Prinzen von Wales Henry, welchen schon dieselbe Verehrung der Kunst beseelte, welche später seinen jüngeren Bruder Charles I. auszeichnete, zu verehren. Der Hausmeister Holtscho berichtet darüber unter dem 22. Januar 1616:

"Ew. etc. dho Ick hiemit tho wäten, dat Ick deren etc. under dato 24. September an mi geschrewen bevelich nha, de beiden im Stahlhof fürhandene Schildereien des Prinzen Durchlaucht im Namen und wegen gemeiner Erb. Ansehe Stette, mit Ankündigung dero commendation und affection, am dage Nicolai afgelopenes Jhares praesenteret und auerleueret hebe. Darfür Ihre Durchl. Sich ganz freundlich mit wenig worten thäte bedanken. Welches zu volge Ihrer Durchl. Gouverneur, der Herr Tomas Challenor, [1]) mit mehren worten uth gesettet, als dat Ihrer Durchl. daran ein sonderlicher angenemer wille geschehen were und solches in fürfallende gelegenheit in allen Gnaden erkennen wolde. Und kan Ick hir aber unangetoget nicht laten, dat obwol desse beide Kunststücke oldt und im afnehmende, dat dennoch Ihro Durchl. alss ein lefhebber der Schildereien und da dises Meisters Werke, ock diese arbeidt höchlich commendert werden, daran eine grodte lust und gefallen genommen, wie Ick selber gespuert und ock uth geschener Rede furnommen hebbe."

Nach dem bereits in zwei Jahren erfolgten Tode des Prinzen Henry gelangten diese Bilder in die vorzügliche Sammlung König Charles I., sind aber wahrscheinlich unter demjenigen Theile derselben begriffen, welcher durch die Feuersbrunst zu Whitehall zerstört wurden. Wären sie unter dem früher veräusserten Theile dieser Sammlung gewesen, so hätten sie dem Auge der Kunstfreunde schwerlich entgehen können. Nach unzuverlässigen Nachrichten will man sie in Flandern wieder gesehen haben. [2])

---

[1]) Der sehr gediegene und fromme Sir Thomas Chaloner.

[2]) Irrig berichtet *Nagler* Neues allgemeines Künstler-Lexicon. Bd. VI. S. 247, dass diese Holbein'schen Bilder 1666 im Stahlhofe verbrannt seien.

Unter diesen Umständen ist es ein besonderes Glück zu nennen, dass *Federigo Zuccari*, welcher sie bei seinem Aufenthalte in London fand und über die Bilder Raphael's stellte, im Jahre 1574 zwei Handzeichnungen nach denselben verfertigte,[1]) welche sich lange im Buckingham Hause befanden und später von *Sir Charles Sheffield* an König *Georg III.* verkauft sind. Die Angabe, dass diese Zeichnungen in die Walpole'sche Sammlung gelangten, in deren Catalog *sie* vorgekommen seien, scheint eine Verwechselung mit den gleich zu erwähnenden Kupferstichen zu sein. Alle Nachforschungen nach deren jetzigem Eigenthümer sind vergeblich gewesen. Diese Zeichnungen hat *Lucas Vosterman* gestochen; doch sind auch diese Kupferstiche nicht aufzufinden gewesen.

Zuccari's Zeichnungen sind jedoch schon früher copirt, wo nicht von ihm selbst doppelt angefertiget, und befand sich eine solche Copie in der Sammlung des hessen-darmstädtischen Geheimen Rathes *Georg Wilhelm Fleischmann* zu Strassburg. Dieser besass auch die von *Mechel* gestochenen Zeichnungen des Todtentanzes von Holbein, welche aus der Arundelischen Sammlung nach den Niederlanden, später in das Cabinet von *Crozat* zu Paris wanderten, bei dessen Versteigerung im Jahre 1741 von jenem erstanden wurden. Diese letztgedachten Zeichnungen überliess Fleischmann dem Fürsten *Gallizin*, Russischen Gesandten zu Wien, aus dessen Besitze sie in die kaiserliche Kunst-Sammlung zu St. Petersburg gelangten.[2]) Es ist nicht unwahrscheinlich, dass unsere vorliegenden Triumphe dieselben Wege gewandert sind, wie jener Triomphe de la Mort. Nach dieser Copie hat *Christian von Mechel* zwei Kupferstiche angefertigt, welche sich in seinem "Oeuvre de Jean Holbein ou Recueil de gravures d'après ses plus beaux ouvrages. Basle, 1780," fol. in der Partie I. hinter dem ebengedachten Todtentanze befinden. Es ist auf diesen beiden Blättern ausdrücklich bemerkt, dass Zuccari's Blätter in Fleischmann's Sammlung sich befanden. So ungenau diese Notiz ist, so ist es wohlbekannt, dass Chr. von Mechel es eben so sehr in seinen Nachbildungen war und so ist auch hier nicht zu verwundern, wenn diese Kupferstiche mit den vorhandenen Beschreibungen nicht durchgängig übereinstimmen.

Die Bilder enthielten in Lebensgrösse allegorische Darstellungen, und bezeichnende Personen, den römischen Dichtern entlehnt, welche durch beigeschriebene Namen erläutert sind. Diese Triumphe waren seit längerer Zeit sehr beliebt, und wir kennen unzählige derselben in der Poesie, so wie in den festlichen Aufzügen des mittelalterlichen städtischen Lebens, und in der Kunst. Doch der Gedanke, welchen Holbein hier ausführte, scheint kein Vorbild gehabt zu haben. In dem Reichthume der Fantasie und der Gelehrsamkeit erkennen wir den damaligen Freund des Malers, den Verfasser der Utopia und mancher Sinngedichte. Das Costüm ist grösstentheils das des Alterthums, geht aber häufig in das orientalische und das damals gleichzeitige, mittelalterliche, wie es der Gebrauch seiner Zeitgenossen war, über.

---

[1]) *Carl van Mander* Het Schilderboek, ed. 1618. Fol. 144. *Horace Walpole* Anecdotes of painting, ed. Dallaway. T. I. p. 152.

[2]) *Ulrich Hegener* Hans Holbein der Jüngere. S. 323.

In dem einem Bilde, *Triumphus Divitiarum* betitelt, ist der Triumphwagen des Plutus, von vier weissen Rossen gezogen, die Hauptgruppe, welcher den grössten Theil der Tafel einnimmt. In dem langen, offenen, muschelförmigen goldenen Wagen sitzt vor einer leichten baldachinartigen Rücklehne Plutus, ein bejahrter, aber noch kräftiger Mann, mit einem Dreizacke in der Hand. Den linken Fuss stützt er auf einen grossen im Wagen liegenden Ballen, auf welchem eine Truhe steht und Gold- und Silbermünzen umherliegen. Er betrachtet mit aufgehobener Rechte seine Schätze. Vorne neben dem Wagenlenker sitzt auf einer Kugel Fortuna, eine reizende Gestalt mit flatternden Haaren, mit der Rechten das über ihr in der Luft geschwungene Gewand haltend, mit der Linken Goldmünzen den im Vordergrunde befindlichen Personen zuwerfend. Dass Plutus mit einer Hand in die Geldsäcke greife und mit der andern Geld ausstreue, erzählt C. van Mander, vermuthlich aus irrender Erinnerung; jedenfalls ist unsere Angabe nach Mechel's Kupferstich und diese Erfindung besser. Auch findet sich die Angabe des van Mander hier nicht bestätigt, dass neben der Fortuna sich die Fama befinde, welche auf dem ganzen Kupferstiche des Mechel nicht erscheint und in jener mit der von uns am Schlusse der Beschreibung zu nennenden Gestalt verwechselt ist. Walpole beschreibt die Geldspenderin richtig, doch gedenkt auch er der Fama, als Begleiterin des Plutus. Der Wagenlenker, benannt *Ratio*, mit vorgestrecktem Körper, lässt den weissen Pferden die Zügel schiessen. Er will rascher fahren, was auch noch durch das lateinische Wort auf dem Wagen: "*Vividius*" angedeutet wird. Die Zügel sind bezeichnet: "*Notitia* und *Voluntas*." Die stattlichen Rosse dem Wagen zunächst: *Contractus* und *Usura*, werden getrieben mit dem Stocke von einem auf einem derselben sitzenden Jünglinge, genannt *Aequalitas*. *Contractus* wird am Zaum geführt von der *Justitia*. Die anderen Rosse, *Avaritia* und *Impostura*, werden geschlagen von dem auf jener sitzenden jungen Frauenzimmer *Aequalitas*, während diese von der neben diesem Pferde stehenden Frau *Bona fides* zurückgehalten wird. Die nackten Partien waren, wie van Mander, welcher die Originale in London sah, bemerkt, fleischfarbig, die Gewänder dieser Frauen weiss und schwarz mit goldenen Zierrathen.

Im Hintergrunde neben einem Baume erblickt man noch eine, die einzige dem Triumphzuge nicht angehörige Gestalt, die eines etwa dreissigjährigen wohlbeleibten Mannes, der ohne Kopfbedeckung mit heiteren offenen Augen auf die Rosse und deren Treiber hinblickt. Wir irren wohl nicht, wenn wir den Maler selbst in diesem lebendigen Kopfe suchen.

Im Vordergrunde befindet sich ausser den bereits genannten, der Bona fides und der Justitia, ein ältlicher, starker Mann, mit von der Wassersucht geschwollenem Bauche, auf einen starken Stab gestützt. Zur Seite hängt ihm eine grosse Geldtasche. Darunter steht der Name *Sichaeus*. Dieser war der Gemahl der Dido, der reichstbegüterte Phönicier. [1]) Hinter ihm steht ein Mann in orientalischer Tracht, gleichfalls mit einer Geldtasche, unter dem sich der Name *Pythius* befindet. Pythius war, wie Herodot uns berichtet, jener reichste der Lydier, welcher dem Könige Darius einen goldenen Platanus und Weinstock verehrte und später den König Xerxes mit seinem Heere bewirthete. Auch Plutarch erzählt von ihm, den er Pythes nennt, dass seine Frau dem Goldgierigen einst, um ihn zu

---

¹) Virgil Aeneid. l. I. v. 343 sq. Sichaeus .... ditissimus agri Phoenicum.

beschämen, als er hungrig von der Reise kam, Gold zu essen vorsetzte. [1]) Von drei anderen Gestalten bemerken wir sodann eine, mit dem Gesichte zum Pythius hingewandte, einfach gekleidete, mit einem verhüllten Packen unter dem Arme, mit dem Namen *Crispinus*. Hier ist jener Aegypter gemeint, ein Sclave, Liebling des Kaisers Domitian, welcher ihn zum Ritter erhob. Seine Laster, so wie seinen Luxus geisselte Juvenal in den bittersten Worten, besonders in der vierten Satyre. Räthselhaft scheint die nun folgende Gestalt eines knieenden gepanzerten Mannes, ohne Helm und Waffen, der die Arme zum Gesichte gekehrt, zum Boden blickt. Darunter steht kein geringerer Name als der des *Themistocles*. Dieser entging dem Vorwurfe der Habsucht nicht, als er sich von dem Perser Könige drei bis fünf Städte hatte schenken lassen, besonders aber wurde ihm von den Griechen verdacht, dass er, der orientalischen Sitte sich gefügt und jenem seine Huldigung mittelst einer Kniebeugung dargebracht hatte. [2]) Sodann folgen zwei jugendliche männliche Gestalten, von denen die hintere mit den Händen das von der Fortuna ausgestreuete Gold auffängt, die vordere, jugendlichere, mit begierig bittenden Blicken in ihrem kurzen Mantel. Jene wird *Ventidius* bezeichnet, gleichfalls ein von dem Juvenal wiederholt genannter, sehr reich gewordener Römer. Unter der anderen steht der sonst unbekannte Name *Gadareus*, vielleicht anstatt Gadarens (es) und bezeichnet zugleich noch andere am Wege stehende unbenannte Personen als Einwohner der reichen Stadt Gades. Unter ihnen steht *Pallas*, ein Name, welcher bei Juvenal (Sat. I. V. 109) als der eines bekannten reichen Mannes erscheint. Alle diese Figuren vom Sichaeus bis zum Pallas dienen dazu, den grossen Wagen mit seinen Rädern zu verstecken und bringen vermehrtes Leben in die fortschreitende Gruppe.

Der Vordergrund rechts vom Wagen schliesst zur Rechten sich ab durch die gebietende Gestalt des *Crösus* mit einer Krone auf dem Haupte auf einem stattlichen, schön geschmückten Zelter, welchen der schöne Jüngling *Narcissus* führt. Er ist in damaliger Hoftracht, doch mit grossen, reich geschmückten Stiefeln gekleidet; er blickt in seine aufgehobene linke Hand, in welcher ein Goldstück liegen dürfte. Hinter dem Könige blickt noch der Kopf der *Cleopatra* hervor. In beiden hat Walpole den König Henry VIII. und Anna Boleyn erkennen wollen: der Kupferstich des Chr. von Mechel giebt hier keine Aehnlichkeit zu erkennen. Zwischen dem Wagen und Crösus erblickt man noch zwei Köpfe, den des *Midas* und den des *Tamiaius*, welcher neu geschaffene Name von *Ταμιεῖον*, die Schatzkammer, der Fiscus, herzuleiten ist. Vermuthlich schrieb Holbein: Tamiacus, zum Fiscus gehörig.

Während nun also der ganze Zug, mit Ausnahme des Themistocles, sich behaglich oder Gold hoffend fortbewegt, schwebt über und hinter allen die schöne, aber ernste Göttin *Nemesis* von Wolken getragen, in der ausgestreckten Hand einen Zaum herabhaltend.

In der linken Ecke des Bildes findet sich noch das Distichon:

> Aurum blanditiae pater est natusque doloris,
> Qui caret moeret, qui tenet metuit. [3])

---

[1]) Herodot. Bd. VII. Cap. 27—29, auch Cap. 38 und 39. Plutarch von den lügenhaften Weibern.

[2]) Plutarch's Leben des Themistocles. L. 5, 21, 27—29, 30. Cornelius Nepos.

[3]) Der Pentameter verlangt: quive, oder wie oben S. 73: qui tenet, hic metuit.

Der Triumph der Armuth enthält nur allegorische, keine historische Figuren. Auf einem von zwei Ochsen und zwei Eseln gezogenen, mit Stroh bedeckten Bauerwagen sitzt unter einem von einigen Baumstämmen gleichfalls mit Stroh überdeckten Baldachine die *Penia*, eine magere Frau mit schlaffen Brüsten, wenig bekleidet. Zu ihrer Linken sitzt auf der Ecke des Wagens, zu der Gruppe im Vordergrunde zierlich herabgebeugt, während sie mit dem erhobenen rechten Arme sich an einen Stamm jenes Baldachins hält, in graciöser Stellung eine jugendliche Frau, benannt *Infortunium*. Im Wagen sitzen vor der Penia die *Memoria* mit einer Rolle in der Hand, eine Frau, bezeichnet als *Usus*, und die jugendfrische, schöne *Industria*, mit den beiden vorgedachten Begleiterinnen sich berathend, während sie mit dem linken Arme mehrere Werkzeuge umfassend, mit der rechten Hand eine Axt an einen Nahestehenden zum Wagen hinaus reicht. Als Wagenlenkerin sitzt vorne die *Spes*, mehr bekleidet als die übrigen Gestalten, die schönen grossen Augen zum Himmel gewandt. Das Gespann der Ochsen führt die Namen *Negligentia* und *Pigritia;* das der Esel *Cupiditas* und *Ignavia*. Die Thiere werden von vier Frauen geleitet und getrieben; hinter *Sollicitudo* und *Diligentia* im Vordergrunde: *Moderatio* und *Labor*, letztere der damaligen Tracht annähernd in einem Mieder mit Knöpfen und einen grossen Spaten in der Hand haltend.

Im Vordergrunde erblickt man ausser diesen zwei Frauen noch neun Gestalten, meistens ohne Namen. Drei Männer, Landleute und Handwerker mit Werkzeugen, deren einer die obengedachte Axt von der Industria erhält. Ein Vierter richtet seine Blicke und die ausgestreckte Hand eben dahin. Zur Rechten steht eine lange, noch rüstige Männergestalt, die Arme in einander geschlungen, barfuss, ohne Kopf- und mit geringer, zerlumpter sonstiger Bedeckung. Zur Seite trägt er eine grosse Tasche oder Flasche; der leicht zu errathende Name fehlt nicht: *Mendicitas*. Hinter dem Bettler steht eine besser verhüllte Frau, sehr trostlos, mit einer Hand in ihre Haare greifend, zur Erde blickend. Die drei letzten Figuren sind von den zuletzt genannten fast verdeckt und ist nur bei der einen der jugendliche Ausdruck mit dem nach oben gerichteten Blicke hervorzuheben. Die allerletzte ist bezeichnet: *Miseria*.

Im Ganzen ist dieses Bild, wenn gleich geistreich gedacht, und nicht ohne einige schöne Gestalten, doch weniger anziehend als der Triumph des Plutus. Auf der Tafel sind folgende gereimte Verse eingetragen:

Mortalium iucunditas volucris et pendula
Movetur instar turbinis, quem nix agit sedula.
Quid ergo confiditis in gloria?
Qui dives est penuriam formidat ignobilem,
Instabilis fati rotam semper timet mobilem
Degitque vitam prope fallibilem.
Qui pauper est, nihil timet, nihil potest perdere,
Sed spe bona laetus sedet, non sperat acquirere
Discitque virtute Deum colere.

Diese Verse, so wie die obigen auf das Gold, werden dem Thomas Morus mit vieler Wahrscheinlichkeit zugeschrieben. Sie befinden sich jedoch nicht in seinen gesammelten Werken.

§ 8.

Das Bischofs-Thor.

An die Baulichkeiten und inneren Anordnungen reihen sich auch die uralten, durch den Vergleich der Hansen mit dem londoner Stadrathe vom Jahre 1282 anerkannten Verhältnisse zum Thore Bishops Gate, Bischofs-Gat.

Die Bürger zu London beschwerten sich auf den Versammlungen der Hundreden im Jahre 1275 darüber, dass die Deutschen, welche in London dieselbe Freiheit genössen wie die Bürger, das Thor Bishopsgate, welches sie auf ihre Kosten in gutem Stande zu erhalten verpflichtet seien, schmählich verfallen liessen. In einem Districte lautete die Erklärung dahin, dass jenes Thor, welches die Völker der Dänen von Alters her erhalten müssten für die Rechte, welche sie in London hätten, jetzt durch deren oder eigentlich durch der Baillifs Schuld fast zusammengestürzt sei. [1])

Diese Verpflichtung der Deutschen, welche sie selbst auch nicht ganz in Abrede stellten, scheint auf ein hohes Alterthum zu deuten. Die Pflicht und also auch das Recht Fremder, ein Stadtthor zu erhalten, zu bewachen und zu vertheidigen, dürfte uns in Nowgorod oder Wisby nicht sehr überraschen, ist aber in London wohl nur unter jener Voraussetzung zu erklären. Ob diese Verpflichtung wirklich ursprünglich den Dänen obgelegen habe und die Deutschen nur als deren Nachfolger zu betrachten waren, mag dahin gestellt bleiben. Der Name deutet an, dass dieses Thor, wie Aehnliches in anderen Städten sich findet, [2]) von dem Bischofe von London erbauet war, und von diesem ursprünglich erhalten und vertheidigt wurde. In den Zeiten des Königes Aethelred war dieses nicht unter den beiden Thoren, welche die Bürger bewachen liessen. Sollte einer der früheren Bischöfe den Dänen oder Deutschen gegen Uebernahme dieser Last den Platz der deutschen Gildhalle nebst der dazu gehörigen Uferstrecke übertragen haben? Das Bischofs-Thor lässt sich schon vor der Zeit König Wilhelm's des Eroberers nachweisen. [3]) Dass der Bischof unferne der Capitels- oder St. Pauls-Kirche einen Landungsplatz an der Themse besessen, ist sehr wahrscheinlich, doch dürfen solche Vermuthungen nur die Nachforschungen leiten, aber nicht zu bestimmten Annahmen führen.

Der Streit zwischen den Hansen und der Stadt war jedoch unter denselben nicht erlediget, und erst nachdem die Sache an das Exchecquer-Gericht gebracht war, welches unter Anerkennung der Freiheiten der Hansen in London, ihnen jene Gegenleistung zuerkannte, verglichen im Jahre 1282 beide Parteien sich dahin, dass die Hansen der Stadt 240 Mark Sterling zahlten zur Herstellung des Thores, zu welcher sie auch für die Zukunft sich anheischig machten, so wie sie auch den dritten

---

[1]) Rotuli Hundredorum. T. I. p. 416.

[2]) Wie Adam Bremen. Gesta pontif. Hammaburg. l. II. c. 68. schol. 55 von Hamburg erzählt.

[3]) Doomesday book. T. I. Fol. 128. Canonici St. Pauli habent ad portam episcopi X cotarios. Tempore regis Eduardi similiter tenuerunt et tantundem habuerunt. *Stowe* Survey of London kannte kein älteres Datum als 1210. Eben so *Maitland* History and Survey of London. T. I. p. 25. Dieser scheint also zu irren, wenn er die Erbauung dieses Thores dem Bischofe Wilhelm dem Normannen zur Zeit König Wilhelm's des Eroberers zuschreibt.

Theil der Kosten und Leute für die Bewachung des Thores übernahmen, wobei ihnen der obere Theil desselben zugewiesen wurde.

Der in Folge dieses Vergleiches unternommene Bau des Thores, wird, wie wir von der Baukunst jener Zeit erwarten dürfen, ein dauerhafter und stattlicher, wenn nicht ein schöner gewesen sein. Er bestand zwei Jahrhunderte. Die Bewachung des Thores verblieb den Deutschen auch in unruhigen Zeiten, in welchen sie das beste Verhältniss mit den londoner Bürgern erhielten. Beides erkennen wir aus dem Vertrage, welchen zu Anfange des Jahres 1438 der Aeltermann, die Aeltesten und die Geschwornen der Hansen zu London mit dem londoner Bürger und Sergeant John Russell abschlossen, in welchem sie ihm die Bewachung jenes Thores anvertrauten und dagegen die Wohnung in demselben gegen eine geringe Miethe überliessen. Unter den jährlichen Neujahrs-Geschenken der Factorei im funfzehnten Jahrhunderte bemerken wir auch 20 Pfenninge an den Aufseher (bodel, Pedell) jenes Thores.

Doch genügte es auch damals nicht, dass die Hansen das Thor erhielten und Wächter bezahlten. Sie hatten einst den dritten Theil der zur Vertheidigung des Thores zu stellenden Leute übernommen und die unruhigen Zeiten der bürgerlichen Kriege zwischen den Anhängern der weissen und rothen Rose erinnerten häufig an diese Verpflichtung. Ein Statut des Comtoirs vom Jahre 1457 erneuerte daher das Gebot, dass die Kaufleute auf dem Stahlhofe jeder eine Rüstung vom Kopfe bis zu Fusse auf seiner Kammer bereit halten solle, um erforderlichen Falls die Besetzung von Bishops Gate mit zu übernehmen. Dazu gehörte eine grosse stählerne Armbrust oder eine der damals schon sehr verbreiteten Feuerbüchsen. Das Thor ward jedoch sehr beschädigt zu einer Zeit, wo den Hansen während ihrer Streitigkeiten mit der englischen Regierung dessen Bewachung schwerlich wird anvertrauet gewesen sein, bei dem Angriffe, welchen Thomas Neville, der Bastard von Falkenberg, gewöhnlich Faulconbridge genannt, auf London machte, den König Henry VI. aus dem Tower zu befreien. [1])

Nach dem zu Utrecht 1474 vom Könige Edward IV. mit den Hansen abgeschlossenen Vertrage, welcher auch in vorliegender Beziehung die alten Verhältnisse des Besitzes und der Bewachung des Bishops Gate als ein Recht der Hansen bestätigte, erneuerte der Stadtrath zu London nebst seinen anderen mit der deutschen Hanse daselbst getroffenen Vergleichen auch den vom Jahre 1282. Da dieser im Jahre 1477 die an das Bischofs-Thor reichende Stadtmauer wieder erneuert hatte, [2]) so wurde eine neue Herstellung des Thores durch die Deutschen im Jahre 1479 erforderlich befunden und übernommen.

Die damalige Herstellung ist sehr bewundert. Das Thor ward mit vier steinernen Bildsäulen verzieret. Im Süden war über dem Thorwege die eines bejahrten Bischofes angebracht, mit seiner Tiara, eingesunkenen Augen, runzeligtem Gesichte und langem Barte, in welchem man den ersten Bischof von London, Erkenwald (675), zu erkennen glaubte. Auf der Nord-Seite erblickte man einen anderen Bischof, etwas kleiner als jener, aber stärker, mit glattem Gesichte, in allem bischöflichen Schmucke und

[1]) *Fabyan's* New Chronicles a. 1471. *Grafton's* Chronicle.

[2]) *Fabyan* l. l. a. 1477.

mit dem Krummstabe in der linken Hand, während er mit der rechten segnet. Diesen hielt man für den Bischof Wilhelm den Normannen, des Königes Wilhelm des Eroberers Begleiter. Zu seiner Rechten stand ein angelsächsischer König, vermuthlich Aelfred, welcher nach der Zerstörung Londons durch die Dänen die Stadt wieder herstellte; und zur Linken dessen Schwiegersohn Ealdred, Earl von Mercia, welchem der König die Aufsicht über die Stadt übertrug.

Im Jahre 1551 beabsichtigten die Hansen das Thor neu zu erbauen, und hatten schon die Steine dazu herbeigeschafft, die Pforte war schon fertig, um eingehangen zu werden. Vermuthlich wollten sie dadurch die öffentliche Meinung gewinnen und die Missgunst der Londoner beschwichtigen. Da jedoch König Edward VI. durch seine Rathgeber sich bewegen liess, den Hansen ihre Privilegien zu nehmen, und diese, wenn gleich zeitwillig wiedergegeben, doch durch die Königin Elisabeth bedrohet blieben, bis dieselbe zuletzt die Hansen aller Vorrechte beraubte, so war, wie Stowe bezeugt, [1] auch das Bischofs-Thor nicht hergestellt, als der Magistrat zu London die Sorge für dasselbe zu übernehmen hatte, welcher auch erst im Jahre 1731 den unerlässlich gewordenen Neubau ausgeführt hat. [2] Der bekannte Reisende Hentzner, [3] welcher 1598 zu London war, gedenkt gleichfalls noch der früheren Verpflichtung der Deutschen, dieses Thor zu vertheidigen, und erwähnt, dass sie den Schlüssel besassen, um zu schliessen und zu öffnen, und jederzeit bei Tage und bei Nacht durch dasselbe zu gehen. Vermuthlich hörten die Lasten und Rechte rücksichtlich dieses Thores für die Hansen seit den Verhandlungen vom Jahre 1551 auf: doch wiederholen die Statuten des Comtoirs vom Jahre 1554 das Gebot, Waffen und Rüstung auf den Kammern zu halten, unter ausdrücklicher Beziehung auf die alte Verpflichtung, Bishops Gate in Zeit der Noth zu bewahren. Nach dem Verluste der Privilegien unter der Königin Elisabeth findet sich keine Spur irgend einer Beziehung des Stahlhofes zum Bischofs-Thore.

§ 9.

Die hansische Factorei vom utrechter Vertrage bis zur Schliessung des Stahlhofes im Jahre 1598.

Wenn diese Abhandlung in der vorliegenden Aufgabe, der unerlässlichen Begränzung sich fügend, nur dahin gestrebt hat, alle uns zugänglichen Mittel der Geschichtsforschung in Bewegung zu setzen, um das möglichst treue, wenn gleich skizzenhafte Bild einer vereinzelten historischen Erscheinung darzustellen, gleichsam Vergrösserungsgläser neben dem Fernrohre benutzend, und sie oft sich begnügen muss, lediglich an das Nächstverwandte zu erinnern um in ihrem Gegenstande den Entwickelungsgang der Handelsgeschichte wenigstens leise anzudeuten: so können wir doch nicht umhin, dem bedeutsamen

---

1) *Stowe* Survey of London. p. 33.

2) *Maitland* a. a. O. T. I. p. 23.

3) *P. Hentzneri* Itinerarium Germaniae, Galliae, Angliae, Italiae. Norimberg. 1612. p. 116.

Momente der deutschen Hanse, welchen unsere Darstellung nunmehr erreicht hat, eine kurze Betrachtung zu widmen. Wir sind mit dem glücklichen Ereignisse des utrechter Vertrages zu dem Höhepunkte des hansischen, vielleicht des deutschen Einflusses in England angelangt, eine Höhe, welche bedeutend genug war, um nach mehr als einem halben Jahrhunderte, wenn auch vielfach bekämpft, in der traditionellen Weisheit der englischen Staatsmänner fortzuleben, bis der gewaltige Umschwung, welchen die Kirchen-Reformation den norddeutschen Städten brachte, ihnen neuen Glanz verlieh. Doch musste die grösste Begebenheit, welche die Handelsgeschichte kennt, die Entdeckung Amerika's, diejenige Macht empfindlich berühren, welche bisher auf diesem Felde die grösste gewesen, vor Allem in ihren Verbindungen zu demjenigen Lande, welches am schnellsten jene Erweiterung des physischen, wie des geistigen Daseins ergriffen und benutzt hat, während sie selbst an jener keinen unmittelbaren Antheil zu nehmen wusste. Die schwachen Versuche der Hansen zu Lissabon, des Handels nach der neuen Welt sich zu bemächtigen, mussten scheitern bei dem Mangel einer Flotte, so wie anderer Mittel, vor Allem der unter Städten von verschiedenartig beschränkter Regierungsgewalt unmöglichen Einheit. Freilich zeigte sich die Wirkung nicht auf einmal. Doch trat schon von dieser Zeit an den Hansen die feindselige Thätigkeit des englischen Kaufmannes unter dem Schutze der durch die Beendigung der langjährigen Erbfolgekriege in der Person König Henry's VII. gekräftigten Regierung immer eindringlicher entgegen. Wenn jener in früheren Jahrhunderten nur versuchte, der Hanse in dem beiden fernem Norwegen einige Vortheile abzugewinnen und da dieses wenig gelungen war, seine Beharrlichkeit mit der des Deutschen bei und in dem kalten kahlen Island im Wallfischfange und Robbenschlage zu messen, so wagte er es nunmehr im europäischen Verkehre auf den flandrischen Märkten gleichen Antheil zu verlangen, zunächst mit den schwachen Waffen des Monopols, welches die Hansen zu ihrem Heile nicht kannten.

Der utrechter Vergleich war kaum abgeschlossen, als englische Kaufleute aus Bristol und Hull die Hansen in Island gewaltsam überfielen und beraubten, [1]) deren Landsleute sich dadurch gewarnt finden mussten, ihre Stellung in London möglichst zu befestigen. Die Beraubung eines verschiedenen Lübeckern und Hamburgern gehörigen Schiffes durch Lord Lomeley und seine Unterthanen von Hartlepool, über welche die Lübecker sich beim Könige im December 1476 beschwerten, [2]) scheint sogar an den englischen Küsten vollbracht. Die zu jenem Zwecke wünschenswerthe Oberleitung Lübeck's wurde zunächst durch die hansischen Beschlüsse anerkannt, nach dieser Stadt die Originalien der Privilegien zu senden. Die Streitigkeiten mit der Stadt Cöln wurden, wie bereits gedacht, auf einer Tagefahrt zu Bremen 1476, im September, so wie durch den Vergleich vom Jahre 1478, November 11, beigelegt. In dem erstgedachten Jahre wurden die Schulden des Comtoirs aus den eigenen Mitteln, welche der von demselben erhobene Schoss darbot, bezahlt, ohne die von der Regierung in Gemässheit des utrechter Vertrages zu zahlenden Gelder anzugreifen, welche Zahlung erst zehn Jahre später

---

[1]) Siehe die Schreiben der Norweger an den König von England vom Jahre 1476 in *Thorkelin* Analecta Norweg. p. 142 sq. Es ist irrig, diese Schreiben, wie der Herausgeber gethan, Praef. p. XXIX, dem Jahre 1486 zuzuweisen, welche Zahl jedoch dem folgenden, an König Henry VII. gerichteten Schreiben gebührt.

[2]) *Rymer* l. l. T. XII. p. 38.

vollendet zu sein scheint, da sie 1487 erst vertheilt wurden; strenge Anordnungen zum Schutze der königlichen Zölle wurden getroffen, die älteren Ordnungen des Comtoirs bestätigt, und, worin die sicherste Schutzwaffe gegen Verrath und feindliche Tücke liegt, die Geheimhaltung der Beschlüsse des Comtoirs strenge anbefohlen. Ueber die Leistung des Zehnten an den Pfarrer des Kirchspiels ward im Februar 1483 eine Vereinbarung getroffen, und in den Baulichkeiten wurden Anordnungen zur Sicherheit und grösseren Bequemlichkeit ausgeführt.

Die Handelseifersucht der Engländer in Norwegen, so wie in Flandern erregten aber bald neue Zwistigkeiten, welche zu Beraubungen hansischer Schiffe auf der See durch Engländer führten. Die königliche Regierung erkannte jedoch den Werth des kaum hergestellten Friedens und beiderseits wurde der utrechter Vergleich als ein nicht leichtsinnig zu verscherzender Gewinn angesehen. Doch erging 1488 ein Statut, welches allen Fremden die Ausfuhr ungeschorener Tücher untersagte, wodurch ein für jene den Tuchhandel beschränkendes Verbot König Edwards IV. vom Jahre 1465 noch drückender wurde. [1]) Ein späterer Secretair der Merchant adventurers [2]) erzählt, dass jener König den Easterlingen strenge verboten habe, überall Tücher nach dem Orte hinzuführen, wo jene englischen Kaufleute in den Niederlanden residirten und auch nur ihre Ballen mit Tüchern in diesem Lande zu öffnen, weshalb der Altermann des Stahlhofes zu London für die Beobachtung dieses Verbotes eine Bürgschaft von 20,000 Marken gestellt habe. Für letztere Angabe hat sich jedoch keine Bestätigung auffinden lassen, und wahrscheinlich hat der sehr parteiische Secretair eine Notiz über eine vorübergehende Maassregel zur Sicherung des Zolles, wie solche, von welcher das Document des Zolleinnehmers W. Martyn vom Jahre 1485, Juni 6, spricht, missverstanden und sie mit späteren Anordnungen zusammengeworfen. Von den Verhandlungen der Gesandten zu Antwerpen im Jahre 1490 wissen wir nur, dass sie erfolglos waren, doch im Mai 1491 wurden sie erneuert durch vier vom Könige dazu ernannte Räthe: M. Edmund Martyn und W. Warham, beide Doctoren der Rechte, Dr. Ritter Richard Yorke und den Knapen W. Rosse, Vitellarius der Stadt Calais, von denen der letztere schon an den utrechter Friedens-Verhandlungen Theil genommen hatte. Die Vergleichsbedingungen wurden in einem die Hanse höchst befriedigenden Sinne aufgesetzt. [3])

Je gerechter und billiger sich die Räthe des Königes bewährten, desto unverständiger benahmen sich wiederum die neidischen Bürger Londons. König Henry, erbittert über den seiner Meinung nach vom römischen Könige Maximilian dem Prätendenten Perkin Warbeck geleisteten Vorschub, hatte den Flamländern den Handel nach England, seinen eigenen Unterthanen den Handel nach den Landen des römischen Königes untersagt. Diese Maassregel einer sehr kurzsichtigen Politik beraubte die Engländer, namentlich die Merchant adventurers, grosser Handelsvortheile, ohne die Flamländer wesentlich zu benachtheiligen, aber zum grössten Vortheile der Hansen, welche nunmehr die alleinigen Vermittler der

---

[1]) Statutes of the Realm. 3. Henrici VII. c. 11.

[2]) *John Wheeler* Treatise of Commerce. London, 1601, ein äusserst lehrreiches Büchlein für den, welcher den Standpunkt des Verfassers nicht übersieht.

[3]) *Rymer* Foedera. T. XI. p. 441. *Köhler* bei *Willebrandt* Hansische Chronik zum Jahre 1487 flgd.

gegenseitigen Ein- und Ausfuhr der beiderseitigen Länder wurden. Die Erbitterung der londoner Tuchbereiter, Tuchhändler und Krämer, besonders der ausser Lohn gesetzten oder daran geschmälerten Arbeiter und Ladendiener gegen die verhassten Easterlingen kannte keine Gränzen. In der Mitte des März-Monates 1493 drängte eine durch Eide verbundene Schaar derselben auf den Stahlhof und plünderte alle Kammern und Packräume, zu welchen sie gelangen konnte. Als es den Hansen geglückt war, die Eindringlinge vom Hofe hinauszuwerfen und die Thore desselben zu verschliessen, versammelten jene eine grosse Masse des Pöbels, welche mit Keulen und Hebebäumen die Pforten zu erbrechen suchte. Die Deutschen hatten jedoch von Southwark her über die Themse Zimmerleute und Schmiede herbeigeholt, mit deren Hülfe sie sich befestigten und vertheidigten, bis der Mayor von London mit Bewaffneten heranrücken konnte. Es wurden gegen 80 Burschen und Diener gefangen genommen, von denen die Urheber des Tumultes lange auf dem Tower gefangen büssten: von ihren Meistern wurden jedoch keiner überführt. [1])

Nachtheiliger als die Anfeindungen von aussenher wirkten die vielen Unordnungen, welche in den neuen Hallen und Kammern des Hofes, so wie in den Sitten der Kaufleute und ihrer Handelsdiener eingerissen waren. Die strenge klösterliche Zucht, zu deren Erhaltung schon in der Mitte des vorigen Jahrhundertes, vor der Zeit der Streitigkeiten mit der englischen Krone, so wie mit den eigenen Genossen, den Cölnern, manche Gesetze hatten gegeben werden müssen, war nach allen diesen Störungen nicht wieder herzustellen. Die Ausschweifungen mit Frauen, mit Wein und Bier, mit den Würfeln und anderen Glücksspielen wurden durch die Nähe mancher Belustigungsorte, besonders des verrufenen, dem Stahlhofe gegenüber gelegenen Themse Ufers, Bankside, nicht wenig befördert. Der Tafelluxus begann schon damals zuzunehmen, besonders aber eine vom burgundischen Hofe ausgehende, durch den Verkehr mit Flandern bei den jungen Kaufleuten sehr geförderte Kleiderpracht, welche im Bewusstsein ihrer, wenigstens augenblicklich gefüllten Casse den schmucken und reichen Edelleuten, die ihnen in London, Westminster und Southwark begegneten, nicht nachstehen wollten. Nachdem die Cölner sich von der Hanse hatten lossagen wollen, war es denn auch weniger auffallend, wenn einige Deutsche, selbst Altermannen, derselben entsagten und sich ganz unter englischen Schutz zu begeben vorzogen; andere Altermannen betrugen sich in solcher Weise, dass ihre Absetzung von ihren dortigen Landsleuten verlangt wurde. Die Städte und einige tüchtige Altermannen versuchten jedoch, und wie es scheint, nicht ohne Erfolg, den eingerissenen Uebelständen abzuhelfen. Einem Statute der ersten vom Jahre 1506 folgten mehrere der letzteren, welche die innere Ordnung bezweckten. [2]) Als ein wohlberechneter Versuch, die Bewohner des Stahlhofes an denselben zu fesseln und denselben die Aufmerksamkeit der Engländer zuzuwenden, möchte der Beschluss anzusehen sein, ihre Hallen durch einige Kunstwerke zu verzieren. Die Altermannen begnügten sich bald nicht mehr mit kostbarem Silbergeräthe oder was sonst die geselligen Freuden verschönern sollte, sondern auch kostbare Gemälde

---

[1]) *Fabyan's* New Chronicles.

[2]) Von jenen siehe *Sartorius* Th. III. S. 314 flgd. Letztere siehe unten zum Jahre 1507, 1513. *Köhler* zu den Jahren 1497, 1501 1507.

deckten die Wände der Halle, von denen die uns näher bekannten von Holbein die Aufmerksamkeit der Mitwelt erweckten und noch jetzt die Nachforschung anregen.

Für die bessere Erhaltung der guten Ordnung, über deren Verletzung wir indessen keine Klagen weiter vernehmen, wurden vom Rathe zu Lübeck und den hansischen Gesandten, auf den Wunsch des Comtoirs und nach fünfjährigen Verhandlungen, diesem im Jahre 1554 Statuten in sechs Abtheilungen gegeben. [1]) Ein grosser Theil derselben beruht auf den älteren, oben erläuterten Artikeln; die übrigen waren den veränderten Verhältnissen angemessen. In Folge der hansischen Beschlüsse vom Jahre 1518, welche dreizehn brandenburgische, sächsische und andere Städte von der Hanse ausgeschlossen hatten, und vom Jahre 1550 ward der letzteren Zahl nunmehr auf 66 herabgesetzt, 1553 aber auf 63.

Der König und das Parlament bestätigten durch ein neues Statut vom Jahre 1503 die alten Rechte der Kaufleute von Alemannien, welche die Gildhalle bewohnen, jedoch mit Vorbehalt der Rechte der Stadt London. Die Stimmung des englischen Volkes blieb demnach eine sehr friedliche gegen die fremden Kaufleute, wie die Arbeiter. Doch nach einigen Jahren wurden wiederum, auf Veranlassung der Privatstreitigkeiten eines Italieners, Francesco, aus dem bekannten Hause der Bardi, mit einem erzürnten Ehemanne, Klagen der bedrückten londoner Arbeiter laut, welche die Ursache alles Unheils nur in den Fremden suchten. Der Magistrat ward um deren Entfernung angegangen; ein Geistlicher, Dr. Bale, predigte gegen dieselben. Am 1. Mai 1517 brach ein Aufstand des Volkes gegen jene los, welcher sich weit über seine ursprüngliche Absicht zu erstrecken drohte und nur durch die vom Könige gesandten Truppen und die vor dem Tower gelösten Kanonen beschwichtigt wurde. [2]) Es scheint nicht, dass die Deutschen oder der Stahlhof bei diesem Anlasse so sehr gemeint waren, wie die Italiener und Franzosen, doch erkennt man wiederum aus diesem Vorfalle, wie misslich die Lage der Fremden war, wenn sie nicht mit ängstlicher Vorsicht verfuhren und die Regierung so sehr, wie damals der König Henry VIII. und der Cardinal Wolsey, sie zu begünstigen geneigt waren. Beide schützten den englischen Handel und besonders die alten seit 1505 als Corporation anerkannten Merchant adventurers, jedoch vorzüglich durch Beförderung der Handelsverbindungen derselben im Auslande. Zu solchen Verhandlungen ward im Sommer 1514 Thomas More, damals noch Unter-Sheriff zu London, mit dem Archivar (Master of the Rolls) Cuthbert Tunstall, nachherigem Bischofe von Durham, nach Brügge gesandt, und wiederum im folgenden Jahre, um den im Jahre 1506 mit dem Kaiser abgeschlossenen Verkehrs-Vertrag (Treaty of Intercourse) zur Anerkennung zu bringen. Erst nach fünf Jahren, 1520, April, wurde der Schluss dieser Verhandlungen erreicht. Hieran reihete sich der Beginn anderer mit den Hansen zu Brügge, zu welchen wiederum der seitdem geadelte Sir Thomas More und der Governor der Merchant adventurers, nebst dem Dr. W. Knight und dem Ritter J. Husee, und abseiten der Hansen zwölf Mitglieder der Senate von Lübeck, Cöln und Hamburg deputirt waren. Die Resultate dieser Conferenzen in dem Recesse vom 12. August desselben Jahres waren jedoch ohne

---

[1]) Gedruckt in *Marquard* De Jure Mercatorum. Documenta. p. 208—242.

[2]) *Grafton's* Chronicle. T. II p. 289—294.

Bedeutung und enthielten nur die Feststellung der bisherigen Verhältnisse bis zum ersten Mai 1521, wo diese Verhandlungen fortgesetzt werden sollten, und im folgenden Jahre ward der König sogar zu Gunsten der englischen Lakenbereiter zu dem dem hansischen Handel höchst nachtheiligen Verbote der Ausfuhr ungeschorner Tücher veranlasst. Das Verbot an die Hansen und alle fremden Kaufleute im Jahre 1527 erlassen wider die Ausführung wollener Tücher und anderer englischen Waaren aus Calais nach Flandern, [1] welches zu der Erwähnung eines viel allgemeineren durch Wheeler den Anlass gegeben haben kann, wird jedenfalls, da es nicht einmal die directe Ausfuhr aus England nach Flandern, sondern nur von dem Stapel zu Calais den dortigen Hansen untersagte, von keinen besonders nachtheiligen Folgen für die in England wohnenden gewesen sein. Die grosse Bedeutung, welche die Hansestädte für den König besassen, als er dringend wünschte, sie zu Gunsten seines Schwagers, des vertriebenen Königes Christiern II. von Dänemark zu stimmen, so wie sich ihrer Vermittelung in der Reformations-Angelegenheit zu bedienen, verhinderte anderweitige ihnen schädliche Schritte. Es kann hier nur kurz angedeutet werden, wie 1524 der König zwei seiner geheimen Räthe, den Bischof von Asaph, Henry Standish, D. D., und den Ritter John Baker nach Hamburg sandte, um dort mit dem Könige von Dänemark, dem Herzoge von Holstein und den Lübeckern zu verhandeln, [2] und wie er sich der demokratischen Partei in der Person des von ihm mit goldner Ritterkette begnadigten Marx Meier, hernach des begabteren lübecker Bürgermeisters Wullenweber annahm, während er mit den würdigsten Geistlichen, wie 1534 mit dem hamburger Superintendenten Aepin, in die engeste Verbindung zu treten, so wie Bündnisse mit den Städten Lübeck und Hamburg und anderen evangelisch-lutherischen Staaten Deutschlands zu schliessen suchte. [3] Jene Verhandlungen führten nicht nur zu einer neuen Bestätigung der hansischen Privilegien, sondern auch zu der Anerkennung der Behauptung, dass die Parlaments-Acten jenen nicht entgegen stehen. [4] Welchen Werth der König und seine Minister [5] auf diese engen Verhältnisse, den damaligen Zeiten gemäss, legten, ergiebt sich aus den Verhandlungen, welche er 1542 mit den Städten zu Antwerpen anknüpfte, aus den Instructionen an den nach Dänemark abgeordneten W. Watson, den 1543 an den Landgrafen Philipp den Grossmüthigen von Hessen bestimmten Secretair Buckler und Dr. Mount, um mit Hessen, Dänemark, Holstein, Lübeck, Hamburg und Bremen ein Schutz- und Trutz-Bündniss zu schliessen, endlich noch in seinem letzten Regierungsjahre 1546 durch die Sendung des John Dymock nach Hamburg und Bremen, um Truppen und Geld zu erlangen.

---

[1]) Siehe die Proclamation vom Jahre 1527, Juli 13, im Chronicle of Calais, ed. *J. G. Nichols.* (Camden Society.) 1846.

[2]) *Rymer* ad a. 1523 (englische Zählung für 1524), Februar 27. *Altmeyer* Histoire des relations commerciales. p. 125 sq.

[3]) Vergl. Zeitschrift für hamburgische Geschichte. Bd. III. S. 179—216.

[4]) Daselbst S. 205 die hansische Supplication im zweiten Punkte und Statutes of the Realm. Vol. III. p. 530.

[5]) Auch Wolsey's Nachfolger, Thomas Cromwell, kannte die Handelsverhältnisse genauer. Er war in seiner Jugend Secretair der englischen Factorei zu Antwerpen, hernach bei einem Kaufmanne in Venedig (siehe *Lodges* Portraits. T. I, Lingard u. a.), worin also die Geschichte mit dem von Tiek dem Shakespeare zugeschriebenen Drama von Th. Cromwell übereinstimmt.

Mit dem Könige Henry VIII. (gestorben 1547) ging jedoch auch der Flor der Hanse in England zu Grabe. Freilich bestätigte sein Nachfolger Edward VI. gleich beim Antritte der Regierung, die Privilegien der Hansen ohne irgend eine Beschränkung. Doch sahen die Städte wohl die Sturmwolken heraufziehen. Schon im Jahre 1540 hatten die Hamburger gerathen, dass man den Vorrath an Baarschaft und Silbergeräthe, welche auf dem Comtoir zu London vorhanden, zeitig aus dem Lande entfernen möge, ehe sie eben unverhofft verscherzt würden. Als ein Anzeichen und Anerkennung dieser Besorgniss kann betrachtet werden, dass das Comtoir aus seinen Schätzen 8000 £ und 2500 Engelotten dem Rathe zu Hamburg übermachte, wahrscheinlich als Beitrag zu den von demselben zur Erhaltung der protestantischen Kirche aufgenommenen Capitalien, und in Folge eines Beschlusses der in diesem Jahre zu Lübeck versammelten protestantischen Stände. [1]) Doch die unverdrossenen Bestrebungen der Merchant adventurers, den Deutschen alle Privilegien zu entziehen, fanden bei dem jugendlichen Könige oder dessen Räthen — er war erst zehn Jahre alt bei seiner Thronbesteigung — ein nur zu geneigtes Ohr. Jener konnte um so eher zu solchen Maassregeln verleitet werden, da während sein Cabinet es als eine seiner ersten Pflichten anerkannte, die Handelsinteressen seiner Unterthanen zu schützen, der Kaiser sich nicht scheute, ihm, dem Könige von England, zu schreiben, dass er die Aufrührer der protestantischen Städte Bremen und Hamburg und ihre Bundesgenossen unterdrücken wolle — Worte, welche dem englischen Regenten so sehr auffielen, dass er sie in sein Tagebuch (1549, September 18) eintrug. [2]) Es war jedoch vorzüglich der viel gefeierte Gründer der londoner Börse und Heros des englischen Handels, Sir Thomas Gresham, der unermüdliche Vertreter der englischen Handelsinteressen bei den Königen, als deren Agent er wiederum bei seinen Landsleuten und im Auslande viel wirkte, welcher zur Hebung des englischen Handels die mit strengen Rechtsbegriffen schwer zu vereinenden Maassregeln gegen die Hansen durchsetzte. [3]) Schon im April 1551 ward eine Verschwörung zu London entdeckt von dortigen Bürgern, welche am ersten Mai die Fremden in der Stadt angreifen wollten. [4]) Man darf wohl argwöhnen, dass der Handelsneid, dessen kurzsichtiges Hauptmotiv nur war, den Hansen, unter denen vorzüglich und oft statt deren in dieser Zeit allein die Hamburger genannt werden, die Ausfuhr nach einem dritten Lande zu verbieten und dieselben auf den directen Handel mit ihrem Vaterlande zu beschränken, jener Bewegung nicht fremd geblieben ist. Es war in diesem Jahre, dass Gresham zum Könige gerufen wurde, um dessen Schulden

---

[1]) Diese waren 1588 bis auf 1606½ Engelotten zu 9 sh. 4 d. = 749 £ 14 sh. zurückgezahlt. Die Stadt Lübeck hatte, um die Hälfte des im Jahre 1534 bei dem Könige von England gemachten Anlehens abzuzahlen, vom Comtoir zu London im Jahre 1543 angeliehen 4444 Engelotten, zu 7 sh. 6 d. gerechnet, = 1666 £ 13 sh. 4 d., oder 10,000 Goldgulden, jeden zu zehn Stoters. Der Goldgulden betrug also 3⅓ Shill. Sterl. und der Stoter 4½ Pfenninge. Siehe Urkunde vom Jahre 1543, Januar 29. Lübeck hatte dagegen bis zum Jahre 1588 für dasselbe verwandt 18,375 ℳ 14 ß 6 ₰. Dem brügge'schen zu Antorf residirenden Comtoir waren 1565, 1572 und 1576 vorgestreckt zusammen 2700 £.

[2]) Siehe das Tagebuch des Königes Edward VI. in *Burnet's* Geschichte der Kirchen-Reformation in England.

[3]) Das Nähere hierüber ist erst aus seinem der Königin Elisabeth abgestatteten Berichte bekannt geworden, bei *J. W. Burgon* Life and Times of Sir Thomas Gresham. Vol. I. p. 483. Vergl. seinen Brief vom Jahre 1553. p. 463.

[4]) Siehe das Tagebuch des Königes Edward VI.

zu bezahlen, und was als das hinreichende Mittel dazu angesehen wurde, den für England ungünstigen Cours zu heben. "Zu diesem Zwecke," berichtete Gresham der Königin Elisabeth, "beredete ich zuerst den König und Lord Northumberland, den Stahlhof zu vernichten, denn sonst könne der Geldcours nicht gehoben werden, da die Zollbegünstigungen der Hansen den Handel der Engländer zu sehr drückten." [1]) Die königlichen Räthe konnten nicht so leicht gewonnen werden, das alte Recht der Aussicht auf die goldenen Verheissungen aufzuopfern, und wir finden die Hansen zu London nunmehr durch die Adventurier-Kaufleute — *die neue Hanse*, wie der kühne Gresham sie taufte und sie selbst später ziemlich anmaassend sich nannten [2]) — in mancherlei Streitigkeiten gezogen, um den Hass gegen dieselben mehr und mehr anzufachen. Vorzüglich wurde die schlechte Aufnahme hervorgehoben, welche die Engländer in Preussen fanden, wozu sich einige Vorfälle mit danziger Kaufleuten in London gesellten, Adrian und Michael Koseler, welche polnisches Gut für hansisches ausgegeben und dadurch den königlichen Zoll beeinträchtigt hatten. Obgleich nun diese Danziger von dem Altermanne strenge untersucht und bestraft wurden, so entstanden doch durch die Mitwirkung eines londoner Officianten, Balduin Smith, die unangenehmsten Verwickelungen. Des letzteren Klage gegen die Kaufleute vom Stahlhofe ward von dem königlichen Gerichte abgewiesen, worauf dieser sich mit englischen Kaufleuten, die von London und Antwerpen aus nach Danzig handelten, zu ferneren Schritten vereinte. [3]) Bald darauf finden wir die Adventurier-Kaufleute mit ihren Beschwerden gegen die Stahlhofsleute vor dem königlichen Geheimen Rathe, und das Tagebuch des jungen Königes zeigt, wie schwierig man es fand, diese wichtige Angelegenheit zu erledigen. 1552, Juni 17, gaben die Beklagten ihre Erwiederung auf die Beschuldigungen jener ein, welche zusammen am 25. desselben Monats einigen rechtskundigen Räthen zur Prüfung übergeben wurden, nämlich dem Solicitor-General des Königes, dem Herrn Goodrich Gosvold, und dem Recorder der Stadt London. Am 9. Februar ward die Sache im Geheimen Rathe verhandelt, doch ein fernerer Termin gesetzt, während dessen die Documente der Kaufleute nachgesehen werden sollten. Am 18. Februar brachten die Adventurier-Kaufleute ihre Replik auf die Entgegnung des Stahlhofes ein, worauf dann am 23. von den Geheimen Räthen berichtet ward, [4])

---

[1]) First I practized with the Kinge and my lorde off Northomberlande to overthrowe the Stillyerde, or else ytt coulde nott bee brought to passe, for that they woold keep downe the exchainge by this consideration etc. Siehe *Burgon* a. a. O. Th. I. S. 484.

[2]) In den späteren Streitschriften begegnet uns dieser Sprachgebrauch in einer fast lächerlichen Anwendung, wie: "The replication of the Merchants Adventurers commonlie called the Merchants Adventurers of *the newe Haunse*, to the answer of the Governor, Assistants and other merchants Adventurers of *the old Haunse* heretofore so having called themselves." Sie findet sich mit manchen anderen unsere deutsche Hanse wie jene englische sogenannte neue Hanse betreffenden Schriften in einem Bande der Cotton'schen Sammlung: Vespasian. Fol. VIII.

[3]) *Köhler* bei *Willebrandt* S. 252. Zum 29. December waren die Altermannen des Stahlhofes vor den König beschieden, um Abschrift der Beschwerden der Adventurirer zu erhalten. Diese gingen dahin, dass zu viele Städte an den Privilegien theilnahmen, dass sie beinahe den ganzen Handel der Fremden in London führten, endlich, dass sie durch Einführung fremden Getreides den Preis des einheimischen drückten. Das Protocoll des Geheimen Raths siehe in *Strype's* Historical and ecclesiastical Memorials of Edward VI. Vol. I. p. 295 sq.

[4]) Dieses ist, was *Lingard*, dessen Parteilichkeit gegen die Hanseaten, deren Geschichte er ersichtlich nicht kennt und daher gröblich verkennt, wiederholt zu tadeln ist, eine lange Untersuchung nennt.

dass sie aus den Stahlhofs-Urkunden ersehen hätten: 1) dass die Hansen keine gehörige Corporation seien; 2) dass ihre Zahl, Namen und Länder unbekannt seien; 3) König Edward IV. habe ihnen die verwirkten Privilegien unter der Bedingung wieder ertheilt, dass sie keine fremde Waaren verfälschten oder einführten, was sie dennoch gethan hätten. Der König muss diesen Grund missverstanden haben, da der utrechter Vertrag nichts einigermaassen Aehnliches enthält. Aber wir verdanken ihm die Aufklärung über den wahren Grund der Verfolgung der Hansen. Sie hätten früher, sagte er, nur wenige Tücher ausgeführt, anfänglich jährlich nur 8, dann 100, darauf 1000, dann 6000 Stück, im letzten Jahre aber 44,000, während alle übrigen Fremden (und Engländer) nur 1100 Stück verschifft hätten.

Wird es erforderlich sein, hier auf die Unhaltbarkeit aller jener Argumente aufmerksam zu machen? Darauf, dass die deutsche Hanse überall eine englische Corporation nicht war und sein konnte, dass die Namen der Hansestädte der englischen Regierung wohl bekannt und in den letzten funfzig Jahren nicht nur nicht vervielfacht, sondern verringert waren? Die Einfuhr des Getreides, welche mehr den Widerspruch eigennütziger Kaufleute als der Agricultur-Interessen erregte, war bisher sogar in dem wiederholt bestätigten Vertrage mit der Stadt London vom Jahre 1282 durch verschiedene Verfügungen begünstigt. Die Ausfuhr der Tücher war den Deutschen so wenig untersagt, dass der utrechter Vertrag dieselbe voraussetzt und durch Maassregeln gegen die Verfälschung der englischen Lakenbereiter begünstigt, in dem einzigen Artikel, welcher überall einer Verfälschung von Waaren gedenkt.

Vom folgenden Tage, den 24. Februar, ist das Decret des Geheimen Rathes datirt, welches die Hansen ihrer uralten Privilegien beraubte und allen übrigen Kaufleuten, welche ihre Privilegien schon früher verloren hatten, gleichstellte. Doch bemerken wir auch hier, dass ihre Rechte an den Gebäuden in London und in den anderen englischen Städten nicht in Zweifel gezogen wurden. Es ist mit der Abfassung des Decretes vermuthlich so unverantwortlich geeilt, weil Gesandte aus Hamburg und Lübeck erwartet wurden, um wegen der Stahlhofs-Sache zu verhandeln. Am 28. Februar erschienen diese, die Syndici Dr. Joh. Rudelius von Lübeck und Dr. Franz Pfeil von Hamburg, vor dem Könige. Schon am 2. März wurden der Lord Kanzler, zwei Secretarien, Dr. R. Bowes und Sir J. Baker, Dr., der Richter Mountague und vier andere Mitglieder des Geheimen Rathes: Griffith, Gosnold, Goodrich und Brooks, deputirt, um den Gesandten eine Antwort zu ertheilen, welche den Machtspruch mit dem Anstriche von scheinbaren Rechtsgründen bemäntelte. Es muss den Gesandten leicht gewesen sein, die sophistischen Gründe der Gegner zu widerlegen, dennoch erfolgte am 1. Mai desselben Jahres eine Bestätigung des Decretes. Doch ist es den ferneren Vorstellungen der Gesandten noch zu verdanken, dass am 11. Mai neun Commissarien, der Lord Kanzler, der Secretair Sir William Cecil (Burleigh), Dr. Wotton und sechs andere der früher schon genannten Räthe ernannt wurden, um noch einmal mit ihnen sich zu besprechen und ihnen solchen Bescheid zu ertheilen, als mit Gerechtigkeit, Billigkeit und des Königes Ehre bestehen könne. Dieser durfte freilich den Forderungen der englischen Kaufleute nicht zu ungünstig sein. Die Erwiederung war dennoch keine unwillkommene und ein königlicher Befehl vom 8. Juli desselben Jahres gestattete den Hansen, welche durch einen neuen

Gesandten vertreten zu sein scheinen, [1]) den Handel vorgängig unter den früheren Begünstigungen und einiger Beschränkung in der Ausfuhr der Tücher und des Bleies zu treiben. Die Beschwerden der Engländer wurden am 11. October an das Exchecquer-Gericht verwiesen und königliche Befehle vom 23. April und Mai 1553 verlängerten die Gestattung der Einfuhr mit dem alten niedrigen Zolle bis Weihnachten desselben Jahres. Maassregeln, welche so sehr gewaltthätig waren, wie die beabsichtigten, können auch unter den königlichen Räthen, so sehr auch Sir William Cecil, welcher nach dem Ruhme bei seinen Landsleuten strebte, die Fremden unterdrückt zu haben, für dieselben kämpfte, nicht vielen Anhängern begegnet sein. Es ist daher dieser Widerruf nicht auffallend und darin weder fremder Einfluss, noch die Macht der Bestechungen zu suchen. Leider raubte ein frühzeitiger Tod den König Edward VI. (gestorben 1553, Juli) seinem Reiche sehr bald. Auch die Hansen durften denselben beklagen, denn so ungerecht seine Maassregeln gegen die Hansen erscheinen, so war er doch selbst dieser Härte fremd. Viele seiner einsichtsvollen Räthe hatten schon damals Ansichten zur Beförderung des englischen Handels, welche kein Unbefangener missbilligen wird, am wenigsten, wenn er sieht, dass ihre Absicht nicht darauf ging, einen Monopolisten durch einen andern zu verdrängen, sondern eine grössere Freiheit des Verkehrs und eine solche Erniedrigung der Ein- und Ausfuhrzölle eintreten zu lassen, dass wenn auf diesem Plane, welchen wir aus einem Aufsatze des jungen Königes kennen, fortgeschritten wäre, Europa die ersehnte Handelsfreiheit drei Jahrhunderte früher hätte begrüssen können, als in Zeiten, wo ein endloses Labyrinth von Verbot- und Schutzgesetzen für Handel und Schiffahrt, so wie manche politische Nebenabsichten und deren langjährige Rückwirkungen den einfachen Weg nicht wieder finden lassen. [2])

Edwards Gesinnung und Ansicht wirkten noch einige Zeit nach seinem Tode fort. Die Königin Maria, seine Schwester, so abhold sie den Protestanten war, erklärte sich dennoch geneigt, diese Angelegenheit unparteiisch wieder aufzunehmen. Eine stattliche Gesandtschaft aus dreizehn der angesehensten Rathsmitglieder der Städte Lübeck, Cöln, Bremen, Hamburg und Danzig gebildet, erwartete und erhielt zu Brügge die Genehmigung der Königin in London zu erscheinen. An dem Lordkanzler, Stephan Gardiner, Bischof zu Winchester, fanden die Gesandten einen mit ihren Verhältnissen schon durch seine frühere Mission an Hamburg und Lübeck seit vielen Jahren vertrauten Mann. Schon am 24. October desselben Jahres war von jenen mit den Bevollmächtigten der Königin ein Recess über die Herstellung der hansischen Privilegien abgeschlossen unter einem denen der Engländer in den Hansestädten, besonders in Preussen günstigen Vorbehalte, und im November desselben Jahres erfolgte die

---

[1]) *Strype* a. a. O. p. 296 nennt den "Ambassador of the Stedes" Dr. *Apollonius* (es wird der Lübecker Syndicus Dr. *Plönnies* gemeint sein), welcher im Jahre 1553, am 13. Mai, seinen Pass zur Rückreise über See und des Königes Schreiben an die Städte erhalten habe. Der Ausdruck stede oder stead für Stadt ist freilich angelsächsisch, aber dem späteren Englischen fremd; doch wie er sich in vielen alten Ortsnamen, wie Hemp-, Ben-, Wanstead, erhalten hat, so wurde er im sechszehnten Jahrhunderte in der Zusammensetzung mit der Hanse gebraucht. *Wheeler* a. a. O. S. 633: Hansesche steden, in our language Hanse stedes or Hansetowns. Der Geheime Rath richtete 1584, September: Postills to the Alderman of the Stillard his proposition on the Steads behalf.

[2]) Man sehe den Aufsatz des Königes No. 4 hinter seinem Tagebuche.

förmliche Bestätigung abseiten der Königin für die hansischen Privilegien und den utrechter Vertrag. In der seit dem 24. October eröffneten zweiten Sitzung des Parlamentes wurden indessen von denselben der Krone zu Subsidien bewilligt das Tonnage und Poundage von Weinen und anderen Waaren, welche Fremde, namentlich die Hansen, einführten, so wie Abgaben von auszuführender Wolle, Häuten und Leder.[1]) Jedoch erfolgte noch am 15. Januar des nächsten Jahres 1554 auf Anhalten der Botschafter der freien Städte der Hanse,[2]) die Anerkennung abseiten der Königin, dass die Stahlhofs-Kaufleute zu keinen grösseren Abgaben und Zöllen verpflichtet sein sollten, als sie es in Gemässheit ihrer Privilegien unter ihrem Vater, dem Könige Henry VIII., gewesen, so wie am 1. März desselben Jahres auf Anhalten des Altermannes und der Gesellschaft (company) der Kaufleute des Stahlhofes die vom Könige Henry VIII. 15$\frac{36}{37}$ und 15$\frac{41}{42}$ angeordnete Aufhebung der Beschränkung in der Ausfuhr wollener Tücher.

Nach der Sitte jener Zeit hatten die Easterlingen, so wie die anderen fremden Kaufleute am 30. September, als die Königin ihren feierlichen Einzug in London hielt, um am folgenden Tage gekrönt zu werden, an dem feierlichen Gepränge Theil genommen, welches die Londoner aus Flandern (den Ommegank) entlehnt zu haben scheinen.[3]) Die Genuesen hatten bei Fenchurch einen Knaben als Mädchen angekleidet, welches von zwei Männern in einem Stuhle getragen wurde und die vorüber ziehende Königin begrüsste. Die Deutschen hatten an der Ecke von Grace-Church einen Berg aufgeworfen, von welchem ein Springbrunnen Wein sprudelte. Auf dem Berge standen vier Kinder, welche gleicherweise die Königin begrüssten. Als diese vorüber ritt, flog noch etwas — man ersieht aus der lückenhaften Beschreibung nicht was, — von den Spitzen des Gerüstes herab. Am Ende jener Kirche folgten die Florentiner, deren Decoration drei pfortenartige Durchgänge hatte.[4]) Auch hatten die Hansen zwei Fässer Wein vor das Thor des Stahlhofes gelegt, aus welchen sie dem Volke zapften.[5])

Als im folgenden Jahre König Philipp, zu dessen Bewillkommnung in Antwerpen das londoner Comtoir dem dortigen bereits 50 £ gesandt hatte, in London mit der Königin zu ihrer Vermählung einzog, hatten die Stahlhofs-Kaufleute ein grosses Schauspiel dieser Art veranstaltet. Auf dem Gerüste waren verschiedene Darstellungen gemalt, oben aber das Bild eines Königes auf dem Rosse sitzend, in reichster Rüstung, als ob er lebte. Darunter war auf einem silbernen Felde mit schwarzen lateinischen Buchstaben geschrieben:

Divo Phi. Aug. Max.
Hispaniarum principi exoptatissimo.

Darunter war auf azurblauem Felde mit schönen lateinischen Buchstaben in Silber zu lesen:

Constantem fortemque animum, ter magne Philippe,
Nec spes a recto, nec metus acer agit.

---

1) Statutes of the Realm. Vol. IV. P. I. p. 218.

2) *Rymer* T. XV. p. 364. sq. Ambassador of the *Fre Cities* of the Hans. Jener Ausdruck ist in dieser Zeit noch sehr ungewöhnlich.

3) Vergl. *F. W. Fairholt* Lord Mayor's Pageants. Percy Society. Vol. X.

4) The Chronicle of Queen Jane and two years of Queen Mary, ed. *J. Gough Nichols*. Camden Society. p. 29.

5) *Köhler* bei *Willebrandt* a. a. O. S. 253.

Dieses Gemälde mit allen übrigen Bildern und Inschriften erfreuete die Majestäten gar sehr.[1])

Wahrscheinlich war die Theilnahme an solchen Festlichkeiten zu London nicht so ungewöhnlich, als sie uns erscheint, da sich Nachrichten darüber nur gelegentlich erhalten haben, und darf es nicht überraschen, dass deren Zweck, unerachtet der grossen darauf gewandten Kosten — es waren 1000 £ zu diesem Zwecke aufzunehmen von den Hansestädten genehmigt worden[2]) — wenig erfüllt wurde.

Die hansischen Gesandten waren kaum heimgekehrt, als auf Andringen des londoner Magistrates der Geheime Rath wieder die Ein- und Ausfuhr der Hansen zu beschränken begann. Die Sendung des Syndicus Sudermann und Dr. Plönnies im Jahre 1555 hatte jedoch den Erfolg, dass die Königin die Freiheiten der Hansen wiederum bestätigte und nur eine Beschränkung der Ausfuhr in englischen Tüchern nach den Niederlanden begehrte, woran sie das verfängliche Gesuch knüpfte, dass englische Kaufleute in den Hansestädten dieselben Freiheiten wie diese in England geniessen möchten. Zwei Jahre später, 1557, auf Bartholomaei, wurden neue hansische Gesandte, der lübecker Syndicus Dr. von Vechtelde und Rathsherr Hermann Sudermann von Cöln, nach London entboten, mit der Instruction: „zu Wiedereroberung entwandter Privilegien in England," sie brachten aber im folgenden Jahre nur die Erneuerung des letztgedachten Privilegii und das Verlangen, dass die Hansen keinen anderen Zoll als die Englischen selbst zahlten.[3])

Es würde nutzlos sein, hier über die bekannten endlosen Verhandlungen über denselben Gegenstand weiter zu berichten, welche mit denselben Gründen beiderseits fortgeführt wurden, bis durch den Tod der Königin Mary (1558, November 17) die Hansen auch die Unterstützung ihres Gemahls, des Königes Philipp, verloren. Beim Antritte ihrer Regierung gab jedoch die Königin Elisabeth keinerlei feindliche Stimmung gegen die Hansen zu erkennen. Diese erscheinen vielmehr sehr begünstigt durch eine Anerkennung rücksichtlich ihrer alten Rechte, mit Waaren aller Art am Stahlhofe zu landen und von demselben auszuschiffen. Es wurde nämlich im Jahre 1559 um den vielfältigen Unterschleifen zu begegnen, welche sich bei der Zoll-Erhebung dadurch ergaben, dass an allen Kays zu London ein- und ausgeladen werden durfte, einer kleinen Anzahl derselben diese Gerechtigkeit in ausgedehntem Sinne verliehen, einigen anderen nur unter Beschränkung auf gewisse Waaren; Fremde durften an keinem jener Kays wohnen, ausser an dem des Stahlhofes, welchem die ausgedehntesten Befugnisse rücksichtlich des Ein- und Ausladens verliehen wurde — ein klares Zeugniss für die Rechtlichkeit, welche die Zollbehörden bei den Deutschen auf dem Stahlhofe bewährt fanden.[4]) Eben so wenig ist eine den Stahlhofs-Kauf-

---

[1]) *John Elder's* Letter hinter dem oben S. 100 Note 4 angeführten Chronicle. p. 147.

[2]) *Köhler* bei *Willebrandt* a. a. O. S. 225. Vergl. oben § 4. S. 43.

[3]) *Köhler* a. a. O. S. 255 flgd.

[4]) Die Worte der desfallsigen Ordre lauten nach *Maitland* l. l. p. 1034: The Wharf, Key and Stairs of the Stillyard appointed to be a Landing and Discharging Place of all Manner of Merchandizes, appertaining to any Merchant Stranger free of the said House of the Stillyard, commonly called Guilhalda Theutonicor', for the time being, and for no other Person or Persons... From and after the Feast of Easter next coming, there shall no Stranger or Strangers born, whether he or they be or shal be made Denizens or not, as well inhabit or be commorant in, at or upon any of the saide Wharfes or Keys or any Parte of them, the Stillyard except.

leuten ungünstige Stimmung zu erkennen in einer 1563 ergangenen Entscheidung des Lord Schatzmeisters über die zwischen jenen und dem städtischen Packmeister stattgefundenen Streitigkeiten. Bei der Königin Elisabeth gewann jedoch Gresham wieder grösseren Einfluss und durch den von ihm besonders geförderten Plan der Errichtung einer Factorei der Merchant adventurers in Deutschland wurden alle Wünsche der damaligen englischen Handelspolitik erreicht. Hamburg ward wider den Rath des Agenten und Freundes des Gresham, Richard Clough, gewählt, welcher eine Stadt im östlichen England, Hull oder York, zum Sitze der Factorei empfahl. Bei seinem sehr strengen Urtheile über Embden erscheint auch dasjenige über Hamburg als aus besonderer Verstimmung hervorgegangen; wichtig konnte jedoch der Grund erscheinen, dass jene Stadt, obgleich unter dem Kaiser, doch auf sich selbst angewiesen sei und nicht stark genug, um einem feindlichen Nachbarfürsten zu widerstehen. [1]) Auffallend schlecht unterrichtet oder unzuverlässig erscheinen jene Männer, wenn Gresham von Hamburg schreibt, dass in seinen Tagen nicht mehr als zehn Schiffe jährlich den Hafen verlassen hätten, [2]) während die Königin und ihre Vorgänger aus jener Stadt das meiste Schiesspulver und Schiffsmaterialien bezogen [3]) und Gresham selbst erklärte, dass man Antwerpen nicht brauche, sondern die grössten Summen zur Unterstützung der königlichen Finanzen aus Hamburg anleihen könne. Indessen entschieden die Adventurier-Kaufleute sich für diese Stadt. Die Hamburger hatten nie die Ausschliessung der Engländer aus Deutschland gebilligt und waren den künstlich aufgebaueten Theorien des Freihandels und der jedenfalls anzuerkennenden Gegenseitigkeit thatsächlich seit manchen Jahrhunderten längst zuvorgekommen. [4]) Der Rath dieser Stadt hatte freilich stets auf das lebhafteste gestrebt, die alten Vorrechte der Hansen in England zu erhalten; doch mit demselben unbefangenen Blicke, wie er bei der Kirchenreformation den richtigen Zeitpunkt zum Heile der Kirche und Schule ergriffen hatte, wie er die Entwickelung der bürgerlichen Verfassung an dieselbe knüpfte und durch seine bisherigen Verhandlungen mit dem englischen Hofe eine nicht geringe Bedeutung sich verschafft hatte, so erkannte er auch hier, dass der Tag gekommen war, an dem Privilegien nicht aufrecht zu halten sind, wenn sie dem Gemeinwohle widerstreben, am wenigsten, wenn sie in fremdem Lande und ohne äussere Macht geltend gemacht werden sollen. Nur in England besassen die Hansen noch jene ausserordentlichen Begünstigungen: nur das Rechtsgefühl der englischen Regenten hatten jene dort länger erhalten. Schon am 17. März 1564 hatte der Senat den englischen Kaufleuten, welche nach Embden ziehen wollten, den Aufenthalt und einige Begünstigungen in Hamburg angeboten, ein Schritt, welcher ein leicht erklärliches Missfallen in den anderen

---

[1]) *Burgon* a. a. O. Vol. II. p. 59. Unsere Vorfahren müssen von ihren Enkeln sehr verschieden gewesen sein, wenn das Folgende gegründet war: "The inhabitants are a kind of people rude and nothing inclyned to our nature; envious and beggarly of goods and wyts; incivil in manners and withowte all mercie where they are masters."

[2]) *Burgon* a. a. O. Vol. I. p. 293.

[3]) Hierüber sind Belege vorhanden; nicht indirect vom Stahlhofe wurde dieser Artikel erhalten, wie *Macpherson* Annals of Commerce. T. II. p. 149 meint. Erst auf Gresham's Anrathen wurden einige Pulvermühlen bei London angelegt. Siehe *Burgon* a. a. O. Vol. I. p. 294.

[4]) Man sehe die Verhandlungen auf dem Hansetage vom Jahre 1391 über das den Hullern zu versagende freie Geleit, so wie 1410 über die den Engländern in den Städten zu versagenden Privilegien, wo Hamburg stets die Freiheit des Verkehrs und die Zulassung der Engländer vertrat. *Burmeister* a. a. O. S. 58.

Hansestädten erregte. Die Engländer hätten gerne jene Anerbietungen sogleich angenommen, doch waren sie bereits durch ihre Unterhandlungen mit Embden gebunden. Aber nach zwei Jahren sandten sie den Secretair ihrer Gesellschaft John Gilpin nach Hamburg, um die Einleitungen zu einer Niederlassung der ihrigen dort zu treffen und im folgenden Jahre, 1567, Juli 19, ward von drei deshalb dorthin gesandten Bevollmächtigten mit dem Senate ein Contract über die Aufnahme und Stellung jener Kaufleute in Hamburg abgeschlossen. Im folgenden Jahre wurden vier Schiffe versuchsweise nach Hamburg gesandt, doch der Ausbruch des Krieges zwischen England und Spanien gab der neuen Factorei erst ihre ganze Bedeutsamkeit und machte sie zum Gegenstande der Aufmerksamkeit nicht nur Englands, sondern auch der mit demselben verbundenen Staaten, [1]) vorzüglich wegen des Verdachtes, dass Kriegsrüstungen und Unterstützungen für die Protestanten in Deutschland unter den anscheinenden Handelszwecken sich versteckten. Im April 1569 verliess endlich eine Flotte von 28 gut ausgerüsteten Schiffen mit Tüchern und Wolle im Werthe von 700,000 Thalern die Themse, um nach Hamburg zu gehen. Die Waaren wurden so gut abgesetzt, dass man zu London mit Freuden sah, dass eine Factorei in Antwerpen dem englischen Handel entbehrlich sei, und eine zweite Ladung auf 25 Handelsschiffen, von zwei Kriegsschiffen begleitet, wurde schon am 25. August desselben Jahrs abgesandt. Der Gesammtbetrag der Sendungen nach Hamburg in diesem Jahre ist auf 2,500,000 $ angeschlagen. [2]) Zum Vorsteher (Courtmaster) der Factorei ward der vorerwähnte Sir Richard Clough ernannt; doch krank angelangt, verschlimmerte sich sein Zustand im nächsten Jahre und der zu seiner Hülfe durch den Senat von demjenigen zu Lübeck erbetene Physicus Dr. Ernst Reuchlin vermochte ihn nicht zu retten. Wir kennen seinen Nachfolger nicht, doch wird Gresham, welcher seinen Freund um zehn Jahre überlebte, für einen gleich tüchtigen und gewandten Mann Sorge getragen haben.

Nach Ablauf der bedungenen zehn Jahre duldete der Widerspruch der Hansestädte nicht eine Verlängerung des Aufenthalts der Adventurier-Kaufleute zu Hamburg. Die Verhandlungen sind hinlänglich bekannt und würde eine neue und ausführlichere Darstellung derselben hier nutzlos sein. Doch muss bemerkt werden, wenn der Widerspruch der Hansen gegen die Niederlassung der Engländer in den Hansestädten getadelt wird, dass dieser im Geiste ihrer Zeit war, dass jene manche den Einwohnern nachtheilige Privilegien in Anspruch nahmen, und vor Allem, dass England darauf bestand, die Ausfuhr unverarbeiteter Wolle und der Tücher, welche den wichtigsten Theil der ganzen Ausfuhr bildeten, zu dem ausschliesslichen Monopole seiner Unterthanen zu machen, eine Ansicht, welche durch die nach England geflüchteten Niederländer, welche ihre Kunst dort anwenden wollten, befördert wurde. Die Ausfuhr der Tücher, zu welcher der Stahlhof die Erlaubniss erhalten, war stets bedeutend. 1550—1555 wurde jährlich auf Ostern 50,000 Stücke Laken auszuschiffen gestattet; 1560—1562: 40,000; 1570—1575: 30,000 Stücke jährlich. Nach vielen vergeblichen Verhandlungen, welche schon 1578 die zu Lübeck versammelten hansischen Gesandten so sehr beunruhigten, dass sie beschlossen, die Original-Privilegien und das Silbergeräthe des Comtoirs dorthin bringen zu lassen, ertheilte die Königin einen

[1]) Vergl. Correspondance diplomatique de Bertrand de Salignac de la Mothe Fénélon. Tom. I.

[2]) Ebendaselbst S. 154, 238.

geheimen Raths-Befehl vom 7. April 1579, wodurch die hansischen Freiheiten, mit Ausnahme der Rechte am Stahlhofe und in den anderen Hafenstädten, eingezogen und die Hansen in Ansehung des Zolles anderen Fremden gleichgestellt wurden. Zu gleicher Zeit suchte sie ihren Unterthanen einen grossen Theil des den Hansen entrissenen Handels dadurch zuzuwenden, dass sie einer nach Eastland (dem Ostlande, den Ostseeküsten) handelnden Gesellschaft derselben die Rechte einer Corporation verlieh. Jene gewaltsame Maasregel erregte bei den Hansen nicht geringe Bestürzung und Erbitterung, und sie wurden dadurch veranlasst, noch im December desselben Jahrs eine Tagfahrt zu Hamburg auszuschreiben. Nur der Senat dieser Stadt bewährte die ruhigste Haltung. Unter dem 21. April 1580 schrieb er dem zu Bremen: "er wünsche, dass Alles bei den drei Städten bleibe, denen am Meisten daran gelegen. Die Königin möge man nicht erzürnen: der Stahlhof könnte, was Gott verhüte, in der englischen Adventurirer Hände kommen."

Leider fehlte es auf dem Stahlhofe selbst an Männern, welche die hansischen Angelegenheiten mit Nachdruck zu betreiben wussten. Seitdem derselbe seine frühere Bedeutung verloren hatte, war für die angesehenen und tüchtigen Männer, welche noch nach dem utrechter Vertrage dort manche Jahre zuzubringen pflegten, keine Veranlassung, ihre Geschäfte daselbst persönlich zu betreiben. Schon bald nach dem Antritte der Regierung der Königin Elisabeth wussten die Deutschen keinen ganz geeigneten Mann zum Altermanne zu ernennen. Nur mit Misstrauen sahen die Residirenden, dass die gemeinen Städte 1559 den aus früherer Verwaltung unvortheilhaft bekannten *Peter Eifler*, bei Gebrech und Mangel anderer Personen, zu diesem Amte ansetzten. Die vor fünf Jahren neu redigirten Statuten vermochten die gute Ordnung nicht zu erhalten; namentlich ward die Verfügung nicht befolgt, dass das Amt des Altermannes von demselben Manne nicht zwei Jahre hinter einander bekleidet werden sollte. Eifler gerieth in allerlei Irrung und Streitigkeiten mit den Hausdienern und Spensern, bis ihn der Kaufmann absetzte, und sein Amt dem *Moritz Timmermann*, einem früheren gemeinen Hausdiener, übertrug. Eifler reiste 1566 nach Lübeck, wo er sich nicht genügend rechtfertigen konnte. In Folge des in diesem Jahre mit seinem Nachfolger geschlossenen Abschiedes waren in der Casse £ 3846 vorräthig. Als im Jahre 1572 die Hansestädte der neuen Residenz zu Antwerpen zur Minderung ihrer Schuld mit £ 2000 zur Hülfe kommen wollten, konnte der Secretair Mag. *Adam Wachendorf*, früher Eiflers Hausdiener, sich nicht genügend darüber erklären, und es zeigte sich, dass £ 1200 dem M. Timmermann zu zwei Reisen vorgestreckt, von diesem aber nicht zurückgezahlt waren. Dieser war schon 1567 in allerlei Schaden, Missglauben und bösen Leumund gerathen. Der Schossmeister Gawin von Alden hatte fallirt mit Hinterlassung seiner Güter. Die Hansestädte fanden nur zu viele Veranlassung, ihre Gesandten im Jahre 1572 mit einer zwei Jahre später ausgeführten Visitation des Comtoirs zu beauftragen. [1]) Es wurden die Einsendung der Rechnungen nach Lübeck und andere bessere

[1]) In dem Verzeichnisse der damals beim Comtoir vorhandenen Urkunden steht diejenige für die Kaufleute von Gothland vom Jahre 1237 oben an; ein Umstand, welcher noch mehr bestätigt, was oben S. 11 über deren Bedeutung gesagt ist. Wir entnehmen auch aus demselben, dass uns kaum eine der damals vorhandenen Urkunden fehlt, noch weniger unbekannt ist. Das vergoldete Geschirr, grösstentheils "Stuitzen" — englisch cups — Schaalen auf kunstreich gearbeiteten Füssen und Deckeln, von welchen sie häufig ihren Namen hatten, wie: Bock, Nuss,

Anordnungen verfügt, doch M. Timmermann blieb Altermann, mit einer Schuld, welche 1588 mit 2027 £ angerechnet ist, ungefähr dem vierten Theile des damaligen Capitals des Comtoirs von 8 bis 9000 £. Der moralische Werth des dortigen Personals konnte nicht gehoben werden und die Achtung, welche die Stahlhofs-Kaufleute früher in England genossen hatten, war nicht wieder herzustellen.

Die Hansestädte, gereizt durch das letzte Decret der Königin, hatten sich bemüht, ihre Sache an den Kaiser und den Reichstag zu bringen, und erwirkten zu Augsburg ein Mandat wider die Zulassung der englischen Adventurier-Kaufleute in Deutschland. Diese hielten sich in ihren bisherigen Residenzen zu Middelburg und Embden nicht mehr gesichert. Hamburg galt auch für sehr spanisch und also den Engländern feindlich gesinnt, [1]) ein Theil der Gewerbsleute hatte sich durch die Anwesenheit der englischen Kaufleute benachtheiligt gefunden. Dennoch wünschte und verlangte die englische Regierung ihre Rückkehr dorthin im Jahre 1585 und ein Schreiben des Senates vom 19. August 1586 gewährte ihnen die Aussicht, über die Bedingungen der Aufnahme sich zu vereinbaren. In England dagegen empfand man den Druck des Monopols der Adventurers und die Lakenbereiter in Wiltshire und Glocestershire waren einem Aufstande nahe. Auch der Adel begehrte freien Handel und verlangte die Herstellung des dem Interesse der Alleinhändler aufgeopferten Stahlhofes. Am 16. Mai 1587 liess sogar der Staats-Secretair Sir Francis Walsingham den Altermann des Stahlhofes zu sich rufen, um ihm die Aussicht zu eröffnen, dass die Königin nicht abgeneigt erscheine, den Hansen die früheren Vorrechte wieder zu geben. [2]) Doch wahrscheinlich war diese Mittheilung nur im Einverständnisse mit den Merchant Adventurers oder doch in deren Interesse gemacht. Denn bald darauf sandten diese zwei Commissarien, ihren Governor, den Ritter Sir Richard Saltonstall, derzeitigen Vertreter Londons im Parlamente, und Giles Fletcher, J. U. Dr., nebst vier mit Laken beladenen Schiffen nach Hamburg. Der Senat konnte jedoch, theils den Widerspruch der Hansen, theils die Ungeneigtheit seiner Bürger berücksichtigend, jene nur mit grosser Vorsicht aufnehmen. Dr. Westendorp aus Gröningen, welcher von Verdugo, dem Gouverneur in Westfriesland, zu ihnen gesandt war, bemühte sich, sie über die vom Könige von Spanien in England beabsichtigte Landung in Kenntniss zu setzen. Die Engländer wurden der gedehnten Verhandlungen müde und entschlossen sich 1587, in Stade sich niederzulassen, wo sie im September desselben Jahres Residenz und stattliche Privilegien erhielten. [3])

Die gegenseitige Stimmung ward jetzt immer bitterer. Auch der Handel mit Stahl ward von der Königin zu einem Monopole gemacht. Ein Schreiben des gemeinen Kaufmannes vom 19. Juni 1587

Bechus, auch Salzfässer, Lotterie-Schaalen u. a., wogen etwa 860 Unzen. Das Silbergeräth, nämlich Schaalen, Meister Pott (Becher), Becken und Lavoirs, Teller, Löffel u. a. wog etwa 2513 Unzen.

[1]) Lord Leicester schrieb an Secretary Walsingham 1585, Februar 21. Hamborow ys a villanous town and wholy the king's of Spayn: my lord Wyllouby was in great danger to be taken in their territorye. But yf yt please hir Majesty to bestow hir merchants in other places, I beleive veryly more to their proffytt but far more for ther surety etc. *Bruce* Leycester Correspondence. (Cambden Society.) p. 129 sq.

[2]) *Wheeler* a. a. O. S. 46. *Köhler* bei *Willebrandt* a. a. O. p. 274.

[3]) *Wheeler* a. a. O. S. 48 flgd. *Stelzner* Nachrichten von Hamburg. Th. II. S. 415. *(Pratje)* Altes und Neues. Th. III. S. 301. Th. V. S. 103. Dessen Bremen und Verden. Th. VI. S. 236.

sagt: "der Stahlhandel sei über Menschengedenken eine der vornehmsten Hantierungen auf dem Stahlhofe gewesen, dahero denn auch derselbe den Namen bekommen; nun müsse man sich über den Preis mit Robert und Richard Cammerlane Gebrüder vergleichen, welchen die Königin die Ausfuhr desselben allein verliehen." Der Krieg der Königin mit Spanien führte zu einer neuen Katastrophe. Den Hansen wurden von den Engländern durch die berühmten Seehelden, Sir Francis Drake und Sir John Norris, unter dem Vorwande verletzter Neutralität, 1589, Juni 30, sechszig Schiffe genommen, welche schon die Höhe der Festung Cascais an der Mündung des Tajo erreicht hatten, beladen mit Getreide und Schiffsvorräthen, die angeblich zur Ausrüstung einer spanischen Flotte dienen sollten. Die Hansen mussten schon zufrieden sein, dass diese Schiffe bald in englische Häfen gebracht wurden und sie die verderblichen Waaren zum schleunigen Verkaufe bringen durften. Die Königin beschwerte sich über ein verletzendes Schreiben abseiten der 1591 zu Lübeck versammelten Hansestädte und erwiederte in gleicher Weise.[1]) Den Engländern wurden die Residenzen zu Elbingen und Stade abgesprochen. Da letztere Stadt nicht folgte, so ward sie der hansischen Gemeinschaft und Vortheile für verlustig erklärt. Endlich erfolgte, vorzüglich auf Antrieb des Erzfeindes Englands, des Königes von Spanien, am 1. August 1597 das kaiserliche Mandat, durch welches den englischen Kaufleuten geboten wurde, sich aus Deutschland zu entfernen. Der damals in London befindliche Gesandte des Königes Sigismund von Polen, Paul Dzialin, welcher, zunächst im Interesse Danzigs, sich mit kräftigen Worten für die Hansestädte verwandte, konnte in dieser Lage der Dinge nichts erreichen.[2]) Es darf nicht sehr überraschen, dass nun als Repressalie die deutschen Kaufleute des Stahlhofes unter dem 13. Januar 1598 den Befehl von der Königin erhielten, binnen vierzehn Tagen, nämlich am 28. Januar, wo ihre Unterthanen das deutsche Reich verlassen sollten, aus England sich zu entfernen. Sie beschwerte sich im Eingange des desfallsigen zu Westminster erlassenen Patentes über die unbegründeten Klagen der Hansen und darüber, dass man ihre Erwiederung gegen dieselben nicht habe lesen wollen. Dem Magistrat der Stadt London, unter denen in diesem Jahre eben jener in Hamburg vermeintlich sehr gekränkte Sir R. Saltonstall das Amt des Mayors bekleidete, gebot sie, unter Zuziehung von Zollbeamten jene Stahlhofs-Gebäude in Besitz zu nehmen, bis auf ferneren Befehl und bis sie hörten, wie der Kaiser sich benehme. Die Unterthanen des Königes von Polen wurden von der Ausweisung ausgenommen, so ferne sie nicht behaupteten, Hansen zu sein, und in die schändlichen Beschuldigungen wider die Engländer einstimmten.[3]) Der Termin ward von der Königin selbst, unter Berücksichtigung des Umstandes, dass den Engländern zu Stade längere Frist zur Abreise gelassen sei, bis zum letzten Februar ausgedehnt und dem Geheimen Rathe die Befugniss zu weiterer Hinaussetzung ertheilt. Letztere ward nicht verweigert bis zu Ende März. Es scheint dann wiederum einige Aussicht zu milderen Maassregeln sich gestaltet zu haben, bis am 25. Juli der Geheime Rath dem Lord Mayor und den Sheriffs von London auftrug, von dem Stahlhofe im Namen der Königin Besitz zu nehmen und die

---

[1]) *Thuani* Historia sui temporis. Ein Schreiben der Hamburger vom Jahre 1592, August 24, siehe bei *Rymer* h. a.

[2]) *Camden* Res Angliae regn. Elizabetha. *Wheeler* a. a. O. S. 68, wo die Antwort der Königin gegeben ist.

[3]) *Eman. van Meteren* Historien der Nederlanden tot het Jaar 1662. Zum Jahre 1597.

Deutschen aus ihren Häusern zu vertreiben. Diese letzteren Schritte gingen weiter als statthafte Repressalien und die anwesenden Deutschen handelten ehrenhaft, wenn sie erst zehn Tage nach jener gewaltsamen Besitzergreifung der angedrohten Gewalt gewichen sind und unter Protest gegen den unrechtmässigen Eingriff in ihr Eigenthum von mehr als 300 Kammern und Waarenräumen nebst den in denselben befindlichen Gütern verschiedener Personen. Dann aber, am 4. August, lautet ihr Bericht: "seint wir entlichen, weil es immer anders nit sein mügen, mit betrübniss unsers gemüts, der Olderman *Heinrich Langermann* voran und wir anderen hernacher, zur Pforte hinausgegangen vnd ist die Pforte nach uns zugeschlossen worden; haben auch die Nacht nicht darin wohnen mügen. Gott erbarm es!"

So war denn das letzte Opfer gefallen, welches nach Gresham's und seiner Freunde seit beinahe einem halben Jahrhunderte betriebenem Plane das Aufblühen des englischen Handels und die Macht seiner Flotte verlangt und von den besonnenen und ungerne nachgebenden, oft milden Herrschern erlangt hatten.[1]) Die englischen Kaufleute mussten zu ihrem Flore ihre alten Lehrer, die Hansen, vertreiben und sich der Schelde, des Rheins und der Elbmündungen für ihre Zwecke bemächtigen, also Residenzen zu Antwerpen (hernach Middelburg) und zu Hamburg erlangen.

§ 10.

Der hansische Stahlhof vom Jahre 1598 bis zum grossen Brande von London 1666.

Die genauere Kenntniss der hansischen Niederlassung zu London hat uns gezeigt, wie ähnlich sie den anderen Factoreien im Alter, Zweck und Einflusse gewesen ist, und dass sie, anstatt die weniger wichtige zu sein, vermuthlich die älteste, so wie, wenn wir die Gesammthanse, nicht einzelne Städte betrachten, die wichtigste derselben gewesen ist. Der Zustand der Hansen in England zeichnete sich nur stets durch festeres Recht, mehr geregelte und friedlichere Verhältnisse aus, vorzüglich zu den Königen und Stadtbehörden, als dieses in den nordischen Ländern der Fall war, wo die Rechtsunsicherheit und Rohheit der Einwohner die Hansen in beständiger Besorgniss drohender Gefahren erhielt und sie dadurch selbst eigennütziger und selbstsüchtiger machten. Dieselben Verhältnisse, welche die frühere Geschichte der einzelnen Factoreien bezeichnet hatten, währten bis zu ihrem Ende. Wenn gleich die grösseren hansischen Privilegien fast aller Orten zu Ende des sechszehnten Jahrhunderts verloren gingen, so waren doch die derselben Erscheinung unterliegenden Gründe mannichfach abweichend, so wie die von den Behörden den Hansen gegenüber angenommene Stellung eine mehr oder

---

[1]) Schon Bischof *Burnet* sagt Historia Reformat. eccles. Anglic. P. II. ad a. 1553: "Tunc quoddam coeptum est cogitari consilium, cuius felix eventus tot divitias in Angliam derivavit, eamque commercii ac rerum nauticarum adeo peritam et potentem effecit," nämlich die Aufhebung der Stahlhofs-Privilegien. Die Zeitgenossen suchten die Maassregeln der Königin Elisabeth dadurch zu beschönigen, dass sie dieselben ganz ihrem Vorgänger zuschrieben. So sagt *Stowe* a. a. O.: In the year 1551, the fifth of Edward the sixth, through complaint of the English merchants, the liberty of the Steelyuard merchants was seized into the Kings hands, and so it resteth.

minder gesetzliche Farbe trug. Das Eigenthum der Residenzen oder Häuser der Hansen scheint jedoch stets geachtet zu sein und nur wegen ihres Herabsinkens zur Unbedeutenheit eines gewöhnlichen Privatbesitzes und der unverhältnissmässigen Unterhaltungskosten von ihnen selbst veräussert, wenn nicht gar verloren zu sein. Die Schicksale der hansischen Häuser und Kirchen zu Wisby sind uns unbekannt, doch verschwinden sie unseren Augen zu einer Zeit, wo die Hanse mächtig genug war, sie gegen den Versuch gewaltsamer Entäusserung zu schützen. Die Factorei zu Brügge wurde nach langjährigen Verhandlungen ums Jahr 1540 von der Hanse freiwillig aufgegeben. Zur Zeit, als der Stahlhof ihnen entrissen wurde, beschlossen sie, das kleine Haus zu Brügge zu verkaufen, um das grössere mit dem Ertrage auszubessern, welches ihnen aber bald nach dem grossen Brande zu London in Folge der schlechten Aufsicht auch verloren ging. Das ostersche Haus in Antwerpen, welches, um in die Stelle ihrer beiden bisherigen dortigen Comtoire, genannt der Morian und Hamburg, zu treten, die Hansen erst im Jahre 1562 durch Kauf erblich erworben haben, ist bekanntlich noch in deren Besitz.[1]) Die hansischen Höfe zu Nowgorod und Pleskow, wenn gleich längst im Verfalle, besassen noch lange ihre Gebäude, welche erst in den Kriegen nach dem Tode des Czaren Boris Gudunow (gestorben 1605) verloren gegangen sind.[2]) Das Eigenthum zu Bergen wurde in der oben angedeuteten Weise allmälig verringert, 1744 waren noch neun Steven für hundert Personen vorhanden; etwa zwanzig Jahre später scheinen die Hansen ganz von der Brücke, ihrer alten Residenz, verschwunden zu sein.[3])

Der Stahlhof zu London war von den Deutschen geräumt, doch wurde er von den englischen Behörden nicht sogleich benutzt, während der Besitz der beiden anderen Stahlhöfe zu Boston und zu Lynn durchaus nicht gestört zu sein scheint. Jener ward unter die Aufsicht des Lord Mayors von London und der dortigen Zoll-Officianten gestellt. Erst im folgenden Jahre gestaltete sich der Plan, denselben den Beamten des Seewesens zur Aufspeicherung von Schiffs-Provisionen gegen Erlegung der herkömmlichen Renten einzuräumen. Gelangte der Vorschlag wirklich zur Ausführung, so dürfte diese doch nur kurze Zeit bestanden haben. Jedenfalls verblieben die Residirenden, wie es scheint, sofern sie es ihrem Interesse gemäss fanden, in England, dessen Handel ihrer nicht entbehren konnte, zu London vermuthlich auch in den im strengeren Sinne nicht zu dem Stahlhofe gehörigen Gebäuden, wie der Gildhalle, den Häusern der Lakenbereiter u. a., und daher dürfte die Hoffnung baldiger Ausgleichung, wenn auch oft getäuscht, nie gänzlich geschwunden zu sein. Von beiden Seiten wurden Verhandlungen versucht, Engländer in verschiedenen deutschen Städten zugelassen: die Hanse beschloss im Recesse zu Lübeck 1600, October, weder der Kammer zu London ihre Rente, noch den Lakenbereitern ihre Miethe, noch dem Prediger zur Aller Heiligen Kirche von seiner jährlichen Gebühr etwas zu entziehen, damit es nicht das Ansehen gewinne, als wolle man sich des Comtoirs zugleich begeben; auch die Beibehaltung und fernere Besoldung des Altermannes und Secretairs, so wie das Silberwerk

---

[1]) *Sartorius* Geschichte des hanseatischen Bundes. Th. II. S. 518. Th. III. S. 306. Vergl. *J. J. Altmeyer* Des causes de la décadence du Comptoir hanséatique de Bruges. Bruxelles, 1843. Desselben: Histoire du Comptoir hanséatique d'Anvers. Bruxelles, 1848.

[2]) *Sartorius* a. a. O. Th. III. S. 238. *Burmeister* a. a. O. S. 119.

[3]) *Kraft* Beskrivelse over Norge. Th. IV. p. 392.

des Comtoirs, von welchem also 1578 nur ein Theil nach Lübeck gebracht sein wird, im Gewahrsam des Altermannes zu lassen. Es wurde sogar vereinbart, die Vermittelung der Danziger, welche in England nicht als Deutsche, sondern als Polen angesehen wurden, anzunehmen. Englischer Seits soll die Königin den Deutschen den Aufenthalt in England durch ausdrückliche Aufhebung ihres Gegenmandats gestattet haben.[1] Embden (1599, November 10), wenige Monate nach der Schliessung des Stahlhofes, wie Gröningen schon vor derselben (1597, October 29) gethan, luden die Königin zum gegenseitigen Handelsverkehre ein; Stade folgte ihnen sehr bald in einem Schreiben vom Jahre 1601, Februar 3, und in beiden deutschen Städten waren, trotz der kaiserlichen, wie der hansischen Verbote, die englischen Kaufleute, wie früher wieder zugelassen, ebenso auch bald in Elbingen, dessen Namen die von der Königin incorporirte East-Land Gesellschaft annahm. Die Königin bewährte noch einmal ihre Nachgiebigkeit darin, dass sie dem Verlangen der Hansen, nur auf deutschem Boden verhandeln zu wollen, willfährig, ihre Gesandten nach Bremen schickte. Die hier unter dem Vorsitze des kaiserlichen Gesandten, Freiherrn von Minkwitz, geführten Unterhandlungen (1603, Februar 5 bis April 19) gewährten nur geringe Aussicht des Erfolges, als am Abend des 3. April zu Bremen die Botschaft von dem vor zehn Tagen erfolgten Tode der Königin verkündet ward. Schon damals gab der kundige Secretair des Stahlhofes *Heinrich Damstorf* den Rath, den Antrag wegen Wiedererlangung der hansischen Gebäude von den seit sechszig Jahren schwebenden Verhandlungen über die Privilegien zu trennen und die günstige Gelegenheit der Thronbesteigung Jakobs I. zu benutzen, um wenigstens erst wieder in den Besitz des Stahlhofes zu gelangen. Lübeck erklärte sich für diese Ansicht, Bremen dagegen. An welchen Thronwechsel ist nicht jede Art von Hoffnungen geknüpft gewesen? Und hier schien um so mehr einiger Grund, da der grosse Gegner der Hansen, Lord Burghley, am Tage selbst der von ihm vorzüglich beförderten Einziehung des Stahlhofes verschieden war (1598, August 4) und das englische Volk sein Misfallen an den Merchant Adventurers und anderen Monopolisten deutlich an den Tag zu legen liebte. Unter dem 12. Juli dieses Jahres übersandten die Hansestädte dem Könige James I. ein Schreiben, auf welches dieser jedoch nicht antwortete. Doch erbot er sich gegen Kaiser Rudolf, die zu Bremen unterbrochenen Unterhandlungen durch seinen Gesandten Stefan Lesueur zu erneuern. Auf Anhalten der Residirenden zu London ward 1604, März 14, wiederum ein neues Schreiben an den König von den Hansestädten erlassen, in welchem die Lage und der Ursprung der obschwebenden Streitigkeiten sehr ausführlich erörtert wurde. Ein besonderes Schreiben ward auch nach Sitte jener Zeit von den Hansestädten an das damals versammelte Parlament gerichtet, mit dem Gesuche, die Sache der Hansen dem Könige empfehlen und die Bestätigung der durch viele erwiesene Dienste und mit Blut erkauften Handelsfreiheit und Privilegien befördern zu wollen. Doch ward gleichzeitig die Absendung einer stattlichen Gesandtschaft nach Flandern, England und Frankreich beschlossen, an welchen Theil nahmen Lübeck durch den Syndicus Dr. *Finkelthaus* und Senator *Heinrich Brokes*, Hamburg durch die Rathsherren *Hieronymus Vogeler* und Lt. *Sebastian von Bergen*, Cöln durch den Bürgermeister *Johann Bolandt* und Dr. *Johann Michael von Cronenberg*, und Bremen durch den Syndicus *Johann Krefting* und

---

[1] So behaupteten die Stader. *Sartorius* a. a. O. Th. III. S. 413.

Dietrich Hoyer. Auch Danzig, die Vermittlerin, erschien dabei durch ihre Abgeordneten *Walter von Holle* und *Wessel Mittendorp*. Eine Nachschrift zu dem gedachten Schreiben ersuchte zugleich den König für die Gesandten, da es nicht ehrenvoll sei, dass sie in einem anderen Hause als auf ihrem Stahlhofe wohnten, den desfallsigen Befehl zu ertheilen. Man ersieht nicht, ob dieses geschehen, doch wird im Gesandtschafts-Protocolle erwähnt, dass die Deutschen den vorderen Theil des Stahlhofes bereits seit längerer Zeit wieder inne hatten, also vermuthlich einige gleich der Gildhalle an der Thamesstrasse belegene Häuser. Die Gesandten wurden von dem Könige am 22. Juli auf dem Schlosse ehrenvoll empfangen, aber, wie sie berichteten, hatten "von Ihro Majestät keine sonderliche Anzeige propensionis regiae vermerkt." Auch waren die Conferenzen der Commissarien, wenn sie gleich unter dem Vorsitze des trefflichen Thomas Sackville, Grafen von Dorset, der in seiner Jugend der erste Dichter seines Vaterlandes, jetzt 70jährig, als einer der ersten Staatsmänner Europa's verehrt ward, sehr würdig geführt wurden, im Resultate so unerfreulich, dass die hansischen Gesandten sich mehr Vortheil von der Abreise als von deren Fortsetzung versprachen. Unter dem 25. September erhielten sie die königliche Erwiederung auf den Antrag der Hansestädte, welche durchgängig ausweichend lautete und unumwunden die Anerkennung der eigenen Interessen vor dem Rechte verlangte. Des Stahlhofes wurde darin, was wohl bei diesen Ansichten kaum zu erwarten stand, gar nicht gedacht. Doch müssen die Gesandten sich nur wenig Hoffnung auf die Möglichkeit eines Erfolges gemacht haben, da sie das Silbergeräthe in drei Kisten, Acten und Bücher des Comtoirs nach Lübeck sandten, das Küchengeräthe verkauften und bei ihrer Abreise am 26. September den hansischen Kaufleuten erklärten, dass "sie ihnen in der Ehrbaren Städte Namen gerne gönnten, den ganzen Stahlhof cum pertinentiis so lange es Gott gefällig, zu gebrauchen, auch zur Abtragung dero Onerum, die darauf beruhen, die reditus einzunehmen, auch in aula regia vmb Ausschaffung derjenigen, die ihn occupiret haben, vor sich und ohne Fürwendung oder Einziehung Befelchs anzuhalten; aber die E. Stätte nicht bedacht wehren, hinführter, rebus sic stantibus, die Onera per Contributionem abzutragen."

Diese Erklärung beruhte augenscheinlich auf der Ansicht, dass die Hansen die grossen Gegenleistungen, welche das englische Cabinet forderte, nicht bewilligen konnten und wollten, und auch durch fernere Nachgiebigkeit dem Unwillen des Kaisers und des Reiches sich nicht aussetzen durften. Die Ansicht jedoch, dass der Platz und die Gebäude des Comtoirs eigentlich den Kaufleuten gehören, konnte hier nicht geleitet haben, da, wenn jenes sich auch vielleicht von der ursprünglichen Gildhalle behaupten liess, dennoch das Eigenthum des grössten Theiles des Stahlhofes, welche Art der Benutzung die Residirenden an demselben auch viel früher besessen haben mögen, unmittelbar von dem Könige Edward IV. an die Hansestädte übertragen war. Jedenfalls erwies sich jene Erklärung als der zweckmässigste Weg, zum erwünschten Ziele zu gelangen. Denn während der Reichs-Hofrath die Execution des kaiserlichen Mandates wider die Engländer berieth, während Klagen gegen die Stader angestellt wurden, der regensburger Reichstag über die englischen Sachen hin und her verhandelte, war es der Gewandtheit und Tüchtigkeit der wenigen zu London residirenden Hansen gelungen, auf ihr eigenes Gesuch um Restitution des Stahlhofes im Frühsommer 1606 vom Könige dessen Einwilligung und die Rückgabe des vollen Besitzes zu erhalten. Die Städte, um nicht zu einer Gegenseitigkeit für die Engländer in Deutschland gedrungen zu werden oder aus anderen ähnlichen Staatsrücksichten, beobachteten die desfallsige Anzeige gar nicht, so wenig, dass sie nur aus späteren Erwähnungen zu unserer Kunde gelangt ist. Auch scheint man nicht der Ansicht gewesen zu sein, dass es irgend einer dankbaren Anerkennung einer einzigen gerechten Entscheidung bedürfe, während so Vieles wider Recht und Billigkeit den Hansen vorenthalten wurde. Die Engländer mussten in Folge des kaiserlichen Mandates im Jahre 1611 Stade verlassen, worauf sie sich nach dem gegenüberliegenden holsteinischen Städtchen Krempe umzusiedeln beabsichtigten oder vorgaben. Doch mittlerweile waren neue Verhandlungen mit Hamburg angeknüpft, wo sie nunmehr, fünf Jahre nach der Wiedereinräumung des Stahlhofes an die Deutschen, die frühere Residenz wieder erhielten, welche sie sich auch, bis sie zu Anfange dieses Jahrhundertes durch die derzeitigen französischen Machthaber verdrängt wurden, behauptet haben. Auf grosse handelspolitische Vortheile verzichtete man beiderseits und nachdem nun gar Deutschland von dem dreissigjährigen Kriege niedergedrückt wurde, während die beiden Indien sich den Engländern eröffneten, trat seine Bedeutung in den Handelsbeziehungen sehr zurück. Ein halbes Jahrhundert verging, ohne dass so viel Stoff vorhanden war oder der Muth zur Absendung einer hansischen Gesandtschaft nach London sich wieder zeigte. Wir haben daher von jetzt an wenig mehr als die Verhältnisse des Stahlhofes zu betrachten.

Als der Stahlhof den Residirenden wieder überliefert wurde, welchen ausser einem höheren städtischen Officianten allerlei Volk besetzt und ohne einigen Ersatz bis zur Michaelis 1606 erfolgten Räumung über ein Jahr übel bewohnt hatte, waren die Gebäude sehr verfallen. Das Mobiliar an Tischen, Bänken, Bettstellen, selbst Paneele und Glasfenster, worüber 1598 ein notarielles Inventarium in Gegenwart einiger londoner Stadtbeamten war aufgenommen worden, waren fast gänzlich gestohlen, während man diesseits stets alle Renten gezahlt hatte. Die Dächer mussten nachgesehen, die Fenster hergestellt werden. Die desshalb und durch die allmälig in den nächsten Jahren erforderlichen Herstellungen, besonders auch die Brücke des Landungsplatzes veranlassten Kosten waren nicht geringe, wozu die Residirenden, deren Zahl nur acht betrug, sich von den Städten eine Beihülfe erbaten. Bei dieser geringen Zahl derselben, besonders da ihnen die Anerkennung der älteren Gerechtsame fehlte, wurde nicht auf die Wiederernennung eines Altermannes angetragen, auch kein gelehrter Secretair zur Zeit gewünscht, sondern nur ein gemeinsamer Vertreter in gerichtlichen und anderen vorkommenden Angelegenheiten, der bei Hofe die Geschäfte besorgen könne und der lateinischen Sprache hinlänglich kundig sei, dagegen auch salarirt werde. Hierzu wurde *Herman Holtscho* aus Lübeck, welcher bisher die Angelegenheiten der Residirenden willig und mit Erfolg betrieben hatte, von denselben empfohlen. Um Rückgabe des von den Mitgliedern der Factorei gestifteten Silbergeräthes wurde bescheidentlich nachgesucht und der Wiederankauf der den Lakenbereitern gehörigen Häuser, da der Contract zu Ende lief, in Anregung gebracht. Jedenfalls ward dieser nicht in der alten Weise erneuert, und dieselben oder zwei benachbarte Häuser wurden 1610 um einen geringen Preis als Eigenthum angekauft. Die Aussichten, welche die Zulassung der Merchant Adventurers zu Hamburg durch den im Jahre 1611 geschlossenen, 1618 erläuterten Contract eröffneten, können nicht ohne Wirkung auf die Lage der hansischen Factorei gewesen sein. Schon im Jahre 1611 beliefen sich die Einkünfte von den vermietheten Wohnungen auf £ 280 (nämlich von 14 ausserhalb des Stahlhofes belegenen Wohnungen:

£ 104. 7 sh. 8 d.; von den beiden 1610 erkauften Häusern: £ 10. Von den Residirenden im Hause für Kammern und Waarenhäuser: £ 54. 11 sh. 1 d., für die von den Residirenden und Anwesenden nicht benutzten, vermietheten Packräume 50 bis 60 £); welche Summe in den nächsten 20 Jahren an £ 100 stieg. Auch scheint Holtscho sehr geeignet gewesen zu sein, den Deutschen Freunde zu verschaffen, und er übersah kein Mittel, denselben am Hofe feste Stützen zu verschaffen, wie wir bei Anlass der Holbein'schen Bilder bereits gesehen haben. Die Zahl der Residirenden konnte jedoch bei den geringen Vortheilen, welche der dortige dauernde Aufenthalt darbot, sich nicht wieder heben, und jene gaben selbst durch einen Vergleich, obgleich nicht ohne Vorbehalt für günstigere Zeiten, den längst unbenutzten grössten Theil ihrer Kirchenstühle in der Aller Heiligen Kirche den Vorstehern derselben im Jahre 1616 zurück.

Während der Regierung des Königes Jacob I. vernehmen wir von keinen ernstlichen Misshelligkeiten, wozu das Verhältniss zu seinem deutschen Schwiegersohne, Friedrich von der Pfalz, einiges beigetragen haben mag, da dieser eifrig und persönlich die Geneigtheit der Hansestädte — in Hamburg verweilte er über drei Wochen, 1621, im Februar und März — und auch jener ihre Hülfe für diesen in Anspruch zu nehmen nicht unterliess, wie wir aus seinem im Jahre 1622 an Lübeck gerichteten Schreiben ersehen. Die Residirenden blieben von Subsidien befreiet und genossen noch mehrere kleine Privilegien, weshalb in dieser Zeit noch keine Fremde auf dem Stahlhofe zugelassen wurden. Erst nachdem sein Nachfolger König Karl I. längere Zeit regiert hatte, ward im Mai des Jahres 1632 höchst unerwartet zu London in dem Sitzungs-Hause Old Baily eine gerichtliche Untersuchung über das Recht der Hansen an der Gildhalle der Deutschen angestellt. Es wurde darin von den vernommenen Zeugen der Umfang der deutschen Gildhalle auf eine auffallend irrige Weise angegeben, welche König Edward II. durch sein Patent vom Jahre 1317, December 17, den von ihm zu einer Körperschaft vereinten und anerkannten Kaufleuten von Almaine ertheilt habe, und sodann behauptet, dass die gedachten Kaufleute schon längst jene Gildhalle nebst ihren Zubehörungen verlassen und eine andere Hanse in überseeischen Gegenden errichtet hätten, gegen die Fassung und den Sinn des gedachten königlichen Privilegiums. Jene Corporation sei demnach, behauptete der General-Anwalt, John Bankes, nicht länger vorhanden und alle jene Plätze und Gebäude seien wieder in die Hand des Königes gefallen, mit Ausnahme von fünf Häusern in Windegos-Lane, welche einst Margaretha Fitz Robert besessen, und eines Hauses, welches der jetzt aufgelöseten Abtei St. Albans gehört habe, welche sechs Häuser nie zu der Gildhalle gehört hätten, eine Vermengung des Unwahren mit einigem Thatsächlichen, welche allein den gänzlichen Unwerth der leichtsinnigsten Aussagen darthun mag. Der jährliche Gesammtertrag der hansischen Gebäude ward mit nur £ 6. 13 sh. 4 d. angegeben. Diese gänzlich verfallenen Gebäude seien von J. Held, M. Brand, Paul van der Velde u. a. occupirt u. s. w. Bei näherer Erkundigung vernahm der Stahlhofs-Inspector *Johan Held*, dass die nach Moskau handelnde englische Corporation einige Adliche, namentlich einen königlichen Kammerherrn, den Ritter *Robert Marshall*, in der Hoffnung, jenes Eigenthum vom Könige zu erlangen, bewogen habe, jene gerichtliche Untersuchung zu veranlassen, die bei den Verlegenheiten, welche der deutsche Krieg den Hansestädten brachte, den gewünschten Erfolg leicht herbeizuführen schien. Auch erfolgte ein richterlicher Spruch gegen die bisherigen Inhaber des Stahlhofes und scheinen schon Maassregeln ergriffen zu sein, welche den Stahlhofs-Inspector und seine Genossen veranlassten, sich am 1. Juli desselben Jahres vorgängig selbst mit Gewalt und Waffen auf dem hansestädtischen Eigenthume zu behaupten. Es muss daher als ein glückliches Ereigniss betrachtet werden, dass der hamburgische Raths-Secretair *Barthold Moller*, welcher mit dem Rathsherrn *Rudolf Amsinck* nach dem Haag gesandt war, damals in hamburgischen Angelegenheiten nach London kam und zugleich jener Sache sich annehmen konnte. Es zeigte sich nun bald, dass dem königlichen Geheimen Rathe diese Untersuchung völlig unbekannt war. Namentlich der Schatzmeister Lord Weston und der erste Staats-Secretair Sir John Coke äusserten sich höchst verwundert über das Vorgefallene. Sie wussten sich nicht zu erinnern, dass der König je den Befehl zu einer solchen Untersuchung ertheilt habe; sei je etwas der Art vorgekommen, so könne dieses nur zur Zeit des letzten Krieges mit Spanien, wo einige Verstimmung gegen die Hansestädte stattgefunden, geschehen sein; in keinem Falle solle etwas verfügt werden, ohne die Städte selbst gehört zu haben. So misrieth damals der erste hinterlistige Versuch von Privatpersonen, sich des Stahlhofes oder, wie ihn das londoner Publicum nach dem ihm fast ausschliesslich bekannten Theile zu benennen pflegte, des rheinischen Weinhauses zu bemächtigen, in welchem wir kaum mehr als den nur zu gewöhnlichen Missbrauch erkennen können, welcher mit der zu den vielen von dem Könige eifrig nachgespürten Finanzquellen gehörenden Anordnung vom Jahre 1630, Mai 27, getrieben wurde, durch desfallsige Commissärien schwache oder wegen ihres hohen Alters und eigenthümlicher Verhältnisse schwer nachzuweisende Besitztitel aufzusuchen und für deren Bestätigung eine entsprechende Summe Geldes erlegen zu lassen.

Doch schon nach wenigen Jahren, im Mai 1635, vernahm man, dass neue Bewerbungen um den Stahlhof bei dem Könige vorgebracht seien und dass es dem Staats-Secretair *Sir Francis Windebanke*, einem Mitgliede der verhassten Partei des Bischofes Laud, gelungen sei, jenem ein Versprechen unter dessen Privat-Siegel abzulisten, weshalb denn, um diesen in den Besitz zu setzen, die Untersuchung über den hansischen Eigenthumstitel wieder aufgenommen werden solle. Der Geheime Rath verfügte jedoch, auf Anhalten der residirenden Hansen, eine Commission, und mittlerweile gewannen die Städte Zeit, einen Abgeordneten an den König zu senden, in der Person ihres Residenten im Haag, des von seinen Zeitgenossen als gewandter und liebenswürdiger Staatsmann sehr geschätzten, als Geschichtsschreiber noch nicht vergessenen *Lieuwe van Aitzema*. [1]) Dieser fand eine sehr freundliche Aufnahme am Hofe zu Westminster und es gelang ihm bald, zumal da die Städte erklärt hatten, dass so wenig sie die Entscheidung der Gerichte zu fürchten hätten, sie doch mit Vertrauen derjenigen der königlichen Gnade für diese Angelegenheit, so wie in den Fragen wegen der früher besessenen Privilegien entgegen sähen, die erstere in erwünschter Weise zu erhalten, während er selbst beim huld-

---

[1]) Er hat den Verlauf dieser Mission ausführlich geschildert in seinem grossen Geschichtswerke: Saken van Staet en Oorlogh. Bd. XV. in Th. II. S. 296 flgd., S. 362 flgd. Ich benutze diese Veranlassung, um darauf aufmerksam zu machen, dass Aitzema's hansisches Gesandtschafts-Archiv sich in dem Reichs-Archive im Haag befindet, welches bei der Ausdehnung seines politischen Blickes und seinem energischen Sammelfleisse noch immer einer Beachtung werth erscheinen dürfte.

vollen Abschiede mit dem Ehrengeschenke einer goldenen Kette und der Medaille des Königes zum Werthe von 210 £ begnadigt wurde. Jedoch umging die Entscheidung der dazu vom Könige deputirten Mitglieder des Geheimen Rathes (unter denen auch ihre Gegner, der Staats-Secretair Windebanke und Lord Marshall sich befanden), welche am 19. Januar 1636 abgegeben wurde, die Rechtsfrage, und sicherte den Hansen die Erhaltung ihrer Rechte am Stahlhofe zu, so lange die englischen Unterthanen in den Hansestädten gut behandelt würden, wobei sie sich sogar auf das von den Merchant Adventurers in Hamburg ertheilte günstige Zeugniss berief, — derselben Kaufleute, welche vor weniger als vierzig Jahren die Einziehung des Stahlhofes veranlasst hatten. Des Königes Schreiben vom 10. Februar an die Hansestädte erwiederte in ähnlichem Sinne, indem es, die Verwendung derselben auf dem bevorstehenden Congresse zu Lüneburg für den Kurfürsten von der Pfalz in Anspruch nehmend, die Wiedererlangung der unter seinem Vater oder zur Zeit der Königin Elisabeth besessenen hansischen Privilegien in Aussicht stellte. [1]) Der Hausmeister Held drang sehr darauf, zu versuchen, die seit der Königin Maria nicht beschaffte Bestätigung jener Privilegien von dem Könige und auch von dem immer einflussreicher werdenden Parlamente nachzusuchen, da in derselben sich der einfachste Weg darbot, um ein Intriguiren mit den verschiedenen Partheien zu vermeiden. Doch gerieth dieser verständige Rath unter Held's Nachfolger, *Marcus Brand*, welcher, vornehmen Verbindungen in England nachjagend, die Stahlhofs-, wie seine eigenen Angelegenheiten versäumte, in Vergessenheit. Er selbst wohnte dort, gegen die Statuten, mit Frau und Kindern, während die Gebäude immer mehr verfielen und nach den Hansestädten keine Berichte und Rechnungs-Ablagen, sondern nur ungünstige Nachrichten über ihren Hausmeister gelangten. Schon musste man dort besorgen, dass es mit dem Stahlhofe ergehen könne, wie mit dem Hause des ehemaligen Comtoirs zu Brügge, dessen Besitzer dasselbe mit Frau und Kindern bewohnend, viele Baukosten darauf verwandt hatten und sogar vermöge einer angeblichen Abtretung der Städte mittelst ihres letzten Hausmeisters nunmehr ein Erbrecht in Anspruch nahmen. Die Städte verdankten es vorzüglich dem noch zu Hamburg lebenden Held, Brand's Vorgänger, dass dieser, der sich bald als fallit auswies, sein Amt einem Stiefbruder *Conrad Stridtholz*, einem älteren, erfahrenen und thätigen Manne abtreten musste, und zugleich die Nachsuchung einer Bestätigung der Privilegien wieder angeregt wurde. Diese schien nicht nur durch die bedingte Fassung des königlichen Erlasses vom Jahre 1636 erforderlich, sondern auch durch den immer bedenklicher gewordenen Zustand Englands, in welchem die Krone zur Behauptung ihrer Macht in offenen Kampf mit dem Parlamente zu treten drohte. Vielleicht hatte Held noch im Auge, dass der gegenwärtige Zeitpunkt für solches Anliegen günstig sein dürfte, da der gefährlichste Gegner der Hansen nicht länger schaden konnte. Windebanke war nämlich im letztvergangenen Jahre 1640, eine Anklage abseiten des Hauses der Gemeinen wegen Begünstigung der Katholiken besorgend, nach Frankreich geflüchtet. Es ward demnach im Sommer 1641 der lübecker Raths-Secretarius Lict. *Haveland* mit verschiedenen Schreiben an den König, so wie an das Parlament nach London entboten. Hier ward er vom Könige am 26. Juni, früh Morgens zwischen 8—9 Uhr, im Beisein des Pfalzgrafen, des Grafen

[1]) Siehe dasselbe bei *L. van Aitzema* a. a. O. S. 378.

Arundel und des Staats-Secretairs Sir Edward Nicholas gnädigst aufgenommen; doch nicht so günstig beim Parlamente, welches keine Musse finden wollte, unter den damals drängenden wichtigen Entscheidungen sich mit dieser wenig populären Angelegenheit sogleich zu beschäftigen. Indessen gelang es dem thätigen Gesandten, dass ihm der $\frac{\text{5. August}}{\text{26. Juli}}$ gesetzt wurde, um mit seinem Advocaten vor dem Parlamente zu erscheinen, wo er dann die von demselben ernannten Commissarien durch die Verweisung auf den utrechter Friedens-Vertrag, so wie die desfallsige Parlaments-Acte, nachdem auch die dortige Tuchhändler-Compagnie, welche mit den Merchant Adventurers enge verknüpft gewesen sein wird, auf Befragen erklärt hatte, dass sie in den norddeutschen Städten ihren Privilegien gemäss behandelt werde, zu der Erklärung bewog, dass das Parlament bei dem Könige um die Bestätigung der hansischen Privilegien anhalten möge. Es wurde vielfach im Lande ausgesprochen, dass die Deutschen zu unterstützen seien gegen die verhassten Monopolien der englischen Handelsgesellschaften, wodurch die mit den höchsten Zöllen beschwerten Hansen vom freien Handel ausgeschlossen würden. Das Eigenthum des Stahlhofes fand keinerlei Bedenken. Mittlerweile war im Namen des Königes und des Pfalzgrafen Lord Edward Herbert von Cherbury, der bekannte, damals schon sechszigjährige Krieger, Historiker, Philosoph und Diplomat, "Plato und Don Quixote in einer Person," auf dem Stahlhofe erschienen, um durch ihren Gesandten die Städte zu veranlassen, bei dem Kaiser Schritte für die nicht nur vom Könige, sondern auch von der englischen Nation sehr gewünschte Wiederherstellung des Pfalzgrafen zu thun, — ein Wunsch, welchem der Gesandte, so wie auf seinen Bericht die Städte durch ein nach Regensburg erlassenes Schreiben gerne entgegen kamen. Alles schien auf dem Wege die Zwecke der hansischen Gesandtschaft erreicht zu sehen, als der Entschluss des Königes, gleich nach dem hergestellten Frieden mit Schottland, nach diesem Lande zu reisen, um sich der Beaufsichtigung des Parlamentes zu entziehen, auch die Beendigung der hansischen Angelegenheiten hemmte. Das Parlament antwortete jedoch den Hansen unter dem 28. August. Es ist hier aus der Erwiederung, in welcher rücksichtlich der Beschwerden über die Behinderung des hansischen Handels ein Aufschub zur näheren Ueberlegung verlangt ward, nur hervorzuheben, dass rücksichtlich des Stahlhofes anerkannt wird, dass kein Streit darüber vorhanden sei, die Hansen auch belobt werden, dass sie die Gewissenhaftigkeit des Königes, welcher ihr Recht hergestellet habe, selbst in der Hitze des Streites und bei dem ihnen dadurch entstandenen Zeitverluste, nie verkannt hätten. Da nun die verheissene Bestätigung der Privilegien viele Kosten mit sich führen sollte, und es zweifelhaft erscheinen musste, zumal da die englischen Kaufleute mancherlei Besorgnisse gegen jene äusserten, welche Bedingungen an dieselbe noch vom Geheimen Rathe und Parlamente geknüpft werden könnten, so beschlossen die Hansestädte auf Hamburgs Antrag, ihrem Gesandten eine genauere Instruction über die Hauptfrage zu ertheilen und ihm den Herrn *Lieuwe van Aitzema*, welcher schon aus seiner früheren Legation mit den betreffenden Fragen vertrauter war, zur Seite zu geben. Lict. Haveland begab sich nach dem Haag, um dort mit seinem Collegen für die neue Mission sich vorzubereiten, doch da, unerachtet der Rückkehr des Königes nach London, der Bruch der Krone mit dem Parlamente immer mehr hervortrat, das Haus der Gemeinen mit dem Oberhause stets uneiniger ward, die Bischöfe verhaftet wurden, so beschlossen die Städte (1642, Januar) die Gesandten nicht nach London gehen zu lassen, und für einige Zeit den Lauf der Begebenheiten zu beobachten. Lict. Haveland's Mission war dennoch nicht als eine misslungene zu betrachten, da das Eigenthum des Stahlhofes, selbst die Abgabenfreiheit seiner Bewohner neu festgestellt und anerkannt waren, zu einer Zeit, wo dessen schlechte Verwaltung nicht minder als die grossen politischen Verhältnisse die Hansestädte mit dessen gänzlichem Verluste bedrohten. Bei der von ihm angestellten Untersuchung war Niemand zu finden, welcher über die Stahlhöfe zu Lynn und Boston Auskunft zu geben wusste, so dass eine Reise dahin erforderlich wurde; Niemandem waren die Verhältnisse der im Jahre 1610 angekauften Häuser in All Hallows Lane bekannt, manche Renten waren seit Jahren unbezahlt; während für die vom Hausmeister bewohnten Räumlichkeiten viel verschwendet worden, waren einige andere gänzlichem Zusammensturze nahe. Allgemein zeigte sich, dass das befolgte System der Vermiethung der grossen Gebäude auf längere Zeit, gewöhnlich 21 Jahre, mit der Verpflichtung des Neubaues und der Reparatur (building leases) gegen entsprechende geringe Miethe schädlich geworden war, da die Gebäude bei der Ablieferung im schlechten Zustande sich zu befinden pflegten. Die Berichte bestimmten indessen die Senate nicht, in den unsicheren Zeitläuften auf das Anerbieten des neuen Hausmeisters Stridtholz einzugehen, den ganzen Stahlhof auf seine eigenen Kosten, unter gewissen Bedingungen, neu zu erbauen.

Als Stridtholz im Jahre 1647 resignirte, ward die Hausmeisterschaft wiederum einem jungen Hamburger, *Jacob Jacobsen*, einem jüngeren Bruder des dortigen Camerarius und Oberalten Heinrich Jacobsen, übertragen. Nach der Hinrichtung des Königes gelang es demselben, so wie dem Wirthe des rheinischen Weinhauses, Paul van der Velde, durch das Wohlwollen einiger Officiere der Republik und das 1648 nach vieler Bemühung von Ihro Excellenz dem General Fairfax erlangte Protectorium den Stahlhof häufig, wenn gleich nicht immer, gegen mancherlei drohende Belästigungen zu bewahren. Spenden an Geld, Silbergeräth, Wein und Collationen, welche die Obersten Pride und Hurton nicht verschmähten, kommen daher in den Rechnungen der republikanischen Zeit nicht selten vor. Wegen einer dem Stahlhofe auferlegten Abgabe ward 1652 wiederum Herr *Lieuwe von Aitzema* vom Haag nach London entboten. [1] Die politischen Verhältnisse der Hansestädte zu der Republik gestalteten sich jedoch vortheilhaft, wie denn auf Betrieb des hamburgischen Abgesandten, des Syndicus Dr. *Petersen*, jene in den im April 1654 zwischen der Republik von England und den vereinten Niederlanden zu Stande gekommenen Frieden unter dem 28. August eingeschlossen wurden, so wie 1656 in den zwischen jenem Staate und Frankreich eingegangenen Tractat.

Doch schon im folgenden Jahre wurden die Rechte auf den Stahlhof wieder angefochten, in Folge einer bisher nicht aufgeklärten Intrigue. Es trat ein Capitain *Joseph Claver* zu Reading, Berks, mit *Marmaduck Marshall*, vermuthlich einem Sohne des vor 25 Jahren nach dem Besitze des Stahlhofes strebenden Sir Robert Marshall, und anderen unbenannten Personen aus London auf, um vor dem Gerichte nachzuweisen, dass der Stahlhof, welcher bestehe aus 33 Wohnungen, 60 Packhäusern, einer

[1]) Damals sah derselbe häufig Cromwell's Secretair, den grossen Milton, dessen Buch von den Ehescheidungen er 1654 in das Holländische übersetzen liess. Ausser einem Briefe an ihn enthalten Milton's Literae familiares mehrere Briefe an den bremer Syndicus Heinrich Oldenburg, den brandenburgischen Rath Peter Heimbach (1656—1660) und Heinrich von Brass. Vergl. über diese Sendung *L. van Aitzema* a. a. O. Bd. XXXII. in Th. III. S. 737.

Werfte, zwei Kays, worauf ein Krahn, sammt anderen Gebäuden und Zubehörungen, der Republik verfallen sei, da ihn die Königin Elisabeth bei ihrem Tode besessen und der Gerichtshof des vorigen Königes wieder demselben zugesprochen habe. Da seit den letzteren Verhandlungen Männer an das Staatsruder getreten, welche mit denselben völlig unbekannt waren, und durch jede noch so willkührliche Darstellung irre geleitet werden konnten, so glaubten die Städte, Herrn L. van Aitzema wieder nach London senden zu müssen, um gehörigen Ortes die erforderlichen Aufklärungen zu geben. Derselbe entschuldigte sich jedoch wegen Alters und Kränklichkeit, doch liess sich der hamburgische Syndicus Dr. *Joachim Petersen*, welchen städtische Geschäfte nach Brüssel und Dünkirchen gebracht hatten, bewegen, wiederum nach London zu gehen. In der ihm vom Protector ertheilten Audienz erklärte dieser auf des Abgeordneten Vortrag, dass er die Sache zum ersten Male so dargestellt höre, und trug dem Schatzmeister auf, ihm darüber zu berichten. Doch einflussreiche Personen wussten nicht nur die Abstattung des in einem den Hansen günstigen Sinne vorbereiteten Berichtes zu verhindern, sondern auch die Ausfertigung des beabsichteten Inhibitorii gegen das rücksichtslos weiter verfahrende Exchecquer-Gericht. Der zu London am 23. Juni 1658 rasch erfolgte Tod des Syndicus Petersen veranlasste neue Störungen in der Verhandlung, und nachdem jener durch den hamburgischen Secretarius *J. Schulte*, Lt., ersetzt war, einen in seiner Heimath sehr hoch geschätzten Mann, wie seine nach einigen Jahren unmittelbar von jenem Amte aus erfolgte Erwählung zu dem des Bürgermeisters dargelegt hat, die Krankheit und darauf das am 3. September erfolgte Ableben des Oliver Cromwell. Der Sohn und Nachfolger verhiess neue Commissarien im Staatsrathe zu ernennen. Wirklich wurde am 31. März 1659 die Stahlhofssache, welche von den Merchant Adventurers zu London, besonders deren Vorsteher, dem durch seine Bestrebungen für Handelsbefreiungen bekannten Alderman Pack, so wie dem Secretair der Gesellschaft, Mr. Skinner, eifrigst unterstützt ward, an die Lords Disbrow, Fleetwood, Jones und Strickland verwiesen. Unterdessen hatte sich ein neues, aber sehr ungünstiges Licht über die Verhandlungen verbreitet. Es verlautete nämlich, dass in dem Geheimen Rathe die Ansicht Eingang gefunden hätte, vorzüglich durch die Bestrebungen des englischen Residenten zu Hamburg, R. Bradshaw, [1]) dass der Stahlhof zu einer Compensation dienen könne für die Ansprüche auf 130,000 ℔, welche die Brüder des Alexander Hay aus Schottland, früher (1628) Lieutenant in hamburgischen, später Obrist in königl. schwedischen Diensten, welcher mit Hinterlassung eines kleinen Vermögens zu Pirna verstorben, an die Stadt Hamburg mittelst des Admiralitäts-Gerichtes zu London gemacht hatten. [2]) Der hamburgische Senat, so wie er diese Wendung der Sache erfuhr, trug nun

---

[1]) Richard Bradshaw war vermuthlich der Bruder des Sergeant John Bradshaw, des Präsidenten des ausserordentlichen Gerichtes, welches die Hinrichtung des Königes Carls I. decretirt hat.

[2]) Ein Theil seines Vermögens war von *A. Hay* bei dem hamburgischen Bürgermeister Albrecht von Eitzen niedergelegt, welcher dasselbe der Wittwe des Hay, Dorothea, geb. von Pless, auf ihr Verlangen und unter Berufung auf ihre Schwangerschaft und ein Testamentum militare zurück erstattete. Sie heirathete später einen Rittmeister Jochim Heinrich Preen. Des Verstorbenen Brüder, der Obrist Patrick und James, setzten ihre sehr entstellte und unbegründete Beschwerde fort, bis König Carl II. im Jahre 1661, Juli 19—29, deren Grundlosigkeit erklärte. Dennoch versuchten die Töchter und Erben des Patrick Hay in den Jahren 1673 bis 1678 neuerdings ihre vermeinten Ansprüche auf 43,000 ℔ und die Interessen, zusammen 158,449 ℔, geltend zu machen, und es gelang ihnen, die Erlaubniss zu

selbst darauf an, um der gemeinschaftlichen nicht durch jene hinderlich zu werden, eine hansische Deputation wegen der Stahlhofssache zu senden, womit die anderen beiden Städte zufrieden waren. Doch während der Syndicus Dr. *Martin Bökell* welchem diese Legation anvertraut wurde, nach London reiste, war das lange Parlament wieder hergestellt und hatte als Rump-Parlament dem Protector Richard die Gewalt aus den Händen genommen. An dem Tage der Ankunft (Mai 17) des Gesandten auf dem Stahlhofe hatte jenes einen Geheimen Rath ernannt, in welchem der Obrist *John Jones* eine bedeutende Rolle spielte, welcher bei der Reclamation des Stahlhofes bedeutend interessirt gewesen sein soll und daher ein gefährlicher Gegner der Hansestädte war. Die Verhältnisse waren indessen dem Dr. Bökell günstig, da die vom Protector und seinen Anhängern unternommenen Schritte mit Mistrauen betrachtet wurden. Die Drohungen wider den Stahlhof auf Grund der angeblichen Hayschen Forderungen wider Hamburg erwiesen sich als nur eine gelegentliche oder leidenschaftliche Aeusserung des Staats-Secretairs Thurloe, und der Geheime Rath überzeugte sich, dass die Verhandlung über die den Handel und die Verhältnisse des öffentlichen Rechtes betreffende Sache des Stahlhofes von der Aufsuchung der der Regierung durch Privatpersonen entzogenen Rechte, unter deren Deckmantel Marmaduck Marschall und seine Genossen manövrirten, völlig zu trennen sei. So gelang es nach einigen Verhandlungen mit einem zahlreichen Parlaments-Comité, ungeachtet der von Marschall bei sämmtlichen Parlaments-Mitgliedern vertheilten gedruckten Petition, um eine Verhandlung in denselben über das Stahlhofs-Eigenthum zu erwirken, dass der Geheime Rath am 22. Juli zu Whitehall beschloss, dass die Eingaben der hansischen Gesandten mit der ganzen in denselben berührten Stahlhofs-Angelegenheit und dem Thatbestande einiger Processe, welche jetzt oder kürzlich im Exchequer-Gerichte oder in des Lord Mayors Court anhängig gemacht seien, zur Ueberlegung und Untersuchung des Comité für die dünkirchener Sache verwiesen wurde, welchem Comité noch Herr Whitelock beigefügt wurde, der Freund der Hansen, besonders einst des Syndicus Petersen, welcher demselben ein Paar silberne Confectschaalen, nach dem von ihm bewunderten Vorbilde in der Gildhalle, am Werth von 60 £, zugewandt hatte. Mit diesem Decrete schien Alles erreicht, was erforderlich war, da das Comité verhiess, nichts zu thun, ohne die Städte zu hören, bei dem Gerichte aber nur eine ganz neue Klage eingereicht werden konnte, zu welcher die Vorladung drei Monate vor der Sitzung ergehen musste. Dr. Bökell liess sich also vom Senate zu Lübeck abberufen, jedoch nicht ohne eine gedruckte Widerlegung der Schrift des M. Marshall auszuarbeiten,[1]) welche der Hausmeister Jacobsen in das

---

Marquebriefen und Repressalien vom Könige zu erhalten, falls die Klägerinnen bis zum 25. März 1678 nicht befriedigt seien. Erst 1695 scheint die Sache, bei welcher die hamburger Bürger lebhaft einschritten, beendigt zu sein.

[1]) Die Schrift ist gedruckt unter dem Titel: "A Remonstrance of some Fallacies and Mistakes, whereof the Informers, who have hitherto attempted against the House of Stillyard .... have made use of. With particular Answers. London, printed by Tho. Newcomb, 1659. 2 Bogen 4to. Bei Bökell's Unterschrift findet sich das Datum: 3. August 1659, obgleich sie später eingereicht wurde. Lateinisch ward sie im folgenden Jahre gedruckt: "Remonstratio argutiarum sive Sub- et Obreptionum, quibus Marmeduckius quidam Socilque ejus, jurium domanii Anglicani Fiscalium praetense Informatores seu Inquisitores, Domum Teutonicam sive Stillard, quae est Londini in Anglia .... Parliamentum .... circumvenire ausi sunt ...." Am Schlusse: "Exhibitum Londini 3. Augusti MDCLIX. Emendatius nunc et paucis locis paulo admodum auctius iussu Superiorum Typis expressum. Lubecae a Godefrido Venatore.

Englische übertrug. Unter dem 14. August wurde er vom Parlamente durch ein Recreditiv ehrenvoll entlassen. Bald erfolgte die Restauration des Königes Karl II. Die Deutschen schlossen sich dem fast allgemeinen Jubel über die Herstellung des Königthumes an und der Stahlhof legte diese Gesinnung auch dadurch an den Tag, dass er bei dem Einzuge des Monarchen sich durch Flaggenstangen und Pechtonnen, so wie durch vor seiner Pforte gespendetes Getränke auszeichnete, und auch noch den grössten Theil der Kosten eines zum Krönungstage errichteten Triumphbogens vor der deutschen Kirche übernahm. Doch leider erhoben sich mit des Königes Rückkehr die Belästigungen wegen des Stahlhofes in einer neuen Gestalt. Jener wurde vermocht, eventuelle Verheissungen über den Stahlhof, falls derselbe den Städten aberkannt werde, an zwei ihm näher stehende Leute als Belohnung geleisteter Dienste zu geben. Als diese werden *O'Neil*, Kammerherr des Königs, [1]) und *Nicolaus*, ein Sohn des ersten Staats-Secretairs Sir *Edward Nicholas*, Secretair der Kanzlei, genannt, welche sogar dem Marmaduck Marshall schon 200 £ darauf ausgezahlt hatten. Da Hamburg seinen zu London wegen Abänderung der Schiffahrts-Acte anwesenden Gesandten, Syndicus Garmers, nicht mit jener verdriesslichen Sache beauftragen wollte, so ward Syndicus *Bökell* wegen derselben, so wie auch des Schiffahrtsgesetzes für Lübeck nach London geschickt. Der König nahm ihn sehr freundlich in einer Privat-Audienz auf und wiederholte auf seinen Antrag wegen der Sistirung des Verfahrens gegen den Stahlhof und Ernennung von Commissarien, mehrere Male, dass er diesem gemäss den Befehl ertheilen würde. Kränklichkeit des Ministers, Reisen des Königes, Einfluss des Sir Edward Nicholas hielten die Entscheidung einige Monate hin, doch ein Verwendungsschreiben der Stadt Cöln, für welche der König seit dem zweijährigen Aufenthalte in derselben während seiner Verbannung eine grosse Vorliebe hegte, verfehlte nicht ganz die beabsichtigte Wirkung auf diesen. Der Grosskanzler Lord Clarendon nahm sich endlich auch dieser Sache an, seit er darauf hingewiesen wurde, dass der utrechter Vertrag (Art. VI) ihm ein gewisses Patronat über den Stahlhof ertheilt und bestimmt hat, dass der König

---

MDCLX." 8 Bogen Fol. Ein anderer Abdruck des lateinischen Textes erschien: Londini denuo expressum Typis Tho. Newcomb 1661. 2 Bogen 4to. Hier fehlen auf dem Titel die Worte: "Marmaduckius — ejus." Der erste lateinische Text ist abgedruckt bei *Marquard* De Jure mercatorum; der zweite in *Joach. Hagemeier* De foedere Civit. Hanseat. Commentarius. Francofurti a. M. 1662.

[1]) Durch diesen in der Correspondenz einmal vorkommenden Titel sind wir in den Stand gesetzt, in jenem den *Daniel O'Neile* zu erkennen, welcher dem Könige Charles II. während seiner Entfernung viele Dienste geleistet hatte. Er war es auch, welcher Clarendon's Tochter, Anna Hyde, die Stelle einer Hofdame bei des Königs Schwester, der Prinzessin von Oranien, verschaffte, und dadurch die Veranlassung zu deren Verheirathung mit dem Herzoge von York, dem nachherigen Könige James II., wurde. Von seinen früheren Thaten, siehe *J. Evelyn* Memoirs u. a., besonders aber *Clarendon* History of the Rebellion. Vol. II. p. 610 sq. (Oxford Edit. 1707), wo er schildert, wie der König wider seine Neigung dazu gebracht wurde, ihn im Jahre 1643 zum Kammerjunker (Groom of the Bedchamber) zu machen. Aus der meisterhaften Charakteristik hebe ich nur Folgendes heraus: "Daniel O'Neile, was in subtlety and understanding much superior to the whole nation of the old Irish. He was very well known to the Court, having spent many years between that and the Low Countries. He had a fair reputation in both climates, having a competent fortune of his own to support himself without dependence, and a natural insinuation and address, which made him acceptable in the best company. He was a great observer and discerner of Mens natures and humours, and was very dexterous in complyance where he found it useful. ... And though his inclinations were naturally to ease and luxury, his industry was indefatigable, where his honour required it, or his particular interest, which he was never without and to which he was very indulgent, made it necessary or convenient."

in den den Stahlhof betreffenden Fällen unmittelbar durch die Kanzelei und nicht durch das Exchequer- oder ein anderes Gericht eine Entscheidung fassen soll. Dr. Bökell war erfolgreich in seinen Hauptaufträgen, in der Stahlhofssache vermochte er, gehemmt durch die dort vorgefundene fast unglaubliche Unwissenheit über die hansischen Verhältnisse und den Eigennutz — die beiden Prätendenten auf den Stahlhof, "welche des Königes Ohr und Herz in Händen haben," erboten sich jeder für 2000 £ den vermeinten einjährigen Ertrag des Stahlhofes, mit ihren Forderungen abzustehen — nichts weiter zu erreichen, als dass er, da andere Geschäfte ihn zu Hause riefen, die Verheissung erhielt, dass in den nächsten sechs Monaten nichts gegen jenen geschehen solle.

Diese Frist war jedoch noch nicht verflossen, als der lübecker Senat durch seinen Abgesandten den Rechtsgelehrten *Peter Dreyer*, welcher zu Verhandlungen wegen der Schiffahrts-Acte nach London verweilte, erfuhr, dass O'Neil, welcher den Werth des Stahlhofes, weil so viele kostspielige Gesandtschaften wegen desselben abgeordnet seien, sehr überschätze, den General-Attorney zu neuen desfallsigen Schritten vor dem Exchecquer-Gerichte aufgefordert hatte, wogegen Dreyer keinen Schutz zu verschaffen wusste. Lübeck, welches einen grösseren Werth auf den Stahlhof legte als die andern Städte, in der Angelegenheit der freien Schiffahrt aber, in welcher die Städte alle einzeln für sich handelten und Hamburg durch die Gunst des Staats-Secretairs Sir Edward Nicholas den Vorrang schien erhalten zu haben, durch die Vereinigung mit den anderen Hansestädten hoffte gewinnen zu können, veranlasste eine hansische Gesandtschaft, welche beide Angelegenheiten kräftig verfolge. Zu derselben wurden beauftragt: von Lübeck, der Rathsherr *Dietrich von Brömbse*, ein geschäfts-, welt- und sprachkundiger, gewandter Mann; von Bremen, der Syndicus Dr. *Nicolaus Zobel*, und von Hamburg, der Rathsherr Lict. *Caspar Westermann*. Die Gesandten wurden sehr ehrenvoll aufgenommen und gelang es auch hier dem dänischen Gesandten von Petkum nicht die Anerkennung des hamburgischen Mitgliedes der Gesandtschaft, zu welcher er der Stadt Hamburg das seit Jahrhunderten, namentlich in England so häufig ausgeübte Recht instructionsmässig bestritt, zu verhindern. Sie hielten mit dem damals üblichen Pompe ihre stattliche Auffahrt zu Whitehall in einer Anzahl reich bespannter königlicher Equipagen, in welchen sie vom Stahlhofe abgeholt waren, und wurden in feierlicher Audienz vom Könige, der Königin und dem Herzoge von York empfangen, so wie mit der grössten Zuvorkommenheit von den Ministern aufgenommen, auch wohl zuerst aufgesucht. Man ehrte die alte Hanse in den drei Erben derselben und erkannte zunächst in England, wie sehr sie gegen das so sehr gefürchtete holländische Uebergewicht nützten. Die Gesandten durften nun hoffen einen Freundschafts- und Handels-Vertrag der Hansestädte mit Grossbritannien zu erreichen. Leider konnten die Städte sich nicht gleich zu den damals bei jeder kleinen oder grösseren ähnlichen Verhandlung hergebrachten "media realia" entschliessen, und was schlimmer war, verloren längere Zeit durch die bei Gesandten dreier verschiedener Staaten in einer ziemlich unvorbereitet abgeordneten Legation schwer zu vermeidende Ungewissheit über die Ansichten der von verschiedenen Ansichten ausgehenden Senate. Der grosse Plan scheiterte, unerachtet der Verwendung des Kaisers und der geschickt benutzten Empfehlung der Stadt Cöln, so wie der wiederholt vom Könige in Privat-Audienzen dem Herrn von Brömbse ertheilten Zusicherungen, an dem Widerstreben der Adventurier-Kaufleute und der ostländischen Handels-

Compagnie zu London; er ward nur theilweise erreicht, am befriedigendsten, wenn gleich durch den Vorgang vom Jahre 1635 unter König Karl I. bedingt, in der Anerkennung der Rechte des Stahlhofes. Der bedeutende Einfluss des unermüdlichen O'Neile bei Hofe und dadurch auf die Juristen der Krone setzte den Gesandten unaufhörlich neue Schwierigkeiten entgegen und der ihnen sehr geneigte Kanzler Lord Clarendon, welchem tractatenmässig die Entscheidung der Sache zustand, sah sich wegen Berücksichtigung desselben sogar genöthigt, die Stahlhofssache durch die beiderseits bestellten Advocaten vor dem Geheimen Rathe verhandeln zu lassen. Doch nutzte dieser Kampf dem O'Neile nicht, der nach vergeblichen Versuchen selbst Hamburg und durch den Weinschenken P. van der Velde, einen Cölner, dessen Vaterstadt für sich zu gewinnen, weder die zuletzt sehr herabgestimmten Forderungen für die Abtretung seiner Ansprüche, welche seine Freunde vermitteln wollten, bewilligt erhielt, noch den Ersatz für 500 £, welche das Processiren ihn gekostet hatte, die er in einer noch nach der am 8. April 1663 in einer Geheimen Raths-Sitzung vor dem sehr aufmerksamen, theilnehmenden Könige durch den Geheimen Rath abgegebenen Entscheidung von den Städten zu verlangen sich nicht scheuete. Schliesslich wurde von diesen Clarendon's Verwendung durch ein Geschenk von 600 £ in einer silbernen Capsel anerkannt, und der König entliess die Gesandten huldreichst, wobei er sein Bedauern zu erkennen gab, dass die Anträge der Hansen und besonders Lübecks nicht vollständig erreicht seien, den viel gepriesenen Herrn von Brömse jedoch mit dem demselben verehrten Schwerte des verstorbenen Herzoges von Gloocester zum Ritter (eques auratus) schlug.

Nach der also erlangten Sicherheit des Stahlhofes konnte dessen Verwaltung, zunächst der Bau, besser geordnet werden. Die jährliche Einnahme von 300—400 £ überstieg weit die gewöhnlichen Ausgaben, unter denen nur ein grösserer Posten, das Salair von 40 £ für den Hausmeister, sich befand. Die Ueberschüsse wurden zur Bestreitung der Gesandtschafts-Kosten verwandt, wie 1657 der Syndicus Petersen erhielt 450 £, 1658 Lic. Schultz 250 £, 1659 Dr. Bökel 346 £, nachdem 1652 bei Anwesenheit des Herrn Leo van Aitzema 123 £ verausgabt waren und 1653 die Stadt Lübeck zum Ersatze ähnlicher Kosten 230 £ vom Stahlhofe erhalten hatte. Die Städte hatten, ihres guten Rechtes getrost, freilich die Gebäude nicht ganz verabsäumt und im Jahre 1654 zwei Häuser durch den Zimmermeister Berry für 113 £ 5 sh. 12 d., 1660 vier Häuser für 400 £ von Grund aus neu erbauen lassen. Auch einer Reparatur des Thurmes in der grossen Halle wird in diesem Jahre gedacht. Doch war dadurch nur wenig geschehen. Des Hausmeisters älterer Bruder, *Theodor Jacobsen*, hatte das grosse Haus an der Themse inne. Man überlegte die Zweckmässigkeit des Neubaues oder der Reparatur desselben, so wie die etwanige Zuziehung mehrerer Hansestädte. Cöln, Danzig, Wismar und andere Bundesstädte, welche Handel nach England trieben, wurden aufgefordert, an der Herstellung des Stahlhofes sich zu betheiligen, doch zogen sie sich, wie bei allen ähnlichen Anforderungen üblich, auch hier zurück. Der Hausmeister Jacob Jacobsen erbot sich im Jahre 1664 ohne Zuschuss der Hansestädte damit zu verfahren, und einige Häuser auf 21 oder 41 Jahre zu verhäuern, seine Kosten aber durch die zu den Baukosten beischiessenden Einwohner sich ersetzen zu lassen.

Je weniger die Hansestädte hoffen durften, in ihrer Gildhalle und dem Stahlhofe die Gewähr ihrer alten Privilegien wieder zu finden und je eifriger die englische Handelseifersucht sich bestrebt hatte, die Hallen der einst eifrigst herbeigerufenen, engverbrüderten und hochberechtigten deutschen Kaufle dem gewöhnlichen Eigenthume jedes unbevorzugten Engländers gleich zu stellen, desto schwerer war den Hansestädten, so lange ihr eigenes Rechtsgefühl in jenen geheiligten Mauern, wenn auch deren Bedeutung durch die erforderlich gewordene Vermiethung gesunken war, stets noch die treuen Bewahrer ihre alten Rechte ehrte, der Beschluss werden, jene gänzlich verfallen zu lassen. Ein unerwartetes Ereigniss führte plötzlich eine neue Wendung herbei. Der grosse Brand im Jahre 1666 erreichte den Stahlhof schon wenige Stunden nach seinem Ausbruche am Sonntage, Morgens, September 3, nachdem er die Nacht zuvor jenseits der londoner Brücke begonnen hatte, eben spät genug, um nicht Schlummernde zu überraschen, doch zu eilig, um, ungeachtet der unmittelbaren Nähe des Stromes, die Rettung der Waaren und anderer Gegenstände zu gestatten. Die auf dem Stahlhofe verhandenen hamburgschen Abgesandten fanden kaum die Frist, sammt dem übrigen zu entfliehen. Der Hausmeister, welch das Andringen der Flammenfluth überraschte, vermochte nicht die bald eingeäscherten morsch Gebäude des Stahlhofes zu retten, nicht einmal in der grenzenlosen Verwirrung die dort aufgehäufte kostbaren Waaren und sein eigenes Eigenthum: er selbst musste mit brennenden Kleidern flieh Die Herrlichkeit und das Recht der deutschen Hanse an der Themse ruhten nur noch in den dürftigste Chroniken und in einigen vergilbten Pergamentblättern und deren eingetrockneten Wachssiegeln: ab dennoch lebten sie, unvergänglich und wie fest gesichert!

§ 11.

Die kirchlichen Verhältnisse der Deutschen zu London vor und nach dem grossen Brande.

Das Leben des Seefahrers ist so sehr stündlichen Gefahren ausgesetzt, die Wohlfahrt d Kaufmannes, zumal des reisenden, durch so viele unberechenbare Zufälligkeiten bedingt, dass bei wenn gleich zunächst auf Geistesgegenwart und Selbstthätigkeit angewiesen, doch sehr leicht z Anerkennung der höheren Leitung und göttlichen Vorsehung geführt werden. Wir nehmen dahe auch häufig wahr, wie die Hansen in dem Auslande in ihren Niederlassungen, je nach den Verhältnissen zu den ihnen näher oder ferner stehenden Einwohnern, Kirchen, Capellen, Kirchhöfe errichtet oder andere gottesdienstliche Beziehungen getroffen haben. In Wisby war die herrliche, noch vorhandene St. Marien Kirche im Jahre 1225 von den Deutschen gegründet, und ihr Friedhof für die Beerdigung dieser Gäste bestimmt. Dasselbe lässt sich von der St. Laurentius, so wie von der von deutschen Kaufleuten aus Riga gestifteten Kirche behaupten und von der kleinen St. Gertruden Kirche vermuthen,[1]) wahrscheinlich auch von anderen Kirchen und Klöstern, worüber eine unbefangene und kritische Geschichte Wisby's vielleicht noch anziehende Aufschlüsse bieten dürfte. Priester begleiteten

---

[1]) Urkunde des Bischofes von Linkjöping vom Jahre 1225 in *Liliegren* Diplomatarium Suecanum. *Wallin* Gothlandska Samlinger. S. 231.

die Sommer- und Winterfahrer nach Nowgorod, wo der deutsche Kaufmann unter dem Schutze des heiligen Petrus stand, welchem also seine lateinische Kirche oder Capelle nicht fehlte. Auch St. Nicolaus, als Patron der Kaufleute, hatte dort seine Kirche, beide auch zu Alt Ladoga; zu Smolensk hatten die Fremden eine Mutter Gottes Kirche. [1]) Zu Bergen besassen die Hansen drei Kirchen, der St. Maria die grösste, dem St. Halward und dem St. Martin gewidmet; letztere brannte 1702 ab, nachdem 1640 das zu ihr gehörige Armenhaus dasselbe Schicksal betroffen hatte. [2]) Noch in der Mitte des vorigen Jahrhunderts besetzten die gegenwärtigen drei Hansestädte zwei Predigerstellen zu Bergen und erhielten das Armenhaus in der ehemaligen St. Katharinen Kirche. In Lund hielten die Deutschen, welche nicht ansässig waren, sich zu der schönen Crypta der St. Laurentius Kirche, welches Verhältniss eine Urkunde des Erzbischofes von Lund vom Jahre 1310 als ein altes Herkommen behandelt, dem aber gewiss historische und rechtliche Anwendung nicht fehlte. Zu Malmö in der St. Petri Kirche besassen die Hansen Gestühlte und Fenster mit ihren Wappen nach der Reformation, also vor derselben wohl eine Capelle. Aehnlich zu Ystadt, so wie zu Kopenhagen, wo die Franziscaner-Kirche einen den Hansen gehörigen, von denselben reich ausgestatteten Altar besass. [3]) Zu Stockholm ist noch gegenwärtig eine deutsche Kirche vorhanden, deren Ursprung auf ein vom Könige Gustav I. im Jahre 1558 den Handwerkern aus Embden und den Niederlanden ertheiltes Privilegium zurückgeführt wird, wie Aehnliches in Bergen und Lissabon geschehen, doch dürften eine Capelle und ein Friedhof für die Hansen schon früher nicht gefehlt haben. In Nykjöping ist im siebenzehnten Jahrhunderte eine deutsche Gemeinde nachzuweisen. [4]) Zu Brügge finden wir die Hansen früh (1347) in Beziehungen zu der Carmeliter-Kirche; in etwas späteren Unterhandlungen (1387) verlangten sie dort den Bau von drei Capellen. [5]) Die alten Schiffrechte Hamburgs setzen einen Theil der Einnahme der Hansen zu Utrecht und Ostkerken für die St. Marien Kirche fest. Eine hamburger Capelle war im funfzehnten Jahrhunderte zu Sluys. Zu Amsterdam ist noch gegenwärtig das hamburger Chor in der Oude Kerk vorhanden, welches auf einer von einer hamburger Brüderschaft im Jahre 1421 gestifteten Capelle beruht. [6]) In der letzten Niederlassung der Hansen, derjenigen zu Lissabon, fehlten auch geistliche Stiftungen nicht, von denen sich Spuren bis auf unsere Zeit erhalten haben.

In England konnte für die Hansen nicht so viele Veranlassung vorhanden sein, einen eigenen Gottesdienst zu gründen, wie dieses unter den Anhängern der griechischen Kirche oder im hoheren Norden der Fall war. Dass sie in einzelnen Kirchen Altäre und Canonicate stifteten, wie solches von

---

[1]) Urkundliche Geschichte der deutschen Hanse. Th. I. S. 117. Th. II. S. 36, 39.

[2]) *Willebrandt* a. a. O. Vorbereitung S. 22. Das vom Könige Friedrich V. im Jahre 1747 bestätigte Privilegium König Christians V. vom Jahre 1673 für das bergische Comtoir spricht nur von zwei deutschen Kirchen. *L. von Holberg* Beschreibung von Bergen. Th. I. S. 92 flgd., S. 80 flgd.

[3]) *Burmeister* a. a. O. S. 50 und 52.

[4]) *J. A. A. Lüdeke* Denkmal der Wiedererrichtung der deutschen Kirche in Stockholm. 1821.

[5]) Urkundliche Geschichte der deutschen Hanse. Th. II. S. 397. *Burmeister* a. a. O. S. 98.

[6]) Das Nähere über diese Capelle und andere unbekannte Einzelheiten über geistliche Stiftungen der Hansen im Auslande hoffe ich im vierten Bande der Zeitschrift für hamburgische Geschichte mittheilen zu können.

Römern und Lombarden zu York geschehen sein dürfte, [1]) ist nicht unwahrscheinlich, doch nicht nachzuweisen. Man erkennt überhaupt, dass jene sich wesentlich an ihre Kirchspielskirche gehalten haben, die Aller Heiligen, die grössere, All Hallows the More, in Dowgate Ward, welche in ältern Zeit den die Lage und die Besucher, vielleicht die Mitstifter bezeichnenden Namen der "Seemannes church führte. [2]) Es ist allerdings die Erbauung dieser Kirche den Osterlingen zugeschrieben, [3]) doch wenn auch ihr Antheil an derselben bedeutend war, so hätte sie in jenem Falle schwerlich die Kirchspiels kirche werden und alle weitere Beglaubigung nicht wohl fehlen können.

Wie in ihrer Heimath waren aber die deutschen Kaufleute in einer engen geistlichen Verbindung mit den bei den Bürgern gewöhnlich sehr beliebten Franciscanern; auch in London erhielten die grauen Mönche (Grey Friars) bei Newgate in Baynards Castle Ward abseiten der Factorei von Alters her im Februar zwei Tonnen Heringe. Aehnliches werden wir unten von Boston berichten. Doch findet sich noch eine andere Beziehung der Deutschen zu dem Franciscaner-Kloster in London. Es hatte nämlich *Arnold*, *Thedmar's Sohn*, dessen wir uns als deutscher Herkunft und sehr verdienten Altermannes der deutschen Hanse erinnern, jenem Kloster die im Jahre 1302 aus dem Ertrage eines zu verkaufenden Hauses auszuzahlende Summe von 100 £ vermacht, zu der beabsichtigten Anschaffung eines Bauplatzes und Erbauung einer Kirche, welche im Jahre 1306 mit freigebiger Unterstützung der Königin Margarethe, Edwards I. Gemahlin, wirklich ausgeführt wurde. [4]) Er muss also als der eigentliche Stifter dieser Kirche angesehen werden, und haben die Mönche, in ihren Büchern seiner Schenkung mit Ausführlichkeit gedenkend, seine Seele ihren Brüdern zur Fürbitte ganz besonders anempfohlen. Das Jahr der Stiftung ist uns unbekannt; es kann, wenn das Haus auf lange Jahre vermiethet oder einem Verwandten für dessen Lebenszeit überlassen war, viel älter sein, als jenes Jahr der Zahlung. Dieses ist nicht unwahrscheinlich, da, wenn wir gleich den Legatar bis 1274 als lebend mit Sicherheit bis 1292 mit Wahrscheinlichkeit nachweisen können, er doch im Jahre 1302 das seltene Alter von 101 Jahren erreicht haben würde. Was dieser Stiftung für uns noch ein besonderes Interesse verleihen dürfte, ist der Umstand, dass jene Summe der Ueberschuss des Verkaufspreises eines, dem Erblasser gehörigen Hauses in der Thames-Street war; doch lässt sich nicht nachweisen, in welcher Beziehung es zu dem Stahlhofe stand, welche zu vermuthen nicht unbegründet erscheint, da jener bereits in frühern Jahren das neben der Gildhalle belegene Gartenland derselben übertragen hatte. Die Zeit gestattet, zu

---

[1]) In der Cathedrale zu York waren praebendae Romanorum et Lumbardorum, welchen König Johann im Jahre 1207 gewisse Begünstigungen verlieh. Diese Präbenden konnten von Kaufleuten beider Nationen, aber auch von Engländern und Normannen gestiftet sein, um italienische Domherren in das nördliche England zu bringen. Wir finden um jene Zeit wirklich im Capitel zu York zwei Domherren, den Mag. Johannes Romain (Romanus) und Mag. Johannes Lumbardus. Siehe Rotuli literar. clausar. T. I. Fol. 32—41, 60, 90. Dass nicht nur Lombarden, sondern damals auch römische Kaufleute nach England kamen, ist unter Anderen nachzuweisen zum Jahre 1205 ebendaselbst Fol. 48.

[2]) Im Jahre 1203. Siehe Rotuli chartarum in Turri London. p. 107. Rotuli literarum patent. p. 28.

[3]) *L. van Aitzema* Saken van Staet en Orlogh. Bd. XV. Th. II. S. 297.

[4]) Monasticon Anglicanum. T. VI. p. 1519 sq. *Stowe's* Survey gedenkt der Summe, doch missnennt er den Legatar Arnold de Tolines, ein Irrthum, welchen die londoner Topographen bisher alle nachgeschrieben haben.

die Halle der Dynanter zu denken. Unter den Stiftern und Beförderern der Kirche wird auch noch ein Kaufmann *Bartholomäus von Almain* gepriesen, welcher jener 45 £ und dem Kloster 10 £ gab.

Der Beichtvater, welchen wir vermuthlich auch in jenem Franciscaner-Kloster zu suchen haben, erhielt auf Ostern einen halben Nobel. Um dieselbe Zeit gab der Kaufmann, wie ein alter Bericht sagt, an "unsere kleine Capelle bei unseres Herren Grabe" vier Wachskerzen. Es ist nicht anzunehmen, dass hier von einer ausserhalb der Mauern von London belegenen heiligen Grabes-Kirche die Rede ist, doch lässt es sich nicht nachweisen, ob hier eine Capelle gemeint ist, welche die Hansen im Kloster der grauen Mönche oder, was wahrscheinlicher ist, in der Aller Heiligen Kirche besassen, oder ob hier ein Capellchen in der Gildhalle selbst angedeutet werden soll. Beachtungswerth scheint mir, dass sich nirgends eine Capelle des Schutzheiligen der älteren englischen Kaufmanns-Gilde, des Thomas von Becket, findet, welcher den Grossvater des alten hansischen Altermannes Arnold, des Sohnes Thetmar's, nach England gebracht hatte, und welchem in Deutschland viel Verehrung gezollt wurde, wie denn auch ihm die Brüderschaft der Englandsfahrer zu Hamburg gewidmet war. Ein Altar in der Gildhalle hätte einen besonderen Priester erfordert, und ein solcher wird meines Wissens nirgends genannt. Denn unter den Clerikern, deren Authorität die Statuten aufrecht zu halten sich bestreben, sind nur die Schreiber zu verstehen, welche zu gerichtlichen Functionen selten oder nur untergeordneter Gattung befugt waren. Doch feierten die deutschen Kaufleute in ihrer Halle verschiedene geistliche Feste, von denen dasjenige sich auszeichnete, welches am Frohnleichnams-Tage, bald nach Pfingsten, also zu einer Zeit, wo viele deutsche Reisende dort vereint waren, mit grossen Fackeln, Wachslichtern und Fähnlein begangen wurde. Vielleicht schlossen sie sich der grossen Procession an, welche von ihren Nachbaren, der Gerber-Gilde, an diesem Tage veranstaltet, und mit einem den städtischen Behörden und vielen Geistlichen gegebenen Feste beschlossen wurde. [1]) Zwei andere Feste, in welchen wir den Charakter des heiteren alten Englands wieder erkennen, fanden durch starke Erleuchtungen der Halle einige Wochen später statt, am St. Johannis Abende (Midsummernights Eve) und an dem Abende vor St. Petri Apostoli (Juli 29). Der erste dieser beiden Tage erinnert an die aus den Zeiten des Heidenthums her in einem grossen Theile Europa's und namentlich in England verbreiteten Yulfeuer, deren Bedeutung auf den Apostel Johannes übertragen wurde; der zweite war in vielen niedersächsichen Städten, deren älteste Pfarrkirchen dem heiligen Petrus geweihet zu sein pflegten, ein ausgezeichneter Festtag. In London wurden diese Nächte mit Processionen, Erleuchtungen und Freudenfeuern [2]) gefeiert.

In seiner benachbarten Kirchspiels-, der grossen Aller Heiligen Kirche, besass der hansische Kaufmann ein eigenes Gestühlte. Ueber diesem brannten fünf Kerzen. Ein besonderer Festtag war hier der Tag der heiligen Barbara (December 4). Am Abende vorher ward ein Salve Regina gesungen, am Tage selbst eine mehrstimmige Messe und an dessen Abende wiederum das Salve. Am Mittage ward der Pfarrer nebst dem englischen Rechtsbeistande und dem königlichen Thorwächter bei der

---

[1]) Hier möge auch des Anschlusses der "Esterlings gild" an den Leichenzug der Königin Elisabeth von York, Henry's VII. Gemahlin, (1503) gedacht werden. *Stowe's* Survey. *Herbert* History of the Livery Companies of London. T. I. p. 68, 99. T. II. p. 319 sq.

[2]) Vergl. *Drake* Shakespeare and his times. *Charles Knight* London. T. I. p. 97 sq.

Sternkammer bewirthet, wobei zwei Kabliaue vorschriftsmässig nicht fehlten. Im Jahre 1447 ward beschlossen, am Abende vor St. Barbara eine singende Seelenmesse zu halten. Während die Diakon, Subdiaken, Messediener und der Clerikus für die dabei geleisteten Dienste in Geld bezahlt wurden, scheint der Pfarrer sein Honorar in Obst aus dem Stahlhofs-Garten erhalten zu haben.

Nach der Uebertragung der Stahlhofs-Gebäude an die Hansen entstanden einige Irrungen über die Zahlung des geistlichen Zehnten von denselben an den Pfarrer des Kirchspiels. Jene wurden durch einen 1483, Februar 18, zwischen demselben, Mag. Alexander Kyng, und den deutschen Kaufleuten abgeschlossenen Vergleich dahin beigelegt, dass diese und ihre Nachfolger sich verpflichteten, für alle Häuser, Buden und Wohnungen im Stahlhofe, so wie alle solche, welche jenen Kaufleuten gehörig innerhalb des gedachten Kirchspiels liegen, mit Ausnahme jedoch einiger Häuser ausserhalb der Stahlhofs-Pforte an der Themse-Strasse, dem Pfarrer an Zehnten 13 £ 6 sh. 8 d. jährlich zu entrichten.[1]

Die Kirchen-Reformation setzte die Hansen zu London anfänglich manchen Belästigungen aus. Die ketzerische Presse zu Hamburg, so wie in den Niederlanden, druckte nicht nur deutsche und lateinische, sondern auch englische und französische Schriften der Reformatoren, welche bald ein Gegenstand argwöhnischer Verfolgung abseiten des Königes Henry VIII. wurden. Ein Bericht des Comtoirs vom 1. März 1526 erzählte bereits, dass der ihnen aus früheren Verhandlungen mit der Regierung und den Merchant adventurers wohlbekannte Ritter Thomas More am 28. Februar in den Stahlhof gekommen und der Gesellschaft vorgestellt habe, dass Bekenner der Lehre Luther's unter ihnen wären. Junge und Alte mussten schwören, dass sie es nicht seien, und der Ritter und sein Gefolge stiegen darauf selbst auf die Kammern und nahmen alle dort befindlichen Bücher in deutscher und französischer Sprache weg. Doch wurden keine Lutherbücher gefunden, sondern nur alte und neue Testamente, Evangelien und deutsche Gebetbücher. Der Altermann mit acht der Aeltesten musste den Ritter zum Cardinal Wolsey nach Westminster folgen.[2])

Einige Jahre später wiederholten sich ähnliche Verfolgungen, doch in ernsterer Weise. Verschiedene Kaufleute vom Stahlhofe wurden zugleich mit einem englischen Rechtsgelehrten, William Roper, seit 1528 dem Schwiegersohne des Kanzlers Thomas More, welcher erstere durch seinen Verkehr mit jenen der lutherischen Ketzerei verdächtig geworden war, vor dem Cardinal Wolsey wegen solcher Gesinnungen verklagt. Die Deutschen konnten jedoch die Anklagepunkte vor dem Kreuze auf St. Pauls Kirchhofe abschwören,[3]) jenem Kreuze, vor welchem Tyndal's Uebersetzung der Bibel verbrannt und die päpstliche Excommunication Luther's publicirt war. Roper ward in Rücksicht auf seinen Schwiegervater wieder entlassen. Diese Verfolgungen gegen die Hansen wegen religiöser Beziehungen hörten jedoch nach einigen Jahren auf, als der König es nothwendig fand, sich den lutherisch gesinnten Fürsten Deutschlands und auch den Städten Hamburg und Lübeck zu nähern, um bei denselben ein Schutz- und Trutz-Bündniss gegen die Anhänger des Papstes zu suchen. Lud er doch, der

---

[1]) Siehe die Urkunde No. CXXXVIII und unten die Berichtigungen.

[2]) *Burmeister* a. a. O. S. 61.

[3]) The life of Sir Thomas More by W. Roper, ed. *S. W. Singer*; siehe dessen Preface p. XII.

einst den Gegner Luther's, den Franciscaner Dr. Thomas Murner, nach London hatte kommen lassen, jetzt den lutherischen Superintendenten zu Hamburg, den Dr. Aepin, zu sich ein, und berieth mit diesem seine Glaubens- und Kirchenverwaltungs-Angelegenheiten![1] Neue Belästigungen der Hansen wegen ihrer lutherishen Religion mögen unter der Königin Mary stattgefunden haben, doch ist darüber nichts auf uns gelangt und können sie nicht bedeutend gewesen sein.

Die Hansen hielten sich, nachdem die protestantische Lehre in England befestigt war, eben so wie vorher zu ihrer Kirchspielskirche Aller Heiligen. Wir finden noch im Jahre 1558, dass, wie früher häufiger geschehen sein wird, ein Altermann des Stahlhofes (H. von Suchten) dort mit einigem Pompe beerdigt ward.[2] Sie besassen in derselben an dem Südergange zur Kanzel hin vier lange Sitze oder Kirchenstühle und verschiedene andere an beiden Seiten des Nordergauges. Nach den von der Königin Elisabeth gegen den Stahlhof unternommenen Schritten verringerte sich theils die Anzahl der Hansen in London, theils suchten sie ihre Wohnungen in anderen Gegenden der Stadt. Nach der völligen Herstellung der Factorei fand man daher, dass nur zwei jener Gestühlte im Besitze der Stahlhofsleute verblieben waren; doch ein Vergleich derselben mit dem Kirchenvorstande brachte ihre Rechte wieder zur Anerkennung und sicherte ihnen deren Ausübung für den Fall zu, dass die Zahl der Kaufleute der Factorei je wieder so zunähme, dass sie aller Gestühlte bedürfen sollten. Diese Kirchenstühle erhielt die Factorei auch wieder nach dem grossen Brande und der Errichtung des neuen Kirchengebäudes nach dem jedoch nicht vollständig ausgeführten Entwurfe des berühmten Sir Christopher Wren.[3] Die Deutschen hatten auch mehrere Fenster mit gemaltem Glase, auf welchen der Reichsadler, ihr Wappen, prangte, hinter ihrem Gestühlte der Kirche verehrt und erhielten dieselben. 1642 wurden um dieselben "mit Weiren" (Wierdrath) neu zu versehen an Richard Worall 5 £ 12 sh. bezahlt. Die Hansen schenkten noch nach dem grossen Brande der Kirche eine durch die ganze Breite derselben sich erstreckende, aus Eichenholz geschnitzte durchbrochene Wand oder Schrein, dessen Mittelpunkt ein Reichsadler bildet, ein zu Hamburg gearbeitetes Werk, welches wegen seiner geschmackvollen Zierlichkeit noch gegenwärtig sehr bewundert wird.[4] Die Zeit, wann dieses Geschenk der Kirche dargebracht ist, hat nicht ermittelt werden können. Bis zum Jahre 1747 blieben die Hansen und namentlich der Stahlhofsmeister durch die Herren Jacobsen im Besitze der Kirchengestühle, wornach sie, als

---

[1]) Zeitschrift für hamburgische Geschichte. Bd. III. S. 179 flgd.

[2]) The XX day of September was bered at Gret All (hallows) in Temstreet the altherman of the Steleard, with II whyt branchys and XII torchys, and IIII gret tapurs. ..... Hier ist leider eine Lücke im Manuscript. Diary of *H. Machyn* from 1550—1563 ed. *J. G. Nichols.* (Cambden Society.)

[3]) Eine Ansicht dieser Kirche findet sich bei *Maitland* a. a. O. S. 1054.

[4]) In *E. W. Brayley and Jos. Nightingale.* London and Middlesex. T. III. (1815.) p. 643 wird jener Schrein folgendermaassen beschrieben: "the excellent piece of carved work, which separates the chancel from the body of the church, consisting of small, open, twisted columns, with their arches, in the middle of which are two open carved pilasters, with their architrave, friese, and large open pediment of the composite order. At the upper end of the doorcase is a large eagle, and over that the Queen's (also Königin Anna, 1702—1714?) arms, with their supporters etc. and these between two smaller pediments. In the middle are two shields with fine compactments beautifully carved in wainscot."

die Hausmeister nicht dort lebten und ein Quäker das Hauptgebäude bewohnte, einige Zeit nicht benutzt scheinen, doch geschahen 1772 Schritte von dem neuen Hausmeister P. Amsinck zu deren Wiedererlangung.

Nach der Wiederherstellung des Stahlhofes ging die Gefälligkeit des Inspectors so weit, dass er dem Prediger der Aller Heiligen Kirche, Dr. *Samson Price*, einige der nach Eler Esich und Peter Imhof benannten Kammern einräumte, angeblich, um sich nach der Predigt zu erholen. Jedoch beschlossen die Städte 1623, dass dieses Verhältniss aufhören solle, wobei dem Hausmeister gegen seine Bitte um dessen Erneuerung der Grund besonders geltend gemacht wurde, dass dieses Beispiel nur leicht unerwünschte Nachahmer finden könne und dass sie die Privilegien, welche nicht zu verachten seien, verlieren würden, falls Fremde an der Wohnung im Stahlhofe theilnehmen sollten. Dieselben Grundsätze wurden wiederum geltend gemacht, als drei Jahre später Adrian Hessens, vermuthlich ein deutscher Geistlicher, mit Weib und Kindern seine Residenz und Haushaltung, ob er gleich kein hansischer Bürger und Kaufmann war, auf dem Stahlhofe aufgeschlagen hatte.

Der im Jahre 1483 vereinbarte Zehnte von £ 13. 6 sh. 8 den. muss den Geistlichen sehr vortheilhaft gewesen sein, da derselbe als solcher nie erhöhet worden ist. Der Zehnte wurde gleich den übrigen Abgiften vom Stahlhofe auch während der Zeit entrichtet, in welcher die Königin Elisabeth diesen den Hansen entzogen hatte. Es mag in Berichtigung von Rückständen gelegen haben oder durch Berücksichtigung damaliger Pertinentien des Stahlhofes zu erklären sein, wenn für den Pfarrer im Jahre 1600: £ 15. 13 sh. 4 d. und im Jahre 1601: £ 14, in Rechnung gebracht sind. Im Jahre 1621 verlangte der Prediger noch einen besonderen oder einen grösseren Zehnten von allen Zinshäusern ausserhalb des Stahlhofes, worauf ihm erwiedert ward, dass er im Allem jährlich £ 14. 6 sh. 8 d. erhalten. Es wurde ihm sogar erklärt, dass man einen Process dieserhalb nicht scheue. Diese anscheinende Erhöhung erklärt sich einiger Maassen aus der Stahlhofs-Rechnung vom Jahre 1631, wo jener Posten noch beigefügt wird für Philip's Haus, also ein Haus ausserhalb des Stahlhofes, in All Hallow Lane; und der vom Jahre 1641 flgd., wo nur der herkömmliche Zehnte an den "Doctor unserer Parochie" mit 13 £ 6 sh. 8 d. aufgeführt ist, während 1647 noch besonders 1 £ in Rechnung gebracht ist. Für den Clerk der Kirche ist 1589 berechnet "sein wages" (englisch: für Gehalt) mit 6 sh. 8 d.; in den späteren Rechnungen findet sich auch noch 1637, Weihnachten, Opferpfennig dem Küster verehrt 5 sh., dem Unterküster verehret nach altem Gebrauche 4 sh.; eben so dem Unterprediger 1 £ 2 sh. Doch schon 1642 sind letztere Ausgaben wieder beschränkt auf ein jährliches Stipendium des Küsters 6 sh. 8 d. und für die Communicanten 6 sh. 8 d.; zusammen mit 13 sh. 8 d. Die alte Summe von 13 £ 6 sh. 8 d. wurde auch nach dem grossen Brande in Folge einer Parlaments-Acte vom Jahre 1671 fortwährend entrichtet. Nach einigen Jahren — 1674 — wurden die Einkünfte der Prediger zu London durch eine Parlaments-Acte regulirt, wornach das Aller Heiligen Kirchspiel 200 £ jährlich aufzubringen hatte. In Folge der vom Magistrate zu London für dasselbe aufgemachten Vertheilung wurden dem Stahlhofe, ausser dem bisherigen Zehnten, annoch fernere 10 £ 4 sh. auferlegt. Der Hausmeister Jacobsen machte von dem ihm nachgelassenen Rechte des Widerspruches keinen Gebrauch und liess diej letztere Summe durch die Einwohner bezahlen. Da jedoch einige

Wohnhäuser abgebrochen und in Packräume verwandelt waren, so verlangte im Jahre 1755 der Prediger auch jene 10 £ 14 sh. von dem Hausmeister, von denen die Städte aus der gedachten Rücksicht etwa zwei Drittheile übernahmen, während ein Drittheil den noch vorhandenen vermietheten Häusern auferlegt blieb. Der Prediger erhielt also vom Jahre 1756 an in einer Summe 20 £ 10 sh. jährlich bis zum Jahre 1792, um welche Zeit eine veränderte Benutzung der Stahlhofs-Gebäude zu der Einforderung des ganzen Zehnten von den neuen Bewohnern führte.

Man dürfte es auffallend finden, dass eine so zahlreiche und begüterte Gesellschaft, wie die der Hansen es war, nach der Kirchen-Reformation sich mit der Theilnahme am Gottesdienste der englischen Hochkirche begnügte und nicht selbst eine evangelisch-lutherische Kapelle errichtete. Wir müssen aber uns erinnern, dass die Aelterleute und Beisitzer mit ihren Familien sehr häufig lange in England ansässig waren und der Episkopal-Kirche nahe genug standen, um kein Bedürfniss einer Trennung von derselben zu empfinden. Die Mehrzahl der Kaufleute war jedoch nur vorübergehend in London und konnte sich entweder mit dem englischen Gottesdienste befriedigt fühlen oder an demjenigen einiger dissentirenden fremden Kirchen theilnehmen. Denn schon König Edward VI. hatte 1551 dem bekannten Johann a Lasco, den Deutschen und anderen des Glaubens wegen aus ihrem Vaterlande flüchtigen Fremden gestattet, eine eigene Kirche in London zu erbauen, welche jedoch ganz den calvinistischen Holländern anheim gefallen zu sein scheint und unter dem Namen der Dutch Church in Austin Friars, einer ehemaligen Kirche der Augustiner-Mönche in Broad Street, Broad Street Ward, mit schön gemalten Fenstern und einer Kirchen-Bibliothek versehen, noch gegenwärtig besteht.[1])

Eine deutsch-lutherische Gemeinde und Kirche scheinen zu London erst nach dem grossen Brande entstanden zu sein, stehen aber in einer sehr engen Verbindung mit dem hansischen Stahlhofe, besonders mit Hamburg, dessen Namen letztere noch jetzt führt. Die Angabe, dass dieselbe, die Dreieinigkeits-Kirche, schon im Jahre 1618 den hamburger Kaufleuten eingeräumt sei, in Folge eines Vergleiches, nach welchem die englische Factorei in Hamburg freie Religionsübung erhielt, ist, da letztere Angabe in dem Contracte, welchen die englischen Kaufleute mit dem Rathe zu Hamburg in dem gedachten Jahre abschlossen, begründet ist,[2]) nicht ganz unwahrscheinlich, doch keineswegs erwiesen.

Nach jenem Brande vereinigten sich die der augsburgischen Confession zugethanenen Deutschen und einige andere Fremde zu einer Gemeinde und wandten sich an die Regierung mit dem Gesuche, ihnen den von der Stadtgemeinde zu London erkauften Platz der niedergebrannten Dreieinigkeits-Kirche (Trinity the less) in Trinity Lane in der Queenhythe Ward, welche Kirche, nach dem damaligen Bauplane vom Jahre 1667, nicht wieder hergestellt werden sollte, einzuräumen, mit der Befugniss, daselbst eine Kirche für ihren Gottesdienst, der augsburger Confession gemäss, in deutscher Sprache, zu erbauen. An der Spitze der Bittsteller stand der schwedische Gesandte Johann Barckman Leyenberg;

---

[1]) Ausführlich berichtet über die Kirche *Maitland* a. a. O. p. 842 sq.

[2]) Siehe Art. 19 des Contractes vom Jahre 1611, welcher den Engländern die freie Ausübung ihres Gottesdienstes zu Hamburg gestattete, welche der Contract vom Jahre 1567 Art. 14 ihnen untersagt hatte.

die übrigen waren die Kaufleute: Jacob und Theodor Jacobsen, Johan Leemkuel, Peter Splid, Steets Ahrens und Nicolaus Heyne. König Charles II. bewilligte am 13. September 1672 die nachgesuchte Genehmigung, welche auch die Deutschen gegen die Ansprüche der londoner Nachbaren, die das Recht auf dem alten Gottesackerplatze ihrer ehemaligen Kirche Todte zu beerdigen, in Anspruch nahmen, schützen sollte. Von dem Gesandten scheint die Kirche anfänglich den Namen der *Schweden Kirche* erhalten zu haben, [1]) bald kam derjenige der *Hamburger Kirche* auf, welcher ihr später auch verblieben ist. Bei Neuwahlen wird noch jetzt vorher an das Rev. Ministerium zu Hamburg, so wie auch, doch wohl erst seit späterer Zeit, an das Consistorium zu Hannover geschrieben. Unter den späteren Verwaltern — Trustees, — deren 1702 vierzehn ernannt wurden, auf welche in Gemässheit der königlichen Acte das zeitweilige Eigenthum der Kirche übertragen ist, [2]) befinden sich sehr viele bekannte Namen von hamburger Kaufleuten, welche sich in London niedergelassen hatten. Ein bedeutender Theil der Baukosten ist ohne Zweifel durch die in jener Zeit sehr häufigen Kirchen-Collecten in den damaligen Hansestädten zusammengebracht; dass die Stadt Hamburg sich wesentlich dabei betheiligt hat, ist nicht zu bezweifeln. Die neue Kirche war jedoch nur ein den Verhältnissen angemessenes, kleines und nicht dauerhaftes Gebäude; schon nach dem Verlaufe eines Jahrhunderts ward die Errichtung eines neuen Gebäudes erforderlich befunden, wozu ein Baumeister für 1400 £ mit Benutzung der alten Materialien sich anheischig machte. Im folgenden Jahre waren die Mittel zu diesem Neubaue durch die Gemeinde beschafft und er wurde ausgeführt. Ueber den ersten und den zweiten Bau giebt eine Marmortafel in der Ostmauer der Kirche Kunde mit den Worten: Templi huius Structura Sumptibus Germanorum addictorum inchoata XI. calend. Decembr. MDCLXXII. et Consummata Mense Decembre MDCLXXIII. Diruta ac refecta MDCCLXXIII.

Als erster Prediger an dieser Kirche wird *Gerhard Martins* genannt. Im Jahre 1686 folgte ihm *Joh. Esdras Edzardi*, [3]) einer berühmten Gelehrten-Familie angehörig, Sohn des Esdras Edzardi Theologiae Lic., geboren zu Hamburg 1662. Er starb 1713 (im Gewölbe seiner Kirche am 11. November beigesetzt), mit Hinterlassung einer leider nie gedruckten handschriftlichen "Historia Anglicana, in specie Lutheranismi in Anglia." Der gelehrte Frankfurter Uffenbach sah ihn in London und gedenkt auch eines wohlredenden Collegen desselben an derselben Kirche.

Die Gemeinde hat jedoch schon früh durch die Streitigkeiten, welche die Prediger-Wahlen zu begleiten pflegten, sehr an Mitgliedern verloren. Schon im Jahre 1694 führten diese zu der Absonderung eines Theiles derselben, welche eine neue lutherische Kirche, der heiligen Maria gewidmet, in der Savoy, Strand, errichteten. Diese Gemeinde erhielt nach einigen Jahren eine ehemalige Jesuiter-Kirche in der Savoy, welche 1767 niedergerissen und neu erbauet ward. [4])

---

[1]) Sie ist nicht zu verwechseln mit einer anderen lutherischen Kirche, welche jetzt so genannt wird, im Princes Square, Ratcliff Highway, in welcher der 1772 verstorbene bekannte Geisterseher, Baron Swedenborg, begraben liegt. Von letzterer findet sich eine Ansicht bei *Maitland* a. a. O. S. 1360.

[2]) Diese und einige spätere siehe im Anhange hinter der Charte Charles II. vom Jahre 1672, September 13.

[3]) *F. C. von Uffenbach*. Merkwürdige Reisen. Th. II. S. 498.

[4]) *Wendeborn's* Grossbritannien. Th. III. S. 422.

1702 trafen die Verwalter der hamburger Kirche verschiedene Anordnungen, mit welchen der Prediger und einige Gemeinde-Mitglieder unzufrieden waren. Die letzteren ernannten 1703, Mai 5, zwölf Diaconen wider den Willen der Verwalter, welche ihre gedeihlichen Einrichtungen vereitelt sahen. Erst allmählig scheint der Friede in der Gemeinde wieder hergestellt zu sein. [1]) 1762 wurde an der östlichen Seite der Stadt in der kleinen Ayliffe-Strasse in Goodmans Fields die St. Georgs Kirche auf Subscription erbauet, wo der Doctor der Theologie *Gustav Anton Wachsel*, gebürtig aus Leer in Ostfriesland, angestellt, bis 1799 den Gottesdienst versah. Ihm folgte *Christian Ernst August Schwabe*, Phil. Dr., gestorben 1843; diesem *Louis Cappel*, Phil. Dr., angestellt 1843, August 6. [2]) 1770 ward die St. Johannis Kirche auf Ludgate Hill für den Prediger *Wendeborn* gestiftet; diese Kirche ist eingegangen. 1786 ward auch die deutsche Zions Kirche in Browns Lane, Spital Fields, errichtet, an welcher die Prediger *Triebner* und *Uebele* standen, die aber schon nach einigen Jahren wieder eingegangen ist.

Blicken wir auf die Schicksale der Mutterkirche zurück, so finden wir als deren dritten Prediger *Balthasar Mentzer*. Dieser, der vierte in der Reihe seiner Vorfahren gleichen Namens, war 1679, Januar 12, zu Giessen geboren; Sohn des bisherigen, 1695 wegen pietistischer Streitigkeiten von dort abgegangenen Professors der Mathematik, welcher bald darnach in gleicher Eigenschaft am Gymnasium zu Hamburg angestellt wurde. Der Sohn ward 1702 unter die Candidaten des Rev. Ministerii daselbst aufgenommen und im Mai 1714 zum Prediger an der Kirche der Heil. Dreifaltigkeit zu London erwählt, wo seine Schwester an den dort lebenden Hinrich, Sohn des Oberalten Jacobsen, verheirathet war. Am folgenden 19. Juli ward er vom hamburgischen Senior Volkmar zu Hamburg ordinirt. Er zeichnete sich hier so vortheilhaft aus, dass König Georg I. ihn 1722 zum Consistorial-Rath und Hof-Prediger in Hannover ernannte und vier Jahre später zum calenberger General-Superintendenten. Seine Verbindung mit Hamburg hatte er im Jahre 1717 befestigt durch seine mit J. Anna Hedwig, Tochter des dortigen Senior Joh. Winkler, eingegangene Verheirathung. 1737 ward er einer der ersten Doctoren der Theologie, welche die neu gegründete Georgia Augusta ernannte. Er starb den 20. December 1741 zu Hannover. Mehrere kleine theologische Schriften desselben finden sich bei Jöcher verzeichnet.

4) *D. H. W. Gerdes*, 1722 erwählt, starb 1741, December 16, im funfzigsten Jahre. 5) *Philipp David Kräuter*, Theol. Doctor, 1742. Legte sein Amt nach 25 Jahren nieder. 6) *Georg Christoph Dahme* aus Hannover, erwählt 1767, am 17., ordinirt am 21. Juni vom Pastor Aug. Wilh. Lüder. [3]) Bis 1775, wo er die durch Friederici's Berufung an die St. Petri Kirche zu Hamburg erledigte General-Superintendentur zu Clausthal erhielt, so wie später diejenige in Celle. 7) *Johann Christ. Beuthin* aus Itzehoe, Candidat zu Hamburg 1769, gewählt 1776, Januar 10, ordinirt den 14. d. M. vom Pastor Dahme, unter Assistenz des Hof-Predigers Gerling und Pastor Wolf, [4]) in der hamburger

[1]) *Maitland* a. a. O. S. 1027.

[2]) Mit dieser Kirche steht eine Schule in Verbindung, in welcher gegenwärtig über 100 Knaben und 50 Mädchen unterrichtet werden, von denen 60, ausser freiem Unterricht, auch Bücher und Kleidungsstücke erhalten.

[3]) *Aug. Wilh. Lüders* war damals Substitut des Hofpredigers Butjender an der deutschen lutherischen Capelle zu St. James, wo Ziegenhagen die andere Stelle bekleidete.

[4]) *C. Fr. Wolf*, Prediger an der dänischen lutherischen Kirche zu London, von dem eine Sammlung von Nachrichten über deren Geschichte zu Kopenhagen 1802 erschien.

Kirche. Er starb 1819 im November. 8) *Johann Georg Bornträger* aus Hannover, gewählt 1820, Januar 14, ordinirt am 18. Juni vom Hof-Prediger Küper, unter Assistenz der Pastoren Schwabe und Treschow, in der hamburger Kirche. Ging ab 1826, jetzt Superintendent im Königreiche Hannover. 9) *Carl August Busse* aus Hannover, erwählt 1826, am 6., ordinirt am 17. September von Dr. Schwabe, unter Assistenz von Dr. Wernink, Dr. Tiarks und Pastor Kunze, in der hamburger Kirche. Ging ab 1837, jetzt Superintendent im Königreiche Hannover. 10) *C. E. L. Adolf Walbaum* aus Hannover, erwählt 1837, am 4., ordinirt am 6. August von Dr. Schwabe, unter Assistenz von Dr. Steinkopf, Dr. Tiarks und Pastor Busse, in der hamburger Krche.

An der Savoy-Kirche standen 1694—1705 M. *Irenaeus Crusius;* 1705—1730 *Georg Andreas Ruperti*, zugleich Hof-Prediger, *Joh. Strauss* und *Christian Paul Reuter*, Hülfs-Prediger. Sodann 1730—1738 *Hinrich Werner Palm*, seit 1728 hamburgischer Candidat, welcher 1733 sich mit der Tochter des dortigen Fähndrichs Johann Kress verheirathete. Ihm folgte *Justus Christoph Bartelds* bis 1741; diesem der 1767, November 4, verstorbene *Johann Reichard Pittius*, welcher den Ruf eines Pietisten hatte. Ein Theil der Gemeinde beabsichtigte den bald näher zu erwähnenden *Wendeborn* zu erwählen, wodurch widerliche Streitigkeiten veranlasst wurden, über welche dieser ein eigenes Buch unter seinem Namen hat drucken lassen: "Briefe an einen angesehenen Geistlichen in B***** über seine bisherigen londoner Schicksale. Hamburg und Bremen, 1770." 8. Es ward jedoch, obgleich Wendeborn bereits auf Ansuchen der Kirchen-Aeltesten zu Hamburg auf jene Kirche ordinirt war, von einer Gegenpartei die Ernennung des bisherigen Predigers zu Essen, *Joh. Gustav Burgmann*, an die so eben im Neubau vollendete Kirche durchgesetzt, eines sehr jungen Mannes, mehr in der Richtung seines Vorgängers, welcher als Candidat und mit der Bekehrung der Juden beschäftigt, sich bereits in London bekannt gemacht hatte. Doch schon nach sechs Jahren verliess er, missvergnügt mit seiner Gemeinde, London, um die lutherische Predigerstelle zu Mühlheim am Rhein anzutreten. Er starb dort im einundfunfzigsten Lebensjahre, ums Jahr 1796. Seine Nachfolger waren: 1774—1775 M. *Johann Wolf*, sodann bis 1781 *Ad. Lampert;* nach welchem M. *Joh. Gottlob Burckhardt*, geboren zu Eisleben 1756, bisheriger Sonnabends-Prediger an der Thomas-Kirche zu Leipzig, 1781 an die lutherische Savoy-Kirche berufen ward. Er verfasste verschiedene gelehrte Schriften, welche ihm 1786 den Titel eines Doctors der Gottesgelahrtheit verschafften. Später schrieb er eine kleine Geschichte der deutschen Kirchen Londons, welche wir vergeblich gesucht haben. Er starb nach einer beinahe zwanzigjährigen Amtsthätigkeit, 44 Jahre alt. Ihm folgte 1801 *K. Fr. A. Steinkopf*, geboren 1773 zu Ludwigsburg, seit 1798 Secretair der ascetischen Gesellschaft zu Basel, 1816 Doctor der Theologie,[1] welcher durch mehrere Schriften geistlichen Inhaltes auch weiteren Kreisen bekannt, bereits ein halbes Jahrhundert seiner Kirche vorsteht. Als Hülfs-Prediger ist Herr C. Schoell angestellt.

Der vorgedachte *Gebhard Friedrich Aug. Wendeborn*, geboren 1742 zu Wolfsburg im Herzogthum Magdeburg, seit 1765 Candidat Rev. Ministerii zu Hamburg, sammelte aus seinen rationalistisch gesinnten Anhängern, welche vergeblich sich bemühet hatten, ihn an die Kirche in der Savoy zu bringen, eine Gemeinde, die für ihn, nachdem er einige Zeit den Gottesdienst in einem, zu ähnlichen Zwecken von Presbyterianern sonst gebrauchten Hause, Plasterers Hall, gepredigt hatte, die bereits erwähnte Kirche stiftete, welcher allein, da ihm 1775 bei Dahme's Abgang der Versuch mislungen war, seine Gemeinde mit der hamburger zu vereinigen, er 22 Jahre vorstand. Von seinen Schriften, welche ihm den Titel des Doctors der Rechte, so wie eine ehrenvolle Aufnahme in die berliner Akademie verschafften, erinnern wir hier nur an seine oft neu aufgelegte deutsche Grammatik für Engländer, so wie an mehrere Werke über die Zustände in Grossbritannien. Nachdem er 1790 sein Amt niedergelegt und eine lange Reise gemacht hatte, zog er sich 1793 nach Hamburg zurück, um einer gelehrten Musse zu leben. Dieser erfreuete er sich, wenn gleich tief bekümmert durch die Zeitereignisse und unter körperlichen Leiden, bis er im angetretenen neunundfunfzigsten Lebensjahre im Mai 1811 daselbst verstarb. Seine Manuscripte und sein vorzügliches Portrait wurden der hamburger Stadt-Bibliothek zu Theil. Deren Vorsteher, sein Freund Professor Ebeling, erhielt und führte den Auftrag aus, zwei Jahre nach seinem Tode die von ihm hinterlassenen Erinnerungen aus seinem Leben (1813. 2 Bde. 8.) herauszugeben.

Ausser der hamburger und den drei von ihr durch Abtrennung ausgegangenen lutherischen Kirchen und der Hof-Capelle zu St. James sind zu London noch einige deutsch-reformirte Kirchen vorhanden. Ich gedenke derselben hier noch, weil der grösseren unter ihnen bisweilen der Name der Bremer Kirche gegeben werden soll, wozu den eingezogenen Nachrichten zufolge jedoch kein weiterer geschichtlicher Grund sich findet, als dass die Gemeinde neben den reformirten Hessen manche Bremer unter ihre Mitglieder zählte. Es ist diese in einer bis zum Jahre 1697 französisch-reformirten Kirche in der Savoy, Strand, begründet, an welcher Abbadie und Jacques Saurin, der später in London sich verheirathete, gestanden hatten. Als im Jahre 1817 die Waterloo-Brücke erbauet wurde, musste jene Kirche nieder gerissen werden, die Gemeinde erhielt aber volle Entschädigung. Da viele Mitglieder derselben Gemeinde im Osten der Stadt wohnten, so ward auf deren Betrieb die neue Kirche in Hooper's Square, Goodmansfields, erbauet, welche ein "free-hold property" der Gemeinde ist. Viele Jahre bezahlte der König von Preussen jährlich 100 £ zu der Kirche, was jedoch, da die wohlhabende Gemeinde demselben einen Einfluss auf die Wahl der Prediger nicht länger gestatten wollte, schon seit dem Anfange dieses Jahrhundertes aufgehört hat. Es haben an derselben folgende Prediger gestanden. 1) *Samuel König* aus dem Canton Bern, erwählt und abgegangen im Jahre 1697. 2) *Johann Eckius*, erwählt 1698, ging im folgenden Jahre weg. 3) *Johann Jacob Cäsar*, Theol. Dr., vermuthlich aus Bremen, erwählt 1699, starb 1719. 4) *Johann David Cregul*, erwählt im nächsten Jahre, starb 1753. 5) *Andreas Joseph a Planta*, A. M., aus Graubünden, erwählt 1752; resignirte 1772. Er hinterliess einen Sohn, Joseph, welcher als Ober-Bibliothekar des britischen Museums wirkte und Vater war eines gleichbenannten Sohnes, der im Ministerium Canning's das Amt eines Unter-Staats-Secretairs bekleidete. 6) *Carl Gotfried Woide*, Theol. Dr., gebürtig aus Lissa in Polen, erwählt schon 1768, ein besonders um das Studium der coptischen Sprache wohlverdienter Gelehrter. Er starb 1790, alt 65 Jahre. 7) *Peter Will*, gebürtig aus Darmstadt, erwählt 1790, ging ab 1803. 8) *Gerhard Segelcken* aus Bremen, erwählt 1803, ging weg 1806. 9) Ihm folgte in demselben Jahre sein Landsmann *Johann Hülle*, welcher 1822 resignirte, worauf ihm folgte: 10) *Johann Gerhard Tiarks*, gebürtig aus Jever, der würdige jüngere Bruder des trefflichen Dr. Tiarks, welcher einst Bibliothekar des Sir Joseph Banks, von der britischen

Regierung als deren Commissar zur Ausgleichung der Streitigkeiten mit den Vereinigten Staaten von Nord-Amerika wegen der Gränzen Canada's angestellt wurde. Jener hat, seit geraumer Zeit die Grundsätze der Union predigend, auch viele Lutheraner zu dieser Gemeinde herangezogen.

§ 12.

Der Neubau des Stahlhofes und dessen fernere Verwaltung.

Der Brand, welcher London in Asche legte, war noch nicht ganz gelöscht, als am 7. September 1666 der Hausmeister Jacobsen bei den Städten Verhaltungsbefehle einzog und schon berichtete, dass die Regierung mit dem Wiederaufbau sich beschäftige und die Einziehung des von den Eigenthümern nicht wieder bebaueten Bodens beabsichtige. Androhungen dieser Art verlauteten auch bald, welche um so bedenklicher erscheinen mussten, da der grosse Werth der Lage des Stahlhofes, den mit dem Neubau der Stadt beschäftigten Männern keineswegs entging. Sir John Evelyn in seinem Entwurfe, London viel schöner, zweckmässiger und prachtvoller als es früher gewesen war, anzulegen, hatte den hansischen Stahlhof als den, durch Handel und Verkehr geeignetsten, Platz für die Börse erachtet.[1] Es versteht sich, dass eine willkührliche Entziehung des Platzes ohne angemessenen Ersatz an einer anderen Stelle nie beabsichtigt wurde, und ist in dieser Beziehung selbst die in einer Parlaments-Acte angedrohete Einziehung des unbebaueten Platzes beachtungswerth, weil die Hansen, so wenig die Regierung ihnen gegenüber zu einer solchen Maassregel befugt war, doch nur allen übrigen Bürgern Londons gleichgestellt werden sollten.

Die Städte wurden durch das Ereigniss in nicht geringe Verlegenheit gesetzt, das Comtoir besass nicht einmal die Mittel, um die jährlichen Renten an die Stadtkammer u. a. zu bezahlen. Selbst die Hansestädte Hamburg und Bremen wussten wenig über die Verhältnisse des Hauses, Lübeck nicht viel mehr. Die Jahres-Rechnungen waren nicht regelmässig eingesandt, die Ueberschüsse blieben in London, um kommenden Ausgaben für Bauten oder Gesandtschaften zu begegnen. Lübeck schrieb an alle bedeutenderen noch einigermaassen zur Hanse zu rechnenden Städte, um sie zur Theilnahme an einem Neubaue des Stahlhofes aufzufordern. Cöln nahm anfänglich an diesen Verhandlungen Theil, doch mit grosser Vorsicht. Hamburg bemerkte 1666, December 11: "dass es die Rechnungen seit sechs Jahren nicht empfangen und könne daher wegen der Deckung der Abgaben keinen Entschluss fassen; den Bauplan könne es eben so wenig wie Cöln, ohne das Modell gesehen zu haben, dem Hausmeister überlassen, es dürfte rathsam sein, dass es ein Dritter, gegen gewisse Jahre zu bewohnen, baue." Im Frühjahr schrieben die in London anwesenden Abgesandten, dass der König über den Stahlhof nichts beschliessen könne, bis der ganze Bauplan für die Stadt geordnet sei: sie besorgten, dass sie wegen der Verbreiterung der Gasse an Platz verlieren würden. Der Staats-Secretair Morrice erinnerte, dass die Städte in Kurzem eine Resolution fassen müssten. Bald darauf erschien auch die

[1]) Sir J. Evelyn's Plan im Auszuge nebst dem Risse finden sich bei *Maitland* a. a. O. T. I. p. 447—450.

königliche Proclamation, welche einen Termin von neun Monaten zum Anfange des Baues setzte. Ein Hansetag ward ausgeschrieben, vorzüglich um diese Angelegenheit zu berathen, aber nur wenige Städte erschienen, die vornehmen Quartierstädte Cöln und Danzig waren ausgeblieben. Stralsund und Wismar nebst den ihnen anhängenden pommerschen und meklenburgischen Städten verlangten mit der Sache, namentlich mit allen Beiträgen zu den schuldigen Renten verschont zu bleiben, obgleich die Städte von Lübeck 1668, September 15, aufgefordert waren, da die Ueberlassung des ledigen Platzes an Engländer unter Bedingungen nicht ausführbar scheine, sich zu erklären, ob sie den Platz aufgeben, oder eine gewisse Summe, und welche, hergeben wollten? Braunschweig und Hildesheim waren auf jenem Tage erschienen, aber nur um sich bald zurückzuziehen. Lübeck sprach sich für den Neubau auf gemeinschaftliche Kosten aus, wobei die Miethe nach Verhältniss der Einschüsse vertheilt werden sollte; es verlangte jedoch seine hansischen Vorschüsse aus dem Stahlhofe zu decken. Der letzte Hansetag, im Jahre 1669 gehalten, war eben so wenig förderlich, um irgend eine Gemeinschaft unter den ehemaligen Bundesgenossen und einen Beschluss über den Stahlhof zu erzielen. Hamburg erklärte sich vergebens bereit, einen Theil des Stahlhofes auf eigene Kosten zu erbauen, falls die übrigen Städte den anderen Theil gemeinschaftlich herstellen wollten.

Dem Hausmeister *Jacobsen* war es mittlerweile gelungen, den Termin für den Beginn des Baues wiederholt zu verlängern, während er Bauunternehmer suchte. Er rieth nunmehr, wenigstens die Façade an der Strasse vorgängig zu bebauen, um die Engländer zu beruhigen, und stellte 1670 einen Unternehmer in der Person des Zimmermanns John Ball. Durch einen Contract vom 14. October 1670 übernahm derselbe einen Platz auf der Stelle der alten Gildhalle der Deutschen, mit einer Fronte an der Thames-Strasse von 48 Fuss breit, 50 Fuss tief, im Süden 42 Fuss breit, mit sechs Häusern zu bebauen, auch zu dem anstossenden Durchgange (Windgoose Lane) ein Gewölbe und Pforte zu errichten auf seine Kosten, und 50 Jahre zu benutzen, gegen eine Jahres-Rente von 21 £. Zwei andere Contracte mit demselben bezogen sich auf die angränzenden Plätze von 66 Fuss und 45 Fuss Fronte mit den vorgedachten Bauten; so dass zusammen von 159 Fuss zu 9 sh. jährlich für den Fuss die Summe von £ 71. 11 sh. an die Hansestädte zu bezahlen waren, wogegen der Pächter alle Abgaben übernahm. Zwei kleinere Plätze wurden an Richard Sherwood auf 61 Jahre für 6 £ jährlich und an John Fitch auf 51 Jahre für 5 £ jährlich von Jacobsen überlassen. Es war durch diese Bauten, welche der hamburgische Gesandte, Senator *von Kampe*, Gelegenheit fand, in Augenschein zu nehmen, der Anforderung der englischen Behörden genügt, doch lag der grösste Theil des Stahlhofes zwischen denselben und der Themse unbenutzt und ertraglos, während auf ihm grösstentheils eigentlich die Renten an die Stadt u. a. ruhten. Zugleich betrieb der Hausmeister um so mehr die Ausführung eines Neubaues, da sein Bruder *Theodor*, welcher früher in dem grossen Hause dort gewohnt hatte, nunmehr eifrig den ganzen Bau gegen Bedingungen zu übernehmen begehrte, welche aber den Städten zu vortheilhaft für denselben schienen. Der Hausmeister verlangte darauf seine Vorschüsse zurück, er beschwerte sich über die ihm wegen der rückständigen Stadtrenten gelegte Execution, er stellte vor, wie sehr er wünsche, den Städten das Privilegium des Detail-Verkaufes der Rheinweine zu erhalten, er drohte endlich, von dem Stahlhofe sich ganz zurückzuziehen. Sein Brief vom 25. März 1671 schliesst mit den Worten: "Vale, verlassener Stahlhof!" Da aber aller Vorstellungen ungeachtet von den Städten keine Erledigung der Sache zu erlangen war, so scheinen die beiden Brüder übereingekommen zu sein, sie durch die für die Entscheidung von Streitigkeiten über die durch den Brand vom Jahre 1666 zerstörten Häuser niedergesetzte Behörde beendigen zu lassen. Theodor Jacobsen verlangte von dem Hausmeister und den übrigen Hansen in London den von ihm früher innegehabten Platz, 157 Fuss 1 Zoll an der Themse, etwa 285 Fuss tief, und 142 Fuss 5 Zoll im Norden zur Bebauung, für die von den Sachverständigen taxirte Summe von 110 £ jährlicher Grundmiethe, auf 40 Jahre, da dieser Bau, welcher dauerhaft und geschmackvoll ausgeführt werden müsse, eine Auslage von 8 bis 9000 £ erfordere. Um nun einen zur Ehre und zum Glanze der Stadt gereichenden Bau auf einem von Fremden so sehr besuchten Platze zu fördern, ersuchte der Bittsteller noch um einen ferneren Termin von ¾ Jahren, während welches anstatt der Grundmiethe nur ein Pfefferkorn, falls verlangt, zu zahlen sei. Diese Gesuche wurden von jenem Gerichtshofe in der Halle von Cliffords Inn 1673, October 31, angenommen, und da der Pächter sich hier der beschränkten Competenz des Gerichts wegen mit 40 Jahren hatte begnügen müssen, so bewilligten ihm Jacob Jacobsen, als Präsident der deutschen Kaufleute, und zwei derselben, *Johann Lemkuel* und *Georg Matzen*, durch einen unter dem 9. Juli 1674 ausgestellten Vertrag, als Inhaber des Stahlhofes unter ihrer Garantie noch fernere 31 Jahre unter denselben Bedingungen, so dass der Contract auf 71 Jahre eingegangen war, jedoch ohne Wissen und Genehmigung der Städte. Erst nachträglich verschaffte er sich einige Monate nach der Besiegelung jenes Contractes eine nur zu Verhandlungen unter vorzubehaltender Genehmigung berechtigende Vollmacht vom 16. November 1674, welche er bei seiner Anwesenheit zu Hamburg im October desselben Jahres von den drei Hansestädten erhielt, auf das Vorgeben, dass er selbst bereits 2000 £ verbauet habe, ohne des eingegangenen Contractes mit dem Bruder oder auch nur desselben als Bewerbers zu gedenken; welche Vollmacht auch den ausdrücklichen Vorbehalt enthielt, dass der Uebernehmer des Stahlhofes alle Lasten selbst träge.

Der Bau war vollendet, als im Herbste 1680 Jacob Jacobsen starb, worauf sein vorgedachter Bruder Theodor sich zu dessen Nachfolger empfahl, indem er zugleich zur Ueberlassung der Gebäude auf welche er über 8200 £ verwandt zu haben vorgab, sich erbot. Er behauptete unter dem 7. Juli 1682 die hansestädtische Bestallung zu ihrem Agenten unter dem Siegel der drei Hansestädte empfangen zu haben, welches Schreiben jedoch lediglich einen speciellen Auftrag und ohne Zusicherung irgend eines Gehalts, und eine allgemeine Empfehlung der Interessen des Stahlhofes enthielt. Es gelang den Städten, unter seiner Mitwirkung, vom Könige Karl II. durch dessen Schreiben vom 28. Februar 1683 eine Bestätigung der Abgabenfreiheit des Stahlhofes, welche schon durch angelegte Arreste mehrfach bedroht war, zu erlangen. Dennoch ward, nachdem die kurze Regierung des Königes Jacob II. und die derselben zunächst folgenden Ereignisse die hansischen Verhältnisse nicht betroffen hatten, unter seinen königlichen Nachfolgern William und Mary im folgenden Jahrzehende dem Stahlhofe die Landtaxe auferlegt, wie unten weiter erwähnt werden soll. Das Verhältniss des Theodor Jacobsen als Titular-Hausmeister veränderte sich nicht bis zu seinem im Jahre 1706 erfolgten Tode, da die Städte seine geringen Dienste durch seine Wohnung auf dem Stahlhofe hinlänglich belohnt hielten, während er selbst und die anderen Stahlhofs-Kaufleute den eigenmächtig eingegangenen Vertrag, soferne sie ihn kannten, zu verheimlichen, Ursache fanden. Nicht lange vor seinem Ableben übertrug er alle seine aus jenem Hauer-Contracte vom 9. Juli 1674 herzuleitenden Rechte durch eine unter dem 21. December 1704 ausgestellte Acte an zwei Söhne seines verstorbenen Bruders, des weiland hamburgischen Oberalten *Hinrick Jacobsen*, nämlich: *Jacob* und *Theodor*, den Jüngeren, beide in London lebende Kaufleute. Diese erhielten jene Uebertragung unter der Verpflichtung, aus den Einkünften jener Gebäude jährlich zu zahlen 200 £ an des älteren Theodor Schwester *Anna*, und ferner 150 £ an dessen Nichte *Edel Engel*, des Oberalten Hinrich Jacobsen Tochter, und des *Johann Hinrich Verpoorten*, Kaufmannes zu London, Ehefrau, oder deren Kinder bis zum Ablaufe jenes Contractes, also bis zum Jahre 1745; ferner zweimal 75 £ an *Theodor Balthasar* und *Anna Eleonora*, Kinder des *Hinrich* und Enkel des Oberalten Hinrich Jacobsen; wodurch denn also die jährliche Zahlung von 500 £ aus den Stahlhofs-Einkünften übernommen war. Diese lassen also unter Zurechnung der zu zahlenden Grundhauer von 110 £, der Renten an die Stadt London u. a., so wie der Landtaxe, der obengedachten Renten aus früheren Contracten mit 82 £ 11 sh. 4 d., und des Ertrages der Gebäude in Wingoos Lane, eine Einnahme voraussetzen von mehr als 800 £, ausser der für Reparation der Gebäude und andere Kosten erforderlichen Deckung. Aus den Administrations-Büchern ergab sich sogar, ohne das neue ansehnliche Wohnhaus in Rechnung zu bringen, ein jährlicher Ertrag von 2000 bis 3000 £ für die Packräume, welche derzeit von londoner Kaufleuten, besonders aber von der ostindischen Compagnie eifrig gesucht wurden, weshalb auch die einst vielbeliebte Rheinwein-Schenke in solche umgestaltet war. Vermuthlich waren es die die Anfertigung jener Abtretungs-Acte begleitenden Umstände, welche die Aufmerksamkeit des Senates zu Bremen auf die zu wenig beachteten Verhältnisse des Stahlhofes wieder lenkten. Auf geschehene Anfrage sandte Theodor Jacobsen 1705, Juni 8, eine Abschrift jenes von ihm mit den übrigen Stahlhofs-Inhabern 1674, Juli 9, abgeschlossenen Vertrages ein, und erklärte sich dabei über die von ihm desfalls getroffenen ferneren Verfügungen, so wie eine Forderung von 1740 £, welche sein verstorbener Bruder noch an die Städte gemacht habe, eine Forderung, welche als unerwiesen von diesen nie anerkannt war.

Nach dem im Sommer 1706 erfolgten Tode des Theodor Jacobsen bewarb sich sein Neffe, Sir *Jacob Jacobsen*, um die Hausmeister-Stelle, zu deren Ertheilung die Städte sich jedoch nicht bewogen fanden, da ein besonderer Hausmeister bei den seit dem Brande bestehenden Verhältnissen nicht erforderlich schien. Sir Jacob scheint auch kein Interesse gefunden zu haben, die obgedachten Forderungen zu betreiben und durch seine Verhältnisse — er war einer der Directoren der berüchtigten Südsee-Compagnie — anderweitig in Anspruch genommen zu sein, berichtete jedoch nach einer kurzen Correspondenz vom Jahre 1707 mehrere Jahre hindurch nicht an die Städte, bis er denselben im Jahre 1714 das Ableben der Königin Anna anzeigte. Obgleich diese Veranlassung benutzt wurde, um ihn die Ordnung der Stahlhofs-Verhältnisse zu erinnern, so unterblieb diese auch jetzt. Endlich, als Jacobsen's kaufmännischer Credit durch die von Law ausgegangenen Actienschwindeleien nicht wenig gefährdet wurde, finden wir die Städte darauf bedacht, ernste Schritte gegen die beiden Brüder, welche den Stahlhof inne hatten, zu unternehmen. Lübeck hatte 1719 zum Bevollmächtigten der

Städte den Herrn von Creyenberg, der unter der Königin Anna churhannoverscher Resident in London gewesen und mit den betreffenden Verhältnissen vertrauet war, dazu ausersehen, ein Mann, den der vielgeltende hannoversche Premier-Minister, Graf von Bernsdorf, eifrigst empfohlen hatte, doch ward im folgenden Jahre der wolfenbüttelsche Resident zu London, *Johann Gerhard von Hoppmann*, welcher den Titel eines hansischen Residenten erhielt, dazu bestimmt. Durch diesen Bevollmächtigten, dessen Wahl für den beabsichtigten Zweck keine sehr glückliche war, wurde, nachdem er durch ein hochmüthiges und hartes Verfahren die Gelegenheit verscherzt hatte, die damals durch die Verlegenheiten der Südsee-Compagnie sehr bedrängten Gebrüder Jacobsen zu einem Vergleiche zu bewegen, nunmehr in der Court of Equity vor dem Grosskanzler gegen jene eine Klage auf Ablieferung der Häuser angestellt, da der auf 40 Jahre lautende Contract schon seit 1714 abgelaufen sei, so wie auf Rechnungsablage über die bisher geführte Administration des Stahlhofes. Das Verlangen der Beklagten, welche bedeutende Gegenforderungen aufstellten für angeblich schuldiges Gehalt von 40 *l* jährlich seit 1667, für Abgaben, welche von den Miethern sollten getragen werden, für Boots- und Kutschenbauer u. dgl. in dem Besitze der Häuser in Wingoos Lane, deren Contracte abgelaufen, zu bleiben, ward vom Grosskanzler in seinem Ausspruche vom $\frac{13}{11}$. December 1724 nicht genehmigt, doch sprach sich im Uebrigen in einem 1726 erfolgten Decrete eine für die Hansestädte höchst ungünstige Ansicht aus, wodurch diese veranlasst wurden, den in London anwesenden hamburgischen Gesandten, dem Syndicus *Surland*, Lic., und dem Rathsherrn *Widow*, Lic., aufzutragen, auf den Gang des Processes zu achten und einen Vergleich mit den Beklagten zu versuchen. Letzteres war bei der den Beklagten, welche sich wieder in günstigen Verhältnissen befanden, überaus vortheilhaften Actenlage und deren gesteigerten Zuversicht nicht ausführbar; doch wurde von den Gesandten an das Oberhaus appellirt und dem Herrn von Hoppmann, welcher der grössten Vernachlässigung des Processes wie der Administration überführt wurde, auch sich als durchaus verschuldet erwies, so dass die Gesandten besorgten, es möchte noch schwerer werden, den Stahlhof aus seinen, als aus der Jacobsen Händen zurückzuerhalten, die ertheilte Vollmacht wieder abgenommen. Diese ward nun dem Herrn *Elking*, einem londoner Kaufmanne, vermuthlich bremischer Herkunft, übertragen. Doch gelang es auch diesem nicht, die Sache zu Ende zu führen. Die Jacobsen wussten sich im Besitze des 1674 übernommenen Theiles des Stahlhofes, die ganze Zeit der damals beabsichtigten 71 Jahre, also bis 1745 zu erhalten. 1741 war unterdessen *Martin Elking* zum Hausmeister und Agenten ernannt auf zwei Jahre, nach deren Ablauf die Vollmacht erneuert wurde. 1745 erfolgte endlich ein Erkenntniss des Master in Chancery, dem die Liquidation der gegenseitigen Ansprüche übertragen war, welches der Lord Kanzler bestätigte: ein Abspruch des letzteren vom 3. Februar 1748 verurtheilte die Kläger dazu, 3000 £ an die Jacobsen zu bezahlen, eine der Forderung der letzteren freilich wenig entsprechende Summe, wobei den Ehrbaren Städten auch noch die Genugthuung wurde, nicht in die Kosten verurtheilt zu werden; doch im Ganzen ein bedauernswerthes, durch ihre frühere Nachlässigkeit selbst verschuldetes Resultat. Dagegen wurden sie nun wieder in den vollen Besitz des Stahlhofes gesetzt, eines damals, wie es schien, ziemlich werthlosen Gegenstandes, welcher mit geringen Opfern schon 30 bis 40 Jahre früher hätte erlangt werden können.

Die Häuser und Packräume waren in einem sehr schlechten Zustande, so dass der bei den Städten angeregte Gedanke, den ganzen londoner Stahlhof zu verkaufen, wegen der Unmöglichkeit, einen vortheilhafteren Preis als 8—10,000 £ zu erhalten, für die Zeit verworfen, jedoch rücksichtlich des Stahlhofes zu Lynn ausgeführt wurde. Auch Building Leases schienen nicht vortheilhaft zu sein, und so entschlossen sich die Städte zu allmäligen Reparaturen und Neubauten aus dem Ertrage, welcher damals einschliesslich 80 £ für das grosse Haus am Wasser, sich auf 900 £ belief. Das Haupthaus war für die Bedürfnisse jener Stadtgegend viel zu gross und daher keine angemessene Miethe zu erlangen. Auf Elking's Vorschlag wurden daher die hinteren Räume desselben gleichfalls in Waarenhäuser verwandelt, — vermuthlich die No. 30 und 31—33 des Risses vom Jahre 1797, wo letztere wieder zu dem Wohnhause gezogen sind. Bald darauf, 1751, wurden die Häuser an der Thames-Street neben Windgoose Alley und die dort anstossenden in Speicher umgebauet, No. 35—38 also auch — ohne dass des Umstandes gedacht wurde — das wichtigste Denkmal der hansischen Geschichte, die uralte Gildhalle der Deutschen. Auch die Häuser in All Hallows Lane (Lit. F.) wurden zu Speichern geeignet befunden. Von den übrigen Einkünften des Stahlhofes war mittlerweile Manches geschwunden. Das Krahngeld war sehr verringert, das rheinische Weinhaus, da die veränderte Lebensart und Ausdehnung der Stadt im Westen keine angesehene Besucher mehr brachte, schon längst in Packräume verwandelt. Die Landung des Eisens, bei welcher die Kostbarkeit des Transportes den Risico der Fahrt auf dem seichten Strome unter der Themsebrücke ertragen liess, brachte jedoch gegen und auch mehr als 300 £ ein. Jener Umstand zog auch immermehr die Ballporters — Eisenträger — nach dem Stahlhofe, welche dort Packräume mietheten und schon von dem jüngeren Jacobsen den ganzen Stahlhof hatten in Pacht nehmen wollen. 1754 war unter dieser verdienstlichen Verwaltung des Martin Elking die Einnahme schon auf mehr als 1400 £ gestiegen, von denen bei der jetzt geordneten jährlichen Rechnungs-Ablage damals 800 £ an die Ehrb. Städte remittirt wurden. Mit ähnlichen Neubauten und Verbesserungen wurde auch ferner fortgefahren. Gegen Ende seiner Verwaltung beliefen die Revenuen sich durchschnittlich auf 1600 £.

Des im Jahre 1770 nach wiederholter Insolvenz abdankenden Elking's Nachfolger, *Paul Amsinck*, ein geachteter Kaufmann zu London, welchen das hamburgische Commerzium schon früher zur Betreibung der abnehmenden englischen Schiffahrt hatte bestellen wollen, und der nunmehr auf je fünf Jahre zum hansischen Agenten und Stahlhofsmeister ernannt wurde, begann seine amtliche Thätigkeit mit einer Erweiterung der Werfte in die Themse hinein. Bald hernach suchte er, da er die Wohnung auf dem Stahlhofe an der Themse bezogen hatte, das Kirchengestühlte in Aller Heiligen Kirche wieder zu erlangen. Doch ward in demselben Jahre auch der Neubau der hamburger Kirche betrieben. Ein ehrenwerther Versuch, welchen er zur Wiedererlangung der Abgabenfreiheit des Stahlhofes im Jahre 1781 unternahm, blieb ohne Folgen, worauf der damals sehr häufige Wechsel des Ministeriums nicht ohne Einfluss geblieben sein mag. Er selbst vermeinte nützlicher wirken zu können, wenn die Senate ihn auch äusserlich durch den Titel eines General-Consuls für Grossbritannien und Irland auszeichneten, gleich wie die dortige Regierung damals diesen Titel ihrem Agenten für Niedersachsen, William Hanbury, so eben ertheilt hatte. Doch bald nahm auch ihn der unglückliche Gang seiner Handels-

Geschäfte ganz in Anspruch und im Jahre 1784 mussten deshalb die Städte die Resignation dieses w ihnen bereitwillig anerkannten Agenten annehmen.

In die Zeit seines Nachfolgers *Heinrich Heymann* fallen einige für die Verhältnisse de hansischen Eigenthums wichtige Maasregeln. Die eine ist die in Folge der Parlaments-Acte vom Jahr 1798 erfolgte Abkaufung der Landtaxe, welche den Eigenthumstitel der Hansestädte, wenn dieser noch mehr gesichert werden konnte, nur noch mehr befestigte (s. unten § 13). Die andere war die Ent-schädigung, welche die Hansestädte wegen der, das Landes-Privilegium des Stahlhofes beeinträchtigenden Anlegung der West-India und London Docks erhielten. Schon die Parlaments-Acte vom 12. Juli 179 sicherte den Eigenthümern und Inhabern von gesetzlichen Quays und geduldeten Werften und Waare-häusern, welche in Folge der Anlage der West-India Docks durch Ableitung des Handels und Verkehr verlieren würden, eine angemessene Entschädigung zu; und eben so die Acte vom 20. Juli 1800 rück-sichtlich der London Docks. Spätere Parlaments-Acten, vorzüglich eine vom 21. Juli 1806, ordneten d Entschädigungs-Angelegenheit. Im Juli 1810 genehmigten die Senate die Annahme von £ 5500 z jenem Behufe, wogegen sie den entsprechenden Verzicht ausstellten; und ward jene Summe ihnen w der englischen Regierung unbedenklich ausgezahlt, obgleich die Hansestädte längst von den französisch Truppen besetzt waren, die englische Court zu Hamburg hatte aufgehoben werden müssen und d Einverleibung jener Städte mit dem französischen Kaiserreiche nahe bevorstand. So wenig dachte d englische Regierung selbst damals daran, einen Vorwand zu suchen, um den Hansestädten ihr, wen auch in den Augen der jüngeren Generation noch so unklares Eigenthum, oder auch nur die für eine unvermeidliche Beeinträchtigung gebührende Entschädigung zu entziehen. Dieser ehrenwerthen Gesinnung entsprach das von den Hansestädten erwiesene Vertrauen, welche zu Ende des Jahres 1809 den be ihnen angeregten Vorschlag, den Stahlhof zu verkaufen, ablehnten, und dagegen die Herstellung d baufälligen Theile jener Gebäude beschlossen.

Die Hansestädte hatten mittlerweile das Glück, zu einer Zeit, wo ihre politische Exis höchst gefährdet und während einiger Jahre fast ganz vernichtet war, zu London einen Vertreter finden, wie sie einen solchen kaum in den letzten Jahrhunderten der Hanse besessen haben. Es w dieser *Patrick Colquhoun*, ein talentvoller Schotte, welcher sowohl durch Verwaltung von städtisch und Grafschafts-Aemtern, als durch Schriften, durch welche er mittelst der in jenen geschöpften Er-fahrungen, Verbesserungen in den Zuständen seines Vaterlandes mit Erfolg herbeizuführen versucht grosse Anerkennung in London gefunden hatte. Die Verdienste, welche er sich durch sein Werk über den Reichthum, die Macht und die Hülfsquellen des britischen Reiches, erworben hat, werden auch vo späteren Generationen noch dankbar erinnert werden. Schon im Jahre 1804 hatte Hamburg diesen würdigen Mann zu seinem Handels-Agenten in London ernannt. Nach Heymann's Abgange und während der Zeit, dass die Hansestädte dem französischen Reiche einverleibt waren, nahm er die politischen Interessen derselben mit eben so grosser Umsicht, als seltener Uneigennützigkeit wahr, worauf er mit der wiederhergestellten Unabhängigkeit der Hansestädte im Jahre 1815 zu deren General-Consul und Stahlhofsmeister ernannt wurde. Wir können hier nur kurz andeuten die mannigfachen Verdienste um die Anerkennung der politischen Selbstständigkeit der Hansestädte, ihre Forderungen an Frankreich und die ihnen gewordenen Unterstützungen, welche er, von dem patriotisch gesinnten Dr. J. L. von Hess und den Deputirten der Hansestädte gefördert, sich erworben hat, bei welchen Anlässen die Verhältnisse des alten Hansebundes zu England oft erfolgreich geltend gemacht wurden. Ueber die höheren Beziehungen versäumte er auch nicht die getreue Verwaltung des Stahlhofes. Dieser, welcher 1777 an Edw. Jones, der denselben schon früher mit seinem Handelsgenossen, John Greenwood, inne gehabt, auf 14 Jahre für 950 £ und Uebernahme aller auf die Häuser in neueren Zeiten gelegten Abgaben vortheilhaft verpachtet war, ward 1815, dem gestiegenen Werthe der Gebäude und deren günstigen Lage entsprechend, für dieselbe Frist an die Herren Pearson und Price, welche denselben seit 1791 besassen, für die jährliche Rente von 1600 £ verpachtet, ausser dem gesetzlichen Ersatze für die abgekaufte Grundsteuer mit 292 £ 6 sh. Der Gesammtbetrag, in welchem die Miethe des Stahlhof-Wirths- oder Caffehauses und anderer kleiner Wohnhäuser begriffen war, belief sich 1813, als Patrick Colquhoun seine hansische Bestallung mit Genehmigung der Hansestädte auf seinen Sohn *James Colquhoun* übertrug, auf 2177 £, ausser der in solchen Contracten in England üblichen Verpflichtung des Miethers, ein gewisses Geld gleich zu erlegen und eine genau bestimmte Summe auf Reparaturen zu verwenden. Des letzteren Verdienste um die Hansestädte, wie überall um den Handel Deutschlands, sind zu neu in der Erinnerung der Zeitgenossen, als dass sie einer Aufzählung bedürften. Es lässt sich voraussetzen, dass er den Ertrag des Stahlhofes zu erhöhen sich bestrebte, und dieses gelang ihm durchaus, indem er jetzt, ungeachtet mancher ungünstigen Verhältnisse, etwa 300 £ jährlich mehr für denselben erhebt, als zu Anfang seiner Verwaltung. Die Abgaben, gegen welche der Stahlhof seine alte Befreiung nicht zu erhalten gewusst hat, und welche, obgleich von den Miethern ausgelegt, doch die Miethe um ihren Belauf beeinträchtigen, betragen an Armentaxe etc. allein etwa 300 £; eben so viel an etwa sieben verschiedenen kleinen städtischen Abgaben und, wie oben erwähnt, eben so viel an der Landtaxe; so dass also der Staat ein Drittel des reinen Ertrags für sich vorausnimmt. Wenn zu diesen Auslagen noch ferner vom Miether getragene 900 £ für Erhaltungs-, Aufsichts- und Erleuchtungskosten gerechnet werden, und wir finden, dass der Stahlhof in seinem jetzigen verfallenen Zustande und der uralten Privilegien entkleidet, durch seine eigenthümliche Lage im Mittelpunkte des Welthandels noch immer ein nicht werthloses Erbtheil einer glorreichen Vergangenheit geblieben ist, so können wir uns nur freuen, dass noch 1838 die Vorschläge zum Verkaufe des Stahlhofes oder einer Rente von 2000 £ auf 99 Jahre, unter Verpflichtung des Neubaues, Zahlung der Landtaxe und Uebernahme der Abgaben durch die Käufer, abgelehnt wurden. Leider ist seit jener Zeit selbst das einzige, wenn gleich in verringertem Maasse noch erhaltene Vorrecht des Landens mit gewissen Waaren, ehe der Zoll erlegt war, dem Kay des Stahlhofes genommen; die grossartigen Eisenbahnsysteme, welche zu London vorbereitet werden, müssen die Bedeutung der Lage am Flusse schwächen, während eben durch letztere Rücksicht der Zeitpunkt zum Verkaufe als ein sehr geeigneter erscheint. Die natürliche und würdigste Bestimmung des hansischen Stahlhofes würde sein, wenn die deutsche Nation, unter Anerkennung und Ersatz dessen, was den drei treuen Wächtern gebühret, ihn seiner ursprünglichen Bestimmung in erhöheter Bedeutung wiedergeben wollte und in ihm dem Bedürfnisse der Zeit angemessen, eine neue Gildhalle aller Deutschen an der Themse erstünde, das ruhmvollste Denkmal der alten Hanse, die reiche Zukunft des deutschen Handels in sich tragend. Jedenfalls wird der Wiege und dem Mittelpunkte des englischen Handels in den Jahrhunderten der Plantagenet's und Tudor's, der Residenz der alten Lehrer und Verbündeten Englands, stets eine glorreiche Bestimmung verbleiben, zu welcher den Stahlhof auch jetzt seine Lage beruft, um als geeignetster Anfangs- und Endpunkt der grössten englischen Handelsstrassen, zunächst mittelst der nächstgelegenen Brücken und der bestehenden Eisenbahnen die an der britischen Südküste gelandeten Waarenschätze binnen wenigen Stunden innerhalb seiner Mauern zur sicheren Verwahrung, Bearbeitung und Beförderung nach dem Norden und Westen aufzunehmen.

§ 13.

Von einigen rechtlichen Verhältnissen des Stahlhofes.

Der unmittelbare Zweck dieser Abhandlung verlangt eine besondere Berücksichtigung der rechtlichen Verhältnisse des Stahlhofes, besonders der auf demselben vertragsmässig ruhenden und anderweitig ihm auferlegten Abgaben und Lasten. Es sind solcher vertragsmässiger Abgaben gegenwärtig nur zwei vorhanden, eine grössere an die Stadt-Kammer zu London, und ein geringerer Erbzins. Beider Ursprung genau nachzuweisen, bedarf es jedoch mehrerer Erörterungen. Es sind dazu die verschiedenen Theile, aus welchen der jetzige Stahlhof besteht, besonders zu berücksichtigen.

Von der uralten Gildhalle der Cölner wurden früher dem Könige zwei Schillinge jährlich entrichtet und König Henry II. versprach ihnen, die alten Auflagen nicht durch neue zu erhöhen. Sein Sohn König Richard Löwenherz befreiete die Cölner auch von dieser Abgabe und von allen andern, welche die Krone zu London oder in ganz England erheben könnte. Diese Befreiung bestätigten sein Bruder, König John, im Jahre 1213, und dessen Sohn, König Henry III. 1235. Hernach erfahren wir, dass die Lübecker, gleich den Cölnern und Hamburgern fünf Schillinge von ihrer eigenen Hanse in England entrichteten; doch von einer Abgabe von der Gildhalle ist nie mehr die Rede, wohl aber werden die Hansen von dem letztgenannten Könige und seinem Nachfolger stets durch den Besitz der londoner Gildhalle urkundlich bezeichnet. Auf einem Stücke Landes jedoch, welches die deutschen Kaufleute östlich von ihrer Gildhalle besassen, ruhete ein jährlicher Erbzins (annuus et quietus redditus, englisch Quit rent) von zwei Schillingen. Diese Rente gehörte einem Privatmanne, welcher sie den Deutschen für zwei Mark Sterling verkaufte. Es ist also anzunehmen, dass von der alten Gildhalle und deren Pertinentien schon damals keinerlei Abgabe entrichtet wurde, und daher auch der unten zu erörternde Erbzins weder von derselben allein entrichtet ist, noch füglich auf dieselbe später mitbezogen sein kann.

Die Abgabenfreiheit der deutschen Hansen in London ist stets von der Regierung und dem londoner Magistrate anerkannt. Wenn die Landesnoth es erheischte, jene wegen Subsidien anzusprechen und diese bewilligt wurden, so erhielten sie bündige Reverse über die Anerkennung ihrer Rechte, wie im

Jahre 1369.[1]) Von der Zahlung eines Zehnten, welche die Einsammler der Steuern in Dowgate von den Hansen, als dortigen Einwohnern, verlangten, wurden sie von den Königen wiederholt freigesprochen, wie in den Jahren 1408 und 1413. Von Abgaben für die Gildhalle ist aber auch selbst in den rasch beschwichtigten Irrungen nicht einmal die Rede.

Bei der Uebertragung des Stahlhofes durch König Edward IV., welche ausdrücklich nicht als ein Gnadenact verliehen wurde, sondern nur als ein Theil der den Hansen damals stipulirten Entschädigungen, ward bestimmt, dass ausser gewissen auf dem Stahlhofe aus alten Stiftungen herrührenden Lasten, keine neue je auferlegt werden dürften. Der Stahlhof ward an die Hansen abgetreten: "cum plenissima potestate utendi et fruendi ad libitum suae voluntatis," und frei von allen Lasten, ausser den von den Hansestädten gleichzeitig übernommenen: "quod onera perpetua praedictae domui (videlicet Staelhof), cum sibi adherentibus petitis[2]) in Londonia, ex antiquis fundationibus seu Christi fidelium ultimis voluntatibus, ad exhibitionem personarum ecclesiasticarum seu ad aliquos pios usus annexa et incumbentia, per dictos mercatores et eorum successores agnoscantur, supportentur et perimpleantur in omnibus et per omnia, prout proprietarii earum moderni ipsa onera agnoscere, supportare et perimplere tenentur." Es sollen also von den Hansen und ihren Nachfolgern stets bezahlt werden: die dem Stahlhofe zu frommen Zwecken meist aus alten Stiftungen auferlegten Lasten nebst gewissen bestehenden von demselben abseiten der Stadt London geforderten Leistungen.[3]) Es werden hier in einer etwas undeutlichen Sprache die für die Geistlichkeit und die Armen bestimmten Legate von den, aus ähnlichen Stiftungen herrührenden Renten an den Magistrat zu London abgeschichtet. Diese Unterscheidung hätte in der Folge, da die vielen Legate des Staffordischen Testaments nicht nur auf den Stahlhof, sondern auf den Gesammtertrag verschiedener Häuser angewiesen waren, wahrscheinlich mancherlei Irrung veranlasst, besonders bei dem damals noch nicht vorhergesehenen Ereignisse der Kirchen-Reformation, welche den Zweck der meisten geistlichen Stiftungen änderte oder aufhob. Es ist also für die Sicherstellung der Rechte sehr zweckmässig gewesen, wenn gleich sonst finanziell weniger vortheilhaft für die Hansen, dass das Parlament anstatt der verschiedenartigen Leistungen vom Stahlhofe eine an die Kammer der Stadt London zur weiteren Vertheilung bestimmte Gesammtsumme der Factorei auferlegte, worüber hier das Nähere mitgetheilt werden muss.

---

[1]) Urkundliche Geschichte der deutschen Hanse. Th. II. No. CCXLVI.

[2]) Wenn hier zu "adhaerentibus" zu ergänzen ist: "aedificiis," wie kurz vorher beide Ausdrücke neben einander standen, so ist "petitis" ein Schreibfehler für: "petita sc. onera perpetua." In diesem Falle sollten nur die Legate zu geistlichen oder milden Zwecken vom Stahlhofe entrichtet werden. Sollte "petitis" richtig sein, so müssen wir erklären: "sibi sc. domui adhaerentibus sc. oneribus," also es sollten bezahlt werden die aus alten Stiftungen dem Stahlhofe auferlegten onera perpetua nebst den demselben anhaftenden sonstigen Lasten, welche aus Reinwell's und anderen Testamenten in London gefordert werden.

[3]) *Macpherson* Annals of Commerce. T. I. p. 691 hat schon den Vertrag und die Parlaments-Acte richtig erklärt: As part of the recompense found due by the English to the Hansards, the King should convey to them the absolute property of the courtyard, called the *Staelhof* etc., und p. 692, Note: the sum, mentioned as a rent was apparently a composition for the pious payments to be made out of the tenements, for which the magistrates of London were the trustees.

Das im zwölften Regierungsjahre des Königes Edward IV. am 6. October 1472 zusammengetretene Parlament war bis zum 23. Januar seines vierzehnten Regierungsjahres 1475 ausgedehnt. Das Statut desselben spricht die Absicht aus, die Kaufleute der Deutschen zu dem ehemaligen freien Verkehre mit England zurückzuführen, weshalb ausser anderen Bestimmungen es vertragsmässig zwischen dem Könige und den Hansestädten vereinbaret sei, dass die Kaufleute von der deutschen Hanse und deren Nachfolger den Stahlhof oder Steelyard in der Stadt London mit verschiedenen angrenzenden Häusern haben sollten auf immer — to have in perpetuite, — unter der Voraussetzung, dass diese Kaufleute dieselben Lasten zu Almosen und milden Gaben übernehmen, welche die bisherigen Eigenthümer in Kraft alter Stiftungen unterhalten haben. Da nun 1) die *Stadt London* aus ihres Altermannes Joh. Reynwell Testamente den Stahlhof zu milden Zwecken erhalten; 2) dieselbe Stadt einige angrenzende Gebäude, Plätze und Häuser auf Jahre besitze, welche nach 32 Jahren, also 1507 auf Ostern an U. L. Frauen von *Elsins Hospital* innerhalb Crepul Gate in London zurückfallen würden; 3) da ferner der Bischof von *Winchester* 4 sh. 6 d. jährlich und 4) U. L. Frauen-Kloster zu *Clerkenwell* bei London 35 sh. jährlich aus dem Stahlhofe besitzen, so haben König und Parlament beschlossen, dass die deutschen Kaufleute, welche zur Gildhalle der Deutschen gehören, und deren Nachfolger, auf ewig besitzen sollen den Stahlhof mit Zubehör, so wie nach 32 Jahren die gedachten angrenzenden Häuser, aber für diesen Platz und das Gebäude der Stadt London während der nächstkommenden 32 Jahre jährlich 13 £ 16 sh. 8 d. entrichten, nach dieser Zeit aber 70 £ 3 sh. 4 d. jährlich. Es ward zugleich bestimmt, dass das Elsins Spital bis 1507 jährlich sieben £, hernach aber 13 £ 6 sh. 8 d. von den Sheriffs der Stadt London und der Grafschaft Middlesex erhalten solle. Gleich wie durch diese Acte also die Hansen von allen Ansprüchen abseiten des St Elsins Spitals befreiet wurden, so übernahm der König noch die Entschädigung des Klosters *Bermondseye*, welches auf eine Jahresrente von 18 Schillingen, die es im Stahlhofe besass, schon jetzt verzichten musste. Dagegen ward den Hansen noch die jährliche Zahlung der obengedachten 4 Schillinge 6 Pf. an den Bischof von Winchester, so wie der 35 Schillinge an das Kloster Clerkenwell auferlegt.

Die im utrechter Vertrage festgestellten Verhältnisse wegen der Stahlhöfe gelangten zur sofortigen Ausführung; über die Zahlung der Renten haben sich Quitungen aus den nächstfolgenden Jahren erhalten. Die wichtigsten derselben, die der *Londoner Stadt-Kammer*, sind von der ältesten bis zur neuesten Zeit in wenig unterbrochener Reihefolge, und über die fehlenden sind die glaubwürdigsten Zeugnisse vorhanden. Bis zur Einführung der Landtaxe zu Ende des siebenzehnten Jahrhunderts ist stets die volle Summe von 70 £ 3 sh. 4 d. in vierteljährlichen Terminen entrichtet; seitdem aber wird der verhältnissmässige Betrag der Landtaxe, welche anfänglich auf einen Schilling von dem Ertrage gesetzt war, aber seit 1689 schon zwischen zwei und vier Schillingen wechselte, von der an die londoner Kämmerei gezahlten Rente abgezogen. Zuerst finden wir in der Rechnung für 1693 die Landtaxe für drei Jahre à 2 sh. und für 1692 à 4 sh. pr. £. Die Rechnung stellte sich bei letzterem Ansatze also:

Betrag der an die Stadtkammer zu zahlenden Legate: £ 70. 3 sh. 4 d. Abzug von 4 sh. à £: £ 14. — sh. 8 d. Zusammen: £ 56. 2 sh. 8 d. Für die Quitung ward berechnet 10 sh. Im Ganzen: £ 56. 12 sh. 8 d.

Diese Summe wird bis auf den heutigen Tag entrichtet und kann, nachdem die Städte sich in Folge der bald näher zu erwähnenden desfallsigen Parlaments-Acte vom Jahre 1798 von der Landtaxe losgekauft haben, nicht wieder erhöhet werden. Diese Rente haftet an dem Grundstücke und muss ein etwaniger künftiger Erwerber sie übernehmen, so wie der Factorei dieselbe von der Stadt London und dieser durch das Reinwell-Stafford'sche Testament übertragen ist. Die Rücksicht auf diese Rente würde also eine etwanige Verkaufssumme beeinträchtigen, doch kann sie eine Uebertragung nicht hindern.

Die Rente von 4 sh. 6 d. an den *Bischof von Winchester* ist ungeachtet ihrer Geringfügigkeit, welche ihre Entstehung auf uralte Zeiten hinweiset und daher auf ältere als die des Cardinals Heinrich Beaufort (s. oben S. 64), nicht in Vergessenheit gerathen. 1601 ward sie noch mit derselben Summe bezahlt. [1] In den uns vorliegenden Rechnungen vom Jahre 1631—1660 wird sie jedoch nicht mehr aufgeführt und ist sie also vielleicht abgekauft. Doch könnte sie auch mit einer anderen, unten näher zu erwähnenden jährlichen Leistung zusammengezogen oder gar identisch sein. Jedenfalls finden wir 1681 eine andere Rente an den Bischof von Winchester, aber in einer Naturallieferung von vier Stübgen Wein, berechnet mit 1 £ 10 sh. 4 d. Diese Rente, sollte sie dieselbe sein, als jene, erschiene beinahe auf das Siebenfache erhöhet, seit dem Jahre 1747 sogar auf 1 £ 12 sh., ohne dass sich uns eine Erklärung darbietet. Diese letztere Summe ist noch bis wenigstens zum Jahre 1788 bezahlt. Vermuthlich hat damals eine Ablösung stattgefunden, da sie in den neueren Rechnungen nicht mehr vorkommt.

Die letzte der Renten, welche in Folge des utrechter Vertrages den Hansen auferlegt wurde, 35 sh. an das Kloster *Clerkenwell*, wird in der Rechnung vom Jahre 1601 mit dem damals gewöhnlichen Zuschlage für die Quitung mit 1 £ 15 sh. 4 d. aufgeführt. In den Rechnungen seit dem grossen Brande ist jedoch weder des Klosters noch dieser Ziffer gedacht, wohl aber einer doppelt grossen mit 3 £ 10 sh. 4 d., unter dem Namen einer *Royal Quit Rent.* Es schien also, dass nach der Aufhebung der Priory zu Clerkenwell durch König Henry VIII. und deren Uebertragung an Lord Dudley, eine vergrösserte Rente noch von der Regierung erhoben sei. Dieses ist jedoch nicht der Fall. Vielmehr erweisen uns die vorhandenen, von John Fothergyll ausgestellten Quitungen vom Jahre 1575—1589, dass die Stahlhofs-Genossenschaft für gewisse, ehemals dem Kloster Clerkenwell gehörige Ländereien im Aller Heiligen Kirchspiel der Königin jährlich die Rente von 35 sh. zahlte. Ueber die vermeinte Erhöhung aber gewähren uns die Stahlhofs-Rechnungen vom Jahre 1643 und 1647 bis 1666 den erwünschten Aufschluss. Es finden sich nämlich unter den Ausgaben vom Jahre 1643 und 1647 verzeichnet:

"An Laurens Blomely Colector Quitrente für ihre Mayt. auf ein gans Jahr diesen Michaely verfallen, mit 4 d. für die Quitantie: 1 £ 15 sh. 4 d. An John Lambert, alias Rogger Attle für ein ganz Jahr Quitrente für ihre Mayt. diesen Michaely vorfallen, mit 8 d. für zwei Quitungen: 1 £ 14 sh. 8 d."

Es wird wohl niemand bezweifeln, dass wir in der ersten dieser beiden Quitrenten die Rente an das Kloster Clerkenwell von 35 sh. wieder finden. Zu allem Ueberflusse sind nun noch in den Jahren 1655—1660 diese beiden Renten in die Rechnung also eingetragen:

---

[1]) *Burmeister* a. a. O. S. 80.

"An die Collectors vor ein Jahr Quitrenthe: 1 £ 15 sh. 4 d. Noch für ein Jahr Quitrenthe an Clerkenwell: 1 £ 13 sh. 8 d."

Es darf uns hier nicht hindern, dass die Rechnung die kleinere Rente dem Kloster zuschreibt. Es hat hier der Rechnungsführer geirrt, oder dieses ist von den Collectoren geschehen, welche vermuthlich beide Renten schon vor 1660 gemeinschaftlich erhoben, da jene nicht mehr wie früher mit ihren Namen einzeln aufgeführet werden. Vom Jahre 1660 an werden auch beide Renten vereinigt unter dem Gesammtbetrage von 3 £ 9 sh. aufgeführt, später mit der Quitung 3 £ 10 sh. 4 d., auch mehr oder weniger, bis in der Mitte des vorigen Jahrhunderts sie völlig regelrecht mit 3 £ 8 sh. 4 d. erhoben wurde.

Dass jene 1 £ 15 sh. für das Kloster Clerkenwell entrichtet sind, dafür findet sich noch ein Beleg in der vollständigen Nachweisung, welche sich über die andere obige königliche Quitrente von 1 £ 14 sh. 8 d., welche auf Michaelis gegen zwei Quitungen erhoben wurden, geben lässt. Wir finden hier nämlich jene zwei Renten von 20 und 13 Sch. 4 Pf. mit Zuschlag von zweimal 8 Pf. für zwei Quitungen, vereint, welche der König von beiden im Jahre 1610 von der Factorei neu erkauften *Häusern* in *All Hallows Lane* (§ 6. S. 77) bezog. Wir stossen auf diesen Posten schon in der Stahlhofs-Rechnung vom Jahre 1611 mit folgenden Worten: "Von 2 Wonungen utherhalf dem Huss, de man von der Kön. Mayt. doch von andern holdt oder gekofft hefft, dar jährlich 34 ß for betaldt werdt. Desulven bringen dem Stahlhoff jährlich 10 ℔." Die Rechnung vom Jahre 1651 giebt uns auch noch eine Bestätigung, indem sie diesen Posten aufführt mit den Worten: "Noch eine alte Quitrente wegen der Häuser ausserhalb des Stahlhofes."

Die drei Renten für Clerkenwell und für die beiden Häuser in All Hallows Lane werden auch jetzt noch bezahlt, jedoch in einer Gesammtsumme, welche in derselben Weise, wie die der Rente für die Stadt London verringert ist. Man hatte früher die Landtaxe von der Quitrente nicht abgezogen, doch seit 1753 sieht man sie nach Verhältniss der Landtaxe verkleinert. Hernach erscheint sie aber folgender Maassen festgestellt:

Belauf der vorgedachten vereinten Quitrenten, nämlich 1 £ 15 sh. und 1 £ 13 sh. 4 d. Zusammen: 3 £ 8 sh. 4 d. Ab für die Landtaxe 3 sh. à £: 10 sh. 3 d. Restiren 2 £ 18 sh. 1 d. Dazu für die Quitung: 2 sh. Im Ganzen: 3 £ — sh. 1 d.

Bei der Landtaxe von vier Schillingen pr. £, nach welcher die Ablösung später beschafft ist, beträgt die Quit Rent 2 £ 16 sh. 8 d. Diese Summe wird daher noch stets entrichtet; doch ist sie in die Hände eines Privatmannes, vermuthlich in Folge einer königlichen Schenkung von Charles I., gelangt. Sie wird gegenwärtig für Herrn Edward Synge zu Parsons Town in Irland erhoben.

Es ergiebt sich aus dem, was über die Quit Rent gesagt worden, dass sie sich auf verschiedene mehr oder minder genau nachzuweisende kleine Theile des Stahlhofes bezieht. Beide Theile waren durch die Hände verschiedener Eigenthümer gewandert, für die ältere besitzen die Hansestädte die königliche und Parlaments-Garantie, die andere hat die Gewähr eines vor beinahe drittehalb Jahrhunderte geschlossenen, nie angefochtenen Kaufes. Diese Renten sind längst nicht mehr in den Händen der früheren Inhaber und in Privathänden; von dieser Seite darf also einem Verkaufe des Stahlhofes kein Hinderniss entgegenstehen.

Es kann wohl nicht bezweifelt werden, dass nach den ältesten Rechtsverhältnissen und den ausdrücklichen Zusicherungen des utrechter Vertrages, die Hansen, soferne sie der Gildhalle der Deutschen angehörten und den Stahlhof bewohnten, von allen Abgaben befreiet bleiben sollten. Der Verhandlungen, welche früher dieses Recht anerkannten, ist bereits oben gedacht worden. Jener Vertrag erklärte ausdrücklich, dass der Stahlhof, soferne gewisse Legate zu frommen Zwecken davon entrichtet würden, den Hansen eigenthümlich verbleiben solle: "absque alicuius novae praestationis ultra premissa vel alterius cuiuscunque oneris impositione." Der König verpflichtete sich ferner in demselben, dass den dortigen Hansen: "nullae exactiones novae seu praestationes aliquae aut aliqua subsidia super eorum personas vel bona imponantur, aliter vel alio modo quam ante imposita sunt vel fuerunt." Abgesehen von den älteren allgemeineren Bestätigungen der hansischen Privilegien, heben wir hier das vom Könige Heinrich VII. mit seinem Parlamente gegebene, oben erwähnte Statut vom Jahre 1503 hervor, welches alle Vorrechte der Hansen zu London, soferne sie die Privilegien der Stadt London nicht verletzen, im ausgedehntesten Sinne bestätigt, wodurch denn jedenfalls der Stahlhof nebst allen dazu gehörigen Häusern von jeder Art von Taxen befreiet blieb. Eine Reihe von Statuten König Heinrichs VIII.[1] enthalten stets Vorbehalte, wodurch die Hansen von der Gildhalle, seit 1530 auch vom Stahlhofe benannt, gegen alle ihnen etwa nachtheilige Verfügungen des Parlaments, welche sich auf Subsidien und andere Abgaben zu beziehen pflegen, geschützt werden. Ein Statut König Edwards VI. erkennt ausdrücklich an, dass die Hansen von den Abgaben — Subsidies — genannt Tonnage und Pondage, so wie einer anderen, welche dem Könige für seine Lebenszeit bewilligt war, von Schaaffellen und Häuten, ausgenommen sind. Wenn gleich einzelne Zumuthungen ab und an von den städtischen Behörden an den Stahlhof erfolgten, um dessen Bewohner zu Abgaben beizuziehen, so finden wir ihn doch stets von der Regierung beschützt. Bedenklicher musste auch in dieser Hinsicht die Stellung des Stahlhofes werden, seitdem die meisten Wohnungen auf demselben an Engländer vermiethet waren. Doch ward das Eigenthum des Stahlhofes früher durch Privaten angefochten, als durch die Beamten die demselben übertragenen Rechte, und es waren erst die Anmaassungen der republikanischen Behörden, welche den Hausmeister zwangen, sich an das Parlament mit Vorstellungen gegen jene zu wenden. Der Bericht der Comité desselben vom 23. Juni 1657 erklärte die oben erwähnte Clausel im utrechter Vertrage vom Jahre 1474 durchaus für eine Exemtion des Grundes des Stahlhofes, so wie der Personen seiner Bewohner von jeder Art von Taxen und Schatzungen, und bemerkte auch, dass es erwiesen sei, dass dergleichen nie bisher entrichtet seien. Nach der Herstellung des Königthums und des Stahlhofes nach dem Brande begannen neue Staatsbeamte neue Belästigungen, welche schon 1673 zu gerichtlichen Klagen führten, doch nur zur kurzen Abhülfe. Auf die wegen der neuen Steuerbedrückungen erhobenen Beschwerden wandten sich die Hansen an den König, an welchen der desfalls

---

[1]) 19. Henrici VII. cap. 23, Statuten Henry VIII. zu den Jahren 1509, 1512, 1514, 1523, 1530, 1534 und 1540. 1. Edward VI. cap. 13.

aufgeforderte Magistrat von London, 1682, Januar 9, durchaus wahrheitsgetreu berichtete, wie die Hansen vermöge der oft gedachten Privilegien und Verträge, auch der Erklärung und Bestätigung des Parlamentes vom Jahre 1474 und des Magistrates von London im folgenden, von irgend welchen Abgaben (Taxes and Duties) befreiet seien, welche Befreiung sie auch stets genossen, wie aus mehreren Befehlen der verschiedenen oberen Steuer-Behörden bestätigt werde. Da nun ausserdem die englischen Kaufleute in den Hansestädten ähnliche und sogar grössere Privilegien genössen, der Hausmeister zu London auch die vertragsmässige Rente an die Stadtkammer stets zahlte, so erklärte der Magistrat sich dahin, dass dieselben und der Stahlhof von allen Abgaben jeder Art befreiet bleiben müssten. Ein Erwiederungs-Schreiben des Königs Karl II. in seinem letzten Jahre, 1683, Februar 28, an die drei Hansestädte, auf ihre im vorhergegangenen Juli an denselben gerichtete Vorstellung, erklärte unumwunden das Recht der deutschen Gildhalle oder des Stahlhofes, mit keinen Abgaben belegt zu werden. Die dem Hausmeister abgepfändeten Güter wurden zurückgestellt und den Hansen ward ohne Hindeutung auf irgend eine Gegenleistung der ungestörte Genuss ihrer Abgabenfreiheit für die Zukunft zugesichert. Unter dem Könige William III., wo man Vieles zu verändern suchte, weil es früher anders gewesen, sollte der Hausmeister und der Stahlhof wiederholt zur Erlegung von Abgaben gezogen werden, und der König erliess auf die von Th. Jacobsen an denselben gerichteten Gesuche zwei Schreiben vom 24. Mai 1689 und vom 31. Januar 1692 an den Magistrat zu London, um jenen in seiner Immunität vollkommen zu sichern. Unbegreiflich muss es erscheinen, wie sehr bald, fast gleichzeitig mit dem letzten Schreiben, dem Stahlhofe die damals beliebte Landtaxe abgefordert, noch unbegreiflicher, wie sie bezahlt wurde. Man muss, um dieses zu erklären, sich erinnern, dass Theodor Jacobsen damals ohne eigentliche Bestallung die Angelegenheiten der Städte führte und selten über die Vorfallenheiten berichtete. Wahrscheinlich scheute er für eine dem Grundeigenthume abgeforderte Steuer, welche die Städte zu tragen hatten dieselben Anstrengungen zu machen, als für die Abgaben, welche ihm als Bewohner abgefordert wurden. Als die Stahlhofs-Gebäude sämmtlich an die Hansestädte zurückverfallen waren und diesen wieder ordentliche Jahres-Rechnungen abgelegt wurden, ward allerdings die Ungebührlichkeit und Ungerechtigkeit der Besteuerung des Stahlhofes in Erwägung gezogen, namentlich im Jahre 1749, wo die Armentaxen zu einer drückenden Last gestiegen waren. Doch die Ansichten des Stahlhofsmeisters, welcher einer desfallsigen Vorstellung an das Parlament keinen Erfolg versprach, bestimmten die Senate dazu, von allen solchen Schritten abzustehen. Später nahm der gelehrte Forscher im deutschen und nordischen Alterthume, der Syndicus *Dreyer*, Anstoss an der Entrichtung mannichfaltiger Abgaben vom Stahlhofe; jedoch wie er in seinen wissenschaftlichen Studien mehr zusammengetragen, als ergründet, oder auch nur zweckmässig geordnet hat, so scheint er auch hier mit dem Unwesentlichen sich meistens beschäftigt zu haben und selten auf den Grund durchgedrungen zu sein, oder nur den leitenden Faden erspähet zu haben.

Dennoch fanden sich die Hansestädte noch einmal angeregt, die Abgabenfreiheit des Stahlhofes und seiner Bewohner in ihrem ganzen Umfange anzusprechen, im Jahre 1781 durch ihren Agenten *Paul Amsinck*, oder vielmehr dessen Rechtsanwalt, den als Schriftsteller, auch durch seinen späteren

Aufenthalt in Hamburg ihnen bekannt gewordenen *Herbert Croft*, [1]) welcher viele Studien über die Geschichte der Hansen in England gemacht hatte. Es wurden die erforderlichen Schreiben an den König, das Parlament und die Minister von den Hansestädten entworfen, so wie ein von jenem sehr sachkundig ausgearbeitetes Promemoria, in welchem der Agent zunächst auf den Grund der bekannten Bestimmungen des utrechter Vertrags darum anhielt, dass bei der nächst wiederkehrenden Bewilligung der Landtaxe, wie bezüglich anderer Häuser und Personen geschehen, der Stahlhof von derselben ausdrücklich ausgenommen werde, so wie gleichfalls von allen anderen Taxen und Abgaben, welche seit dem utrechter Vertrage auferlegt sind, und dass baldthunlichst eine Parlaments-Acte die auf den Stahlhof sich beziehenden Patente und Acten der Könige Edward IV. und Heinrich VII. bestätige, damit das britische Parlament jenen, von den Hansen so gewissenhaft beobachteten Contract auch seinerseits erfülle. Es wurden auch bei diesem Anlasse die Vortheile sehr hervorgehoben, welche die Merchant Adventurers, oder die sogenannte englische Court zu Hamburg stets genossen und über deren Fortbestand, besonders rücksichtlich der Abgaben, ein Certificat abseiten derselben beigebracht, ein Grund, welchen wir freilich, wie früher bereits erwähnt, für so überflüssig, als bei seinem völligen Mangel an innerem Zusammenhange für irrig halten müssen, dessen Anführung aber bei der Unfähigkeit der Mehrzahl, vorzüglich der meisten Staatsmänner in vergangene Zeiten sich zu versetzen und die in denselben begründeten Rechte zu verstehen, stets practisch erscheinen musste, und in soferne das Betragen Hamburgs eine Reciprocität für die Hansen in London ansprechen durfte, wenigstens in den strengsten Grundsätzen der Billigkeit begründet erscheint. Doch blieben die damals unternommenen Schritte ohne die gewünschte Anerkennung, und es scheint, dass die früh erlangte Ueberzeugung von der Unmöglichkeit, sich auch nur verständlich zu machen, es den Vertretern der Städte empfahl, von dem Kampfplatze unhistorischer Argumentationen und rabulistischer Zöllnergrübeleien sich zurückzuziehen.

Ueber einzelne von dem Stahlhofe entrichtete Abgaben bleibt hier noch Folgendes zu erwähnen:

Nachdem Jacobsen die erste Landtaxe gezahlt hatte, blieb der Stahlhof mit derselben, auch bei ihren späteren Erhöhungen von einem auf vier Schillinge von dem angenommenen Ertrage, nämlich 600 £ belastet. 1754 ward der Ertrag auf 730 £ festgestellt. In diesem Jahre findet sich auch zuerst noch eine abgesonderte Landtaxe von 7 £ 15 sh. für die Häuser in der Themsestrasse. Wenn die Städte jedoch die Lasten aller übrigen Eigenthümer theilten, so konnten ihnen um so weniger deren Rechte abgesprochen werden. Als die Landtaxe durch die Parlaments-Acten vom 21. Juni und

---

[1]) *Herbert Croft*, geboren 1751, hatte in Oxford studirt. Früher Advocat, als welcher er seit 1780 mehrere aus der Zeitgeschichte hervorgegangene Romane und auch das Leben des Dichters Young für das berühmte Werk seines Freundes, Samuel Johnson, schrieb, wurde später Geistlicher und Kaplan der Garnison zu Quebeck. 1797 ererbte er von einem Vetter den Baronetstitel. In dieser Zeit finden wir ihn in Hamburg mit Sprachstudien beschäftigt, wozu ein englisches Wörterbuch, welches 20,000 Wörter mehr als Johnson's enthalten sollte, gehörte. Später war er unter den von Bonaparte in Frankreich gefangenen Engländern. Bis zu seinem 1815 erfolgten Tode gab er verschiedene Werke in französischer Sprache zur Erläuterung französischer Schriftsteller, so wie des Horaz, auch Schriften politischen Inhalts heraus. Siehe Biographical Dictionary of the living Authors of Great Britain and Ireland. London, 1816. p. 81 u. 424. *J. M. Quérard* La France littéraire. T. II. p. 340.

22. December 1798 [1]) in der bestehenden Weise in eine beständige Abgabe verwandelt wurde, welche jedoch dem Verpflichteten gestatteten, sie gänzlich abzukaufen, so zogen die drei Hansestädte es vor, von dieser Bewilligung Gebrauch zu machen, ein Entschluss, welcher sich nicht nur durch die späteren Ersparung belohnte, sondern das Meine noch Meiner machte, indem dadurch der Eigenthumstitel ihres "Freehold" befestigt und dasselbe vollkommen allodificirt ist, und während der Zeit der Besetzung der Hansestädte durch die Franzosen sich mehrfach bewährt hat. Die Städte entrichteten in Gemässheit jener Acte für den Abkauf 11,119 £ 3 sh. Bank-Annuitäten, welche sie zu 54⅝ pCt. angekauft hatten, so dass die wirkliche Auslage der Städte der übergebenen Rechnung zufolge sich auf 5961 £ 9 sh. belief. Der Art. 15 der erstgedachten Acte enthält die oben berührte Bestimmung, dass die bisherigen auf der Landtaxe beruhenden Abzüge von fee farm, feu duty oder anderen jährlichen Renten in Zukunft eben so geschehen sollten, als ob die Landtaxe nicht abgekauft wäre, und wird ihr Belauf daher noch immer den Rente-Inhabern, so wie andererseits den Miethern berechnet.

Eine Folge der ersten übernommenen Steuer waren andere. Diesen Abgaben war, nachdem der Geltendmachung des alten Rechtes einmal entsagt war, desto schwerer zu entgehen, so lange der Stahlhofsmeister in dem stattlichem Hause des Stahlhofes wohnte. 1745 flgd. werden also noch aufgeführt: Abgaben für die Stadtwache 15—20 £; Orphans Tax 1 £ 10 sh. 1768—1795 2 £; Stadtleuchtengeld 2 £ 10 sh. 1753 bemerke ich noch: Fenster-Taxe für das Wohnhaus 1 £ 10 sh. dem Secretair der Miliz 3 £ 3 sh.; für Themse-Wasser seit 1722 jährlich 6 £. Diese Abgaben, soferne sie fortbestehen, werden gegenwärtig von den Miethern getragen. Dasselbe gilt von den Armen-Geldern und manchen zufälligen Ausgaben. In freiwilligen Gaben für die Armen hat die Factorei nie gekargt, wie schon beim Jahre 1407 hervorgehoben ist. 1589 erhielten "die armen Gefangenen in den prisons" in zwei Terminen 2 £, die Armen der Parochie in vier Terminen 2 £ 13 sh. 4 d. In den ungünstigen Zeiten, 1643 flgd., wurde an die Armen aller Gefängnisse Ostern 6 sh. 6 d. und eben so viel auf Weihnachten, alter Gewohnheit nach, bezahlt. An die Armen unserer Parochie alter Gewohnheit nach 1 £ 6 sh. 8 d. Zu Jacobsen's Zeit wurde der Armuth des Kirchspiels 1 £ 18 sh. 6 d. entrichtet. Später wurden viel grössere Summen zu diesem Zwecke gewidmet, wie 1745: 45 £ 1747: 60 £, gegenwärtig mehr als das Fünffache letzterer Summe. Ausserdem kamen aber besonders in früherer Zeit häufig Posten vor: für arme Gefangene um Gottes Willen, für seefahrende Leute und arme Prädicanten, für Gefangene deutscher Nation.

Zwei stehende Artikel in den Rechnungen dieser Jahre lauten also: 1631. Item an den Unterquest von dieser Parochie auf ihre Gasterei, nach alter Usanz — £ 6 sh. 8 d. An die Warden von die grosse Inqwest ihre Gebühr, ist jährlich 6 sh. 8 d, zwei Ochsenzungen 4 sh., drei Gerichte Stockfisch 5 sh., 1 Gallon rheinisch Wein 4 sh., 1 Stübgen Sect 4 sh. ist 1 £ 3 sh. 8 d. Etwas später wird Fisch und Wein höher angeschlagen zu 1 £ 8 sh. 8. Letzterer Posten heisst 1652: an die Oberquest, später ganz entstellt: an die Warnung von die Inquirist. Die Ward ist bekanntlich die Bezeichnung für einen Stadtdistrict, und war für den Stahlhof die Ward Dovegate. Die königlichen

[1]) Statutes at Large a. 38. Georgii III. cap. 60 und a. 39. Georgii III. cap. 6.

oder städtischen Beamten, von welchen hier die Rede ist, dürften hier mit jährlicher Besichtigung der Häuser beauftragt gewesen sein, und anderen polizeilichen Functionen, wie denn ähnliche Geschenke auf Weihnachten oder anderen Jahrestagen in jenem Jahrhunderte sehr an der Ordnung waren. Doch ersieht man leicht, dass alle diese Abgaben seit der Einziehung der Freiheiten der Hansen sich lediglich auf die Gebäude des Stahlhofes bezogen.

Eine mir unverständliche Gebühr findet sich eingetragen: 1631 flgd. für die Salzpeter Leute umb den Stahlhof zu verschonen 5 sh. oder 6 sh., 1657: 10 sh. Vermuthlich nahm die Regierung, welcher es gewöhnlich an Schiesspulver mangelte, ein Recht in Anspruch, nach Salpeter auf dem Eisenlager des Stahlhofes und in seinen Gewölben zu suchen.

Es bleibt uns noch eine geschichtlich interessante Rente zu betrachten.

Zu den Abgiften des Stahlhofes, welche wir in den Jahrzehnden vor dem grossen Brande alljährlich verzeichnet finden, doch nach demselben nicht wieder genannt werden, gehörte 1631: "Zahlt an *die Klinke* übers Wasser (in Southwark), nach alter Gewohnheit, ein Gallon oder Stübchen Wein und zwei Ochsenzungen, quaterlich ist 1 £ 6 sh. 8 d., später 1 £ 8 sh. 8 d."

Die zunächst dem Deutschen sich aufdringende Vermuthung, dass jene Abgabe für freie Zulassung an eine mit einer zu verriegelnden Pforte versehene Hafentreppe an der anderen Seite der Themse bezogen haben könnte, wird dadurch unwahrscheinlich, dass man in der englischen und auch in der angelsächsischen Sprache das Wort Klinke für einen Riegel nicht zu kennen scheint. Dennoch finden wir dasselbe in dem Namen des in St. Saviours Kirchspiel in Southwark belegenen Gefängnisses, the Clink. Dieses hat der dortigen, dem Stahlhofe gegenüber belegenen Clinkstreet seinen Namen mitgetheilt, aber auch der Clink Liberty Court, dem Gerichtshofe für die dort zu dem ehemaligen Pallaste des Bischofes von Winchester gehörigen Districte, und namentlich das berühmte Bankside mit seinen seit dem zwölften Jahrhunderte privilegirten Bordellen,[1] später ein Anziehungspunkt für das Publicum durch die Bärenhetzen in dem dortigen Paris Garden, hernach verherrlicht durch das Rosen-Theater und das von Shakespeare und seinen Genossen im Jahre 1594 erbauete Schauspielhaus: der Globus. Dieses Gericht wurde für Friedensbruch und Schuldforderungen von dem Rentmeister des Bischofes von Winchester gehalten.[2] Es scheint also hier eine ähnliche, nur viel grössere jährliche Abgift entrichtet, wie früher an die Beamten der beiden Gefängnisse in der Stadt,[3] wozu bei dem vielfachen Verkehre mit dem entgegengesetzten Ufer sich mancher Anlass finden konnte, welche aber gleich jenen seit der Aufhebung der Stahlhofs-Privilegien hätte aufhören sollen. Ob wir in dieser Rente die ältere obengedachte an den Bischof von Winchester von 4 sh. 6 d. und die neuere von 1 £ 6 sh. 8 d., hernach 1 £ 10 sh. 4 d. wieder finden, lässt sich nicht mit Zuversicht nachweisen, doch kaum bezweifeln. Die ältere könnte

---

[1]) *Stowe* Survey of London. *Maitland* London. T. II. p. 1390. *P. Cunningham* Handbook for London. Diary of Philip Henslowe, ed. *J. P. Collier*. p. 166, 250.

[2]) *Maitland* l. l. p. 1280. In Deutschland kannte man ein Obergericht "to der klinken" bei Brandenburg, siehe Cap. 52 Richtsteiges des sächsischen Landrechts, Gerichte vor den Schlagbäumen, wovon auch in Niedersachsen häufig — ante portam, circa phalangam civitatis. Siehe (Klefeker) Hamburg. Verfassungen. Th. X. S. 322.

[3]) Siehe oben § 2. S. 20 und die Urkunde No. XLV.

mit jener eben so vereint sein, wie wir es oben bei den beiden Quitrents gefunden haben, vielleicht bald nach dem im Jahre 1626 erfolgten Tode des Bischofes Lancelot Andrews, des letzten Bischofes von Winchester, welcher den Pallast in Southwark bewohnte. Da wir jedoch in der Rechnung des Clerk Adam Wachendorf vom Jahre 1589 hinter dem Posten für die Armen der Parochie zum 1. October lesen: "Zu denen von der Klink zahlt 4 sh. 6 d.," also nicht mehr als die ursprüngliche und im Jahre 1601 noch so aufgeführte Rente an den Bischof von Winchester, während beide Rubriken uns zugleich in einer Rechnung nie vorgekommen sind, so lässt sich doch nur annehmen, dass der ursprüngliche Charakter der Rente in Vergessenheit gerathen, für diese eine Zeit lang Wein und Speisen gebracht, darauf wieder eine erhöhete Summe zu der Residenz des Bischofes von Winchester bei der Klinke gebracht und seit dem Brande wieder die Rente lediglich auf die Person des Bischofes bezogen ist. Dem Eingehen jenes Gefängnisses, welches 1774 noch vorhanden war, [1] musste jedenfalls die Abgabe an dasselbe folgen, wie es längst hätte geschehen müssen, wenn man etwas Anderes und Mehreres als eine im Jahre 1474 übernommene Grundmiethe zahlte.

Neben den Abgaben dürfte schliesslich noch ein anderes rechtliches Verhältniss des Stahlhofes näher zu beleuchten sein, vorzüglich weil es so häufig missverstanden ist, nämlich dasjenige der Hansen als einer Corporation.

Es ist wiederholt, namentlich zuerst im Jahre 1635, zur Unterstützung der damaligen feindlichen Anschläge gegen das hansische Eigenthum am Stahlhofe, von englischen Gegnern angeführt worden, dass die Könige von England die Gildhalle und den Stahlhof der Gilde der deutschen Kaufleute verliehen haben, also einer Corporation. Da nun die liegenden Gründe einer Corporation nach bekannten Grundsätzen des englischen Rechtes mit dem Aufhören derselben an den Verleiher zurückfallen, [2] weil die Ursache der Bewilligung fehlt, und die alte Hanse nicht mehr vorhanden sei, so sei mit Auflösung dieser Corporation deren früherer Grundbesitz in England an den Verleiher, nämlich den König, längst zurückverfallen.

Gegen diese übrigens von den englischen Gerichten nie anerkannte Ansicht spricht jedoch die ganze Geschichte der Factorei in London, und dürfte es genügen dagegen folgende Thatsachen hervorzuheben.

Die hansische Factorei zu London ist so wenig als die Verbindung der deutschen Kaufleute die deutsche Hanse genannt, selbst es war, eine königlich englische Gilde. Jene ist von dieser ausgegangen in uralten Zeiten. Sie ist erweislich älter als die unter königlicher Bestätigung errichteten englischen Handels- und Gewerbs-Gilden es sind. Die ältesten uns erhaltenen Urkunden benennen die deutschen Kaufleute Unterthanen des Kaisers — homines imperatoris; — diejenigen über die Gildhalle der Deutschen gedenken weder der letzteren als einer Gilde, noch geben sie jener diesen Namen, sondern nur den eines Hauses — "domus." — Die Gildhalle nennt zuerst König Richard Löwenherz, sodann König Johann, aber nicht als einer von ihnen oder ihren Vorfahren bestätigten Gilde gehörig, sondern als das Eigenthum der Bürger von Cöln. Unter ihrem Nachfolger finden wir die Gildhalle der

---

[1]) *Thorton* History of London.

[2]) *Blackstone* Commentaries on the Laws of England. T. I. p. 484.

nach England kommenden Kaufleute Deutschlands (mercatorum Alemanniae in Angliam venientium) in einer vor dem Magistrate zu London über eine Erweiterung derselben ausgestellten Urkunde ums Jahr 1260. In diesem Jahre selbst ertheilte der König den Kaufleuten des deutschen Reiches (mercatoribus regni Alemanniae), welche in London ein Haus, gewöhnlich die Gildhalle der Deutschen benannt, besitzen, gewisse Vorrechte. Der Ausdruck Gildhalle wird in diesen Worten also als ein uneigentlicher Sprachgebrauch bezeichnet, da das Haus nicht einer englischen Gilde gehörte. Auch ist nicht zu übersehen, dass dieses Privilegium, in welchem jener Gildhalle zum ersten Male als den deutschen Kaufleuten gehörig gedacht wird, so wenig eine englische Corporation andeutet, dass darin erwähnt wird, dass es den Kaufleuten des deutschen Reiches auf Anhalten Richards, ihres, des römischen Königes, ertheilt sei.

Man hat die Grundlosigkeit der Ansicht, dass die Hanse nur als englische Corporation berechtigt gewesen sei, erkennend, den Satz umkehrend behaupten wollen, dass die Könige von England den Deutschen nie die Erwählung eines deutschen Altermannes gestattet hätten, und jene also nicht mehr existirt habe, seitdem kein englischer Altermann erwählt sei. Dieses ist jedoch schon seit dem utrechter Vertrage nicht mehr geschehen, und waren die deutschen Aelterleute der Hanse von den Behörden erweislich stets anerkannt und namentlich in ihrem exceptionellen, vertragsmässig bestätigten Verhältnisse zum Stahlhofe.

Es könnte hier der Einwurf gemacht werden, dass die Könige von England den deutschen Kaufleuten nicht das Recht einer Gilde, wohl aber das gleichbedeutende einer *Hanse* verliehen haben. Schon in König Henry's I. Zeiten besass York eine Hanse mit einem Hansehause, welche auch auf Beverley übertragen worden. König Johann ertheilte einigen Städten, wie Dunwich und Herford, gleichfalls das Recht einer Hanse. Diese Bezeichnung für eine gewöhnliche Kaufmannsgilde (gilda mercatoria) ist jedoch in England nicht sehr gebräuchlich geworden; auch ist die volle Identität mit einer Gilde nicht erwiesen. Sie könnte sich wohl, der ursprünglichen Bedeutung des Wortes Hanse entsprechend, auf irgend Bestimmungen der Zoll-Behörde gegenüber beziehen. Es waren vermuthlich Streitigkeiten der norddeutschen Kaufleute mit den Cölnern in England, welche die Hamburger im Jahre 1266 und im folgenden die Lübecker veranlassten, vermittelst des Herzoges Albrecht von Braunschweig das ihnen auch bewilligte Recht nachzusuchen, eine eigene Hanse für ihre Bürger unter einander in England zu halten, gleich wie die Cölner diese Hanse zu halten berechtigt sind und waren. Diese Hansen einzelner fremder Städte, welche bekanntlich auch in anderen Ländern, in Flandern, Frankreich u. a. sich finden, in jenem Lande sogar ausdrücklich für den Handel nach London und England bestimmt, verloren in England bald ihre Bedeutung, vermuthlich schon nach einer bald erfolgten Wiedervereinigung jener Niedersachsen mit den Cölnern, welche jedenfalls vor dem Jahre 1282 eintrat. Dass der König das Corporationsrecht jener Hansen aber nicht als von ihm ausgehend betrachtete, sondern nur diesen kein Hinderniss in den Weg legen wollte, spricht er selbst aus in den Worten der Urkunde für Lübeck vom Jahre 1267: Concessimus insuper *quantum ad nos pertinet*, burgensibus et mercatoribus (de Lubeke), quod ipsi habeant hansam suam etc. Auf einem Irrthume aber beruhet jedenfalls die Angabe englischer Schriftsteller, dass König Henry III. den Steelyard-Kaufleuten in seinem zweiten Privilegium gestattet habe: quod habeant hansam suam.[1]) Vermuthlich sind hier das obengedachte Privilegium vom Jahre 1260 für die Hansen und diejenigen für die einzelnen Städte vermengt.

Der Name der *Mercatores de Hansa Alemaniae* kommt zuerst in ihrem Vertrage mit dem londoner Magistrate vom Jahre 1282 vor, in welchem der Gildhalle nicht gedacht wird; sodann 1310 in dem Privilegium dessen zu Lynn. Auch jener Name deutet nicht auf eine von dem englischen Könige ertheilte Berechtigung. Es darf uns selbst die Bemerkung nicht irre führen, dass die deutsche Hanse unter diesem Gesammtnamen früher in keinem Documente erscheint, da die Engländer, welchen Hansen in einzelnen Städten in und ausserhalb England sehr wohl bekannt waren, zuerst darauf verfallen konnten, die unter sich verbrüderten deutschen Kaufleute mit diesem in England verständlichen Namen zu bezeichnen, welchen diese selbst dem alten Bündnisse in anderen Ländern und in ihrer Heimath erst später gaben.[2]) In königlichen Diplomen erscheint jene Bezeichnung zuerst unter Richard II. im Jahre 1391: "Mercatores de Anza Alemannie, regnum nostrum Anglie frequentantes," eine Bezeichnung, welche deutlich genug ergiebt, dass der König die Hanse nicht als eine von ihm concessionirte ansah. Die gewöhnliche Bezeichnung in den königlichen Urkunden blieb bis dahin die ältere: "mercatores regni Alemannie, illi scilicet, qui habent domum in civitate London, quae Gildehalla Teutonicorum vulgariter nuncupatur." Es haben daher die Engländer darauf sich berufen, dass König Edward II. in dem Privilegium vom Jahre 1317, December 7, die deutschen Kaufleute zu einer Corporation vereinigt und derselben das Haus zu London, die Gildhalle der Deutschen genannt, verliehen habe. Dass das Eigenthum der Deutschen an ihrer Gildhalle viel älter war, ist schon hinlänglich nachgewiesen; dieses Eigenthum, so wie die Genossenschaft oder Gilde wird, so wie jenes, in dem gedachten Privilegium vorausgesetzt. Es werden in demselben den gedachten Kaufleuten mancherlei Befreiungen und Rechte verliehen, jedoch wird denselben die Bedingung gestellt, dass sie niemand beschützen sollen, welcher nicht zu der Gilde ihrer vorgedachten Halle gehöre. Es ist von einer Stiftung oder Bestätigung der Gilde nirgends die Rede und konnte es nicht sein, da die Vereinigung, welche der König so nannte, eine ausländische in England war, so wie umgekehrt, die Merchant Adventurers, wenn sie in Antwerpen, Hamburg, Stade und anderen Orten des Festlandes wohnten, doch stets eine englische Gilde oder Genossenschaft blieben. Die Halle ward aber so wenig erst der Gilde verliehen, dass der Begriff der letzteren vielmehr durch das Mitrecht an jener bestimmt wurde; derjenige, welchen die deutschen Kaufleute an ihrem Eigenthume, der Gildhalle, nicht wollten Antheil nehmen lassen, sollte auch nicht zum Nachtheile der Engländer an den Privilegien der Deutschen Theil haben. Die Gildhalle selbst aber besassen die Deutschen seit unvordenklichen Zeiten; es ist weder ein erster Verleiher, noch überall

[1]) *Herbert* History of the Livery Companies at London. T. I. p. 11.

[2]) Zunächst findet sich der Collectiv-Name wieder: zu Brügge später als 1347; in Holland 1358; in Verträgen mit Dänemark und Schweden 1365, 1366. Siehe Urkundliche Geschichte der deutschen Hanse. Bd. II. S. 401, 447, 569 flgd., 590. Unter der Hanse wurde aber noch immer eine Vereinigung von Kaufleuten verstanden, für ihre Vertreter, die Städte, ist der Name der Hansestädte vielleicht nicht vor Ende des vierzehnten Jahrhunderts nachzuweisen. So in England 1399: Villae de Hans; in Ostfriesland: de Hansestede. Siehe *Willebrandt* Hansische Chronik. S. 36, 37.

eine Verleihung derselben an die Deutschen nachzuweisen. Bei allen übrigen Theilen des Stahlhofes ist der Ankauf meistens durch Compensation, unter Genehmigung des Königes und des Parlamentes, geschehen.

Wenn der Einwurf, dass die Hanse nicht länger eine englische Corporation sei und ihren Zweck nicht länger erfülle und deshalb ihr liegendes Eigenthum an den König zurückverfallen sei, sich als nichtig darstellt, so verschwindet noch leichter derjenige, dass die Gildhalle mit ihren späteren Erweiterungen schon deshalb den Hansen nicht länger gehöre, weil sie dem ursprünglichen Zwecke der Beförderung des gegenseitigen Verkehrs zwischen England und den Hansestädten nicht mehr diente. Wenn jener Zweck der nicht freiwilligen Verleihung in der einseitigen Parlaments-Acte richtig angegeben sein sollte, obgleich der utrechter Vertrag nur von dem den Hansen gebührenden Schadensersatze spricht, so war dieses zugleich der Zweck der kostspieligen Erwerbung. Dieser Zweck ward vereitelt durch den veränderten Gang des Handels, vorzüglich aber durch die gewaltsamen Eingriffe der Königin Elisabeth in das Recht des Stahlhofes, welchem keine spätere Anerkennung seine alte Blüthe wiedergeben konnte. Die allmälig veränderte Bestimmung, von welcher sich schon unter der Königin Elisabeth in einem Mieth-Contracte vom Jahre 1586 Spuren finden, war beiden Parteien bekannt und namentlich bei dem Neubaue des Stahlhofes und während der beinahe zwei Jahrhunderte seit dessen Einäscherung.

Sollte unter den gegenwärtigen Verhältnissen es vielleicht wünschenswerth erscheinen, dass der Stahlhof in die Hände der englischen Regierung oder englischer Privatleute überginge, so kann dennoch so wenig von einem Rückfalle an die königliche Regierung die Rede sein, dass falls diese die fraglichen Grundstücke einzuziehen sich befugt halten wollte, sie nie würde die Verpflichtung verkennen können, die dafür einst den Hansestädten berechnete Summe nach deren jetzigem Werthe, so wie den vollen Werth der von den Hansestädten darauf neu errichteten Gebäude wieder zu erstatten. Ohne Zweifel hat die Regierung des Königes James I. so gedacht, als sie den deutschen Kaufleuten den ihnen vorenthaltenen Stahlhof zurückstellte, und ebenso Charles II., als er den Wiederaufbau durch die Städte Lübeck, Hamburg und Bremen nach dem grossen Brande zu London nicht hinderte. Dieselbe Erwiederung konnte nur gegeben werden, wenn zur Zeit der Occupation der Hansestädte durch den französischen Machthaber, und der Aufhebung der englischen Court zu Hamburg durch denselben, die Einziehung des Stahlhofes je in Anregung gekommen sein sollte. Sie ist auch durch den Minister der auswärtigen Angelegenheiten, Lord Palmerston, im Jahre 1834 ausgesprochen, als er die an denselben gerichteten Beschwerden einiger zu Hamburg ansässigen Engländer über das Verfahren des Senates, wobei auch die Verhältnisse des Stahlhofes hineingezogen wurden, nach gründlicher Untersuchung zurückwies. [1]) Einen anderen Gesichtspunkt wird auch keine spätere Regierung Englands auffassen

---

[1]) Aus der Erwiederung des Ministers vom 14. April 1834 ist hier nur hervorzuheben: "the allegations .. having been thoroughly investigated and considered .. it appears, that the Steelyard and the property attached to it were ceded in perpetuity to the Hanseatic republics .. as part of a compensation made by England for injuries done by British subjects to citizens of the Hanse Towns, in 1474 by a formal treaty between England and these Towns, which treaty was afterwards confirmed by an Act of Parliament: so that the title of the Hanse Towns to this property cannot be now brought into question or be made the subject of fresh negotiation."

können und wollen; wohl aber dürfen wir erwarten, dass, je mehr die Jahrhunderte, in denen Alt-Englands Grösse und die Begünstigungen, unter denen sie emporkeimten, erkannt und unbefangen gewürdiget werden, und so lange das Streben nach unparteiischer Auffassung und die Achtung des Rechtes, welche dieses Volk vor allen anderen ausgezeichnet haben, demselben verbleiben, desto weniger die vorhandenen Eigenthumsrechte der engverbrüderten Hansen je können verkannt werden, und dass ihnen, wenn auch für dasjenige, was die fortschreitende Entwickelung Englands, und die darauf beruhende Neugestaltung der Handelsbeziehungen denselben bereits genommen hat, ein Ersatz, zumal bei der wahrscheinlich sehr steigenden Bedeutsamkeit des Platzes, kaum möglich erscheint, doch jede billige Berücksichtigung in reichem Maasse werde.

§ 14.

Liste der Altermänner und Secretaire.

Ums Jahr 1250. *Henneke Buch*, Altermann in England und hamburgischer Bürger. Siehe Hamburger Urkundenbuch, No. DCCXV.

1251—1260. *Arnulf* (Arnald), Thedmars Sohn, Altermann zu London, Sohn eines nach Canterbury pilgernden Bremers. Siehe oben S. 15 flgd. Er scheint bis zum Jahre 1302 gelebt zu haben.

1282. *Gerhard Merebode*, Altermann. Weder der in England in dieser Form, wenn gleich bisweilen als Zuname, sehr selten vorkommende Taufname — statt dessen dort Girald gebraucht wurde — noch der althochdeutsche (auch der des Suevenköniges Marobod), im Angelsächsischen sehr mögliche, doch gar nicht bekannte Geschlechtsname — der See- oder Meer-Bote — deuten auf englischen Ursprung. Auch in deutschen Urkunden jener Zeit erscheint letzterer nicht, ausser im hamburgischen Verlassungsbuche ums Jahr 1250. — Siehe Zeitschrift für hamburgische Geschichte. Th. I. S. 339. — Da jedoch der Name des Gerard Merebode aus London im Jahre 1275 unter anderen Engländern genannt wird, welche Wolle nach Flandern ausgeführt haben (Rotuli Hundredorum. T. I. p. 417), so könnte er gleich seinem Vorgänger, von Geburt ein Engländer, doch deutscher Herkunft gewesen sein, und möglicher Weise daher, in Uebereinstimmung mit dem Vertrage vom Jahre 1282, ein Altermann des Rathes zu London.

1303. *Jacobus de Crispin*, Altermann zu London (oder zu Lynn?). Siehe hansisches Urkundenbuch zu diesem Jahre. Der Geschlechtsname Crispin, Crespin kommt zu London, so wie zu Lübeck in dieser Zeit zuweilen vor, doch habe ich ihn nicht mit obigem Vornamen gefunden, welcher in England um diese Zeit als solcher gleichfalls selten erscheint.

1346. *John Hamond*, Bürger zu London und Altermann der deutschen Kaufleute. Siehe hansisches Urkundenbuch S. 384. Er war Mayor der Stadt gewesen 1343 und 1344.

1383, Februar 17. Sir *William Walworth*, des gemenen Koepmans overste Olderman van alle Engländer. Siehe oben S. 21 und unten Urkunde zu diesem Jahre.

1383. *Christian Kelmer*, Altermann, entsagte dem Rechte der Deutschen. S. unten No. CXLVII.

1397. *Johann Swarte*, Altermann, entsagte dem Rechte der Deutschen. Siehe daselbst. Das Testament eines gleichbenannten wohlhabenden Mannes vom Jahre 1399 ist auf dem hamburger Archive.

1426. *William Crowmere*, Altermann der Stadt London, Mayor 1413 und 1423. Vergleiche oben S. 21.

1428 ward ein Statut zum Schutze des Clerk der Hansen zu London gegeben; doch kennen wir keinen Namen. Siehe oben S. 26.

1442, November 12. *Henry Frowick*, Altermann von London, vom Könige Henry VI. zum Justiziar der deutschen Kaufleute zu London ernannt. — Siehe *Rymer* T. V. 1. p. 116. und oben S. 22. Er war Mayor 1435 und 1443. Als einen der Bevollmächtigten des Königes Henry VI. in den Verhandlungen mit dem deutschen Orden und der Hanse finden wir ihn in dessen Vollmacht 1436, November 6.

1450. *Herman Wezel*, Altermann, und *Hinrik tom Have*, Clerik, auf dem Hansetage zu Lübeck auf Matthaei Apost.

1465. *Heinrich Grevensteyn*, des Kopmanns Clerk oder Secretarius.

.... Mag. *Herman Wanmaten*, Secretarius mercatorum Hansae in London, schon seit 1469, vermuthlich schon 1464; 1475 bei den utrechter Verhandlungen; 1476 zu Lübeck. Seine Bestallung siehe unten No. CXXXV. Die gehäuften Geschäfte verlangten schon damals mehrere Secretarien, da einer häufig versandt werden musste.

1476. *Arend Brekewolt*, Altermann, *Arend Wyneke*, Beisitzer, beide Deputirte zu Lübeck.

1480. *Johann Stote*, Altermann. Nach ihm benannte Waarenhäuser siehe § 6. S. 80 flgd. No. 8 und 51.

Ums Jahr 1480. *Mathias Hynckelman*, nuper aldermannus loci de le Stelyard civitatis London. Urkunde vom Jahre 1485, Juni 6. Vergleiche unten No. CXLII und CXLVI.

1485—1487. *Herman Plowth* (Plought), Altermann. Ohne Zweifel der Harmen Ploge (für Plogt), dessen Name ein Waarenhaus trägt. Siehe a. a. O. No. 21.

1487. Das Comtoir setzte einen Altermann ab, welchen die Städte wieder einzusetzen geboten. Siehe *Sartorius* Th. II. S. 625. Es wird *Hans Kolle* gewesen sein. Siehe unten die Urkunde No. CXLVI.

Etwa 1520—1540. *Barthold Beckman* zu Hamburg, des Kopmans tho London Clerk, im Stammbaum der Familie Beckman zu Hamburg aufgeführt.

1544—1558. *M. Christoffer Stael*, Secretarius. In letzterem Jahre wird er auch Altermann betitelt, vermuthlich wie die in den Quitungen der Engländer vorkommenden hansischen Altermannen, welche nur eines der S. 34 erwähnten Aemter haben bekleiden können.

1546. *Johan Petzel*, des E. Kaufmannes Clerk.

1549. *Peter Eyfler*, Altermann. *Hinrich von Suchten*, Rathsverwandter. Von P. Eyfler wird bemerkt, dass er durch gemeine Städte verordnet sei. 1566 ist er abgesetzt. Siehe *Sartorius* Bd. III. S. 349, 353.

1554—1557. *Reginald Struse*, Altermann. *Hinrich von Sigeten* (Suchten), magister domus. Letzterer starb 1558, im September, während der Pest. Siehe oben S. 127.

1557. *Balthasar Reinstorf*, des londoner Comtoirs Clerk.

1564. *Marcus Beynrich*, als Altermann in Quitungen genannt, so wie 1565 *Cord Scinkel*.

1565. Mag. *Adam Wachendorf*, früher des P. Eifler Hausdiener, Eines Ehrb. Kaufmannes Clerk. 1567 stellte er ein Document aus als kaiserlicher Notar. 1587 erhielt er für Salair und Kleidung 40 £, seine Wohnung betrug 40 £ 5 sh., seine Kost 20 £ 16 sh. Ihm ward noch ein Copist bewilligt. Er starb 1591, März 16.

1566. *Moritz Zimmermann* (Maurice Tymmerman), Altermann des Comtoirs. Siehe *Sartorius* a. a. O. S. 356, 377. Er war früher Hausdiener. Von 1574 bis 1580 wiederholt als Altermann bezeichnet, 1587 als Hausmeister. Er starb 1589, Juli 29.

1567. *Gawin von Alden*, Schossmeister, *Conrad Schinkel* und *Michael Rosenberger*, Kaufmannsräthe. Letzterer wird 1567—1573 in Quitungen als Altermann benannt.

1569. Mag. *Jochim Brandt*, Secretarius. Vermuthlich dem Dietrich Brandt verwandt, dessen oben § 6. S. 80 flgd., No. 22 und 50 gedacht ist.

1574 flgd. *Georg Liseman*, Secretarius der Factorei 1574. Beschwerte sich 1601 zu Lübeck, dass man seine Rechnung gar zu sehr verkürzte. Es wurden ihm nun 300 ℳ zuerkannt.

1575. *Werner Ellerbeck*. In Quitungen als Altermann bezeichnet.

1576. *Cordt Sillem*. Desgleichen. Er war des hamburger Senators Hinrich Sillem Sohn; 1599 zu Hamburg Jurat an der St. Petri Kirche, gestorben 1605.

1577. *Godfried Ochs*, in Quitungen als Altermann benannt, so wie 1581 *Andreas Petersen*.

1582. *Heyman thor Lahn*, *Thorlanden*, desgleichen. Er bekleidete 1586 das Baumeister-Amt. 1590 ward er auf Cölns Vorschlag mit einem Gehalt von 100 £ und freier Wohnung zum Altermann bestellt, jedoch bald abgesetzt. Siehe *Sartorius* a. a. O. S. 421 flgd.

1585, December 15. *Joachim Heitman*, geboren 1547. Zu einem der Fürweser des Comtoirs vom Altermann und Kaufmannsräthen berufen, dem nach geleistetem Eide das Garten-Meister-Amt mit Ueberlieferung des Gartenbuches zu verwalten gegeben ward. 1587, September, erhielt er das Baumeister-Amt. In Quitungen d. J. als Altermann benannt. Nach *Sartorius* a. a. O. ward Heitmann (dort irrig Hintmann) abgesetzt.

1590. *Sebastian Behem*. Geboren 1565, früher bei Dr. Sudermann, seit 1587 beim Comtoir zu London, anfänglich als Kaufmannsdiener des Altermanns Zimmermann. In Quitungen als Altermann bezeichnet.

1591. *Herman Langerman*, Altermann. Siehe ebendaselbst S. 422. Auf einem Privilegienbuche des Stahlhofes, auf Pergament von Heinrich Damstorf schön geschrieben im Jahre 1595 und 1598, und beglaubigt, ist H. Langerman's Name mit Angabe seiner Heimath Münster und der Jahreszahl 1595 eingedruckt. Die von ihm nachgesuchte Verbesserung seines Gehaltes von 50 £ auf 100 £ ward im hansischen Recesse 1598 Trinitatis nicht genehmigt, "theils wegen der geringen Intraden, theils weil man ungewiss, ob hinführo einige Residenz des Ortes zu erhalten."

1591—1603. *Heinrich Damstorf*, bisher Mag. Adam Wachendorf's Diener oder Copist, Secretair, starb 1603, Juli 31, an der Pest zu London.

Sein Nachfolger war *Martin Otto*, aus Schlesien. Siehe *Burmeister* a. a. O. S. 81.

1606. *Herman Holtschoe*, Inspector. Siehe oben S. 111. *Sartorius* a. a. O. S. 414. Der Titel des Altermannes hatte aufgehört. Siehe oben S. 34.

1607, Juni 12, und vermuthlich schon 1606 unterzeichnen als Verweser des Comtoirs: *Hans Lenthe*, von Lüneburg, *Johann Wachendorf* und *Caspar Monhem*, beide von Cöln, *Herman Holtschoe*, von Lübeck. Ausser ihnen hielten sich damals auf dem Stahlhofe auf: *Statius Snitker*, von Lüneburg, *Herman Riekeman* und *Jürgen Stampeel*, beide von Hamburg, und *Johan Langermann*, von Münster.

1610, August 15. *Johan Wachendorf*, *Herman Holtschoe*, *Herman Rikeman* und *George Stampeel*, Elders und Jurats.

1616, December 20. Dieselben ohne den verstorbenen *H. Holtschoe*.

1619, September 8. Dieselben, und an Holtschoe's Stelle *Caspar Monhem* als die Aeltesten und Verweser des Comtoirs. Nach Holtschoe's Tode hatte J. Wachendorf die Verwaltung des Hauses übernommen. *J. Langerman* bewarb sich um die Hausmeisterstelle bei den Städten, wovon die Aeltesten des Comtoirs, 1619, September 8, entschieden abriethen, weil er verheirathet sei, und gar mit einer Engländerin eine Wohnung ausserhalb der Stahlhofs-Pforte habe und wenig Kenntniss der Stahlhofs-Angelegenheiten besitze.[1]) Darauf ward erwählt zum Hausmeister: *Jürgen Stampeel*. Er resignirte 1625, Januar, ging nach Hamburg, nachdem er dort Gesche, Hinrich Pumpen's Tochter, geehelicht hatte. Wir finden ihn hier in dem 1644 erwählten, 1648 im zweiundsiebenzigsten Jahre verstorbenen Oberalten zu St. Nicolai wieder. H. Rikeman starb 1621, December 15, auf dem Stahlhofe. Johan Wachendorf starb 1622, im August.

1625—1637. *Johan Held*, Hausmeister. Er war der Sohn des Kämmereibürgers und Oberalten zu St. Jacobi, Henning Held (gestorben 1604) zu Hamburg, geboren 1594, Handlungsdiener seines Vorgängers, welcher ihn zu seinem Nachfolger in Vorschlag brachte. Auch er resignirte und verheirathete sich 1637 in seiner Vaterstadt mit Anna, einer anderen Tochter des vorgedachten H. Pump. 1644 finden wir ihn als Kirchgeschwornen zu St. Nicolai und 1649 ward er in die Stelle seines kurz vorher verstorbenen Bruders Hermann zum Camerarius erwählt. Er starb 1655, November 20.

1637, Februar, — 1641, Januar. *Marcus Brand*, aus Hamburg gebürtig, wo im Jahr 1624 der gleichbenannte Camerarius verstorben war. Er hatte in der Handlung des Herman Rikeman gedient und war seitdem auf dem Stahlhofe geblieben. Mit ihm bewarben sich um die Hausmeisterschaft der junge *Johann Stampeel*, welchem Held sie interimistisch übertragen hatte, und *Ullrich Gryp*, eines vornehmen hamburger Bürgers Sohn, sehr sprachkundig, und seit neun Jahren auf dem Stahlhofe.

---

[1]) Die Angabe, dass Langermann Holtschoe's Nachfolger gewesen (*Sartorius* a. a. O. Bd. III. S. 424), ist also irrig.

Nachdem Brand sich jedoch mit einer angesehenen Engländerin verheirathet hatte, blieb er, wider die Ordnung, auf dem Stahlhofe, wo er, die übrigen Gebäude vernachlässigend, die seinigen sehr verbesserte. Er erhielt deshalb 1641 im Januar seine Entlassung. Hernach zeigte sich auch, dass er bankerott war. 1681 befand er sich zur Einkassirung alter Schulden auf Barbadoes. Vergleiche oben S. 114.

1641. *Conrad* (Cordt) *Stridtholz*, Hausmeister auf Held's Empfehlung, eines hamburger Bürgers Sohn, seit 20 Jahren auf dem Stahlhofe. Sein Stiefvater wird Joachim Freitag genannt, den Marcus Brand bezeichnet er selbst als seinen Bruder. Die Streitigkeiten, welche der von dem Lict. Nicolaus Meurer für die Freitag'schen Erben zu Hamburg gegen Marcus Brand geführte Process ihm verursachte, veranlassten ihn, 1647 um seine Entlassung nachzusuchen, jedoch unter der ihm gewährten Beibehaltung der bisher bewohnten Gebäude gegen die alte geringe Miethe. Er ging jedoch bald darauf nach Barbadoes, wo er schon früher gewesen, um dort längere Zeit zu verweilen. Vergleiche oben S. 114 flgd.

1647, Juli, *Jacob Jacobsen*, Sohn des Peter Jacobsen zu Hamburg, geboren 1619. Vielleicht war er ein Neffe des bekannten Juweliers des Königes Jacob I., Hans Jacobsen, dessen grosses Haus in Petticoat Lane, Aldgate, später dem bekannten Strype, dessen Memorials auch wir oben dankbar benutzt haben, gehörte, welcher dieser Gegend den entstellten Namen von "Tripe's Yard" gelassen hat. — Siehe *Braley* und *Nightingale* a. a. O. T. III. S. 152. — Er war sieben Jahre auf dem Stahlhofe gewesen, derzeit zu Lübeck. Seine Mitbewerber waren *Thomas Elmenhorst*, von Stridtholz empfohlen, früher zu London, jetzt zu Amsterdam, welcher indessen als verheirathet nicht berücksichtigt werden durfte; und *Johann Lemkuel*, von Jürgen Stampeel, auf dessen Comtoir er sieben Jahre gedient und für den er acht Jahre in Geschäften auf dem Stahlhofe gewesen, so wie von Joh. Held empfohlen. Er starb 1680, November 13. Vergleiche oben S. 116, 122 und 134 flgd.

1670—1706, Juli 17. *Theodor Jacobsen*, des verstorbenen Jacobsen Bruder, in ähnlicher Stellung. Er starb, gleich seinem Bruder Jacob, ohne Kinder. Aus einer Erwähnung über sein Grab in der Aller Heiligen Kirche würde folgen, dass er ein Architect gewesen, welchen der grosse Brand nach London gezogen haben mag. Er soll viel Eigenthum in der Nähe des Stahlhofes besessen haben. *Cunningham* Handbook for London. T. I. Ueber ihn und die Folgenden vergleiche § 12.

1706 und 1707. Des Vorhergehenden Neffe, Sir *Jacob Jacobsen*, Sohn des hamburgischen Oberalten Heinrich, des älteren Bruders der vorhergedachten Jacob und Theodor, Hausmeister und Agent. Er war verheirathet mit einer Tochter des Gilbert Heathcote und Vater zweier Töchter, Esther, verheirathet mit John Walton, und Anna.

1720. *Johann Gerhard von Hopmann*, ehemaliger Secretair des hannoverschen Premier-Ministers, Freiherrn von Bernstorf, sodann wolfenbüttelscher Resident am königlich-englischen Hofe. Hansischer Resident, ward 1727 im Mai wieder entlassen.

1727—1741. *Hinrich Eelking*, Agent, bei der Südsee-Handels-Compagnie angestellt. Er resignirte wegen ungünstiger, auch dem Stahlhofe nachtheiliger Vermögensverhältnisse.

1741—1770. *Martin Eelking*, des Vorigen Sohn, erster Secretair der Südsee-Handels-Compagnie, trat für den Vater ein. 1742 ward seine Vollmacht auf zwei Jahre verlängert und so ferner. Er hatte die Titel des Stahlhofsmeisters und Agenten. Seine Wirksamkeit erstreckte sich jedoch nicht über die Stahlhofs-Verwaltung hinaus und Hamburg unterhielt während des Krieges in der Person des als Schriftsteller über den Handel wohl bekannten *Nicolaus Magens* einen besonderen, jährlich salarirten Bevollmächtigten für die Reclamirung aufgebrachter Schiffe. Jener erklärte Insolvenz 1763, September, und sollte demnach resigniren. Schon bewarben sich um seine Stelle der damals in England lebende *Andreas Dathe*, früher hamburgischer Consul zu Cadix, ein sehr wohlunterrichteter Kaufmann, welcher für König Georg III. eine Geschichte Hamburgs geschrieben hat, so wie *Paul Amsinck jun.*, welcher letztere die Stelle erhielt, doch erst später. Denn im Januar 1764 beschlossen die Senate Eelking in derselben zu belassen. Aber im Mai 1770 kündigten seine Bürgen ihre Bürgschaft und bald erfuhren die Senate die neuen Bedrängnisse ihres Agenten. Er musste jetzt abdanken. Aus den ihm bis 1780, Januar, jährlich gewordenen Geldspenden ersieht man, dass er bis dahin noch lebte.

1770—1784. *Paul Amsinck*, der 1733 Juli 3 geborene Sohn des 1753 September 12 verstorbenen Wilhelm Amsinck in Hamburg. Als hanseatischer Agent und Stahlhofsmeister, nach einer vorgängigen Verwaltung während einiger Monate 1771, April, zuerst auf fünf Jahre angestellt. Er wohnte auf dem Stahlhofe. Sein Fallissement zwang ihn zu resigniren, doch diente die Bürgschaft einiger hamburger Kaufleute von 1200 £ den grössten Theil des dem Stahlhofe drohenden Verlustes zu ersetzen. Die Städte bewiesen ihre Theilnahme und Anerkennung durch eine Pension, welche er wenigstens noch im Jahre 1796 bezog. Er starb in England zu Norwich 1812, März 26.

1784—1807. *Hinrich Heymann*, hanseatischer Agent in Grossbritannien (siehe London Gazette 1784, November 23) und Stahlhofsmeister. Er correspondirte noch 1809 als Stahlhofsmeister.

Patrick Colquhoun, geboren 1747 zu Dumbarton in Schottland. Früher Lord Provost zu Glasgow, zog er 1789 nach London, wo er seit 1792 im Polizei-Amte, vorzüglich für die Sicherheit der Themse, sehr heilsam wirkte. Später finden wir ihn als "Magistrate for the Counties of Middlesex, Surrey, Kent and Essex, for the city and liberty of Westminster and for the liberty of the tower of London." Die Universität Glasgow ernannte ihn 1797 zum Doctor der Rechte. Hamburgischer Commercial-Agent von 1804—1807. Liquidateur und Verwalter des Stahlhofes 1814. Hanseatischer General-Consul und Stahlhofsmeister von 1815—1817, wo er diese Aemter an seinen Sohn James abtrat, und hanseatischer Agent von 1815 bis zu seinem 1820 erfolgten Tode. Er war Verfasser sehr geschätzter staatswissenschaftlichen Werke, von denen als die vorzüglichsten auch dem Festlande durch Uebersetzungen bekannt sind: 1) Treatise on the police of the Metropolis. London, 1796; erlebte acht Auflagen. 2) Treatise on the commerce and police of the river Thames. London, 1800. 3) Treatise on the wealth, power and resources of the British empire. London, 1814. 4. 2d edit. 1815. Vergl. *Ersch* und *Gruber* Allgemeine Encyclopädie.

James Colquhoun, J. U. Dr., hanseatischer Vice-Consul seit 1815; hanseatischer General-Consul und Stahlhofsmeister seit 1817. Seit 1820 ist er auch hamburgischer Agent am englischen Hofe, desgleichen auch lübeck- und bremischer Agent, jedoch einzeln von den Städten accreditirt. Durch Rath- und Bürger-Schluss vom 18. September 1834 ist er Ehrenbürger von Hamburg. Er bekleidet auch seit 1827 das königlich sächsische und seit 1848 das grossherzoglich oldenburgische General-Consulat.

Anhang.

1. Der hansische Stahlhof zu Boston.

Mit je lebhafterem Interesse die Geschichte der grösseren Handelsfactoreien der deutschen Hanse verfolgt wird, je anziehender erscheint die Untersuchung über die kleineren, welche neben denselben in manchen Ländern begründet, sich bisher häufig allen Nachforschungen entzogen hatten. Durch ihre Beachtung erhalten wir ein vollständigeres und richtigeres Bild von dem Handelsgange jener älteren Zeiten, besonders für das früheste Mittelalter, wo die Mannichfaltigkeit der Hansen gewöhnlich gewesen zu sein scheint. Zuweilen mögen zufällige Verhältnisse, wie Streitigkeiten mit den Einwohnern, das Versanden der Häfen, neue Handelsrichtungen, das Aufhören einzelner Hansen mitveranlasst haben: am meisten sind sie aber wohl untergegangen durch das Bestreben der Hansestädte, die Leitung des Handels in jedem fremden Lande in der grössten, allgemeinen Gildhalle festzustellen.

Zu den ältesten deutschen Hansen in England gehörte diejenige der Stadt, welche später den Namen Boston führte. Im alten Reiche Mercien hatte der Abt Botulf 654 unweit der Stadt Lincoln, zu Icanhoe, ein Kloster begründet, welches von den Dänen im Jahre 870 zerstört wurde. Es ward nur in geringem Umfange wiederhergestellt und scheint das vom Grafen Alan Rufus von Bretagne zur Zeit König Henry's I. dem Münster zu York, welches dort einige seiner Mönche hinzusenden pflegte, geschenkte St. Botulfs Kloster gewesen zu sein. Jene an Grafen Alan verkaufte Kirche St. Botulfs wird ausdrücklich als in Hoyland gelegen bezeichnet, einem in dem Lande der alten Lindiswaren belegenen Marschdistricte. Sein Sohn, Graf Conan, gedenkt bei Bestätigung dieser Schenkung schon des dortigen Jahrmarktes.[1]) Dass schon zu König Offa's Zeiten ein Schifffahrtsverkehr in diesen stets wohlhabenden Gegenden vorhanden war mit dem Norden, so wie mit den Niederlanden und den nordfriesischen Küsten, ist nicht zu bezweifeln.

Die Gegend, in welcher St. Botulfs Kloster lag, das durch die tapferen Sachsen, welche unter Herwards Leitung sich gegen Wilhelm den Eroberer und seine normannischen Lehnsleute auflehnten, in geschichtlichen Sagen viel verherrlichte Hoyland, bildete einen Theil der Besitzungen der Grafen von Richmond, von denen Graf Conan vor dem Jahre 1159 schon einige Handelsabgaben (tronagium

---

[1]) Chron. Saxon. l. a. p. 654. Monastic. Anglic. T. VI. p. 1621, T. III. p. 531, 548 und 550.

et pesagium) zu Botulfestan in Hoyland veräusserte.[1]) König Johann begünstigte auch diesen Ort durch ein Privilegium vom Jahre 1204, sich einen eigenen Baillif zu ernennen.[2]) Doch war der Jahrmarkt, wie oben erwähnt, alt, und dienten schon im Jahre 1200 die Rechte der Jahrmärkte zu Winchester und Hoyland den der Stadt Portsmouth verliehenen als Vorbild.[3]) Im Jahre 1204[4]) und 1213 wird ihres Jahrmarktes wiederholt gedacht, dabei schon eines cölner Kaufmannes, welchem sicheres Geleit dahin (ad nundinas de Hoiland) ertheilt wird. Auch erklärte 1235 Henry III. dem Baillif des Jahrmarktes zu Hoyland, dass er alle Cölner und ihre Habe in seinen Schutz genommen habe. Wir finden hier Hoyland für St. Botulf, so wie für letzteres schon 1130 Botulvestan,[5]) 1303 Botenstene. 1320 treffen wir viele hansische Kaufleute daselbst, auf deren Güter, wegen der Vergehen einiger Landsleute, Beschlag gelegt wurde. 1271 werden dort nicht weniger als sechszehn lübecker Kaufleute benannt, für welche Simon von Staveren zu Lynn sich hinsichtlich des Zolles verbürgte.[6]) Im folgenden Jahre finden wir dort ausser Lübeckern, auch dortmunder Kaufleute. Es ist daher nicht zu bezweifeln, dass bei der mordbrennerischen Beraubung Bostons durch Robert Chaumberlein im Jahre 1288, wo Ströme geschmolzenen Goldes, Silbers und Kupfers in die See geflossen sein sollen, es vorzüglich auf die dortigen hansischen Kaufleute abgesehen war.[7])

In diese Zeit oder etwas früher fällt der wichtigste Beweis für das Bestehen einer besonderen Hanse an diesem Orte, nämlich ein Schreiben des Altermannes und der übrigen Brüder zu Boston an den Altermann und die übrigen Brüder der deutschen Hanse zu London. Es ist hier die Rede von einem Schosse von 12 Pfenningen vom Pfund Sterling, welches die Hansen sich auferlegt hatten. Diejenigen zu Boston hatten vier ihrer Brüder zum Einsammeln der Abgaben ernannt, welchen grosse Authorität verliehen, doch Rechenschaft abzulegen, strenge anbefohlen wird. Die Brüder zu Boston wollen denen zu London die vollständige Rechnung mittheilen, verlangen aber die ähnliche Mittheilung von den Brüdern zu London. Es liesse sich hieraus vielleicht folgern, dass damals keine dritte Hanse in England vorhanden war, doch wissen wir von der zu Lynn schon seit dem Jahre 1271. Wenn nun einer ihrer Brüder so widerspenstig befunden würde, dass er nicht zahlen will, so möge man denselben verzeichnen, bis sie grössere Macht hätten, ihren Bruder zu bestrafen. Durch ein sehr interessantes Document vom Jahre 1383, welches auf die Verbindungen der Hansen zu Boston mit ihren Landsleuten zu Norwegen viel Licht wirft, erfahren wir den Namen des damaligen Altermannes der Deutschen in jener Stadt, Johan Steenhuys. Die Statuten Art. X, 9 benennen ums Jahr 1438 als Vorständer Herrn Clawes Heyn und Hinrik Grote aus Boston.

---

1) Placita de quo warranto a. 9. Edwardi I. p. 427.

2) Rotuli chartarum in turri Londin. p. 118. Carta de Holland ... hominibus de Sto. Botulfo et de socha, qui sunt de honore de Richemund in Hoyland.

3) Rotuli Chartarum. T. I. p. 77 a.

4) Rotuli literar. patent. Fol. 84 b. Custodes nundinarum de Hoyland. Siehe auch Rot. liter. clausar. p. 418 b etc.

5) Magnum Rotulum Scaccarii a. 31. Henrici I. p. 120.

6) Urkundliche Geschichte der deutschen Hanse. Th. II. S. 229. Lübecker Urkundenbuch. No. 329.

7) F. Wikes Chron. p. 117. Trivet Chron. p. 266. Knyghton apud *R. Twysden* Hist. Angl. Script. col. 2466.

Die Gilde der deutschen Kaufleute zu Boston ist der Aufmerksamkeit der englischen Gelehrten nicht entgangen, welche deren Errichtung dem dortigen Stapel der Wolle zuschreiben. [1]) Leland in seinem Itinerary erwähnt, dass Kaufleute des Stahlhofes von allen östlichen Richtungen her Boston viel besucht und die Franciscaner sie gewissermaassen für Stifter ihres Klosters angesehen hätten. Viele Esterlingen seien dort beerdiget. Einen Schutzbrief für die Hansen zu Boston ertheilte dem Baillif und den anderen Beamten des Städtchens Boston König Henry VI. 1446, Februar 12. [2])

Durch den utrechter Vertrag vom Jahre 1474 ward der Stahlhof der Hansen zu Boston von den Königen von England anerkannt. Die Erwerbung dieses Grundstücks war älter, wie schon die Worte jenes Vertrages bezeugen, doch fehlen bestimmte Zeitangaben und die früheren Documente über die Erwerbung. 1550 hatte jedoch die Factorei zu Boston bereits ein Ende erreicht. Das den Stahlhofs-Kaufleuten zu London gehörige Haus, bisher von Robert Mickelbarowe bewohnt, ward von derselben auf 15 Jahre für 33 Schillinge 4 Pfenninge jährlich und Uebernahme der Reparatur bis zum Belaufe von 20 £, an Henry Hood, Kaufmann des Stapels zu Calais, vermiethet. Der Miether übernahm jedoch die Verpflichtung, den Mitgliedern des londoner Stahlhofes, welche dorthin kommen würden, ein Zimmer und Packraum anzuweisen. Im Jahre 1566 ward es wiederum vermiethet auf 21 Jahre an Alexander Skinner für 40 Schillinge jährlich unter etwas veränderten Bedingungen. Das Comtoir zu London liess damals die Stahlhofs-Werfte zu Boston mit einem Aufwande von mehr als 68 £ herstellen. Jener Contract ward jedoch schon 1575 aufgehoben. Hernach scheint es einige Zeit unbenutzt gestanden zu haben, denn im Jahre 1601 ward die Vermiethung des Hauses zu Boston auf 30 Jahre von dem Secretair des londoner Comtoirs, Heinrich Dampstorf, beantragt, jedoch so, dass der Miether die Reparatur des baufälligen Hauses, welche wohl auf 130 £ sich belaufen könne, übernehme. Wir ersehen hieraus, dass die Königin Elisabeth ihre gewaltsamen Schritte gegen das Comtoir zu London nicht auf die übrigen hansischen Factoreien hatte erstrecken wollen. Im Jahre 1606 wurden 20 £ dafür geboten. Es scheint, dass die Hansestädte, vielleicht durch ihre in jener Zeit in England anwesenden Gesandten, dieses Anerbieten oder eine Vermiethung auf eine beträchtliche Reihe von Jahren annahmen. Denn im folgenden Jahre werden die Werfte und das Haus von fremden Händen wieder erbauet, wie das Comtoir zu London berichtet, mit der Bemerkung, dass es von der desfallsigen Verhandlung keine Kenntniss und Auftrag habe und deshalb wegen der Auszahlung des Kaufpreises durch den Käufer keine Schritte unternehmen könne. [3]) 1615 berichtete der Hausmeister Holtschoe, unter welchen Bedingungen das Haus zu Boston von dem Inhaber desselben wieder zu erlangen sei: er erhielt jedoch keinen Bescheid. Ein Bericht des hansischen Deputirten Lic. Haveland vom Jahre 1641, September 3, besagt, dass die an dem Flusse, die Stege genannt, angeblich vom dortigen Stahlhofe zu unterhaltenden Vorsetzen verfallen gewesen seien, und dass auf ein vor einigen dreissig Jahren erlassenes öffentliches Proclam sich kein Eigenthümer gemeldet habe, worauf der Magistrat denselben an

---

[1]) *W. Camden* Britannia. T. I. p. 553.

[2]) Siehe *Dreyer* De jure naufragii. p. 279,

[3]) Siehe das Schreiben des Comtoirs vom Jahre 1608 bei *Burmeister* a. a. O. S. 78.

einen Engländer Hale für 20 bis 30 £ als Eigenthum verkaufte, welches Geld für den etwa noch erscheinenden bisherigen Eigenthümer aufbewahrt werden sollte, wogegen jener die Vorsetzen herzustellen hatte. Der Käufer bauete dort viel und bewohnte das Haus an dreissig Jahre, hatte es aber in diesem Jahre an etliche Adliche für 10 £ Hauer vermiethet. Es scheinen damals zu Boston keine Verhandlungen eingeleitet zu sein. Doch hatten die Städte ihre Rechte an dem Hause zu Boston noch nicht aufgegeben, da sie dessen freien Besitz und Befreiungen mit denen des Stahlhofes zu London und des Hauses zu Lynn durch die an König Charles II. im Jahre 1662 entbotene Gesandtschaft in Anspruch nahmen.

2. Der hansische Stahlhof zu Lynn.

Lynn, welches mehrere Jahrhunderte hindurch in der Geschichte des Handels eine nicht unbedeutende Rolle gespielt hat, liegt in der Grafschaft Norfolk, da wo der Fluss Ouse in eine Bucht der Nordsee, oder nach alter deutscher Bezeichnung, der Westsee, sich ergiesst. Als eine dem Bischofe von Norwich gehörige Stadt führte sie den Namen Lynn Episcopi, seit der Reformation dem Könige verfallen, denjenigen Lynn Regis. Die Handelsbeziehungen dieser Stadt haben schon längst durch ihre Nebenbuhlerinnen Norwich und Yarmouth verloren. Zur Zeit der normannischen Eroberungen erscheint dieser Ort in keinen städtischen oder Handels-Verhältnissen. Doch schon in dem ersten Regierungsjahre des Königes Johann bemerken wir den Baillif von Lynn neben den Mayors, Viscounts und anderen Baillifs der englischen Küstendistricte, welchen der König im Jahre 1200, April 5, ankündigte, dass er allen fremden Kaufleuten für sich und ihre Waaren sicheres Geleit ertheile, so wie denselben Frieden, welchen die Kaufleute Englands in der Heimath der Fremden genossen. [1]) Wenige Tage später gebot der König dem Baillif des Hafens zu Lynn (portus de Lenna), die Ausfuhr von Getraide nach Norwegen und nach der Normandie gewissen benannten Kaufleuten nicht zu behindern. Aehnliche Befehle für die Kornausfuhr wurden nicht selten gegeben. 1203 ertheilte König Johann dem gleichbenannten Bischofe von Norwich das Recht, einen Jahrmarkt bei Lynn fünfzehn Tage hindurch halten zu lassen, unter einer Theilnahme an den Vortheilen abseiten des Grafen von Arundel und Vorbehalt der Gerechtsame der Stadt London. Im folgenden Jahre 1204, Januar 27, erhob der König auf Bitte des Bischofes von Norwich den Flecken (villa) zu einer freien Stadt (liberum burgum), vorbehältlich der Rechte des gedachten Bischofes und des Grafen von Arundel. Nach wenigen Monaten wurden, wiederum auf Anhalten des Bischofes, die Rechte der Bürger zu Lynn erweitert, diejenigen der Burg Oxford ihnen ertheilt, auch das Recht einer kaufmännischen Gilde, zugleich ward ihnen zu Gunsten verhiessen, dass allen fremden Kaufleuten dort sicheres Geleit zur Ankunft, zum Verweilen und zur Rückkehr angedeihen solle. [2]) Die Urkunden der nächsten Jahre (1212 flgd.) erwähnen

---

[1]) Rotuli Chartarum in turri Londinensi. T. I. p. 60.

[2]) Ibidem. p. 106, 118, 138 b.

schon des Mayors daselbst und der probi homines (prud'hommes),[1] so wie schon früher (1207) der dortigen Münze.[2]

Seit dieser Zeit sind in den englischen Urkunden viele Spuren des Verkehrs von Norwegern, Flämingern (1214),[3] Franzosen (1224) zu Lynn nachzuweisen, so wie auch des Handels der Kaufleute von Lynn nach Norwegen (1221) und anderen näher belegenen Ländern. Im Jahre 1214 gebot König Johann den Baillifs des Hafens zu Lynn, die Schiffe der Kaufleute aus dem Lande des Kaisers unter gewissen Bedingungen frei absegeln zu lassen. Ein Befehl König Henry's III. vom Jahre 1224 benennt die Eigenthümer der zu Lynn frei zu lassenden Schiffe, welche aus Staveren, Groningen, Cöln und mit anderen als Kaufleuten aus dem Lande des Kaisers von Deutschland und des Herzoges von Sachsen bezeichnet werden. Der Handel der Deutschen nach Lynn, in der Mitte der Westküste Englands, schneller zu erreichen als London, ward schon frühe bedeutend; sie besassen dort eine eigene Hanse nicht viel später als in dieser Stadt. Schon 1271 kennen wir den Symon von Staveren, der sich als Bürger zu Lynn, aber zugleich als dortigen Altermann des deutschen Reiches bezeichnet.[4] Dieser hatte in dem gedachten Jahre, sich mit 200 £ für viele lübecker Kaufleute verbürgt, welche auf der Messe zu St. Botulf Pfänder für den Zoll hatten ausstellen müssen, falls dieselben ihre Zollfreiheiten durch Einbringung fremder Güter gemissbraucht hätten.[5] Vielleicht war schon früher hier der hansische Altermann Hennekin Buch, welchen ums Jahr 1260 einige Hamburger gemisshandelt hatten, weshalb dieser zu dem höchsten Gerichte in London reiten wollte; ein Eingriff in die Gerechtsame der Deutschen in England und des Rathes zu Hamburg.[6] Zu Anfange des folgenden Jahrhunderts waren heftige Streitigkeiten der deutschen Hansen mit der Stadt Lynn ausgebrochen, in deren Folge diese ihren Genossen die Fahrt auf die Stadt untersagte. Auf einen Frevel gegen dieses Verbot bezieht sich eine noch vorhandene Beschwerdeschrift vom Jahre 1303.[7] Diese Zwistigkeiten wurden erst im Jahre 1310 ausgeglichen, wo der Mayor und die Bürger von Lynn den sämmtlichen Kaufleuten der deutschen Hanse ein stattliches Privilegium ertheilten, in welchem die Rechte derselben, welche sie in dieser von altersher besessen, zu Lande und zu Wasser, so weit es von ihnen, den Bürgern, abhange, bestätigt wurden. Diese Rechte werden ausführlich verzeichnet. Streitigkeiten über Handelsangelegenheiten sollen durch zwei vom Mayor zu Lynn erwählte Bürger und zwei vom Altermanne der deutschen Hanse erwählte hansische Kaufleute geschlichtet werden. Wir finden hier also schon eine Art Jury de medietate linguae. Doch bald darauf entspannen sich neue Streitigkeiten, welche die Hansen veranlasst

---

1) Rotuli liter. patent. T. I. 1. p. 173, 177 b, 186 b. Rotuli liter. clausar. T. I. p. 123, 217, 256, 257, 365, 448 b. Also nicht erst Henry III. machte Lynn zu einer Mayor town, wie die History of the boroughs. T. II. p. 311 angiebt.

2) Rotuli liter. patent. T. I. p. 76.

3) Rotuli liter. clausar. Fol. 209 b, 612 b, 655 und 464 b.

4) Hiernach ist also die Ansicht über das jüngere Alter der Hanse zu Lynn, siehe Urkundliche Geschichte der deutschen Hanse. Th. I. S. 310, zu berichtigen.

5) Lübecker Urkundenbuch. Th. I. No. 320.

6) Hamburger Urkundenbuch. Th. I. No. 715.

7) Urkundliche Geschichte der deutschen Hanse. Th. II. S. 228.

haben durften, Lynn zu verlassen. Greifswalder, Stralsunder und Lübecker werden im Jahre 1320 beschuldigt, unter Leitung des Heinrich von Ricklinghusen, das Schiff des Adam de Clerc von Lynn geraubt zu haben, in Folge dessen, da dem Adam kein Ersatz zu vermitteln war, die Güter der zu Boston vorhandenen Kaufleute der genannten drei deutschen Städte, falls sie nicht zu der deutschen Hanse zu London gehörten, mit Beschlag belegt wurden. Auch die der Deutschen zu Ravenesorde wurden mit Beschlag belegt; derer zu Lynn, wo man dieses zuerst erwarten sollte, wird hier nicht gedacht; [1]) vermuthlich, weil sie gleich denen zu London durch ihre Privilegien gegen unbeabsichtigte Bürgschaften gesichert waren.

Von der Bedeutung Lynns für den Handel der Hansen in England zeugt auch der an die Zöllner zu London, St. Botulf und Lynn, erlassene Befehl über die denselben vom Könige Edward III. im Jahre 1351 zugestandenen Zollbegünstigungen. Wie zahlreich sie zu Lynn und in der Grafschaft Norfolk verweilten, ersehen wir aus dem auf Veranlassung der, angeblich durch Deutsche in Flandern veranlassten Hinrichtung des Richard Curtoys aus Bristol in jener Grafschaft vorgenommenen Beschlage auf die Güter deutscher Kaufleute. [2])

Schon in dem Schreiben vom Jahre 1303 wird der Häuser erwähnt, welche die Hansen dort bewohnten, doch waren sie, wie der Vertrag zeigt, nur gemiethete. Später gelangten sie jedoch hier, wie zu London und Boston zum eigenthümlichen Besitze von Factoreigebäuden oder eines Stahlhofes, welchen die Hansestädte bis zum Jahre 1750 behielten. Bei dem Ankaufe dieser Gebäude wurden ihnen die zahlreichen älteren Documente über deren Eigenthum mit ausgeliefert und sind diese mit so gewissenhafter Sorgfalt in dem hansischen Archive zu Lübeck bewahrt, dass es noch jetzt möglich ist, hier die Geschichte derselben seit der Mitte des dreizehnten Jahrhunderts zu verzeichnen. Diese Mittheilung derselben kann demjenigen nicht ohne Interesse sein, welcher bedenkt, dass über wenige nicht fürstliche Gebäude in Europa so genaue Nachrichten vorhanden sein dürften.

Wir finden dieses Erbe schon im Jahre 1281 im Eigenthume des Walter, Sohn des Clemens le Tymberman, ehemals Bürgers zu Lynn, welcher dasselbe zu dieser Zeit an den dortigen Bürger Johann Biscop für vierzig Mark Sterling verkaufte. Es wird beschrieben als ein Stück Landes mit Gebäuden und anderen Pertinentien, belegen in der Stadt Lenne, der Breite nach zwischen dem Lande des William Alby im Norden und dem allgemeinen Wasserthore (Watergate) im Süden; der Länge nach sich erstreckend nach Osten hin von dem öffentlichen Wege bei dem Kirchhofe St. Margarethen bis zu dem grossen Ufer von Lenne im Westen. Dem Bischof zu Norwich ward eine halbe Mark Silber (zu 13 Schilling 4 Pfenning) jährlich und eben so viel dem Verkäufer vorbehalten. Von der letzteren Rente einer halben Mark oder 6 Schilling 8 Pfenning wurden fünf Schillinge von ihrem vermuthlich sehr geldbedürftigen Eigenthümer schon 1286 mit vierzig Schillingen abgelöset. [3]) 1297 verkaufte Alicia, die Wittwe des Johann Biscop, jenes Grundstück dem Adam Scot, Bürger zu Lynn,

---

[1]) Urkundliche Geschichte der deutschen Hanse. Th. II. No. 160.

[2]) Daselbst No. 172 b.

[3]) Lübecker Urkundenbuch. Th. I. No. 416 und 492.

für 30 Pfund Silber, wobei die Abgabe an den Bischof zu Norwich um vier Pfenninge, nämlich auf sieben Schillinge, jährlich erhöhet ward. Adam Scot verkaufte es schon nach zwei Jahren wieder an Thomas de Bauseye, Apotheker zu Lynn, für baare 55 Pfund Silber. 1310 kaufte Thomas de Bauseye dem Nicolaus Clement zu Lynn, der vermuthlich ein Bruder des vorgedachten Walter, des Clement le Tymberman Sohnes, 20 Pfenninge jährliche Rente in seinem gedachten Grundstücke ab, nämlich die nach dem 1286 beschafften Verkaufe von 5 Schillingen aus der Rente einer halben Mark übrigen 1 Schilling 8 Pfenninge. 1326 vermachte er in seinem Testamente dasselbe seiner Ehefrau Agnete, mit der Bestimmung, dass nach deren Ableben es verkauft werden sollte. 1345, Mai 27, verkauften die Testaments-Executoren des Thomas von Bauseye und seiner Ehefrau das fragliche Grundstück an den Geistlichen Wilhelm de Bek zu Lynn, dieser jedoch schon nach vier Wochen an Philipp Wythe, dortigen Bürger. Letzterer vermachte in seinem Testamente vom Jahre 1349 dasselbe seiner Ehefrau Isabelle, nach deren Ableben seinem dem Vater gleichbenannten Sohne. Dieser starb früh und unbeerbt. Jenes Eigenthum fiel dadurch auf Johann Wythe von Wyrmegeye, welcher der Bruder des älteren Philipp Wythe war, und die Ehefrau von jenem, Johanna. 1377, April 23, überliessen Johann von Wyrmegeye, Schmidt und Bürger zu Lynn, und seine Ehefrau Johanna für ihre und des Längstlebenden Lebenszeit sechs Gebäude, unter denen auch das uns interessirende, an ihren Sohn Philipp, Thomas de Botekysham, Richard Bowyere und den Capellan Darling. Doch schon nach wenigen Tagen verkaufte Johanna von Wyrmegeye jene sämmtlichen Grundstücke an Nicolaus Blowere von Tilneye, den eben benannten Capellan Wilhelm Darlyng, seinen eigenen Sohn Philipp Wythe und Richard Frank zu Lenne. Wir bemerken hier, dass der Nachbar im Norden, 1286 Wilhelm Alby, 1299 Alicia de Thrundeneye war, 1345, 1349 Johann de Bilneye, 1393 Adam Pike, 1417 Johann Lakyngbithe, 1430, 1446 Johann Thoresby. Im Süden tritt an die Stelle des allgemeinen Watergate 1297 Prioris Watergate, des Priors Wasserthor, 1417 Robert atte Lathe und 1446 Johann Pygot.

Hernach (1381 und 1382) überliessen die übrigen Inhaber jener Gebäude auf die Lebenszeit des Johan Wythe ihre Rechte dem schon gleichfalls mitberechtigten Sohne desselben Philipp, worüber Streitigkeiten zwischen den Eltern und dem Sohne entstanden, welche wir 1388, September 10, beigelegt finden, so wie 1391 die Feststellung einer aus jenen herrührenden Rente. Philipp Wythe übertrug 1399, Juni 11, sein Haupthaus, in welchem er wohnte, die nachherige hansische Factorei, an John Waltham, den Bischof von Salisbury, Herrn George Lowthorp, den Geistlichen Stephen Percy und den Knapen Richard Murell. Philipp Wythe vermachte in seinem Testamente 1405, October 14, das fragliche Grundstück seiner Ehefrau, Margareta, und nach deren Ableben seinem Sohne Eudo. Dieser überliess 1417 seine desfallsigen Rechte seinem Schwager, John Laweney, Bürger und Krämer zu London, und dessen Ehefrau, des Eudo Schwester, Margareta. Seine gleichbenannte Mutter, welche sich nach seines Vaters Tode mit Henry Lowelyche, Bürger zu London, in zweiter Ehe verheirathet hatte, gab zu Gunsten ihrer Tochter und ihres Schwiegersohnes eine entsprechende Erklärung ab. Unter anderen Abtretungs- und Verzichts-Acten über diesen Gegenstand findet sich auch eine in Form eines Verkaufes vom Jahre 1418. In demselben Jahre, Mai 12, übertrugen J. Laweney und dessen Ehefrau das vorliegende Besitzthum dem londoner Bürger und Tuchhändler Walter Cherteseye, und den Bürgern zu Lynn, John Spicere, Andrew Swanton, Philipp Franke und Roger Hood. Letzterer überliess schon 1419, Mai 8, so wie Walter Cherteseye November 29, seine desfallsigen Rechte an John Spicere, welche, wie hier gesagt wird, aus einer Schenkung des J. Laweney herrührten; auf der Rückseite der Urkunde wird der Gegenstand, wie auch sonst häufiger, als "rente à Seynte Margarete in Lynne" bezeichnet.

Zu der letztgedachten Veräusserung scheinen jedoch Laweney und dessen Ehefrau nicht berechtigt gewesen zu sein. Denn noch in demselben Jahre 1419 finden wir Herrn Georg de Lowthorp, Schatzmeister des Domcapitels zu Salisbury, und den Geistlichen Stephen Percy, als überlebende Inhaber der im Jahre 1393 erworbenen Rechte, dieselben übertragend an Richard Merlowe, Henry Barton, Altermann zu London, den Geistlichen Robert Thrysk, John Corf und Robert Brandon, Bürger zu Lynn, und Robert Charyngworth, — wiederum also eine grosse Maskopei, zum Theil nicht zu Lynn lebender Personen, ein Umstand, welcher auf einen bedeutenden Umfang und Werth des fraglichen Grundstücks möchte folgern lassen. Auch hier fehlt der Geistliche nicht, wenn er auch nicht, wie in anderen Fällen, die Hauptrolle bei dergleichen Geldgeschäften im Mittelalter spielt. Hugo Cook und Thomas Chevele von Lynn wurden von jenen beauftragt, den Walter Cherteseye und seine Genossen aus dem Besitze zu setzen. Auch verzichteten John Spicere und seine Genossen 1420, Juni 4, auf ihre desfallsigen Rechte zum Besten des Richard Merlowe und seiner Gesellschaft. Dieser letztere veräusserte dieselben bereits am 20. August desselben Jahres an eine Maskopei von zehn Personen, nämlich Thomas Knolles den Aelteren, Bürger und Krämer zu London, den Geistlichen Gilbert Crede, Thomas Colrede, John Sudbury, Bürger und Krämer zu London, Galfrid Collet, John Dernewelle, John Spicer, Andrew Swanton, Philipp Frank und Thomas Plokett, letztere Bürger zu Lynn. Wir finden in dieser neuen Gesellschaft also die drei Männer, welchen Laweney einst den gedachten Platz übertrug und welche auf denselben verzichtet hatten, woraus sich denn wohl auf mancherlei desfallsige Verhandlungen schliessen lässt.

1422 hatte Henry Lovelyche, der zweite Ehemann der Margareta, Wittwe des Philipp Wythe, Ansprüche auf die von ihrem Schwiegersohne John Laweney veräusserten sieben Besitzungen zu Lynn erhoben, für deren Beseitigung jenem 100 Mark Silber ausgezahlt wurden. Diese Rechte auf die sieben Gebäude zu Lynn wurden nun auf drei der obengedachten zehn Männer, nämlich Thomas Knolles sen., Thomas Colrede und Galfrid Colet, so wie dem John Laweney übertragen. 1424, April 16, überliessen Thomas Knolles nebst den Ueberlebenden der Maskopei der zehn Männer den fraglichen Platz in Lynn an William Paston, Nicolaus Conyngeston, John Corf, William atte Watere, den Geistlichen William Downe und den Capellan Robert Wynter. Am 22. Mai desselben Jahres wurden die sieben Gebäude in Lynn an dieselben sechs Personen von Thomas Knolles, John Laweney und Thomas Colrede übertragen. Der Capellan Robert Wynter trat schon zwei Tage darauf aus dieser Maskopei heraus. Bei den letzten Uebertragungen waren jedoch die Rechte des John Lawney und seiner Ehefrau nicht berücksichtigt. Sie erhoben eine Klage im königlichen Gerichtshofe zu Westminster, welche 1424, Juni 2, durch einen Vergleich beendigt wurde. Es wird in demselben anerkannt, dass die sieben Gebäude dem William Paston gehörten, eben so wie diejenigen, welche er und seine Genossen mittelst

Schenkung des John Laweney und dessen Ehefrau erlangt hatten. Dagegen blieben Gebäude, Kai und Pertinentien im Besitze der beiden letztgenannten Besitzer für ihre Lebenszeit, während William Paston, seine Erben und seine Genossen die Dienste dafür den Lehnsherren leisteten. Nach deren Tode sollten diese Gebäude und Kai fallen auf ihren Sohn Radulf und dessen Erben, doch sollte dann er die Dienste tragen; im Falle aber seines unbeerbten Todes wurden unter denselben Bedingungen nach einander eingesetzt: sein Bruder Eudo; seine Schwester Margeria; Margareta, die Tochter des William Radwell, einst Bürger und Fischhändler zu London; Simon, Bruder des John Laweney; endlich Roger Pulvertoft und dessen Schwester Margareta. Der letztgedachte Roger Pulvertoft verzichtete schon 1425, Juni 24, auf seine desfallsigen Rechte. Nach einigen Jahren 1430 übertrugen John Laweney und seine Ehefrau Margareta wiederum ihre Rechte an den sieben Häusern, Garten und Kai zu Lynn für ihre Lebenszeit an ihren Sohn Radulf Laweney, William Yelverton, Gentleman aus der Grafschaft Norfolk, den uns bereits früher bekannten John Corf aus Surrey, Thomas Basset aus Essex, Arthur Ormesby aus Surrey, den oben genannten Geistlichen Robert Wynter und den Geistlichen Nicolaus Hertwell. 1446, November 30, lebten von diesen sieben Genossen noch William Yelverton, Justiziar der Königsbank, Thomas Basset, Arthur Ormesby und Robert Wynter, welche alle ihre Rechte an den sieben Grundstücken dem *Eudo Laweney* übertrugen.

Nach fünf Jahren finden wir diesen und seinen Vater John Laweney in Streitigkeiten vor dem königlichen Gerichtshofe zu Westminster gegen Stephan Broun, John Maldon, William Marrowe und William Holte, welche durch einen 1451, November 2, abgeschlossenen Vergleich endeten, wornach die beiden Laweney gegen empfangene Hundert Mark Silber für sich und ihre Erben zu Gunsten des Stephan Broun und seiner Genossen allen Ansprüchen auf die oft gedachten Grundstücke entsagten. Der Rechtstitel der neuen Eigenthümer wird nicht näher angegeben, später (1468) wird gesagt: ex dono et concessione. 1452, Juni 6, stellten auch Margeria, die Tochter des John Laweney, und ihr Ehemann John Pecok, Bürger und Gewürzkrämer zu London, eine Verzichts-Acte ihrerseits aus. 1468 lebte von den letzten Erwerbern nur noch John Maldon, welcher am 8. Juli die fraglichen sieben Grundstücke übertrug an *John Tate*, Alterman, *Thomas Bledlowe*, Gewürzkrämer (grocer), beide zu London, Thomas Barker, Krämer (mercer), und Thomas Wright, Färber zu Lynn. Die beiden letztgenannten verzichteten 1475, April 13, auf ihre desfallsigen Rechte zu Gunsten der Vorgenannten. Diese, damals beide Altermannen zu London, übertrugen nun am 25. April desselben Jahres den fraglichen genau beschriebenen Platz mit Gebäuden, Kai, Garten, vorliegenden Häusern, Kellern, Söllern (solaria) und allen Pertinentien zu Lynn auf den König Edward IV. und seine Erben.

In Folge der Verhandlungen und des Vertrages zu Utrecht vom Jahre 1474 übertrug der König für sich und seine Erben bereits am 29. April 1475 den oftgedachten Platz nebst allen Gebäuden und anderen Pertinentien den Kaufleuten und Völkern deutscher Nation in der deutschen Hanse, welche sonst genannt werden die deutschen Kaufleute, welche die Gildhalle in London besitzen, und ihren Nachfolgern. Auch verpflichtete jener sich zu gebührendem Schadensersatze, falls den deutschen Kaufleuten irgend ein Theil jenes Grundstückes entrissen würde. Weshalb Lynn erwählt worden, ist schwer zu errathen, wenn wir nicht althergebrachten Verkehr der Hansen dort annehmen dürfen.

Die Kaufleute von Lynn waren früher in Bergen, hernach in Island stets in Streitigkeiten mit den Hansen. (S. oben § 4.) Zur Zeit des Vertrages vom Jahre 1474 müssen die Hansen keinen Stahlhof zu Lynn besessen haben. Jener sagt, dass zu Lynn ein den Stahlhöfen zu London und Boston ähnliches Haus am Wasser zum Gebrauche und Nutzen der Kaufleute der deutschen Hanse angeordnet (ordinetur) und durch den König denselben für ewige Zeiten als Eigenthum übertragen werden soll (possidenda aproprietur). Es ist oben schon nachgewiesen, wie bedeutend Lynn schon früher für den hanseatischen Handel war, dass auch deutsche Kaufleute dort wohnten. Wahrscheinlich werden die Gebäude derselben bisher gemiethet gewesen sein und die entstandenen Streitigkeiten mit den Städtern die Nothwendigkeit eigenthümlichen Besitzes gezeigt haben.

Vom Jahre 1505 hat sich ein Contract über die Vermiethung eines kleinen zum Stahlhofe zu Lynn gehörigen Gebäudes erhalten, aus dem wir erfahren, dass derselbe einen "custos et gubernator" in dem hansischen Kaufmanne Lutkyn Smyth besass. Zur Zeit der Bedrückung der Hansen in England zur Zeit der Königin Elisabeth ward es vermiethet und zwar 1571 auf 21 Jahre an Robert Daniel für 3 £ jährlich, später wie es scheint, weislich auf eine Periode von 30 Jahren, mit der Verpflichtung zu repariren.[1]) 1606 ward für jenes Haus der Hanse 100 £ geboten,[2]) doch blieb dasselbe in ihrem Eigenthume. 1624 hatte Stephan Jackson dasselbe auf einen damals schon 17—18 Jahre laufenden Miethe-Contract und wünschte denselben nun ferner 20 Jahre zu verlängern. 1626 ward mit Bartholomäus Wormelly ein Contract auf 21 Jahre zur Miethe von 3 £ jährlich abgeschlossen, mit 30 £ Kaufgeld und der Verpflichtung zu den nöthigen Reparaturen. 1661 ward eine Verlängerung auf 21 Jahre von einem Manne desselben Namens zu derselben Miethe mit 40 £ Kaufgeld. 1679 überliess der hansische Hausmeister zu London, Jacob Jacobson, den Stahlhof zu Lynn dem Edward Bodham auf 41 Jahre, ein Vertrag, mit welchem die Städte eben so wenig zufrieden gewesen zu sein scheinen, als mit dem von jenem Hausmeister wegen des Londoner Stahlhofes eingegangenen. Im März 1723 gelangten sie wieder in den Besitz ihres Eigenthumes zu Lynn, welchen sie noch gegen 30 Jahre behielten. Es ward vom Agenten Hopmann für 26 £ jährlich an den Eigenthümer des benachbarten Hauses, Scarlet, vermiethet und später an dessen Wittwe. Es wird derzeit beschrieben als ein sehr schmales, aber doch proportionirtes Haus, über dessen Thür eine kleine Balustrade von eisernen Stangen befindlich, worin ein doppelter Reichsadler eingeflochten war. Es hatte hinten einen nicht gar breiten, aber ziemlich langen Hofplatz, welcher bis an den Fluss, die Lynn, ging.

Im Jahre 1751 wurde dieses Haus an den dortigen Altermann Edward Everard mittelst eines im Februar desselben Jahres von den drei Hausestädten vollzogenen Vertrages für 800 £ verkauft.[3])

[1]) Siehe die Notiz vom Jahre 1601 bei *Burmeister* a. a. O. S. 78.

[2]) Siehe ebendaselbst.

[3]) Urkundliche Geschichte der deutschen Hanse. Th. I. S. 311. Note 1.

Erläuterungen zu den Ansichten des Stahlhofes.

Tafel I.

Die älteste uns erhaltene Ansicht des Stahlhofes findet sich in einem Kupferstiche, welcher London und Westminster darstellt, betitelt: *Londina antiqua*, aus den ersten Jahren der Regierung der Königin Elisabeth. Den ganzen Kupferstich findet man nach dem Exemplare in Hans Sloane's Sammlung auf dem britischen Museum verkleinert in *Maitland's* History of London. T. I. p. 252. Auf einem einzelnen Blatte ist eine ähnliche Verkleinerung in Steindruck im Jahre 1849 erschienen, worin sie diesem Jahre zu Gefallen willkürlich drei Jahrhunderte zurück angesetzt ist; unter dem Titel: London in 1549 or Three Hundred Years ago. Published by J. Wyld, Charing Cross, East, London and W. Price, Birmingham. Es ist hier diese Ansicht den neueren vorgezogen, weil sie eben die älteste ist und zugleich die Abgrenzungen deutlich erkennen lässt, auch zeigt, wie seicht die Themse damals vor dem Kay war und eine Vergrösserung desselben begünstigte. Im Uebrigen ist sie freilich sehr undeutlich und ist nicht einmal der Thurm, sogar nicht der Krahn auf derselben angegeben. Eine Ansicht von London in *Merians* Ausgabe des *Werdenhagen* de rebus publicis hanseaticis. Francofurt 1641, augenscheinlich etwas älter als der Druck des Buches, giebt ein viel hübscheres Bild, doch ist sie dem Geschichtsfreunde leicht zugänglich, auch finden sich ähnliche Ansichten, wie auch ein Kupferstich Hollar's vom Jahre 1641, woraus in *Ch. Knight's* London. T. II. p. 285 und in *Herbert's* History of the London Companies. T. I. p. 12 der Stahlhof copirt ist. Auf jenem bespühlt die Themse die gemauerte Vorsetze des Stahlhofes, auf welchem ein stattlicher Krahn prangt und im Westen das später erhaltene grosse Wohngebäude steht. Auf letzterem erblickt man ein Vorland, so weit der Steg reicht. Auf beiden ist rechts ein Thurm, welchen Herbert irrig für den der Gildhalle hielt. Er gehört aber der All Hallows Kirche an und sollte weiter zurückliegen. Aehnlich, doch ohne Krahn, erscheint der Stahlhof auf W. Hollar's Kupferstiche: A trew and exact prospect of London before the fire and after the fire. W. Hollar delin. and sculps. 1666. Man blickt hier vom Thurme der Kirche St. Mary Overies in Southwark ziemlich gerade, etwas nach Osten, auf den Stahlhof hin. Von Westen her erblickt man denselben auf einer Ansicht Londons durch den Amsterdamer Cornelius Danckerts 1647. Im Uebrigen entspricht dieselbe der oben gedachten des W. Hollar vom Jahre 1666.

Tafel II.

Es ist hier ein sehr seltener, im Archive des Hausmeisters zu London aufgefundener, in Kupfer gestochener Grundriss des Stahlhofes genau wieder gegeben, welchen der vorgedachte, bekannte, viele Jahre zu London verweilende *Wenzel Hollar* aus Prag im Jahre 1667 anfertigte. Jener ist kein neuer Bauplan, sondern, wie sich aus No. 18 ergiebt, ein Situationsriss der alten Gebände, wie er aus den Ruinen und ungenauer Erinnerung hergestellt wurde. Es ergeben sich ziemlich bedeutende Verschiedenheiten dieses Risses von dem folgenden vom Jahre 1797. Bei Hollar beträgt die Tiefe des Gebäudes 378 Fuss, also 50 Fuss weniger. Diese Vergrösserung könnte also durch den Neubau nach dem Brande durch Benutzung des damaligen Uferlandes abgewonnen scheinen. Doch ist bei Hollar die Breite an der Upper Thames Street 201 Fuss, am Wasser 185 Fuss, wo 1797: 172 Fuss und 157 Fuss 1 Zoll angegeben sind. Jene Angabe Hollar's kann also nicht genau sein, was am augenfälligsten durch die Dimensionen und graden Linien an der Aller Heiligen Gasse erscheint. Beachtet man nun, dass bei Hollar die Tiefe 50 Fuss geringer, während die Breite bei ihm etwa 28 Fuss grösser ist, so muss man auch annehmen, dass er mit einem kleineren Fussmaasse gemessen hat, und dass das Gebäude G des Risses vom Jahre 1797 nach dem Brande auf den Grundmauern der No. 2 vor dem Brande errichtet und der unbebauete Raum vor den Häusern, über 80 Fuss tief, dem Wasser seitdem abgewonnen ist.

Tafel III und IV.

Ein von dem Magistrate zu London beglaubigter Riss des Stahlhofes vom Jahre 1680 ist von mir nicht aufzufinden gewesen, eben so wenig wie ein Riss mit Erläuterungen von Birmigham vom Jahre 1740. Doch ist ein aus mehreren Blättern bestehender Riss mit Ansichten auf dem Archive zu Lübeck vorhanden, betitelt: "A Survey of an estate in Upper Thames Street in the City of London, belonging to the laudable the Hansetowns taken in 1797." Der Verfertiger hat sich nicht genannt. Aus dieser Zeichnung hat der hiesige Hauptmann C. F. Gaedechens die etwas verkleinerten Zeichnungen entnommen, welche unter Verdeutschung der englischen Angaben hier unter No. III. und IV. im Steindrucke wieder gegeben sind.

Berichtigungen und Druckfehler.

Abtheilung I.

Seite 70. Da es noch immer an einer urkundlichen Bestätigung für die Angabe fehlt, dass die königliche Waage (Steelyard) wirklich auf dem von ihr so benannten *Stahlhofe* einst gestanden habe, so möchte ich noch eine Vermuthung äussern, welche sich durch ihre Einfachheit sehr zu empfehlen scheint. Es könnte nämlich der Stahlhof, der grosse Platz an der Themse neben der deutschen Gildhalle, sehr wohl seinen Namen verdanken dem dort gegen Entrichtung einer kleinen Abgabe angewiesenen Platze zum Lagern (Stall, stellen) der zu verkaufenden Waaren. Das Recht, dieses Stellgeld zu erheben, wird in England genannt: Stallagium, vom Platz, angelsächsisch stal; bei den Schotten Stallangium (*Spelman* Glossarium archaeologicum), noch jetzt Stallage; französisch Etalage, auch Tonlieu. Graf Thomas von Flandern befreiete die Bürger seiner Stadt Dam: "de quodam censu annuo, qui vocatur stalpenenghe, ita ut possint habere Hallam ad utilitatem villae." [1]) Der Stahlhof war also der alte Marktplatz, neben welchem die Gildhalle der Deutschen und vielleicht, wie zu Dam die Halle der Bürger, erbauet wurde, oder der Platz ward neben der Gildhalle, welche nicht Raum für die Waaren hatte, zum Aufstellen angewiesen. Dass solche Abgabe nicht nur für den Raum, sondern auch für das Recht des Zeigens gezahlt werden musste, unter den Namen: Ostensio, Skeawing, Scavagium, weiset unsere Urkunde No. I. nach. Ein Stahlhof war also nichts anders als ein Stell- oder Marktplatz, wenn gleich beschränkt auf gewisse Berechtigte, so wie später in London Blackwell Hall. Die englische Benennung Steelyard mag entstanden sein, weil eine Schnellwaage auf jenem Hofe vorhanden war, oder aus Missdeutung des den Normannen unverständlichen angelsächsischen Wortes. Das englische Schreiben des Londoner Magistrats, welcher Stolhof von stol, stool, der Stuhl, bei Chaucer: stole, schrieb (siehe Urkunde No. CXXIV), mochte die angedeutete Herleitung im Sinne haben.

S. 80. Der unter No. 10 angeführte *Lütke Buring* starb, laut dessen noch vorhandenen Testamentspapieren, im Jahre 1531, und findet sich in dem Inventare derselben aufgeführt unter den "besegelden breven, dar twivel ane is," auch: "Noch ein Handschrift von dem olden Hinrich Lathusen vp de Camer tho Lunden."

---

[1]) *Warnkönig* Flandrische Staats- und Rechtsgeschichte. Th. II. Urkunde 2. S. 10.

S. 112. Die Bestrebungen der englischen Hofleute, den Stahlhof sich anzueignen, scheinen schon zu Ende der Regierung König Jacob I. begonnen zu haben. Der frühere Hausmeister Stampeel berichtet, dass im Jahre 1624 Herr Arrendal auf den Stahlhof gekommen sei mit den königlichen Surveyors, um nachzusehen, ob der königlichen Proclamation gemäss gebauet worden, und bemerkt habe, es sei schlimm, dass solch ein Haus verfallen solle; darauf jedoch einen Trunk rheinischen Weins zu sich genommen, ohne sich weiter zu äussern. Einige Zeit hernach seien ein londoner Altermann, ein Sheriff und mehrere Kaufleute, welche bei der Rede des Königs gewesen, auf den Stahlhof gekommen und in das rheinische Weinhaus gegangen, wo sie im Weggehen bemerkt, dass sie bald andere Häuser bauen wollten, denn sie gehörten dem Herrn Arrendal. Stampeel besorgend, dass Gewalt vor Recht gehen könne, rieth, sich an den König zu wenden, durch dessen bald erfolgten Tod jedoch jene Ansprüche, wenn sie ernster gemeint waren, scheinen erloschen zu sein. Jener Herr Arrendal kann nicht der Graf von Arundel und Surrey gewesen sein, sondern war vermuthlich ein Sohn des Sir John Arundel, welchen König James I. zum Lord Arundel, Baron von Wardour erhoben und dem Kaiser Rudolf II. wegen seiner im Kriege gegen die Ungarn in der Türkei ihm geleisteten Dienste schon 1595 die Würde eines Reichsgrafen verliehen hatte.

S. 140, Z. 7. Landes-Privilegium, *lies:* Landungs-Privilegium. Vergl. § 9. 101.

Abtheilung II.

S. 21, Z. 8, von unten: autre seu, *lies:* autre feu. Vergl. unten No. LXIV. S. 46 tempestate terribili ab igne alieno exceptis. Es ist also das von dem Hause der Nachbaren ausgegangene Feuer gemeint.

S. 22. Hierher gehört das Document vom Jahre 1359, welches S. 75 zum Jahre 1449 abgedruckt ist.

S. 157, No. CXXXVIII, Z. 11. Hier ist zu ergänzen: *mansiones* non computentur ille domus, shope et mansiones, *que sunt.*

URKUNDEN.

I. *Das Recht Londons zur Zeit des Königs Aethelred. 978—1016.* [1])

Quae portae observabantur.

Ealdredesgate et Cripelsgate i. e. portas illas observabant custodes. [2]).

De teloneo dando ad Bylyngesgate.

.... Homines de Rotomago ...... Flandrenses et Ponteienses et Normannia et Francia, monstrabant res suas et extolneabant. Hogge [3]) et Leodium [4]) et Nivella, [5]) qui per terras ibant, ostensionem [6]) dabant et teloneum. Et homines Imperatoris, qui veniebant in navibus suis, bonarum legum digni tenebantur, sicut et nos. Praeter discarcatam lanam et dissutum [7]) unctum et tres porcos vivos licebat eis emere in naves suas; et non licebat eis aliquod forceapum facere burhmannis. Et [8]) ..... dare teloneum suum; et in sancto Natali Domini duos grisengos pannos et unum brunum et decem libras piperis et cirotecas quinque hominum et duos caballinos tonellos aceto plenos, et totidem in Pascha.

II. *König Heinrich II. nimmt die Cölner in seinen Schutz, namentlich ihr Haus in London. (1157.)* [9])

Henricus, Dei gracia rex Anglie et dux Normannie et Aquitanie et comes Andigauie, iusticiariis, vicecomitibus et omnibus ministris suis Anglie salutem. Precipio vobis, quod custodiatis et manuteneatis et protegatis homines et ciues Colonienses, sicut homines meos et amicos, et omnes res et mercaturas suas et possessiones, ita, quod neque de *domo sua London.*, neque de rebus, neque de mercaturis

---

[1]) Nach den Abdrucke in den Ancient laws and institutes of England, ed. *B. Thorpe*, p. 127. [2]) Diese Thore wurden von den Londoner Bürgern bewacht, also nicht Bishopsgate. [3]) *Hogge*, an dem aus dem Zwin, dem alten Sincfal, nach Damme und Brügge führenden Canale, im Norden von Ostflandern, jetzt Houck, unfern des im ältesten Hamburgischen Schiffrechte (und schon vor 1127 in Gilbert's Historia S. Caroli Dani. c. 11, s. *Langebek* Script. rer. Danic. T. IV. p. 150—178, 180) genannten Ostkerken, und vermuthlich das Osthoek des ältesten Lübecker Schiffrechtes. Vergl. Urkundliche Geschichte der Deutschen Hanse. Th. II. S. 97, wo zu Anfange des vierzehnten Jahrhunderts Hoke und Portus Swenonis neben einander als zwei von den Hansen besuchte Häfen genannt werden. [4]) *Lüttich*, der alte Sitz des Bischofes, dem auch das oben zu § 3 erwähnte, zur Deutschen Hanse gerechnete Dinant gehörte. [5]) *Nivelles* an der Senne im südlichen Brabant. [6]) *Ostensio* ist eine Abgabe für die Erlaubniss, Waaren zur Schau zu stellen, auszupflegen. Altenglisch scheawing; auch escewings, scavagium. [7]) *Lege* dissolutum? *Thorpe*. [8]) Hier fehlt: "debebant" oder dergleichen.

[9]) Aus dem Cölner Copialbuche vom Jahre 1326.

suis, aut aliquibus aliis ad eos spectantibus, iniuriam aliquam vel contumeliam eis faciatis, neque fieri permittatis; quia et omnia sua sunt in custodia et proteccione mea. Et ideo firmam pacem habeant faciendo rectas consuetudines suas, et nullas exigatis ab eis nouas consuetudines vel rectitudines, quas facere non debeant nec facere solebant. Et si quis super hoc maligno forifecit, plenam eis meam, sine dilatione, iusticiam fieri faciatis. Testibus Ricardo de Luci, [1] Wilhelmo, filio Aldelmi, dapifero. [2] Apud Norhampton. [3]

III. *König Heinrich II. bewilligt den Cölnern die Freiheit, den Wein auf dem Markte zu London, gleich dem Französischen, zu verkaufen. (1157.)* [4]

Henricus, Dei gracia rex Angliè et dux Normannie et Aquitanie et comes Andegauie, vicecomitibus et balliuis suis Lunden. salutem. Concedo, vt homines Colonienses vendant vinum suum ad forum, quo venditur vinum franciginum, scilicet sextarium pro III denariis. Et ideo prohibeo, ne ipsi inde disturbentur, nec aliquis super hoc iniuriam eis faciat vel contumeliam. Testibus Ricardo de Luci et Wilhelmo, filio Aldelmi, dapifero. Apud Norhampton.

IV. *König Heinrich II. nimmt die Cölner und deren Sachen und Besitzungen in England und Frankreich in seinen Schutz, gleich als wären es seine eigenen. 1175, Juni.* [5]

Henricus, Dei gracia rex Anglie et dux Normannie et Aquitanie et comes Andigauie, iusticiariis, vicecomitibus et omnibus ministris et fidelibus suis Francis et Anglis terre sue salutem.

---

[1]) Richard de Lucy erscheint in der Umgebung des Königs Henry II. seit dessen ersten Regierungsjahren; siehe den ungedruckten Rotulus magnae pipae anno II. R. Henrici II. Seit 1162 finden wir ihn als Justiciarius, in welchem höchsten richterlichen Amte er verblieb bis zum Jahre 1179, wo er den weltlichen gegen den geistlichen Stand vertauschte und als Regulär-Domherr in die von ihm selbst gestiftete Abtei Westwood in Lesnes (in Kent) trat, in welcher er bis zu seinem bald erfolgten Tode verharrte. Siehe Benedicti Petroburg. de vita et gestis Henrici II. et Ricardi I. ad a. 1179 ed. *Hearne.* p. 316. Monasticon Anglican. T. VI. p. 456. Da dem Richard von Lucy hier der Titel des Justitiarius nicht ertheilt wird, so wird durch diesen Umstand die obige Urkunde in die Jahre 1154—1162 gewiesen. [2]) Wilhelm Fitz Aldelmi erscheint 1161 in der Umgebung des Königs in einer Urkunde für die Stadt Malden. In einer Urkunde vom Jahre 1163 bei *Rymer* Foedera P. I. p. 30 wird er ohne Amt aufgeführt, während dort Manassar Bisset als Truchsess — dapifer — erscheint. 1174 wird er Seneschal betitelt, und auf ihn folgt der dapifer. Dagegen nennt ihn der König im Jahre 1177, als er ihm die Verwaltung Irlands übertrug, wiederum dapifer. Siehe Rymer l. l. p. 36 in der mit 1181 irrig bezeichneten Urkunde. Benedict Petroburg. h. a. betitelt ihn als Seneschal. Es gab jedoch mehrere Truchsessen gleichzeitig, wie denn der Rotulus magnae pipae anno 31 Henrici I. als solche Eudo und Hemo gleichzeitig aufführt. [3]) In Northampton finden wir den König Henry II. zuweilen, z. B. 1176, 1177, siehe Benedict Petroburg. l. l. p. 130, 163. Doch war es dort, wo er 1157 das im Texte angeführte Schreiben an Kaiser Friedrich I. erliess, und das Zusammentreffen jenes Ortes der Ausstellung, welches um so erheblicher wird, da Henry II. so viele Jahre in Frankreich zubrachte, scheint auch die obige Urkunde in dieselbe Zeit zu weisen.

[4]) Nach dem Cölner Copialbuche vom Jahre 1326. Vergl. Urkundliche Geschichte der Deutschen Hanse. Th. II. S. 3 und S. 711.

[5]) Aus dem Cölner Copialbuche.

Precipio vobis, quod custodiatis et manuteneatis et protegatis ciues et mercatores et homines Colonienses et omnes res et possessiones suas, vbicunque ad vos venerint in terram meam, sicut meas proprias, ita quod nullam iniuriam vel contumeliam eis faciatis, nec fieri permittatis, quia homines et fideles mei sunt, et ipsi et omnia sua sunt in manu et custodia et proteetione mea. Et si quis super hoc maligno forfecit, plenariam eis inde, sine dilatione, iusticiam fieri faciatis. Testibus: R. Wyntoniensi, Hugone Dunelmensi, episcopis, Johanne, decano Saresbiensi, [1]) Wilhelmo Aldelmi. Apud Wudestok.

V. *König Richard Löwenherz befreiet die Cölner von allen Abgaben, welche sie von ihrer Gildehalle zu London und sonst in England ihm zu erlegen hatten.* *1194, Februar 16.* [2])

Richardus, Dei gracia rex Anglie, dux Normannie, Aquitanie et comes Andigauie, archiepiscopis, episcopis, abbatibus, comitibus, baronibus, iusticiariis, viceecomitibus, ministris et omnibus balliuis et fidelibus suis [3]) tocius Anglie salutem. Sciatis nos quietos clamasse dilectos [4]) nostros ciues de Colonia et marchandisam suam de illis duobus solidis, quos solebant dare de Gildhalla sua London, et de omnibus aliis consuetudinibus et demandis, que pertinent ad nos in London et per totam terram nostram in Anglia. Concessimus eciam eis salvos [5]) ire et saluos [5]) venire in totam terram nostram, et quod libere possint ire ad ferias per totam terram nostram et emere et vendere, et in villa London. et alibi. Quare volumus et firmiter precipimus, quod predicti ciues de Colonia prenominatas libertates et liberas consuetudines habeant per totam terram nostram Anglie. Testibus: H(enrico) duce de Louanio, Gaufrido de Sey, Thoma filio Bernardi, Willelmo de Stagno, [6]) Willelmo de sancte Marie ecclesia. Datum per manum W. Elyensis episcopi, [7]) apostolice sedis legati, cancellarii nostri, apud Lovanum, XVI [8]) die Februarii, anno quinto regni nostri. [9])

---

[1]) Richard ward zum Bischofe von Winchester im Jahre 1173 erwählt, im folgenden ordinirt. Johannes von Oxford, der durch Gelehrsamkeit und Scharfsinn wohlbekannte Dechant von Salisbury, ward 1175, November 26, zum Bischofe von Norwich erwählt. Siehe Monastic. Anglican. T. I. p. 195. T. VI. p. 1293. Annal. eccl. Winton ap. *Wharton* Anglia sacra. p. 301. Roberti de Monte Annales. 1175, in der Woche Johannis des Täufers, war der König, welcher in den Sommer-Monaten dieses Jahres in England verweilte, nach Woodstock gekommen, wo auch die Bischöfe Richard von Winchester und Hugo von Durham gegenwärtig waren, und die Wiederbesetzung des erledigten Bisthums Norwich berathen ward. Siehe Benedict. Petroburg. l. l. p. 110 sq. Wir können also beinahe den Tag dieser Urkunde mit grosser Bestimmtheit angeben.

[2]) Aus dem Copialbuche zu Cöln, dessen Jahrszahl *Lacomblet*, Urkunden des Niederrheins. Th. I. S. 379, entziffert hat, verglichen mit dem dem Könige Edward II. im Jahre 1321 vorgelegten Exemplare. Siehe Placita de Quo Warranto, temporibus Edwardi I., II. et III. p. 468 b. [3]) Suis fehlt. C. [4]) Dictos. C. [5]) Salvum. C. [6]) W. de S. fehlt bei *Sartorius*. W. de Sagno. *Pl.* de Stegno. *Lacomblet*. Wilhelm de Stagno (d'Etang) erscheint noch häufig in Urkunden des Königs Johann. [7]) Wilhelm von Longchamp. Die Zeugen sind alle in anderen gleichzeitigen Urkunden nachzuweisen. [8]) VI. C. [9]) König Richard ward erst am 4. Februar 1194 auf dem Reichstage zu Mainz aus der Gefangenschaft befreiet. Er eilte sogleich nach Cöln, von wo ihn der Erzbischof feierlich empfing und bis nach Antwerpen zur Einschiffung geleitete. Siehe Hoveden Annales. Der König muss jedoch ziemlich lange in Löwen verweilt haben, da er erst zu Anfang März sich zu Antwerpen einschiffte, worauf er durch neuen Verzug auf der Flussfahrt und im Hafen zu Swin, der Insel Catsand gegenüber, erst am 13. März zu Sandwich landete. Vermuthlich ist die vorliegende die erste vorhandene, von dem Könige nach seiner Befreiung erlassene Urkunde.

VI. *Des Königs Johann Dankschreiben an die Cölner. 1202, Juni 4.* [1])

Rex etc. ciuibus Coloniensibus etc. Grates vobis referimus multiplices super honore et bonis, que dilecto nepoti nostro Otoni, regi Romanorum, domino vestro, fecistis. Rogamus vos attentius vt ita faciatis. Et sciatis, quod Dei gracia cooperante in statu tali positi sumus, quod ei bene succurrere possumus. Teste me ipso, apud Pontem Archis, IV. die Junii.

VII. *Dankschreiben des Königs Johann an die Cölner und Bestätigung ihrer Privilegien. 1204, April 11.* [2])

Rex etc. ciuibus de Colonia etc. Grates vobis referimus multiplices super honore, reuerencia, auxilio et bonis domino regi Othoni, nepoti nostro, a vobis collatis, vestram dileccionem attentius rogantes, quatinus opus dileccionis et obsequii, quod erga eum adeo bene incepistis, ad effectum perducere studeatis optatum, et ad hunc summum honorem consequendum, quem Deo annuente in breui consecuturi sumus, ei ita viriliter et efficaciter auxilium et consilium impendatis, vt ex eius sublimacione merite gloriam consequi debeatis. Amplius enim vestro cedet honori, si per vos eius promocio finem sortitur optatum, a quibus totius fortune eius series et processus sumpsit initium. Nos autem vos et omnes res et possessiones vestras in custodiam et protectionem nostram suscepimus, vobis concedentes liberum ingressum et regressum et transitum per vniuersum terram nostram, quocumque vobis placuerit, cum omnibus merchandisis vestris; saluis tamen nobis debitis et antiquis consuetudinibus nostris, quas antecessores vestri et vos tempore antecessorum nostrorum, regum Anglie, fecistis et facere consueuistis. Teste etc. Apud Wintoniam, XI. die Aprilis.

VIII. *Des Königs Johann Schutzbrief für die Cölner. 1204, December 25.* [3])

Johannes, Dei gratia Rex Angliae, omnibus ad quod presentes literae pervenerint salutem. Sciatis, quod dedimus licenciam hominibus Colonie, quod saluo et secure veniant et redeant per totam terram nostram Anglie cum vinis et aliis merchandisis suis, faciendo inde rectas et debitas consuetudines, quamdiu ipsi fuerint in fidelitate et fide Regis Othonis, nepotis nostri. Teste me ipso, apud Theokesbiram, XXV. die Decembris, anno regni nostri sexto.

---

[1]) Aus den Rotulis literarum patentium ed. *Th. Duff Hardy.* T. I. p. 11 b. Erläutert bei *Sudendorf* die Welfen-Urkunden. S. 5.

[2]) Aus den Rotulis literarum patentium ed. *Th. Duff Hardy.* T. I. p. 40 b. *Rymer* Foedera und *Sudendorf* setzten diese Urkunde irrig zum Jahre 1203. *Hakluyt* Voyages hat sie mit dem Datum: apud Portesmuth. XII. die April. Dass der König am 13. April zu Winchester war, bestätigen Rotuli Chartarum. p. 125.

[3]) Aus *Th. Duff Hardy* Rotulis literarum patentium. T. I. p. 48 b und *Sudendorf* S. 69.

IX. *König Johann gebietet dem Sheriff von Norfolk, zwei Cölner Kaufleuten den Ersatz für zwei zu seiner Hofhaltung genommene Fässer Wein auszuzahlen. 1205, April 13.* [1])

Rex etc. Vicecomiti Norfolcie etc. Fac habere Theobaldo de Colonia et Henrico mercatori, socio suo, XX marcas de firma tua pro duobus doliis vini captis ab eis ad opus nostrum, et computabitur tibi ad scaccarium. Teste G. filio Petri, apud Londinum, XIII. die Aprilis. per Reginaldum de Cornhellis.

X. *König Johann gewährt dem Hildebrand von Sachsen sicheres Geleit für sich und seine Waaren. 1206, December 30.* [2])

Rex omnibus etc. Sciatis quod concessimus Hyldebrando de Saxonia quod saluo et secure eat et redeat per omnes terras nostras, que sunt de fidelitate nostra, cum rebus et mercandisis suis et negotietur quietus a mala tolta, faciendo inde debitas et rectas consuetudines. Ita tamen quod non educat de terra nostra Anglie victualia vel arma vel equos ultra precium II marcarum. Et ideo vobis precipimus quod ipsum super hoc non impediatis. Teste me ipso apud Clarendon, XXX. die Decembris.

XI. *Des Königs Johann Schutzbrief für Deutsche Kaufleute. 1208, October 25.* [3])

Johannes, Dei gratia Rex Angliae, omnibus, has literas inspecturis salutem. Scietis, quod concessimus, quod navis Willelmi de Rodenburg et Hugonis, fratris sui, et illi, qui eam duxerint, salvo et secure veniant in Angliam, et quod possint res et marchandisas suas salvo in eadem navi adducere et morari in Anglia et negotiari cum rebus et marcandisis suis, faciendo inde consvetudines regni nostri, et salvo redire. Hoc autem praedictis Wilielmo et Hugoni concessimus pro amore domini regis Ottonis, nepotis nostri, et pro amore Bernhardi de Horstamar, et Conradi, senescalli ipsius regis, et aliorum nuntiorum suorum, qvos praedicti adduxerunt in Angliam in praedicta navi anno regni nostri decimo. Testibus domino Petro, Wintoniensi episcopo, et Gaufrido filio Petri, iusticiario, et Wilhelmo Briwere. Apud Westmonasterium, XXV. die Octobris, anno regni nostri X.

XII. *König Johann gestattet den Utrechtern freien Handelsverkehr in England auf zwei Jahre. 1209, März 24.* [4])

Johannes, Dei gratia Rex Angliae, probis hominibus de Traiecto salutem. Sciatis, quod ob amorem domini episcopi vestri, et karissimi nepotis nostri Henrici, ducis Saxoniae, [5]) concessimus

---

[1]) Aus den Rotulis literarum clausarum. T. I. p. 27 a. Wir finden hier den Handel nach Lynn und Norwich, wo später Hansische Comptoire vorhanden waren.

[2]) Rotuli literarum patentium. Vol. I. fol. 57 b.

[3]) Aus *Sudendorf* Welfen-Urkunden. S. 73. No. XVI.

[4]) Aus den Rotulis literarum patentium. Vol. I. S. 90. Bei *Sudendorf* S. 90 unter dem 14. März. [5]) Der Pfalzgraf Heinrich war damals mit dem kaiserlichen Kämmerer und dem Seneschal Conrad von Wilre zur Ueberbringung von Aufträgen seines Bruders, des Königs Otto IV., in England. Siehe Rot. lit. patent. Vol. I. p. 91 b, vergl. p. 89 b.

vobis, ut in terram nostram Angliae ad negotiandum cum rebus et marcandisis vestris salvo et secure veniatis, faciendo inde rectas consvetudines a pascha anno regni nostri decimo usque ad duos annos proximo seqventes. Et in huius rei testimonium has literas nostras patentes vobis transmittimus. Teste me ipso apud London, XXIV. die Martii, anno regni nostri decimo. Per dominum Wintoniensem.

XIII. *König Johann ertheilt dem Arnold Ungenogh sicheres Geleit zu Sandwich und Yarmouth. 1212, November 27.* [1])

Rex ballivis portus Sandwicensis etc. Sciatis quod Arnoldus Ungenogh de Colonia fecit nos securos, quod erit apud London. in media quadragesima anno regni nostri XIIII° cum nave sua, promptus ad eundum in seruicium nostrum. Et ideo vobis mandamus, quod si per vos transitum fecerit cum nave sua citra Natale anno regni nostri eodem ipsum non impediatis, quod minus ire possit ad negocium suum faciendum. Et mandatum est ballivis portus Yarnemuth, ut predictum Arnoldum abire permittant cum nave sua in negocium suum. Teste G. filio Petri comitis Essex, apud Westmonasterium, XXVII. die Novembris. Coram Baronibus de Scaccario.

XIV. *König Johann ertheilt dem Cölner Kaufmanne A. Ungfoth sicheres Geleit für die Messe zu Hoyland. 1213, Juni 11.* [2])

Rex W(illielmo de Wrotham), archidiacono Tanton. Sciatis quod licentiam dedimus Arnoldo Ungfoth, mercatori Coloniensi, latori presentium, quod eat ad nundinas de Hoiland cum goga [3]) sua et inde redeat in partes suas cum rebus et mercandisis, quas ibi emerit. Et ideo vobis mandamus, quod ipsum cum goga illa, quae est apud Sandwicum, abire permittatis. Teste Roberto de Veteri Ponte. Apud Chilcham, XI. die Junii.

XV. *König Johann erlässt den Cölnern eine Abgabe von ihrer Gildehalle zu London, und ertheilt ihnen andere Freiheiten. 1213, Juli 24.* [4])

Johannes, Dei gracia, rex Anglie, dominus Hibernie, dux Normannie, Aquitanie et comes Andigauie, archiepiscopis, episcopis, abbatibus, comitibus, baronibus, iusticiariis, vicecomitibus, ministris et omnibus balliuis et fidelibus tocius regni Anglie. Sciatis nos quietos clamasse dilectos nostros ciues de Colonia et marchandisam suam de illis duobus solidis, quos solebant dare de gildhalla sua de London., et de omnibus aliis consuetudinibus et demandis, que pertinent ad nos in London et per

---

[1]) Aus den Rotulis literarum clausarum. T. I. p. 127 b.

[2]) Ebendaher. p. 137 a. Arnold Ungfoth ist ohne Zweifel der in der vorhergehenden Urkunde so benannte A. Ungenogh. [3]) *Goga*, gewöhnlich coga, Kogge, ein kleines Segelschiff.

[4]) Nach dem alten Cölnischen Privilegienbuche, abgedruckt in der Urkundlichen Geschichte der Deutschen Hanse. Th. II. S. 14. Hier berichtigt nach dem Abdrucke in den Rotulis chartarum in turri Londinensi asservat. ed. *Th. Duff.* p. 194 b.

totam terram nostram in Anglia. Concessimus etiam eis salvum ire et salvum venire in totam terram nostram Anglie, sicut predictum est, et quod libere possint ire ad ferias per totam terram nostram, et emere et vendere et in villa London et alibi, sicut carta domini Richardi regis, fratris nostri, quam inde habent, salua libertate ciuitatis nostre London, rationabiliter testatur. Quare volumus et firmiter precipimus, quod predicti ciues de Colonia prenominatas libertates et liberas consuetudines habeant per totam terram nostram Anglie, sicut predictum est. Testibus: Gerardo, filio Petri, comitis Essex, W. Mareschallo, comite Penbroc, W. de Ferrariis, comite Derby, Wilhelmo Briwere, Hugone de Gurnaco, Thoma de Sandford. [1]) Datum per manum magistri Ricardi de Marisco, archidiaconi Richemund et Norhumbrie, [2]) apud Corfe, XXIIII. die Julii, anno regni nostri quintodecimo.

XVI. *König Johanns Patent über den den Bremern gestatteten freien Handel in England. 1213, Juli 26.* [3])

Johannes, Dei gratia rex Angliae, omnibus bailliuis et fidelibus suis salutem. Sciatis, quod concessimus hominibus Ottonis, charissimi nepotis nostri, domini Romanorum Imperatoris, de Bremen literas patentes eiusdem Imperatoris secum deferentibus, testificantes, quod homines eius sint de eadem villa, quod negotientur in terra nostra Angliae cum nauibus, rebus et mercandisis suis quamdiu nobis placuerit, faciendo inde rectas consuetudines. Et ideo vobis mandamus, quod ipsos super hoc non impediatis. Et in huius rei testimonium has literas nostras patentes vobis inde mittimus. Teste me ipso, apud Binedon, XXVI. die Julii, anno regni nostri XV.

XVII. *Königlicher Befehl an die Hafenbeamten zu Southampton, die Schiffe der Kaufleute aus dem Lande des Kaisers frei zu geben. 1214.* [4])

Preceptum est bailliuis portus de Suhamtone, quod deliberari faciant omnes naues mercatorum tam de terra domini Imperatoris, quam domini regis Scocie, et libere a portu recedere, accepta ab eis salua et sufficienti securitate, quod alio cursum suum non diuertent nisi in terras suas, et quod neminem secum ducent, qui non sit de nauibus suis et ad fidem domini regis, et quod nulla catalla aduocabunt nisi sua propria; Flandriensium vero et eorum catalla, sicut alias eis preceptum fuit, saluo et secure faciant arestari donec aliud inde habuerint preceptum.

XVIII. *Königlicher Befehl, die den Kaufleuten aus dem Lande des Kaisers geraubten Güter wieder zu erstatten. 1215, April 7.* [5])

Rex W. de Wroteham, archidiacono Tantoniensi etc. Mandamus vobis quod dicatis. Stephano Crabbe, qui est in custodia vestra in bailliua vestra, quod reddat mercatoribus de terra domini Imperatoris,

---

[1]) Die Rotuli haben nur: Penbroc et multis aliis. [2]) Im folgenden Jahre 1214 finden wir denselben als Nachfolger des Kanzlers Wilhelm Gray.

[3]) Rotuli literarum patentium. Vol. I, I. p. 102. Auch bei *Sudendorf* a. a. O. S. 91.

[4]) Aus den Rotulis literarum clausarum. T. I. p. 211 a. [5]) Ebendaher. p. 193 a.

nepotis nostri, et de Dacia catalla sua, que ab eis cepit. Et si reddere noluerit, tunc sine dilacione ipsum reponi faciatis in prisonam nostram, in qua fuit prius. Teste me ipso, apud Oxoniam, VII. die Aprilis. per dominum P. Winton.

XIX. *Königlicher Befehl, das bremer Schiff mit den Waaren sächsischer Kaufleute zu Winchelsea frei zu geben. 1224, Juni 4.* [1])

Mandatum est bailliuis portus de Winchelese, quod navem, quam Herebodus de Bremis ducit, cum rebus et mercandisis mercatorum Saxonie in partes suas abire permittant sine inpedimento.

XX. *Königlicher Befehl an die Beamten zu Lynn, die mit Beschlag belegten Schiffe der Kaufleute aus dem Lande des Kaisers und des Herzoges von Sachsen frei zu geben. 1224, Juni 13.* [2])

Rex bailliuis de Lennis salutem. Precipimus vobis, quod nauem Reimberdi de Stauere et nauem Gileberti de Stauere et nauem Wibrandi de Stauere et nauem Odonis de Groningis et nauem Rikulfi de Colne et nauem Thedrici le Witte et nauem Henrici Walekin et nauem Nicholai le Bar et nauem Walteri Presegar et nauem Baldewini Stoppelkin, *mercatorum de terra Imperatoris Alemannie* et *ducis Saxonie*, in portu de Lennis arestatas occasione precepti nostri, quod vobis fecimus de nauibus arestandis, de quibus etiam quedam carcate sunt brasio et blado, et quedam restant carcande, sine inpedimento abire permittatis quo voluerint, non obstante mandato predicto de nauibus arestandis. Teste me ipso, apud Walingeford, XIII. die Junii, anno regni nostri octavo. Coram Iusticiario et Bathoniensi et Saresberiensi episcopis.

XXI. *Königlicher Befehl, die Schiffe eines Bremers und eines Embdeners zu London frei zu geben. 1224, Juli 13.* [3])

Mandatum est maiori et vicecomitibus Londonensibus, quod non obstante mandato domini Regis eis facto de nauibus arestandis, cogam Lamberti de *Bremis* et cogam Bracheri de *Amethis* apud Londonum arestatas occasione predicta permittant sine inpedimento ad partes suas abire. Teste Rege, apud Bedefordiam, XIII. die Julii.

XXII. *König Heinrich III. gebietet die von Cöln und andere westwärts kommende Schiffe zu Yarmouth frei zu lassen. 1224, August 23.* [4])

Rex balliuis portus Iernemuth salutem. Mandamus vobis, quod omnes naves venientes in portu Iernemuth cum mercandisis de Scotia et de Norwegia et Islandia et Frislandia et de Colonia, de terra

---

[1]) Aus den Rotulis literarum clausarum. T. I. p. 604 a.

[2]) Ebendaher. p. 604 b.

[3]) Ebendaher. p. 610 b et 635.

[4]) Ebendaher. p. 604.

Regis Dacie et de partibus illis orientalibus sine impedimento abire permittatis, et similiter naues piscatorias de quacunque terra sint. Naues vero alias illuc venientes de terra Regis Francie et de Pictauia arestari faciatis donec aliud inde preceperimus. Teste me ipso, apud London, XXIII. die Augusti, anno regni nostri VIII.

XXIII. *Königlicher Befehl, die auf dem Markte zu Winchester und zu Southampton verhafteten Kaufleute aus dem Lande des Kaisers mit ihren Waaren frei zu lassen. 1224, September 13.* [1])

Mandatum est custodibus nundinarum Wintonensium et vicecomiti Suhamtoniensi, quod omnes mercatores de Hispania, qui in nullo subsunt potestati regis Francie, cum mercandisis suis arestatos in nundinis Wintoniensibus et apud Suhamptonam et alibi in potestate sua occasione precepti domini regis .... omnes etiam mercatores de terra Imperatoris, quos similiter in eisdem nundinis arestastis, de quibus bene certi eritis ipsos de terra sua esse, similiter deliberari faciatis; cum rebus et catallis et mercandisis suis occasione predicta arestatis et alibi inuentis sine inpedimento abire permittatis. Hec autem omnia facta in presencia Thome de Cirencestria, quem ad vos ob hoc mittimus. Teste Rege, apud Radingum, XIII. die Septembris.

XXIV. *Königlicher Befehl in Betreff eines aus Norwegen mit sächsischen Kaufleuten erwarteten Schiffes. 1228.* [2])

Mandatum est omnibus bailliuis portuum, in quos ventura est coga de Norwegia, in qua venerint in Angliam milites Regis Norwegiae et *Mercatores Saxoniae*, quod cum praedictam cogam in portus suos venire contigerit, saluo permittant ipsam cogam in portubus suis morari, quamdiu necesse habuerit, et libere sine impedimento inde recedere quando voluerint. Teste Rege.

XXV. *König Heinrich III. Privilegium für die Braunschweiger. 1230, November 10.* [3])

Henricus, Dei gratia rex Angliae, omnibus has literas inspecturis salutem. Sciatis nos suscepisse in protectionem et defensionem nostram homines de Bruneswic, homines videlicet dilecti consanguinei nostri, Ottonis, ducis de Bruneswic, has literas nostras patentes deferentes simul cum literis ipsius ducis patentibus testificantibus quod sint homines ipsius ducis de Bruneswic, concedentes iisdem hominibus, quod salvo et secure veniant per totam potestatem nostram cum rebus, catallis et mercandisiis suis ad negotiandum ibidem, faciendo inde rectas et debitas consuetudines et salvo

[1]) Aus den Rotulis literarum clausarum. T. I. p. 620 b.

[2]) Aus *Hakluyt* Voyages. Vol. I. p. 130.

[3]) *Rymer* Foedera. T. I. p. 199.

ibidem morentur et salvo inde recedant. Et ideo vobis mandamus, quod hominibus ipsius ducis, has literas nostras patentes deferentibus, simul cum literis ipsius ducis patentibus, testificantibus, quod sint homines ipsius ducis de Bruneswic, in veniendo per totam potestatem nostram, cum rebus, catallis et mercandisiis suis, et ibidem morando et inde recedendo, sicut predictum est, nullum faciatis aut inferri permittatis impedimentum, dampnum aut gravamen. In cuius rei testimonium has literas fieri fecimus patentes. Teste me ipso, apud Westmonasterium, decimo die Nouembris, anno regni nostri decimo quinto. Per Stephanum de Segrave.

XXVI. *König Heinrich III. Privilegium für die Cölner. 1235, November 8.* [1]

Rex archiepiscopis etc. salutem. Sciatis nos quietos clamasse pro nobis et heredibus nostris dilectos nostros Ciues de Colonia, et mercandisam suam de illis duobus solidis, quos solebant dare de Gildhalla sua London, et de omnibus aliis consuetudinibus et demandis, quae pertinent ad nos in London, et per totam terram nostram; et quod libere possunt ire ad ferias, per totam terram nostram et emere et vendere in villa London et alibi, salua libertate ciuitatis hostrae London. Quare volumus et firmiter precipimus pro nobis et heredibus nostris, quod predicti ciues de Colonia praenominatas libertates et liberas consuetudines habeant per totam terram nostram Angliae, sicut praedictum est. His testibus: venerabili patre Waltero, Caerleolensi episcopo, Willielmo de Ferrariis, Gilberto Basset, Waltero de Bello campo, Hugone Dispenser, Waltero Marescallo, Galfredo Dispenser, Bartholomaeo Peche, Bartholomaeo de Sakeuille, et aliis. Data per manum venerabilis patris Radulphi, Cicestrensis episcopi, cancellarii nostri. Apud Dauintre, [2] octauo die Nouembris, anno regni nostri vicesimo.

XXVII. *König Heinrich III. Privilegium für die Lübecker auf sieben Jahre. 1257, Mai 11.* [3]

Henricus, Dei gracia Rex Angliae, dominus Hiberniae, dux Normanniae, Aquitaniae, et comes Andegauiae, omnibus bailliuis suis salutem. Sciatis nos ad instantiam dilecti et fidelis fratris nostri Ricardi, comitis Cornubiae, in regem Romanorum electi, suscepisse in protectionem et defensionem nostram et saluum et securum conductum nostrum burgenses de Lubeke in Alemannia cum omnibus rebus et mercandisis, quas in regnum nostrum deferent vel facient deferri. Et eis concessimus, quod de omnibus rebus et mercandisis suis nihil capiatur ad opus nostrum vel alterius contra voluntatem eorundem, sed libere vendant et negocientur inde in regno praedicto, prout sibi viderint expedire. Et ideo vobis mandamus, quod dictis burgensibus vel eorum nunciis in veniendo in terram nostram

---

[1]) Aus *Hakluyt* Voyages. T. I. p. 130. [2]) *Davintry* in Northamptonshire.

[3]) Aus *Hakluyt* Voyages. T. I. p. 131. In dem Calendarium rotulorum patentium p. 26 ist zu diesem Jahre angeführt: Libertates pro burgensibus de Lubeke. Diese Urkunde ist im Lübecker Urkundenbuch weggelassen, vermuthlich aus Verwechselung mit einer anderen König Heinrichs III. für Lübeck vom Jahre 1267, Januar 5. Die obige wird in dem Calendario rotulorum patentium in turri Londinensi p. 29 a zum Anno regis 41, M. Maio, verzeichnet.

cum rebus et mercandisis suis, ibidem morando et inde recedendo, nullum inferatis aut ab aliis inferri permittatis impedimentum aut grauamen. Nec eos contra quietantiam praedictam vexetis aut ab aliis vexari permittatis. In cuius rei testimonium has literas nostras fieri fecimus patentes, per septennium durantes, dum tamen iidem burgenses interim bene et fideliter se habuerint erga praefatum electum, fratrem nostrum. Teste me ipso, apud Westmonasterium, vndecimo die Maii, anno regni nostri quadragesimo primo.

Haec litera duplicata est, pro burgensibus Dacis, Brunswig, et Lubek. [1])

XXVIII. ***Wilhelm, Wilhelm Reyners Sohn, verkauft dem Aldermanne der Deutschen, Arnulf, Thedmars Sohn, für zwei Mark Sterling die jährliche Rente von zwei Schillingen für ein Stück Landes östlich von der deutschen Gildehalle zu London. (1260.)*** [2])

Sciant presentes et futuri, quod ego Wilhelmus, filius Wilhelmi Reyneri, quietas clamaui et presenti carta mea confirmaui scilicet Arnulpho, [3]) filio Thedmari, aldermano mercatorum Alemannie in Angliam venientium, et eisdem mercatoribus duas solidatas annui et quieti redditus, quas per annum recipere solebam de quadam particula terre cum pertinenciis in latereo rientali Gildhallie eorum, quam habent London, in parochia omnium sanctorum [4]) adscriptam, ex concessione domini Regis et predecessorum suorum habent et tenent, eisdem et successoribus eorum ad predictam Gildhalliam pertinentibus, propter me et heredes meos libere, quiete, bene, integre et in pace in perpetuum. Ita, quod ego vel heredes mei vel aliquis per nos vel pro nobis nichil de cetero in predictis duabus solidatis annui et quieti redditus poterint exigere, habere vel clamare in perpetuum.

Pro hac autem remissione, quieta clamatione et presentis carte mee confirmatione dedit mihi prenotatus Arnulphus duas marcas sterlingorum; et ut hec omnia predicta rata et firma permaneant in perpetuum huic carte sigillum meum apposui. Huius testibus: domino Wilhelmo, filio Ricardi, tunc maiore London, Adam Bruning et Heinrico de Kouentre, tunc vicecomitibus, Michaele Touy, [5]) aldremanno illius warde, Galfrido de Wyntonia, Roberto de Cornhull, Rogerio, filio Alicie, Johanne Saor, [6]) Wilhelmo Cosyn, Ricardo de Rokesle, ... Kox, [7]) Gregorio de Rokesle, Waltero Kox, Johanne de Farnham, Henrico Bernat [8]) et aliis.

---

[1]) Hier ist zu lesen: mercatoribus ducis de Brunswig, de Lubeke.

[2]) Aus dem Cölner Copialbuche, welches die Namen einiger Zeugen sehr entstellt hat. Die Namen des Mayors und der Sheriffs von London zeigen, dass diese Urkunde dem Jahre 1260 angehört. Siehe Chronica maiorum et vicecomitum London. p. 42. *Arnolds* Chronicle of London. p. 42. [3]) Er wird sonst Arnold genannt. [4]) Der Abschreiber, wenn nicht der Schreiber, scheint hier die nähere Bezeichnung der Warde, in welcher jene Gildhalle lag, vergessen zu haben, da unter den Zeugen der Alderman "illius wardae" genannt wird. Es fehlen also vermuthlich die Worte: in Dowgate warda, wenn anders die Namen der Wards vor der Regierung König Edwards I. vorkommen. Bis dahin werden sie gewöhnlich nach den Namen der Aldermannen, welche sie ererbt oder erkauft hatten, benannt. In letzterem Falle wäre bei "wardae" hinzuzudenken, in welcher die Gildhalle gelegen ist. [5]) Gany. C. Michael Touy war ein Goldschmidt, 1244 und 1248 Mayor von London, welchen König Heinrich wegen seiner Theilnahme an den bürgerlichen Unruhen verhaften liess. Sein gleichbenannter Sohn ward 1276 wegen Räubereien vom Könige Edward I. hingerichtet. [6]) Lies: Stor? [7]) Lies: Box? [8]) Bernardi oder Rainard?

XXIX. *Aussagen der Geschwornen über die Beziehungen der Deutschen in London zu dem Bischofsthore. 1275.*

Civitas London. Edwardi I. ann. 3.

Veredictum warde Wolmari de Essex.

Item iurati dicunt, quod Teutonichi sunt liberi in civitate sicut et cives eiusdem, pro porta que vocatur Bissopesgate, quam sumptibus ipsi eorum in bono statu et competenti sustentare deberent. Et nichil faciunt ad maximum dampnum et dedecus domini Regis et civitatis. [1])

(Jurati) Item dicunt quod Teutonici non sustinent portam quae vocatur Bisshopesgate, quam bene sustentare deberent, pro qua liberi sunt in civitate, ad grave dampnum civitatis. [2])

Warda Philippi le Taillur.

Item (iurati dicunt) porta de Bisshopesgate, quam gentes Danorum antiquitus solebant sustinere et debebant pro libertate quam habebant in civitate London, nunc per defectum ipsorum vel potius ballivorum civitatis fere corruitur ad terram ad magnum periculum civitatis. [3])

XXX. *König Rudolph verwendet sich beim Könige Edward I. für ein bei Blakeneye gestrandetes, von Lübeckern und Anderen befrachtetes hamburgisches Schiff. 1282, Januar 20.* [4])

Magnifico principi, domino Edwardo, regi Anglie, amico suo carissimo, gratiam suam et omne bonum. Cum quedam navis de Hamborch dicta Gremun, in quo bona civium nostrorum Lubecensis *(sic!)* et aliorum mercatorum regni Alemannie ducebantur, apud Angliam circa locum qui Blakeneye appellatur, sit passa naufragium, et iidem cives et mercatores ab illarum terrarum incolis sibi timeant in bonis suis dispendium irrogari: serenitatem vestram rogamus plenissimo cum affectu, quatenus predictis nostre dilectionis intuitu dignemini precavere, ne in dictis bonis aliquod dispendium patiantur, necne quod eisdem afflictis satis dire nequaquam afflictio dirior infligatur. Data Oppenheim, xiii kal. Februarii. Regni nostri anno nono.

Magnifico principi domino Edwardo, regi Anglorum illustri, amico nostro carissimo.

XXXI. *Beilegung des Zwistes zwischen den Kaufleuten der deutschen Hanse in London und dieser Stadt wegen des Thores Bishopesgate. 1282, Juni.* [5])

Anno regni Regis Edwardi, filii regis Henrici, decimo existente Henrico le Waleys, maiore London., cum propter ruinam porte cuiusdam ciuitatis predicte verteretur contencio ex parte vna, et

[1]) Aus Rotuli Hundredorum. T. I. p. 416. [2]) Ebendaher. p. 428 b. [3]) Ebendaher. p. 431.

[4]) Aus Englischen Archiven einst Herrn Dr. *Böhmer* mitgetheilt. S. dessen Regesten. 1246—1313. S. 385.

[5]) Urkundliche Geschichte des Ursprungs der deutschen Hanse. Th. II. s. nach dem in Lübeck vorhandenen Originale.

mercatores de hansa Alemannie, in eadem ciuitate tunc morantes, ex altera, super reparacione porte predicte, que minabatur ruinam; ad cuius construccionem et reparacionem iidem mercatores ac alii de predicta hansa de partibus Alemannie, ad eandem ciuitatem confluentes, pro quibusdam libertatibus, quas iidem mercatores habent in ciuitate predicta, et quibus longo tempore occasione construccionis et reparacionis huiusmodi vsi fuerunt, vt iidem maior et ciues asserebant qua occasione districti erant, licet mercatores predicti contradicerent, hoc fieri non debere: ac pendente huiusmodi contencione, dominus rex Anglie, ad suggestionem dictorum maioris et ciuium, thesaurario et baronibus suis de Scaccario scriberet per breue suum, vt, vocatis partibus coram eis et inquisita veritate super hiis, si inuenirent, quod dicti mercatores ad reparacionem dicte porte tenerentur, eos ad hoc distringerent, tandem partibus coram dictis thesaurario et baronibus venientibus, cum nichil ex parte dictorum mercatorum propositum esset, quod eos a reparacione huiusmodi excusare deberet, presertim cum de libertate, quam habent in ciuitate predicta, constaret ad liquidum, ac per hoc preceptum esset per eosdem thesaurarium et barones, maiori et vicecomitibus predictis, quod eos ad reparacionem huiusmodi distringerent.

Mercatores predicti videlicet: Gerardus Merbode, aldermannus hanse predicte, Ludolphus de Cusfelde, ciuis Colonie, Luderus de Duneuare, burgensis Tremonie, Johannes de Erest, burgensis Tremonie, Bertramus de Hamburgo, burgensis de Hamburgo, Godeskalk de Hudendale, burgensis Tremonie, Johannes de Dole, burgensis Monasterii, tunc in eadem ciuitate existentes, pro se et pro omnibus mercatoribus et sociis suis de hansa predicta quibuscumque et quandocumque confluentibus, de cetero pro bono pacis concesserunt et promiserunt, eisdem maiori et ciuibus London ad reparacionem porte predicte ad presens ducentas et quadraginta marcas sterlingorum statim soluendas, et quod ipsi et successores sui, mercatores de hansa predicta, dictam portam omni tempore reparabunt, quociens necesse fuerit, et in defensione eiusdem porte, quociens eam custodire necesse fuerit, quocumque tempore terciam partem custodie predicte sustinebunt suis sumptibus et hominibus superius, et dicti maior et ciues duas partes custodie predicte inferius.

Et pro ista pace, fine et concordia concesserunt dicti maior et ciues eisdem mercatoribus libertates suas, quibus hactenus racionabiliter vsi sunt, habendas sibi et successoribus suis mercatoribus de hansa predicta imperpetuum. Et insuper, quod per reparacionem et custodiam predictam quieti sint imperpetuum de muragio, quantum in eis est; et quod blada sua, que per eos adduci contigerint vendenda, in ciuitate hospitare possint et vendere in hospiciis et granariis suis per quadraginta dies a tempore hospitacionis predicte, nisi per dominum regem vel maiorem et ciues propter caristiam bladi vel aliam causam necessariam hospitacio predicta inhibeatur expresse. Concesserunt eciam eisdem, quod habeant aldermannum suum prout retroactis temporibus habuerunt; ita tamen, quod aldermannus ille sit de libertate ciuitatis predicte, et quociens per predictos mercatores electus fuerit, maiori et aldermannis ciuitatis presentetur et coram eis sacramentum faciat, rectum et iusticiam in curiis suis quibuscumque faciendi, et se habendi in officio suo, prout saluo iure et consuetudine ciuitatis se habere debebit et consueuit.

Concesserunt eciam mercatores predicti, quod ipsi et successores sui quocienscumque necesse fuerit, pro reparacione et custodia dicte porte in forma predicta facienda, per eosdem maiorem et ciues distringantur.

Hec omnia partes predicte concesserunt et fideliter seruare promiserunt et ad maiorem securitatem partibus predictis super hiis faciendam vna cum sigillis suis huic scripto, inter se in forma cyrographi confecto, alternatim appositis, sigillum illustris dicti domini regis Anglie de Scaccario apponi procurarunt in perpetuam premissorum memoriam. Datum London, mense Junii, anno supradicto.

XXXII. *Klage wegen geraubter deutscher schiffbrüchiger Güter. 1286.* [1])

Placita coram Dno. Rege a die paschae in XV dies, anno regni Regis Edwardi XVto.

Hildebrandus de Lubeke cum aliis LII sociis suis, mercatores Alemannie, qui naufragium pertulerunt apud Blakney, implacitant plurimos pro bonis suis captis et detentis ad valenciam XIIII librarum, qui per juratos sunt culpabiles, et dampna adiudicata per justitiarios, set quanta non patet.

XXXIII. *König Eduard II. von England gebietet dem Abte von St. Albans, dem Herrn W. von Montagu eine Summe Geldes gegen Empfangschein zu zahlen. 1311, Februar 4.* [2])

Edward, par la grace de Dieu Roi Dengleterre, seigneur Dirlande et ducs Daquitaine, a nostre cher en Dieu .. Abbe de || seint Alban [3]) saluz. Nous vous mandons, qua nostre cher Bacheler monsieur William de Mountagu facez liurer tiele || somme de deniers, come il voudra demander, receuant ses lettres patentes tesmoignantes la somme de deniers || que vous lui auerez ensi liurez. Par tesmoignance des queles nous en feroms duement vostre gre. Donne sous nostre || present seal, a Berwick sur Twede, le quart iour de Feurier, l'an de nostre regne quart.

In dorso: Acquietantia Willielmi de Monte acuto de CC marcis pro seruicio regis.

XXXIV. *Des Ritters W. von Montagu Empfangschein über 200 Mark Sterling, die er vom Abte zu St. Albans in London empfangen. 1311, Februar 14.*

Pateat vniuersis per presentes, quod ego Willielmus de Mountagu miles de speciali mandato domini nostri regis Anglie recepi || de religioso viro .... Abbate monasterii sancti Albani die

---

[1]) Aus Placitorum Abbreviatio. p. 213. Vergl. das Privilegium König Heinrichs III. für die deutschen Kaufleute wider das Strandrecht vom Jahre 1238, August 26.

[2]) Ich muss es glücklicheren Forschern überlassen, zu ermitteln, in welcher Beziehung diese mit der nächstfolgenden zu den Stahlhofs-Urkunden, unter denen sie gefunden sind, hatten. Die Hansen mögen das Geld vorgestreckt haben, doch erlangte der Abt von St. Albans ein Grundeigenthum auf dem Stahlhofe, so weit unsere Kunde reicht, erst im Jahre 1456.

[3]) Hugo von Everesdone, Abt zu St. Albans. 1308—1326.

confectionis presencium in ciuitate London per manum fratris ‖ Johannis de Stichenadhe, monachi eiusdem monasterii, ducentas marcas sterlingorum ad quedam negocia dicti domini nostri ‖ Regis expedienda. Et in testimonium dicte pecunie sic michi liberate, prout mandatum predicti domini nostri Regis super ‖ hoc dicto Abbati directum exigit et requirit, presentes literas sigillo meo signatas fieri feci patentes. Datum ‖ London, die sancti Mathie apostoli, anno regni Regis Edwardi predicti quarto.

In dorso: Aquitancia domini W. de Muntagu.

XXXV. *Die Stadt Kingston am Hull zeigt der Stadt Stralsund und anderen deutschen Städten an, dass keines Fremden oder Einheimischen Person oder Güter daselbst wegen fremder Schuld oder Vergehung in Anspruch genommen werden sollen. 1311, Februar 17.* [1])

Nobilissimis viris et discretis, balliuis et scabinis et aliis probis hominibus de Stralsond ac aliunde de partibus Almanie: sui amici in omnibus, balliui, burgenses et tota communitas de Kyngeston super Hull salutem in eo, per quem reges regnant et domini dominantur. Cum dominus noster, rex Anglie, tam ad meliorationem ville nostre quam ad vtilitatem et commodum vestrum, nobis et heredibus nostris per literas suas ad prosecucionem nostram concesserit, quod nullus homo alienigena vel indigena in villa nostra aut portu de Hull distringatur aut attachietur pro aliquo debito, vnde non sit plegius aut principalis debitor, seu pro aliqua transgressione per alium quam per se ipsum facta, nec eciam pro aliquo huiusmodi debito vel transgressione per arestacionem bonorum et catallorum suorum ad sectam alicuius ibidem inpediatur; prout in literis predicti domini regis, quas vobis mittimus inspexuras, plenius continetur: [2]) Vestre amicicie affectuose supplicamus, quod has literas nostras ac etiam tenorem literarum domini regis inter vos pupplice proclamari faciatis. Et si aliquis de comburgensibus vel conuicinis nostris, de quo iurisdiccionem habeamus, alicui de vestris in aliquo deliquerit, id idem sine dilacione cum hoc sciuerimus emendari faciemus. In cuius rei testimonium has literas nostras communi sigillo nostro signatas vobis mittimus patentes. Datum apud Kyngeston super Hull, xvii. die Februarii, anno Domini M°CCC° vndecimo.

XXXVI. *Untersuchung über die Rechte der deutschen Kaufleute von der Gildhalle zu London. 1321, Januar 14.* [3])

Placita coronae coram Henrico de Stanton, Willelmo de Herle, Edmundo de Passelee et Waltero de Friskeney, Justiciariis domini Regis itinerantibus apud Turrim London. in crastino St. Hilarii, anno R. Edwardi II. quarto decimo.

---

[1]) Aus dem Originale im Archive des Rathes zu Stralsund, welchem das Siegel der Stadt Kingston am Hull anhängt. [2]) Ein ähnliches, doch beschränkteres Privilegium erhielten 1267 die Lübecker. Das hier angeführte des Königes ist uns nicht bekannt und kommt in dem grossen allgemeinen Privilegium desselben für die Hanse vom Jahre 1311, Januar 7, noch nicht vor, wohl aber 1317, December 7. Vergl. unten zum Jahre 1321.

[3]) Placita de quo warranto temporibus Edwardi I., II. et III. in curia Scaccarii Westmonast. asservata. p. 455.

Mercatores de regno Alemanie, habentes domum in civitate predicta, que Gildhalla Teutonicorum vulgariter nuncupatur, summoniti fuerunt ad respondendum domino regi de placito quo waranto clamant habere has libertates, quod dominus rex manuteneat eos universos et singulos servet per totum regnum suum in omnibus libertatibus et liberis consuetudinibus, quibus ipsi regis nunc et progenitorum suorum temporibus usi fuerunt et gavisi, et quod ipsos extra huiusmodi libertates et liberas consuetudines non trahat, nec, quantum in ipso est, trahi permittat ullo modo. Et quod ipsi aut successores predictam domum habituri imperpetuum infra regnum et potestatem regis aut aliorum bona seu mercimonia infra idem regnum et potestatem pro aliquo debito, de quo fideiussores aut principales debitores non extiterint, nec pro alia transgressione facta seu facienda per alios, quam per ipsos, non arestentur nec graventur. [1]) Et quod dominus rex et heredes sui super ipsos aut eorum bona vel mercimonia custumam novam indebitam non ponant etc.

Et predicti mercatores veniunt et dicunt, quod dominus Henricus rex, avus domini regis nunc, per litteras suas patentes concessit eisdem mercatoribus etc., quod eos universos et singulos manuteneret et servaret per totum regnum suum in omnibus eisdem libertatibus et liberis consuetudinibus, quibus ipsi suis et progenitorum suorum temporibus usi fuerunt et gavisi, ipsosque extra huiusmodi libertates et liberas consuetudines non traheret nec trahi permitteret quoquo modo. [2]) Et quod dominus Edwardus, quondam rex Anglie, pater domini Edwardi, regis nunc, graciam illam continuans, voluit ipsos mercatores manuteneri et servari in omnibus eisdem libertatibus et liberis consuetudinibus predictis, concedendo eis, quod ipsos extra huiusmodi libertates et liberas consuetudines non traheret, nec, quantum in ipso est, trahi permitteret ullo modo. [3]) Et quod dominus rex nunc postmodum per litteras suas patentes [4]) pro eo, quod dicte littere domini Edwardi regis patris etc. de heredibus suis non faciebant mencionem, per quod ad premissa eisdem mercatoribus observanda non tenebatur, concessit mercatoribus de regno Alemanie pro se et heredibus suis, quod ipsi mercatores universi et singuli et eorum successores, domum predictam in civitate predicta habituri, in omnibus eisdem libertatibus et liberis consuetudinibus, quibus ipsi mercatores suis et predicti patris sui ac aliorum progenitorum suorum temporibus usi sunt et gavisi, manuteneantur imperpetuum et serventur, et quod ipsos mercatores extra huiusmodi libertates et liberas consuetudines non traheret, nec, quantum in ipso est, trahi aliqualiter permitteret. Et dicunt, quod idem dominus rex nunc septimo die Decembris, anno regni sui undecimo, [5]) volens prefatis mercatoribus graciam facere ampliorem, concessit eis pro se et heredibus suis et carta sua confirmavit, quod ipsi et eorum successores predictam domum habituri imperpetuum, infra regnum et potestatem ipsius regis haberent libertates, videlicet quod ipsi aut eorum bona seu mercimonia infra idem regnum aut potestatem pro aliquo debito, de quo fideiussores seu

[1]) Für ganz England ist dieses Recht in dem uns bekannten Privilegium erst in dem des Königes Edward II. 1317, December 7, ausgesprochen, mit dessen Worten das Vorhergehende und der nächst folgende Satz wörtlich übereinstimmen. Ein ähnliches, jedoch beschränkteres Privilegium hatte König Henry III. im Jahre 1267 den Lübeckern ertheilt; weniger beschränkt, doch nur für eine Stadt findet es sich oben in No. XXXV erwähnt. [2]) S. das Privilegium König Henry III. 1257, Juni 15. [3]) S. das Privilegium König Edward I. vom Jahre 1281, November 18. [4]) Vom Jahre 1311, Januar 7. [5]) Dieses ist das oben gedachte Privilegium vom Jahre 1317, December 7.

principales debitores non extiterint, nec pro aliqua transgressione facta seu facienda per alios, quam per ipsos, non arestentur seu graventur; et quod idem rex vel heredes sui super ipsos aut eorum bona vel mercimonia custumam novam indebitam non ponerent, salvis eidem regi et heredibus suis antiquis prisis suis; et quod ipsi per totum regnum suum de bonis et mercimoniis suis de pontagio, pavagio et muragio imperpetuum sint quieti.

Et proferunt cartam ipsius domini regis nunc, que predictas concessiones testatur in forma predicta; ita tamen, quod aliquem, qui de gilda ipsorum aule predicte non extiterit, nec eius bona seu mercimonia de gilda sua esse advocent allo modo. Et super hiis mercatores dicunt, quod ipsi libertates predictas, contentas in carta domini Henrici regis per verba generalia, clamant per eandem cartam et cartam confirmacionis domini regis nunc. [1])

Et ad declaracionem libertatum illarum dicunt, quod ipsi clamant eligere de societate sua sibi Aldremannum, et ipsum sic electum presentare Maiori et Aldremannis Londonensibus, qui coram ipsis Maiore et Aldremannis Londonensibus sacramentum faciet ad faciendum rectum et iusticiam universis et singulis hominibus de hansa societatis predictorum mercatorum de Alemannia. Qui quidem Aldremannus dicte societatis curiam suam tenebit in domo, que vocatur Gilda Aula Aldermannorum, [2]) in civitate predicta, de omnibus placitis convencionum, debitorum et contractuum, que moveri contigerit inter mercatores de hansa predicta. Et si quis de eadem hansa per aliquem implacitetur coram Maiore seu Vicecomitibus Londonensibus de aliquo placito convencionis, debiti seu contractus personalis, quod idem Aldremannus de societate predicta petet inde curiam suam, et ea optinebit, et inde faciet iusticiam in aula Alemannorum predicta.

Et quod, quocienscumque aliquis de hansa predicta aliqua bona vel mercimonia de regno Alemannie per aquam vel terram in civitatem predictam duxerit seu deportaverit, quietus esse debet de custuma danda pro eisdem bonis in prima empcione, deportacione et adduccione huiusmodi rerum et catallorum in civitatem predictam. Et cum vendiciones de rebus suis huiusmodi fecerint, seu res alias aut mercimonia in civitate predicta ab aliis emerint et debitas custumas inde solverint, liceat eis res illas et huiusmodi mercimonia ducere quo voluerint; dum tamen ea non ducant inimicis domini regis, nec ea huiusmodi inimicis domini regis vendicioni exponant. [3]) Et dicunt, quod ipsi et alii quondam mercatores de societate predicta eisdem libertatibus temporibus predictorum dominorum Henrici regis, avi, et Edwardi regis, patris domini regis nunc, et etiam temporibus domini regis nunc et progenitorum suorum, quondam regum Anglie, usi sunt a tempore, cuius memoria non existit. Et eo waranto clamant ipsi libertates predictas etc.

Et Galfridus le Scrop, qui sequitur pro domino rege, dicit, quod huiusmodi libertas, quam dicti mercatores de Alemannia de Aldremanno de societate sua predicta eligendo et de ipso electo presentando Maiori et Aldremannis civitatis Londonensis et de curia in Gilda Aula sua Alemannorum

---

[1]) Alle bisher aufgeführten Rechte sind in dem gedachten Privilegio vom Jahre 1317 enthalten. [2]) Hier sollte es heissen: Alemannorum, wie auch später richtig geschrieben ist. [3]) S. das Privilegium des Königes Edward I. vom Jahre 1303.

tenenda et curiis suis huiusmodi, sicut predictum est, petendis et optinendis et etiam de quietancia custume predicte in adduccione rerum suarum de Alemannia est quedam libertas, que non potest conprehendi in forma clamei sui predicti oppositi, ut predictum est, per verba generalia et quam libertatem dicti mercatores prius hic non clamaverunt. Unde petit iudicium pro domino rege. Dicit etiam, quod predicti mercatores de societate predicta sunt alienegene et non de ligeancia domini regis, per quod iidem mercatores infra regnum Anglie aliquas libertates huiusmodi non possunt prescribere nec clamare, nisi ex speciali concessione dominorum regum Anglie, maxime cum quelibet huiusmodi libertatum, quas iidem mercatores clamant, sit unum grossum [1]) per se. Dicit eciam, quod predicta confirmatio ipsius domini regis nunc concessa fuit predictis mercatoribus post ordinaciones factas per Prelatos, Comites et Barones de donis non faciendis etc. et libertatibus non concedendis, sicut per datam eiusdem carte de confirmacione etc. liquet manifeste, que est septimo die Decembris, anno regis nunc undecimo. Et petit, quod Justiciarii inde habeant avisamentum etc. Ideo datus est eis dies coram domino rege a die sancti Michaelis in quindecim dies ubicunque etc.

XXXVII. *Gerichtliche Verhandlungen betreffend gewisse von der deutschen Hanse zu London behauptete Privilegien. 1325, Januar.* [2])

Placita coram domino Rege apud Westmonasterium de termino Sancti Hilarii, anno regni Edwardi, filii regis Edwardi, decimo octavo. G. le Scrop.

Placitum de quo waranto domino XIIII. regis nunc apud turrim London. contra mercatores de regno Alemanie habentes domum, que Gildhalla Teutonicorum vulgariter nuncupatur, pro diversis libertatibus et liberis consuetudinibus per ipsos clamatis et usitatis. etc. Qui dicunt quod dnus. Henricus rex, avus regis, concessit eis, quod eos manuteneret et servaret in omnibus libertatibus, quibus ipsi suis et progenitorum suorum temporibus usi fuerunt. Quam cartam dnus. Edwardus, pater regis nunc, confirmavit et similiter dnus. rex nunc ratificavit etc. Plurimi dies dati sunt.

XXXVIII. *Kosten der Bestätigung der hansischen Privilegien im Jahre 1327.* [3])

Mercatores Alemanie, qui habent domum in civitate London, que Gildhalla Teutonicorum nuncupatur, finem fecerunt pro decem marcis pro confirmatione cuiusdam carte habenda ... Ro. 33.

---

[1]) *Unum grossum.* Ein Grossum ist bei den englischen Juristen ein Recht, welches unmittelbar nur von dem Oberlehnsherrn, Schutzpatrone oder Eigenthümer ausgehen kann und nur an der Person haftet. Vergl. *Ducange* Glossarium med. et infim. latinitatis s. h. v. *Blackstone* Commentaries. T. II.

[2]) Aus Placitorum Abbreviatio. p. 351.

[3]) Aus Abbreviatio Rotulor. origin. T. II. p. 14 zum Jahre 1327. Es kann hier nur die Bestätigung König Edward III. vom 14. März d. J. gemeint sein, welche in *Haeberlin* Analectis medii aevi p. 39 sich abgedruckt findet.

XXXIX. *Ritter Thomas von Salisbury überlässt dem Reynaud Loue, Bürger zu London, für 20 Pfund Sterling die durch letzteren bereits von Henry Combemartin gemietheten Gebäude nebst dem Kay in St. Dunstans Kirchspiele gegenüber dem Thurme zu London. 1365, Juni 24.* [1])

Ceste endenture tesmoigne, que monsieur Thomas de Salesburi, chiualer, ad grauntee et lessee a Reynaud Loue, citein et peurier [2]) de Loundres, tout cel tenementz ‖ oue le kay adgisaunt et oue touz les autres appartenances, que iadis estoit a Henri Combemartyn et lequel mesme celui Reynaud tient du dit monsieur ‖ Thomas au temps de la fesance de cestes en la paroche seint Dunstan vers la tour de Loundres, pour avoir et tenir tout lauantdit tenement oue le kay adgisaunt et les autres appartenances, au dit Reynaud et a ses assignez de la feste de la nativitee seint John le baptist, lan du regne le roi Edward tierz puis le conquest trent et neuisme, a tanques a la fin de quinze aunz adongs prochein siantz et pleinement accompliez, rendant de ceo par an a lavantdit monsieur Thomas, a ses heirs et a ses assignez vint liures de sterling en les veilles de les festes de seint Michel larchangel, de Noel, de Pasques et de la Natiuitee seint John le baptist par eweles porcions. De quel annuel rente de vint liures auantdites le dit Reynaud ad fait gree au dit monsieur Thomas deuant meyns au temps de la fesance de cestes pour les premiers dys aunz del terme auantdit. Et neporquant le dit Reynaud et ses assignez ferront deceo par an pour le dit monsieur Thomas et pour ses heirs as chiefs seigneurs du fee et a touz autres, toutes les autres seruices et charges deceo dewes et accustumez. Et lavantdit Reynaud ou ses assignez par la vewe et lordinance du dit monsieur Thomas ou de son deputee ferront adrester et reparailler lauantdit tenement oue le kay et les autres appartenances a toutes les foiz, que mestier sera demz lauantdit terme, saunz allowance deceo a demander du dit monsieur Thomas ou de ses heirs par les premiers dys aunz de tout le terme auantdit. Mes de toutes les reparations, charges et resolutions conuenx le dit Reynaud ou ses assignez commendront faire sur le dit tenement demz les derreins cynk aunz de tout lauantdit terme, le dit monsieur Thomas et ses heirs lour ferront dewe allowance de an en an meyntenant apres les costages faites et ceo par endenture entre eauz affaire. Issint que en la fin de tout le dit terme lauantdit Reynaud ou ses assignez surrendront lauantdit tenement oue les appartenances en auxi bon estat ou meilhour come mesme celui Reynaud le resceust, horspris veillesce et autre seu. Et le dit monsieur Thomas et ses heirs tout lauantdit tenement oue le kay et oue touz les autres appartenances au dit Reynaud et a ses assignez encontre toutes gentz garantiront pour tout le terme auantdit en la forme susdite. En tesmoignance de quele chose les parties auantdites a cestes endentures ont mys lour seals entrechangeablement. Donne a Loundres, le mardi en la feste de la natiuite seint John le baptist, lan susdit.

---

[1]) Ueber die Lage dieser Gebäude siehe Abtheilung I. § 5. [2]) Peurier, von piper, Pfeffer; französisch épicier, englisch grocer.

XL. *Vom verbotenen Ankaufe hansischer Güter. 1369.* [1])

Dysse lude worden vtgesettet vmme dat se dat gud vorkoften, dat deme Kopman genamen word vnd in de gilthalle gebrocht word.

Anno Domini MIII^{C}LXIX dar Steuen Dabeney, Jon Selby, Jelmonge vnd Schinner, priseden gud, welk dat den gemenen Dutschen hir to Lunden genamen was, datsulue gud kofte Wolter Pyckeman. Vnd vmme dat se dem gemenen kopman smaheit vnd hindernisse daran gedan hebbet, so heft de gemene koepman des auer ein gedragen, dat nengenne [2]) van der hense vnd (dem) dutschen rechte den luden vorgeschreuen geyn gud vorkopen en schal, noch geuen anderen tho ere behuf, vp ene bote van C schilling sterling, de mannich werue als he en vorkopet, die bote to betalende, alle argeliste vtgenamen, bet [3]) to der tit, dat se deme vorschreuen Kopmanne daruan betrynge gedan hebben. Vnd were dat sake, dat men enigen darmede bedachte vnd dar enich vme worde angesproken, de man schal kamen vor den olderman vnd gemenen kopman vnd entschuldigen [4]) sick mit sinem ede.

Ome delik heft sine vnscult gedan vor den gemenen Dutschen, Willem [5]) Palmer, quam vor den gemenen koepman vnd dede sine vnschult. Steffen Dabenye, quam vor den gemenen koepman.

XLI. *Vereinbarung sämmtlicher hansischer Kaufleute in England mit den dorthin verkehrenden Hansen zu Bergen, betreffend den in England zu entrichtenden hansischen Schoss u. w. d. a. 1383, Februar 17.*

Kundych sy allen luden, dey dysse sartere, een vyt den anderen ghesneden, zolen zeyn of horen lesen, dat int iaer vns Heren dusent dreyhundert vnde drey vnde achtentich ‖, op den seuenteinden dagh van Februar, waren vergadert to Londen dey copman van den ghemeynen hauentuns [6]) van Engellant van der henze van Alemanien, so dat ‖ hyr waren drey man van des copmans weghenne van Northberghen wlmechtich, dey Engellant hantiren. Dat waren Johan Steenhuys, dey alderman op dey tyt was ‖ te Bustene, Claes Stobelowe vnde Albert Platere. Des sprak dey copman van London dey vergescreuen drey man an van des copmans wegenne van Northberghen vmme vorwarde willen, welke dey Claes Stobelowe vorscreuen, Gert Westhouen vnde Peter van Staden deme copmanne to London ghelouet hadden van des copmans wegenne van Northberghen vorscreuen, dat is to verstane soghedaen schoet to scheitenne in dey busse to London, als dey copman van London vnde van al hauenton scheiten. Op welke gelofte vnde vorwarde soghedaen eendracht is ghemaket tusghen deme copmanne van London vnde deme copmanne van Northberghen vorscreuen, als nagescreuen steet.

---

[1]) Aus der Handschrift der Commerz-Bibliothek zu Hamburg. S. 74. [2]) Nen gemen. *MS.*
[3]) Bet *fehlt MS.* [4]) Vnd vnden schuldich eis. *MS.* [5]) Willenn. *MS.*
[6]) *Hauentun*, von Hafen und dem englischen Worte: town, Stadt.

Int eerste hebben dey drey vorgenomeden Iohan Steenhuis, Claes vnde Albert gheloeuet vor sey vnde vor den ghemeinen copman van Nortberghen deme copmanne van London alletyt soghedaen schoet to scheitenne, als dey copman van London vnde andere haueuton scheiten, vnde dat schoet truwelike to gaderne by eden, ghelyk dat men to London vnde in al anderen hauentons deut, [1]) vnde dat vorscreuen schoet elkes iaers optoantwordenne in dey bussen to London by deme vorscreuen ede. Vnde dyt vorscreuen schoet sal beginnen vnde anghaen to Paschen neest komende. Vnde van deme daghe ouer een iaer so solen sey hyr dat eerste schoet antworden op Paschen, vnde so vort van iaere to iaere op Paschen er schoet hyr to antwordenne in der wyse als vorgescreuen is. Des heft dey copman van London wibardet vnde grantiret vmme mynne vnde vrenschop wyllen, dat dey copman van Nortberghen, dey Engellant hantiren, vyf punt Engelsch af mogen nemen van deme schoete elkes iaers, dat dar vergadert wert, to wilest [2]) to der gaue, dey sey plegen to vergeuenne, vnde dat andere hyr to antwordenne als vorscreuen is. Ok so heft en dey copman van London wibardet, wanner dey copman van Nortberghen verbodet worde van deme copmanne van London to London to komenne van des rechtes wegenne of ander sake to doene hedde, dat deme ghemeinen rechte angheenge, dey kost vnde teryoghe mogen sey ok van deme schote touoren afnemen. Mer wert sake dat dey copman van Nortberghen sake veruolgede, dey deme ghemeinen rechte nicht anenghengen, dey kost vnde teringe en solen sey nicht van demme schoete nemen, mer dat sal syn op er eghenne kost. Vortmer so heft dey copman van Nortberghen vorscreuen demme copmanne van London ghelovet: wert sake, dat deme ghemeinen rechte sake anliggende weren, als dat dey konyng stoerue, eene confirmatie to veruolgenne op des ghemeinen copmans vryheit, edder dat enighe puynte ghenomen worden vyt deme sartere, dey weder to veruolgenne, edder ander nye puynte to verwervenne, dar men kost vmme doen moeste van des ghemeinen rechtes wegenne, vnde in der bussen to London negheen ghelt en were, dey kost mede to doene, so dat elk kopman eene somme gheldes moeste vtleggen van allen hauentons, so sal dey copman van Nortberghen vorscreuen ok vtleggen eene summe gheldes na redeliken saken, vnde dat gheelt na der tyt aftoslaene an ereme schoete, ghelyk anderen hauentons. Vnde vmme meer mynne vnde vrenscap wyllen van beiden syden, so synt alle sake quyt ghelaten, de gheschein syn vor dysser vorscreuen eendracht tusghen beiden partien, dat sy an broeken, an warden efte an daden, wenme dey sake [3]) anghaen, dar nummer hyr achterwert op to sakenne, noch op to sprekenne in ghener wys.

In orkunde der warheyt van dissen vorscreuen saken so heft her Wylliam Waleworth, ritter, des ghemeinen copmans ouerste alderman van al Engellant op dysse tyt, vmme bede wyllen van beiden partien syn inghesegbel an dysse sarters ghehangen, vnde Kerstian Kelmer, alderman des copmans to London op dysse tyt, Henric Scuttorp, Herman Vmtorp, Henric Judex vnde Henric van der Heyde, coplude to London; vort Johan Steenhuis, alderman to Bustene, Claes Stobelouwe vnde Albrecht Platere, coplude van Nortberghen; vort Mathias Walkemoele, alderman des copmans van Jernemuthe vnde Johan Heket, alderman des copmans to Hulle, hebben alle ere inghesegele to eener tugnisse an dysse sarters ghehangen int iaer vnde op den dagh vorghescreuen.

---

[1]) *Deut,* deit, thut. [2]) *Wilest,* volleist, Hülfe. [3]) *Saken op wat,* über etwas streiten.

XLII. *König Richard II. bestätigt den Verkauf des einst dem R. Lyons gehörigen, den Ritter J. Clanvou und Genossen von ihm, dem Könige, verliehenen Hauses und Kay an seinen Sergeanten J. Sliegh und dessen Erben. 1383, März 16.*

Ricardus, Dei gracia rex Anglie et Francie et dominus Hibernie, omnibus ad quos presentes littere peruenerint, salutem. Sciatis, quod cum vicesimo tertio die Augusti vltimo preterito per litteras nostras patentes dederimus et concesserimus pro nobis et heredibus nostris Johanni Clanvou, militi, Nicolao Sharneffeld, militi, Willelmo More, ciui et vinetario Londonensi, Paulo Gysors, Willelmo Fettyngdon, capellano, et Johanni Boudiche, capellano, vnum mesnagium cum wharvo et aliis pertinenciis in Wyndegoslane in warda de Dovegate London. quod nuper fuit Ricardi Lyons, qui illud de nobis tenuit, et quod quidem mesuagium cum wharuo valet per annum octo marcas et ad nos pertinet tanquam escaeta nostra, eo quod predictus Ricardus bastardus fuit et obiit sine herede de se, sicut per inquisitionem inde coram Willelmo Walleworth, nuper maiore ciuitatis nostre London et escaetore nostro in eadem ciuitate, de mandato nostro captam, cuius tenor in cancellaria nostra virtute brevis nostri retornati est compertum, habendum et tenendum eisdem Johanni, Nicholao, Willelmo, Paulo, Willelmo et Johanni et eorum heredibus de nobis et heredibus nostris per eadem seruicia, per que dictus Ricardus dictum mesuagium cum wharvo predicto tenuit imperpetuum, Nos de gratia nostra speciali et de assensu prefati Willelmi More, qui nuper pro predictis mesuagis et wharuo ducentas et tres marcas nobis soluit, nec non dictorum Johannis Clanvou, Nicholai, Pauli et Willelmi Ffettyngdon, qui prefatum Joannem Boudiche supervixerunt, ac pro eo, quod ipsi dictas litteras nostras in cancellaria nostra restituerunt cancellandas, dedimus et concessimus dilecto seruienti nostro Johanni Sliegh, qui dictas ducentas et tres marcas prefato Willelmo More resoluit, mesuagium et wharuum predicta cum pertinenciis habenda et tenenda eidem Johanni Sliegh et heredibus suis de nobis et heredibus nostris per seruicia predicta imperpetuum. In cuius rei testimonium has litteras nostras fecimus patentes. Teste me ipso, apud Westmonasterium, sextodecimo die Martii, anno regni nostri sexto. Per breue de privato sigillo. Ffaryngton.

XLIII. *Richard Medford, Bischof von Chichester, erklärt, dass er dem J. Norhampton das Haus, die Färberei, zwei Häuser neben den Stiegen und den Keller in Windegooslane wieder zugestellt habe. 1391, Mai 28.* [1])

Omnibus, ad quos presens scriptum peruenerit, nos Ricardus Medford, permissione diuina episcopus Cicestrensis, salutem in Domino et benedictionem. Cum dominus rex nunc per literas suas patentes nobis dederit et concesserit per nomen Ricardi Medford capellani vnam mansionem cum le dyhowse et duabus mansionibus super gradus et vnum celarium in Wendegooslane iuxta Thamisiam in parochia omnium Sanctorum maiori in ciuitate London, que fuerunt Johannis Norhampton, et que

[1]) Aus einer Abschrift auf Pergament.

eidem domino regi ratione cuiusdam iudicii versus ipsum Johannem redditi tanquam forisfacta confiscata fuerunt, habendum nobis ad terminum vite nostre, prout in dictis literis domini regis patentibus inde nobis confectis plenius continetur, noueritis nos ex mera voluntate nostra ac considerato, quod dictum iudicium postmodum per dominum regem et parliamentum suum totaliter adnullatur, liberasse et sursum reddidisse eidem Johanni omnia predicta tenementa sic nobis per dominum regem superius concessa, et totum statum et ius nostrum in omnibus tenementis predictis eidem Johanni dimisisse et per presentes in perpetuum relaxasse. In cuius rei testimonium huic scripto nostro sigillum nostrum fecimus apponi. Datum London, in hospicio nostro, vicesimo octauo die Maii, anno regni Ricardi secundi post conquestum quarto decimo.

XLIV. *König Richard II. restituirt den Joh. Northampton wider die früheren Erkenntnisse wegen Hochverrathes. 1391, December 1.* [1])

Ricardus, Dei gracia rex Anglie et Francie et dominus Hybernie, omnibus, ad quos presentes litere peruenerint, salutem. Sciatis quod nos, considerantes dampna grauia, molestias et deperdita, que Johannes Northampton, draper, habuit et sustinuit occasione iudiciorum versus ipsum apud Redyng et turrim nostram London redditorum, ac volentes pro releuacione status sui in hac parte prouidere, ad requisicionem communitatis regni nostri Anglie nobis in presenti parliamento nostro factam de gracia nostra speciali, in pleno instanti parliamento nostro, de assensu tocius parliamenti, reuocamus et in toto cassamus ac penitus adnullamus omnia et singula iudicia versus ipsum Johannem ad sectam nostram apud Redyng et turrim nostram London reddita de omnimodis prodicionibus, feloniis, transgressionibus, mesprisionibus et aliis rebus quibuscumque. Et volumus et concedimus de assensu predicto, quod dicta iudicia nullam omnino vim, effectum, virtutem seu valorem gerant aut habeant pro aliquo tempore preterito seu futuro, nec quod idem Johannes hiis occasionibus per nos vel heredes nostros seu ministros nostros vel heredum nostrorum aut alios quoscumque futuris temporibus impetatur, molestetur in aliquo seu grauetur. Et vlterius ad requisicionem dicte communitatis de regali potestate et dignitate nostris in pleno presenti parliamento nostro, de assensu tocius parliamenti, concedimus eidem Johanni omnia terre et tenementa, redditus et possessiones, que virtute iudiciorum predictorum aut alicuius eorum forisfecit, perdidit vel amisit, ad quorumcumque manus deuenerint et in quorumcumque manibus existant, habendi et tenendi eodem modo, quo illa habuit et tenuit, antequam occasionibus predictis captus fuit vel attachiatus, et sicut illa habere et tenere debuisset, si nullum iudicium versus eum redditum extitisset. Concedimus insuper in pleno presenti parliamento nostro, de assensu eiusdem parliamenti, eidem Johanni, quod ipse virtute siue occasione iudiciorum predictorum vel alicuius eorundem non perdat nec admittat nomen, honorem, actionem, ius, recuperationem nec

---

[1]) Aus einer Abschrift auf Pergament. Das Calendarium rotulorum patentium in turri Londinensi p. 223 b führt an: R. Ricardi anno 15. No. 32. Revocatio iudiciorum adversus Johannem de Northampton de London, draper, Ricardum Norbury, mercer, et Johannem More, mercer, redditorum apud Redinge et apud turrim London et restitutio eorum ad omnia sua, terras, tenementa, bona et catalla.

aliquod aliud proficuum vel avantagium ad petendum, exigendum et faciendum in omnibus, sicut dicta iudicia versus eum nunquam reddita extitissent. Sed volumus et in presenti pleno parliamento nostro, de assensu tocius parliamenti, concedimus eidem Johanni, quod ipse sit adeo liber et abilis in omnibus condicionibus, ac si nullum iudicium versus ipsum redditum fuisset, salua nobis forisfactura bonorum et catallorum suorum, vnde nobis ad presens est responsum. In cuius rei testimonium has literas nostras fieri fecimus patentes. Teste me ipso, apud Westmonasterium, primo die Decembris, anni regni nostri quintodecimo.

Per ipsum regem, ad peticionem communitatis in parliamento. Doppi. Maupas. Exc. per Johannem Hertilpole et Henricum Maupas, clericos.

XLV. *Von den Kosten der hansischen Comptoire zu London. Circa 1400 sq.* [1])

Int erste geuet de koepman alle iar vp nieiarsauenth dem Engelschen olderman des Dutschen kopmans 1 par hansken vnd XV golden nabelen darinne, vmme dat he [2]) deme kopmanne bystendich wesen schal in synem rechte.

Item geuet de kopman alle iar vmmetrent [3]) nie iar dren mannen van lage elken XL solidi, vmme dat se vor den koepman scholen spreken vnd alle sake helpen vorvoegen. Is VI ℔.

Item vp desulue tidt geuet men dem koninklichen doerwechter vor der sternekamer II nabel.

Item geuet men des meyers sariante vp desulue tidt eynen nabel, beide scheriffs [4]) sarianten in elke kuntor, Brede stret vnd Pultery, eynen nabel.

Item den dorwechteren van [5]) den beyden scheriffs vnd meigers, den dren enen nabel.

Item den ieomans [6]) des meiers 1 nabel.

Item den ieomans [6]) der beiden scheriffs 1 nabel.

Item dem bodel van [7]) Biscope gate XX d. vp desulue tidt.

Item alle iar in Februwarii geuet men dem meygere van Lunden 1 vat stors, [8]) ofte XL sol. darvor. Vurder [9]) I[c] wasses, of XL sol. darvor. Vurder II tunnen heryngès, ofte IIII nabel darvor.

Item geuet men vp desulue tidt den scheriffs ock so vele under en beiden, 1 tunne stors, [10]) I[c] wasses, II tunnen heryuck, oft dat gelt dar vor, szo vorgeschreuen steit.

Item geuet men vp desulue tidt den grawen monyken int closter tho Lunden [11]) II tunnen heringes.

Item geuet men alle iar in dem mante April in den kunter den syriff greuen, [12]) vmme vnse recht in des koepmans halle to holdende, XL sch. sterl. [13])

---

[1]) Aus der Handschrift der Hamburger Commerz-Bibliothek. S. 75. [2]) He de. *MS.* [3]) Vme eymetrent. [4]) Für *scheriff* hat MS. stets: *scryvers*. Die beiden Sheriffs von London besassen damals jeder ein Comptoir oder Comtoir (von computare), Gefängnisse für Schulden und Bruchfällige, welche nicht zahlen konnten. Das eine in Breadstreet ward 1555 nach Woodstreet verlegt. Das andere oben angegebene ist in Poultry. [5]) Iemans. *MS.* [6]) Vnd. *MS.* [7]) Vnd. *MS.* [8]) Stro. *MS.* [9]) Vnder. *MS.* [10]) Stros. *MS.* [11]) Grey friars bei Newgate in Baynard's Castle ward. [12]) Kont der syatt greuen. [13]) Diese Leistung wird anders erklärt von dem Londoner Stadtrathe 1427.

Item geuet men alle iar vp Paschen vnserem bichtvadere 1 nabel.

Item geuet vp Paschen in vnse kapelken by vnses heren graf de koepman IIII waskarsen, de kosten XVIII den.

Item vp sakermentsdach [1]) alle iar van older gewahnheit bestellet de kopman II tortisien myt kandellen [2]) vanekens. Vnd twe vnser porters scholen de dragen. Vnd vor (der) halle meyen tho bestekende vnd myt grase vnde krude de straten tho bestrouwende vnd myt krensen de vanekens gesiret, thogader. [3])

Item so plecht de koepman van older wanheit tho beluchten eynen groten tal van lampen vor der halle vppe sunte Johannis auent tho mydsommer vnd vp sunte Peters nacht darvolgende; [4]) de beleggenge [5]) kostet XX sch. sterl.

Item geuet de koepman den porters vor eren arbeit alle iar vp desulue tidt V. sch. sterl.

Item so behutt [6]) de koepman V karsen in vnser kaspelkerken [7]) bauen des koepmans stoel; de kosten alle iar XX sch. myt den ver karsen by dat graf tho Paschen vnd IIII karsen vp sunte Barberendach. [8])

Item van older gewanheit holdet men alle iar vp sunte Barberen dach eyne syngende mysse in vnser kaspelkerken myt dyscante, [9]) vnd vp sunte Barberen auent vnd des auendes vp eren dach eyn Salue. [10]) Den geuet men den sengers 1 nabel vnd den dyaken vnde subdyaken, de twe myssen dener elken twe groten vnd de persoen heue synes oues [11]) vnd elcken prester 1 groten, vnd de klerike elck twe grothe. Vnd up sunthe Barberen dach van older gewanheit schal de koepman tho gaste hebben den personen van vnser kerken myt twen kabbelauen, vnd des koepmans kunsel van den Engelschen rechten, vnd dartho des konynges dorwechter van der sternekamer.

Item des anderen dages na sunthe Barberendach is auereendragen int iar MIIII^cXLVII, dath men holden schal ene syngende selenmysse in vnser kerken myt den presters, de villige [12]) vp sunte Barberen dach des auendes, vnd de selenmyssen vp den anderen dach darna. Vnd darvor schal hebben de persone syn oues vnd de anderen presters vnde klerk elck 1 grothen. Vnd de denst schal schen vor alle gesellen, de gewest syn van vnserer geselschop vnd vor alle loenige [13]) gesellen.

Item betalt de kopman alle iar vor syne kleriken de kost, vnd geuet dem eynen in hande an reden gelde vor synen denst XV ℔, dem anderen X ℔, dem dorden IIII ℔; dartho der dreyen kost, is des iares XL ℔.

---

[1]) Frohnleichnams-Tag, Corpus Christi, der Donnerstag nach dem Sonntage Trinitatis. [2]) Tratisien myt kastellen. *MS.* Tortisia, tortisie, französisch: torse, torche, ist eine grosse Fackel von Wachs, deren zwei in den Pfarrkirchen bei der Messe brannten. S. Ducange. Candelen sind die kleinen Wachslichter. [3]) Hier fehlt die Angabe der Kosten. [4]) Petri Apostoli, Juni 29. [5]) Beleggings, l. beluchtinge. [6]) Lies beholt, unterhält. [7]) All Hallows the more. [8]) December 4. [9]) Discantus, französisch: déchant, Zweigesang, die Stimme, die zu einer tieferen Stimme von den Sängern aus dem Stegereife gesungen wurde. Diese Art des Gesanges, deren Johann de Muris (1330) erwähnt, wird als die erste Spur der Harmonie betrachtet. *A. Gathy* Musikalisches Conversations-Lexikon. S. 97. [10]) Die an die Jungfrau Maria gerichtete Antiphonie Salve Regina. [11]) Der Pfarrer (persona, englisch: parson) soll haben — sein Obst? Siner ouer. *MS.* [12]) Die Vigilie. [13]) Lonige. *MS.*

XLVI. *Der Magistrat der Stadt New-Castle an der Tyne dankt demjenigen zu Stralsund für die Aufnahme eines Abgeordneten und verspricht gute Aufnahme stralsundischer Schiffe und Sendungen, auch Beförderung eines Schreibens an den König. 1401, September 5.* [1])

Reuerendis et discretis viris Consulibus et Burgimagistris Ciuitatis Stralessundensis Maior, Vicecomes et Communitas ville Noui Castri super Tynam in Anglia salutem cum reuerencia pariter et honore. Scire dignetur vestra discrecio veneranda nos vestras literas honorabiles per manus Johannis Sterneke, nostri burgensis, nuper recepisse, cui vestram beneuolenciam ac multiplices grates nostre dileccionis intuitu, prout nobis retulit, amicabiliter intimastis; eundemque Johannem in suis agendis efficacius pertractando, vnde vobis ex toto nostri cordis desiderio intime regraciamur cum affectu. Et quantum ad grauamina, prout in dictis literis vestris continetur, vestratibus illata, aut quod aliqua discensio inter vos et aliquem nostratuum esset inita seu orta, multipliciter condolemus. Insuper quoad literam vestram excellentissimo principi et dno. dno. nostro Regi Anglie et Francie directam ipsum eidem Serenissimo principi dno. nostro Regi festinacione qua commode poterimus, secundum formam copie litere nobis transmisse presentabimus cum affectu. Scientes pro firmo, quod cum et quando placuerit aliquibus vestratuum partes et villam nostram cum vestris nauibus seu mercimoniis visitare, quantum in nobis est et secundum totum nostrum posse, digne et amicabiliter recipientur, que consimilia marcatoribus [2]) nostris apud vos fieri semper cupimus et speramus. Vestram prosperitatem, prout nostram, perpetuam conseruet altissimus gloriose Virginis intemerate filius per tempora longius duratura. In cuius rei testimonium has literas nostras fieri fecimus patentes, nostro sub sigillo consignatas. Datum apud dictam villam nostram Noui Castri super Tynam: quinto die mensis Septembris, Anno Dni. Millesimo quadringentesimo primo.

XLVII. *Des Königes Heinrich IV. Befehl an die Erhebungsbeamten für den Zehnten und halben Zehnten, betreffend Befreiung der hansischen Kaufleute von demselben, 1408, Februar 26, und desfallsiger günstiger Bericht der Steuerbeamten vom 4. Juli d. J.* [3])

Henricus, Dei gracia rex Anglie et Francie, et dominus Hibernie, omnibus ad quos presentes litere peruenerint, salutem. Inspeximus recordum et processum in filaciis cancellarie nostre in hec verba:

Placita coram domino rege in cancellaria sua in quindena sancte Trinitatis, anno regni regis Henrici quarti post conquestum nono London, sc. Dominus rex mandavit breve suum clausum collecto-

---

[1]) Aus dem Originale des Archives zu Stralsund. [2]) Sic!

[3]) Aus einer hamburgischen Abschrift. *Häberlin* Analecta medii aevi p. 84 sq. hat diese Documente in einer Bestätigung König Henry's V., 1413, November 25, doch sehr fehlerhaft abgedruckt.

ribus decime ac medietatis decime, sibi, per communitatem regni nostri Anglie, ultimo concessarum, in ciuitate sua London, et eorum subcollectoribus in Warda de Douegate, in hec verba:

Henricus, Dei gratia rex Anglie et Francie, et dominus Hibernie, collectoribus decime ac medietatis decime, nobis, per communitatem regni nostri Anglie, ultimo concessarum, in ciuitate nostra London, et eorum subcollectoribus in warda de Douegate, salutem. Cum dilecti nobis mercatores de Hansa in Alemannia concesserint dare domino E., filio regis Henrici, quondam regi Anglie, progenitori nostro, et heredibus suis, de qualibet libra argenti estimationis seu valoris rerum et mercandisarum suarum, ut de auerio ponderis et de aliis rebus subtilibus, sicut de pannis tarsensibus, de serico, de cindalis, de seta et aliis diuersis mercibus, et de equis etiam et de aliis animalibus, blado et aliis rebus et mercandisis multimodis, que ad certam custumam facile poni non possent, quocunque nomine censeantur, tres denarios de qualibet libra argenti in introitu rerum et mercandisarum ipsarum in regnum et potestatem Anglie; et similiter tres denarios de qualibet libra argenti in eductione quarumcunque rerum et mercandisarum huiusmodi, emptarum in regno et potestate predictis, ultra costumas antiquas eidem progenitori nostro aut aliis ante datas; [1]) ac idem progenitor noster voluerit, et inter ceteras libertates et quietancias prefatis mercatoribus per cartam dicti progenitoris nostri, quam confirmavimus, [2]) concesserit pro se et heredibus suis eisdem mercatoribus, quod nulla exactio, prisa vel prestatio, aut aliquid aliud onus super personas mercatorum predictorum, mercandisas seu bona eorundem aliquatenus imponatur contra formam expressam superius et concessam; [3]) et licet dicti mercatores prestaciones, contributiones, taxationes, decimas et quintas decimas pro se et bonis et mercandisis suis, cum communitate dicti regni nostri, nobis et progenitoribus nostris post confectionem cartarum et confirmationem predictarum quacunque auctoritate non solverunt aliquibus temporibus retroactis; vos tamen, machinantes prefatos mercatores voluntarie pregravare, ipsos mercatores ad medietatem unius decime, inter alios homines eiusdem ciuitatis, assedistis, et dictam medietatem ab eis exigitis, et diversa vadia et pignora ab eis pro medietate decime predicte nobis soluenda cepistis et detinetis, et eandem medietatem, per grandes districtiones et alia grauamina prius inaudita ab eis, ut asserunt, leuare nitimini minus iuste, in ipsorum mercatorum graue preiudicium et depressionem ac status sui depauperationem manifestam, necnon contra vim et effectum cartarum predictarum, et aliter quam per textum literarum nostrarum patentium vobis in hac parte directarum fieri debeat; unde nobis supplicaverunt sibi per nos de remedio prouideri: nos, nolentes ipsos mercatores contra formam et tenorem earundem cartarum et confirmacionum onerari aut indebite pregrauari, vobis mandamus, sicut alias mandauimus, quod ipsos mercatores ad contribuendum solucioni predicte decime et medietatis decime aliter seu alio modo, quam retroactis temporibus fieri debuit et consueuerit, minime compellatis, et districtionem, si quam prefatis mercatoribus occasione predicta minus rite feceritis, sine dilatione relaxari faciatis eisdem, vel causam nobis significetis, quare mandatum nostrum alias vobis inde directum exequi noluistis vel non debuistis. Teste me ipso, apud Westmonasterium, XXVI. die Februarii, anno regni nostri nono.

---

[1]) S. das Privilegium König Edwards I. vom Jahre 1303, Februar 1. [2]) Im Jahre 1399, October 24.
[3]) 1303, Februar 1.

Super quo Willelmus Louthe, Henricus Barton, Thomas Pyck et Johannes Reynwell, collectores decime ac medietatis decime domini regis per communitatem regni sui Anglie ultimo concessarum in ciuitate London, et Thomas Bristowe, Johannes Rows, Ricardus Fisher et Johannes Reyner, subcollectores predictorum Willelmi, Henrici, Thome Pyk et Johannes Reinwell in warda de Douegate, dicto domino regi in cancellaria sua certificarunt, pro eo quod mercatores infrascripti de Hansa commorantes sunt et conversantes in civitate et warda predictis, et per dies et annos in eisdem civitate et warda commorantes fuerunt, et *domos ac mansiones* in eadem warda *per se tenuerunt et tenent*, et in eis per se inhabitaverunt et inhabitant, et bona et catalla sua ac possessiones in eadem warda habuerunt et habent, sicut ceteri homines Anglie dicte ciuitatis habent, assessi fuerunt pro bonis et catallis suis in dicta warda existentibus vicesimo die Januarii proxime preterito, ante datum breuis predicti, in parochia Omnium Sanctorum magna London, ad viginti solidos, pro prima medietate dicte decime per Thomam Culleworth, Johannem Simpson, Johannem Kent, Nicholaum Cook, Willelmum Marshall et Willelmum Baron, assessores electos per omnes homines dicte warde, ad assidendum omnes homines eiusdem warde pro prima medietate dicte decime, pro bonis et catallis suis in eadem warda existentibus. Et pro eo quod predicti mercatores de hansa dictos viginti solidos solvere recusarunt, predicti subcollectores duas patellas eneas, decem solidorum precii, de bonis et catallis predictorum mercatorum de hansa vicesimo tertio die dicti mensis Januarii nomine districtionis in predicta parochia ceperunt; et huiusmodi districtiones per collectores et subcollectores dicte warde pluribus vicibus supra huiusmodi mercatoribus, post confectionem carte predicte, capte fuere et nunquam liberate. Et hec est causa, quare mandatum dicti domini regis alias sibi inde directum exequi non debuerunt. Ac tam Nicholao Wotton, nunc aldermanno warde predicte, et collectoribus et subcollectoribus predictis, quam Henrico Smytman, Henrico Migreve, Hildebrando Megen et Hildebrando Sudermann de hansa, nomine et pro parte mercatorum predictorum in dicta cancellaria comparentibus, iidem aldermannus, collectores et subcollectores obiecerunt et allegarunt, quod dicti mercatores de hansa, in warda predicta commorantes solucioni de decime et medietatis decime predictarum contribuere debent et tenentur, prout ipsi decem solidos circa decimum octavum et decimum nonum annum regni domini Ricardi, nuper regis Anglie secundi post conquestum, [1]) quo tempore Thomas Knolles aldermannus warde illius extiterat, pro decima eidem nuper regi R. concessa cum hominibus warde predicte persolverunt. Prefatique mercatores in exclusionem obiectionis et allegationis predictarum asseruerunt, quod ipsi dictos decem solidos collectoribus dicte decime eidem nuper regi R. concesse non virtute alicuius assessionis sive compulsionis in hac parte cum hominibus predictis persolverunt, sed quod ipsi eosdem decem solidos ad meram excitationem et instantiam predicti Thomae Knolles *in auxilium et relevationem quorundam pauperum eiusdem warde*, tunc collectoribus dicte decime eidem regi R. concesse, intuitu caritatis ac spontanea voluntate, et non aliter, solverunt nec solvere debuerunt. Et super hoc prefatus Thomas Knolles in dicta cancellaria, pro veritate in hac parte dicenda et certificanda super premissis examinatus, asseruit et fatebatur expresse, prefatos mercatores dictos decem

---

[1]) 1394.

solidos in auxilium et relevationem pauperum predictorum intuitu caritatis, ut est dictum, et non per accessionem, districtionem seu compulsionem aliquam persolvisse. Ac lectis, visis et intellectis carta et confirmatione predictis auditisque super his obiectionibus, allegationibus, informationibus, responsionibus ac aliis materiis et evidentiis diversis partium predictarum, nec non habita super premissis matura et diligenti deliberatione cum iusticiariis et servientibus dicti domini regis nunc ad legem ac aliis peritis de consilio suo, in eadem cancellaria existentibus, tandem consideratum fuit, quod dicti mercatores de solutione decime predicte sint quieti et penitus exonerati, et quod districtiones in hac parte capte eisdem mercatoribus relaxentur, et quod ipsi a curia nostra recedant quieti, sine die,. iure dicti domini regis nunc et alterius cuiuscunque semper saluo.

Nos autem tenorem recordi et processus predictorum ad requisitionem predictorum mercatorum de hansa duximus exemplificandam per presentes. In cuius rei testimonium has literas nostras fieri fecimus patentes. Teste me ipso, apud Westmonasterium, vicesimo quarto die Julii, anno regni nostro nono. Gaunstede.

XLVIII. *D. Lopham und H. Henore, Geistliche, und H. Somer übertragen die ihnen von J. West übertragenen Grundstücke, welche einst der Knape J. Sleigh besessen, an den Geistlichen Th. Chamberleyn. 1409, Februar 1.*

Omnibus, ad quos presens scriptum peruenerit, Dionisius Lopham, Henricus Henore, clerici, et Henricus Somer salutem. Noueritis nos remisisse, relaxasse et omnino de nobis et || heredibus nostris in perpetuum quietum clamasse Thome Chamberleyn, clerico, heredibus et assignatis suis totum ius et clameum, que habemus, habuimus seu quouismodo habere poterimus || in futuro in omnibus illis terris et tenementis cum wharuis, redditibus et omnibus suis pertinentiis, que nuper fuerunt Johannis Sleigh, armigeri, in ciuitate London, et que quidem terras et tenementa || cum wharuis, redditibus et suis pertinentiis vna cum aliis terris et tenementis in comitatibus Southsex et Middlessex, que nuper fuerunt predicti Johannis Sleigh, nos, prefati Dionisius, Henricus Henore et Henricus Somer ac prefatus Thomas Chamberleyn et Johannes Norbury, armiger, nuper simul habuimus ex dono et feoffamento Johannis West, ita quod nec nos, predicti Dionisius, Henricus Henore et Henricus Somer, nec heredes nostri, nec aliquis nomine nostro aliquid iuris vel clamei in predictis terris et tenementis cum wharuis, redditibus et omnibus suis pertinentiis aut in aliqua parcella eorumdem de cetero exigere, clamare seu vendicare poterimus in futurum, set ab omni accione iuris et clamei aliquid inde petendi totaliter simus exclusi imperpetuum per presentes. In cuius rei testimonium presentibus sigilla nostra apposuimus. Datum London, primo die Februarii, anno regni regis Henrici quarti post conquestum decimo.

In dorso: Istud scriptum lectum et irrotulatum in Hustengo London de placitis terre tentis, die Lune proxima post festum sancti Luce evangeliste, anno regni regis Henrici quarti post conquestum vndecimo.

Marchaunt.

XLIX. *Der Geistliche Th. Chamberleyn überträgt die ihm von D. Lopham und Genossen überlassenen Grundstücke, einst des J. Sleigh, an M. Le Feyre, R. Back, und die Geistlichen W. Byggynges und J. Marketstede. 1409, Juni 16.*

Omnibus, ad quos presentes litere peruenerint, Thomas Chamberleyn, clericus, salutem in Domino sempiternam. Cum Ricardus Chaddesle, clericus, per quandam cartam suam, datam London, decimo ‖ die Maii, anno regni regis Edwardi tercii a conquestu quadragesimo nono, [1]) dederat et concesserat Ricardo Lyouns, tunc ciui et aldermanno London, totum illud tenementum cum kayo ‖ adiacente, cum omnibus suis pertinentiis, quod quondam fuit Jacobi Palmer, et quod quidem tenementum cum kayo adiacente iacet in Wyngoslane in parochia omnium Sanctorum ad fenum London ‖ inter tenementa tunc Bartholdi Frestlyng ex parte orientali, et kayum tenementi vocati *Esterlyngeshalle* ex parte occidentali, et aquam Thamisie ex parte australi, et tenementum tunc Radulfi Blakeneye ex parte aquilonari, habendum prefato Ricardo Lyouns, heredibus et assignatis eius in perpetuum, prout in dicta carta plenius est expressum, ac postea dominus Ricardus, nuper rex Anglie, per literas suas patentes datas sextodecimo die Martii, anno regni sui sexto, [2]) dederat et concesserat Johanni Sleigh dictum tenementum cum kayo cum suis pertinentiis per nomen vnius mesuagii cum wharuo, cum pertinentiis in Wyngoslane in warda de Douegate London, quod fuit dicti Ricardi Lyouns et quod ad dictum nuper regem pertinuit, tanquam escaeta eiusdem nuper regis, eo quod predictus Ricardus bastardus fuit et obiit sine herede de se, habendum eidem Johanni Sleigh et heredibus suis de dicto nuper rege et heredibus in perpetuum, prout in dictis literis dicti nuper regis patentibus plenius annotatur, postmodumque predictus Johannes Sleigh per nomen Johannis Sleigh, armigeri, per cartam suam datam London in festo decollacionis sancti Johannis baptiste, anno regni dicti nuper regis Ricardo decimo octauo, [3]) inter alia in eadem carta specificata, dederat, concesserat et eadem carta confirmauerat Willelmo Parker, tunc ciui et mercero London, Johanni Rumsey de comitatu Southsex iam defunctis et Johanni West dictum tenementum cum kayo cum suis pertinentiis per nomen omnium terrarum et tenementorum suorum cum wharuis, redditibus et omnibus suis pertinentiis, que tunc habuit in ciuitate London, habendum et tenendum predictis Willelmo Parker, Johanni Rumsey et Johanni West, heredibus et assignatis suis, imperpetuum. Subsequenterque dictus Johannes West per cartam suam datam apud Haneworth in comitatu Middlesex, anno regis Henrici quarti nono, dictis Willelmo Parker et Johanni Rumsey tunc defunctis, dederat, concesserat et eadem carta sua confirmauerat Dionisio Lopham, Henrico Henore et michi, predicto Thome Chamberleyn, clericis, Johanni Norbury, armigero, et Henrico Somer dictum tenementum cum kayo ac omnibus pertinentiis suis per nomen omnium terrarum et tenementorum ipsius Johannis West, cum wharuis, redditibus et suis pertinentiis, que tunc habuit in ciuitate London, habendum et tenendum dictis Dionisio, Henrico Henore ac michi, predicto Thome Chamberleyn, Johanni Norbury et Henrico Somer et heredibus mei, dicti Thome Chamberleyn ac dictorum Dionisii, Henrici Henore, Johannis Norbury et Henrici Somer in perpetuum. Et postea predictus

[1]) 1375, Mai 10. [2]) 1383, März 16. [3]) 1394, August 29.

Johannes Norbury per scriptum suum datum London, quinto die Decembris,[1]) anno regni regis Henrici quarti decimo, inter alia remiserit et relaxauerit michi prefato Thome Chamberleyn et heredibus meis imperpetuum totum ius et clameum, quod habuit in dicto tenemento cum kayo, cum suis pertinentiis, per nomen omnium illarum terrarum et tenementorum, reddituum et seruiciorum cum pertinentiis, que quondam fuerunt Johannis Sleigh, armigeri, in ciuitate London, prout in eodem scripto plenius continetur; et postea predicti Dionysius Lopham, Henricus Henore et Henricus Somer relaxauerint per eorum scriptum datum London, primo die Ffebruarii, anno regni predicti regis Henrici decimo, michi prefato Thome Chamberleyn et heredibus meis imperpetuum totum ius et clameum, que habuerunt in dicto tenemento cum kayo cum suis pertinentiis in dicta ciuitate London: Noueritis me predictum Thomam Chamberleyn, clericum, dedisse, concessisse et hac presenti carta mea confirmasse Marco le Ffeyre, Ricardo Bank, Willelmo Byggynges, clerico, et Johanni Marketstede, clerico, heredibus et eorum assignatis totum predictum tenementum cum kayo adiacente in ciuitate London et cum omnibus aliis commoditatibus, asiamentis et pertinentiis predicto tenemento et kayo qualitercumque pertinentibus, habendum et tenendum predictum tenementum cum kayo et ceteris suis pertinentiis, vt predictum est, predictis Marco, Ricardo Bank, Willelmo Byggynges et Johanni Marketstede, heredibus et assignatis suis, de capitalibus dominis feodi illius per seruicia, que ad predictum tenementum et kayum pertinent, imperpetuum. Et ego vero predictus Thomas Chamberleyn, heredes et assignati mei predictum tenementum et kayum cum omnibus suis pertinentiis in forma predicta predictis Marco, Ricardo Bank, Willelmo Byggynges et Johanni Marketstede, heredibus et assignatis suis, contra omnes gentes warantizabimus et defendemus in perpetuum. In cuius rei testimonium huic presenti carte mee sigillum meum apposui, hiis testibus: Drugone Barentyno, tunc maiore ciuitatis London., Willelmo Norton, Thoma Duke, tunc vicecomitibus London., Richardo Wotton, tunc aldermanno dicte warde de Douegate, et aliis. Datum London, sexto decimo die Junii, anno regni regis Henrici quarti post conquestum decimo.

In dorso: Ista carta lecta et irrotulata in hustengo London. de communibus placitis, tento die Lune proxima post festum concepcionis beate Marie virginis, anno regni regis Henrici quarti post conquestum vndecimo, Marchaunt.

L. *Quitung abseiten Marcus le Ffeyre an Richard Bank, Wilhelm Bygginges und Johann Marketstede. 1409, Juli 12.*

Omnibus ad quos presentes littere peruenerint Marcus le Ffeyre salutem in Domino sempiternam. Noueritis me remisisse, relaxasse et omnino de me et heredibus || meis imperpetuum quietum clamasse Ricardo Bank, Willelmo Byggynges, clerico, et Johanni Marketstede, clerico, heredibus et assignatis suis totum ius et || clameum, que habeo, habui seu quouismodo habere potero in toto illo tenemento cum kayo adiacente cum omnibus suis pertinenciis, quod quondam || fuit Jacobi Palmer,

[1]) 1408, December 5.

et quod quidem tenementum cum kayo adiacente iacet in Wyngoslane in parochia omnium Sanctorum ad fenum London. inter tenementum quondam Bartholdi Ffrestlyng ex parte orientali et kayum tenementi vocati *Esterlyngeshalle* ex parte occidentali et aquam Thamisie ex parte australi, et tenementum quondam Radolphi Blakeneye ex parte aquilonari; et quod quidem tenementum cum kayo adiacente in ciuitate London, et cum omnibus aliis commoditatibus, aisiamentis et pertinentiis predictis tenemento et kayo qualitercumque pertinentibus, ego prefatus Marcus ac prefati Ricardus Bank, Willelmus Byggynges et Johannes Marketstede nuper simul habuimus ex dono et feoffamento Thome Chaumberlayn, clerici, per cartam ipsius Thome Chaumberlayn datam London. sextodecimo die Junii, anno regni regis Henrici quarti post conquestum decimo. Ita quod nec ego dictus Marcus, nec heredes mei, nec aliquis nomine nostro aliquid iuris vel clamei in predicto tenemento cum kayo adiacente cum suis pertinenciis aut in aliqua parcella inde de cetero exigere, clamare vel vendicare poterimus, set ab omni actione iuris et clamei inde totaliter imperpetuum simus exclusi per presentes. In cuius rei testimonium presentibus sigillum meum apposui. Datum London. duodecimo die Julii, dicto anno regni dicti regis Henrici decimo.

In dorso: Istud scriptum lectum fuit et inrotulatum in hustengo London. de communibus placitis tento die lune, proxime post festum sancti Wulstani episcopi, anno regni regis Henrici quarti post conquestum vndecimo. Marchaunt.

LI. *Der Capellan W. Bysouthe, J. Brykelys und R. Treys übertragen auf Robert Cumberton ihre Rechte auf die verzeichneten Gebäude in Dowgate Ward. 1410, Februar 25.* [1]

Omnibus Christi fidelibus ad quos presens scriptum peruenerit, nos Willielmus Bysouthe, capellanus, Johannes Brykelys, pannarius, et Robertus Treys, mercerus, cives London., salutem in Domino sempiternam. Sciatis nos prefatos Willelmum, Johannem et Robertum remisisse, relaxasse et omnino de nobis et heredibus nostris in perpetuum quietos clamasse Roberto Cumberton, heredibus et assignatis suis, totum ius nostrum et clameum, que unquam habuimus, habemus aut quovis modo iure vel titulo in futurum habere poterimus, seu aliquis nostrum habere poterit, in terris et tenementis subscriptis, cum omnibus suis pertinenciis, situatis in warda de Douegate in parochia Omnium Sanctorum ad fenum London, in London; videlicet, — in illis terris et tenementis, cum omnibus suis pertinenciis, situatis in Haywharflane in parochia predicta, [2] scilicet, inter venellam predictam ex parte occidentali, et cimiterium ecclesie predicte ex parte orientali; et situantur in latitudine inter predictam ecclesiam ex parte boriali, et tenementum priorisse et monialium de Dertford in comitatu Kant, [3] ex parte australi; — et in uno tenemento cum suis pertinenciis vocato le George, situato in Gofair-

[1]) Aus dem Vidimus des Magistrates zu London vom Jahre 1475, August 11. [2]) Haywharflane, die nächste Gasse östlich von Alt-Hallowslane, von Upper Thames Street zum New Key an der Themse sich erstreckend. [3]) Die Augustiner-Nonnen zu Dartford in Kent.

lane [1]) in parochia predicta, se extendente in eandem venellam versus orientem, usque ad magnam placeam Comitis Westmerland vocatam le Erbere, [2]) ex partibus boriali et occidentali, ac venellam de Carterlane iuxta le Erbere ex parte australi; — ac in quodam magno tenemento cum tribus mansionibus adiacentibus, cum omnibus suis pertinenciis, et simul situatis in Roperia in parochia predicta, videlicet, inter vicum regium de Roperia ex parte australi, et venellam vocatam Carterlane [3]) ex parte boriali, ac tenementum Johannis Brikelys, draper, ex parte orientali, et tenementum vocatum de Stode [4]) ad tenementum nuper Johannis Walcote, dudum civis et aldermanni London, ex parte occidentali; in diversis tenementis cum suis pertinenciis situatis in Wendegoselane in parochia predicta, que cum cornerio eiusdem venelle se extendunt in Roperiam predictam versus boriam, et ad tenementum sive aulam vocatum *le Esterlyngys Halle*, et ad gardinum eidem aule de *les Esterlynggys* adiacens versus occidentem, ac inter dictam venellam vocatam Wendegoselane ex parte orientali, ac tenementum quondam Johannis Sleigh, armigeri, quod nunc ducissa Hibernie tenet, ex parte australi, necnon et in omnibus illis tenementis cum omnibus suis pertinenciis, que cum cornerio situantur apud Douegate in parochia predicta, et se extendunt et iacent (scilicet) inter tenementum Willielmi Staundon ex parte boriali et tenementum domine Margarete Philippot ex parte occidentali, ac vicum regium vocatum le Vynetrie ex parte australi, et vicum regium ducentem versus Douegate ex parte orientali. Ita videlicet, quod nec nos predicti Willielmus Bysouthe, Johannes Brikelys, et Robertus Treys, nec heredes nostri, nec aliquis nostrum, nec aliquis alius per nos, pro nobis seu nomine nostro in predictis terris et tenementis cum omnibus suis pertinenciis nec in aliqua parcella inde aliquid iuris vel clamei decetero poterimus exigere vel vendicare, nec reclamare debemus quovis modo in futurum; sed ab omni actione, iure, calumpnia et demanda inde sumus penitus exclusi per presentes imperpetuum. In cuius rei testimonium huic presenti scripto nostro sigilla nostra apposuimus, Ricardo Merlowe tunc maiore London., Johanne Lawe et Willielmo Chichele tunc vicecomitibus eiusdem civitatis. Datum London, vicesimo quinto die mensis Februarii, anno regni regis Henrici quarti post conquestum undecimo.

LII. *Robert Cumberton, Knape, überträgt an seinen Schwiegersohn Robert Fitz Robert jun. alle seine Besitzungen in Dowgate Ward. 1410, März 17.* [5])

Sciant presentes et futuri, quod ego Robertus Cumberton, armiger, dedi, concessi et hac presenti carta mea indentata confirmavi Roberto Fitz Robert iuniori omnia terras et tenementa mea

---

[1]) Vermuthlich die spätere George Alley, an deren unterem Ende eine Färberei sich befand. S. *Maitland* p. 914. [2]) *Le Erbere*, ein grosses altes Haus im Osten von Dowgate Street, nahe bei der Kirche St. Mary Bothaw, welches König Edward III. im Jahre 1340 dem Ritter Geffrey Scroope verlieh. Ueber die Reihe der Eigenthümer und Bewohner siehe *Stowe's* Survey p. 247, *Maitland* p. 921, unter denen in späterer Zeit sich der berühmte Sir Francis Drake findet. Der Name ist sonst Erbare oder Herber, normannisch Erbier, französisch Erbois, Grasplatz, Garten. [3]) *Carterlane.* Schon *Howell* Londinopolis sagt, diese Strasse werde jetzt Bushlane genannt. [4]) *Le Stode.* Vielleicht vom angelsächsischen *Stod*, Stütze, Pfeiler. II

[5]) Aus dem Vidimus des Magistrates zu London vom Jahre 1475, August 11.

subscripta, cum omnibus suis pertinenciis, situata in warda de Dowgate in parochia Omnium Sanctorum ad fenum London., in London.; videlicet *(siehe die folgende Verzeichnung oben in der Urkunde vom Jahre 1410, Februar 25)*, et vicum regium ducentem versus Dowgate ex parte orientali, habenda et tenenda omnia predicta, terras et tenementa, cum omnibus suis pertinenciis, prefato Roberto Fitz Robert iuniori, et heredibus dicti Roberti Fitz Robert iunioris de corpore Margarete, filie mee, legitime procreandis. Et si contingat dictum Robertum Fitz Robert iuniorem sine heredibus suis de corpore dicte Margarete legitime procreatis obire, quod extunc omnia predicta, terras et tenementa, cum omnibus suis pertinenciis, integre remaneant Roberto Fitz Robert seniori, civi et grocero London, heredibus et assignatis suis, de capitalibus dominis feodi illius per servicia inde debita et de iure consueta imperpetuum; et reddendo inde annuatim michi prefato Roberto Cumberton vel assignatis meis aut meo certo attornato, vita mei dicti Roberti Cumberton durante, viginti et quinque marcas sterlingorum, ad quatuor anni terminos principales, et in civitate London. usuales, per equales porciones; primo termino solucione inde incipiente ad festum nativitatis sancti Johannis baptiste proxime futurum post datum presencium. Et si contingat dictum annuum redditum viginti et quinque marcarum sterlingorum a retro esse ad aliquem terminum solucionis supradicte, in parte aut in toto non solutum, vita mei dicti Roberti Cumberton durante, tunc bene liceat michi eidem Roberto Cumberton et assignatis meis aut meo certo attornato, in predictis terris et tenementis cum omnibus suis pertinenciis, et in qualibet parcella inde intrare et distringere, districcionesque sic captas licite asportare, abducere et retinere, quousque de dicto annuo reddito et arreragiis eiusdem si que fuerint, una cum misis et expensis meis ea occasione habitis et factis michi plenarie fuerit satisfactum et persolutum. Et si contingat dictum annuum redditum a retro esse per unum annum, in parte vel in toto, post aliquem terminum solucionis supradictum, quo solvi deberet, quod extunc bene licebit michi prefato Roberto Cumberton, in omnia supradicta, terras et tenementa cum omnibus suis pertinenciis reintrare et rehabere, ut in meo pristino statu, presenti carta, nec seisina inde habita non obstante. Et ego dictus Robertus Cumberton et heredes mei, omnia predicta, terras et tenementa cum omnibus suis pertinenciis prefato Roberto Fitz Robert iuniori et heredibus suis de corpore dicte Margarete (ut supradictum est) legitime procreatis et (si contingat eundem Robertum Fitz Robert iuniorem sine heredibus per ipsum de corpore dicte Margarete legitime procreatis obire, extunc) prefato Roberto Fitz Robert seniori heredibus et assignatis suis, contra omnes gentes warantizabimus imperpetuum. In cuius rei testimonium, tam predictus Robertus Fitz Robert iunior sigillum suum, quam ego dictus Robertus Cumberton sigillum meum, hiis cartis indentatis alternatim apposuimus; Ricardo Merlowe tunc majore London., Johanne Lawe et Willielmo Chichele tunc vicecomitibus eiusdem civitatis, Nicholao Wotton tunc illius warde aldermanno. Hiis testibus, Waltero Gawtron, Johanne Brikelys, Thoma Burton, Johanne Nicholl, Alano Hull, Willielmo Baron, Martino Kelom, et multis aliis. Data London, decimo septimo die mensis Marcii, anno regni regis Henrici quarti post conquestum undecimo.

LIII. *Mayor und Altermannen von London über die Restitution abseiten des Königes für den ehemaligen Mayor zu London J. Norhampton. 1411, Mai 25.* [1])

Vniuersis et singulis Christi fidelibus presentes literas visuris vel audituris ‖ Thomas Knolles, maior, [2]) et aldermanni ciuitatis London salutem ‖ in Domino sempiternam ac prosperitatis augmentum cum honore. Tenorem ‖ cuiusdam recordi penes nos remanentis, intrati in camera Guyhalde London. predicte, tempore Johannis Fresshe, maioris eiusdem ciuitatis, [3]) anno regni domini Richardi, nuper regis Anglie, secundi post conquestum decimo octauo, [4]) vniuersitati vestre tenore presencium duximus exemplificandum, verba subsequencia continentem.

Cum Johannes Norhampton, nuper maior ciuitatis London., temporibus retroactis tam coram domino nostro rege et consilio suo apud Redyng, quam coram domino Johanne de Mountagu, tunc hospicii dicti domini regis senescallo, et eius iusticiario ad turrim suam London. assignatis fuit arrestatus de eo, quod ipse de diuersis feloniis, prodicionibus, transgressionibus, mesprisionibus et insurreccionibus, tam erga dictum dominum nostrum regem, quam erga Nicholaum Brembre, militem, tunc temporis maiorem ciuitatis antedicte, fuerat iudicatus, de quibus quidem feloniis, prodicionibus, transgressionibus, mesprisionibus et insurreccionibus idem Johannes Norhampton adtunc attinctus fuit et conuictus, prout ante in isto eodem libro folio CIIIIXXXVIII plenius poterit apparere, nichilominus dictus dominus noster considerans, quod dictus Johannes Norhampton per maliciam et ymaginacionem emulorum suorum fuit, vt predicitur, iudicatus et convictus per generalem assensum procerum, magnatum et communitatis ad parliamentum suum Westmonasterii existencium, per literas suas patentes, que sunt intrate de recordo ante in isto libro folio CCLXII°, perdonauit dicto Johanni Norhampton omnimodas et singulas transgressiones, felonias, mesprisiones et insurrecciones antedictas, et vlterius per easdem literas adnullauit et cassauit omnia et singula iudicia versus ipsum Johannem apud Redyng et turrim suam London. predicta ante hec tempora reddita seu promulgata. Et quod dictus Johannes Norhampton virtute seu occasione iudiciorum predictorum vel alicuius eorundem non perdat nec amittat nomen, honorem, accionem, ius, recuperacionem nec aliquid aliud proficuum vel avantagium ad petendum, exigendum et faciendum in omnibus, sicut dicta iudicia versus eum nunquam reddita extitissent, et quod sit adeo liber et habilis in omnibus condicionibus ac si nullum iudicium versus eum redditum fuisset, prout per literas supradictas euidencius liquet.

Super quo quinto decimo die Januarii, anno regni domini nostri regis Ricardi supradicti decimo octauo, [5]) nos Johannes Ffresshe, maior et aldermanni ciuitatis predicte, ex asssensu et consensu communis consilii ciuitatis predicte in camera Guyhalde conuocati, considerantes graciam specialem et graciosissimam dicti domini nostri regis perdonacionem et quod dictus Johannes Norhampton de dictis transgressionibus, feloniis, mesprisionibus et insurrectionibus anno regni dicti domini nostri regis quarto decimo [6]) coram domino Waltero Clopton et consociis suis, tunc iusticiariis de Banco

---

[1]) Aus einer Abschrift auf Pergament. [2]) Im Jahre 1399—1410. [3]) Johann Frenche, Mayor 1394. [4]) 1394. [5]) 1395, Januar 15. [6]) 1390—1391.

domini nostri regis antedicti, fuit arrestatus et postea coram dicto domino Waltero et Johanne Pearose apud sanctum Martinum magnum per legis processum fuit totaliter acquietatus, vt apparere poterit in recordo dicti anni XIIII in Banco dicti domini nostri regis, cassamus, adnullamus et pro nullo pronunciamus omnia et singula iudicia, constituciones et ordinaciones per nos vel predecessores nostros, maiores, vicecomites, aldermannos vel alios quoscumque eorum deputatos erga dictum Johannem Norhampton ante hec tempora reddita, ordinata, declarata, pronunciata seu de recordo intrata, et dictum Johannem Norhampton ad suas libertates, custumas et quecumque iura et alia priuilegia dicte ciuitatis, tam infra dictam ciuitatem, quam extra, et ad suum statum et dignitatem restituimus et admittimus adeo integre, sicut nulla iudicium, pronunciacio, reuocacio, adnullacio, constitucio aut ordinacio quecumque erga dictum Johannem Norhampton data, reddita fuissent seu promulgata.

Scriptum London, predicto sub sigillo maioratus ciuitatis predicte, vicesimo quinto die Maii, anno regni regis Henrici quarti post conquestum duodecimo.

LIV. *R. Bank bevollmächtigt für sich und seine Genossen den E. Pichard und St. Ingelfeld das Haus mit Kay in Wingos Lane den Geistlichen J. Ikelyngton und H. Mortymer feierlich zu übertragen. 1411, November 24.*

Nouerint vniuersi per presentes me Ricardum Bank ordinasse, constituisse et loco meo posuisse dilectos michi in Christo Edwardum Pichard et Stephanum Ingelfeld, coniunctim et diuisim, ad deliberandum || seisinam pro me et nomine meo Johanni Ikelyngton, clerico, et Hugoni Mortymer, armigero, de vno tenemento cum kayo adiacente et omnibus suis pertinenciis, quod quondam fuit Jacobi Palmer, et quod || quidem tenementum cum kayo adiacente iacet in Wyngoslane in parochia omnium Sanctorum, ad fenum London, habendum et tenendum prefatis Johanni et Hugoni secundum uim, formam et effectum cuiusdam carte || inde per me et alios prefatis Johanni et Hugoni confecte. Ratum et gratum habiturus quicquid prefati Edwardus et Stephanus fecerint vel vnus eorum fecerit in premissis. In cuius rei testimonium huic presenti scripto sigillum meum apposui. Datum London, vicesimo quarto die Nouembris, anno regni regis Henrici quarti post conquestum terciodecimo etc.

LV. *R. Bank und die Geistlichen W. Byggynges und J. Marketstede übertragen ihre Grundstücke in Wingos Lane an den Geistlichen J. Ikelyngton und den Knapen Hugo Mortymer. 1411, November 24.*

Omnibus, ad quos presentes litere peruenerint, Ricardus Bank, Willelmus Byggynges, clericus, et Johannes Marketstede, clericus, salutem in Domino sempiternam. Cum Ricardus Chaddesle, clericus, *(Das Folgende wie oben No. XLIX. vom Jahre 1409, Juni 16, bis)* regis Henrici decimo, prefato Thome Chamberleyn et heredibus suis imperpetuum totum ius et clameum, que habuerunt in dicto tenemento cum kayo cum suis pertinentiis in dicta ciuitate London. Ac cum postea predictus Thomas Chamberleyn per cartam suam datam London sextodecimo die Junii, anno regni dicti regis Henrici quarti post conquestum decimo, dederat, concesserat et eadem carta sua confirmauerat Marco le Ffeyre et nobis prefatis Ricardo Bank, Willelmo Byggynges et Johanni Marketstede totum predictum tenementum cum kayo adiacente in ciuitate London et cum omnibus aliis commoditatibus, asiamentis et pertinentiis predictis tenemento et kayo qualitercumque pertinentibus, habendum et tenendum predictum tenementum cum kayo et ceteris suis pertinentiis, vt predictum est, predicto Marco et nobis predictis Ricardo Bank, Willelmo Byggynges et Johanni Marketstede, heredibus et assignatis nostris, prout in eadem carta plenius poterit apparere. Postmodumque predictus Marcus le Ffeyre per scriptum suum datum duodecimo die Julii, dicto anno regni dicti regis decimo, remiserit et relaxauerit nobis prefatis Ricardo Bank, Willelmo Byggynges et Johanni Marketstede totum ius et clameum, que habuit seu quouismodo habere poterit in toto illo tenemento predicto cum kayo adiacente, cum omnibus suis pertinentiis, quod quondam fuit predicti Jacobi Palmer, prout in eodem scripto plenius liquet, noueritis nos, predictum Ricardum Bank, Willelmum Byggynges, clericum, et Johannem Marketstede, clericum, dimisisse, feoffasse et hac presenti carta nostra confirmasse Johanni Ikelyngton, clerico, et Hugoni Mortymer, armigero, totum predictum tenementum cum kayo adiacente in ciuitate London et cum aliis commoditatibus, asiamentis et pertinentiis predicto tenemento et kayo qualitercumque pertinentibus, habendum et tenendum predictum tenementum cum kayo et ceteris suis pertinentiis, vt predictum est, predictis Johanni Ikelyngton et Hugoni Mortymer, heredibus et assignatis suis, de capitalibus dominis feodi illius per seruicia, que ad predictum tenementum et kayum pertinent, imperpetuum. In cuius rei testimonium huic presenti carte nostre sigilla nostra apposuimus. Hiis testibus, Roberto Chychele, tunc maiore ciuitatis London., Waltero Cotton, Johanne Reynewell, tunc vicecomitibus eiusdem ciuitatis, Nicholao Wotton, tunc aldermanno dicte warde de Dovegate, et aliis. Datum London, vicesimo quarto die Nouembris, anno regni regis Henrici quarti post conquestum terciodecimo.

LVI. *Hugo Mortymer, Knape, überträgt seine Rechte auf die Grundstücke in Wyngos Lane auf den Geistlichen J. Ikelyngton. 1413, November 16.*

Omnibus Christi fidelibus, ad quos presens scriptum peruenerit, Hugo Mortymer, armiger, salutem in Domino sempiternam. Noueritis me prefatum Hugonem remisisse, ‖ relaxasse et omnino de me et heredibus meis in perpetuum quietum clamasse Johanni Ikelyngton, clerico, heredibus et assignatis suis totum ius meum et clameum, que ‖ vnquam habui, habeo seu quouismodo in futuro habere potero in omnibus illis tenementis cum solariis et celariis et kayo adiacente ac omnibus suis pertinentiis ‖ situatis in venella vocata Wyngoslane, in warda de Douegate et in parochia omnium Sanctorum ad fenum London. Que quidem tenementa cum solariis, ‖ celariis et kayo adiacente et omnibus suis pertinentiis quondam fuerunt Johannis Sleigh, armigeri. Ita videlicet, quod nec ego predictus Hugo, nec heredes mei, nec aliquis alius pro nobis seu nomine nostro aliquod ius seu clameum in predictis tenementis cum solariis, celariis et kayo adiacente cum omnibus suis pertinenciis, neque in aliqua parcella eorundem de cetero exigere, clamare vel vendicare poterimus in futurum, set ab omni actione iuris et clamei aliquid inde petendi totaliter simus exclusi in perpetuum per presentes.

In cuius rei testimonium huic presenti scripto meo sigillum meum apposui. Hiis testibus: Lodewyco John, Johanne Cornewaleys, Thoma Gwyn, Johanne Snypstone, Thoma Walsyngham et multis aliis. Datum sexto decimo die Nouembris, anno regni regis Henrici quinti post conquestum Anglie primo.

LVII. *Des Geistlichen J. Ikelyngton Vollmacht für R. Bukland, um R. Courteney, Bischof von Norwich, und dem Ritter Roger Leche ein Grundstück und Kay in Wyngos Lane aufzulassen. 1413, November 18.*

Nouerint vniuersi per presentes me Johannem Ikelyngton, clericum, ordinasse, constituisse et loco meo posuisse dilectum michi in Christo || Ricardum Bukland, ciuem et piscenarium Londonensem, ad deliberandum seisinam pro me et nomine meo reuerendo in Christo patri ac domino, domino Ri- || cardo Courteney, Norwycensi episcopo, et Rogero Leche, militi, de vno tenemento cum kayo adiacente et omnibus suis pertinentiis, quod quondam || fuit Jacobi Palmer, et quod quidem tenementum cum kayo adiacente iacet in Wyngoslane in parochia omnium Sanctorum ad fenum || London, habendum et tenendum prefatis episcopo et Rogero secundum vim, formam et effectum cuiusdam carte inde per me prefatis episcopo et Rogero confecte. Ratum et gratum habiturus quicquid prefatus Ricardus Bukland fecerit in premissis. In cuius rei testimonium huic presenti scripto sigillum meum apposui. Datum London, decimo octauo die Nouembris, anno regni regis Henrici quinti post conquestum primo.

LVIII. *Richard Wiltshire befreiet den Geistlichen J. Ikelyngton und den Knapen H. Mortymer von allen Ansprüchen, welche er an die Grundstücke und den Kay in Wingos Lane erheben könnte. 1413, November 20.*

Omnibus Christi fidelibus, ad quos presens scriptum peruenerit, Ricardus Wiltshire, filius et heres Johannis Wiltshire, nuper ciuis et groceri London, salutem in || Domino sempiternam. Noueritis me prefatum Ricardum remisisse, relaxasse et omnino de me et heredibus meis imperpetuum quietum clamasse Johanni || Ikelyngton, clerico, et Hugoni Mortymer, armigero, heredibus et eorum assignatis, totum ius meum et clameum, que vnquam habui, habeo seu quouismodo in futurum || habere potero in omnibus illis tenementis cum solariis et celariis et kayo adiacentibus ac omnibus suis pertinenciis situatis in venella vocata Wyndegoslane in warda de Douegate et in parochia omnium Sanctorum ad fenum London. Que quidam tenementa cum solariis, celariis et kayo adiacente et omnibus suis pertinenciis quondam fuerunt Johannis Sliegh, armigeri. Ita videlicet, quod nec ego predictus Ricardus nec heredes mei nec aliquis alius pro nobis seu nomine nostro aliquod ius seu clameum in predictis tenementis cum solariis, celariis et kayo adiacente cum omnibus suis pertinenciis neque in aliqua parcella eorundem de cetero exigere, clamare vel vendicare poterimus infuturum, set ab omni actione iuris et clamei aliquid inde petendi totaliter simus exclusi imperpetuum per presentes. In cuius rei testimonium huic presenti scripto meo sigillum meum apposui. Hiis testibus: Lodewico John, Johanne Cornewaleys, Thoma Gwyn, Johanne Snypston, Thoma Walsyngham et multis aliis.

Datum London, vicesimo die mensis Nouembris, anno regni regis Henrici quinti post conquestum Anglie primo.

LIX. *Der Geistliche J. Ikelyngton bestätigt das ganze Grundstück und den Kay in Wyngos Lane, welches vordem J. Sleigh besessen, dem Richard Courteney, Bischofe von Norwich, und Roger Leche. 1413, November 28.*

Omnibus, ad quos presens scriptum peruenerit, Johannes Ikelyngton, clericus, salutem in Domino sempiternam. Cum Ricardus Chaddesle, clericus (*wörtlich wie in No. LIV. vom Jahre 1411, November 24, bis*) prout in eodem scripto plenius liquet, quod quidem scriptum lectum fuit et irrotulatum in hustengo ‖ London de communibus placitis tento die Lune proxime post festum sancti Wulstani, episcopi, anno regni predicti regis Henrici vndecimo, subsequenterque predicti Ricardus Bank, Willelmus Byggynges et ‖ Johannes Marketstede per cartam suam, datam London anno regni predicti regis Henrici terciodecimo, dederant, concesserant et eadem carta sua confirmauerant michi prefato Johanni Ikelyngton, clerico, et Hugoni Mortymer, armigero, dictum tenementum cum kayo adiacente in ciuitate London et cum aliis commoditatibus, aisiamentis et pertinentiis predictis tenemento et kayo qualitercumque pertinentibus habendum et tenendum predictum tenementum cum kayo et ceteris suis pertinentibus, vt predictum est, michi prefato Johanni Ikelyngton et predicto Hugoni, heredibus et assignatis nostris, de capitalibus dominis feodi illius per seruicia inde debita et de iure consueta imperpetuum; et postea predictus Hugo Mortymer per scriptum suum datum London, sextodecimo die Nouembris, anno regni regis Henrici quinti primo, inter alia remiserit et relaxauerit michi prefato Johanni Ikelyngton, heredibus et assignatis meis, imperpetuum totum ius et clameum, quod habuit in dicto tenemento, solario, celario et kayo adiacenti, cum omnibus suis pertinentiis situatis in Venella vocata Wyndegoslane, in parochia omnium Sanctorum ad fenum London, quod quidem tenementum cum solario, celario et kayo adiacenti cum omnibus suis pertinentiis quondam fuerunt predicti Johannis Sleigh, armigeri, prout in eodem scripto plenius apparet: noueritis me prefatum Johannem Ikelyngton dedisse, concessisse et hac presenti carta mea confirmasse reuerendo in Christo patri et domino, domino Ricardo Courteney, Norwycensi episcopo, et Rogero Leche, militi, totum predictum tenementum cum kayo adiacente in ciuitate London ac cum omnibus aliis commoditatibus, aisiamentis et pertinentiis predictis tenemento et kayo qualitercumque pertinentibus, habendum et tenendum predictum tenementum cum kayo et ceteris omnibus suis pertinentiis, vt predictum est, prefatis domino Ricardo episcopo et Rogero Leche, heredibus et assignatis suis, de capitalibus dominis feodi ille per seruicia inde debita et de iure consueta in perpetuum. Et ego predictus Johannes Ikelyngton et heredes mei totum predictum tenementum cum kayo adiacente et omnibus aliis suis pertinentiis supradictis prefatis domino Ricardo episcopo et Rogero Leche, heredibus et assignatis suis, contra omnes gentes warantizabimus et defendemus imperpetuum. In cuius rei testimonium huic presenti carte mee sigillum meum apposui, Willelmo Crowmere, tunc maiore ciuitatis London., Johanne Sutton et Johanne Nicholl, tunc vicecomitibus dicte ciuitatis, Nicholao Wotton, tunc illiuswarde aldermanno. Hiis testibus:

Ledewico John, Johanne Cornewaleys, Thoma Gwyn, Johanne Soypeton, Thoma Walsyngham et aliis. Datum London. vicesimo octauo die mensis Nouembris, anno regni regis Henrici quinti post conquestum primo.

LX. *Richard Courteney, Bischof von Norwich, und R. Leche übertragen der Alduncia Portale das Grundstück nebst Kay in der Wyngos Lane, einst dem J. Palmer zuständig. 1415, Juni 27.*

Omnibus, ad quos presens scriptum peruenerit, nos Ricardus Courteney, Dei gracia Norwicensis episcopus, et Rogerus Leche, miles, salutem in Domino sempiternam. Cum Ricardus Chaddesle, clericus, *(Das Folgende wie oben in der Urkunde vom Jahre 1418, November 28.)* et eadem carta sua confirmauerant Johanni Ikelyngton, clerico, et Hugoni Mortymer, armigero, dictum tenementum cum kayo adiacente in ciuitate London et cum aliis commoditatibus, aisiamentis et pertinentiis predicto tenemento et kayo qualitercumque ‖ pertinentibus, habendum et tenendum predictum tenementum cum kayo et ceteris suis pertinentiis, vt predictum est, prefatis Johanni Ikelyngton et Hugoni, heredibus et assignatis suis, de capitalibus dominis feodi illius per seruicia inde debita et de iure consueta imperpetuum; et qui vero ‖ Hugo Mortymer per scriptum suum, datum London sexto decimo die Nouembris, anno regni regis Henrici quinti primo, inter alia remiserit et relaxauerit prefato Johanni Ikelyngton, heredibus et assignatis suis imperpetuum totum ius et clameum, quod habuit in dicto tenemento, solario, celario et kayo adiacente cum omnibus suis pertinentiis situatis in venella vocata Wyndegoslane in parochia omnium Sanctorum ad fenum London, quod quidem tenementum cum solario, celario et kayo adiacente cum omnibus suis pertinentiis quondam fuit predicti Johannis Sleigh, armigeri, prout in eodem scripto plenius apparet; posteaque predictus Johannes Ikelyngton per cartam suam, datam London vicesimo octauo die mensis Nouembris, anno predicti regis Henrici quinti regni primo, dederat, concesserat et eadem carta sua confirmauerat nobis predictis Ricardo episcopo et Rogero Leche totum predictum tenementum cum kayo adiacente in ciuitate London ac cum omnibus aliis commoditatibus, aisiamentis et pertinentiis predicto tenemento et kayo qualitercumque pertinentibus habendum et tenendum nobis, heredibus et assignatis nostris imperpetuum, sicut in carta predicta liquet manifeste: noueritis nos prefatos Ricardum episcopum et Rogerum Leche dedisse, concessisse et hac presenti carta nostra confirmasse dilecte nobis nobili mulieri Alduncie Portale totum predictum tenementum cum kayo adiacente in ciuitate London ac cum omnibus aliis commoditatibus, aisiamentis et pertinentiis predicto tenemento et kayo qualitercumque pertinentibus, habendum et tenendum predictum tenementum cum kayo et ceteris omnibus suis pertinentiis, vt predictum est, prefate Alduncie, heredibus et assignatis suis, de capitalibus dominis feodi illius per seruicia inde debita et de iure consueta imperpetuum. Et nos predicti Ricardus episcopus et Rogerus Leche et heredes nostri totum predictum tenementum cum kayo adiacente et omnibus aliis suis pertinentiis supradictis prefate Alduncie, heredibus et assignatis suis contra omnes gentes warantizabimus et defendemus imperpetuum. In cuius rei testimonium huic presenti carte nostre sigilla nostra apposuimus, Thoma Fauconer, tunc maiore ciuitatis London, Johanne Michell et Thoma Aleyn, tunc viceeomitibus eiusdem ciuitatis, Nicholao Wotton, tunc illius warde aldermanno. Hiis testibus: Ricardo Bukland, Thoma Gwyn, Johanne Tyn-kelden, Johanne Snypston, Thoma Walsyngham et aliis. Datum London, vicesimo septimo die mensis Junii, anno regni regis Henrici quinti post conquestum tercio.

LXI. *Des Richard Courteney, Bischofes von Norwich, und R. Leche Vollmacht für R. Bukland, um der Alduncia Portale ein Grundstück nebst Kay in Wyngos Lane, einst des J. Palmer, zu verlassen. 1415, Juni 27.* [1])

Nouerint vniuersi per presentes nos, Ricardum Courteney, Dei gratia Norwicensem episcopum, et Rogerum Leche, militem, fecisse, ordinasse et, loco nostro ‖ posuisse dilectum nobis in Christo Ricardum Bukland, ciuem et piscenarium London., fidelem attornatum nostrum, ad deliberandum pro nobis et nomine nostro ‖ dilecte nobis nobili mulieri, Alduncie Portale, pacificam seisinam in vno tenemento cum kayo adiacente et omnibus suis pertinentiis, situatis ‖ in Wyngoslane, in parochia Omnium Sanctorum ad fenum London. quod quondam fuit Jacobi Palmer, habendum et tenendum eidem Alduncie, heredibus et assignatis suis, in perpetuum secundum vim, formam et effectum carte nostre, ei inde confecte, ratum et gratum habituros, quicquid predictus attornatus noster nomine nostro fecerit in deliberatione seisine predicte, prout ibidem personaliter interessemus. In cuius rei testimonium presentibus sigilla nostra apposuimus. Datum vicesimo septimo die Junii, anno regni regis Henrici quinti post conquestum tertio.

LXII. *Die Zollbeamten zu Yarmouth ersuchen den Rath zu Hamburg, die dortigen Kaufleute aufzufordern, in ihre Stadt des Handels wegen zurückzukehren. 1416, April 12.* [2])

Perpetuam caritatem sinceramque dilectionem pro salute. Amici predilecti, cum ante hec tempora vestri conciues et mercatores, cum suis bonis et mercandisis, libenter frequentare solebant villam et forum magne Jernemuthe in Anglia, quod fuit multum placabile omnibus ibidem habitantibus, ac iam, ob quorundam virorum inprouidam et superfluam gubernacionem, predicti vestri conciues se abinde retraxerunt et indies se retrahere proponunt, in memorate ville et omnium habitancium ibidem preiudicium ac dampnum non modicum et grauamen; nosque Custumarii ibidem, sub excellentissimo principe et domino, domino nostro rege constituti, affectantes intime, quantum in nobis est, sic pertractari omnes naciones cum suis bonis dicte ville accedentes, ut ipsi habeant vota sua et desideria promciora ibidem alias revenire, vobis igitur instanter et affectuose supplicamus, quatenus cum vestris conciuibus et vestratibus super hiis tractatum et colloquium dignemini habere, eosque sic informare et

[1]) Aus dem Originale. Von drei angehängt gewesenen Siegeln sind zwei vorhanden.

[2]) Aus dem Originale des Hamburger Archives.

consulere, ut ipsi dignentur cum suis bonis et mercandisis ad sepedictam villam remeare et redire, prout ante hec tempora facere solebant. Et nos promittimus vobis et illis, bona fide et indubio, sic amicabiliter pertractare, consulere, et eis subvenire in omnibus suis peragendis, in districtu nostro, (salvo iure regio), quod ipsi habebunt uberiorem affectum et voluntatem ibidem appropinquare et in posterum reuenire: scientes quod ita prouide et discrete super hiis prouidebimus, mediante Dei gracia, quod nullus alius minister seu officiarius aliquam injuriam eis faciet quoquomodo, in hiis sic agentes prout in vobis fiduciam gerimus pleniorem. Valete in eo, qui est omnium vera salus. Scriptum Jernemuth, anno Domini millesimo CCCC^mo^ XVI°, mensis Aprilis die duodecima.

Vestri in omnibus, Robertus Elys et Simon Beerde, Custumarii in villa et portu magne Jernemuth.

In dorso: Venerabilibus, prouidis et discretis viris, Consulibus ac Proconsulibus ceterisque probis hominibus ciuitatis de Hamburgh, presentetur hec litera.

LXIII. *Th. Ferrers, Knape, und Alduncia, dessen Ehefrau, Vollmacht an J. Yngram, zur Verlassung ihres Grundstückes in Wyndegos Lane an R. Bokeland, J. Olden und R. Twyford. 1417, Juni 4.* [1])

Nouerint vniuersi per presentes nos Thomam Fferrers, armigerum, et Alduanciam, vxorem meam, attornasse et loco nostro posuisse dilectum nobis in Christo Johannem Yngram, ciuem et piscenarium London, nostrum verum et legitimum attornatum, ad deliberandum vice ac nomine nostro Ricardo Bokeland, ciui et piscenario London, Willelmo Olden et Rogero Twyford vel vni eorum plenam possessionem et pacificam seisinam in toto illo tenemento cum kayo adiacente ac cum omnibus aliis commoditatibus, aisiamentis et pertinentiis predicto tenemento et kayo qualitercumque pertinentibus, situatis in venella vocata Wyndegoslane in parochia omnium [2]) ad fenum London., secundum vim, formam et effectum cuiusdam carte feoffamenti per nos prefatos Thomam et Aldunciam predictis Ricardo, Willelmo et Rogero inde confecte. Ratum habituri et gratum quicquid predictus Johannes, attornatus noster, vice ac nomine nostro in premissis fecerit pro seisina deliberanda, prout ibidem tunc temporis personaliter interessemus. In cuius rei testimonium presentibus sigilla nostra apposuimus. Datum quarto die mensis Junii, anno regni Henrici quinti post conquestum quinto.

LXIV. *Th. Ferrers, Knape, und dessen Ehefrau überlassen dem R. Bokeland, W. Olden und R. Twyford ihr Grundstück und Kay in Wyngos Lane auf zwanzig Jahre für 66 £st. 13 sh. 4 pf. 1417, Juni 4.*

Hec indentura facta inter Thomam Fferrers, armigerum, et Alduanciam, vxorem eius, ex parte vna, et Ricardum Bokeland, ciuem et piscenarium London., Willelmum Olden et Rogerum Twyford ex

---

[1]) Aus dem Originale, welchem annoch ein Siegel anhängt. [2]) *Fehlt* Sanctorum

parte ‖ altera, testatur, quod cum predicti Thomas et Alduncia per cartam suam feoffamenti dederint et concesserint prefato Ricardo Bokeland, Willelmo et Rogero illud tenementum suum cum kayo adiacente ‖ ac cum omnibus aliis commoditatibus, aisiamentis et pertinentiis predicto tenemento et kayo qualitercumque pertinentibus, situatis in venella vocata Wyndegoslane in parochia omnium Sanctorum ad fenum London, inter ‖ tenementum nuper Bartholomei Ffrestlyng ex parte orientali, et kayum vocatum *Esterlyngeshalle* ex parte occidentali ac aquam Thamisie ex parte australi, et tenementum nuper Radulphi Blakeneye ex parte aquilonari. Quod quidem tenementum cum kayo adiacente et suis pertinentiis antedictis ego predicta Alduncia, per nomen Alduncia Portale, nuper habui, michi, heredibus et assignatis meis imperpetuum ex dono et feoffamento Ricardi Courteney, Dei gracia Norwicensis episcopi, et Rogeri Leche, militis, prout in quadam carta ipsorum Ricardi Courteney episcopi et Rogeri Leche inde confecta, cuius datum est London, vicesimo septimo die mensis Junii, anno regni regis Henrici quinti post conquestum tercio, plenius continetur, habendum et tenendum prefatis Ricardo Bokeland, Willelmo Olden et Rogero Twyford, heredibus et assignatis suis, imperpetuum, prout in predicta carta feoffamenti inde confecta, cuius datum est London die confectionis presencium, plenius continetur. Predicti tamen Ricardus Bokeland, Willelmus Olden et Rogerus Twyford volunt et concedunt per presentes, quod si ipse Ricardus Bokeland, heredes et assignati sui pacifice et quiete habere et tenere poterint ac gaudere totum predictum tenementum cum kayo adiacente ac cum omnibus aliis commoditatibus, aisiamentis et pertinentiis predictis tenemento et kayo qualitercumque pertinentibus a festo Natiuitatis sancti Johannis baptiste proxime futuro post datum presencium vsque ad finem viginti annorum extunc proxime sequentium et plenarie completorum, donec de eodem tenemento cum kayo et suis pertinentiis vniuersis perceperint sexaginta sex libri tresdecim solidos et quatuor denarios sterlingorum, predicto tenemento cum kayo et ceteris suis pertinentiis ad quinque marcas sterlingorum per annum computato; ac si prefati Thomas Fferrers et et Alduncia, vxor eius, aut eorum alter soluat et satisfaciat prefato Ricardo Bokeland, heredibus et assignatis suis in fine predictorum viginti annorum vel infra dimidium annum post terminum predictum pro singulis nouis edificationibus domorum predictorum in tenemento predicto cum kayo adiacente ac ceteris suis pertinentiis edificandis ac ceteris racionabilibus custagiis inde appositis et factis per predictum Ricardum Bokeland, heredes et assignatos suos tempore eorundem viginti annorum: extunc bene liceat prefatis Thome Fferrers et Alduncie, vxori eius, et heredibus suis totum predictum tenementum cum kayo adiacente et ceteris suis pertinentiis antedictis reintrare et in pristino statu suo rehabere et retinere, prefatosque Ricardum Bokeland, Willelmum Olden et Rogerum Twyford, heredes et assignatos suos inde totaliter expellere et ammouere, predicta carta aut seisina inde habita non obstante vllo modo. Et si predicti Thomas et Alduncia, vxor eius, aut eorum alter vel aliquis eorum nomine non soluant nec satisfaciant nec soluat aut satisfaciat prefato Ricardo Bokeland, heredibus et assignatis suis in fine predictorum viginti annorum vel infra dimidium annum post terminum predictum pro singulis nouis edificacionibus domorum predicto in tenemento cum kayo adiacente ac ceteris suis pertinentiis, vt supradictum est, ac ceteris racionabilibus custagiis inde appositis et factis per predictum Ricardum Bokeland, heredes et assignatos suos tempore eorundem viginti annorum, extunc volunt et concedunt predicti Thomas et

Alduncia, vxor eius, pro se et heredes suos per presentes, quod bene licebit prefato Ricardo Bokeland, heredibus et assignatis suis, predictum tenementum cum kayo adiacente et suis pertinentiis pacifice et quiete habere et tenere a fine predictorum viginti annorum, quousque idem Ricardus Bokeland, heredes vel assignati sui perceperint vel perceperit singula custagia et expensas factas per prefatum Ricardum Bokeland, heredes vel assignatos suos pro singulis nouis edificacionibus predictis ac ceteris rationabilibus custagiis inde appositis et factis per predictum Ricardum Bokeland, heredes vel assignatos suos, aliquo tempore eorumdem viginti annorum predicto tenemento cum kayo adiacente ac ceteris suis pertinentiis ad centum solidos sterlingorum per annum computato. Et predictus Ricardus Bokeland omnes domos seu edificia tenementi predicti in bono statu custodiet ac contra ventum et pluuiam defensibiles faciet, sumptibus suis propriis et expensis, durante toto termino quod dictus Ricardus Bokeland tenementum predictum tenere contigerit, tempestate horribili et igne alieno dumtaxat exceptis. Set si aliquas domos seu edificia tenementi supradicti cum kayo adiacente ac ceteris suis pertinentiis durante termino viginti annorum de nouo construi seu edificari contigerit, tunc predicti Thomas Fferrers et Alduncia, vxor eius, heredes et assignati sui singula custagia et expensas huiusmodi sumptibus eorum propriis et expensis supportabunt et facient absque aliqua dilacione seu contradictione. In cuius rei testimonium partes predicte partibus huius indenture sigilla sua alternatim apposuerunt. Datum London, quarto die mensis Junii, anno regni regis Henrici quinti post conquestum quinto.

LXV. *Thomas Ferrers, Knape, und Alduncia, seine Ehefrau, bestätigen dem R. Bokeland, W. Olden und R. Twyford ihr vom Bischofe von Norwich und R. Leche überlassenes Grundstück und Kay in Wyndegos Lane.* *1417, Juni 4.*

Sciant presentes et futuri, quod nos Thomas Ferrers, armiger, et Alduncia, vxor mea, vnanimi assensu et voluntate dedimus, concessimus et hac presenti || carta nostra confirmauimus Ricardo Bokeland, ciui et piscenario London., Willelmo Olden et Rogero Twyford totum illud tenementum nostrum cum kayo || *(Das Folgende wie im vorstehenden Documenten bis)* habendum et tenendum totum predictum tenementum cum kayo adiacente ac cum omnibus aliis commoditatibus, aisiamentis et pertinentiis predictis tenemento et kayo qualitercumque pertinentibus prefatis Ricardo Bokeland, Willelmo Olden et Rogero Twyford, heredibus et assignatis suis libere, quiete, integre, bene et in pace imperpetuum, de capitalibus dominis feodi illius per seruitia inde debita et de iure consueta. Et nos predicti Thomas et Alduncia, vxor mea, et heredes nostri totum predictum tenementum cum kayo adiacente ac cum omnibus aliis commoditatibus, aisiamentis et pertinentiis predictis tenemento et kayo qualitercumque pertinentibus prefatis Ricardo Bokeland, Willelmo Olden et Rogero Twyford, heredibus et assignatis suis contra omnes gentes warantizabimus et defendemus imperpetuum. In cuius rei testimonium huic presenti carte nostre sigilla nostra apposuimus, Henrico Barton, tunc maiore ciuitatis London. Roberto Wedyngton et Johanne Coventre, tunc vicecomitibus eiusdem ciuitatis, Richardo Wotton, tunc illius warde aldermanno. Hiis testibus: Johanne Brokeles, Johanne Bytterden, pannariis, Johanne Tynkelden, Johanne Geddeney, grooeris, Roberto Holland, sherman, ciuibus London et aliis. Datum London, quarto die mensis Junii, anno regni regis Henrici quinti post conquestum quinto.

LXVI. *Erklärung des Magistrates zu London über die Befreiung der Hansen von den ihnen abseiten der Sheriffs angemutheten neuen Zöllen.*
1418, October 2. [1])

Vniuersis et singulis Christi fidelibus presencium continenciam visuris vel audituris, maior et aldermanni civitatis London salutem et vtriusque hominis sospitatem. Cupientes ex officii nobis commissi debito veritatis testimonio subuenire, ut tenemur, hinc est quod tenorem cuiusdam recordi intuitu in camera Guihalde ciuitatis antedicte, in libro signato cum litera J. folio ducentesimo tercio decimo, vniuersitati vestre ac omnibus et singulis, quorum interest vel interesse poterit, duximus exemplificandum, verba subsequencia continentem. [2])

Nono die Februarii, anno regni regis Henrici quinti post conquestum quinto, venerunt hic coram Ricardo Merlowe, maiore, et aldermannis ciuitatis London, Gobell Glinsner, Tidemannus Westenberch, [3]) Lodowicus Wodinghusen, Bertramus Cleyborst, et alii plures mercatores de Hansa Alemannie, qui domum habent in London, *Guyhaldam Teutonicorum* vulgariter nuncupatum, pro se et tota societate sua de hansa et domo predicta grauem facientes querimoniam taliter in effectu continentem: quod cum tam per diuersas cartas progenitorum domini regis nunc eisdem mercatoribus concessas et per eundem regem confirmatas, quam per diuersas composiciones et recorda inter communitatem dicte ciuitatis et ipsos mercatores facta, et in Guihalda dicte ciuitatis inrotulata, concessum sit et concordatum, quod iidem mercatores in omnibus et singulis libertatibus et liberis consuetudinibus suis, quibus vsi fuerunt et gauisi ex antiquo, manutenerentur et seruarentur, et quod super ipsos mercatores, bona vel mercimonia sua custuma noua vel indebita per dominum regem, qui pro tempore fuerit, heredes, successores aut officiarios suos quoscumque non poneretur, sed quod ipsi mercatores tam in personis, quam bonis et mercimoniis suis, de pontagio, pauagio et muragio et omni exactione, prisis, vel prestacione, aut aliquo alio onere super ipsos mercatores, bona vel mercimonia sua imponendis, essent quieti. Et quod licet ipsi mercatores de hansa Alemannie et domo predicta in London existentes, tam in personis, quam in bonis et mercimoniis suis, virtute cartarum et compositionum predictarum, ab omnimodis custumis, exaccionibus et oneribus, preter illa que in cartis et composicionibus predictis continentur, semper hactenus quieti fuerint et exonerati: Henricus Rede tamen et Johannes Gedney, nunc vicecomites ciuitatis London, machinantes prefatos mercatores voluntarie pregrauare et

---

[1]) Aus dem Vidimus des Magistrates zu London vom Jahre 1475, Mai 12, in dem auf Pergament von dem Secretair H. Dampstorf schön geschriebenen Copialbuche des Altermannes H. Langermann vom Jahre 1595 und verglichen mit der hamburger Papierabschrift einer älteren Ausfertigung, abgedruckt in dem Report der Record Commission. Appendix C. No. 32. [2]) Aus dem älteren Text der *hamburger Handschrift*. Abgekürzt im *MS. Lang.* [3]) Questenbergh. *Hamb.*

exaccionem ac onus nouum et indebitum super ipsos imponere, certas custumas, videlicet duos denarios de quolibet dolio vini et II denarios de qualibet cipha [1]) salis per ipsos adductis ciuitati vel eductis a ciuitate, et de qualibet biga [2]) carcata cum allece, cum lignis vocatis *weynescotts*, *bowestawes*, pice et *tarre* et aliis mercimoniis, duos solidos, et de cera, *flax* et *wercke* et de omnibus aliis mercimoniis alias nouas imposiciones ac diuersa alia custumas, prestaciones, subsidia et onera de prefatis mercatoribus, et contra tenorem cartarum et composicionum predictarum ac libertatum et liberarum consuetudinum suarum a tam longo tempore optentarum et vsitatarum, soluenda iam nouiter et indebite exigerunt et eos ea occasione distrinxerunt. Supplicantes dictos maiorem et aldermannos, quatenus venire iuberent coram eis, erga certum diem tunc sequentem, tam dictos vicecomites quam mercatores antedictos, simul cum omnibus et singulis euidenciis et recordis, que merita causarum hinc et inde postularent vel in eisdem ualerent quoquo modo, ut iidem maior et aldermanni, auditis et intellectis tam demandis et allegacionibus ex vna parte, quam obiectis et responsionibus ex altera, ambiguitatem tollent et euellent, ac remedium perpetuis temporibus obseruandum, ita quod in dubium a modo non uertatur, statuere et irrevocabiliter stabilire dignarentur. Dicti quoque maior et aldermanni, dictorum mercatorum precibus tanquam iustis et racioni consonis fauorabiliter inclinati, nolentes in quantum poterint mercatores predictos extra libertates suas aliqualiter trahi, uenire fecerunt coram eis die Lune XIV. die Februarii tunc proximo, tam dictos vicecomites quam dictos Gobell Glinsner et omnes alios mercatores de hansa et domo predicta in London existentes. Et dicti vicecomites, per dictos maiorem et aldermannos super premissis allocuti, defendunt iniurias suppositas quoad singulas exaccionem et custumas predictas.| Et dicunt quod dicti mercatores iniuste conqueruntur aduersus [3]) eos, quia. dicunt, quod ipsi tenent a domino rege, sicut et alii vicecomites coram eis tenuerunt, vicecomitatus London et Middlesex, cum omnibus custumis, rebus et commoditatibus, eis qualitercumque spectantibus et pertinentibus ad feodi firmam pro certa summa dicto domino regi in Scaccario suo soluenda. Et dicunt, quod omnes vicecomites hactenus, a tempore quo non extat hominum memoria, tam tempore quo libertates dicte ciuitatis, quam vicecomitatus predicti fuerint in manu regis, in titulo regis et racione firme sue de comitatu predicto [4]) habuerunt et percipere consueuerunt in auxilium firme sue, de quolibet mercatore extraneo II denarios pro quolibet dolio vini educto et adducto ciuitati de custuma debita ex antiquo, et de quolibet mercatore extraneo pro qualibet cipha salis educta et adducta ciuitati II de custuma debita ex antiquo. Et dicunt pro eo quod dicti mercatores sunt extranei mercatores et per diuersas vices eduxerunt diuersa dolia vini et ciphas salis extra ciuitatem predictam ad vendendum, ipsi vicecomites exigerunt de ipsis custumas predictas tanquam regi pertinentes, et ipsis virtute vicecomitatus predicti, racione officii sui, in auxilium firme, ex antiquo debitas, et de nouo super ipsos mercatores non impositas, prout iidem mercatores superius allegauerunt, etc. Et quas quidem custumas omnes mercatores de hansa et domo predicta infra London existentes, vicecomitibus London, qui pro tempore fuerunt,

---

[1]) *Cipha*, sonst ciphus, scyphus, Becher, Maass. [2]) *Biga*, Karren. Siehe Urkundliche Geschichte der deutschen Hanse. Th. II. S. 80. [3]) Queruntur versus. *MS. Hamb.* [4]) De communitate predicta. *MS. Lang.*

semper retroactis temporibus soluere consueuerunt, etc. Et hoc iidem vicecomites parati sunt verificare etc. Et predicti mercatores protestando, quod non cognoscunt aliqua per dictos vicecomites superius allegata, dicunt, quod ipsi nec predecessores sui, mercatores de Hansa et domo predicta in London existentes, aliquibus vicecomitibus hactenus custumas predictas vel earum aliquam seu aliqua alia subsidia, prestaciones vel onera non soluerunt, sed inde totaliter semper quieti fuerunt, quousque dicti nunc vicecomites ex iniuria sua propria, contra tenorem cartarum et composicionum, vt predicitur, custumas, subsidia, prestaciones et onera predicta super dictos mercatores ac bona et mercimonia sua nouiter et indebite imponi fecere, etc. Et hoc ipsi mercatores parati sunt verificare, et de hoc ponunt se super recorda librorum in thesauraria et camera Guihalde dicte ciuitatis existentium, etc. Et dicti vicecomites similiter, etc.

Desuper hoc, quia visis prius et intellectis diuersis libris et recordis in thesauraria et camera predicta [1]) habitis et factis in hac parte, compertum est dictis maiori et aldermannis, quod dicti mercatores ab omnibus huiusmodi consuetudinibus, custumis, prestationibus, subsidiis et oneribus semper quieti fuerunt et exonerati etc., et quod custume predicte nouiter et indebite super ipsos mercatores, et bona ac mercimonia sua contra tenores cartarum et composicionis ac libertatum suarum predictarum imposite fuerunt, ideo [2]) per dictos maiorem et aldermannos consideratum est adtunc et ibidem, quod dicti mercatores, occasione predicte custume, prestacionis, subsidii [3]) et onerum quorumcumque versus dictos vicecomites et successores suos omnino sint quieti et penitus exonerati, iure domini regis et aliorum quorumcumque semper saluo.

In cuius quidem exemplificacionis testimonium nostri maioratus sigillum presentibus duximus apponendum. Scriptum London, predicto vicesimo secundo die mensis Octobris, anno regni regis Henrici quinti post conquestum sexto. [4])

LXVII. *Alduncia, Wittwe des Knapen Thomas Ferrers, bestätiget die dem R. Bokeland und Genossen geschehene Uebertragung des Grundstückes in Wyndegos Lane. 1421, März 4.*

Omnibus Christi fidelibus, ad quos presens scriptum peruenerit, Alduncia, nuper vxor Thome Fferrers, armigeri, salutem. Cum nos, predicti Thomas et Alduncia, nuper per cartam nostram, ‖ cuius data est London., quarto die mensis Junii, anno regni Regis Henrici quinti post conquestum quinto, dederimus, concesserimus et confirmauerimus Ricardo Bokeland, ciui ‖ et piscenario London., et Rogero Twyford ac cuidam Willelmo Olden, iam defuncto, totum illud tenementum nostrum cum kayo adiacente, simul cum omnibus aliis commoditatibus, ‖ aisiamentis et pertinenciis, predictis tenemento et kayo qualitercumque pertinentibus, situatis in venella, vocata Wyndegoslane, in parochia Omnium Sanctorum ad fenum London., inter tenementum nuper Bartholomei Ffrestlyng ex parte orientali, et kayum

---

[1]) Predictis. *Hamb.* [2]) Adeo. *Hamb.* [3]) Predictarum custumarum, prestacionum, subsidiorum. *Hamb.* [4]) In cuius — sexto. *Fehlt MS. Lang.*

vocatum *Esterlyngeshalle*, ex parte occidentali, ac aquam Thamisie ex parte australi, et tenementum nuper Radulphi Blakeney ex parte aquilonari, heredibus et assignatis eorum imperpetuum et seisinam inde prefatis Ricardo, Rogero et Willelmo pretextu carte predicte deliberauerimus; noueritis me, prefatam Alduncìam, in pura viduetate mea ratificasse et confirmasse statum predictorum Ricardi, Rogeri, heredum et assignatorum suorum in toto tenemento predicto cum kayo adiacente, cum omnimodis commoditatibus, aisiamentis et pertinentiis, predictis tenemento et kayo qualitercumque pertinentibus, situat in venella predicta, vocata Wyndegoslane, ac remisisse et relaxasse totum ius meum et clameum, quod habeo, habui seu aliquomodo habere potero in tenemento et kayo predictis, simul cum omnibus commoditatibus, aisiamentis et pertinentiis predictis prefatis Ricardo et Rogero, heredibus et assignatis eorum imperpetuum. Ita vero, quod nec ego, predicta Alduncia, nec heredes mei aliquid iuris seu clamei in predictis tenemento et kayo cum eorum pertinentiis de cetero exigere seu vendicare poterimus in futuro, sed ab omni accione iuris imperpetuum simus exclusi per presentes. Et ego vero, predicta Alduncia, et heredes mei, predicta tenementum et kayum, cum omnibus commoditatibus, aisiamentis et pertinentiis predictis, prefato Ricardo et Rogero, heredibus et assignatis eorum imperpetuum contra omnes gentes tenemur warantizare, acquietare et defendere. In cuius rei testimonium presentibus sigillum meum apposui. Hiis testibus: Willelmo Cambrygge, tunc maiore ciuitatis London., Johanne Boteler, Johanne Welles, tunc vicecomitibus eiusdem ciuitatis, Nicholao Wotton, tunc illius warde aldermanno, Johanne Brokeles, Johanne Bytterdene, pannariis, Johanne Tynkelden, Johanne Gydeney, groceris, et aliis. Data London, quarto die Martii, anno regni Regis Henrici quinti post conquestum octauo.

In dorso: Istud scriptum lectum fuit et irrotulatum in hustengo Londonie de communibus placitis tento die Lune, in festo Sanctorum Tiburcii et Valeriani, anno regni Regis Henrici quinti post conquestum nono. Carpenter.

LXVIII. *Alduncia, Wittwe des Knapen Th. Ferrers, bezeugt, von R. Bokeland empfangen zu haben 600 Mark Sterling für das Grundstück mit dem Kay in Wyndegos Lane. 1421, März 6.*

Nouerint vniuersi per presentes me Alduncìam, nuper vxorem Thome Fferrers, armigeri, in pura viduetate mea et legitima potestate recepisse et habuisse die confectionis || presentium de Ricardo Bokeland, ciue et piscenario Londonensi, sex centas marcas sterlingorum in plenam solutionem et satisfactionem pro toto illo tenemento cum kayo adiacente, simul cum omnibus aliis commoditatibus, aisiamentis et pertinentiis predictis tenemento et kayo qualitercumque pertinentibus, situatis in venella, vocata Wyndegoslane, in parochia Omnium Sanctorum ad fenum London., inter tenementum nuper Bartholomei Ffrestling ex parte orientali, et kayum, vocatum *Esterlyngeshalle*, ex parte occidentali, ac aquam Thamisie ex parte australi, et tenementum nuper Radulphi Blakeney ex parte aquilonari. De quibus quidem sexcentis marcis predictis, vt supradictum est, fateor me bene et fideliter esse solutam. Denique Ricardum Bokeland, heredes, executores et assignatos suos inde fore quietos et exoneratos im-

imperpetuum per presentes. In cuius rei testimonium presentibus sigillum meum apposui. Datum London, sexto die mensis Martii, anno regni Regis Henrici quinti post conquestum octauo.

Busshe.

LXIX. *Roger Twyford befreiet den R. Bokeland von allen Ansprüchen an das Grundstück und den Kay in Wyndegos Lane. 1421, Juli 30.*

Noverint vniuersi per presentes me, Rogerum Twyford, remisisse, relaxasse et omnino pro me et heredibus meis imperpetuum quietum clamasse Ricardo Bokeland, ciui ‖ et piscenario London., totum ius meum et clameum, quod habeo, habui seu quouismodo de cetero habere potero in toto illo tenemento ac kayo adiacente, simul ‖ cum omnibus aliis commeditatibus, aisiamentis et pertinentiis, predictis tenemento et kayo qualitercumque pertinentibus, situatis in venella, vocata Wyndesgoslane, ‖ in parochia Omnium Sanctorum ad fenum London., in quo quidem tenemento predictus Ricardus modo inhabitat. Ita vero, quod nec ego, predictus Rogerus, nec heredes mei aliquid iuris seu clamei in predictis tenemento et kayo, siue in commoditatibus, aisiamentis et pertinentiis predictis exigere seu calumpniare poterimus in futurum, set ab omni accione iuris imperpetuum simus exclusi per presentes. Et ego, prefatus Rogerus, et heredes mei predictum tenementum et kayum, simul cum commoditatibus, aisiamentis et pertinentiis predictis prefato Ricardo, heredibus et assignatis suis contra omnes gentes tenemur warantizare, acquietare et defendere imperpetuum. In cuius rei testimonium presentibus sigillum meum apposui. Hiis testibus: Willelmo Cambrygge, tunc maiore ciuitatis London., Johanne Boteler et Johanne Welles, tunc vicecomitibus eiusdem ciuitatis, Nicholao Wotton, tunc illius warde aldremanno, Henrico Barton et Roberto Whityngham, aldremanno eiusdem ciuitatis, Johanne Bryklis, Johanne Bittirdene, pannariis, Johanne Tynkelden, Johanne Gydney, groceris. Datum London., tricesimo die Julii, anno regni Regis Henrici quinti post conquestum nono.

In dorso: Iste litere colligate sunt litere Alduncie.

LXX. *R. Bokeland bestätiget dem Geistlichen W. Hayton und dem R. Twyford sein Grundstück und Kay in Wyndegos Lane. 1421, August 5.*

Sciant presentes et futuri, quod ego, Ricardus Bokeland, ciuis et piscenarius London., dedi, concessi et hac presenti carta mea confirmaui Willelmo Hayton, clerico, ‖ et Rogero Twyford totum tenementum meum cum kayo adiacente, simul cum commoditatibus, aisiamentis et pertinenciis, predictis tenemento et kayo qualitercumque ‖ pertinentibus, situatis in venella, vocata Wyndegoslane in parochia Omnium Sanctorum ad fenum London., inter tenementum nuper Bartholomei Ffrestlyng ex parte orientali, et kayum, vocatum *Esterlyngeshalle* ex parte occidentali, ac aquam Thamisie ex parte australi, et tenementum nuper Radulphi Blakeney ex parte aquilonari; quod quidem tenementum et kayum nuper simul cum predicto Rogero et Willelmo Olden, iam defuncto, habui ex dono, concessione et confirmatione Thome Fferrers, armigeri, et Alduncie, vxoris eius, habendum et tenendum predictum tenementum cum kayo predicto simul cum omnibus commoditatibus, aisiamentis et pertinentiis predictis, prefatis Willelmo Hayton et Rogero, heredibus et assignatis eorum imperpetuum tenendum de capitalibus dominis feodi illius per seruicia inde debita et de iure consueta. Et ego vero, predictus Ricardus, et heredes mei predictum tenementum cum kayo predicto simul cum omnibus commoditatibus, aisiamentis et pertinentiis predictis, prefatis Willelmo Hayton et Rogero, heredibus et assignatis eorum, contra omnes gentes tenemur warantizare, acquietare et defendere in perpetuum. In cuius rei testimonium presentibus sigillum meum apposui. Hiis testibus: Willelmo Cambrigge, tunc maiore ciuitatis London., Johanne Boteler et Johanne Welles, tunc vicecomitibus eiusdem ciuitatis, Nicholao Wotton, tunc illius warde aldremanno, Henrico Barton et Roberto Whityngham, aldremannis eiusdem ciuitatis, Johanne Bryklis, Johanne Bytterdene, pannariis, Johanne Tynkilden, Johanne Gydeney, groceris, et aliis. Datum London, quinto die Augusti, anno regni Regis Henrici quinti post conquestum nono.

In dorso: Ista carta lecta fuit et irrotulata in hustengo Londonie de placitis terre tento die Lune proxima post festum Omnium Sanctorum, anno regni Regis Henrici quinti post conquestum nono.

Carpenter.

LXXI. *R. Twyford befreiet den Geistlichen W. Hayton von allen Ansprüchen an das von R. Bokeland ihm gegebene Grundstück und Kay in Wyndegos Lane. 1423, August 12.*

Omnibus Christi fidelibus, ad quos presens scriptum peruenerit, Rogerus Twyford salutem in Domino sempiternam. Noueritis me, prefatum Rogerum, remisisse, relaxasse et omnino de me || et heredibus meis imperpetuum quietum clamasse Willelmo Hayton, clerico, heredibus et assignatis suis, imperpetuum totum ius meum et clameum, que vnquam habui, habeo seu quouismodo in futurum habere potero in toto || illo tenemento cum kayo adiacente, simul cum commoditatibus, aisiamentis et pertinentiis, predictis tenemento et kayo qualitercumque pertinentibus, situato in venella, vocata Wyndegoslane, in parochia || Omnium Sanctorum ad fenum London., inter tenementum nuper Bartholomei Ffrestlyng ex parte orientali, et kayum vocatum *Esterlyngeshalle* ex parte occidentali ac aquam Thamisie ex parte australi, et tenementum nuper Radulphi Blakeney ex parte aquilonari, quod quidem tenementum cum kayo ego prefatus Rogerus simul cum predicto Willelmo nuper habuimus ex dono et feoffamento Ricardi Bokeland, ciuis et piscenarii Londonensis. Ita vero, quod nec ego, predictus Rogerus, nec heredes mei nec aliquis alius pro nobis seu nomine nostro aliquid iuris, tituli seu clamei in toto predicto tenemento cum kayo adiacente simul cum commoditatibus, aisiamentis et pertinentiis supradictis, nec in aliqua inde parcella de cetero exigere, clamare seu vendicare poterimus nec debemus quouismodo in futurum, set ab omni accione iuris, tituli et clamei inde simus exclusi imperpetuum per presentes. In cuius rei testimonium huic presenti scripto meo sigillum meum apposui. Datum London, duodecimo die Augusti, anno regni regis Henrici sexti post conquestum primo.

Busshe.

LXXII. *Vergleich des Magistrates zu London mit den Kaufleuten von der Gildhalle der Deutschen. 1427, Februar 20.* [1]

Universis et singulis Christi fidelibus presencium continentiam visuris vel audituris, Johannes Reynwell, maior, aldermanni, vicecomites et communitas civitatis London. salutem in Domino sempiternam ac perpetue rei geste memoriam. Noverit universitas vestra, quod vicesimo die Februarii, anno regni regis Henrici sexti quinto, concessum, confirmatum et concordatum fuit per nos, maiorem, aldermannos, vicecomites et communitatem antedictos, in nostro pleno et communi consilio apud Guyhaldam, propter hec et alia negotia ciuitatis pertractanda congregatos, quod mercatores de Hansa Alemannie infra London. residentes et *Guyhaldam Teutonicorum* vulgariter nuncupatam optinentes, et omnes alii mercatores de Hansa Alemannie, qui temporibus futuris erunt infra London. residentes et dictam Guyhaldam optinentes, habeant et habebunt aldermannum suum et omnes alias libertates, quas Henricus Waleys, quondam maior, et communitas civitatis predicte quondam mercatoribus de Hansa dictam Guihaldam optinentibus, per litteras suas, quarum datum est London. mense Junii, anno regni regis Edwardi, filii regis Henrici, decimo, [2] tam sub communi sigillo eiusdem civitatis, quam sigillo prefati domini regis Edwardi sigillatas, concesserunt, adeo plene et integre, sicut ipsi unquam habuerunt, et prout littere ille rationabiliter testantur: proviso semper, quod aldermannus ille sit de libertate civitatis predicte, ac eligatur et admittatur, sicut in litteris predictis continetur, et quod huiusmodi aldermannus non manutenebit nec supportabit dictos mercatores contra statum proficuum aut honorem civitatis predicte quoquomodo in futurum. Ad que facienda et non contravenienda quilibet aldermannus huiusmodi, cum ad officium illud fuerit admittendus, vinculo iuramenti constringatur.

Ad finiendum etiam et determinandum lites, dissensiones et contenciones, que de diu pependerunt inter Robertum Arnoldi et Johannem Higham, nunc vicecomites London., et prefatos mercatores de Hansa pro diversis custumis sive prestationibus subscriptis, quas iidem vicecomites multis rationibus ostendunt prefatos mercatores solvere debere, et unde prefati mercatores pluribus evidenciis se monstrant exonerari et acquietari debere, — videlicet, ad exitum et introitum cuiuslibet dolii vini duos denarios, cuiuslibet ciphe [3] salis duos denarios, cuiuslibet laste allecum tres denarios, cuiuslibet bale [4] de riis quatuor denarios, et pro carcatione cuiuslibet bige carcate cum mercandisis, videlicet pro quolibet contigit [5] ad exitum et introitum, duos solidos [6] et pro carcatione cuiuslibet equi cum mercandisis duodecim denarios; — nos antedicti nunc maior, aldermanni, vicecomites et communitas, pro rationabili recompensatione, quam iidem mercatores pro bono pacis optulerunt et concesserunt in hac

---

1) Aus den oben zu No. LXVI angegebenen Handschriften.
2) 1282, Juni. Siehe oben.
3) *Cipha.* Siehe oben zum Jahre 1418.
4) *Bala*, holländisch: bale, Ballen; Sack für Wolle, Reis, Mandeln. Siehe Urkundliche Geschichte der deutschen Hanse. Th. II. S. 82, 448.
5) *Contigit.* MS. Hamb. hatte: *tonlight*, ein mir unbekanntes Wort. Das Schreiben der Factorei vom Jahre 1423 spricht in seiner Beschwerde über diese angemassten Zölle von "tunnen gude." Vielleicht ist oben zu lesen: tun weight, nämlich 2000 Pfund.
6) *Solidos.* MS. Hamb. Denarios. Jenes stimmt mit der obigen Zollliste vom Jahre 1418.

parte reddere annuatim, ut subinfertur; habita prius deliberacione et communicacione diligenti, consideralaque multiplicitate rationum et evidentiarum, tam ex parte una, quam altera factarum et ostensarum: taliter inter nos, dictos maiorem, aldermannos, vicecomites et communitatem, ac prefatos mercatores pro bono pacis conventum, conclusum, concessum, concordatum et fideliter appunctuatum, perpetuis futuris temporibus fideliter et firmiter observandum: scilicet, quod prefati mercatores de Hansa et omnes alii mercatores de Hansa, qui temporibus futuris erunt infra London. residentes et dictam Guyhaldam optinentes, sint quieti versus prefatos nunc vicecomites et successores suos de omnibus et singulis custumis sive prestacionibus supradictis, ac etiam de omnibus aliis custumis sive prestacionibus ab eis exigendis vel petendis in futurum, pro quibuscunque mercimoniis et rebus per eos vel eorum aliquem emendis vel vendendis infra libertatem civitatis predicte: hoc excepto solummodo, quod dicti mercatores et omnes alii mercatores de Hansa Alemannie, qui temporibus futuris erunt infra London residentes et dictam Guyhaldam, ut prefertur, optinentes, solvent et teneantur solvere in futurum vicecomitibus dicte civitatis pro tempore existentibus, pro custumis cuiuslibet *pak* vel fardelli panni lanei ad exitum per eos vel eorum aliquem emendi infra libertatem dicte civitatis IIII denarios.

Pro quibus quidem curtis tenendis concessionibus, confirmationibus, libertatibus et acquietanciis habendis, utendis et exercendis, iidem mercatores, ut asserunt, XL solidos vicecomitibus annuatim solvere consueverunt. Quos quidem XL solidos annuos iidem mercatores concedunt et recognoscunt pro se et omnibus aliis mercatoribus de Hansa Alemannie, qui temporibus futuris erunt infra London. residentes et dictam Guihaldam optinentes, debere et solvere prefatis nunc vicecomitibus et successoribus suis, vicecomitibus London. singulis annis imperpetuum, videlicet infra mensem Aprilis. Et ulterius pro dicto bono pacis ac ad habendum et pacifice gaudendum omnibus libertatibus, quietantiis et concessionibus supradictis, concedunt et recognoscunt iidem mercatores pro se et omnibus aliis mercatoribus de Hansa Alemannie, qui temporibus futuris erunt infra London residentes ac dictam Guihaldam optinentes, ad solvendum nobis, prefatis nunc maiori, et successoribus nostris, maioribus civitatis London. singulis annis imperpetuum, videlicet infra mensem Februarii, duas barrellas allecis melioris, et unam barrellam sturgionis melioris, et unam centenam bone et munde cere Polonie vel valorem eorundem, — videlicet, pro qualibet barella allecis XIII sol. IIII den., et pro barella sturgionis XL sol., et pro centena cere XL sol. — ad electionem dictorum mercatorum de Hansa, singulis annis infra predictum mensem Februarii, et prefatis nunc vicecomitibus et successoribus suis, duas alias huiusmodi barellas allecis et unam barellam sturgionis et centenam bone et munde cere Polonie vel valorem eorundem in forma predicta ad electionem eorundem mercatorum. Proviso semper, quod soluciones ille fideliter et sine fraude fiant singulis annis, infra predictos menses Aprilis et Februarii. Et in casu, quo dicti iam mercatores de Hansa infra London. residentes, aliquo tempore futuro, dum moram traxerint vel residentes fuerint in London., defecerint in prefatis solucionibus XL solidorum et barrellarum allecis, sturgionis et cere, dictis nunc maiori et successoribus suis ac prefatis nunc vicecomitibus et successoribus suis, vel pretium inde ad electionem dictorum mercatorum, infra menses solucionum, in forma predicta limitatos, separatim faciendis, contra formam concordie predicte, quod extunc presens concordia sit vacua et nulla; alioquin in suo robore permaneat et effectu.

LXXIII. *Der Geistliche W. Hayton überträgt dem R. Bokeland und dessen Ehefrau Johanna seine Rechte an dem Grundstücke und Kay in Wyndegos Lane. 1427, Mai 6.*

Sciant presentes et futuri, quod ego Willelmus Hayton, clericus, dedi, concessi et hac presenti carta mea confirmaui Ricardo Bokeland, ciui et || mercatori London., et Johanne, vxori eius, totum tenementum meum cum kayo adiacente, simul cum omnibus commoditatibus, aisiamentis || et pertinenciis, predictis tenemento et kayo qualitercumque pertinentibus, situatum in venella, vocata Wyndegoslane, in parochia || Omnium Sanctorum ad fenum London., inter tenementum nuper Bartholomei Ffrestlynge ex parte orientali, et kayum vocatum *Esterlinghalle* ex parte occidentali, ac aquam Thamisie ex parte australi, et tenementum nuper Radulphi Blakeney ex parte aquilonari, quod quidem tenementum cum kayo adiacente nuper simul cum Rogero Twyford habui ex dono et concessione predicti Ricardi, habendum et tenendum predictum tenementum cum kayo adiacente predicto, simul cum omnibus commoditatibus, aisiamentis et pertinenciis predictis, prefatis Ricardo et Joanne, vxori eius, heredibus et assignatis suis imperpetuum tenendum de capitalibus dominis feodi illius per seruicia inde debita et iure consueta. In cuius rei testimonium presentibus sigillum meum apposui. Hiis testibus: Johanne Reynwell, tunc maiore ciuitatis London., Roberto Arnold et Johanne Higham, tunc vicecomitibus eiusdem ciuitatis, Nicholao Wotton, tunc illius warde aldermanno, Henrico Barton et Roberto Whitingham, aldermannis eiusdem ciuitatis, Johanne Brykelis et Johanne Bitterdene, pannariis, Johanne Wasshborne, mercer, Johanne Bliton, armator, et aliis. Datum London, sexto die Martii, anno regni regis Henrici sexti post conquestum quinto.

LXXIV. *Der Geistliche W. Hayton bevollmächtigt Th. Yonge und Th. Pounde zur Besitzanweisung seines Grundstückes und Kays in Wyndegos Lane an R. Bokeland und dessen Ehefrau. 1431, Mai 16.*

Nouerint vniuersi per presentes me, Willelmum Hayton, clericum, fecisse, ordinasse et loco meo posuisse dilectos michi in Christo Thomam Yonge et Thomam Pounde veros legitimos || attornatos meos, coniunctim et diuisim, ad deliberandum nomine meo et pro me Ricardo Bokeland, ciui et mercatori London, et Johanne, vxori sue, heredibus et eorum assignatis plenam et || pacificam seisinam de et in toto tenemento meo cum kayo adiacente, simul cum omnibus commoditatibus, aisiamentis et ceteris suis pertinentiis et iuribus quibuscumque predictis tenemento || et kayo qualitercumque spectantibus, situato in venella vocata Wyndegoselane in parochia Omnium Sanctorum ad fenum London., secundum vim, formam, tenorem et effectum cuiusdam carte per me eis inde confecte, ratum et gratum habiturus quicquid dicti attornati mei coniunctim et diuisim fecerint nomine meo in premissis, prout ibidem personaliter interessem. In cuius rei testimonium presentibus sigillum meum apposui. Datum sextodecimo die mensis Maii, anno regni regis Henrici sexti post conquestum nono. Claidiche.

LXXV. *Der Geistliche W. Hayton bestätiget dem R. Bokeland und dessen Ehefrau Johanna dessen Recht an dem Grundstücke und Kai in Wyndegos Lane. 1431, Mai 16.*

Sciant presentes et futuri, quod ego Willelmus Hayton, clericus, dedi, concessi et hac presenti carta mea confirmaui Ricardo Bokeland, ciui et mercatori London., ‖ et Johanne, vxori sue, totum tenementum meum cum kayo adiacente, simul cum omnibus commoditatibus, aisiamentis et ceteris suis pertinentiis et iuribus ‖ quibuscumque predictis tenemento et kayo qualitercumque spectantibus, situatum in venella vocata Wyndegoselane in parochia Omnium Sanctorum ad fenum ‖ London., scilicet inter tenementum nuper Bartholomei Ffrestlyng ex parte orientali, et kayum vocatum *Esterlyngeshalle* ex parte occidentali, ac aquam Thamisie ex parte australi, et tenementum nuper Radulphi Blakeneye ex parte aquilonari. Quod vero tenementum supradictum cum kayo et aliis suis iuribus et pertinentiis predictus Rogerus Twyford et ego, predictus Willelmus Hayton, nuper coniunctim habuimus nobis, heredibus et assignatis nostris imperpetuum, ex dono et feoffamento predicti Ricardi Bokeland, prout in quadam carta per prefatum Ricardum Bokeland inde nobis confecta et in hustengo London de placitis terre tenta die Lune proxima post festum Omnium Sanctorum, anno regni regis Henrici quinti post conquestum nono, lecta et irrotulata plenius continetur. Et qui quidem prenominatus Rogerus Twyford totum ius suum, clameum et demandum, que habuit seu habere poterit in toto predicto tenemento cum kayo adiacente et ceteris suis pertinentiis predictis michi prefato Willelmo Hayton, heredibus et assignatis meis imperpetuum relaxauit et omnino de se et heredibus suis imperpetuum quietum clamauit, prout per scriptum ipsius Rogeri Twyford, michi dicto Willelmo Hayton inde confectum, cuius datum est London. duodecimo die mensis Augusti, anno regni regis Henrici sexti post conquestum primo, liquet manifeste, habendum et tenendum totum predictum tenementum cum kayo adiacente, simul cum omnibus commoditatibus, aisiamentis et ceteris suis iuribus et pertinentiis vniuersis, vt predictum est, prefatis Ricardo Bokeland et Johanne, vxori sue, heredibus et eorum assignatis imperpetuum, de capitalibus dominis feodi illius per seruicia inde debita et de iure consueta. In cuius rei testimonium huic presenti carte mee sigillum meum apposui, Richardo Wotton tunc maiore ciuitatis London, Waltero Cherteseye et Roberto Large tunc vicecomitibus eiusdem ciuitatis, predicto Richardo Wotton tunc illius warde aldermanno. Hiis testibus: Johanne Bederendene, Johanne Brykles, Roberto Smyth, Johanne Wasshbourne, Henrico Ffisshere et aliis. Datum London, sexto decimo die mensis Maii, anno regni regis Henrici sexti post conquestum nono.

In dorso: Ista carta lecta fuit et irrotulata in hustengo London de placitis terre tento die Lune proxima post festum sancte Petronille virginis, anno regni regis Henrici sexti post conquestum decimo.

Carpenter.

LXXVI. *König Henry VI. an die deutsche Hanse, betreffend Abhülfe der durch ihre Gesandten bei ihm vorgebrachten Beschwerden. 1435, Februar 12.* [1])

Henricus, Dei gracia rex Anglie et Francie et dominus Hibernie, nobilibus et egregiis viris, proconsulibus et consulibus, nunciis (et) consularibus communium civitatum Hanze Teutonice, amicis nostris predilectis, salutem et intimi amoris continuum incrementum. Nobiles et egregii viri, amici nostri predilecti, post adventum ambassiatorum vestrorum: Everhardi Hardenust, Johannis Klinghenberg, Hinrici Hoiger et Hinrici Vorrad, quos pridem ad nos in regnum nostrum Anglie transmisistis, nobisque per ipsos exposita gravamina, in quibus vos et vestrates dampnificatos et lesos fuisse seriosius intimarunt, et de quibus remedium a nobis petierunt oportunum, ante finale eis responsum per nos datum supervenere mercatores nonnulli et alii subditi nostri regni Anglie, qui in rebus plurimis se a vestratibus enormiter fuisse lesos lacrimabiliter conquesti sunt, qui eciam nostram maiestatem requirebant, ut eis providere dignaremur remedio contra iniurias eis a vestratibus illatas salutari. Nos itaque, qui amiciciarum federa inter nos nostrosque subditos et vos ac patriarum vestrarum incolas illibata et inviolata servari affectamus, nec ab eis voluntarie declinare optamus; volentes, quantum in nobis est, ut inter nos pax vera integraque et perfecta perseueret amicicia, de avisamento concilii nostri disposuimus certos ambassiatores nostros ad opidum Brugense in Flandria erga octavas pasche proxime futuras destinare; qui de nostra intencione plenius instructi, plenaque potestate fulciti, cum vestris illo mittendis et potestate consimili fulciendis tractare, appunctuare et concludere debeant, super omnibus et singulis premissa querelas et gravamina concernentibus, secundum quod iusticie convenit: scituri quod in observacione libertatum et privilegiorum vestratibus in regno nostro Anglie (ut asseritis) concessorum, talem faciemus impendi favorem, qualem et vos equa lance astrictos apud vos nostratibus impendere sentiemus. Nobiles et egregii viri, amici nostri predilecti, vos conservet Altissimus tempora per longeva. Datum sub privato nostro sigillo, apud palacium nostrum Westmonasterii, duodecimo die Februarii, anno regni nostri tercio decimo.

LXXVII. *König Henry VI. ladet die hansischen Abgeordneten zu Brügge zur Fortsetzung der Verhandlungen nach Calais oder nach England ein. 1436, April 22.* [2])

Henricus, Dei gracia rex Anglie et Francie et dominus Hibernie, honorabilibus et egregiis viris, nobilis et magnifici viri Pauli de Russedorff, ordinis beate Marie Jherosolomitanorum magistri generalis, ac proconsulum, consulum, nunciorum ac consularium communium civitatum Hanse theutonice ambassiatoribus, in opido Bruggensi in presenciarum existentibus, nobis sincere dilectis, salutem. Honorabiles et egregii viri, amici nostri in Domino sincere dilecti. Post appunctuate diete inter nostros et dictorum,

---

[1]) Aus einer alten Abschrift zu Hamburg.

[2]) Aus einer alten Abschrift zu Hamburg.

magnifici viri, magistri Prucie generalis, ac honorabilium virorum, communium civitatum Hanse theutonice oratores, dudum in opido Bruggensi, pro mutue pacis, dilectionis et amicicie inter nos et ipsos ac nostros subditos stabilimento congregatos, usque in tercium decimum diem Januarii ultimo iam elapsum prorogacionem, nostras ipsis dictorum, magnifici viri et virorum nobilium ambassiatoribus seu aliis ipsorum loco subrogatis adtunc residentibus in dicto opido Bruggensi literas scripsisse et direxisse meminimus, ipsos exorando, quatinus, attento quod nostratibus talis accedendi ad ipsum locum de Bruggis facultas tunc minime patuit, prout necdum patet, qualis ante hec tempora eisdem patuisse dinoscitur, ad uberiorem dicti negocii expedicionem ad villam nostram Calesie erga diem, ut supra dicitur, prefixum, ipsa de causa accedere vellent. Cuius rei spe et confidencia ducti, nostros erga diem illum illo transmisimus oratores; qui continue citra moram ibidem traxerunt et trahunt de presenti, adventum ambassiatorum, de quibus prefertur, assidue prestolantes. Verum, honorabiles et egregii viri, cum pridem a memorato viro magnifico, magistro Prucie, literas nobis ex causa prelibata directas receperimus, quibus nos rogauit, ut transmissionem ambassiatorum suorum hactenus retardatam pro excusata habere velimus, nostros oratores pro complemento operis alius inchoati ad dictum opidum de Bruggis transmissuri, nos considerantes, quod singula in hoc mutabili seculo peragenda temporibus ab humana providencia limitatis, ut dispositum est, perfici non valebant, quinimmo quod novis supervenientibus negociis, nova conveniat remedia providere, tantam retardacionem equanimiter tollerantes, vos precamur, quatinus, premissa insecuritate nostrorum ad villam de Bruggis, ut optatur, veniendorum clare et diligenter considerata, locum ipsum pro conventione huiusmodi habenda mutare, et aut in villam nostram Calesie, si vobis oportuna videatur, aut in regnum nostrum Anglie ob complementum tractatus predicti declinare velitis; sciturí, quod si ad villam nostram Calesie magis elegeritis accedere, illuc nostros oratores plena potestate fulcitos reperietis; sin autem regnum nostrum Anglie adire decreueritis, nos de aduentu vestro gavisi, grato vos animo suscipere disponimus: confidentes quod in nostri et consiliariorum nostrorum presencia ipsa res finem assequi valebit, prout iusticia exegerit, in omnibus graciorem. De vestro autem in hac re tenendo proposito, rogamus, quod nos reddere velitis certiores, ad finem quod et nos de vestra disposicione certificati, vobiscum cooperari valeamus, ut inter nos et vos amicicia mutua vinculo indissolubili de cetero conservetur. Honorabiles et egregii viri, vestras amicicias merito nobis caras Altissimus semper dirigat feliciter et votive. Datum sub privato sigillo nostro, in pallatio nostro Westmonasterii, XXII. die Aprilis, anno regni nostri quartodecimo.

LXXVIII. *König Henry VI. an seine Zollbeamten zu London gerichtetes Verbot der Einfuhr von Waaren aus Flandern. 1436, November 21.* [1])

Henricus, Dei gracia rex Anglie et Francie et dominus Hibernie, custumariis suis in portu civitatis Londoniensis et scrutatori nostro in eodem portu salutem. Quamquam rebelles nostri Flandrie guerram nobis et fidelibus nostris tam per terram quam per mare, indies faciant et facere non desistant,

[1]) Aus dem Originale des hamburgischen Archives.

nonnulli tamen bona et mercandisas, in dicta patria Flandrie ac aliis partibus et patriis nobis rebellibus et inimicis empta, in regnum nostrum Anglie de tempore in tempus inde adducunt et adducere faciunt; quo fit ut dicti rebelles reddantur potenciores et promptiores ad guerram huiusmodi nobis faciendam et continuandam. Volentes igitur dampnis et dispendiis, que exinde nobis et regno nostro predicto provenire poterint et oriri, cautius obviare, vobis, de avisamento et assensu consilii nostri, precipimus, districtius quo possumus iniungentes, quod omnimodas mercandisas ad portum predictum seu aliqua loca eidem portui adiacentia a partibus exteris adductas in libris vestris scribi et inseri faciatis; et, si nobis per scrutinium huiusmodi constare poterit, aliquas mercandisas de crescencia seu rectura [1]) Flandrie aut aliarum partium nobis adversantium ibidem adduci, tunc mercatoribus earumdem ex parte nostra iniungatis et eis prohibeatis, ne ipsi mercandisas illas infra regnum nostrum Anglie vendant, nec vendicioni exponant quovismodo, sub forisfactura earumdem ac inprisonamento corporum tam emptorum quam venditorum, ad voluntatem nostram. Et ulterius, quibusdam arduis et urgentibus de causis nos moventibus, de avisamento et assensu predictis, iniungimus et precipimus, quod nullam personam, cuiuscumque status, gradus vel conditionis fuerit, colore seu virtute alicuius licentie nostre sibi prius facte seu concesse, aut alio colore quocumque, nec aliquas naves seu alia vasa, portum seu loca predicta quovismodo, absque speciali licentia nostra sub magno sigillo nostro vobis exhibenda, seu absque hoc, quod omnes mercandise extra portum et loca predicta ad partes exteras educende seu introducende in libris vestris scribantur et inserantur, et quod mercatores earumdem mercandisarum inveniant vobis bonam et sufficientem securitatem de respondendo nobis de omni eo, quod pro mercandisis illis nobis debebitur seu poterit pertinere (exceptis hiis, quos in obsequium nostrum ad partes transmarinas duximus transmittendos, ac navibus quas pro eorum passagiis fecimus deputari; et exceptis mercatoribus stapule nostre Calesie et eorum factoribus, stapulam predictam adire volentibus; de quibus tamen, ante eorum recessum a portu et locis predictis, per vos sufficientem securitatem recipi volumus, quod ipsi ad stapulam predictam, et non ad alium locum absque licentia nostra speciali se divertant), exire permittatis. Quin ymmo cuilibet ligeorum nostrorum predictorum, ad huiusmodi partes transire volenti ex parte nostra detur firmiter in mandatis, quod ipse, sub pena imprisonamenti et forisfacture omnium que nobis forisfacere poterit, quidquam in contrarium premissorum non attemptet nec faciat attemptari. Teste me ipso, apud Westmonasterium, XXI. die Novembris, anno regni nostri XV°. Per consilium. Sturgeon.

LXXIX. *Heinrich, Cardinal von England, bevollmächtigt den J. Asshe, ein Haus in Wyndegos Lane von Johanna, Wittwe des R. Bokeland, in Besitz zu nehmen. 1437, Juni 17.*

Nouerint vniuersi per presentes nos Henricum, permissione diuina cardinalem Anglie, fecisse, ordinasse et loco nostro posuisse dilectum nobis in Christo Johannem Asshe verum et legitimum ‖

---

[1]) *Rectura.* L. factura?

attornatum nostrum ad recipiendum nomine nostro et pro nobis de Johanna, nuper vxore Ricardi Bokeland, ciris dum vixit et mercatoris London., plenam et pacificam seisinam de et in illo ‖ tenemento cum kayo adiacente, simul cum omnibus commoditatibus, aisiamentis et ceteris suis pertinentiis et iuribus quibuscumque predicto tenemento et kayo qualitercumque spectantibus, situatis in venella vocata ‖ Wyndegoselane in parochia Omnium Sanctorum ad fenum London., scilicet inter tenementum nuper Bartholomei Ffrestlyng ex parte orientali, et kayum vocatum *Esterlingeshalle* ex parte occidentali, et aquam Thamisie ex parte australi, ac tenementum nuper Radulphi Blakeney ex parte aquilonari, habendum et tenendum predictum tenementum cum kayo adiacente et suis pertinentiis vniuersis predictis; nobis prefato Henrico cardinali ac Willelmo Alnewyk, permissione diuina Lincolniensi episcopo, Johanni Ffray, capitali baroni scaccarii domini regis, Johanni Brokle, ciui et aldermanno London., et Thome Rothewell, heredibus et assignatis nostris, imperpetuum secundum vim, formam et effectum cuiusdam carte feoffamenti per prefatam Johannam nobis, predicto Henrico cardinali ac predictis Willelmo Alnewyk, episcopo, Johanni Brokle et Thome Rothewell inde confecte: ratum et gratum habituri quicquid dictus attornatus noster fęcerit nomine nostro in premissis adeo precise, sicut personaliter interessemus. In cuius rei testimonium sigillum nostrum presentibus est appensum. Datum decimo septimo die mensis Junii, anno regni regis Henrici sexti post conquestum quintodecimo. Claidiche.

LXXX. *Johanna, des R. Bokeland Wittwe, überträgt dem Cardinal Heinrich und seinen Genossen ihr Grundstück mit dem Kay in Wyndegos Lane. 1437, Juni 17.*

Sciant presentes et futuri, quod ego, Johanna, nuper vxor Ricardi Bokeland, civis dum vixit et mercatoris London., in pura viduetate [1]) mea et ‖ legitima potestate dedi, concessi et hac presenti carta mea confirmaui Henrico, permissione diuina cardinali Anglie, Willelmo Alnewyk, ‖ permissione diuina Lincolniensi episcopo, Johanni Fray, capitali baroni scaccarii domini regis, Johanni Brokle, ciui et aldermanno London, et Thome ‖ Rothewell totum tenementum meum cum kayo adiacente *(wie in vorhergehender Urkunde bis)* aquilonari. Quod vero supradictum tenementum cum kayo adiacente et aliis suis pertinentiis antedictis prefatus Ricardus Bokeland iam defunctus et ego, predicta Johanna, tunc vxor eius, nuper coniunctim habuimus nobis, heredibus et assignatis nostris imperpetuum ex dono et feoffamento Willelmi Hayton, clerici, habendum et tenendum totum predictum tenementum cum kayo adiacente, simul cum omnibus commoditatibus, aisiamentis et ceteris suis pertinentiis ac iuribus vniuersis, predictis tenemento et kayo qualitercumque spectantibus, prefatis Henrico, permissione diuina cardinali, Willelmo episcopo, Johanni Fray, Johanni Brokle et Thome Rothewell, heredibus et eorum assignatis imperpetuum, de capitalibus dominis feodi illius per seruicia inde debita et de iure consueta. In cuius rei testimonium huic presenti carte mee sigillum meum apposui, Johanne Michell, tunc maiore ciuitatis London, Thoma Morstede et Willelmo Gregory, tunc vicecomitibus eiusdem ciuitatis,

[1]) *Sic!* wie oben No. LXVII und No. LXVIII.

Nicholao Wotton, tunc illius warde aldermanno. Hiis testibus: Johanne Brykles, Johanne Coggeshale, Johanne Arcall, Roberto Bramble, Ricardo Gecok et aliis. Datum London, decimo septimo die mensis Junii, anno regni regis Henrici sexti post conquestum quintodecimo. Claidiche.

LXXXI. *Die Hansen übertragen dem londoner Bürger und Sergeant J. Russell die Bewachung des Bischofsthores, und vermiethen ihm die Wohnung in demselben. 1438, Januar 9.*

Omnibus Christi fidelibus, ad quos presens scriptum indentatum peruenerit, aldermannus, seniores et iurati communis mercatorum Hanze || tuthonice [1]) Londonie residentium salutem. Sciatis nos concessisse Johanni Russell, ciui et sergeant London., custodiam portis [2]) vocate le Bisshopesgate London., simul cum mansione in eadem, habenda et tenenda, dictam custodiam cum mansione prefato Johanni, quamdiu || nobis placuerit, reddendo inde annuatim nobis, prefatis aldermanno, senioribus et iuratis et successoribus nostris viginti solidorum sterlingorum ad quatuor annorum terminos in ciuitate London vsuales per equales portiones. In cuius rei testimonium tam sigillum nostrum commune quam sigillum ipsius huic presenti scripto indentato alternatim sunt appensa. Datum London, nono die mensis Januarii, anno regni regis Henrici sexti post conquestum Anglie sextodecimo.

LXXXII. *Gezeugniss über den erfolgten Tod des Th. Ferrers und die zweite Vermählung seiner Wittwe mit dem Ritter Peter Vincent von Portugal. 1438, März 6.*

To al the which shull heere or see these present lettres we, William Estfeld, Mair and Aldremen of the cite of London, sende reuerences and gretynges. For as mochell as || amonges al other dedes of merit and charite declaracion and beryng witnesse of trouth is on of the most comendable: therfore is it, that we signifie vnto you be these present || letteres, hough [3]) the day makyng of hem [4]) there come and appered afore vs in the Kynges court in the Inner Chambre at the Gildhalle of the said cite: William Britte of the town of || Occhecote [5]) in the counte of Norhampton, yoman, John Feman of the same toune, yoman, Nicholas Baker of the same town, yoman, Henry Warner and John Joye, his sone, of the same town, yomen, late the servantz of Thomas Fferrers Esquier; and ther by their othes solempnely made upon a boke of the holi gospelles thei swore and deposed for verry trouth, as they wold answere afore God at the last jugement, that sone after the

---

[1]) *So für:* theutonice. [2]) *So für:* porte.

[3]) *Hough*, how. [4]) *Hem*, them. [5]) Occhecote wird als ein zu dem Manerium de Harweden gehöriges Manerium in Northamptonshire, welches der Ritter John Lovell durch seine Gemahlin Mathilde, Tochter des Robert von Holand, besass, angeführt zum Jahre 1407. 1461 findet sich Ochecote mit der Bezeichnung, dass es bei Chepingwarden in jener Shire lag, im Besitz des Richard Buckland, an den es mit dem im Texte besprochenen Hause beim Stahlhofe gelangt sein wird. Siehe Inquisitionum post Mortem. T. III. p. 316, T. IV. p. 313.

said Thomas Ferrers was dede, which was aboute Candelmasse, the VIIIth yeer of the regne of kyng Henry the fifte, [1]) fader to our soueraigne Lord, that now is, whan he had brought Quene Katerine into Engelond to be coroned, [2]) they were withholde and dwelte in seruice with Aldunce, late the wif of the said Thomas Ferrers, al the time of here widuhode and eke whan she was wedded to Sir Petre Vincent of Portugale, knyght, here husbonde that now is, and somwhat after. And they seid and declared be their said othes, hough that sone after Lammesse the Xth yeer of the regne of kyng Henry the fifte, [3]) thei, being in seruice of the said Aldunce at the maner of Occhecote, were sent fore and comaunded bi here to come hider to London to thaccouplyng and mariage betwene here and the said Petre Vincent than Esquier; be force of which comaundement the saterday next afore thassumption of our Lady [4]) than next foloweng they cam to London vnto here beyng than in my Ladies Inne of Arundell in the parissh of seint Laurence Poulteney [5]) and attended vpon here til the Monday next suyng. At which Monday, be the morning, thei went with here downe to the Swanne [6]) in the said parissh, wher thei toke a bote and — for thei were sore taried in the water, bothe be the lowe ebbe and eke be the multitude of wede and rayke — they toke a staire and londed as sone as they might goodli at a Bisshopes Jnne on this half Westminster, whose Inne in certein they coude nat remembre, as thei seid. And from that ynne they went to gidres ouer the feldes til the cam to seint Giles hospital withoute Holborn. [7]) In which goyng they doubted and dradde soore, that oon Thomas Porter, yoman of the said kynges, which pretended to have made a former contract with the said Aldunce, wold haue come with strong hande and taken awey the said Aldunce fro theim, but he did nat. And als sone, as thei cam to the said hospital, thei met and fand ther the said Petre Vincent, which had do ordeined althing redy for solempnizacion of their esposailles; and so the said Petre and she and the said witnesses, with theim went al togeder to the churchdoore of the said hospitall, and there a prest, a brother of the same house, with a grene crosse on his brest, was redy and wedded theim togider. And whan the mariage and masse was doone, for lakke of cuppes the said brother yave theim wyne to drinke in a chalys, which wyne the said John Feman sware be his said oth, that he brought thider himself in botelx. And after that, the said Aldunce with the said witnesses retourned hom ageyn be water to the said good Ladyes Jnne of Arundell. And the said Peter came thider be londe, where was a grete dyner purueyed, and that the said witnesses were there twey dayes after. And then after that the said Peter and Aldunce with the said witnesses rode togider out of London to the said maner of Occhecote. And there they dwelt continuelly togider til the said kynges Henry bones the Vte came into Engelond. [8]) And than the said Peter and Aldunce come to London to the said kynges enterment. Al these thinges the said witnesses sware, that they knewe certeinlich and

[1]) Im Jahre 1421, Februar 2. [2]) Am 23. Februar 1421. [3]) *Lammesse.* St. Petri-Kettenfeier, am 1. August 1422. [4]) August 15. [5]) Die Kirche des St. Lorenz Pulteney in Candlewick Ward, östlich von Dowgate Ward, ist seit dem Brande vom Jahre 1666 nicht wieder hergestellt. Jenes Hotel der Lady Arundel scheint den Alterthumsforschern von London unbekannt. Vergl. unten zum Jahre 1441, Februar 28. [6]) The Swan, Old Swan, Swans stairs, ein Landungsplatz nahe bei und im Westen von Londonbridge. [7]) St. Giles in the fields, früher Capelle des im Jahre 1101 von der Königin Mathilde gestifteten Hauses für Aussätzige, vom Könige Henry VIII. in eine Pfarrkirche umgewandelt. [8]) 1422, November 10.

therfore they tel it, the(y) sawe it verrilich and therfore thei testifie it. In more cleere witnesse and declaracion wherof we haue do made and sealed these present letteres vnder the seale of the mairalte of the said Cite, the VIth day of March, the yeer of the regne of kyng Henry the sixt after the conquest the XVIth

LXXXIII. *Verlöbniss zwischen Peter Vincent, Ritter, und der verwittweten Frau Alduncia. 1441, Februar 20.* [1]

In Dei nomine Amen. Per presens publicum instrumentum cunctis appareat euidenter, quod anno ab incarnatione Domini secundum cursum et computationem ecclesie Anglicane millesimo CCCC^{mo} quadragesimo, [2]) Indic ‖ tione quarta, pontificatus sanctissimi in Christo patris et domini nostri, domini Eugenii, diuina prouidencia pape quarti anno decimo, die Lune, vicesimo mensis Februarii, coram venerabili viro, magistro ‖ Ricardo Andrew, legum doctore, officiali Curie Cantuariensis, in ecclesia beate Marie de Arcubus, Londonie, [3]) hora causarum consueta pro tribunali sedente, comparuit in iudicio magister Robertus Kent, procurator, procuratorio nomine ‖ honeste mulieris Johanne Bokelond, relicte Ricardi Bokelond, ciuis, dum vixit, ciuitatis Londonie, et verbo proposuit, asseruit et iudicialiter allegauit, quod in prothocollis magistri Petri Cherche, notarii ‖ publici, in ciuitate Londonensi commorantis, fuit et est quedam nota siue prothocollum per ipsum magistrum Petrum in scriptis redacta, parti dicte Johanne Bokelond necessaria ad probanda grauamina in causa appellationis prefate curie suggesta, que in eadem occasione quorumdam grauaminum parti dicte Johanne per officialem Consilii Londonensis et ipsius commissarium, ut dicitur, illatorum, vtilis speratur. Et quod idem magister Petrus notarius propter senium, infirmitatem et debilitatem corporis sui, quibus tenebatur et laborauit, huiusmodi notam siue prothocollum in instrumentum ac formam auctenticam non valuit nec potuit redigere, nec instrumentum publicum inde conficere. Vnde supplicavit eidem domino officiali Curie Cantuariensis, quatenus decerneret eundem magistrum Petrum Cherche fore monendum et citandum ad producendum et exhibendum huiusmodi ipsius notam siue prothocollum in dicta Curia Cantuariensi, ad effectum, ut huiusmodi nota siue prothocollum in publicam formam per dicte curie registrarium et actorum scribam redigi posset, ita quod fides indubia et sufficiens eidem valeat adhiberi. Ad cuius petitionem idem dominus officialis decreuit prefatum magistrum Petrum Cherche, notarium, fore monendum et citandum ad producendum in dicta curia huiusmodi librum prothocollorum suorum et prothocollum siue notam predicti prothocolli ad diem Lune, sextum mensis Marcii, proxime tunc sequentem. Deinde vero die Iovis, vicesimo tercio supradicti mensis Februarii, coram magistro Zanobio Mulakyn, decretorum doctore, decano ecclesie beate Marie de Arcubus Londonie, prelibati domini officialis in ipsius absentia commissario generali, in prefata ecclesia beate Marie de Arcubus Londonie

---

[1]) Aus dem Originale auf Pergament. Es ist auf der Rückseite bezeichnet mit: Instrumentum contractus matrimonialis inter Petrum Vincentii et Aldunciam de le Portale. [2]) Da das englische Kirchen- und gerichtliche Jahr bis zum Jahre 1751 erst mit dem 25. März begann, so fällt die obige Urkunde nach unserer Bezeichnung in das Jahr 1441. [3]) In der Kirche St. Marie le Bow (St. Mariae de Arcubus) in Cheapside ward ein geistlicher Gerichtshof zweiter Instanz gehalten, ursprünglich nur für die dem Erzbischofe von Canterbury gehörigen dreizehn Kirchspiele in London, später aber in allen seiner Gerichtsbarkeit untergebenen Sachen. Seit der Zeit der Königin Elisabeth ist auch dieser geistliche Gerichtshof nach Doctors Commons, St. Paul's Churchyard, verlegt.

hora causarum consueta pro tribunali sedente, comparentibus in iudicio magistris Roberto Kent, procuratore, predicto procuratorio nomine, quo supra, ex parte vna, et Johanne Lorde, procuratore honorabilis viri, domini Petri Vyncent, militis, et Aldonce, vxoris eiusdem, prout in procuratorio suo inde confecto et penes registrum dicte curie existente liquere poterit euidenter, parte ex altera, comparuit prefatus magister Petrus Cherche, notarius, ac exhibuit, presentauit et ostendit quandam notam siue quoddam prothocollum suum in quodam quaterno papireo manu sua, vt apparuit et ipse asseruit, tunc ibidem scriptum, tenoris infrascripti vt asseruit, et dixit: quod propter senium, infirmitatem et debilitatem corporis sui non potuit exinde instrumentum publicum conficere, scribere et signare. Quam quidem notam siue prothocollum magister Robertus Kent, procurator supradictus, procuratorio nomine dicte partis sue, cuius, vt dixit, interfuit et interest, in hac parte instanter petiit a prefato domino decano et commissario, vt iudice in hac parte competenti, quatinus sua auctoritate dictam notam siue prothocollum prefati magistri Petri Cherche per me, notarium publicum Curieque Cantuariensis registrarium et eiusdem Curie actorum scribam subscriptum, prout in eadem nota siue prothocollo est expressum, transscribi et in formam publicam redigi et sic inde publicum confici instrumentum ipsius domini decani auctoritate et decreto mandare et facere dignaretur. Ad cuius petitionem prelibatus dominus decanus et commissarius, visa primitus per ipsum et inspecta huiusmodi nota siue prothocollo ipsa omni suspicione sinistra carente, attendens dictam petitionem fore iustam et consonam rationi, mandauit michi notario supra et subscripto, vt ipsam notam siue prothocollum transscriberem, transsumerem siue exemplarem et in publicam formam redigerem, et huiusmodi transscripto, transsumpto siue exemplato et in formam publicam, vt prefertur, per me redacto, meisque signo et nomine solitis et consuetis signato et subscripto, fidem plenariam adhibendam fore decreuit vbilibet in agendis, magistro Johanne Lorde, procuratore predicto, dissentiente. Et dissensit huiusmodi decreto, nullam tamen causam huiusmodi dissensus allegauit in iudicio tunc ibidem, et solum petiit copiam huiusmodi note siue prothocolli antequam transumatur sibi edi. Tenor vero dicte note siue prothocolli prefati magistri Petri Cherche, de qua siue de quo supra fit mentio, sequitur et est talis:

In Dei nomine Amen. Per presens publicum instrumentum cunctis appareat euidenter, quod anno ab incarnatione Domini millesimo quadringentesimo vicesimo primo, [1]) indictione decima quarta, pontificatus sanctissimi in Christo patris et domini nostri, domini Martini, diuina prouidentia pape quinti anno quarto, mensis Aprilis die duodecima, in hospicio habitacionis honesti et discreti viri Ricardi Warner, civis et pelliparii ciuitatis London. in parochia Marie de Aldermary cherche eiusdem ciuitatis situato, in mei, notarii publici et testium subscriptorum presentia constitutus personaliter circumspectus et discretus vir, Petrus Vincentii de Pharom, Algarbie dioceseos, et honesta mulier Aldancia Portela, Eworacensis dioceseos, vt asseruerunt et dixerunt de matrimonio inter eos contrahendo ad tunc ibidem insimul colloquentes et tractantes, prout michi, notario publico subscripto apparuit. Et tandem dictus Vincentii cum manu sua dextera dictam Aldonciam per manum suam dexteram capiens et eidem Aldancie talia verba dixit et protulit: "*Ego Petrus Vincentii hic capio te Aldanciam in*

---

[1]) 1421, April 12.

vxorem meam, et ad hec do tibi fidem meam," manusque suas adtunc ab invicem separantes. Et in continenti tunc ibidem dicta Aldancia cum manu sua dextera prefatum Petrum per manum suam dexteram capiens, eidem Petro verba consimilia dixit et protulit: "*Et ego Aldancia capio te, Petrum Vincentii, in virum et maritum meum et ad hec do tibi fidem meam,*" manusque suas ab inuicem separantes et ad inuicem tunc ibidem deosculabantur. Super quibus omnibus et singulis prefati Petrus Vincentii et Aldancia instanter rogauerunt et requisiuerunt ac rogauit et requisiuit eorum vterque me, notarium publicum subscriptum, eis et vtrique illorum vnum vel plura publicum conficere instrumentum seu publica instrumenta. Acta sunt hec, prout supra scribuntur et recitantur, sub anno Domini, indictione, pontificatu, mense, die et loco predictis, presentibus tunc ibidem discretis viris: Aluaro Egidii, armigero literato de ciuitate Vlixbonensi, Roberto Martyn, literato ciue et pellipario dicte ciuitatis Londonensis, Johanne Mundham, clerico, et Johanne Alphonsi, laico, Norwicensis et Eworacensis dioceseos, testibus ad premissa vocatis specialiter et rogatis.

Et ego, Johannes de Went, clericus Landauensis dioceseos, publica auctoritate apostolica notarius, curie Cantuariensis registrarius et eiusdem curie actorum scriba, qui premissis omnibus et singulis, dum sic, vt premittitur, sub anno ab incarnatione Domini, indictione, pontificatu, mense, diebus et loco ante tenorem prefate note siue prothocolli dicti magistri Petri Cherche superius specificatis, coram prefatis venerabilibus viris, dominis officiali curie Cantuariensis ac decano, commissario suo, et per eos agerentur et fierent, vna cum prenominatis magistris Johanne Gerebert, custode registri dicte curie, et Johanne Penkstone, notariis publicis, die Jouis, vicesimo tertio mensis Ffebruarii, presentibus, presens interfui, eaque omnia et singula sic fieri vidi et audiui. Aliunde occupatus per alium scribi feci dictam notam siue prothocollum, quam seu quod prefatus magister Petrus Cherche notarius scripsit ac senio, infirmitate et debilitate impeditus perficere aut implere non potuit, auctoritate et mandato dicti domini decani et commissarii ad instantiam et requisitionem prefati magistri Roberti Kent, procuratoris predicti, transscripsi, transsumpsi et exemplaui ac in formam publicam redegi, nil addens vel minuens, quod facti substantiam mutet vel variet intellectum. Et quia collatione et ascultatione de sic transsumpto vna cum dicta nota siue prothocollo originali cum prefato magistro Johanne Penkstone, notario publico, diligenter et fideliter factis, per easdem collationem et ascultationem huiusmodi transsumptum vna cum dicta nota siue prothocollo originali in omnibus concordare inueni, nil addito vel mutato, quod facti substantiam mutet vel variet intellectum, ideo hoc presens publicum instrumentum de mandato prelibati domini decani et commissarii exinde confeci, publicaui et in hanc publicam formam redegi, aliunde occupatus per alium, vt premittitur, scribi feci propriaque manu subscripsi signoque et nomine meis solitis et consuetis signaui, rogatus et requisitus, in fidem et testimonium omnium premissorum.

LXXXIV. *Zeugnissaussage vor dem Rathe zu London über die Verheirathung der Aldancia Portale und Geburt einer Tochter. 1441, Februar 28.*

Vniuersis et singulis Christi fidelibus presencium continentiam visuris vel audituris Johannes Pattesle, maior ciuitatis London., salutem in Domino cum agnicione veritatis. || Actum cuiusdam examinacionis coram Roberto Large, nuper maiore ciuitatis London., facte et in rotulis memorandorum eiusdem nuper maioris in curia domini regis in camera Guyhalde || ciuitatis predicte de recordo habite, vidimus et inspeximus in hec verba sequentia:

Memorandum, quod sexto die Julii, anno regni regis Henrici sexti decimo octauo, [1]) venerunt coram Roberto || Large, maiore, et aldermannis in curia domini regis in camera Guyhalde ciuitatis London. discreti viri Thomas Clarell, gentilman, Willelmus Berkyng, Robertus Lynne, alias dictus Robertus || Martyn, ciues Londonienses, Willelmus Bird de villa de Ochecote in comitatu Northampton, Johannes Ffeman de eadem, et Nicholaus Baker de eadem, qui dictis maiori et aldermannis presentati et coram eisdem ad sancta Dei Euangelia iurati et super materia sequenti stricciua examinati deposuerunt, prout sequitur: Predictus Thomas Clarell in forma predicta iuratus et examinatus deposuit, quod ipse et quidam Thomas Fferreys, armiger, maritus cuiusdam Alduncie Porteale, modo ad Petrum Vincent, militem, maritate, graui infirmitate laborantes venerunt de Normannia et uersus partes suas proprias se pariter destinantes anno illo, quo dominus rex Henricus quintus, pater domini regis nunc, dominam Katarinam, nuper reginam Anglie, desponsauit, [2]) in quadam villa, vocata Aulton, in comitatu Suthampton, dictus Thomas Ferreys ab hac luce decessit, videlicet die Veneris proxima post festum Purificationis, anno supradicto. [3]) Deposuit insuper idem Thomas Clarell, quod dicta Alduncia vidua remansit per annum completum post obitum Thome, mariti sui supradicti. Et eciam idem Thomas Clarell deposuit, quod infra dictum annum sue viduitatis impregnata erat, prout vox et fama publice laborabant. Supradictus Willelmus Berkyng, modo et forma predictis iuratus et examinatus in causa predicta, deposuit, quod ipse in festo Pentecostes proxime ante decessum dicti domini regis Henrici quinti, [4]) communicationem Parisius habuit cum Petro Vyncent, milite supradicto, pro credencia monete ad soluendam eius financiam illis, qui dictum Petrum ceperunt prisonarium apud Rokevillers, in qua vero communicatione dictus iuratus asseruit se audiuisse dictum Petrum tunc ibidem dicentem, se fore desponsaturum Aldunciam Porteale predictam cicius quo commode poterit, postquam Angliam fuerit ingressus. Prenominatus Robertus Lynne, modo et forma predictis iuratus et examinatus, deposuit, quod ipse presens fuit in ecclesia hospitalis sancti Egidii in campo iuxta Londoniam, [5]) quando dicta Alduncia fuit ad dictum Petrum desponsata, die Lune proxima ante festum Assumptionis beate Marie, anno illo, quo Robertus Chicheley vltimo tempore maior fuit ciuitatis Londonie, [6]) et panem portauit similiter et vinum ad maritagium supradictum. Willelmus Bird supradictus, prefato modo iuratus et examinatus, deposuit, quod presens fuit, vbi dictus Petrus Vyncent, miles, prefatam Aldunciam desponsauit in ecclesia sancti Egidii predicta, die Lune proxima ante festum Assumptionis beate Marie virginis, quod festum proxime precessit illum diem, quo ossa domini Henrici regis Anglie quinti in Angliam fuerant transportata. [7]) Deposuit insuper, quod dicta Alduncia concepit et peperit in viduitate

[1]) Im Jahre 1440, Juli 6. [2]) Im Jahre 1420, Mai 21. [3]) 1420 fiel Mariae Reinigung oder der 2. Februar auf einen Freitag, der nächste Freitag fiel also auf Februar 9; 1421 war der Freitag nach Mariae Reinigung der 8. Februar. [4]) Der König starb 1422, August 31. [5]) St. Giles Hospital in the fields. [6]) Von Michaelis des Jahres 1421 bis 1422. [7]) 1422, November 10. Mariae Himmelfahrt fällt 16 Tage vor den Todestag des gedachten Königes. Der Irrthum dieser Zeugen ist von No. LXXXII zu berichtigen. Bis November 10 blieben die Neuvermählten zu Ochecote.

sua filiam, quam ipse sepe vidit ante desponsationem Alduncie supradicte. Et etiam deposuit, quod multis diebus precedentibus dictum maritagium, similiter et sequentibus, seruiens fuit Alduncie antedicte. Johannes Feman memoratus, modo et forma predictis iuratus et examinatus, deposuit in omnibus concorditer cum dicto Willelmo Bird. Et vlterius dictus Johannes Feman iuratus deposuit, quod a domo nutricis eiusdem filie ad domum predicte Alduncie, matris sue, propriis suis brachiis sepius transportauit. Nicholaus Baker antedictus, modo et forma predictis iuratus et examinatus, deposuit concorditer in omnibus cum Willelmo Bird supradicto. Deposuerunt insuper dicti Willelmus Bird, Johannes Feman et Nicholaus Baker, ad tunc seruientes predicte Alduncie, ut asserebant, quod ex precepto dicte Alduncie, et liberata sua induti, die sabbati proxima ante festum Assumptionis predicta venerunt Londoniam ad hospitium domini comitis Arundell vocatum *Pounteneis ynn*,[1]) et die Lune tunc proxime sequenti, cum prefata Alduncia ad quoddam brasinium cum signo *de Swan*[2]) nauiculum sumpserunt et ad hospicium unius episcopi iuxta Thamisiam remigarunt, et dum deinde per campos versus dictum hospitale sancti Egidii pariter transierunt, ne quidam Thomas Porter ipsam Aldunciam ab eis manu forti accepisset, tam ipsa Alduncia, quam ipsi testes, ut asserunt, grauiter timuerunt. Ac eciam deposuerunt, quod viderunt et interfuerunt, vbi post solempnisationem matrimonii et missam completam quidam frater hospitalis predicti, qui dictam missam celebrauit, vinum de calice vice craterarum deficiencium ibidem populis ministrabat.

Cuius quidem acti tenorem per presentes litteras sigillo officii nostri maioratus ciuitatis predicte roboratas presentibus duximus exemplificandam. Scriptum Londonie, predicto vltimo die Februarii, anno regni regis Henrici sexti post conquestum decimo nono.

LXXXV. *Protocoll-Extract des Raths zu London vom 12. April 1421 über die Eingehung der Ehe zwischen dem Ritter Peter Vincenz mit Alduncia Portale. 1441, Mai 5.*[3])

Vniuersis et singulis Christi fidelibus presencium continenciam visuris vel audituris Johannes Pattesley, maior, et aldermanni ciuitatis London., salutem et sinceram in Domino caritatem. ‖ Quia veritatem plerisque minus notam in lucem deducere et patefacere pietatis officium esse reputamus ac de commissi nobis officii debito ad huiusmodi specialiter obligamur, ‖ hinc est, quod vniuersitati vestre tenore presencium innotescimus, quomodo vicesimo tercio die mensis Marcii iam instantis compa-

[1]) *Pounteneis ynn.* Leg. Poulteneis Inn. Es scheint dieses im Kirchspiele All Hallows de Heywharf belegene Gebäude gemeint, welches der Berichterstatter in der Urkunde vom Jahre 1438, durch den Namen getäuscht, in das angränzende Kirchspiel St. Laurence Pulteney verlegte. Es ist dieses ein schon seit dem Jahre 1309 nachweisbares Haus, welches den Namen Cold Harbrough führte, den ein nach der Themse führendes Gässchen "Cole Harbour" noch erhalten hat. 1334 ward dasselbe von Sir John Poulteney, der wiederholt das Amt des Mayors bekleidete, erkauft und bewohnt. Ob er gleich dieses Haus selbst noch an Humfrey de Bohune, Grafen von Hereford und Essex, verkaufte, so blieb dem Hause doch lange jener Name. 1485 ertheilte König Richard III. dasselbe seinem Herolds-Amte unter dem Namen Cold Erber in dem damals abgebrannten Kirchspiele All Hallows the Less. [2]) *The Swan*, siehe Note 6 zur Urkunde vom Jahre 1438, März 6.

[3]) Aus dem Originale, welchem das grosse Siegel der Stadt London anhängt. Letzteres ist das im Jahre 1381 eingeführte des Mayors-Amtes. Siehe Maitland History of London. T. I. p. 138.

ruit coram nobis in camera Guyhalde ‖ ciuitatis London. quidam Petrus Chirche, publicus, ut asseruit, auctoritate apostolica notarius, qui quendam quaternum prothogollorum suorum tunc et ibidem exhibuit et inter vetera prothogollum, quod fecit de et super affidacione facta inter Petrum Vincent et quandam Aldunciam, post vxorem eiusdem Petri, coram nobis ibidem ostendit, quod quidem prothogollum vidimus et audiuimus. Ac dictus Petrus Chirche, de et super confectione prothogolli predicti ad sancta Dei Euangelia coram nobis iuratus et stricciùs examinatus, deposuit, quod ipsum prothogollum per nos ibidem visum et auditum fuit in omni sua parte verum et verum modum et formam contractus matrimonialis inter dictum Petrum et Aldunciam facti continebat, prout dictus notarius vidit, interfuit et audiuit. Cuius quidem prothogolli tenor de verbo ad verbum sequitur sub hac forma. *(Folgt das Protocoll vom Jahre 1421, April 12, wörtlich wie es oben in dem Documente vom Jahre 1441, Februar 20, eingerückt ist, bis)* Affuit etiam adtunc coram nobis ibidem predictus Robertus Martyn in dicto prothogollo pro teste nominatus, per eius sacramentum corporaliter prestitum testificans, quod presens fuit personaliter, quando contractus inter dictum Petrum et Aldunciam factus fuit modo et forma superius in prothogollo recitatis. In quorum omnium fidem et testimonium sigillum officii nostri maioratus ciuitatis predicte presentibus duximus apponendum. Datum London, predicti quinto die mensis Maii, anno regni regis Henrici sexti post conquestum decimo nono.

LXXXVI. *Rescript des Königes Heinrich VI. wegen einer Untersuchung über die vom Könige Richard II. seinem Capellane R. Medeford verliehenen Häuser in Wyndegos Lane. 1443, November 16.*

In ligula breuium de termino sancti Hillarii anno vicesimo primo regis Henrici sexti.

Rex vicecomitibus London. salutem. Cum dominus Ricardus, nuper rex Anglie secundus post conquestum, per literas suas patentes datas XXII. die Septembris, anno regni sui IX°, [1]) irrotulatas in originali de eodem anno rotulo XXVII°, de gracia sua speciali et pro bono seruicio, quod dilectus capellanus suus Ricardus Medeford a longo tempore carissimo domino et auo eiusdem nuper regis Ricardi defuncto et eidem nuper regi Ricardo post coronacionem suam impendit, dederit et concesserit eidem Ricardo mansionem cum *le Dyhouse* et duabus mansionibus supra gradus et vini celarium in Wyndegooslane iuxta Thamisiam in parochia Omnium Sanctorum maiori in ciuitate predicta, que fuerunt de perquisicione Johannis Northampton in feodo simplici, et que dicto nuper regi Ricardo tanquam forisfacta confiscata extiterunt occasione cuiusdam iudicii versus ipsum Johannem nuper redditi; [2]) habendum et tenendum dictam mansionem cum le Dyhouse et duabus mansionibus et celario predictis, cum omnibus pertinentiis, eidem Ricardo ad terminum vite sue, de dicto nuper rege Ricardo et heredibus suis ac aliis capitalibus dominis [3]) feodi per seruicia inde debita et consueta: et quia predictus Ricardus Medeford mortuus est, prout certitudinaliter informamur, per cuius mortem mansiones, le Dyhowse et celarium predicta ad nos et heredes nostros reuertere deberent, et quod diuersi dicta mansiones, le

---

[1]) 1385, September 22. [2]) Vergl. oben No. XLIV. [3]) Der Prior von Bermondeseye.

Dyhouse et celarium cum pertinenciis post mortem predicti Ricardi Medeford ingressi fuerunt et exitus et proficua inde a tempore mortis predicti Ricardi Medeford hucvsque prouenientes perceperunt et habuerunt, licencia regis inde non optenta, in nostri contemptum, dampnum non modicum et iacturam: nos huiusmodi dampnum precauere et de huiusmodi exitibus et proficuis respondere volentes, vt est iustum, vobis precipimus, quod per sacramentum proborum et legalium hominum de balliua vestra diligenter inquiratis, quibus die et anno predictus Ricardus Medeford obiit, et quis vel qui mansiones, le Dyhouse et celarium predicta cum pertinenciis a tempore mortis predicti Ricardi Medeford hucusque occupauit vel occuparunt et exitus et proficua inde prouenientes percepit et habuit seu perceperunt et habuerunt. Et omnes illos, quos occupatores inde inueneritis, venire faciatis coram baronibus de scaccario nostro apud Westmonasterium in crastino sancti Hillarii ad reddendum nobis computum separatim de exitibus et proficuis dictarum mansionum, le Dyhouse et celarii cum pertinentiis, videlicet de temporibus, quibus ipsi eadem mansiones, le Dyhouse et celarium cum pertinentibus sic occuparunt et exitus et proficua inde prouenientes perceperunt et habuerunt et computum inde nondum reddiderunt. Et per sacramentum eorumdem proborum et legalium hominum de dicta balliua vestra mansiones, le Dyhouse et celarium predicta cum pertinentiis fideliter extendi faciatis, quid videlicet et quantum valeant per annum parcellatim in omnibus exitibus suis iuxta verum valorem eorumdem vltra reprisas. Ita quod inquisicionem et extentam inde coram vobis distincte et aperte captas habeatis coram prefatis baronibus nostris, ad diem et locum predictos, sub sigillis vestris et sigillis eorum, per quos facte fuerint. Et interim mansiones, le Dyhouse et celarium predicta cum pertinentiis capiatis in manum vestram et ea saluo custodiatis, ita quod de exitibus et proficuis inde prouenientibus nobis respondatis, donec aliud inde vobis preceperimus, et constare faciatis prefatis baronibus nostris tunc ibidem de die captionis eorumdem in manum nostram. Et habeatis ibi tunc nomina occupatorum predictorum et hoc breue. Teste etc., XVI. die Nouembris, anno regni nostri vicesimo primo. Pre originale de anno IX° regis Ricardi secundi rotulo XXVII° et per barones. Cerff.

Cesset hoc breue eo, quod iudicium versus infrascriptum Johannem Norhampton nuper redditum reuocatum et adnullatum fuit, sicut continetur in memorando de anno vicesimo regis nunc inter recorda de termino sancte Trinitatis, rotulo primo. [1])

LXXXVII. *König Heinrich VI. Rescript an die Beamten zu Boston in Betreff der Privilegien der hansischen Kaufleute. 1446, Februar 12.* [2])

Henricus, Dei gracia rex Anglie et Francie, et dominus Hibernie, balliuis ville de sancto Bothulfo, ac collectoribus tam magne et parue custume, quam subsidii trium solidorum de dolio et duodecim denariorum de libra, in parte eiusdem ville, necnon balliuo aque ibidem, qui nunc sunt vel qui pro tempore erunt, salutem. Cum dominus E., quondam rex Anglie, secundus post conquestum, pro-

---

[1]) Vergl. das Attest des Rathes zu London vom Jahre 1411, Mai 25.

[2]) Aus dem hamburgischen Copialbuche.

genitor noster, inter ceteras libertates et quietancias, quas per cartam suam, [1]) quam confirmauimus, concessit *mercatoribus Alemannie* et aliis mercatoribus extraneis, pro quibusdam prestacionibus et custumis per ipsos mercatores, de rebus et mercimoniis suis, eidem progenitori nostro et heredibus suis soluendis, concessit eisdem, quod ipsi saluo et secure sub tuicione et proteccione nostra, in regnum nostrum Anglie, et vbicumque infra potestatem ipsius progenitoris nostri veniant cum mercandisis suis quibuscumque, de muragio, pontagio et pauagio liberi et quieti; et quod nulla exaccio, prisa vel prestacio, seu dilacio, occasione prise de mercimoniis et mercandisis, seu aliis bonis suis, per ipsum progenitorem nostrum vel per alium seu alios pro aliqua necessitate vel casu, contra voluntatem ipsorum mercatorum fieret aut fieri permitteretur, nisi statim soluto precio, pro quo ipsi mercatores aliis huiusmodi mercimonia vendere possint, vel eis alias satisfacto, ita quod reputent se contentos, et quod super mercimonia, mercandisas seu bona ipsorum, per ipsum progenitorem nostrum vel ministros suos nulla appreciacio seu estimacio imponeretur, ac dominus E., nuper rex Anglie, tercius post conquestum, progenitor noster, per cartam suam, [2]) quam similiter confirmauimus, concesserit pro se et heredibus suis prefatis *mercatoribus Alemannie*, illis videlicet, qui habent domum in ciuitate London., que *Gildehalla Theutonicorum* vulgariter nuncupatur, quod ipsi et eorum successores vniuersi et singuli domum predictam extunc inhabitantes in omnibus hiis libertatibus et liberis consuetudinibus, quibus vsi fuerunt et gauisi, manutenerentur imperpetuum et seruarentur; et quod ipsos mercatores extra huiusmodi libertates et liberas consuetudines non traheret, nec, quantum in ipso fuerit, aliqualiter trahi permitteret; et quod predicti mercatores Alemannie et eorum successores, predictam domum extunc inhabitaturi, imperpetuum infra regnum et potestatem ipsius progenitoris nostri has haberent libertates, videlicet, quod ipsi aut eorum bona vel mercimonia, infra idem regnum et potestatem, pro aliquo delicto, pro quo fideiussores aut principales debitores non existerent, nec pro aliqua transgressione tunc facta seu extunc facienda, per alios quam per ipsos non arrestarentur nec grauarentur, prout in cartis et confirmationibus predictis plenius continetur: vobis precipimus, firmiter iniungentes, quod ipsos mercatores Alemannie libertatibus et quietanciis predictis, et earum qualibet, coram vobis et vestrum quolibet vti et gaudere permittatis, iuxta tenorem cartarum et confirmacionum predictarum, et prout ipsis vti et gaudere debent, ipsique et predecessores sui huiusmodi libertatibus et quietanciis et earum qualibet a tempore confectionis cartarum et confirmationum predictarum hucusque vsi sunt et gauisi. Teste me ipso, apud Westmonasterium, XII. die Februarii, anno regni nostri vicesimo quarto. Sturgeon.

LXXXVIII. *Gezeugniss des Geistlichen R. Twyford über die Ehe des Th. Ferrers und der Alduncia und deren an R. Bukeland geschehene Uebertragung eines Platzes an der Themse. (1447?)*

Be hit knowe to all trwe cristyn pepul that J, Rogger Twyford, brothur of Syon, [3]) sumtyme parsun of Alhalwun the ‖ mychyl in Lundun, haue good remembrance and mynde, that Thomas

---

[1]) Vom Jahre 1317, December 7. [2]) Vom Jahre 1354, Juni 28. [3]) *Syon.* So hiess ein

Ferers sqwyer and his wif Alduns mad a lese || and put to ferme to Rychard Buklond and his assyngnys by an endentur a *place with a clos keye by Tamys syde* in the || parche of Alhalwun aforsayd for the terme of XX zerys. And for mor surte and sykyrnesse to Rychard aforsayd the same Tomas Ferers and Alduns his wyf enfefyd the same Rychard aforsayd and othyr personys with hym in the place aforsayd, the wyche fefement wol opynly be pruyd by theyr owun mad dede and also an endentur, the wyche bothe were selyd by theyr owyn handys in the duc of Zorkys place besyde Paulys warfe, [1]) in a chambyr in the est parte of the courte, were that my lord of Glowsetir lyth now. Aftyrward I. II. or III zerys or ther abowte, wanne the forsayd Thomas was ded and the sayd Alduns beyng very wodu, [2]) as wytnyssyth the lettyr of roles and also the quitance, yf they myzte be seyn, thoanne myzte the trwthe be knowyn, in her wewhod [3]) the forsayd Alduns made a roles and selyd hit with her owyn handis and her ouncel beyng wyht her .... [4]) in Powntenneys in, [5]) were my lady of Arundel lay that tyme, to the forsayd Rychard Bukelond to othyr contenyd in the same forsayd dede al the ryght claymys and asatt, that euyr she hadde in the forsayd place wyht al the purtenances. And also I. II. days or III. theraftyr that the roles was mad and selyd, the forsayd Alduns selyd a quitance of VI hundryd mark, receyvyd ad dyuers tymys as for the forsayd place fullyche payd for at the vtteryste. And thys quitance was selyd in the halle of Punteneys in. Thys information ys trewe for these thyngys I saw and know, I take God to wyttnesse. Thys bille ys wretyn by owr owyn hand this X day etc.

LXXXIX. *König Heinrich VI. befiehlt, dass die dem H. Spiker von Derby ertheilten Kaperbriefe wider die Hansen in England ungültig seien. 1447, März 20.*

Henricus, Dei gracia rex Anglie et Francie, et dominus Hibernie, uniuersis et singulis admirallis, capitaneis, castellanis, et eorum locatenentibus, custumariis, custodibus portuum maris et aliorum locorum maritimorum, necnon vicecomitibus, maioribus, balliuis, constabulariis, ministris et aliis fidelibus et subditis suis, infra libertates et extra, tam per terram quam per mare, constitutis, ad quos presentes littere peruenerint, salutem. Sciatis, quod cum inter ceteras libertates et quietancias dilectis nobis mercatoribus de *hansa Alemannie*, in regno nostro Anglie pro tempore existentibus et successoribus suis per cartas progenitorum nostrorum, quondam regum Anglie, quas confirmauimus, concessas concessum sit eisdem, quod ipsi aut eorum bona seu mercandise infra regnum et potestatem nostram pro aliquo debito, de quo ipsi fideiussores aut principales debitores non extiterint, nec pro aliqua

---

zu Brentford im Kirchspiele Isleworth in Middlesex im Jahre 1446 gestiftetes Hospital der Brüderschaft der neun Ordnungen der Engel, siehe Monastic. Anglic. T. VI. p. 767. Doch war in demselben Isleworth auch ein älteres Augustiner Nonnen-Kloster, bei welchem eine Anzahl Priester als Laienbrüder sich befand, siehe daselbst p. 540.

[1]) *Paulys warfe.* Paul's wharf, in der Themse-Strasse, Castle Baynards Ward. Dieses Haus, früher des Herzoges Edward von York († 1415), später des Herzoges Humfrey von Glocester († 1446), ist vermuthlich dasjenige, welches nach *Stowe*'s Survey p. 405 ums Jahr 1453 der Familie der Scroope gehörte. Eine Gasse, welche den Namen Duke Humfrey's führt, ist östlich von Paul's wharf. [2]) *Wodu*, widow. [3]) *Wewhod*, widowhood. [4]) Hier ist etwas ausradirt. [5]) *Powntenneis in*, Poulteney's Inn. Vergl. Note zur Urkunde vom Jahre 1443, Februar 28.

transgressione facta seu facienda, per alios, quam per ipsos, non arrestentur, nec grauentur, prout in cartis et confirmatione predictis plenius continetur: iamque ex graui querimonia mercatorum de Hansa Alemannie, in regno nostro predicto ad presens existentium, intellexerimus: quod licet ipsi diuersa bona et mercandisas ad valorem non modicum extendencia vsque diuersos portus regni nostri, ad ea in eodem regno nostro mercatorie vendenda, nuper adduxerint, et ea de causa in partibus predictis saluo et secure custodienda hospitauerint, quidam tamen *Henricus Spicer* de *Derby*, marchaunt, dictos mercatores de Hansa contra tenores cartarum et confirmationes predictarum machinans pregrauare, nobis grauiter conquerendo monstrauerit, ipsum per mercatores de Hansa in partibus Norwegie de bonis et mercandisis suis vsque ad valorem quingentarum librarum et amplius minus iuste ac contra formam appunctuamentorum pacis et amicicie inter nos et dictos mercatores de Hansa ante hec tempora factorum et conclusorum per plures annos iam elapsos spoliari, ac idem Henricus Spicer ex hac causa a nobis quasdam litteras nostras patentes de marqua versus mercatores de Hansa obtinuit, et eas exequi omnino intendit: Nos, premissa considerantes, et volentes dictos mercatores de Hansa Alemannie iuxta vim, formam et effectum cartarum, confirmacionis et amicicie predictarum in omnibus pertractari, de gracia nostra speciali et ex certa sciencia nostra, suscepimus omnes mercatores de Hansa Alemannie, in regno nostro Anglie pro tempore existentes, et in seu versus idem regnum per mare, aquam siue terram quouis modo venientes, seu abinde exeuntes, eorum actores, factores, seruientes, familiares, attornatos et deputatos, necnon bona, res, mercandisas, mercimonia, nautas, marinarios, naues et nauigia sua quecumque, per mare, ac infra seu ad regnum nostrum Anglie quouismodo veniencia, et ab eodem regno seu extra idem regnum quouismodo exeuncia, in proteccionem, tuicionem et defensionem et saluam gardiam nostras speciales, dictis litteris nostris de marqua seu aliis litteris nostris de marqua siue reprisalia ante hec tempora concessis seu imposterum concedendis, non obstantibus.

Et ideo vobis mandamus, quod omnes predictos mercatores de Hansa Alemannie, eorum actores, factores, familiares, seruientes, attornatos et deputatos suos, et eorum cuiuslibet, quoscunque, ac bona, res, nautas, marinarios, naues, nauigia et mercandisas sua quecumque, extra regnum nostrum Anglie versus quascumque partes exteras, vbi sibi placuerit, transeundo, et in dictum regnum nostrum Anglie, tam per mare, quam in aliis locis quibuscumque, veniendo, et ibidem morando, et abinde transeundo manuteneatis, protegatis et defendatis, non inferentes eis vel inferri permittentes iniuriam, molestiam, dampnum, violenciam, impedimentum aliquod seu grauamen. Et si quid eis forisfactum siue iniuriatum fuerit, id eis sine dilacione debite corrigi et reformari faciatis. Et vlterius de uberiori gracia nostra volumus et concedimus, quod dicti mercatores de Hansa Alemannie et eorum actores, factores, familiares, seruientes, attornati siue deputati, in plenam et pristinam possessionem et potestatem bonorum et mercandisarum suorum, si per aliquos capta seu arrestata fuerint, in quorumcumque manibus seu possessione bona et mercandise illa inveniri poterunt, plenarie et integre restituantur, dictis litteris nostris de marqua prefato Henrico Spicer, aut alicui alii persone, vt predictum est, concessis, siue aliquo alio mandato nostro prius in contrarium directo non obstantibus. Nolentes quod iidem mercatores aut eorum actores, factores, familiares, seruientes, attornati siue deputati, aut eorum aliquis, nec bona, res, naute, marinarii, naues, nauigia, et mercandise sua predicta quecumque, occasione huiusmodi litterarum nostrarum de marqua siue represalia, arrestentur, capiantur, in aliquo seu grauentur. In cuius rei testimonium has litteras nostras fieri fecimus patentes, per tres annos proxime futuros duraturas. Teste me ipso, apud Westmonasterium, XX. die Marcii, anno regni nostri vicesimo quinto.

Per breue de priuato sigillo et de data predicta, auctoritate parliamenti. Quaterplex.

Sturgeon.

XC. *W. Alnewyk, Bischof von Lincoln, und Genossen bevollmächtigen W. Lichfeld und Th. Shayll zur Uebertragung ihres Grundstückes in Wyndegos Lane an R. Boteler von Sudeley und J. Hende. 1447, December 12.* [1]

Nouerint vniuersi per presentes nos Willelmum Alnewyk, permissione diuina Lincolnensem episcopum, Johannem Fray, capitalem baronem scaccarii domini regis, || et Thomam Rothewell fecisse, ordinasse et loco nostro posuisse dilectum nobis in Christo Willelmum Lychefeld, clericum, et Thomam Shayll, ciuem et piscenarium || Londonensem, nostros ueros et legitimos attornatos, coniunctim et diuisim ad deliberandum pro nobis et nomine nostro Radulpho Boteler, militi, domino de || Sudeley, et Johanni Hende iuniori, armigero, aut eorum attornatis plenam et pacificam possessionem et seisinam de et in toto tenemento nostro cum kayo adiacente, simul cum omnibus commoditatibus, aisiamentis et suis pertinentiis ac iuribus quibuscumque, predictis tenemento et kayo qualitercumque spectantibus, situatis in venella vocata Wyndegoselane in parochia Omnium Sanctorum ad fenum Londonie, scilicet inter tenementum nuper Bartholomaei Frestlyng ex parte orientali, et kayum vocatum *Esterlyngeshalle* ex parte occidentali ac aquam Thamisie ex parte australi, et tenementum nuper Radulphi Blakeneye ex parte aquilonari, secundum tenorem, vim, formam et effectum cuiusdam carte per nos eisdem Radulpho Boteler et Johanni Hende inde confecte, ratum habituros et gratum quicquid attornati nostri nomine nostro fecerint, seu alter eorum fecerit in premissis. In cuius rei testimonium presentibus sigilla nostra apposuimus. Datum duodecimo die mensis Decembris, anno regni regis Henrici sexti post conquestum Anglie vicesimo sexto.

XCI. *Johanna, Wittwe des R. Bokeland, überträgt ihre Rechte an dem Grundstücke in Wendegose Lane an R. Boteler von Sudeley und J. Hende. 1447, December 21.*

Omnibus Christi fidelibus, ad quos presens scriptum peruenerit, Johanna, nuper uxor Ricardi Bokeland, ciuis dum vixit et mercatoris London, || salutem in domino sempiternam. Noueritis me, prefatam Johannam in pura uiduitate mea et legitima potestate remisisse, relaxasse et || omnino pro

[1] Aus dem Originale, dem drei Wachssiegel anhängen. Der Cardinal Henry Beaufort (siehe oben zum Jahre 1437) war 1447, April 11, verstorben. Vom obigen Datum ist auch die entsprechende Uebertragungs-Acte vorhanden, abgefasst wie No. LXXX und: Johanne Gedeney tunc Maiore ciuitatis London., Willelmo Abraham et Thoma Scot tunc Vicecomitibus eiusdem ciuitatis, et dicto Thoma Scot tunc illius warde Aldermanno. Hiis testibus: Johanne Chirche, Johanne Coggeshale, Johanne Arcall, Johanne Gille, Ricardo Glover et aliis.

me et heredibus meis in perpetuum quietum clamasse Radulpho Boteler, militi, domino de Sudeley, et Johanni Hende, iuniori, armigero, || heredibus et assignatis suis in perpetuum totum ius meum, statum, titulum, clameum et demandam, que unquam habui, habeo seu quouismodo in futurum habere potero de et in toto illo tenemento cum kayo adiacente simul cum omnibus commoditatibus, aisiamentis et ceteris suis pertinentiis ac iuribus quibuscumque predictis tenemento et kayo qualitercumque spectantibus, situatis in venella vocata Wyndegoselane in parochia Omnium Sanctorum ad fenum London. scilicet inter tenementum nuper Bartholomei Frestlyng ex parte orientali, et kayum, vocatum *Esterlyngeshalle* ex parte occidentali, ac aquam Thamisie ex parte australi, et tenementum nuper Radulphi Blakeneye ex parte aquilonari. Quod quidem tenementum supradictum cum kayo adiacente et aliis suis pertinentiis antedictis predicti Radulphus Boteler et Johannes Hende habent sibi, heredibus et assignatis suis ex dimissione et feoffamento Willelmi Alnewyk, permissione diuina Lincolnensis episcopi, Johannis Fray, capitalis baronis scaccarii domini regis, et Thome Rothewell. Ita uidelicet, quod nec ego, predicta Johanna, nec heredes mei, nec aliquis alius pro nobis, seu nomine nostro aliquod ius, statum, titulum, clameum seu demandam in predictis, tenemento cum kayo adiacente, simul cum omnibus commoditatibus, aisiamentis et ceteris suis pertinentiis ac iuribus vniuersis supradictis, aut in aliqua inde parcella de cetero exigere, clamare seu vendicare poterimus seu poterit in futurum, sed ab omni actione, iure, titulo, clameo et demanda inde petendis totaliter simus exclusi in perpetuum. Ego vero, predicta Johanna, et heredes mei predictum tenementum cum kayo adiacente, simul cum omnibus commoditatibus, aisiamentis et ceteris pertinentiis ac iuribus vniuersis, vt supradictum est, prefatis Radulpho Boteler et Johanni Hende, heredibus et assignatis suis contra omnes gentes warantizabimus in perpetuum per presentes. In cuius rei testimonium huic presenti scripto meo sigillum meum apposui. Datum vicesimo primo die mensis Decembris, anno regni regis Henrici sexti post conquestum Anglie vicesimo sexto.

In dorso: Vacat ex abundantia.

XCII. *Tarif für die Lastträger auf dem Stahlhofe. 1449, Februar 22.* [1]

Int iar vnses Hern MIIII^cXLIX vp S. Petri [2]) dach in Februarii wort auereingedragen bi dem kopman, dat men vnsen porters van elkem stuke, dat se arbeiden in dem *stalhaue* ofte buten de lengede des houes, betalen schal vor eren arbeit, alse hirna geschreuen steit.

Item 1 last asken	VI den.	Item 1 last smolt efte tran	VI den.
Item 1 last thers	VI „	Item 1 last olyes	VI „
Item 1 last peckes	VI „	Item 1 last heringes	VI „
Item 1 last sepen	VI „	Item 1 last stors	VI „
Item 1 last osemundes	VI „	Item 1 last flasses	VI „

[1]) Aus dem Manuscript der Commerz-Bibliothek zu Hamburg. Fol. 79. [2]) Vp den byter. MS.

Item 1 balle vnsen [1])	VI den.
Item 1 balle bukram [2])	II „
Item 1 balle karden [3])	II „
Item 1 fat stals	II+ „
Item 1 bale marder [4])	I+ „
Item 1 bale sippolensat	II „
Item 1 backsak [5]) sippolensat	I „
Item 1 korf ofte pake sippolensat	IIII „
Item 1 schok pruske delen	XII „
Item I^c knarholtes [6])	X „
Item 1 sak badewulle [7])	III „
Item 1 fat ofte bale alun [8])	II „
Item 1 pipe oft fat van drad	III „
Item 1 pack los garn [9])	II „
Item 1 pack lennewant	IIII „
Item 1 middelpack	III „
Item 1 bunt isern	I „
Item I^C klapholtes, is 1 last	XVI „

Item 1 bunt wagenholtes	+ den.
Item 1 tunnen koppers	II „
Item I^c remen	VIII „
Item 1 stro [10]) wasses	II „
Item 1 wrak fat [11])	II „
Item 1 tunne mit blik [12])	II „
Item 1 klen blikfat	+ „
Item 1 kiste myt glase	I „
Item 1 sak hoppen	III „
Item 1 fat kopperock [13])	II „
Item 1 korf scheren	III „
Item 1 balle batriwar [14])	II „
Item 1 tune wede	IIII „
Item van elken laken to paken	I „
Item van twe westerlindesche [15]) to paken	I „
Item van III kirsin [16])	I „
Item 1 wagenschate	IIII „

XCIII. *Von der durch den Magistrat zu London den Deutschen und den Dynantern abgeforderten Beihülfe, und dem desfalls von jenem ertheilten Reverse. 1449 (1369), September 8.* [17])

Item int iar vnses Hern MIII^cXLIX by vnser leuen Vrouwen dage, den men nomet Natiuitatis Marie, geuel, dat de konynk van Engeland in nodt synes orligen, dat he hadde iegen Frankryken was eskende van der stadt van Lunden eyne summe van volke, syn land mede tho bewachten. Des word de stadt ens myt dem konynge vor dat folk eme tho geuende eine satte [18]) summe van gelde; van [19]) welker summe van gelde liken [20]) warden van Lunden geset was tho geuende eyn bescheden del, vnd

---

[1]) Balke unsen. *MS.* Ist für vnsen zu lesen: Onien, Zwiebeln? [2]) *Bukram*, steifes Tuch. [3]) *Karden*, Krempel für Wolle; oder lies: korden, Taue, Stricke. [4]) *Marder*, Marderfelle. [5]) *Backsak*, ein Sack, der auf dem Rücken getragen wird. Banksank. *MS.* [6]) Knarkholtes. *MS.* [7]) *Hadewulle*, Hede. [8]) Aluer. *MS.* [9]) Gran. *MS.* [10]) *Stro*, Strohkorb. [11]) *Wrak fat*, ein leeres Fass in Stücken. [12]) *Blik*, Blech. [13]) *Kopperok*, Kupferrauch, Vitriol. [14]) *Balle batriwar.* Vermuthlich ist zu lesen: balle ruware, Rauchwerk, Pelze. [15]) *Westerlindesche.* MS. Lies: westirländische? oder von Lynn, dessen Tücher berühmt waren? [16]) *Kirsin*, Kersey, ein grobes Tuch, in der Grafschaft Kent bereitet.

[17]) Meine Abschrift hat irrig die Jahrszahl 1449; das Manuscript der hamburgischen Commerz-Bibliothek, Fol. 73, 1349. Ich kann nicht zweifeln, dass die richtige Jahrszahl ist: 1369, und der am Schlusse gedachte Revers der Stadt London derjenige vom Jahre 1369, October, gedruckt in Urkundlicher Geschichte der deutschen Hanse. Th. II. S. 674. [18]) Harten. *MS.* [19]) Vnd. *MS.* [20]) Vnd geldes elike. *MS.*

dat gelt scholde denne vorgadderen van den *husen*, de in der warden stunden. Vnd vmme des willen, dat wy wanaftich waren vnd vnse huse holden bynnen den warden van Lunden, so eskeden se vns LXII ℔ sterl. dat is tho vorstande den *Dutschen* XL ℔, vnd den *Dynanters* XXII ℔, van welkem eskene wy nicht schuldich en weren noch en synt hir tho geuene, by vryheyden, de vns de Konynk gesegelt heft. Vnd vmme des willen dat wy disse vorseiede eskynge nicht geuen noch betalen en wolden na erem willen, so kamen se vnd besegelden [1]) vns vnse *boden* vnd *kammern* na der tidt vnde apenden eyn del boden vnd nemen guder daruth vnd fordertent in de Engelsche gylthalle, dar wart dat gud gepriset vnd vorkoft. Des worden gesellen ordyneret, de tho dem konynge reden vnd vm [2]) disse sake tho vorstande. Do antwerde enen [3]) de konynk: men scholde vns holden vnse vryheit. Vnd darup vorfolgeden wy disse sake vor den meyger, rekorder vnd olderluden van Lunden, so dat dat gud, dat vns genamen, gepriset vnd verkoft was, vns wedder betalt vnd vornoget word tho vnsem willen. Vnd vme des wyllen dat wy ansleggen de grote last vnd kost, de de stadt van Lunden doen moste vnd dede vp de tidt in hulpe des konynges tho synem orloge, [4]) vnd och de mer leue, frundschop vnd gunst myt der stadt vorsed tho hebben, so worden wy gemenlyken ens vnd des tho rade, dat wy der stadt eyne houescheit wolden don, vnd gauen der stadt I^c marc Engl. nicht by dwange noch by rechte, sunder by vnsem fryen willen. Darup ward vns ein bref gegeuen vnd gesegelt by deme meyger, rekorder vnd olderluden van Lunden, den de koepman in guder bewarynge by syck heft.

XCIV. *Recess der zu Lübeck versammelten Hansestädte. 1450, September 21 flgd.* [5])

Wytlik sy, dat in den iaren unses Heren MCCCCL Mathei Apostoli de vulmechtigen radessendebaden der gemenen stede von der dutschen Hanse bynnen der stadt Lubeke to daghe vergaddert weren, sittende en deel to der vorderen hand, also van *Colne* mester Johann Vrund, doctor in dem gesteliken rechte unde en gesworne radman der stad Colne; van *Bremen* Hermen Gropingh, borgermester unde Daniel Brand, radman; van *Straleswnde* her Alff Grenerorde, radman; van der *Wismer* her Peter Wylde, borghermester; van *Meydeborch* her Peter Dolle, radman; her Hinr. Eysleve, secretarius; van *Brunswik* her Henning Calmes unde her Ghercke Pauwel, borghermester. Van des Mesters weghen van *Prutzen* unde des landes wegen her Tideman van den Weghe, borghermester van *Torn*, unde her Johan Vrigborch, radman van *Danzcke*; van *Gottinghen* her Symon Ghyseler, radman; van *Stade* her Marquard van der Hoye, borghermester, unde her Hinr. van Andern, radman; van *Buxstehude* her Hinr. Scroder, radman; van *Embecke* her Hinr. Bote, ritmester; van *Anklem* her Hinr. Stoltevoet, radman;

[1]) Beselgeden. *MS.* [2]) En. *MS.* [3]) En. *MS.* [4]) Orlene. *MS.*

[5]) Aus dem Stadtarchive zu Göttingen. Hanseat. Vol. IV, nach einer mir von Herrn Professor *Havemann* gütigst mitgetheilten Abschrift. Da dieser Recess bisher ungedruckt ist, so habe ich die wenigen, England nicht betreffenden Gegenstände mit aufzunehmen kein Bedenken getragen.

van *Kile* her Marquard Pael, radman. To der luchteren Hand: van *Hamborg* her Detleff Bremer, borghermester, her Ludeke Struve, radman, unde her Johan Nyendorp, secretarius; van *Luneborg* her Hartwich Schomaker, radman; de rad to *Lubeke;* van *Nymweghen* Ghisebrecht van Veldern, borgermester; van *Deventer* mester Johan Marquardi, borghermester; van *Sutphen* Wilhem Kringh, borgermester; van *Zwolle* Hinr. ton Watere, borgermester; van *Herderwik* Lefert Voet, borgermester; van *Groninghen* Roloff van Ummen, borgermester; van *Arnhem* Marcellis van Aller, radman; van *Campen* Jacob Junghe, schepen; van *Wezele* Johan up dem Dyke, borgermester, unde mester Johan Karol, secretarius; van *Brugge* uth Vlandern van des copmans weghen Hinr. Castorp, Wolter Bretholt unde her Johan Gebingh, secretarius; van *Lunden uth Engelland* Hermen Wezel, olderman, unde Hinrik tom Have, clerik. Welke alle darsulvest hebben vorhandelt, ordineret unde ghesloten so hir nafolghet:

Int erste alse desse dachvard nu to Lubeke wesende umme grote dreplike nodsake willen, de den gemenen copman van der dutschen Hanse nu mer dan in vortiden anligende sin, vorscreven unde vorgaddert is, unde doch vele stede hartohorich so dat se dar sulves sulke gebreke helpen to besorghende nicht geschicket en hebben, sunder hebben sulke schickinge entlecht myt eren breven, dar mede se menen syk darynne to vorantworden unde der pene in dem recess in der negesten vorleden dachvard to Bremen uppe Johans geholden to entweren, wante denne in vortiden in dem iar XLI negest vorleden to Lubeke van den gemenen Hensesteden darsulves do dorch ere erliken sendeboden vorgaddert vordraghen unde gesloten sulke entschuldinghe nicht to tolatende, also zyk danne uth deme recess darup ghemaket klar inneholdet: so beduncked uns, dat wy plichtich unde schuldich sin sulkem recess natogahnde. Vnde ok wente etlike van den sulven steden to der vorgerorden dachvard to Bremen vorscreven weren unde des gelikes ok darsulvest nicht entschickeden, daruth wir nicht merken moghen anders denne dat se uppe de wolvard der Hense nicht en achten unde umme dat uns unredeliken duchte, dat de unhorsamen der vriheide der Hense bruken ghelyk den ghenen, de dar nene arbeyd noch kosten schuwen, sunder ok liff unde gud over wech unde anders waghen: so heben de sendebaden der ghemenen Hensesteden over een ghedraghen unde gesloten, dat sulke stede myd namen: *Rostok*, *Dorpmunde*, *Soest*, *Padeborn*, *Lemechow*, *Hervorde*, *Munster*, *Osenbrugge*, *Dusborgh*, *Mynden*, *Hildensem*, *Halverstad*, *Honover*, *Hamelen*, *Quedelingborch*, *Asschersleve*, *Frankevorde*, *Halle*, *Barlin*, *Stendel*, *Soltwedel*, *Ulsen*, *Elborg*, *Staveren*, *Colberghe*, *Nigenstargarde*, *Golnowe*, *Olden Stattyn*, *Gripeswold*, *Wisbi*, welker stede borgere unde inwonere doch (de) vriheide der hanse nicht cleyne enbruken, vorvallen schollen syn in de pene in dem vorgerorden recess to Bremen ingesat, dat is en iewelik van en ene mark lodiges goldes unde V iar lank entberinghe unde vorlesinge der vriheit van der Hanse, id en sy denne sake, dat yenich van den vorgerorden steden dorch enen borgermester eder enen uth deme rade zyk des myt merkeliken nodsaken myd eren beden van der gantzen stad weghen moghe uppe der negesten dachvard entschuldighen, so dat se des nicht umme de kost to sparen offte anders, sunder allenen umme sulker nodsake willen, de also denne tor kentnisse der sendebaden uppe der sulven dachvard wesende staen schal, also ok sülkent de obgemeldede recess uthwiset. Doch wan yenich van den vorgerorden steden de pene der mark goldes betalet, so moghen de sendebaden uppe der negesten dachvard uppe dat iar na reden unde gelegenheid, de se vorstan, vortyen, unde hyr zyk de copman uppe den enden, dar men der Hanse uriheit holdet, na rechten, so dat se nemande tolaten myt erem gude van den vorbenomeden steden, he en bringe danne by, dat he der Hanse in der vorgerorden penen genoch gedan hebbe.

Item want etlike cleyne stede sin, de der Hanse gebruken unde doch nicht willen helpen draghen den hovedsteden de kost, darmede schal men id halden alse sulkent vore vordragen is in deme iare vorscreven unde de copman schal nemande uth densulven steden tolaten, he en hebbe zyk erst uppe dat puncte myt der hovedstad vordraghen unde hebbe des van der sulven stad eynen schin.

Item was vor den vorskreven heren radessendebaden her Berend Vlesch, radman van Gripeswolde, dede hochliken clagede over de van *Gripeswolde*, de ene hadden gedrenghet van erve unde eghen, unde doch hir bevorne sodane sake den van Stralsunde unde Anklem was bevolen. Aldo de vorscreven radessendebaden bevolen to scrivende an de erben. van Stralsunde unde Anklem, dat se syk myt der zaken bekummernden unde der enen ende makeden. Unde des gelik scolde man ok schriven an de van Gripeswolde vorscreven.

Item alse van des dages wegen, den men denket to holdende myt den *Engelschen*, so verne alse denne beleven, is by de gemenen stede vorramet, dat man den dach scal halden eder to *Lubeke* efte to *Bremen* eder to *Utrecht* efte to *Deventer*. Dat doch de Prutzen nicht wolden beleven, men bi oren heren Hoemester wolden bringen, dat ok de heren van den steden an den heren Hoemester wolden scriven. Und up dat men moge weten, in wat wise de radessendebaden van den gemenen steden myt den sendebaden des heren konynges van Engelland de sake van der Engelschen wegen hebben vorhandelt, so is vorramed ene lattinsche scrifft dem heren konynghe vorscrev. in der verscr. gemenen stede brev ok in dem dutschen gelecht unde avergheschicket, ludende in dem dutschen van worden to worden aldus:

"Wante uppe de alden vruntscopp unde vorbuntnisse, de twisschen dem rike van Engelland unde des rykes inwoner, dem grotmechtigen heren Hoemester des landes Prutzen unde den steden van der Hanse lange tyd van olders wegen gewared hebben, nu twistinghe sint erwecked unde de to beterende unde darup vrede to makende vakene handelinge unde degedinge gewesen sin, de doch na vorlopenheit der tyd vormyddelst nemynge des kopmans ghudere so wal in der zee, alse in deme ryke van Engelland, ok vormyddelst upsettinge nyger kostume unde angripinge der personen nu kortliken sint vorbroken, worumme grote unde sware bitterheid unde unwillen twisschen den vorsc. van der Hanse unde deme ryke van Engelland sind ghewassen unde entstanden, unde wanner de vordern vortgeruk hadden unde in breken, (?) were to bevruchtende, dat de copman unde dat gemeyne beste ghud queme to schaden unde groteren vorderve unde nedderval. Wente den de irluchtegeste vorste unde here konyngh van Engelland also wal vormyddelst synen danknamyghen breven unde syne sendebaden muntliken den steden van der Hanse syne ghude andacht unde synen konyngkliken synne all gutelich unde levevul, so syne word dat utwisen, to vrede unde to ghantzer vorenynghe synd ghenegbet, unde up dat denne syner koningkliken gnade unde der gantzen werld werde apenbare, dat de vorscreven stede van der

Hanse hebben ene grote begheringe unde behegelicheit to sulkem vrede unde alse alle weghe darto ganze bereide synne gehad hebben, so sin se noch uppe desse tyd bereider unde ghenediger darto. Unde hir umme unde umme vorbeteringhe willen de twedracht unde schaden bitoleggende unde den olden vrede unde vrundscop to beterende twisschen deme heren koninghe unde den steden vorsc. synd vorramed desse artikele na gescreven.

Tom ersten (1) dat de irluchtigeste here Konyngh van Engelland den copman van der dutschen Hanse sette in alle syne privilegia unde vriheit in syneme rike van Engelland der to brukende unde to hebbende, so he de van dem heren Konynghe van Engelland darup gegeven tho bruken plach. Des geliken ok scollen de undersaten des vorsc. heren konynges in deme lande to Prutzen unde den steden van der Hense vruntliken unde vredesameliken to holden unde enthalet wesen, so dat van oldinges bet to her is ghewesen.

Item (2) uppe dat sulke privilegia unde vriheide dem kopmanne unvorbrekelich gheholden werden unde de kopman myd syner gnade undersaten sick de vruntliker vortan under en ander weten to holdende unde to leuende, so scollen etlike stede in deme ryke van Engelland, alse myt namen: *Lunden*, *Jurk*, *Busteyn*, *Hulle*, *Brustowe*, *Linden*, *Nortwick* unde *Gibbeswick*, vormyddelst eren egenen besegelden breven dem copmane laven unde vorscriven en in der besten wise, sunder yenige behendicheit darin tho theende, dat dem copmane van der Hanse sine vricheide unde privilegia sunder yenige vorkortinghe scholen werden geholden. Unde sulken der stede bref schal de konyngh confirmeren, bestedigen unde beleuen myt sinem maiestats zegel unde an de van *Lubeke* senden, den se to behof der Hense scolen bewaren.

Item (3) umme merer unde vaster bewaringe unde bestantnisse desser vorsc. dingk unde up dat desse dingk vormyddelst groter leve werden vullentoghen, so scolen de vorsc. stede in Engelland eren vulmechtighen sendebaden senden to sodaner dachvard, also men nu negest holdende werd.

Item (4) alse van der nemynghe, schaden unde andern gebreke, de gedan unde gescheen sin, to beterende unde wedder to kerende, so is gemaket unde begrepen ene gemene dachvard, de men darup holden scal. Unde scal begynnen unde anghan uppe den XV dach na Paschen negest komende in ener van IIII steden, de de vorsc. irluchtigeste here konyngh utkesende werd, alse *Lubeke*, *Bremen*, *Utrecht* unde *Deventher*. To welker dachvard de here konyngh unde de grotmechtigste here mester van syner lande weghen, alse de Hensestede syner herlicheit dat vorscriven scollen, unde ok de van der Hense ere sendebaden scollen senden umme to vorhandelende unde to slutene umme de vorbeteringe unde wedderkeringhe aller desser vorsc. dingk, also dat den ghenen, de den schaden hebben geleden, na gelegenheid erer aller zake in redelicheit wedderkeringhe schee, alse ok ene gelike dachvard hir bevoren darup ghemaked unde vorramed was, erst to Utrecht, dar negest to Lubeke unde ind lateste to Prutzen. Unde hyrumme sind nu geschicked unde gevoghet etlike stede, de van wegen der gantzen Hansestede vulmechtich ere sendebaden tor vorsc. dachvard scollen senden umme alle dingk to vullenthende, alse *Lubeke*, *Colne*, *Bremen*, *Hamborch*, de stede landes *Prutzen*, de stede ut *Liflande* de van *Brunswick*, *Nymweghen* unde *Campen*, welke stede tosamende eder de ghenen, de dar komen unde in der dachvard iegenwardich sin, scollen vullemacht hyrane hebben. Unde men scal hir entwisschen van beiden syden vorkundigen allen den genen, de den schaden geleden hebben, dat se myt redeliker bewisinge dar komen unde eren schaden esschen.

Vortmer dat sodane arestament unde hindernusse uppe den dutschen copman unde sin ghud umme der Engelschen willen, de nu to Lubeke sind, in dem rike van Engelland, effte enych sulkes ghedan vnde bescheen were, gensliken affghedan unde entslagen worde, alse dat de vorsc. kopman der Hense syner guder vredesameliken moge bruken unde kopslagen. Unde dat to der tyd der vorsc. dachvard unde ymmer darna de undersaten des heren konynghes unde van der Hanse syk leffliken unde vruntliken malk anderen hebben unde holden, so dat een den anderen nicht schedighe yenigher wyes.

Unde uppe dat alle desse dinghe in enen guden ende moghen nemen, sind willich de heren van Lubeke ere geleydes breve to ghevende den Engelschen in Prutzen towezende (na) Lubeke to komende, so verne ere gebede kered, unde vor alle, de umme eren willen doen unde laten willen, unde dar to vorhandelnde myt den anderen sendebaden, so verne se weten weghe unde myddel unde formen to vyndende, dar mede desse artikele mogen komen to enem ende.

Unde alse dann der stede sendebaden desse artikele myd den heren sendebaden des hern konynghes van Engelland hebben underspraken unde ghemenschafft darup under zyk gehat, so hebben se dat erste deel des artikels angenomen. Men van des andern deels wegen des vorsc. artikels angahnde in der clauselen "*unde undersaten*" so maken se darin swarheid van der Prutzen weghen, so uth erer scrift unde antworde dat wol klaret. Darup van weghen der stede van der Hense ward geantwordet, dat men in desser dachvard van des artikeles weghen nicht kan handelen edder sluten, wente de sendebaden uth Prutzen unde der stede van der Hanse hebben nicht gheweten de tokumpst der hern sendebaden uth Engeland to desser dachvard unde hebben darupp nenen bevel. Ok is dat eyn sunderlik artikel, de dar henghet tüwischen dem heren koninghe van Engelland unde dem grotmechtighen heren Homester des landes Prutzen van erer herscap unde lande tüsschen en beiden, de den Hensesteden nicht ynd gemeyne beroret. Unde were ok nicht recht, dat umme sodane affgesunderte sake de Hensestede ynd gemen in eren olden vricheiden worden geserighed unde gekrenked.

Vortmer den anderen artikel hebben de heren sendebaden des koninges nicht angenomen. Jedoch den steden van der Hense dunket, so verne de her koningh dat van herten menet, to vorhopende is, dat he vormiddelst siner scrifften unde ok dorch syne sendebaden enen hefft to kennende ghegeven, wo dat he hefft enen bereden sin to vornyende unde to beternde de olde vruntscop unde sodane mishelicheit unde overvaringhe dar wedder bescheen, dat syne k. gnade nicht scal myden sodane myddel, dar mede vaster versekeringhe unde beholdinghe der vrundscop scheen moghe, de ane twivel to hegende is, so verne de stede in Engelland syk dar to vorbinden. Wente yd moge komen, dat de her konyngh were uth ener edder anderer redeliken sake bekummerd effte gehindert, so dat deme kopman van synen gnaden, effte yenich gebrecht edder nygheid dem kopmanne wedder syne vrichheiden unde privilegien weddervaren, nicht mochte vorseen effte geholpen werden, unde also den eder in geliken geval hedde de kopman doch de vorben. stede hebben gesat unde ordeneret to beschermynghe syner vricheide. Ok myd sodaner medevorsegelinge volgede grotere leve unde vastere vorenynge tüsschen dem hern koninge unde der Hense. Ok en is dyt neyn nye dingk, wente dem gelik de her hertighe van Burgundie dat also hold myd dem kopman to Brugge in Flandern, dar de kopman de veer lede vorplichtet unde vorbunden hefft. Ok is vorseentlik unde to geloven, dat noch olde scrifte sin, dar men dat vindet, dat de van Lunden unde andere stede in Engelland dem kopmanne sik hebben vorplichtet unde vorbunden. Ok darynne an geschut neen achterdeel deme hern konynge, wente dit myt synem weten unde willen scheen scal.

Umme den dridden artikel, alse van wegen ener nyen dachvard up to nemende, is to seen uth erer schrifft, dat de heren sendebaden de genoch annamen unde gevolgich sin, so dat nicht noed is darvan deger to seggende efte to argueren. Ok van der stede unde tyt wegen is ghenoch besorghed in den vorscr. artikeln.

Unde alse denn van des lesten artikels wegen umme aff to stellende sodane arrestament, dat up den kopman in Engelland scal gedan wesen, antworden unde gesynnen de hern sendebaden, dat an beiden siden de gevangene loes werden. So duncket den hern sendebaden van den steden, dat sulkend nicht recht en is, dat umme ener stad unde vromeder daet willen andere unschuldige stede scholen lyden. Ok en scal men yd also nicht vorstan, dat de stede van der Hense eyn corpus in sulker wise sin, dat umme eyner stad daet efite geschichte willen de anderen stede beswaret, angeclaged, arresteret unde upgeholden moghen werden, gelyk efite se enem heren behoreden, alse Engelland, sunder sin wol en corpus in etliken vruntscoppen unde vorbuntnissen, darynne se myt en over eyn komen. Unde darumme de gelikenisse, de de sendebaden des heren konynghes myt den geuangenen an beiden syden quyt to gevende nicht overendrecht, na en hefft gelike merkinghe. Unde darumme dat sulkend in der Hense nicht stede hebbe, so hebben (wy) van den konynghen in Engelland ene besundere vriheid beholden, sus ludende also hyrna volghet: [1]) "Wy willen den vorsc. kopluden vorder gnade doen vormyddelst dem ende, den se myt uns gemaked hebben unde vorlenen en vor uns unde unse erven unde bestedighen vormiddelst desser scrifft, dat se unde ere nakomelinghe, de dat vorsc. hus hebben to ewigen tyden bynnen den vorscr. ryke unde unser ghewalt scollen hebben desse vriheit, so dat se noch ere ghude unde kopenscop bynnen unse ryke unde ghewalt vor andere schult, der se nicht lovers eder hovetlude synt, ok nicht van anderer overtredinge wegen, de se nicht gedan hebben eder donde werden, nicht schollen werden gearesteret eder bekumert. Wente denne hirut clarliken erschinet unde ok na rechte unde aller billicheit sik ervindet unde ervolghet, dat de copman van der Hanse umme daet unde geschichte anderer stede, darynne se in keyner orsake noch schult en syn, noch een deel efite menscop gehad hebben, nicht gearresteret scollen werden." Unde want men nu vorhanden hefft, in wat wise men vynden unde inbringhen moghe een unbrekelike holdinghe der vriheide des copmanes etc. unde begynned men nu in deme anbegynne sulke vriheide to brekende, wat hopen scal denn boven bliven in tokomende? ... van olden tiden, unde sie umme unde vyl anderen sorgen unde gebrekelicheid, de men nu in vorlededen tyden bevunden hefft, so werd de copman van noden darto gedwunghen sik dorch enen eder den anderen wech to besorgende. Unde hebben hyr de stede van der Hanse vastliken gesloten unde syk darynne vorenet bi den vorsc. begrepen artikeln to blivende,

[1]) Aus dem Privilegium König Edwards II. vom Jahre 1317, December 17.

begherende doch myt gantzem synne unde denstliker meninge, dat syne k. gnade navolgen wil siner vorvedere milden unde dogetsamen seden unde syne k. gnade van en unde dem kopmanne nicht affkere."

Ok hebben de vorsc. radessendebaden van weghen der ghemenen stede van der Hanse umme desse dinghe to vullentothende gescreven an den irluchtigesten vorsten unde hern konyngh van Engelland yn latine unde darup en antword beghered, in dem dutschen van worden to worden ludende aldus:

"Unsen bereden willigen denst, unde wes wi to vormeringhe iuwes states, ere unde ghudes vormoghen alle weghe bereit, irluchtigeste vorste unde unvorwynnenlikeste here konynghe. Alse wy nu hyr to Lubeke in Gode to daghe sind vorgaddert, so hebben wy iuwer k. werdicheid breve entfanghen, de wy danknameliken wol hebben vornomen, inholdende van sodaner olden loffte, vruntscoppe unde vrede tusschen iuwer k. maiestaten unde uns to beterende unde weder to makende sunderiges schaden unde nemynghe des kopmans ghuder wedder kerende, so wy dat des gelikes hyr myd iuwen werdigen sendebaden muntliken hebben verhandelt unde iuwe k. breve unde ere seggent van der wegen avereenkomen. Iuwe k. werdicheit willen ok myldichliken betrachten also een rechtverdich richter, wat stad, eer unde provyt iuwem ryke van Engelland darvan mach wedderwaren, wanner unserm kopman van der Hanse darsulven in dem ryke syne olden privilegien, vricheid unde rechticheit werden geholden. Ok ys iuwer konynkl. gnade ene grote ere unde ruchte, wanner gy volgen de weghe iuwer voroldern unde dem kopmanne syne privilegia beschermen. Iuwe k. maiestad hebbe darane enen unvortwyvelden loven, so dat wy iuwer vullekomen syn unde gantze leve hebben to eendracht, vrede unde leve myd den iuwen, ok anders nicht in unsen herten dreghen, men dat iuwer k. gnade undersaten myt den unsen kopslagen unde vorkeren. Unde alse wy den hyr myt iuwer k. werdicheit sendebaden van der wegen vruntliker wys hebben verhandelt, so hebben wy etlike (artikele) umme den vorscr. vrede to beterende vorramed, de wy iuwer werdicheit in deme latine unde ok in deme dutschen senden hir ane vorwaret, darane nicht in berorende, dat iuwer k. gnade mach yenigher wys vorerren,[1] wente se nicht niges eder swares an sik hebben, men allene dat de kopman syne olden privilegia unde vricheid vormiddelst starker vorwaringhe besorghe, uppe dat se so ringhe unde lichtverdichliken, se wy des vorwaringhe hebben, nicht werden verdroten, so unse vorscreven artikele unde scrifft dat clarliken inholdet. Wy bidden hir umme iuwe k. maiestad unde werdicheit, so wy vlitigest mogen, dat iuwe gnade eren k. syn darto wil keren unde sodane vorsc. artikele upnemen unde tolaten, unde unsen vrunden, dem erliken rade to Lubeke, van unser aller wegen van dato desses breves wente to Wynachten negest komende eder XIIII dage darna en gutlik antworde vorscriven, uppe dat wy van der wegen den in Lifflande unde in Prutzen to tiden mogen vorscriven unde se vorsekeren in den iuwen breven, efft ok unse copman na inholde der vorsc. unser artikele myd synem leven unde gude in iuwem ryke van Engelland los sy gegeven. Wente waner dit nicht vortginghe, so werd uns swar, dat wy myd iuwer gnade dage helden. Unde upp dat iuwe k. gnade to bed hyrto werde gheneghet, so hebben wy bi erben. unsen vrunden van *Lubeke* vormyddelst groten vlite vorarbeidet, wo wal se sunderige clage hebben to iuwen undersaten, de uns nicht tokomet, dat se iuwer gnade etlike orators

[1]) *Nicht*, nichts. *Vererren*, irre machen.

unde sendebaden hebben ut der vengkenisse gelaten unde mogen bynnen erer muren ghan wor se willen. Unde wusten wy dar wy anders warane iuwer k. werdicheit konden wesen to denste unde to willen, dat deden wy willichlyken gherne van allen herten. Dat kent God, de iuwe k. werdicheit unde angeborne gude behode und beware sund unde walmechtich to langen tyden. Screven under der van Lubeke segele, des wy alle hyr to bruken, uppe sunte Gallen daghe, de de was de vrigdach, de XVI dach des manen Octobris. Anno L^{mo}

Iuwen k. maiestäten willige Radessendebaden der ghemenen stede van der dutschen Hense, nu tor tyd to Lubeke to daghe vorgaddert, unde de Rad darsulvest."

Vortmer were id sake, dat de her konyngh van Engelland den dach in der vorsc. IIII stede een to holdende affscreve unde gensliken vorleede,[1]) so hebben erben. heren von den Steden gesloten unde aver een gedraghen, dat se denne hyr to Lubeke alse van des copmans wegen von *Bruggen* unde *Engelland* unde anderer sake weghen enen dach willen holden achte daghe na sunte Johans dage syner bord negest komende, dar denne van aller weghen scollen komen vulmechtighe sendebaden. Desse nagescreven stede, alse *Lubeke*, *Colne*, *Bremen* unde *Hamborch*, de stede des landes *Prutzen*, de stede ut *Lifflande*, *Brunswick*, *Nymwegen* unde *Campen*, de ok schollen hebben vullemacht hir ane to donde unde to sluten. So de stede sind ens geworden unde dit scal de raed to Lubeke den vorsc. steden vorscriven unde dat se dat nicht vorleggen.

Item hebben ok de vorsc. hern Radessendebaden van den steden *den sendebaden des copmans to Lunden in Engelland* hyr iegenwordich mede ghedan sodane artikele, alse tusschen deme hern konynghe des vorsc. rykes unde den steden van der Hense sind vorramed, de se hebben in latine unde ok in dem dutschen, unde worden van den vorsc. stede belastet, dat se hyrane des besten rameden, dat den ersamen van Lubeke darvan en kortlik antworde werde bevalen.

Item alse denne uppe desse dachvard rede unde claghe sind ghewesen van menighvoldighen beswaringen des kopmans unde vorkortinghe der privilegien im lande van *Flandern* unde dem ryke van *Engelland*, dar umme desse stede hir iegewordich grote handelinge unde betrachtinghe gehad hebben, sodanne een to kerende unde up en ghud middel to bringende, so hebben se doch sodanne een gelaten anstan wente tor negesten dachvard unde willen van der weghen gherne vorder handelinge hebben unde entliken sluten. Unde denken ok also to donde van der gebreke wegene, de dem kopman to *Lunden* unde in dem ryke van *Engelland* weddervaren, dat se umme des besten willen like wal besorghed werden.

Ok ward darsulvest bi den vorscreven heren van den steden vorhandelt sodanne twedrachtige sake, alse dar sind tusschen dem rade van *Gosler* unde hern *Hinrike van Alvelde*. Darto etlike heren worden ghevoghet de se vordragen scolden, so de recess beyden parten bevaled unde darup gemaked clarliken inholdet. Unde dem vorsc. hern Hinrike wart ok vororloffet bi den vorsc. steden efte de van Gosler der vorenynge nicht noch deden, wes he denne ieghen se mochte vordern unde vorvolgen.

---

[1]) *Vorleede*. Lies: vorbede, sich verbitte.

Vortmer hebben de vorsc. hern Radessendebaden van dessen steden alse van der *Engelschen* weghene screven an den grotmechtighen hern, den Hoemester des landes Prutzen: wered dat de here konyngh den dach na inholdinge der artikele anramede unde den van Lubeke dat vorscreve unde en dat den wart bevalet, dat denne syne herlicheid sodane dach yo besande, uppe dat van der wegen dat meyne gud nicht worde behindert, alse dat de vorscreven breff klarliken inholdet.

Item beclagede unde ansprake dede darsulvest de ersame borgermester van *Wezele* iegen de van *Deventer* van sake wegene, de hir bevorne to *Bremen* ok bi den steden sind vorhandelt. Unde de van Deventer upantworden eren machtbreff unde begerden ok, dat de van Wezele desgelikes eren machtbreff scolde toghen, den he doch nicht en hadde, men wolde dat hoghe noch vorborgen. Welk de van Deventer also nicht wolden beleven, wente de sake hoghe wolde rysen. Warumme de hern van den steden spreken unde segeden vor recht: wolden de van Wezele wes vordern, so mosten se enen machtbreff hebben unde dat se darumme tor negesten dachvard an beyden syden hadden machtbreve in vruntscopp edder in recht de sake to vorschedende. Unde hyrumme de gemenen stede hyr iegenwardich den vorsc. acht steden eder mer, de to der negesten dachvard komende werden, hebben gegeven vullemacht, dat se de vorsc. sake in vruntscopp, effte se konnen, eder in rechte vorscheden scolen. Wante denn de dachvarde unde vorgadderinghe der gemenen stede van der Hanse scheen unde geholden worden under groten varen unde swaren kosten umme walvard des gemenen ghudes, so beschut dat etlike hern van den sendebaden der vorsc. stede ane vullekomen unde genene orloff der andern hern sendebaden van sodanen dachvorden riden unde scheden, dar under ok andere stede unhorsam werden unde ghemen gud werd vorhindert. Hyr de vorsc. hern van den gemenen steden hebben geordineret unde endrachteliken gesloten unde willen dat ok also unvorbrekelik hebben geholden in tokomenden tyden: wered dat yenighe sendebaden desser vorsc. stede, en, twe eder mer ane vullekomen orloff der andern gemenen stede van sodanen dachvarden schededen unde en wech reden, sodane stad unde stede, dar de sendebaden aff sind, scollen den andern steden vorvallen wesen in ene mark fines goldes ane yenighe weddersprake to betalende. Ok skal men tor negesten dachvard dar in dupliken spreken, wo man id wil holden myt den van Megdeborch, Brunswik, Stralssunde, Embeke unde anliken, de van desser gegenwardigen dachvard ane orloff sint gescheden, de doch darumme desse scollen vorvallen wesen an ene mark goldes, doch upp gnade der stede vorsc.

Vorder mer alse desse iegenwardige dachvard uppe sunderige artikele is begrepen, darmede en is alse van der buwinghe *Siboldesburch* in Vreslande dem gemenen kopman to vorvanghe unde to schaden. Darin desse erbaren heren van den steden dupliken hebben gesproken unde de erbaren van *Bremen*, *Hamborch* unde *Groningen* darmede belastet, dat se sik darmede bekumeren unde myt den Vresen van der wegen vormyddelst vruntliker vorhandelinghe vorsoken unde de erbaren van Groningen scollen bearbeiden, dat se to veligen steden komen unde scollen hirane des besten ramen unde tor negesten dachvard dat den steden bevalen. Unde de ersamen van Bremen unde Hamborch wolden, dat dit uppe de kost der gemenen stede scheghe.

Vortmer weren vor den steden *Kersten Bleck*, *Wilhem Ketwyk*, *Hans Stendorp*, alse en vulmechtig procurator Hanses synes broders, unde darsulvest sick beclageden auer de *olderlude des copmans to Lunden* in Engelland, dar yeghenwordich, van laken unde anderer sake weghen. Aldus na langen clagen, antworden unde weddereden, de erben. heren van den steden den beiden vorsc. partyen vor recht seggeden, dat se in der zake drierleye hadden vorstanden unde vornomen. Ind erste, dat de kopman van Lunden de vorsc. Kersten unde Wilhem unde Hans hadden ut des kopmans recht gelecht, dar se se wedder inwisen scolden. Tom andern, dat se van en en dels broke hadden ghenomen, den scolden se enen wedder geven, unde de, de wes hedde geloved to gevende, dat scolde he ynne beholden. Unde sulkend scolden de obgemeldeten partyen ok van dengenen, dede van des engelschen kopmans wegen dar yegenwardich weren, begheren unde bidden; alse se ok dat deden so, dat der stucken halven de engelsche kopman unde de van genanten partyen gensliken gheslichtet unde gescheden scolden syn. Tom drudden male alse na der principal unde hovedsake wegen schal de copman van Engelland twe unde de vorsc. partie ander twe erer vrunde, coplude, de nicht partigich noch delaftich in den saken sin, nomen, setten unde kesen bynnen *Colne* twisschen dyt unde Kerstesmisse negest komende, welke vrunde de sake na clage unde antworde, rede unde wedderrede beider partien vornemen scholen, unde se bynnen den negesten twen maenden na Karstmisse mit vruntscop effte recht entscheden. Unde wat sulke gekhoren vrunde samentliken effte dat meste deel van en so in vruntscoppen effte in rechte utspreken werden, darby scolen se dat upp beiden syden laten. Worden se aver darynne twigschellich, so willen desse erliken stede, dat se uppe beiden deilen scolen komen tor negesten dachvard unde alse den......... stede, de dar komende werden, scolen van der gemenen stede weghen hebben vullemacht desse sake in rechte eder in vruntscoppe to scheden, unde ok denne to ramende unde dar in to sprekende, wo id in tokomenden tyden stan schal unde geholden werden myt dem *engelschen oldermanne* to *Lunden* in Engelland, in wat stucken unde zake de kopman van Engelland den tolaten schal.

Item alse in den zaken tusschen der stad van *Sutphen* unde *Hervorde* clage unde antworde, rede unde wedderrede unde menigerleye breve upp beiden tzyden van den erbarn sendebaden van den gemenen Hansesteden gefored weren, so hebben desulven sendebaden doen vraghen beide partien: efft se volgaftich wolden syn, wat de stede en vor recht utseggende werden? Welk se up beiden tzyden so vulborden. Darna hebben de obgemelded stede van der gemenen Hanse wegen vor recht utgesproken, dat de van Zutphen vullenkomen geleyde geven scollen *Hervorde* unde synen vrunden in ere stad to komende, waner he dat begherende is, unde alse den schal de stadt ere vrunde dar to voghen, de twysschen em unde *Schluter* unde syne mede gesellen de vruntscop vorsonen, se dat Hervorde ichteswas wedder moge werden, efft dat to gescheen is. Unde efft dat nicht gevunden kunde werden, so scal de stad Sutphen Schluter eren borger, den vorgen. Hervorde, to geborliken vullenkomen recht holden unde vormoghen. Und hyrmyd scal de stad Zutphen Hervordes clage unde ansprake leddich unde los syn.

Item uppe de kost, de de ersamen van *Colne*, *Dusborch*, *Wezele*, *Nymwegen* unde *Zutphen* gedan hebben van des gemenen kopmans wegen umme de van *Dordrecht* undertorechtende, dat bi enen de kopman bi siner olden vricheit bliven mochte etc. darumme de sulven stede vele arbeides unde kost myd beschickinghe to dem irluchtigesten vorsten unde heren van *Burgundien* unde den van *Dordrecht* unde ok anderen vorsten unde steden gedan unde gehat hebben unde so vele in deme lesten gearbeidet, dat de copman bi sinem rechte bleven, is vordragen. Unde darumme sulke kost den vorsc. steden to entrichten, eyn islik van dessen steden dat an sine oldesten bringe, so dat deyenne, de to der dachvard gevoget sind al darna in bringinghe dar up spreken unde bedacht scollen syn myd weghe de upgenanten stede van sulker kost vornuget werden. Darane ok de vorsc. stede scollen vullemacht hebben, so verne se dat in dem rechten hebben scollen na erkantnisse der stede.

XCV. *König Heinrich VI. gestattet dem R. Boteler von Sudeley und J. Hende, ein Grundstück in Windegos Lane etc. zu geben an Johann, Abt zu St. Albans, unter Ertheilung der geistlichen Immunitäten an denselben. 1456, Mai 12.*[1])

Henricus, Dei gracia rex Anglie et Ffrancie et dominus Hibernie, omnibus, ad quos presentes litere peruenerint, salutem. Sciatis, quod de gracia ‖ nostra speciali ac pro bono et laudabili seruicio, quod dilectus et fidelis noster Radulphus Boteler de Sudeley, miles, nobis multipliciter impendit indiesque ‖ impendere non desistit, concessimus pro nobis et heredibus nostris, quantum in nobis est, et per presentes concedimus et licenciam dedimus eidem Radolpho ‖ ac Johanni Hende iuniori, armigero, quod ipsi vnum mesuagium siue tenementum cum kaio adiacente, simul cum omnibus aisiamentis et ceteris suis pertinentiis ac iuribus quibuscumque predictis mesuagio siue tenemento et kaio qualitercumque pertinentibus, situatis in venella vocata Wyndegoselane in parochia Omnium Sanctorum ad fenum London. scilicet inter tenementum nuper Bartholdi Ffrestlyng ex parte orientali, et kaium vocatum *Esterlyngeshall* ex parte occidentali, ac aquam Thamisie ex parte australi, et tenementum nuper Radulphi Blakeney ex parte aquilonari, dare possint et concedere dilectis nobis in Christo Johanni, abbati monasterii siue abbatie sancti Albani de villa de sancto Albano. et eiusdem loci conventui habendum et tenendum sibi et successoribus suis imperpetuum. Et eisdem abbati et conuentui, quod ipsi idem mesuagium siue tenementum et kaium cum aisiamentis et ceteris suis pertinentiis ac iuribus quibuscumque, predictis mesuagio siue tenemento et kaio qualitercumque pertinentibus, de prefatis Radolpho et Johanne recipere possint et tenere sibi et successoribus suis imperpetuum. Similiter licenciam dedimus specialem, nolentes quod predicti Radolphus et Johannes aut heredes sui aut predicti abbas et conuentus seu successores sui, racione premissorum, per nos vel heredes nostros, iusticiarios, escaetores, vicecomites, coronatores aut alios balliuos seu ministros nostros quoscumque futuris temporibus molestetur, impetatur, inquietetur in aliquo seu grauetur, molestentur, impetantur, inquietentur in aliquo seu grauentur. Statuto de terris et tenementis ad manum mortuam non ponendis edito non obstante, dum tamen per inquisiciones inde debite capiendas et in cancellariam nostram vel heredum nostrorum rite retornandas compertum sit, quod id fieri possit absque dampno seu preiudicio nostri vel heredum nostrorum aut aliorum quorumcumque. In cuius rei testimonium has literas nostras fieri

[1]) Aus einer gleichzeitigen Pergament-Abschrift.

fecimus patentes. Teste me ipso, apud Westmonasterium, duodecimo die Maii, anno regni nostri tricesimo quarto.

Per ipsum regem et de data predicta, auctoritate parliamenti, et pro septem marcis quatuor solidis et quatuor denariis solutis in hanaperio.

XCVI. *Vollmacht abseiten des Abtes von St. Albans für R. Pavey, um das Grundstück in Wyndegos Lane in Besitz zu nehmen. 1456, Mai 14.*

Nouerint vniuersi per presentes nos Johannem, permissione diuina Abbatem monasterii sancti Albani, et eiusdem loci conuentum fecisse, ordinasse, constituisse et loco nostro ‖ posuisse dilectum nobis in Christo Ricardum Pavey nostrum verum et legitimum attornatum ad recipiendum pro nobis et nomine nostro de Radulpho Boteler, milite, domino de Sudeley, et Johanne ‖ Hende, iuniore, armigero, vel eorum in hac parte certo attornato, plenam et pacificam seisinam ac possessionem de et in toto tenemento suo cum kayo adiacente, simul cum omnibus ‖ commoditatibus, aisiamentis et ceteris suis pertinentiis ac iuribus quibuscumque, predictis tenemento et kayo qualitercumque spectantibus, situatis in venella vocata Wyndegoselane in parochia Omnium Sanctorum ad fenum London., secundum vim, formam et effectum cuiusdam carte per dictos Radulphum et Johannem Hende nobis prefatis, Abbati et conuentui, inde confecte; ratum et gratum habentes et habituros totum et quicquid predictus attornatus noster nomine nostro fecerit in premissis. In cuius rei testimonium presentibus sigillum nostrum commune apposuimus. Datum quatuordecimo die mensis Maii, anno regni regis Henrici sexti post conquestum tricesimo quarto.

XCVII. *Der Ritter R. Boteler von Sudeley und J. Hende bestätigen dem Abte von St. Albans das Grundstück und Kay in Wyndegos Lane. 1456, Mai 14.*

Sciant presentes et futuri quod nos, Radulphus Boteler, miles, dominus de Sudeley et Johannes Hende iunior, armiger, dedimus, concessimus ‖ et hac presenti carta nostra confirmauimus Johanni, permissione diuina abbati monasterii sancti Albani, et eiusdem loci conuentui totum ‖ tenementum nostrum cum kayo adiacente (*wie in vorhergehender No. LXXIX. bis*) aquilonari. Quod quidem tenementum cum kayo adiacente et suis pertinentiis predictis nos prefati Radulphus Boteler et Johannes Hende nuper habuimus nobis, heredibus et assignatis nostris imperpetuum ex dimissione, feoffamento, tradicione, deliberacione et confirmacione Willelmi Alnewyk, permissione diuina Lincolnensis episcopi, Johannis Ffray, capitalis baronis scaccarii domini regis, et Thome Rothewell, prout per quandam cartam suam, cuius datum est Londonie, duodecimo die mensis Decembris, anno regni regis Henrici sexti post conquestum vicesimo sexto, inde confectam plenius continetur, habendum et tenendum totum predictum tenementum cum kayo adiacente, simul cum omnibus commoditatibus, aisiamentis et ceteris suis pertinentiis ac iuribus vniuersis prefatis abbati et conuentui ac successoribus suis imperpetuum de capitalibus dominis feodi illius per seruicia inde debita et de iure consueta. In cuius rei testimonium huic presenti nostre sigilla nostra apposuimus, Willelmo Marowe tunc maiore ciuitatis Londonie, Johanne Yong et Thoma Oulegreue tunc vicecomitibus eiusdem ciuitatis, ac Johanne Hatherley tunc illius warde aldermanno. Hiis testibus: Willelmo Abraham, Johanne Gille, Thoma Reymond et multis aliis. Datum London., quartodecimo die mensis Maii, anno regni regis Henrici sexti post conquestum Anglie tricesimo quarto. Plummer.

XCVIII. *Vollmacht abseiten des Ritters R. Boteler von Sudeley und J. Hende auf W. Beaufitz. 1456, Mai 14.*

Nouerint vniuersi per presentes nos Radulphum Boteler, militem, dominum de Sudeley, et Johannem Hende iuniorem, armigerum, fecisse, ‖ ordinasse, constituisse et loco nostro posuisse dilectum nobis in Christo Willelmum Beaufitz nostrum verum et legitimum attornatum ad deliberandum pro ‖ nobis et nomine nostro Johanni, permissione diuina abbati monasterii sancti Albani, et eiusdem loci conuentui vel eorum in hac parte certo ‖ attornato plenam et pacificam seisinam ac possessionem de et in toto illo tenemento nostro cum kayo adiacente *(wie in No. XCVI.)* cuiusdam carte per nos dictis abbati et conuentui inde confecte, ratum et gratum habentes et habituri totum et quicquid predictus attornatus noster nomine nostro fecerit in premissis. In cuius rei testimonium presentibus sigilla nostra apposuimus. Datum quarto decimo die mensis Maii, anno regni regis Henrici sexti post conquestum Anglie tricesimo quarto. Plummer.

XCIX. *Befehl des Königes an den Mayor von London zur Untersuchung wegen der Uebertragung der Häuser in Wyndegos Lane an die Abtei zu St. Albans und desfallsiger Bericht. 1456, Mai 14.* [1]

Rex dilecto sibi Willelmo Marowe, maiori ciuitatis nostre London ac escaetori nostro in eadem ciuitate, salutem. Precipimus tibi, quod per sacramentum proborum et legalium hominum de balliua tua, per quos rei veritas melius sciri poterit, diligenter inquiras, si sit ‖ ad dampnum vel preiudicium nostrum aut aliorum, si concedamus Radulpho Boteler de Sudeley, militi, et Johanni Hende iuniori, armigero, quod ipsi vnum mesuagium siue tenementum *(wie in No. XCV. bis)* imperpetuum, que eis per literas nostras patentes nuper concessimus acquirenda. Necnon et si sit ad dampnum vel preiudicium nostrum siue aliorum, tunc ad quod dampnum et quod preiudicium nostrum et ad quod dampnum et quod preiudicium aliorum, quorum, qualiter et quo modo et de quo vel de quibus predicta, mesuagium siue tenementum cum kaio teneatur, et per quod seruicium vel qualiter et quomodo et quantum valeat per annum in omnibus exitibus iuxta verum valorem eorundem, et qui et quot sint medii inter nos et prefatos Radulphum Boteler et Johannem Hende de mesuagio siue tenemento et kaio

---

[1]) Nach der gleichzeitigen Abschrift des in Folge des königlichen Briefes ertheilten Untersuchungs-Berichtes auf Pergament.

predictis, et que terre et que tenementa eisdem Radulpho Boteler et Johanni Hende ultra donationem et assignationem predictas remaneant, et vbi et de quo vel de quibus teneantur, et per quod seruicium et qualiter et quomodo et quantum valeant per annum in omnibus exitibus, et si terre et tenementa eisdem Radulpho Boteler et Johanni Hende ultra donationem et assignationem predictas remanentia sufficiant ad consuetudines et seruicia, tam de predictis mesuagio siue tenemento et kaio sic datis, quam de aliis terris et tenementis sibi retentis, debite facienda, et ad omnia alia onera, que sustinuerunt et sustinere consueuerunt, ut in sectis, visibus, franciplegis, auxiliis, tallagiis, vigiliis, finibus, redemptionibus, amerciamentis, contributionibus et aliis quibuscumque oneribus emergentibus sustinenda; et quod iidem Radulphus Boteler et Johannes Hende in assisis, iuratis et aliis recognitionibus quibuscumque poni possint, prout ante donationem et assignationem predictas poni consueverunt, ita quod patria per donationem et assignationem illas in ipsorum Radulphi Boteler et Johannis Hende defectu magis solito non oneretur seu grauaretur. Et inquisitionem inde distincte et aperte factam nobis in cancellariam nostram sub sigillo tuo et sigillis eorum, per quos facta fuerit, sine dilatione mittas. Et hee litere date sunt Rege apud Westmonasterium, XIIII die Maii, anno regni sui tricesimo quarto.

Executio huius breuis patet in quadam inquisitione, huic litere consuta.

Responsio Willelmi Marowe, maioris et escaetoris London.

Inquisitio capta apud Guyhaldam ciuitatis Londonie, situatam in parochia sancti Laurentii, in vetere Judaismo London., coram Willelmo Marowe, maiore dicte ciuitatis ac escaetore domini regis in eadem ciuitate, die Veneris proxima ante festum sancti Dunstani episcopi, anno regni regis Henrici sexti post conquestum tricesimo quarto, virtute cuiusdam breuis dicti domini regis, eidem maiori et escaetori directe et huic inquisitioni consute, per sacramentum Thome Bele, Roberti Bryan, Roberti Boylet, Edwardi Eynne, Thome Baxster, Johannis de Doun, Thome Ffraunceys, Johannis Caryngton, Johannis Levesham, Johannis Ledyer, Edmundi Taillour, Johannis Lewston et Roberti Wolfe. Qui dicunt super sacramentum suum, quod non est ad dampnum neque preiudicium domini regis nec aliorum, si idem dominus rex concedat Radulpho Botiller de Sudeley et Johanni Hende iuniori, armigero, quod ipsi vnum mesuagium *(wie in vorstehendem Rescripte bis)* imperpetuum. Et similiter dicunt iidem iuratores, quod mesuagium siue tenementum predicta cum kaio adiacente tenentur de dicto domino rege in libero burgagio, sicut tota ciuitas London tenetur, et quod idem mesuagium siue tenementum cum kaio predicto adiacente valeat per annum in omnibus exitibus iuxta verum valorem eorundem octo libras, et quod nulli sint medii inter dictum dominum regem et prefatos Radulphum Botiller et Johannem Hende de mesuagio siue tenemento cum kaio predictis; et quod remaneant dicto Radulpho Botiller, ultra donationem et concessionem illas, tria mesuagia cum pertinentiis in parochia sancte Mildrede in Poletria Londonie, que valent per annum in omnibus exitibus iuxta verum valorem eorundem mesuagiorum viginti marcas, que similiter tenentur de dicto domino rege in libero burgagio, sicut tota ciuitas London tenetur. Et quod similiter remaneant prefato Johanni Hende ultra donationem et concessionem predictas tria alia mesuagia in predicta parochia sancte Mildrede in Poletria Londonensi, que valent per annum in omnibus exitibus iuxta verum valorem eorum viginti marcas, et que similiter tenentur de dicto domino rege in libero burgagio, sicut tota ciuitas London tenetur. Et quod eadem mesuagia prefatis Radulpho Botiller et Johanni Hende, ut predictum est, remanentia ultra donationem et concessionem predictas sufficiant ad consuetudines et seruitia tam de predictis mesuagio siue tenemento cum kaio adiacente sic datis, quam de predictis aliis mesuagiis sibi retentis debite facienda, et ad omnia alia onera, que sustinerunt et sustinere consueuerunt, ut in sectis, visibus, franciplegis, auxiliis, tallagiis, vigiliis, finibus, redemptionibus, amerciamentis, contributionibus et aliis quibuscumque oneribus emergentibus sustinenda; et quod iidem Radulphus Botiller et Johannes Hende in assisis, iuratis et aliis recognitionibus quibuscumque poni possint, prout ante donationem et concessionem predictas poni consueuerunt, ita quod patria per donationem et concessionem predictas in ipsorum Radulphi Botiller et Johannis Hende defectu magis solito non onerabitur neque grauabitur. In cuius rei testimonium tam sigillum dicti maioris et escaetoris, quam sigilla iuratorum predictorum huic inquisitioni sunt appensa. Datum die, loco et anno supradictis.

In dorso: Inquisitio facta de vno tenemento cum kayo adiacente, quod dicitur placea abbatis sancti Albani.

C. *König Heinrich VI. gestattet dem Ritter R. Boteler von Sudeley und J. Hende die Uebertragung des Hauses in Wyndegos Lane an die Abtei St. Albans. 1456, Mai 15.* [1])

Henricus, Dei gracia rex Anglie et Ffrancie et dominus Hibernie, omnibus, ad quos presentes littere peruenerint, salutem. Sciatis quod, cum nos duodecimo die Marii ultimo preterito de gracia ‖ nostra speciali *(wie in vorhergehender No. XCV. bis)* licenciam dederimus specialem, statuto de terris et tenementis ad manum mortuam non ponendis edicto non obstante, dum tamen per inquisiciones inde debite capiendas et in cancellariam nostram vel heredum nostrorum rite retornandas compertum esset, quod id fieri posset absque dampno seu preiudicio nostri vel heredum nostrorum aut aliorum quorumcumque, prout in litteris nostris patentibus inde confectis plenius continetur: nos, volentes concessionem nostram predictam effectui debito mancipari, concessimus et licenciam dedimus pro nobis et heredibus nostris predictis, quantum in nobis est, prefatis Radulpho et Johanni, quod ipsi predictum mesuagium siue tenementum cum kaio adiacente simul cum omnibus aisiamentis et ceteris suis pertinentiis ac iuribus quibuscumque, predictis mesuagio siue tenemento et kaio qualitercumque pertinentibus, que ad octo libras extenduntur per annum et que tenentur de nobis in libero burgagio, sicut tota ciuitas Londonensis tenetur, prout per quandam inquisicionem coram Willelmo Marowe, maiore dicte ciuitatis nostre ac escaetore nostro in eadem ciuitate, de mandato nostro captam et in cancellariam nostram retornatam [2]) est compertum, dare possint et concedere prefatis abbati et conuentui habendum et tenendum sibi et successoribus suis predictis imperpetuum. Et eisdem abbati et conuentui, quod ipsi eadem mesuagium siue tenementum et kaium cum aisiamentis et ceteris suis pertinenciis ac

[1]) Aus einer gleichzeitigen Abschrift auf Pergament. [2]) Sie wird erwähnt im Calendario Inquisit. post mortem etc. T. IV. p. 298. No. 43.

iuribus quibuscumque predictis mesuagio siue tenemento et kaio qualitercumque pertinentibus de prefatis Radulpho et Johanne recipere possint et tenere sibi et successoribus suis predictis, sicut predictum est, imperpetuum, tenore presencium similiter licenciam dedimus specialem; statuto predicto non obstante; nolentes, *(wie in No. XCV bis)* grauentur seu eorum aliquis molestetur, impetatur, inquietetur in aliquo seu grauetur; saluis tamen capitalibus feodi illius seruiciis inde debitis et consuetis. In cuius rei testimonium has literas nostras fieri fecimus patentes. Teste me ipso, apud Westmonasterium, quintodecimo die Maii, anno regni nostri tricesimo quarto.

CI. *Der Abt zu St. Albans überträgt dem Ritter R. Boteler von Sudeley Grundstücke und Renten in Hertfordshire u. a., so wie Langleys, so lange dem Kloster das Haus in Wyndegos Lane verbleibt. 1456, Mai 15.*

Omnibus Christi fidelibus, ad quos presens scriptum indentatum peruenerit, Johannes, permissione diuina abbas monasterii sancti Albani, et eiusdem loci conuentus, salutem in Domino. Cum Radulphus Botiller, miles dictus de Sudeley, ‖ seisitus existat in dominico suo, vt de feodo, de maneriis *De la More*, *Assheles*, *Brittewell* et *Bacchewworth* [1]) cum pertinentiis, in comitatu *Hertford*, ac de duobus crostis terre cum pertinentiis in *Oxey Walron* in parochia de *Watford*, [2]) ‖ quorum uno, vocato *Pesecrost*, et altero, vocato *Brodefeld*, et una graua, vocata *Coteswyk*, cum pertinentiis, que nuper fuerunt Thome Waps, et de omnibus illis terris, pratis, boscis, sepibus et fossatis, iacentibus in Oxey ‖ predicta, in parochia de Watford predicta, que nuper fuerunt Rogeri Downer, et de tribus crostis terre cum pertinentiis, iacentibus in parochia de Watford predicta, vocatis *Hawkins le Reve*, nuper Johannis Ffemyll, et de vno curtilagio, vno gardino, tribus acris terre cum pertinentiis adiacentibus in Watford predicta, vocatis *Blakettys* et de mesuagio in *Rykmersworth*, [3]) quondam Johannis Atte More, et de vno mesuagio in Rykmersworth predicta, quondam Thome Blakettys, et de vno mesuagio in Rykmersworth predicta, quondam Johannis Aygnell, et de quatuor cotagiis in Rykmersworth predicta, quondam Thome Blakettys, et de vno tofto et triginta acris terre cum pertinentiis, in Rykmersworth predicta, quondam Johannis Pelham, et de sex acris terre, iacentibus in crosto, vocato *Whitecroste*, in Rykmersworth predicta, quondam Johannis Pelham, et de vna carucata terre cum pertinentiis in Rykmersworth predicta, quondam Thome Blakettys, et de uno crosto terre, in Rykmersworth predicta, quondam heredum Willelmi Eccleshale. Et maneria, mesuagia, cotagia, curtilagia terre et tenementa predicta cum pertinentiis teneat de nobis, vt in iure monasterii nostri predicta, videlicet: manerium De la More per homagium fidelitatis et redditum decem solidorum, ad festum sancti Michaelis archangeli soluendorum; et dictum manerium de Assheles per homagium fidelitatis et redditum decem denariorum, ad auxilium vicarii ad predictum festum sancti Michaelis annuatim soluendorum; et dictum manerium

---

[1]) Die Landgüter De la More, Asshelesse, Batheworthe, Brightwell und Estburne mit ihren Pertinenzien in den Shires Hertford, Bucks und Middlesex sind vom Abte Robert von St. Albans 1531 an den König Heinrich VIII. übertragen. *Rymer* l. l. T. XIV. p. 424.

[2]) Oxey, Kirchdorf Watford, im Cashio Hundred, im Süden von Hertfordshire.

[3]) Rickmansworth, ein Kirchdorf ebendaselbst.

de Brittewell per homagium fidelitatis et viginti denarios, ad auxilium vicarii ad predictum festum sancti Michaelis similiter annuatim soluendos; et dictum manerium de Baccheworth per homagium fidelitatis et viginti denarios, ad auxilium vicarii ad idem festum sancti Michaelis etiam soluendos; et dicta duo crosta et grana(m) cum boscis, que nuper fuerunt predicti Thome Waps, per fidelitatem et redditum quinque solidorum et sex denariorum; et dicta terras et prata cum boscis, sepibus et fossatis nuper predicti Rogeri Downer per fidelitatem et redditum quindecim solidorum et quatuor denariorum; et predicta tria crosta, vocata Hawkyns le Reve, per fidelitatem et redditum septem solidorum et sex denariorum et unius libre piperis; et dicta curtilagia cum gardinis et tribus acris terre in Watford predicta, vocata Blakettys, per fidelitatem et redditum trium solidorum et quatuor denariorum; et dictum mesuagium, quondam Johannis Atte More, per fidelitatem et redditum duodecim denariorum; et dictum mesuagium, quondam Thome Blakettys, per fidelitatem et redditum duorum solidorum et octo denariorum, annuatim soluendorum. Sciatis nos, prefatos abbatem et conuentum, statum, titulum et possessionem predicti Radulphi de et in maneriis predictis cum pertinentiis, habendos eidem Radulpho, heredibus et assignatis suis imperpetuum, tenendos de nobis et successoribus nostris, videlicet quodlibet predictorum maneriorum per predicta seruicia, homagia et fidelitates et servicia reddenda nobis et successoribus nostris pro quolibet eorundem maneriorum unum denarium tantum annuatim ad festum sancti Michaelis Archangeli soluendum pro omnibus aliis seruiciis, exactionibus et cunctis demandis inde debitis seu exeuntibus approbasse, ratificasse et per presentes confirmasse. Ac insuper noueritis nos, prefatos abbatem et conuentum, statum, titulum et possessionem predicti Radulphi de et in omnibus aliis mesuagiis, cotagiis, terris et tenementis predictis cum pertinentiis habenda eidem Radulpho, heredibus et assignatis suis imperpetuum, tenenda de nobis et successoribus nostris, videlicet dicta duo crosta, terram et granam, que nuper fuerunt dicti Thome Waps, per dicta seruicia fidelitatis et unius quadrantis; et dicta terram, pratum et boscum cum pertinentiis, que nuper fuerunt dicti Rogeri Downer, per seruicium fidelitatis et unius quadrantis; et dicta tria crosta, vocata Hawkyns le Reve, que nuper fuerunt Johannis Ffemyll, per fidelitatem et seruicium vnius quadrantis; et dicta curtilagia cum gardino et tribus acris terre adiacentibus, vocata Blakettys, per fidelitatem et seruicium vnius quadrantis; et dictum mesuagium, quondam Johannis Atte More, per fidelitatem et seruicium vnius quadrantis; et dictum mesuagium, quondam dicti Thome Blakettys, per fidelitatem et seruicium vnius quadrantis; et dictum mesuagium, quondam predicti Johannis Aygnell per fidelitatem et seruicium vnius quadrantis; et dicta quatuor cotagia, quondam predicti Thome Blakettys per fidelitatem et seruicium vnius quadrantis; et dicta crosta et triginta acras terre, quondam Johannis Pelham, per fidelitatem et seruicium vnius quadrantis; et dictas sex acras terre, iacentes in predicto crosto, vocato Whitecroste, quondam eiusdem Johannis Pelham, per fidelitatem et seruicium vnius quadrantis; et dictam carucatam terre cum pertinentiis, quondam predicti Thome Blakettys, per fidelitatem et seruicium vnius quadrantis; et dictum crostum terre, quondam heredum Willelmi Ecclesbale, per fidelitatem et seruicium vnius quadrantis annuatim; redditus predictos ad dictum festum sancti Michaelis archangeli annuatim soluendos, pro omnibus aliis seruiciis, consuetudinibus, actionibus et demandis pro eisdem terris et tenementis debitis siue exeuntibus per presentes approbasse, ratificasse et confirmasse, ac insuper remisisse et relaxasse et omnino pro nobis et successoribus nostris in perpetuum quietos clamasse eidem Radulpho et heredibus suis totum ius nostrum, titulum, clameum, demandam et interesse, que habuimus, habemus seu quouismodo habere poterimus de et in omnibus aliis seruiciis, exactionibus et demandis pro predictis maneriis, terris et tenementis, preter homagium fidelitatis et redditum denariorum et quadrantis superius specificatorum et reseruatorum.

Ac insuper noueritis nos, prefatos abbatem et conventum, quod cum Thomas Botiller, miles, Willelmus Beaufitz et Willelmus Heynes teneant de nobis vt in iure monasterii nostri predicti vnum mesuagium, diuersa terras et tenementa, vocata *Langleys*, [1]) cum pertinentiis in Rykmersworth predicta, nuper in tenura Rogeri Lynster per fidelitatem et redditum decem solidorum annuatim, per annum dedisse et per presentes concessisse predicto Radulpho Botiller nouem solidos et undecim denarios, parcellam dicti redditus decem solidorum habendam et percipiendam sibi et heredibus suis imperpetuum sub forma et condicione sequenti: videlicet, quod si vnum mesuagium cum kayo adiacente simul cum omnibus commoditatibus, aisiamentis ac ceteris suis pertinentiis ac iuribus predictis mesuagio et kayo qualitercumque spectantibus, situatis in venella, vocata *Wyndegoselane*, in parochia Omnium Sanctorum ad fenum London., que nos, predicti abbas et conventus, nuper habuimus nobis et successoribus nostris imperpetuum ex dono, concessione et confirmatione predicti Radulphi Botiller et Johannis Hende iunioris, armigeri, aliquo tempore futuro extra possessionem nostrorum, predictorum abbatis et conventus, vel successorum nostrorum, ratione alicuius iuris, clamei seu tituli ante datum presentium habito, legitimo modo euictum vel recuperatum fuerit absque fraude vel conniuentia nostra, predictorum abbatis et conventus, vel successorum nostrorum, quod extunc presens scriptum indentatum, ratificatio, confirmatio, concessio, relaxatio et omnia in eadem contenta pro nullis habeantur, sed vacua sint et nullius vigoris. In cuius rei testimonium vni parti huius scripti indentati penes predictum Radulphum remanenti nos, prefati abbas et conventus, sigillum nostrum commune apposuimus; alteri vero parti eiusdem scripti indentati, penes nos, dictos abbatem et conventum, remanenti, predictus Radulphus sigillum suum apposuit; hiis testibus: Johanne Cheyne, milite, Thoma Broket, Bartholomeo Halley, Roberto Knolles, Johanne Bassyngbourne, Georgio Danyell, Edmundo Westby, armigeris, et multis aliis. Datum quintodecimo die mensis Maii, anno regni regis Henrici, sexti post conquestum, tricesimo quarto.

CII. *Der Abt von St. Albans erlässt dem Ritter Botiller, W. Beaufitz und W. Heynes alle Dienste und Abgaben von dem Lehne Langleys, so lange die Abtei das Grundstück von Wyndegos Lane besitzt. 1456, Mai 15.*

Omnibus Christi fidelibus, ad quos presens scriptum indentatum peruenerit, Johannes, permissione diuina abbas monasterii sancti Albani, et eiusdem loci conuentus salutem in ‖ Domino. Cum Thomas Botiller, miles, Willelmus Beaufitz et Willelmus Heynes seisiti existunt in dominico suo, vt de

---

[1]) *Langleys*, Abbots Langley, in der Mitte desselben Hundred. In diesem Orte ward Nicolaus Breakspear, der nachherige Papst Hadrian IV., geboren.

feodo, de certis terris et tenementis, vocatis *Langleys*, ‖ nuper in tenura Rogeri Lynster, et terre et tenementa illa teneant de nobis vt in iure monasterii nostri predicti per fidelitatem et redditum vnius denarii, annuatim nobis ad festum ‖ sancti Michaelis Archangeli soluendi, noueritis nos, prefatos abbatem et conuentum, statum, titulum et possessionem predictorum Thome, Willelmi et Willelmi de et in terris in tenementis predictis cum pertinentiis, habenda eisdem Thome, Willelmo et Willelmo, heredibus et assignatis suis in perpetuum, tenenda de nobis et successoribus nostris terras et tenementa predicta per predicta seruicia pro omnibus aliis seruiciis, exactionibus et demandis debitis seu exeuntibus approbasse, ratificasse et per presentes confirmasse ac remisisse et relaxasse prefatis Thome, Willelmo et Willelmo, heredibus et assignatis suis imperpetuum omnia alia, redditus consuetos et seruicia, preter predicta seruicia fidelitatis et vnius denarii, inde nobis seu successoribus nostris debita, sub forma et condicione subsequenti: *(wie in No. CI bis)*. In cuius rei testimonium vni parti huius scripti indentati penes prefatos Thomam, Willelmum et Willelmum remanenti nos, predicti abbas et conuentus, sigillum nostrum commune apposuimus, alteri vero parti eiusdem scripti indentati, penes nos, dictos abbatem et conuentum, remanenti, prefati Thomas, Willelmus et Willelmus sigilla sua apposuerunt. Hiis testibus: Johanne Cheyne, milite, Thoma Broket, Bartholomeo Halley, Roberto Knolles, Johanne Bassingbourne, Georgio Daniell, Edmundo Westby, armigeris, et multis aliis. Datum quintodecimo die mensis Maii, anno regni regis Henrici, sexti post conquestum, tricesimo quarto.

CIII. *Der Abt von St. Albans verleiht dem Ritter R. Boteler von Sudeley das Landgut zu Estbury und andere Besitzungen zu Watford, so lange die Abtei St. Albans das Grundstück in Wyndegos Lane inne hat. 1456, Mai 15.*

Sciant presentes et futuri, quod nos, Johannes, permissione diuina abbas monasterii sancti Albani et eiusdem loci conuentus, dedimus, concessimus et hac presenti carta nostra ‖ indentata confirmamus Radulpho Botiller, domino de Sudeley, militi, manerium siue tenementum nostrum de *Estbury* cum pertinentiis, unum mesuagium et unam carucatam ‖ terre cum pertinentiis in *Watford*, vocatam *Carpenter atte hill*, ac omnia illa terras et tenementa in Watford predicto, vocata *Galpyns*, et vnum toftum et quatuor crostas terre ‖ in Watford predicto, nuper in tenura Andree Colyer; ac eciam vnam virgatam terre in *Rykmersworth*, nuper in tenura Roberti Atte Mere, et vnum mesuagium, vnum curtilagium, duas acras prati cum pertinentiis in Rykmersworth predicto, nuper in tenura Johannis Carter, ac vnum cotagium, vnum curtilagium, duas acras terre in Rykmersworth predicto, vocata *Carters*, nuper in tenura Richardi Turnour, habenda, tenenda predicta manerium, mesuagium, cotagium et tenementa cum pertinentiis prefato Radulpho, heredibus et assignatis suis imperpetuum, sub forma et condicione sequenti: *(wie oben No. CI bis)* quod ex tunc bene liceat nobis, prefatis abbati et conuentui, ac successoribus nostris in omnia predicta maneria, mesuagia, cotagia, curtilagia, tofta et tenementa ac terras cum suis pertinentiis reintrare ac penes nos ac successores nostros, ut in pristino statu nostro rehabere et retinere; presenti carta indentata et seisina per eandem habita et liberata in aliquo non obstantibus. In cuius rei *(das Weitere wie oben No. CII bis zum Schlusse)*.

CIV. *Ritter R. Boteler von Sudeley und J. Hende bestätigen dem Abte zu St. Albans den vom Könige Heinrich VI. genehmigten Besitz des Grundstückes in Wyndegos Lane. 1456, Mai 17.*

Omnibus Christi fidelibus, ad quos presens scriptum perueuerit, Radulphus Boteler, dominus de Sudeley, miles, et Johannes Hende iunior, armiger, salutem. Cum excellentissimus ‖ princeps et dominus, dominus noster Henricus, rex Anglie et Francie, sextus post conquestum, per literas suas patentes, quarum data sunt apud Westmonasterium, duodecimo die Maii, ‖ anno regni sui tricesimo quarto, de gratia sua speciali concesserit et licentiam dederit nobis, prefatis Radulpho et Johanni, *(es folgt hier wörtlich der Inhalt obiger No. XCV. bis)* quorumcumque: voluit idem rex per alias literas suas patentes, quarum data sunt apud Westmonasterium quintodecimo die Maii, anno regni dicti domini regis supradicto, concessionem suam predictam *(es folgt hier wörtlich der Inhalt der obigen No. C. bis)* seruiciis inde debitis et consuetis, prout in eisdem literis plenius continetur. Sciatis igitur nos, prefatos Radulphum et Johannem, dedisse, concessisse et hac presenti carta nostra confirmasse prefatis abbati et conuentui mesuagium siue tenementum et kaium predictum cum aisiamentis et ceteris suis pertinentiis ac iuribus quibuscumque, predictis mesuagio siue tenemento et kaio qualitercumque pertinentibus, habenda et tenenda mesuagium siue tenementum et kaium predictum cum aisiamentis et ceteris suis pertinentiis ac iuribus quibuscumque eisdem mesuagio siue tenemento et kaio qualitercumque pertinentibus prefatis abbati et conuentui et successoribus suis imperpetuum, de capitalibus dominis feodi illius per seruicia inde debita et de iure consuetis. In cuius rei testimonium huic presenti carte nostre sigilla nostra apposuimus, predicto Willelmo Marowe tunc maiore dicte ciuitatis London., et Johanne Yong et Thoma Oulegreve tunc vicecomitibus eiusdem ciuitatis, ac Ricardo Alley tunc illius warde aldermanno; hiis testibus: Johanne Gille, Ricardo Glouer, Willelmo Boylet, Nicholao Cambrigge et aliis. Datum decimo septimo die Maii, anno regni regis Henrici, sexti post conquestum, tricesimo quarto.

CV. *Testament des W. Stafford, betreffend die Verfügung über die Besitzungen des verstorbenen J. Reynewell. 1458, October 25.* [1]

In Dei nomine amen. Ego *Willielmus Stafford*, ciuis ciuitatis London., compos mentis et in bona mea memoria existens, condo, facio et ordino presens testamentum meum, quoad dispositionem omnium terrarum et tenementorum, cum wharuis, domibus, mansionibus, shopis, celariis, solariis et omnibus aliis eorum iuribus et pertinentiis quibuscumque, que *Johannes Reynewell*, ciuis et aldermannus ciuitatis London, habuit, dum vixit, tam in dominico suo ut de feodo, quam ad terminum annorum, in parochiis sancti Botholphi, beate Marie at hill prope Billyngesgate, *Omnium Sanctorum*

---

[1] Aus dem Vidimus des Magistrates zu London vom Jahre 1475, Mai 22.

ad fenum in warda de Douegate, sancti Andree super Cornehill dicte ciuitatis, et alibi in eadem ciuitate, in hunc qui sequitur modum.

In primis lego et commendo animam meam Deo omnipotenti, creatori et salvatori meo, beateque Marie virgini et omnibus sanctis, corpusque meum sepeliendum ubicumque Deus pro eo disponere voluerit. Cum religiosi viri, Willielmus, prior monasterii Sancte Trinitatis magne infra Algate London., et eiusdem loci conventus, unanimi assensu et consensu tocius eorum capituli, per quandam indenturam, cuius data est in domo sua capitulari, primo die mensis Septembris, anno Domini millesimo quadrigentesimo decimo octavo, et anno regni regis Henrici quinti post conquestum sexto, concesserint, tradiderint et ad firmam dimiserint prefato Johanni Reynewell totum tenementum suum cum wharuo adiacente et omnibus aliis suis pertinenciis, quod situm erat in quadam venella, vocata Wirehalelane, in parochia beate Marie atte hill, in warda de Billyngesgate London., scilicet inter tenementum quondam Willielmi Jordan, ex parte orientali, et tenementum ac wharuum quondam Willielmi Walworth, tunc predicti Johannis Reynewell, vocatum Freyereswharff et ab antiquo nuncupatum Holirodewharff, ex parte occidentali, et extendebat se a quadam parva domo nuper Johannis Warde versus boream usque ad aquam Thamisie versus austrum; habendum et tenendum prefato Johanni Reynewell, executoribus et assignatis suis, a festo sancti Michaelis archangeli proxime sequenti post datam dicte indenture usque ad finem quater viginti et decem et novem annorum ex tunc proxime sequentium et plenarie complendorum; reddendo inde annuatim predictis priori et conventui et successoribus suis aut eorum certo attornato quinque libras sterlingorum ad quatuor anni terminos in civitate London. usuales per equales porciones; prout in dicta indentura inde confecta plenius continetur.

Ac eciam cum religiosi viri Johannes de Dally, prior hospitalis beate Marie de *Elsyngspitele* infra Crepulgate London., et eiusdem loci conventus, unanimi assensu et consensu tocius capituli sui per quandam indenturam, cuius data est London., quintodecimo die mensis Maii, anno Domini millesimo quadringentesimo vicesimo septimo, regni vero regis Henrici sexti post conquestum Anglie anno quinto, concesserint et ad firmam dimiserint prefato Johanni Reynewell omnia illa tenementa cum wharuo et suis pertinentiis quibuscumque, que iidem prior et conventus habuerunt ex legato *Johannis Northampton*, nuper civis London., in *Wendegaynelane*, in parochia *Omnium Sanctorum magna in Roperia* London., prout simul situabantur et iacebant in longitudine inter tenementa nuper *Roberti Cumbreton*, tunc predicti Johannis Reynewell, ex parte boreali, et ripam Thamisie ex parte australi, et in latitudine inter tenementa nuper predicti Roberti, tunc dicti Johannis Reynewell, ex parte orientali, et communem venellam de Wendegaynelane ex parte occidentali; adeo integre, sicut Edwardus Warlaw, mason, ea nuper tenuit ad firmam de eisdem priore et conventu habenda et tenenda eidem Johanni Reynewell, executoribus et assignatis suis a festo Pasche ultimo preterito ante datam eiusdem indenture usque ad finem quater viginti annorum tunc proxime sequentium et plenarie complendorum; reddendo annuatim eisdem priori et conventui et successoribus suis septem libras sterlingorum ad quatuor anni terminos, videlicet ad festa Pasche, nativitatis sancti Johannis baptiste, sancti Michaelis archangeli, et natalis Domini, per

[1]) Die Uebertragungs-Acte vom Jahre 1427, Mai 15, ist nicht bei unseren Stahlhofs-Documenten.

equales porciones (videlicet, ad quodlibet festum triginta et quinque solidos,) durante toto termino supradicto; prout in dicta indentura inde confecta plenius continetur.

Preterea vero, cum predictus Johannes Reynewell, ex puro amore et magna confidentia, feoffaverit Willielmum Cumbes, Willielmum Abraham, Johannem Rofkyn, Johannem Colston, Johannem Gyffard et me, prefatum Willielmum Stafford, inter alia, in omnibus terris et tenementis suis, cum wharuis, domibus, mansionibus, shopis, celariis, solariis et omnibus aliis eorum iuribus et pertinenciis quibuscunque, que habuit in parochiis sancti Bothulphi, beate Marie atte hill prope Billyngesgate, *Omnium Sanctorum ad fenum in warda de Douegate*, sancti Andree super Cornehill ciuitatis London., et alibi in eadem ciuitate; habendum et tenendum nobis, heredibus et assignatis nostris imperpetuum, prout per quandam cartam, lectam et irrotulatam in hustengo London. de placitis terrarum, tento die Lune proximo post festum sancti Bothulphi abbatis, anno regni regis Henrici sexti post conquestum decimo nono, inde confectam plenius apparet; necnon et dederit, concesserit et per quoddam scriptum suum, cuius datum est London, sexto die mensis Maii, anno Domini millesimo CCCC^{mo} quadragesimo primo, et anno regni dicti regis Henrici sexti decimo nono, inde confectum, et in camera Guihalde dicte civitatis in rotulo memorandorum de tempore Johannis Patesley, maioris, anno regni eiusdem regis decimo nono, irrotulatum, confirmauerit eisdem Willielmo Cumbes, Willielmo Abraham, Johanni Rofkyn, Johanni Colston, Johanni Gyffard, et mihi, antedicto Willielmo Stafford, executoribus et assignatis nostris, imperpetuum, prout per idem scriptum plene liquet. Pretextu quorum quidem feoffamenti, doni, concessionis et confirmacionis, per dictum Johannem Reynewell sic factorum, predicti Willielmus Cumbes, Willielmus Abraham, Johannes Rofkyn, Johannes Colston, Johannes Gyffard et ego, idem Willielmus Stafford, seisiti fuimus et possessionati de omnibus eisdem terris et tenementis, cum wharuis, domibus, mansionibus, shopis, celariis, solariis et omnibus aliis eorum iuribus et pertinenciis universis, in dominico nostro ut de feodo; ac de predictis terminis in predicto tenemento cum wharuo adiacenti et omnibus aliis suis pertinenciis, quod predictus Johannes Reynewell, ut prefertur habuit et tenuit ad terminum annorum, ex concessione prefatorum religiosorum virorum, prioris et conventus dicti monasterii sancte Trinitatis, et de supradictis terminis in dictis tenementis cum wharuo et suis pertinenciis quibuscunque, que antedictus Johannes Reynewell habuit et tenuit, ut prefertur, ad terminum annorum, ex concessione prefatorum religiosorum virorum, prioris et conventus hospitalis *beate Marie de Elsyngspitell*.

Et cum postea, videlicet, decimo octavo die mensis Septembris, anno Domini millesimo CCCC^{mo} quadragesimo tercio, et anno regni predicti regis Henrici sexti vicesimo secundo, predictus *Johannes Reynewell*, per ultimam voluntatem suam (inter alia) voluerit et ordinauerit, quod illi qui ex magna confidentia ad usum suum feoffati fuerunt de et in omnibus et singulis terris et tenementis suis predictis cum suis pertinenciis, tam cicius quo melius fieri posset, post suum decessum facerent inde statum et feoffamentum, seu illa legarent, secundum consilium legis peritorum, maiori sive custodi civitatis London. et camerario Guyhalde ciuitatis eiusdem; tenenda eisdem maiori sive custodi et camerario et eorum successoribus, qui pro tempore essent, ad usum communitatis ciuitatis predicte imperpetuum, de capitalibus dominis feodi illius per servicia inde debita et de iure consueta. Et quod ipse maior sive custos et camerarius, et eorum successores qui pro tempore forent, predicta tenementa cum suis pertinenciis, bene et competenter singulis temporibus futuris superviderent, sustentarent et reparari facerent, de exitibus et proficuis de eisdem terris et tenementis cum suis pertinenciis provenientibus, omniaque eadem exitus et proficua, necnon et redditus omnium et singulorum predictorum terrarum et tenementorum cum pertinenciis suis, annuatim colligi et percipi facerent; ac de eisdem exitibus, proficuis et redditibus soluerent et redderent *Willielmo*, filio suo, et heredibus de corpore suo legitime procreatis, unum annualem redditum quadraginta marcarum sterlingorum, ad quatuor anni terminos in ciuitate London. usuales, equis porcionibus; necnon *Christine*, sorori sue, unum annualem redditum decem marcarum sterlingorum, ad totam vitam eiusdem Christine sororis sue, ad quatuor anni terminos supradictos; ac eciam *Frideswide*, filie sue, moniali domus minorissarum sancte Clare iuxta seu prope turrim London., unum annualem redditum viginti sex solidorum et octo denariorum sterlingorum, ad totam vitam eiusdem Frideswide, ad duos anni terminos, scilicet, ad festa natalis Domini et natiuitatis sancti Johannis baptiste, per equales porciones; cum sufficiente et legitima potestate distringendi in predictis terris et tenementis cum suis pertinenciis, pro predictis annuis redditibus, tociens quotiens ipsos annuos redditus seu aliquam inde parcellam a retro fore contingeret non solutos, in parte vel in toto, post aliquem terminum quo (ut prefertur) solvi deberent. Et quod prefati maior sive custos et camerarius, et eorum successores qui pro tempore forent, invenirent et sustentarent annuatim imperpetuum quendam capellanum idoneum et honestum, quotidie et perpetualiter divina celebraturum in *capella super charnellum* in cimiterio ecclesie cathedralis *sancti Pauli* London. pro animabus Henrici Barton, dudum civis et aldermanni ciuitatis London. et Johanne, uxoris sue, ac omnium fidelium defunctorum; et soluerent annuatim eidem capellano duodecim marcas sterlingorum, pro salario suo sive stipendio; et etiam camerario dicte ecclesie sancti Pauli qui pro tempore foret, annuatim imperpetuum ad festum assumptionis beate Marie virginis quadraginta solidos, ad disponendum secundum suam discretionem inter capellanos et ministros eiusdem ecclesie sancti Pauli, ad dicendum per notam *Placebo* et *Dirige*, quolibet anno, primo die mensis Septembris, et missam de *Requiem* in crastino sequenti, pro anima sua et animabus *Willielmi*, patris sui, et *Isabelle*, matris sue, ac omnium fidelium defunctorum, imperpetuum.

Necnon et solverent et satisfacerent iidem maior sive custos et camerarius Guihalde et eorum successores qui pro tempore forent, in releuationem singularum personarum habitancium sive manencium in wardis subscriptis, scilicet Billyngesgate, Douegate et Algate, tociens quotiens contigerit aliquam XV^{am} aut parcellam XVme per auctoritatem parliamenti domino regi concedi; videlicet in warda de Billyngesgate triginta et duas libras sterlingorum, in *warda de Douegate* viginti et octo libras sterlingorum, et in warda de Algate sex libras, ad quamlibet integram XV^{am} (ut prefertur) concessam sive concedendam: et si aliqua parcella XVme concessa foret per auctoritatem parliamenti, tunc soluerent pro qualibet warda predicta, secundum ratam quantitatis illius parcelle XVme perpetuis futuris temporibus duraturis.

Et preterea quod predicti maior sive custos et camerarius Guyhalde predicte, et eorum successores qui pro tempore forent, soluerent et redderent annuatim et imperpetuum scaccario domini regis, in exonerationem vicecomitum London., decem libras sterlingorum, quas iidem vicecomites solvere reddere et solverunt pro feodi firma de *Suthwerk*: ita quod omnes homines et persone regni Anglie ibidem venientes sive transeuntes, cum eorum cariagiis, carectis sive aliis rebus et bonis quibuscumque, liberi essent, quieti, exonerati et absoluti, pro perpetuo, ab omni tolneto et aliis solucionibus et consuetudinibus ante ea tempora usitatis, ab eis per dictos vicecomites seu successores suos quoquomodo petendis sive exigendis. Et ulterius quod predicti maior sive custos et camerarius Guyhalde, et earum successores qui pro tempore forent, solverent et redderent annuatim imperpetuum vicecomitibus London. pro tempore existentibus, octo libras sterlingorum, de exitibus et proficuis predictorum terrarum et tenementorum cum suis pertinenciis: ita quod iidem vicecomites aut sui ministri nihil haberent, neque caperent aut capi facerent quoquomodo aliquod telonetum aut aliquam monetam seu rem, de aliqua persona sive de aliquibus personis regni Anglie, pro eorum rebus, mercandisis, victualibus et cariagiis universis pro eorum passagio ad *magnam portam pontis* ciuitatis London., neque ad pontem vocatam *le Drawbridge* eiusdem ciuitatis, quoquomodo singulis temporibus futuris. Proviso semper quod res, mercandise, victualia, carecte et cariagia illa, tam ad Suthwerk predictum, quam ad dictam magnam portam et pontem predictum sic veniencia, sint personarum seu persone indigenarum, et nullarum personarum nec ulle persone alienigenarum; et quod nulla alia perturbacio inde illis seu illi res, mercandisas, victualia, carrectas et cariagia huiusmodi adducentibus sive adducenti fieret quoquomodo, nisi solomodo per suum sacramentum. Proviso etiam, quod illi qui sic veniunt et aliqua bona seu mercimonia vel aliquam aliam rem infra ciuitatem antedictam emunt seu comparant, nullatenus exeant extra eandem civitatem, nisi solomodo sub auctoritate billarum seu bille, nominibus seu nomine liberorum vel liberi civitatis predicte, in ea parte faciendarum; prout ceteri ante hec tempora facere consueverunt ac hucusque faciunt, secundum consuetudines ciuitatis predicte.

Et etiam quod predicti maior sive custos et camerarius Guyhalde, et eorum successores, qui pro tempore forent, solverent et redderent annuatim imperpetuum custodibus *ecclesie sancti Bothulphi iuxta Billyngesgate*, London. pro tempore existentibus, tresdecim solidos et quatuor denarios sterlingorum simul et semel in festo Pasche ad inde tenendum et faciendum quolibet anno imperpetuum anniversarium dicti Johannis Reynewell, in ea ecclesia sancti Botulphi, pro anima sua et ceteris animabus predictis, per notam, scilicet die Veneris in septimana Pentecostes, cum solempni pulsacione campanarum, *Placebo* et *Dirige*, cum missa de *Requiem* in crastino sequenti, et ceteris officiis ad huiusmodi diem anniversarii, sicut deceret; ac custodibus *ecclesie Omnium Sanctorum ad fenum* London. pro tempore existentibus, tresdecim solidos et quatuor denarios, necnon custodibus *sancti Andree super Cornehill* London. tresdecim solidos et quatuor denarios, ad suum anniversarium in eisdem ecclesiis, consimilibus modo et forma et vicibus, tenendum et faciendum. Et insuper predictus Johannes Reynewell voluit, quod inde quilibet capellanus stipendiarius dictarum trium ecclesiarum, tunc ibidem existens, haberet sex denarios, et quilibet clericorum ecclesiarum predictarum, pro officio eorum debite faciendo haberet quatuor denarios: et totum id quod superforet de dictis tresdecim solidis et quatuor denariis, in qualibet ecclesia dictarum ecclesiarum, ultra dictum anniversarium suum, forma ut supra perimpletum, voluit, quod expenderetur in cereis ad ardendum ad summum altare cuiuslibet ecclesiarum predictarum, ad honorem et servicium Dei omnipotentis, beate Marie virginis gloriose et *Omnium Sanctorum*, dum sufficere possent et durare. Et voluit etiam, quod, qualibet die dominica, in qualibet ecclesia predictarum trium ecclesiarum, scilicet sancti Bothulphi, *Omnium Sanctorum* et sancti Andree, rector seu eius locum tenens deuote et nominatim Deo haberet recommendatum animam suam, et animas *Willielmi*, patris sui, et *Isabelle*, matris sue, ac omnium fidelium defunctorum.

Et voluit ulterius, quod maior sive custos ciuitatis London. pro tempore existens pro labore suo circa premissa fideliter faciendo, haberet et perciperet annuatim de exitibus et proficuis singulorum predictorum terrarum et tenementorum cum suis pertinenciis, viginti solidos sterlingorum; et quod recordator eiusdem civitatis pro tempore existens, pro suo consilio et auxilio annuatim in premissis donando et faciendo, haberet sex solidos et octo denarios; ac quod camerarius Guyhalde predicte, pro suo labore in ministracione singulorum premissorum, haberet tresdecim solidos et quatuor denarios. Et ultra premissa voluit quod supradicti maior sive custos et camerarius Guyhalde, et eorum successores qui pro tempore forent, solverent annuatim imperpetuum de exitibus et proficuis predictis, cuilibet aldermanno dictarum trium wardarum, ad supervidendum et cognoscendum, ut premissa omnia et singula bene et fideliter perficerentur, sex solidos et octo denarios; necnon cuilibet duorum magistrorum sive custodum pontis London. pro tempore existencium, eodem modo, tres solidos et quatuor denarios. Et quod tota moneta, proveniens de proficuis singulorum predictorum terrarum et tenementorum, que superforet ultra singula premissa perimpleta, voluit in duas partes dividerent equales; scilicet, unam inde assignauit ad instaurandum granarium ciuitatis London. cum frumento in auxilio et relevacione communitatis eiusdem ciuitatis in articulo necessitatis; et alteram inde vero partem assignavit, causa subsidii, ad vacuandum et mundandum *lez Shelpes* et ceteras obscuraciones aque Thamisie, prout quidam fecerunt in Prucia et aliis partibus transmarinis, secundum dictum et relacionem plurimorum fidedignorum.

Et ulterius dictus Johannes Reynewell voluit, quod feoffati sui predicti premissa, quantum in eis esset, perficerent cum bona deliberacione et cum sano et discreto consilio, prout in ipsis intime confidebat. Et postea predicti Willielmus Cumbes, Johannes Rofkyn, Johannes Colston, et Johannes Gyffard obierunt. Post quorum mortem predictus Willielmus Abraham et ego prefatus Willielmus Stafford, eos superviventes, in terris, tenementis et terminis omnibus et singulis supradictis nos tenuimus, seisitique inde fuimus et possessionati per ius accrescendi: et in huiusmodi seisina et possessione mei, predicti Willielmi Stafford, ipse Willielmus Abraham, per factum suum, cuius datum est quinto die mensis Octobris, anno regni dicti regis Henrici sexti tricesimo septimo, totum ius suum, statum, titulum, clameum, demandum et interesse, tam de et in omnibus eisdem terris et tenementis, cum wharuis, domibus, mansionibus, shopis, celariis, solariis et omnibus aliis eorum iuribus et pertinentiis, quam in omnibus bonis et catallis memoratis, necnon in omnibus et singulis annorum terminis in quibuscumque terris et tenementis, que ipse Willielmus Abraham et ego dictus Willielmus Stafford aliqualiter habuimus, ratione alicuius concessionis, donacionis seu confirmacionis per supradictum Johannem Reynewell, nobis et aliis, ut prefertur, defunctis qualitercumque facte, mihi prefato Willielmo Stafford, heredibus et assignatis meis, remisit et relaxavit. Et ego autem, idem Willielmus Stafford, de eisdem terris et tenementis et terminis solus seisitus et possessionatus existens, pia intencione et deuota memorati Johannis Reynewell considerata, ac maturo consilio in lege eruditorum ex assensu dicti Willielmi Abraham in hac parte michi assumpto, consideratoque ulterius quodam feoffamento cuiusdam domus petrine, site in parochia sancti Bothulphi iuxta Billyngesgate, videlicet, inter ecclesiam sancti Bothulphi predicti ex parte boreali, et tenementa maioris et communitatis ciuitatis London. ex partibus orientali, australi et occidentali, per Galfridum Boleyn, maiorem, et communitatem ciuitatis predicte michi heredibus et assignatis meis nuper facto; que domus est de anno valoris viginti solidorum; et illam rectori, custodibusque et parochianis predicte ecclesie sancti Bothulphi et successoribus suis, tanquam vestibulum dicte ecclesie imperpetuum servituram, pro salute anime dicti Johannis Reynewell, iuxta intencionem suam, legare in voluntate existo; per hoc presens testamentum meum, do et lego prefato *Galfrido Boleyn*, maiori, et communitati civitatis London, et successoribus suis, viginti solidos, percipiendos annuatim de omnibus predictis terris et tenementis cum suis pertinenciis, in recompensacionem et satisfactionem soli et predicte domus petrine ad quatuor anni terminos in civitate London. usuales, per equales porciones. Ita quod bene licebit eisdem maiori et communitati et successoribus suis, pro predicto reddito viginti solidorum, tociens quotiens idem redditus a retro fuerit in parte vel in toto post aliquem terminum solucionis predicte non solutus, in omnibus predictis terris et tenementis cum pertinenciis intrare et distringere, districtionesque sic captas licite asportare, effugare. abducere et penes se retinere, quousque de reddito predicto de omnibus arreragiis eiusdem, si que fuerint, sibi plenarie fuerit satisfactum et persolutum. Necnon do et lego eisdem maiori et communitati ac camerario Guyhalde predicte ciuitatis, omnia ac singula predicta, terras et tenementa, cum wharuis, domibus, mansionibus, shopis, celariis, solariis et aliis suis iuribus et pertinenciis universis, necnon omnes status et terminos quos habeo, tam in predictis tenementis cum wharuo et aliis suis pertinenciis, que dictus Johannes Reynewell sic tenuit ad terminum annorum ex concessione prefatorum religiosorum virorum, prioris et conventus predicti monasterii sancte Trinitatis, quam in predictis tenementis cum wharuo et suis pertinenciis, que antedictus Johannes Reynewell sic tenuit ad terminum annorum, ex concessione prefatorum religiosorum virorum, prioris et conventus *Beate Marie de Elsyngspitell;* habenda et tenenda omnia eadem terras et tenementa, cum wharuis, domibus, mansionibus, shopis, celariis, solariis et aliis iuribus et pertinenciis antedictis, prefatis maiori, communitati et camerario et successoribus suis imperpetuum; de capitalibus dominis feodi illius per servicia inde debita et de iure consueta. Necnon et percipiendum, habendum et tenendum omnia predicta terras et tenementa, que dictus Johannes Reynewell sic tenuit et iam teneo ad terminum annorum eisdem maiori, communitati et camerario et successoribus suis, usque ad finem omnium terminorum, quos habeo venturos in eisdem, ad inde faciendum, ordinandum et perimplendum in omnibus et per omnia, ac modo et forma, prout per voluntatem ipsius Johannis Reynewell superius fieri seu velle declaratum est et specificatum; prout exitus et proficua eorundem terrarum et tenementorum cum wharuis, domibus, mansionibus, shopis, celariis, solariis vel aliis suis iuribus et pertinenciis prenominatis, ultra reparaciones et alia quecunque onera inde, ut prefertur, supportata, ad hoc sufficere valeant. Volo insuper, quod predicti viginti solidi annui sic eisdem maiori et communitati et successoribus suis, (licet presens legatum inde nullum legalem capiat effectum, eo quod eadem terre et tenementa et redditus in unica manu iam existunt) ac predicte XII. marce dicto capellano in capella super charnellum predicta, ut prefertur, celebraturo, pro salario sive stipendio suo solvende annuatim et imperpetuum, ac predicti XI. solidi inter capellanos et ministros dicte ecclesie sancte Pauli in forma predicta distribuendi; (eo quod dictus Johannes Reynewell ad capellanum predictum in forma antedicta imperpetuum inveniendum, et dictos XI. solidos in forma antedicta solvendos, ex magna conscientia et necessitate, et non mera seu spontanea deuotione, tenetur seu astrictus est:) necnon et dicti XXVI. solidi VIII. denarii prefate Frideswide annuatim solvendi, durante vita naturali ipsius Frideswide; pre omnibus aliis et singulis solucionibus predictis post reparaciones et quecumque alia onera de dictis terris et tenementis supportata, preferantur et persolvantur. Item volo et per presens testamentum meum, pro pleno premissorum complemento, specialiter ordino, quod singulis annis imperpetuum duraturis, annuatim de cetero limitetur et assignetur seu limitentur et assignentur unus vel duo de qualibet warda wardarum predictarum, per aldermannos wardarum earundem, et per quatuor probos et peritos cuiuslibet warde wardarum illarum, per eosdem aldermannos vocandos et nominandos pro wardis predictis; et huiusmodi illi seu illis camerarius civitatis predicte qui pro tempore fuerit, quolibet anno infra XIIII dies proxime sequentes post compotum suum coram auditore ciuitatis predicte pro tempore existente, de et super omnibus et singulis exitibus, proficuis, reparacionibus, et aliis omnibus et singulis predicta terras et tenementa cum suis pertinenciis concernentibus, factum et determinatum, ad requisitionem et rogatum dictorum unius vel duorum de qualibet warda wardarum earundem, eidem camerario super inde factum notificabit et seire faciet, ut iidem unus vel duo plenam noticiam compoti illius habere possint. Et si quid inde enorme, preter aut contra voluntatem et intentionem dicti Johannis Reynewell, quovismodo factum fuerit, id per maiorem at aldermannos ciuitatis predicte qui pro tempore fuerint, per relacionem et noticiam huiusmodi unius vel duorum de qualibet warda wardarum predictarum limitandorum et assignandorum reformetur et emendetur, et iuxta dicti Johannis Reynewell voluntatem et intencionem predictas mutetur et totaliter corrigatur et impleatur: quod reformari, emendari et iuxta easdem voluntatem et intencionem mutari, corrigi et impleri, misericordia Christi precipio et firmiter iniungo per presentes. Huius autem testamenti meam ultimam continentis voluntatem, meos facio, ordino et constituo executores, videlicet Johannem Walden, civem et aldermannum dicte civitatis, Thomam Urswyk, eiusdem ciuitatis recordatorem, Ricardum Rawlyns et Thomam More, ad idem testamentum exequendum. In cuius rei testimonium huic presenti testamento sigillum meum apposui. Datum London. vicesimo quinto die mensis Octobris, anno regni supradicti regis Henrici sexti tricesimo septimo. Clone.

CVI. *Statuten-Buch des Comtoirs zu London. 1320—1460.*

Die nachfolgenden Statuten sind einer Handschrift entlehnt, welche sich auf der Bibliothek des löblichen Commercii zu Hamburg findet. Ihre Benutzung ist etwas schwierig geworden durch die unerhörte Nachlässigkeit oder Unkunde des Schreibers, und habe ich in diesem Falle vorgezogen, die Handschrift an unzähligen Stellen, wo es nach meiner Ansicht unbedenklich geschehen konnte, ohne weitere Bemerkung herzustellen, als der Einfalt eines unberufenen Abschreibers ein Denkmal zu setzen. Nur einzelne Proben der Entstellungen des Textes habe ich beispielsweise, aber zugleich alle Fälle, in welchen die Berichtigung irgend einem kritischen Bedenken unterliegen konnte, aufgeführt.

Die erste kleinere Hälfte des vorliegenden Bandes enthält auf 124 Folio-Seiten jene Statuten, nebst den angehängten Ordinanzen und Documenten. Jene reichen etwa bis zu der Zeit des Bruches der Cölner mit den übrigen Hansen; diese enthalten als Zeitangabe das Jahr 1513, in welche Zeit ich auch die Anfertigung dieses Theiles der Handschrift setze. Die einzelnen Artikel der Statuten sind ziemlich planlos durch einander geworfen, wie sich aus der folgenden chronologischen Liste ergiebt:

Artikel vom Jahre	1320,	Februar 1.	Art.	XLVIII.
„ „ „	1348,	Septbr. 8..	„	XXII.
„ „ „	1375,	Juni 24...	„	XXVI.
„ „ „	1391,	März 17...	„	XXXVIII.
„ „ „	1393,	n. Pfingsten	„	XLIV.
„ „ „	1396,	Mai 30...	„	XLV.
„ „ „	„	Juni 20 ..	„	XLVI, XLVII.
„ „ „	1400,	Juni	„	LVI.
„ „ „	1410,	Juni 12...	„	LII.
„ „ „	1416	....	„	XXVII.
„ „ „	1423,	Juni 16...	„	LVII, 2.
„ „ „	1428,	Septbr. 16.	„	XXIII, XXIV.
„ „ „	„	Decbr. 15.	„	XXXV—XXXVII.
„ „ „	1431,	Februar 11.	„	XL.
„ „ „	1434	....	„	X, 3.
„ „ „	„	Juni 5....	„	XII.
„ „ „	„	Juni 13...	„	LI.
Artikel vom Jahre	1437,	Mai	Art.	X, 7.
„ „ „	„	Mai 19........	„	XXVIII.
„ „ „	„	Mai 29	„	I.
„ „ „	1445,	März 16	„	XLI.
„ „ „	1446,	August 4.	„	XLIX.
„ „ „	1447,	Februar 7	„	X.
„ „ „	„	Himmelfahrt ...	„	IV.
„ „ „	„	....	„	LVIII—LXI.
„ „ „	1448,	Juli 1.........	„	XXX.
„ „ „	1449,	April 2........	„	XLIII.
„ „ „	„	Mai 12........	„	XXV.
„ „ „	„	Mai 14	„	LIV.
„ „ „	1452,	Juni 28........	„	LV.
„ „ „	1455	....	„	XI.
„ „ „	1456,	September 20..	„	III.
„ „ „	1457,	Februar 23.....	„	XLII.
„ „ „	1460,	October 9.....	„	LIII.

Nicht zu bestimmten Jahren zu stellen, erscheinen mir die Artikel V—IX, XIII—XXI, XXIV, XXIX, XXXI—XXXIV, XXXIX, L und LVII, 1 und 3 flgd.

I.

Int iaer vnses Heren, do men scref verteinhundert vnd souenunvertich [1]) iaer, vp den negen vnd twyngesten dach in dem Meye, do wart auereyngedragen by den heren sendebaden van der gemenen hensestede wegen, also by namen: *Johan Kelinbarch* [2]) van *Lubeke*, her *Vicke van dem Haue* van *Hamborch* vnd her *Hynrick Vorradt* van *Danske*, borgermester, mit rade vnd fulbordt des gemenen koepmans van der dudsken Hense vp de tidt tho Lunden wesende, disse artikele hirna folgende.

1. Item int erste [3]) vmme des koepmans fryheit, pryfyleyen vnd recht de beter tho bewarende vnd tho entholdende, so schal men alle iaer vp den suluen dach, als men den oldermenne plecht to kesende, tho ehm kesen twe bysitters vnd negen manne uth den dren dordendelen, so verne also me darin hebben mach; vnd mach men se darinne nicht hebben, so schal men kesen uth den anderen, de men bifellich vnd nutte dartho kent. Vnd de gekaren syn, scholen sweren sulcken edt als hirna folget:

Dat wy lauen vnd sweren, dat wy sulke fryheit vnd recht, darmede de koepman van der duschen Hense yn dem ryke van Engeland gepriuilegeret vnd des koepmans recht vnd ordinansien, de by em vnd den steden van der Hense synt gesettet vnde geordenert, willen vorwaren vnd holden vnd

---

[1]) *Lies:* souen unde dortich. Im Jahre 1437, März 23, schlossen die drei obengenannten Bürgermeister zu London mit den Bevollmächtigten des Königes Henry VI. den von diesem am 7. Juni d. J. bestätigten Vergleich ab. Siehe *Rymer* Foedera. T. V. P. I. p. 39. Denselben Irrthum siehe bei Köhler h. a. [2]) So für: Klinginberch. [3]) Das Folgende unter dem Datum eines hansischen Recesses vom Jahre 1447, Mai 29, bei *Marquard* de Jure Mercatorum. p. 407.

don holden also wy vormogen na vnsen besten vif synnen, vnd elken man, he sy arm efte rick, rechtfardich tho richtende in allen saken sunder arger list. Dath my God so helpe vnd alle syne hilligen!

Item disse sulven XII mannen scholen alle weken eynen dach thogader kamen, dat is tho seggende des mytwekens, in des koepmans halle, vmme tho sprekende van saken, de dem koepman angan ofte anroren. Vnde ofte ienige partien syn, de schelyngen vnder mankander hebben, de sullen se daruan entrichten. Vnd wat se by eren (eden) vthspreken, dat sullen beide partien holden by sulker pene, also se darup setten vnd ordenerende werden.

2. *Item hirna folgen de dre dordendel, dar men den olderman, twe bysytteren vnd de negen mannen vth kesen schal, gelick also dat de stede vnd de koepman geordeneret vnde auereyn gedragen hebben.* Item Kollen, Dygenant [1]) vnd dat landt Gellern vnd wat vp disser sit des Rynes is, dat is dat eyne dordendel.

Item Westfalen, Sassen vnd de Wendeschen stede, dat lant van dem Barge vnd wat by gene sit des Rynes is, dat is dat ander del.

Item Prussen, Lyfland vnd Gotland is dat dorde dordendel.

Item dysse dre dordendel schollen vp neigeiarsauent, wenn men den olderman pleget to kesende, elk in sin dordendel gan stan, vnd schullen eyndrachtlyken kesen vth elkem dordendel IIII mannen vnd de koer darvan schal scheyn in manner [2]) hirna folgende.

Item dat Kolensche dordendel schal kesen ver man vth dem Westfelschen dordendele, dat Westfelsche dordendel schal kesen ver man vth dem Prusken dordendele. Dat Pruske dordendel sal kesen ver man vth dem Kolenschen dordendele.

3. Item ofte also gefelle, dat dar ienich van dissem dordendele gebreck van personen were vnd men in den anderen dordendele de hebben mochte, so schal de olderman gan vt sinem dordendel vnd ropen tho sick vt elkem van den anderen twen dordendelen eynen man, vnd de dre sullen dat gebreck des tales vorfullen vnd kesen sulke personen, also dar nutte tho syn.

4. Item wanner de XII. personen gekaren [3]) syn, so scholen se kamen vor dat kuntor [4]) vnd laten ere namen inteken, vnd wen se ingetekenet syn, so schal men se auerlut vtspreken vnd densuluen van stunden angan tho dem kore des oldermans, also dat gewontlick is, beholden, des dat de olderman schal gekaren werden vth den XII mannen vorgeschreuen vnd anders nicht.

5. *Den olderman tho kesende.* Item so schal de olde [5]) olderman gan sitten in siner stede vnd vorschen elkerlik [6]) by synem ede, den he dem koepman gedan heft, dat he schal kesen eynen vth den twolf mannen, dewelke em [7]) alder profytlickest [8]) duncket wesen, sunder ienygerleye pratike darinnen tho sokende. Vnd so we dath eme dar profytlichkest dartho dunket syn, des schal he synen namen hemylicken teken in eyner byllen. Vnd wen elkerlik gekaren heft, so schal de olderman des

[1]) Dygenant *fehlt Marq.* [2]) Mathe. *Marq.* [3]) Bekaren. *MS.* [4]) *So auch:* 1554 vor dat boek. *M.* [5]) Olde *fehlt Marq.* [6]) Vorschen van geliken. *Marq.* Sersen elckerlick. *MS.* [7]) Eyn. *MS.* [8]) Welke em am aller probeerlichsten.

kopmans klerk laten vmmegan vnd entfangen de byllen van elkerlik, vnd wen de klerk de entfangen heft, so schal he se bryngen vp dat kuntor vor den olderman, vnd dar schal men lesen we de meysten stemmen heft: de schal dat thokamende iaer olderman syn vp sodane broke, als dartho geordeneret syn by der stede confirmatien.

6. *Den bisitter tho kesende.* Item wanner dat de olderman also gekaren ys, so schal syn dordendel bliuen sitten vnd de anderen twe dordendele [1]) vpstan, vnd elk schal kesen yn des anderen dordendel eynen bysitter, vnd wan de gekaren syn, so schal men den olderman vnd de twe bysytters intekenen vnd den se aueriut vthspreken. Vnd de twe bysytters scholen ock gekaren syn vth den twolf mannen vorschreuen.

7. Item also de olderman vnd de twe bysitters also gekaren syn, so schal de olde [2]) olderman se laten kamen vor de krutzen [3]) vnd sweren en den ed also vorgeschreuen steit in presencien van dem gemenen kopman; vnd wen se den ed gedan hebben, so schal de olde olderman dem nien olderman [4]) de slotel auertholeueren vnd laten en gan sitten in syne stede.

8. Item wan dat gescheen is, so schal de nye olderman myt den twen bysitters van stunden an den negen mannen vortan oren ed don sweren ok in presencien des kopmans. Vnd wen dat gedan is, so schal men se laten sitten gan.

9. Item densulven dach schal men [5]) kesen IIII schotmesters vnd ock van dem dach tho rekende.

10. Item we olderman gewest heft eyn iar lank, de schal stille sytten II iar lank frey darna, sunder he schal euentur stan ofte he bynnen den iaren [6]) stedeholder, bysitter ofte negenman gekaren werd.

11. Item so schal men bynnen XIIII dagen darna den gemenen kopman wedder doen [7]) vorgadderen, vnd lesen des kopmans boek, vp dat malck mach wethen, wat frygdom de kopman heft vnd wormede me in broke fallen mach.

12. Item de twolf personen vorgeschreuen schullen alle mydtwekens thogadder kamen in de halle vnd bespreken syck vnder syck, [8]) wes de kopman tho donde heft. Vnd des sommers scholen se thogadder syn tho VII. an de clocke, und des wynters tho negen, vnd we dar nicht eyn is, de schal geuen IIII. pennynge, vnd de broke schollen hebben de bysitters.

13. Item oft de olderman bynnen synem iare gebreklik [9]) worde, so schal he don vorgadern degenen, de geswaren syn, vnd by fulbort van en kesen enen wedder in syne stede, vnd deme schal he des kopmans sake befelen tho bewarende vp den ed, den he gedan heft.

14. Item ofte de olderman vth der stede van Lunden int lant treckende worde vme synes sulues ofte des kopmans werue willen, so schal he den twen bysytters beuelen des kopmans recht vnd alle sake, de eme beualen syn, tho warende, tho richtende vnd tho schedende, doch dat dartho dem meysten by rade eynes van den bysittern vnd IIII. van den negen mannen schal gedan sy van den de gekaren syn. [10])

---

[1]) Bliven — dordendele *fehlt MS.* [2]) Olde *fehlt Marq.* [3]) Vor de krutzen *fehlt Marq.* Vor de krucken. *MS.* [4]) Den nien olderman *fehlt Marq.* [5]) Densulven ock desgelyken. *MS.* Den sal men. *Marq.* [6]) Ofte he bauen de jar. *Marq.* [7]) Den. *MS.* [8]) Vnd sein. *MS.* [9]) Synen iaren auer se treckende. *MS.* [10]) Doch — syn *fehlt Marq.*

15. *Item noch eyn ander.* Oft de olderman bynnen synen iaren auer sehe treckende worde, so schal he den gemenen koepman don vorgaddern, vnd setten des kopmans eynen anderen yn syne stede. Vnd de stedeholder schal vulmechtig olderman syn, so lange dat de prynsepael olderman van auer sehe wedder kumpt. Mer weret sake, dat de olderman int lant ryden [1]) wolde, so mach he by eme suluest eynen anderen in syne stede kesen sunder vorgaddering des kopmans. Vnd dar enbauen en schal men den olderman nicht besweren eme ienigerleyen letynge [2]) tho donde.

16. Item oft ienich van den bysitters oft negen mannen auer sehe theyn wolden, so scholen de anderen, de hir bliuen, mechtich syn to kesende so vele van den koepluden in ere stede, vnd desulven scholen sweren also vorgeschreuen is, den ed dem koepmanne.

17. Item weret sake, dat iemand van den koepluden to dysser vorgeschreuen dinge gekaren worde vnd syck des werede vnd nicht egen [3]) wolde, de man schal nedderlegen sunder weddderseggent *XL.* s. sterl. vnd schal nochtanth [4]) syne euentur stan, wer he dar wedder to karen werd edder nicht. Vnd wurde he dar wedder to karen vnd des noch nicht don en wolde, schal he des kopmans recht vorboret hebben.

II. *Vmme besendynge tho donde.*

Item wanner dat it so gefelt, dat de koepman ienige besendynge don schal auer sehe vor de gemenen stede ofte anders wor, degennen, de darto gefoget werden van des kopmans wegen, de schullen de reise don sunder weddersegent. Vnd weret, dat dar iemant entiegen dede vnd de last nicht vp sick nemen wolde, so verne als ene notsake, de kentlick weren, dar nicht me enletteden, de scholde nedderleggen dem koepman V £ sterl. [5]) sunder weddersegent. Vnd korede de kopman den dar noch enbauen, dat dar nemand vellyger to en were den desulue, [6]) so schal he de last to em nemen, oft he schal des kopmans recht entberen.

III. *Den olderman to vorsprekende.* [7])

Witlik sy, dat int iaer dusent veerhundert LVI. [8]) vnd den XX. dach in September do wart auereyngedragen vnd geordeneret van [9]) den gemenen Dutschen [10]) van suden vnd by norden, (de) vp de tit to Lunden vorgadderet weren, dat so wat man den oldermanne vorspreken (dede) in der Gilthalle oft wor dat were, vme dynge de andrepen oft angan dat recht ofte de gemenen Dutschen, de man schal geuen in de busse XL. sh. sterl.

2. Item ofte iemant spreke vnhonesche worde ofte dat ein den anderen drowede [11]) myt worden oft mit werken, ofte grote ede swore, [12]) also de olderman were geseten vme morgensprake to holdende, de man schal geuen in de bussen. XL. sh. sterl.

3. Item weret dat de olderman ienigen man gebode in vorgaderynge des kopmans eyn warf, ander warf, derde warf, ienyge dynge to donde van des rechtes wegen vnd dat bot vorsete vnd des nichten dede, de man schal gebraken hebben syne hogeste bote.

---

[1]) In Lunden. *MS.* [2]) Um einigerley. *Marq.* Eme generleyen. *MS.* *Letynge*, lettinge, Hindernisse, Aufenthalt. [3]) Wolgerte vnd nicht doen. *Marq.* [4]) Noch dartho. *Marq.* [5]) *Wer*, wether, ob. [5]) 5 s. sterl. *MS.* Hundert schilling sterl. *Marq.* [6]) Dat — sulue *fehlt Marq.* [7]) Vergl. Statuten 1554. Th. V. [8]) 1461. *Marq.* [9]) Vnd. *MS.* [10]) Dutscher koepluden. *Marq.* [11]) Drengede. *Marq.* [12]) Edder mit groter rede to schweren. *Marq.*

4. Item weret sake, dat de olderman ienigen man van des rechten wegen gebode vp eyne broke nycht van hynnen to schedende sunder fulbort vnd orlof des oldermans vnd gemenen kopmans, vnd de man darenbauen eynwech treckede vnd van dem gebode nicht en helde, so schal de olderman vnd de gemene koepman den man don wedderhalen myt eynem sariante vnd leggen den man in beholt to der tid, dat he dem recht full gedan hefft. [1])

IV.

Int iaer vnses Heren dusent IIII^c^XLVII vp den dach Ascensionis Domini hebben de gemenen stede van der Hense vorramet vnd geordeneret, dat me nemandes myt des kopmans rechten vordegedyngen schal, he sy ne borger in eyner hensestad, vnd dat he borger is vnde ok borgerrecht do. [2]) Vnd oft eme de koepman des nicht belouen en wolde, so schal he des bewisinge bryngen an den koepman van der stad, dar he borger is, dat it also sy. [3]) Ok so en schal nemant in twen steden borger wesen, by vorlust der Hense. [4]) Ok so schal nemant olderman wesen to Brugge in Flandern, to Lunden in Engeland, to Bergen in Norwegen vnd to Nowerden in Rusland, he en sy ein geseten borger in eyner hansestad. [5])

V.

Item ofte ienich koepman ofte schipper in Engeland queme, de in dat recht beborde vnd des rechtes nicht en wunnen hadde, den man schal de olderman don warnen by des kopmans baden eyne warf, ander warf, derde warf, syn recht to wynnende so. Vnd weret sake, dat he dat derde bot vorsete ofte vorsumede, dem manne schal men des rechtes nicht vorlenen, he en schal vort geuen in de bussen XL. sch. sterl.

VI.

Item wan ienich man des rechten begerende is, so schal de olderman int erste den man fragen, ofte he ein borger baren sy in eyner hensestad vnd in wat lande dat he den gebaren sy vnde wor ummentrent? item weme de guder horen, de he banteret vnde ofte ienige lude van buten der Hense dar part ofte deel ane hebben, ofte ienich euentur van stunde? item ofte he gemedet knecht sy des mannes, des welken he de guder banteret, vnd ofte he vmme lon denet also eyn gemedet knecht ofte nicht? Item is dat den sake, dat sodane man, de des koepmans recht begerende is, in eyner hensestad borger is, also syck dat behoret vnd gene guder banteret, den de in der Hense to hus behoren, vnde ok, (nen) gemedet knecht en is, sunder frig vp sinen voten steit, leddich van allen loften, so mach me em dat recht vorlenen by also, dat he dem koepman twe borgen (stelle), vmme dat sick disse vorschreuen punte so erfinden scholen bynnen iaren vnd dagen vnd anders nicht. Vnd so schal den de olderman den man don leggen twe vinger vp de krutzen vnd stauen em sodanen ed, also hirna folget:

"Dat ick der Dutschen rechte schal helpen hoden vnd bewaren na dat ick mit minen vif sinnen begripen kan, vnd gen gut schal frigen vp der Dutschen recht, dat* in de Hense nicht behoret,

---

[1]) So weit bei *Marquard* a. a. O. [2]) Siehe Recess zu Lübeck, 1366, Joh. Bapt. [3]) Dieser Artikel findet sich schon im Recesse vom Jahre 1418, S. Johannis Bapt., Art. 8. [4]) Recess vom Jahre 1418, Art. 9. [5]) Recess vom Jahre 1418, Art. 10. Vergl. für Brügge und Bergen den Recess zu Lübeck, 1366, Joh. Bapt.

vnd efte ick ichtes wet, dat iegen dat recht geit, dat ick dat melden schal vnd dem rechte horsam wesen na miner macht: dat my God so helpe vnd alle sine hilligen!"

VII. *Item dusse naschreuen punte schal de olderman gebeden to holden eynen isliken, wen he it recht winnet.* [1].

1. Item so gebede ick iu van des rechtes wegen, dat gy nicht vt dem lande ten, gy en betalen dem koepman syn schot, vp de bote van dubbelden schatte to betalende vnd eyner mark suluers.

2. Item dat gy neyn gud vp des konynges kastume [2]) en vorantwerden, dat in de Hense nicht en behort. Werde gy darmede begrepen van des konynges offycers, so vele als gy dem konynge vorboren, so vele schole gy ok dem kopman vorboren.

3. Item dat gy genen man van der Hense myt enigem rechte vorfolgen schullen, et en sy by orloue van dem olderman. Vnd ofte wan ienich man vorfluchtich werde vnd gy den olderman nicht finden en konde myt der hast, so scalle gy orlof nemen den man myt Engelschen rechte to arresterende van twe gesworen ofte bysitters. Dede gy darinbauen, so schulle gy dem koepman breken C sch. sterl.

4. Item wat gy horet dar de koepman vorgadert is, bynnen ofte buten der halle, nemende van buten der hanse vort to seggende vp de bote C sch. sterl.

VIII. *Wan me it recht vorlenen schal.*

Item so ys by dem gemenen koepman geordeneret, dat men genen koepman, de hir nyge int land kumpt, des koepmans recht vorlenen schal anders den des mytwekens wen de koepman vorgadert is. Vnde men en schal em des nicht vorlenen, er men vmmefraget heft, ofte syne dyngen ok klar stan. Vnde weret dat he vnbekant, so dat he dem koepman an eyn myssduchte, so schal he borgen setten bynnen iaer vnd dagen bewisende, [3]) dat he vnd dat gud, dat he hanteret, yn de Hense behort. Vnd wen he de borgen gefunden heft, so mogen de borgen syn gud vp syck laten vorenteren vp de kastumen vnd vorkastumen eme syn gud. Vnd wanner sodane bewisinge dan is bynnen iaer vnd dagen, so scullen syne borgen quit syn, vnd den schal men em dat recht vorlenen. Men en schal nemende de billen geuen vp de kastumen, he en hebbe dat recht gewunnen. Weret ok sake, dat iemant, [4]) de des rechtes nicht en hadde, syn gud lete vp sinen namen vorenteren vp de kastumen, den man schal de koepman nicht vordegedingen, [5]) he dede den koepman sodan bewyss bringen also vorschreven steit. Vnd weret dat hir iemant iegen dede vnd iemant anders dat vorlede ofte billen vp de kastume, den man schal de koepman geuen, dede scholde breken de hogeste bote.

XI. *Vp Blackwell Halle.*

Item so en schal ok nen koepman van der Hense, de des koepmans recht nicht gewunnen en heft, yn Blackwell Halle by em suluen koepslagen gan, efte vp ander stede, dar de koepman gefreiet is, vp de bote van XL sch. sterl.

---

[1]) *Die folgenden fünf Paragraphen sind auch bei Marq. mit der Ueberschrift:* Von dem Gebot und Befehl des Oldermannes. [2]) Kosten. *Marq.* [3]) Bewisenge. *MS.* [4]) Emant. *MS.* [5]) Vordegeningen. *MS.*

X. Item int iaer vnses Heren dusent IIIIᶜXLVII vp den VII dach Februarii do worden disse nageschreuen punte endrechtlichliken by dem gemenen koepman to Lunden vorgadert, geordeneret, vnd geslaten de to holdende, alse de van oldinges geordeneret vnd berecesset synt. [1])

Wente den des koepmans pryuyleyen vnd frygheit myt korten worden mank andern punten: Item so wyllen wy vnde gebeden strengelyken vor ons unde unse aruen, dat de vorgeschreuen koeplüde vnd ere nakomelinge bynnen vnsem ryke vnd gebede de vorgeschreuen vryheit hebben scholen to ewigen dagen; iodoch by also, dat se genen man noch syne kopenschop noch guder, de van erer gylde nycht en ys, to sick ropen scholen van erer gylde to wesende. [2]) Item wente den des heren konynges ouerste richter ok geeschet hebben unde van [3]) des kopmans Engelschen olderman vnder des heren konynges segele gebaden hebben, dat he schole inbringen vor den heren konynk in schriften de namen alle der gemenen hensestede; [4]) item dat sulue hebben de meyer vnd olderlude van Lunden laten vorsoken vnd rysserd alle olderman der worde to groten rades wiss [5]) befalen hebben to eschende in schriften de namen van allen hensesteden, wente se vormenende weren, de koepman beschermede vnd neme to syck lude van buten der Hensen, de syck myt gelde inkoften. [6]) Item ok so heft des heren konynges rad deme koepmanne er gesecht, dat de here konyng des koepmans zarter vnd priuileien nemende schuldich sy to holdende anders dan den koepluden der stede, de in der Hense vorbunt weren vp de tit, do de zarter erst gegeuen was. Se sechten ok mede, ofte de stede van der Hense wolden vele andere stede vnd lande to sick ropen in ore vorbund to hynder vnd achterdele [7]) des heren konynges in syne kastume vnd tollen, dat en mogen se nicht don sunder synen willen vnd fulbort. [8]) Angesên ok dat punte van eynem recesse, gemaket int iar MIIIIᵉXLVII, [9]) dat spreket, dat lude van buten der Hense sick mogen in stede kopen ofte myt VII iar denstes vrig werden, dat se de koepman den beschermen schal, dat welke dem gemenen besten vnd woluart der kopenschop vnd sundergen disses stapels hir int rike ser entiegen geit vnde vele arges van kamen mochte in tokamenden tyden, wen dat nicht myt wisheit vorwaret en worde. [10]) Angesen ok eyn reces van olders by den gemenen steden van der Hanse gemaket vnd geordeneret vnd sunderligen int iaer vnses Heren MIIIIᶜ vnd XXXIIII, aldus ludende: [11]) Item so hebben de heren sendebaden geordeneret, dat nemant yn de Hense behorende [12]) schal an anders nemande syn gud senden noch befelen, dan an degennen, de yn der Hense syn, behaluen wyn vnd ber vnd herynck mach me senden an weme me wil. Vnd de hir intgegen' dede, schal vorboret hebben I marc goldes. [13]) Item des geliken schal ok nemant in de Hense behorende in den steden van der Hansen ofte anderswor gud hanteren ofte entfangen, dat in de Hense nicht behoret, vp de bote van eyner marc goldes. Darvan den eynen derdendel schal hebben de vt-

---

[1]) Ueber dem Folgenden steht: *Van priuileien.* Vergl. Köhler bei *Willebrandt* a. a. O. S. 217. [2]) Die vorstehenden Worten bilden den Schluss des Privilegii König Edwards II. vom Jahre 1317. Hier folgt die Ueberschrift: *De konynck eschede den namen aller stede.* [3]) Hern. *MS.* [4]) Hier folgt die Ueberschrift: *De van Lunden eschende de namen.* [5]) *Ryssard — wyss.* Unverständlich. [6]) Hier folgt die Ueberschrift: *Van dem zarter.* [7]) *Achterdele*, Nachtheil. [8]) Hier folgt die Ueberschrift: *Van einem recesse.* Vergl. *Köhler* a. a. O. [9]) Hier ist ein früheres Jahr gemeint. [10]) Hier folgt die Ueberschrift: *Van eynem recesse.* [11]) Hier folgt die Ueberschrift: *Van gud van sick to senden.* [12]) Behorn. *MS.* [13]) *Köhler* zum Jahre 1434, S. 213, und zum Jahre 1447, S. 219. Hier folgt die Ueberschrift: *Van gud to enfangen.*

brynger, vnd de anderen twe derdendel schullen gedelet werden so vorgeschreuen steit.[1]) Item wente dat ene reces dem anderen entiegen geit vnd des koepmans zarter myt korten worden begrepen steit, vnd dat de koepman mochte by den ingekoften borger efte by den, de by denste inkamen, in sorgen vnd fructe[2]) stan leuens vnd gudes to starffende[3]) des Heren konynges vnd vorsamenisse der pryuileien vnd fryheiten des gemenen gudes:[4]) item hirumme so heft de koepman eyndrechtlichen geslaten vnd geordeneret vp den vorschreuen dach,[5]) dat gen koepman van der Hense en schal ienigen knecht holden in Engeland, noch beschermen, noch guder beuelen in ienygerleye hanteringe, dan den genen, de in der[6]) Hensen begrepen vnd gebaren syn, vp de bote van III marc goldes, so dat de koepman nemande beschermen schal dan deiene, de in der Hense begrepen vnd gebaren syn.[7]) Vnde ofte iemant enigen man van buten der Hense begrepen vnde[8]) gebaren ofte syn gud beschermede ofte hanterede, vnd darmede in last ofte moye queme iegen den heren konynk, dar schalt mede geholden werden also de sendebaden der gemenen stede van der Hanse int iar XXXVII in dem Meyen, myt rade vnd fulbort des koepmans van Lunden, darup geslaten, aldus ludende:[9]) "Item forder is auereyn gedragen vnd geordeneret, dat gen koepman, schipper ofte schipman ofte bossman, de in de Hense beherende is, en schal gene koeplude ofte ander lude van buten der Hense vnd van wat nacien se ock syn, se salnen, noch ere guder van kopenschop, vp der Hansestede vrygheit vnd recht nenerleie wis vrygen, vorantwerden noch beschermen int land van Engeland, noch vt dem lande, hemyliken ofte apenbar, myt nenerleyen subtylheit ofte ander behendichheit. Vnd weret sake, dat iemant hir iegen dede, de schal vorboret hebben dem koepman III marc goldes, vnd syn lif schal stan to richtende to der stede seggende. Worde he ok van den Engelschen also vnd des hern koninck offyceres darmede begrepen, de mogen ene richten[10]) an syn lif vnd gud, vnd de stede vnd koepman ene[11]) scholen en nicht vorantwerden, sunder gans auergeuen.[12]) Item denienen van buten der Hense begrepen vnd gebaren, de des koepmans recht gewunnen hebben vnd geedet synt, is gesecht tor[13]) warynge, dat se sick also holden myt eren guderen, dat se deshaluen in genen schaden en kamen, vnd degennen, de iungen by sick hebben, de in de Hense nicht horen, so vorschreuen steit, der scholen se sick entleddigen vp sodane broke als de koepman vp se vorholden wart, ofte se vnhorsam gefunden werden."

Der personen namen. Item do disse vorschreuen ordinancie gemaket worden,[14]) dar weren auer vnd an disse nageschreuen personen, de to Lunden in der hallen vorgaddert weren, als by namen: Arent Stekehues, Harmen Wanmel, Goswyn Schulle, Euert Klippeninck,[15]) Reyneke Heren, Gert Kastor, Godert Hofster, Johan Ferne, Johan Byspinck,[16]) Karsten Questenbarch,[17]) Hans Manders, Harmen

---

[1]) Hier folgt die Ueberschrift: *De myt deynst inkamen.* [2]) Fructe; englisch: fright, Furcht. [3]) *Lies:* To strafe to vervallende, *oder dergleichen.* [4]) Hier folgt die Unterschrift: *De in den Hansen gebaren syn.* [5]) Nemlich 1447, Februar 7? [6]) Den genen der. *MS.* [7]) Hier folgt die Ueberschrift: *De myt fromden guderen begrepen werden.* [8]) Vnde *fehlt MS.* [9]) Hier folgt die Ueberschrift: *Dat men nene vromde guder vordegedingen schal.* Vergl. denselben ebendaselbst. [10]) Eynem richter. *MS.* [11]) Eyn. *MS.* [12]) Hier folgt die Ueberschrift: *Binnen iungen by sick to hebbende van buten der Hense.* [13]) Vnd. *MS.* [14]) 1447, Februar 7. [15]) Vermuthlich Clippink, siehe oben § 4. 8. 42 figd. [16]) *Biscoping, Bisping* erscheint in hamburger Urkunden. [17]) Einen Tideman *Questenberg* siehe in der Urkunde vom Jahre 1418, October 2.

Rynck, [1]) Johan Warendorp, [2]) Willem Ketwick, Hans Kule, Detert Dustorp, Hynrick Hegen, Rotger Rynck, Wichman van Pynxsten, Euert Knipe, Andres Witte, Tylleman Krumme, Bertelt van dem Water, Gotschalk Wenenborch, Tydeman Onynckhus, Asmus Brott, Johan van Roden, vor dem Wolde, [3]) Gert Israel, Telman Stunel, Harmen Dustorp, Hynrick Schymmel, Hynrick Gysseken, Lambert Gruter. Van Bustenen weren her Clawes Heyn, vorstender, vnd Hynrick Groten.

XI. *Van dren breuen der Stad.*

Item disse vorgeschreuen punte syn geordeneret by orleue der stede Lubeke, Kollen und Danske, de dem koepman ore breue darup geschreuen hebben, de welke Hynrikes des koepmans [4]) inbrochte int iaer MIIIICLV, vmme falsacie willen der priuileyen vnd vreyheide.

XII. *Mit genen selschop to hebbende buten der Hanse.* [5])

Item witlik sy, dat int iaer vnses Heren dusent IIIICXXXIIII vp sunte Bonifacius dach was by den gemenen steden ordeneret vnd vpgesettet, dat nemand in de Hense behorende en schal selschop noch cumpenien [6]) holden myt ienigen man van buten der Hensen: dat also nicht en holden wert. Hirume hebben de gemenen stede endrechtliken nu geslaten, dat alle de ienen, de sodane selschop in kopenschop ofte in schepes parten myt ienygen van buten der Hense hebben, dat se twisken dit vnd Paschen negest kamende scholen scheden vnd sick des schepes parte scholen qwit maken vp de bothe van eyner marc goldes [7]) enen warf, ander warf, derden werf, vnd vp de Hense vnd koepmans rechticheit to vorborende. Vnd weret dat na dem vorkundigen disser ordynancien enych man enige selschop myt enygem man van buten der Hense makede, ofte schepe myt em vtrede, de schal bauen de vorgeschreuen bote vorboret hebben so vel geldes, alse he in selschop hadde vtgelecht vnd dat schepes part vnd wes dat gekostet hadde. Vnd schal hebben dat eine dordendel van der vorgescreuen bote vnd dat ander dordendel de stad van der Hanse oft de koepman, dar de sake vorfolget ofte beendiget wert, vnd dat (derde) del der dordendele schal den gemenen steden vorfallen syn van der Hanse. Vnde [8]) disser broke en schal me nemande togeuen noch quit schelden.

XIII. *De syck myt vorsate vt der Hanse geuen.*

Item so hebben de stede ok geordeneret, dat alle de gennen, de sick mit vorsate vt der Hense geuen vnd in Flandern ofte anders wor porters worden vnd dar wyue nemen, dat se nummer darna in enyger Hensestadt vor borgen scholen entfangen werden, noch der Hense gerechticheit gebruken. [9]) Ok dat gen schipper van der Hanse schal er gud entholden vnd nach westwart foren vp de bote van eyner marc goldes. [10]) Vnde so wor in Ostland in enynge hensestede erer guder wes kumpt, dat de suluen dar nicht bringen, dat sal men dar arresteren to der stede behof bet so lange, dat se dat bewisen, dat se dat gud vmme rede gelt koft hebben vnd dat dar nemand anders part noch del ane hebbe.

---

[1]) *Hermann Rynck*, Bürgermeister zu Cöln 1483 und 1482. [2]) *Johann Warendorp*, Rathmann zu Lübeck. Auch zu Hamburg finden sich Johann von Warendorp, welcher 1377, und Karsten Warendorp, welcher 1483 sein Testament errichtete. [3]) Alte Wolde, siehe oben § 4. S. 42. [4]) *Fehlt:* Bote, *oder dergleichen.* [5]) Bei *Köhler* S. 219 findet sich dieser Artikel zum Jahre 1447. [6]) Kampesycien. *MS.* [7]) Geldes. *MS.* [8]) Vnder. *MS.* [9]) Aus dem Recess vom Jahre 1447. [10]) Ebendaher.

XIV. *Schot ofte andere ordynantien to maken.*

Item so en schal men gen schot noch wilkor, noch gene andere ordynancien maken, de den gemenen Dutschen anghan ofte andrepen, ofte ordenereden, id sy mit fulbort der gemenen Dutschen van allen hauen in Engeland vorgadert. Vnd dat in disser wise, dat men se vt allen hauen vp enen redelyken serteyen [1]) dach vorbaden schal to Lunden to kamende I. edder II. van elkem hauen, de fulmechtich syn van erer selschop wegen to vulbordende myt den gemenen Dutschen, de den van allen hauen dar syn ofte kamen, alle dynck, de se don ofte ordeneren vme ere recht to bewarende vnd to sterkende. Weret so, dat ienich van enen nicht en wolden kamen noch en mochten, so schullen de van Lunden mit den Dutschen van denen anderen hauen, de vp de tit to Lunden weren fulmechtich syn, alle dynk to ordenerende vnd to settende, dat der Dutschen recht anrorende weren.

XV. *Wo de stede gunnen ordynancien to maken.*

Item so gunnen de stede van der Hanse, dat de oldermannen des gemenen koepmans to Brugge in Flandern, to Lunden in Engelant vnd in anderen koepsteden bliuen mogen by der olden wanheit vnd rechticheit, also dat (se) ordynantien maken mogen, so se dunket vor den koepman nutte vnd gut wesen. Doch ofte clage daruan vor de stede queme, wes de stede daruan darup setten oft ordenereden, dar schal it by bliuen.

XVI. *Wo nedderfellich wert int recht.*

Item were sake, dat ienyge koeplude van der Dutschen Hense ienich recht vor dat ouerste recht to Lunden (sökeden?) vnd enich van beden der sake dar en nedderfellich worde, de gene, de de dar den nedderfellich worde, schal geuen in de bussen ..... s. sterl. Vort so schal he deme, de iegens ene is, syne kost qwiten, wes he myt synem rechte beholden wil.

XVII. *We men eynem helpen mach in sinem recht.*

Item weret sake, dat ienich koepman den andern beclagede vor der Dutschen rechte vnde ienich van den beiden partien begerde van dem olderman vnd gemenen koepman enige van synen frunden eme to helpende vnde [2]) to radende in synem rechte, so mach he twe edder dre eschen by fulborde des oldermans vnd gemenen koepmans, em de nicht to weigerende, sunder allene de twe, de negest dem olderman sitten. Waner clage vnd antwort gedan, so mach elk man by sinen frunden bliuen stande [3]) eme to helpende in sinen rechte. Vnd weret sake, wen clage vnd antwort were gedan, dat enich van den genen de vor utgesettet weren, wedder gynge sitten in de selschop, de man schal nicht wedder gan in er to der tit, to dat de sake myt rechte geendiget sy.

XVIII. *Van sake to holdende.* [4])

Item wan ienige drepelike sake kamen vor dat Dutsche recht to clage vnd to antwerde, welke sake nicht geendiget en werden in enygem dage ofte in twen ofte lenger, so wat rad de Dutschen hanteren edder finden vp de sake, dat schal de olderman gebeden de sake vnd rad iegens beide partien eliken man vp synen ed to hebbende, vnd darto vp de bote van XL. sch. wan [5]) dat recht geendiget is.

---

[1]) Serteyen; englisch: *certain*, gewiss. [2]) *Das MS. hat hier die Worte:* sake to holdende, *als Unterschrift eines neuen Artikels.* [3]) Stunde. *MS.* [4]) Van saken to melden de buten der Hanse. *MS.* [5]) Wan; *lies:* to dat *oder* bet, bis.

XIX. *Van saken to meldende buten der Hanse.* [1])

Item ofte ienich koepman van der Dutschen Hense stede (meldede) vnd apenbarde enygem man van buten der Hense sake, de de koepman gehandelt hadde in der hallen ofte in anderen steden, dar de koepman vorgaddert were morgensprake to holdende, de schal geuen in de bussen C sch. sterl.

XX. *De vp idt recht sprickt.*

Item weret sake, dat ienich ordel ofte recht gedelt worde by den Dutschen vnd darna ienich man queme vnd darup spreke, de scholde vorboret hebben X marc.

XXI. *De den anderen vp synen ed sprickt.*

Item were dat sake, dat ienich man den anderen beclagede, so van wat saken dat it were, so dat he en brochte to synem ede und den ed van eme neme, vnd darna queme vnd spreke vp des mans ed, de scholde geuen in de bussen X ß sterl., vnd darna nummer kamen in der Dutschen recht (bet) to der tit, dat he dem vorgeschreuen manne gebetert hadde by der Dutschen seggent.

XXII. *Van eynen to* [2]) *slande.*

Item witlick sy, dat int iaer vnses heren MIII^cLXXXVIII vp den VI dach in September, do wort auereyn gedragen by dem gemenen koepman, de to Lunden van allen hauen vorgaddert weren, vmme gemacks willen vnd ok vmme quat, dat daruan kamen mochte, to vorhodende, so wat man myt dem anderen kyuet apenbar myt fulen schentlyken worden, of dat ein dem anderen sloge ofte meste vthtoege, de genne, de dat vorhalet [3]) vp den anderen, schal geuen in de bussen C sch. sterl.

XXIII. *Myt dem klerk to kyuende.*

Item int iaer MIIII^cXXVIII XVI dage in Nouember do gebot de olderman van des gemenen koepmans wegen elkerlik, de in des koepmans recht weren, vp de bote van XX sch., dat nemant scheldeworde maken scholde myt des koepmans klerke bynnen der halle ofte darbuten van saken, de den koepman angan. Vnd weret dat iemant wes myt eme to schaffende hadde vnd mende, dat he em to kort dede, de schal em darume vor den gemenen koepman tospreken, vnd schal em nicht vorhalen myt quaden, fulen worden.

XXIV. *Van dabelen in hemelyker platze.*

Item so en schal nemant van der Hanse in hemelyker wys dabelen in kameren, in tafernen ofte in anderen hemelyken plaszen dabelen. Vnd weret sake, dat iemant in sulker mate darmede befunden werde, de schal so dechlyken vnd mannych warue, alse me dat voresken kan, geuen in de bussen XL sch. sterl. Vnd (alse) man dat voresken kan vnd daruan melder is, schal hebben van de XL sch. I nabel.

XXV. *De lose wyue vp den hof bringen.*

Item int iar vnses heren MCCCCXLIX vp den XII dach van Mayen wort geordineret by dem olderman vnd gemenen koepman, dat gen man van der Hense vp den stalhof bryngen en schal in syne husinge lose wyue efte unkuscheit dar ummentrent dryuen, vp de bote XX sch. to vorborende. Vnd we dat van vnser selschop melden kan, de schal hebben van den vorscreuen XX sch. XL penn. Vnd dit was geordineret vmme to vorhodende de grote vngunst, vorfloch vnd schemede, de der

[1]) De vp idt recht sprickt. *MS.* [2]) Van. *MS.* [3]) *Vorhalen*, vorhalten.

gemenen selschop scegen vp de tit van den nabers van der warde, vnd vel quades to vorhodende, dat daruan kamen mochte in tokamenden tyden.

XXV. b. Item weret sake, dat enich man van der Hense vorkofte herynk ofte ander lude gud to borge vp schonesans,[1]) dat ys to vorstande, dat men wedder scholde vorkopen vp schaden, dat he dat woste, de scholde geuen in de bussen X ß, vnd darto scholde he breken syne hogeste bote vp gnaden des koepmans.

XXVI. *De gennen, de den luden afborgen vnd entwiken.*

Item witlick sy, dat her Symen Swertink,[2]) borgermester van Lubeke, vnd her Hertich Beteke, borgermester van den Elbing,[3]) sendebaden van den gemenen Hansesteden, de vp sunte Johannis dach baptysten to Lubeke vorgaddert weren int iar vnses hern MIII°LXXV, vnd to Lunden weren vp sunte Andres dach in demsuluen iaer, mit dem olderman vnd gemenen koepman van allen hauen vp de tit vorgaddert, ordenerden vnd auerrameden vmme groten schaden willen, den mannich dot den guden luden, den he eher gud afkopet vnd achterwart vntwyket vnd nichtes betalet. Hirumme so wat man van der Hense iemande syn gud aldus entferdiget, de schal des koepmans recht vorboret hebben. Vnd em darf gen man to rechte staen vor des koepmans rechte, sunder he en wille wedder to rechte stan, vnd en schal nergent geleide hebben, dar de koepman macht heft, bet der tit, dat he syck myt alle synen schuldeners vorlykenet heft. So dat ene genoget, so schalt den an den koepman stan, ofte he en wedder in dat rechte entfangen wille edder nicht.

XXVII. *De gennen, de mit vorsate borgen ofte gelt lenen vnd nicht betalen.*

Item hirup spreken ok de reces in olden tyden van den gemenen steden gemaket vnd to Lubeke int iaer MIIII^CXVI, XLVII Ascensionis dach[4]) vornyet, aldus ludende, dat de gennen, de mit vorsate in eniger stad ofte anders wor geld lenen ofte anders enich gud borgen vnd darmede en wech ten vnd anders wor varen wanen, de schullen darmede erer borgerschop quit syn vnd in gener Hensestede geleide hebben, ok en schal men er (gud) in nenen kopsteden mit kopmans rechte vordegedingen.

XXVIII. *De gennen, de vp de frygdom wiken vnd de er gud vordegedingen.*

Item wante de koepman ene lange tit van iaren vnd noch dagelykes grote vnguast, vorwite, schemede vorheuet, sunderlykes van den gennen, de in Engelant vnd an genner siden, der se vp de fryheit vnd santwaringe[5]) gelegen, hebben vnd syn noch vade gebruken, so heft de gemene koepman darup endrechtlichen gesloten, dat men de punte der recessen vnd ordynancien, by den gemenen steden vnd koepman darup gemaket, als vorgescreuen steit, strengeliken holden schal, vnd sunderlinges vp sulke personen, de darinne gebrechlik gefunden syn, alse mit namen: Karsten van Bleken, Johan van Wanyngen, Hinrik Butscow, Johan van Winteren, Andres van Eiken, Ladewik Krusteken, Gerwin

---

[1]) Schonesans. *Lies:* Schonefart. Der Sinn ist: Hering, welcher erst auf der kommenden Fahrt nach Schonen gefangen werden soll, oder Waaren, welche dem Verkäufer noch nicht gehören, darf man nicht verkaufen. Vergl. *Hach* Das alte lübische Recht. Abtheilung IV. No. X. [2]) Herman Symen Swerinck. *MS.* Simon Swerting, 1363 Bürgermeister, gestorben 1388. [3]) Elingh. *MS.* [4]) Den. *MS.* [5]) Sanctuaria. Es scheint hier von dem Missbrauche der Asyle die Rede, deren jenseits der Themse zu Southwark mehrere waren.

Pottwinter, Johan Polbarn, Johan Hageldick, Johan van den Brele genant Schriuer, Franke Stockerde, Johan van Pelden; vnd vor alle de gennen, de darinne gebreklick gefunden mogen werden. Vnd ofte iemant sodane lude oft ere guder vp des koepmans priuileien vnd fryheit vordegedingede ofte vorantworde, dat wolde de koepman strafen na inholde der punte der ordinancien, gemaket by den heren sendebaden, de to Lunden weren int iaer MIIII^cXXXVII, [1]) XIX dage in Mey, van den gennen, [2]) de koeplude van buten [3]) der Hense ofte ere guder mit des koepmans rechte vordegedingen.

XXIX. *Ofte men in broke queme van der kastume haluen.*

Item weret sake, dat enich koepman van der Hense sick vorsumede als van kastume wegen des konynges, vnd daruan in broke queme, also vele beteringe als he dem heren konynge dede, so vele schal he ok dem koepman doen.

XXX. *De auer sehe riset vnd sine kastume nicht en betalet.*

Item int iaer vnses heren MCCCCXLVIII vp den ersten dach in Julio, do besprak sick de koepman also van der kastumen wegen, vmme dat de gesellen gemenliken auer sehe treckenden vnd blyuen den kastumers ere gelt schuldich, woruan grote clachte queme van den kastumers an den koepman. Also dat de kopman myt endracht darup vorramet hebben, so wat man de auer sehe treckede vnde den kastumers ere gelt schuldich bliuet, de schal deme kopmanne vorfallen vnd geuen in de bussen also vele, als he den kastumers schuldich is bleuen. Vnd dat gelt vnd der kastumers gelt schal men inuorderen van deme redesten gude, dat inne siner bode ofte huse befunden wert, so uerne als dat nemant anders van siner wegen vtgeuen vnd betalen en wille.

XXXI. *De myt vnrechte gedrungen* [4]) *wedder recht* [5]) *gelt vt to geuende.*

Item ofte enich man van der Hense worde gedrungen myt vnrechte van eniger stad in Engelant oft van den officiers enich gelt vt to geuende, dat wedder des koepmans priuilejen vnd freiheiden were ofte ordynantie, vnd des nichten voruolgede, de man schal dem koepman vorfallen in XL sch. vnd darto in so vele geldes, alse he myt vnrechte vtgegeuen hadde.

XXXII. *Dat nemand sake by em suluen van dem* [6]) *hern konynge voruolgen schal.*

Item so en schal ok nemant van der Hense enige sake by em suluen voruolgen van dem heren dem konynge dem gemenen koepman entiegende gande, dat is to wetende enige patente, protectien [7]) ofte andere vnnytte, de iegen des kopmans priuileien wesen willen ofte mogen, sunder weten vnd wyllen des kopmans, vp de bote van einer marc goldes.

XXXIII. *De den anderen mit englischem* [8]) *rechte beclaget.*

Item ofte enich van der Hense den anderen beswerde ofte beclagede myt engelschen rechte sunder orlof des oldermans, de schal breken dem koepman C sch. sterl. Men weret sake, dat deme cleger mysduchte vnd angest hadde, dat em de man vorfluchtig vnd rumich [9]) wolde werden vnd he des oldermans nicht hebben mochte orlof te biddende, so mach he gan to elken kopluden to erkennende vnd vorderende vort mit dem engelschen rechte.

---

[1]) Hier ist die richtige Jahreszahl 1437. [2]) Den gemenen. *MS.* [3]) Van binnen. *MS.*
[4]) Gud wonen gen. *MS.* [5]) Recht *fehlt MS.* [6]) An den. *MS.* Sake und schal *fehlen MS.*
[7]) Potente, pertecsien. *MS.* [8]) Eyen. *MS.* [9]) *Rumich*, flüchtig.

XXXIV. *Wo en man den anderen mach myt englischen*[1] *rechten vorfolgen.*

Item weret sake, dat enich koepman van der Hense beclagede den anderen vor vnsem rechte, also van schulden wegen, vnd he em de schult bekende vnd en des geldes nicht en hadde to geuende edder ok gene borgen to settende, edder gene borgen vp wolde setten, so schal de cleger orlof hebben syn beste to donde.

XXXV. *Wo men syk schal laten wegen.*

Item int iar XIIII^C vnd XXVIII vp den XV. dach in December do wart auerein gedragen by dem olderman vnd gemenen koepman van der Hense, de vp de tit to Lunden in der halle vorgaddert weren, dat gen koepman gud schal laten wegen dem weger, it en sy dat de weger de hand van der wichte do vnd se, dat de wichte in den klauen[2] sta. Vnd weret, dat iemant dar entegen dede vnd darinne brokaftich gefunden worde vnd sick anders wegen lete, dan vorgeschreuen steit, de schal geuen in de bussen XL sch. sterl. also dicke alse he darmede gefunden wert.

XXXVI. *De eyne dem anderen nicht to voruange sal syn.*

Item so is geordeneret, dat gen koepman van der Hense dem anderen to vorfangende wesen en schal in kopen efte vorkopen, vnd sunderlinges dat nemant (dem) anderen hinderlik wesen en schal myt worden efte myt daden, wanner dat he mit emande in enem kope stande den koep to lettende.[3] Vnd weret dat enich koepman van der Hense brachte in den hof enige engelsche koplude ofte andere vmme sin gud to beseende, den koepluden en schal nemant gen mistert[4] maken, noch nemant en schal vmme der koeplude willen syn bolen[5] openen, noch syn werk kloppen, noch gene anderes nosynge[6] maken myt anderem gude, vmme deme anderen hynderlik to wesende, synen koep darmede to lettende. Sunder weret also, dat se van malk ander gescheden weren vnd eres kopes nicht enes en werden konnen, so mach eyn ander den by se kamen syn beste (to) prouen. Vnd weret sake, dat emant hirin entiegen dede vnd dat befunden mach werden, de schal geuen in de bussen XL sch. sterl.[7]

XXXVII. *De lude vp togerinck to holdende.*

Item so is ok geordeneret vnd vorramet, dat gen kopman van der Hense andere lude vp tovynge[8] holden schal myt gude, dar he noch vnseker van is; dat is to vorstande, dat noch vp gene sit sehe is. Sunder is dat gud binnen Engelant, so mach he sine koplude darup touen, anders so en schal he anderen kopluden dar nicht mede hinderlik wesen. Vnd weret, dat hir iemant entiegen dede vnd dat geuoresket mochte werden, de schal geuen in de bussen XL sch. sterl.[9]

Item so is ok geordeneret, dar iemant van der Hense sin (gud) in mowen[10] steken en schal vnd dragen dat vt dem haue maket[11] de schinners vnd geuet en to prouende vnd werden den

---

[1]) Engen. *MS.* [2]) *Klave*, Klove, die Spalte oder Oeffnung an der Waagschaale, worin das Zünglein steht. [3]) *Letten*, hindern. [4]) *Mistert*, mistery, heimliches Zeichen. [5]) *Bolen. MS.* Lies: *Balen*, Ballen, oder: *Bodo*, Bude. [6]) *Nosynghe*, vermuthlich das englische noise, Lärm. [7]) Vergl. 1554. Th. V. S. 237. [8]) *Tovynge*, das Warten, Verweilen, die Zögerung, von touen, aufhalten. [9]) Vergl. 1554. Th. V. S. 237. Welcher Maassen kein Kaufmann von der Hanse Fremde mit blossen Vertröstungen aufhalten soll. [10]) *Mowen*, Move, Aermel. [11]) Unverständlich. *Maket.* Lies: *Na*, oder: *Mank.* Der Sinn scheint zu sein, dass niemand Proben seiner Pelz-Waaren im Aermel aus dem Hofe heraustragen soll, um ausserhalb desselben mit den Kürschnern, Pelzhändlern (skinners) zu handeln.

achteruort des kopes myt en ens, vnd weret sake, dat emant dat dede vnd darmede befunden mach werden, de schal geuen in the bussen XL sch. sterl.

XXXVIII. *De dem anderen sine husinge vorhuret.*

Item willik sy, dat int iar vnses Heren MIIIcXCI vp den XVII dach in Martii do ordenerede de olderman vnd gemene kopman van der Hense, vp de tit to Lunden vorgaddert, vmme vnses lantlordes [1]) willen, als vmme vorhogynge der rente, dat nemant van den kopluden dem [2]) anderen sine husynge edder sin hues, kamern, keller ofte boden vorehuren [3]) en schal. Vnd weret dat iemant van den kopluden sine husynge upseggede [4]) als van vorhoginge van der rente, der husinge en schal nemant huren van dem lantlorde. Vnd weret achterwart dat de lantlorde desuluen husinge vorlaten wolde vor densuluen pris, alse touorne gynk, so schal degenne dar neyer sin, de de husinge vpseggen dede, den iemant [5]) anders de husinge to hurende, oft it em gefochlik is. Vnd so we hirane breket, de schal geuen in de bussen eyn marc goldes.

XXXIX. *Van Sipollen saet ofte van* ......

Item so is vort geordeneret, dat nemant van der Hense vorkopen schal vngen [6]) sat oft sippollensat vp proue, gelik als men dat aldues lange gewant was to donde. Sunder we dat heft, schalt vorkopen vmme rede [7]) oft to dage [8]) vnde nemen [9]) dar obligatien vp. Anders schalt ok by em liggen laten vmme aftobringende de quaden vsansie, de darinne gekamen is. Vnd we darin entegen dede vnd dat geprouet worde, de schal breken C sch. sterl.

XL. *Van laken to kopende.*

Item int iaer MIIII^C^XXXI vp den XI. dach in Februarii wort anerein gedragen by dem olderman vnd dem gemenen koepman, dat nemant van der Hense schal munstersche, devyllintsche [10]) oft calsestersche laken [11]) kopen, id den sy, dat se ere vulle [12]) lengede vnd brede holden, dat is to weten XXIIII garden [13]) lank gekrumpen vnd twe garden bret. Vnd weret sake, dat iemant hir entegen dede vnd darmede gefunden worde, et were hemlik oft apenbar, de al sulke iegens disse vorgescreuen ordynantie kofte, de laken scholden dem koepman vorboret syn, vnd darto scholde he geuen vp elk laken to broke XX sch. sterl.

XLI. *Van der lengede van den laken.*

Item int iaer MIIII^C^XLV vp den XVI. dach int Martii wert disse nageschreuen ordynancie geordeneret by dem olderman vnd gemenen koepman, vp de tit to Lunden vorgaddert.

1. Int erste, dat genj koepman van der Hense gekrumpene laken kopen schal, he en schal eme laten [14]) gelauen van dem vorkopere, dat se an lengede vnd brede nicht mehr krumpen eu schollen. [15])

---

[1]) Lantlord, englisch der Hausherr. [2]) Dene, deme. *MS.* [3]) Vnder hure. *MS.* [4]) Seggende. *MS.* [5]) Enen emant. *MS.* [6]) *Vngen*, lies: enigen. [7]) *Rede*, sc. penninge, baares Geld. [8]) *To dage*, auf Termin. [9]) Nenen. *MS.* [10]) Musterde vyllygesche. *MS.* [11]) Tücher von Munster und Dublin in Ireland oder von Colchester. Irische grobe Tücher, Friese, wurden schon zu Anfang des vierzehnten Jahrhunderts nach England gebracht, im folgenden irische Schersche nach Italien. [12]) Wulle. *MS.* [13]) *Garden*, englisch yard, Elle. [14]) Laken. *MS.* [15]) Die Laken sollen nicht verkürzt sein durch das Krümpen.

Vnd so wat ein laken korter is den XXIIII garden, dat schal men dem vorkoper afslan van dem gelde, also to vorstandę, ofte der lakene ein del lenger weren, dan XXIIII garden, de auerlengede en schal he iegen de korten nicht afbaten. [1])

2. *Ofte de laken vals weren in lenge oft brede.* Item so wan ein kopman alsulke laken vp waringe [2]) gekoft heft vnd de lakene namals gebreklik gefunden mochten werden, also dat se in lengede ofte brede ingingen, so schal de koper twe gude, tuchwardige manne darby nemen, dat ene dat gebrek myt breue oft mit dem munde tugen helpen. Vnd en wil em dan de vorkoper daruor nene redelike vorbeteringe don, so schal de olderman vnd de koepman den man vtsetten vnd pertien [3]) na des koepmans seggent beteringe gedan heft.

3. *Ok en schal men gene laken kopen, de afgesneden synt.* Item so en schal gen koepman van der Hense gene laken kopen, [4]) de afkortet syn, wowol dat se lank genoch syn, edder dat se wedder gesegelt weren, ofte de ende wedder angeneiet, vtgescheden gescharen laken, de man van den drapers [5]) dagelikes to kopende pleget.

4. *Up de laken de ordinancie.* Item disse ordynancie vnd punte sint geordeneret vp alle rode lakene ofte sangwyne, munster, [6]) deuyllyngesche, fyolette, grawe, de men vorkrumpene laken kopet vnd kopen wil vme VIII nabelen vnd darenbauen kostet hebben, vmme darmede aftobringende de quaden vsancie, (de) darinne gekamen was, vnd vmme dat gen koepman in tokameden tiden bedragen moge werden. Vnd weret dat iemant iegen disse ordynantie dede vnd darmede befunden worde, de schal vorboren vp elk laken einen nabel sunder gnade.

XLII. *Van harnesche to hebben.*

Item int iar MIIII^C^LVII vp den XXIII. dach Februwarii do ordynerde de kopman, dat me warninge don schal, dat eyn islik koepman bynnen dem stalhof, de en kamer darbynnen hebbet, dat he hebben schal bynnen synen kameren eyn harnesch van houet to vote vnd eynen krucebagen [7]) mit siner tobehoringe, ofte eine busse in de stede van dem krucebagen, vmme deswillen oft me Byscoppesgate scholde besorgen. Vnd dat vp de bote van XX sch.

XLIII. *Van den porters to betalende.*

Item int iar MIIII^C^XLIX vp den anderen dach in April do wart korderet by dem gemenen koepman so. Weret sake, dat iemant vt dem lande schede vnd de porters nicht en betalede van erer arbeide, noch nemant in syne stede lete syn schuld [8]) to betalende, de scholde dem koepmun so vele vorboren als he den porters schuldich were.

XLIV. *Van gode in de halle to bringende.*

Item int iar MIII^C^XCIII vp den anderen dach na Pynxsten do wart auereingedragen by dem gemenen koepman, de vp de tit to Lunden vorgaddert weren, dat so wat man, de packede oft gud brochte in de gylthalle, dat men packen scholde, oft tunnen, [9]) oft ander gud darin sette, de scholde dem koepman in de bussen geuen XX sch. sterl.

---

[1]) Afbaten, englisch to abate, abschlagen. [2]) *Up waringe*, unter Gewährleistung. [3]) Vnd pertien. *Hier fehlt etwas oder soll heissen:* Bit he. [4]) Kopen *fehlt MS.* [5]) *Drapers*, englisch, Tuchhändler. [6]) Muster. *MS.* [7]) *Kruosbagen*, englisch crossbow, stählerne Armbrust. [8]) Syn. *MS.* [9]) Tunen. *MS.*

XLV. *Vromde lude in de hallen to bringende.*

1. Item int iar vnses hern MIIIᶜXCVI, XXX dage in dem Meye, do wort auergedragen by dem olderman und gemenen koepman, vp de tit to Lunden wesende, dat so wat man van der Hense enige personen brachte in des koepmans halle, de [1] in dem rechte nicht en were, de schal geuen in de bussen XX den. sterl. also dicke he darmede befunden wart, he en hebbe den orlof van dem olderman oft twe anderen van dem rechte, so verne als de olderman nicht by der hand en were.

2. Item so is ok geordeneret, dat nemant in des koepmans halle fechten en schal ofte bal slan. Vnd so we darmede befunden en wert, schal geuen in de bussen XX den. sterl.

XLVI. *Den sten to werpende in dem haue.*

Int vorgescreuen iaer XX dage in Julio auerdroch de olderman vnd gemene koepman, dat so wat man worpe den sten van der halle vnd darmede enigen schaden an den muren ofte an den vornapan [2]) dede, ofte enich dink tobreke in dem haue ofte in der halle, de schal geuen in de busse V sch. sterl.

XLVII. *Van frucht to brekende in dem garden.*

Item so wert ok vp desuluen tit geordeneret, dat so wat man enige frucht breke in dem haue, et weren beren, appel, wyndruue, notte ofte enigerleye ander frucht, de schal geuen in de bussen V schillink sterlinges, so dicke he darmede befunden wert. Vnd darup schal men examinacie don vnd fragen elken by sinen eden, so wanner des (dem) olderman geleuet.

XLVIII. *Van drecke vp dem haue.*

Item int iaer XIIIᶜ vnde XX vp den ersten dach in Februwarii do wart auereingedragen by dem olderman vnd gemenen kopman, vp de tit to Lunden wesende, dat nemant vp den stalhof schal stro ofte mes ofte ander fulnisse laten vorgaddert, ofte liggen vor syn hus ofte boden ouer eyne nacht, vp de bote van 1 ₰ wasses. Ok weret sake, dat emant enige fulnisse vor eynes anderen boden, hus efte kamer worpe, de schal dubbel bote geuen, dat is to wetende II ₰ wasses. Vnd dat gelt daruan kamende schal gan to den carsen, de man holt in vnser kerken. [3])

XLIX. *Van drecke vnder den kran to bringende.*

Item int iar vnses heren MIIIIᶜXLVI vp den verden dach in August werde geordeneret by dem olderman vnd gemenen kopman, dat so wat man, de in dem stalhaue vnder den krane ofte vp dat warf eniges mes [4]) ofte ander fulnisse bringet ofte dar bringet vnd dat liggen let den lenger van stunden an int bot [5]) to werpende, de man schal geuen, so vaken he darmede befunden wert, einen nabel in de bussen. Vnd de daruan melder is, schal hebben van dem nabel I gale [6]) wyns. Vnd hir schal men examinacien van don als de olderman wil.

L. *Van sendenbaden to herbergende.*

Item so is ok geordeneret, dat nemant vp dem stalhaue en schal sendebaden, se syn grot ofte klene, rydere oft knechte, vtholden, vtgenamen sendebaden van den hensesteden. Vnd weret sake, dat

---

[1]) De *fehlt MS.* [2]) *Vornapan*, Vorbau? [3]) *Vnser kerken.* All Hallows the more, wo Wachskerzen vom Comtoir unterhalten wurden. [4]) *Mes*, Mist. [5]) *Bot.* Ein Boot, um den Unrath auf der Themse wegzuführen. [6]) *Gale*, gallon; lateinisch galo, ein Maass von vier Kannen.

hir enige sendebaden van buten der Hense quemen vnd dat iemant vp dem haue wêre, de ene fruntschop don wolde, de mach se to gaste laden ens, twy, drey man; he en schal en nicht husen, noch in des kakes bok schriuen laten. Vnde we hir entiegen deyt, de schal geuen in de bussen C sch. sterl.

LI. *Van der porten to slutende.*

Item int iar vnses hern MIIII^c^XXXIIII vp den XIII dach in Junio wort geordeneret by dem olderman vnd gemenen koepman, dat men der Dutschen hof des auendes sluten schal des winters to VIII uren vnd des sommers to negen, vnd elkerlik schal bynnen gan vnd nicht later stan vor dem haue. Vnd weret dat iemant buten to schaffende hadde buten tiden vorgeschreuen, de schal sen, dat he ene slotel hedde vptoslutende, vp vnd wedder to. Vnd weret sake, dat emant na den tiden in ofte vt dem haue ginge vnd de dor nicht na sick to en dede, de schal geuen in de bussen V schillink sterlinges, so vaken he darmede befunden wert. Vnd de melder schal daruan hebben den dordendel van den V schillingen vorgeschreuen.

LII. *De buten beslaten, werden nicht to kloppende.*

Item int iar MIIII^c^X vp den XII dach van Junio ordynerede (de) koepman, dat des auendes ein islik, de in ofte buten dem stalhof geit, de klene dor vnder (der) maltidt na sick todon schal, vp de bote van XX sch. sterl. [1]) Vnd ein islik schal binnen dem stalhofe syn to negen uren. Den schal men den gryndel [2]) van der klenen porten sluten. Vnd we darbuten is beslaten, en schal nicht kloppen noch gen geruchte maken, vp de bote van XL schillink sterlinges.

LIII. *Wo men sluten schal.*

Item int iar XIIII^c^LX vp den IX. dach in October wort geordeneret, dat eyn islik kopman van der Hense, de eyne kamer in dem stalhofe to bewaren (heft), syne weken lank als em de slotel van dem haue geboren to vorwaren, de sluten schal vp sodane vre als darup geordeneret is. Vnd we sick des wegert to donde ofte sine kamern let leddich stan, vnd er befelet nemande de slotel to entfangende, wanner dat sin tit kumpt to slutende, so schal de negeste kamer de slotel don entfangen vnd sluten de weken vor eme, vnd he schal des koepmans klerk dan to werk stellen, dat he dan van dersuluen kameren inuorderde XII den. Daruan schal de gene van dersuluen negesten kamer, de also vor eme de weken geslaten heft, hebben VIII den. vnd des kopmans klerke de IIII anderen den.

LIV. *Van gode vp dem haue laten liggen.*

Item int iar XIIII^c^XLIX vp den XIIII. dach in Meye wort geordeneret by dem olderman vnd gemenen koepman, dat nemant schal setten enige gudere ofte kopenschop vp den stalhof binnen beiden parten [3]) darna dat de guder vpschepet synt, vp de bote van eynem punt wasses, elke nacht to vorborende so lange alse he dat dar stan let. Dyt wort geordeneret vmme des willen, dat me dat rum hebben mach vnd dat nemant den anderen to vorfanginge sy intoginge [4]) to donde van siner kopenschop.

---

[1]) XX d. IIII. d. *MS.* [2]) *Gryndel*, Riegel, Schlagbaum. [3]) *Parten*, part, Seite.
[4]) *Intoginge*, Einsicht, Anschauung. Oder lies: antoginge, Anzeige.

LV. *Lose gesellen to herbergende.*

Item int iar XIIII^c^LII vp den XXVIII dach in Junio wort geordeneret by dem olderman vnd gemenen koepman, dat nemant en schal herbergen oft de nacht by sick slapen laten berbers knechte, ofte goltsmedeknechte, ofte ander fremede lose gesellen vp sinen kamern vp den stalhof, et en sy by orleue des oldermans, vp de bote van XX schillink sterlinges, vmme mede aftobringende de quaden gewant, [1] (de) darinne gekamen was, dat junge kopludeknechte vp erer mestere kamern in erem afwesende quat geruchte holden mit losen frouwen, geschen mit hertogen [2]) und andere rufferie, .dar de nabers vnd olderman van der warde ser gram vmme weren vnde wolden de kamern vp dem haue openen vnd vorsarsen [3]) mit macht, dat nicht gewontlik noch bequeme en was, dar de hele geselschop vor de halle worde grot vorsprakt [4]) vnde schemede [5]) vmme liden moste.

LVI. *Wo men broke schal richten.*

1. Item int iar MIIII^c^ des negesten donnerdages vor mitsommer wort geordeneret by dem olderman vnd gemenen koepman van der Hanse van allen hauen vp de tit to Lunden vorgaddert, dat so wat man breke enige broke, den schal he vpleggen also in vortiden geordeneret is. Vordermer so is ok nu geordeneret vmme party [6]) willen, de darnan gefallen syn vnd noch fallen mochten, dat men nicht mer vmmefragen schal int gemene, wan men broke richten wil, sunder de olderman schal kesen IIII manne to em. Wat de den eynem isliken weddergeuen oft nemen, dat scullen se ok bestellen mit dem, de gebraken heft, dat nemant int gemene weten schal.

2. *Wor de broke hen schal.* Item so is ok eingedragen, dat alle broke, de eyn koepman brekt tegens des koepmans ordynancie, is dat sake, dat se bauen IIII den. dregen, so schullen se gan in de bussen, vnd wat IIII den. vnd dar benedden draget, dat [7]) schal de olderman hebben.

3. *Den broke sunder gnade to nemende.* Item so is dem oldermanne vnd deme kopman to Lunden van den gemenen steden van der Hense ernstliken befalen alle penen vnd broke sunder gnade to nemende vnd intouorderende. Vnd oft sick dar emande wreuelyken wolde iegens stercken, de schal vorboren des koepmans recht vnd frydom, vnde de kopman en schal en darna nicht vorantwerden.

LVII. *Dat schot to betalende vnd breken.*

1. Item so is ok geordeneret, dat, ofte sake were, dat enich koepman van der dutschen Hense auer sehe treckede vnd dat schot, dat gesat is, nicht en betalede, de man schal breken dubbelt scot in de bussen vnde eyn mark suluers. Vnde ok ofte enich man entfenge schot van enigem man, de vt dem lande treckede, de schal den man fragen by sinem ede: ofte he fuldan hebbe na siner wittenschop? Vnd densuluen ed schal he vort sweren vor krutzen vor dem koepman, wan he dat schot vpantwerdet. Vnde weret sake, dat enich man schot entfenge vnd den ed nicht en neme, de schal geuen in de bussen IIII den. so vaken als he dat vorsumet.

---

[1]) *Gewant*, Gewohnheit. [2]) *Hertogen*, Haartagen, bei den Haaren zausen. [3]) *Vorsarsen?* erforschen? forciren? [4]) *Vorspreken*, tadeln, lästern. [5]) *Schemede*, Beschämung. [6]) *Party*, Partei, Streit. [7]) Dar dat. *MS.*

2. *Dat schot to entfangende.* Int iar MIIII°XXIII vp den XVI in Junio auer(en)droch de koepman, dat elk man scholde sin schot betalen er he vt dem lande treckede, bi swaren eden, also dat van olders gewontlik heft gewesen, vp de bote van eyner marc suluers, vnd [1]) he vt dem lande sende beide an kopenschop, an wessel, vnd ane auerkoep, wo vnde in wat [2]) wyse he dat bybrachte, sunder argelist.

3. *De enwechsegelt vnde sin scot nicht en betalet.* Item weret sake, dat enich schipper in de Hense behorende, de enwech segelde vnd sin schot nicht betalen en wolde na der ordynancien darup gesat, so wanner he sin schip vllecht, vme enwech to segelnde sunder orlof des oldermans, vnd sin schot nicht en betalet en heft, so schal de olderman den schipheren don arresteren mit dem engelschen rechte, vnd nemen van em dubbelt schot vnd eyne marc sulners. Dergelyken ok weret sake, dar en koepman van der Hense were in en schip gekamen vmme enwech to segelnde, vnd sin schot nicht betaled en hadde, den man schal men ok so halen vmme dubbelt scot vnd eine marc suluers to betalende.

4. *De schippers ere schepe to settende.* Item so schal ok elk schiphere van der Hense, de mit sinem schepe in Engeland kamet, sin schip by sinen eden setten vp einen redeliken pris, dar he dat vor nemen wil vnd geuen wil vnd betalen dar des kopmans schot van. Vortmer so schal he by sinem ede seggen, wo uele dat he beholt bliuendes van der vracht, wan [3]) kost vnd vnkost vnd sine kindere daruan betalet syn. Vnd daruan schal he ok sin schot betalen also wol (van dem) dat sinen reders tobehort. Vorder so schal [4]) alze eme oft deme schepe tobehort, ok by sinem ede. Vnd so welk schiphere hir entiegen dede vnd darmede geprouet [5]) worde, de schal geuen dubbelt schot vnd ene marc suluers.

5. *Van dem schotte to sendende* [6]) *vt allen husen* [7]) *to dem kopman to Lunden.* Item so is ok geordeneret, dat alle koplude vnd schiphere, in wat hauenstede se kamen, dar se eren market don vnd des koninges kastume betalen, schollen van elken schepe vnd guderen darinne ein reygester schriuen, wouele se dar to der kastume sowol in land alse vte dem lande hebben geuen, vnd darmede elkes mannes namen vnd wat elk heft gegeuen. Vnd schollen vp erer aller kost einen man senden mit dem register an den koepman to Lunden, vorsegelt mit des schipheren vnd enes van den kopluden segelen. Vnd mit demsuluen baden scholen se senden des koepmans schot van allen guderen, de in de Hense behorende syn. Vnd dar en schal nichts van vryg syn dan allene der kinder forynge. [8]) Vnd wat se dar entbauen hebben van kopenscop, dar scholen se des kopmans schot vnde de kost [9]) gelyken mede van betalen alse andere koeplude. Vnd vp allen guderen, de men vt dem rike vort, [10]) schal men einen puntbref [11]) hebben mit des koepmans syngenete vorsegelt, gegeuen vp dat men wisen moge, dat des kopmans puntgelt betalt is. Wan se in welker stad van der Hense enige

---

[1]) Eer *fehlt MS.* [2]) Wat *fehlt MS.* [3]) Van. *MS.* [4]) Hier fehlt etwas über den ferner vom Schiffer zu erlegenden Schoss. [5]) *Geprovet*, überführt, englisch: to prove. [6]) Sendende *fehlt MS.* [7]) *Husen.* Im Texte: Hauenstede. [8]) *Der kinder forynge*, der Matrosen Führung, eine genau bestimmte kleine Quantität Waaren, welche jene auf den Schiffen mitnehmen dürfen. [9]) *Kost.* Lies: Kastume. [10]) Wortth. *MS.* [11]) *Puntbref*, der Empfangschein über den entrichteten Pfundzoll.

guder vt dem vorgeschreuen ryke brochten, dar alsulke puntbref nicht by en were, so schal de rad der stad de gude rosteren vnd daruan nemen dubbelt schot vnd darto breken ein marc suluers, als dar by langen tiden by den steden van der Hense geordeneret is.

Item de shipkinder, dewelke in den steden van der Hense borgers syn vnd in de Hense behoren, de mogen ere kopenschop vnd gud vorkastumen so vorgescreuen steit.

LVIII. *Schippers myt eren rederen to rekenen.*

Item wanner enich schiphere van der Hense in enige hauene kumet, dar he sine reders ofte den meisten del vindet, dar schal he en rekenschop don [1]) vor guden, erbaren luden van allen reisen, de he gedan heft. Vnd en schal nicht mechtig syn, dat schip to vorurachtende buten siner reders weten vnd willen. Vnd ofte he dat gedan hadde, so soll de vorurachtinge van nenen werden syn. Vnd weret, dat enich schiphere hir entiegen dede, de schal stan to des rades ofte koepmans kentenisse so wes he darane braken heft. [2])

LIX. *Van borgen gelt to hebben.*

Item weret, dat enich man in de Hense behorende eines borgen van der Hense gelt vnd wedderleggenge hadde, wan de van eme scheden wil, so schal he dar kamen dar he wanet dar he wedderleggenge van eme genamen heft, vnd don eme mit fruntschop ofte mit rechten des he eme plichtich sy. Vnd weret dar he sick des weigerde, so schal he in nener hansestad borger wesen oft werden, it en were dat it eme sulk not beneme, dat he to der stede, alse de here dat eskede, nicht en konde kamen.

LX. *Men schal gen gerouet oft sedriftich* [3]) *gud kopen.*

Item so en schal gen man van der Hense gerouet oft sedriftich gud kopen, bi liue vnd gude. De dat koften, de schal men richten an ere hogeste vnd dat gekofte gud schal vorfallen syn den gemenen steden. Kopet he ok dat gut vnwetende, [4]) so is dat allene vorfallen, men he schal de unwetenheit war maken self dorde bi ede. [5])

LXI. *Van vorbadene wege vnd reise holden.*

Item wente den itlike vt der Hense koeplude vnd borgere oft ingesetene, de der gemenen stede privilegien vnd friheiden gebruken, den steden vnhorsam werden vnd vorbadene wege vnd reisen soken, dar auer de wolfart des gemenen kopmans sere vornichtiget wert, so hebben de gemenen stede van der Hense eindrechtliken vorramet vnd geslaten, dat weret enich borger ofte koepman edder ingeseten van der Hense iegens disse der stede ordynancie vorbadene reise edder stede vorsochten, sodane personen en ofte mer scholen vorboret hebben ere er vnd der stede privileye, vnd sodane gut alse se den iegens der stede ordynancie voren vnd hanteren, vnd darenbauen 1 marc goldes der stad, de se darauer befindet. Vnd dit willen de stede vorgeschreuen strengeliken geholden hebben vnd ok also gerichtet, wan des van noden is.

---

[1]) Dar — rekenschop *fehlt MS.* [2]) Wörtlich aus dem hansischen Recesse vom Jahre 1434 Art. 3, der 1447 Art. 13 wiederholt ist. Siehe *Pardessus* Collection de lois maritimes. T. II. p. 472. [3]) Sedenstich. *MS.* [4]) Vmelende. *MS.* [5]) Dieser Artikel ist wörtlich aus dem Recesse vom Jahre 1447 Art. 9, welcher den desfalsigen Art. 7 des Recesses vom Jahre 1418 abgeändert hat. Siehe *Pardessus* l. l. T. II. p. 481, 469.

CVII. *Gezeugniss über die Freiwilligkeit des von den Kaufleuten der deutschen Hanse geleisteten Beitrages von 20 £ zur Unterstützung der Warde. 1461, Februar 11.*

Vniuersis et singulis presentia visuris seu legi audituris Nos, Johannes Walssha, aldermannus warde de Dowgate, ciuitatis London. ‖ Robertus Gayton, grocerus, Thomas Danyell, tinctor, Willelmus Boylet, cissor, Willelmus Gardener, piscenarius, Willelmus Wykwan, tinctor, ‖ et Johannes Trewynard, tonsor, ciues dicte ciuitatis et habitantes eiusdem warde; ac Willelmus Cawche, Robertus Brigger, Thomas Baxster ‖ et Johannes Brooke, nunc collectores eiusdem warde cuiusdam pecunie summe domino regi prestande in ciuitate predicta, salutem in Domino. Sciatis, quod tenore presentium recognoscimus, nos, predictos aldermannum, habitantes et collectores pro nobis ac tota ciuitate predicte warde recepisse die datarum presentium ratione amicabilis mutui et praestationis de certis mercatoribus Hanze Theutonice in dicta warda nunc existentibus viginti libras sterlingorum, quos ipsi eorum propria auctoritate de bonis suis et non nomine communitatis dictorum mercatorum Hanze nobis in releuamen communitatis dicte warde pro presenti tempore ad usum domini regis penes solucionem dicte summe sic prestande prestarunt, non ex lege nec consuetudine aliqua hactenus vsitata, vi neque coactu ad hoc ducti, set ex mera et spontanea eorum voluntate ad instanciam et rogacionem Richardi Lee, nunc maioris, et aldermannorum dicte ciuitatis gratanter prestarunt. Et promittimus nos, predicti aldermannus, habitantes et collectores pro nobis ac communitate ac successoribus nostris dicte warde, quod predicta prestatio viginti librarum nunquam in preiudicium dictis mercatoribus, communitati eorum vel successoribus suis aut libertatum suarum eis hactenus concessarum seu consuetudinum suarum vertatur vel dispendium vllo modo, nec quod causa libere prestationis predicte, si que nos vel successores nostros dicte warde in aliis consimilibus in posterum subire contigerit, quam vrgens etiam necessitas existat, dicti mercatores Hanze et communitas eorum vel eorum successores non onerentur in aliquo nec grauentur vllis temporibus in futurum. Volumus etiam, quod ipsi, vel eorum *Theutonicus Aldermannus* dictorum mercatorum pro tempore existentes consequantur et habeant eandem assecurationem et solutionem dictarum viginti librarum in eisdem formis et temporibus pro rata eorundem, quales maior et communitas dicte ciuitatis a domino rege vel dominis de consilio suo recipient et habebunt, prout hoc etiam in libro Guyhalde ciuitatis predicte litera k consignato, folio CCCIX° extitit irrotulatum. In cuius rei testimonium presentibus sigilla nostra singillatim apposuimus. Datum undecimo die mensis Februarii, Anno regni Regis Henrici sexti post conquestum tricesimo nono.

CVIII. *König Edward IV. erbietet sich gegen den Rath zu Hamburg, das freie Geleit für die Hansen auf zwei Jahre zu verlängern und Gesandte nach Utrecht zu schicken. 1465, Januar 3.* [1]

Edwardus, Dei gracia rex Anglie et Francie et dominus Hibernie, spectabilibus et clarissimis viris, Proconsulibus et Consulibus civitatis Hamborgensis, amicis nostris carissimis, salutem plurimam

[1]) Aus einer Abschrift im hamburger Archive.

dicit. Spectabiles et clarissimi viri! Mercatores Hanse Alemannie, qui hoc regno nostro sua tractant negocia, pridie nos docuere, quod per civitates eiusdem Hanse ad sedandas discordias ultro citroque media communicata fuerant, tandem vero conclusum, quod dieta communis celebraretur, si hoc nobis gratum foret. De qua re eciam cerciores facti eramus per literas, quas nobis reddi fecerant Proconsules et Consules civitatis Coloniensis, qui nomine tocius Hanse ad nos scripserunt; intimantes, quod in urbe vestra de Hambourgh, dieta huiusmodi celebranda commodius videretur. Ad festum sancti Johannis baptiste iam transactum paravimus, ad literarum huiusmodi et mercatorum instancias, ambassiatores nostros, qui Traiectum inferiorem sunt profecti, pro dieta ipsa conficienda, quod e re publica nostra fore videbatur. Tametsi infecto negocio oratores ipsi sint reversi, nihilo secius, quia dicti mercatores de Hansa plurima dicentes pro excusacione non observate diete, de integro nobis persuaserunt, ut discordias supradictas tollendi leniendique gracia, quod eius (?) fieri posset, contenti fuerimus, ut hincinde securitas detur mercatoribus utriusque partis biennio duratura; quo quidem temporis curriculo mutua communicatio et libera mercandisandi facultas haberetur. Quod si ex parte ipsius Hanse acceptum habeatur et litere sufficientes super hoc expedite nobisque deliberate fuerint, nostrarumque simillimas paratas habebit. [1]) Interimque, ut omnis e medio tollatur simultas, si oratores nomine ipsius Hanse ad Traiectum supradictum vel ad locum nobis propinquiorem, transmittent circa festum sancti Johannis baptiste proximum, nostros eciam istinc destinare curabimus, si tempore congruo de hoc nos certiores efficient: neque enim difficiles erimus in rebus ipsis, que communi bono conducere videbuntur. Ex manerio nostro de Eltham, tercio nonas Ianuarias.

Edwardus R.

In dorso: Spectabilibus et clarissimis viris, Proconsulibus et Consulibus civitatis Hamborgensis, amicis nostris carissimis.

CIX. *Geleits-Brief des Rathes zu Stralsund für die englischen Kaufleute. 1465, April 23.* [2])

Universis et singulis presentes literas inspecturis Proconsules, Consules totaque communitas civitatis Stralessundensis notum facimus, publice recognoscentes per presentes, quod nos serenissimi et invictissimi principis et domini, domini Edwardi, Anglie et Francie regis dominique Hibernie, domini nostri graciosissimi, regnicolis, subditis, mercatoribus, marinariis et fidelibus suis, quibuscumque nominibus censeantur, de presenti, coniunctim et cuilibet ex eis divisim, concessimus et indulsimus, et, omni dolo et fraude semotis, concedimus et indulgemus, sub harum literarum testimonio, liberum et firmum salvum conductum nostrum ac omnium et singulorum nostrorum subditorum, necnon quorumcumque aliorum nostre voluntati atque dictioni subiectorum, cuiuscumque sexus, status, dignitatis atque condicionis existant; ita quod ipsi cum eorum navibus, mercandisis, personis, bonis et rebus suis, in

---

[1]) *Lies:* nostras, earumque simillimas, paratas habebunt, vel habebimus.

[2]) Aus einer Original-Ausfertigung auf Pergament, mit angehängtem Siegel, im hamburger Archive.

quibuscumque consistant, per districtus atque dominia nostros, tam per terram quamque per aquas, secure et libere, absque aliqua invasione et offensa, transire et inibi stare et conversari, accedere et inde recedere, ac in memoratis nostris civitate et districtibus quibuscumque liberam mercandisandi facultatem, more quorumcumque aliorum mercatorum, habere possint et valeant. Qui quidem noster salvus conductus inchoabitur et incipiet in diebus sanctis paschalibus proxime futuris, ad biennium immediate sequens integre duraturus. Quapropter committimus, districte percipientes, omnibus et singulis nostris officialibus, advocatis, rectoribus et subditis, cuiuscumque status et condicionis existant, ut dictum nostrum salvum conductum firmiter et inviolabiliter, omni impedimento cessante, observent et teneant, observari et teneri faciant, nec a quoquam infringi aut violari permittant quovismodo, quem eciam et nos similiter, vt premittitur, firmiter et inviolabiliter volumus observare. In quorum omnium testimonium, iussimus et fecimus has nostras patentes literas, nostro sigillo presentibus subappenso, consignari ac communiri. Sub anno Domini millesimo quadringentesimo sexagesimo quinto, die Martis, vicesima tercia mensis Aprilis.

CX. *König Edward IV. von England verspricht, seine Gesandten nach Hamburg zu senden. 1465, April 25.* [1]

Edwardus, Dei gracia Rex Anglie et Francie et Dominus Hibernie, spectabilibus et egregiis viris, Proconsulibus et Consulibus civitatis Hamburgensis, amicis nostris carissimis, salutem. Spectabiles viri! Vestras literas datas ex Hamburgh, XIX° Marcii transacti, recepimus, quibus dissuasus est locus Trajecti, in aliis literis nostris memoratus, pro dieta celebranda, quem putabamus convenientem et et congruum. Sed quia vestris discrecionibus consultius videtur, quod in ciuitate Hamburgensi dieta teneatur, ob causas que nobis declarate sunt, nos bonum commune nostre opinioni preponentes assentimus, quod in illa vestra civitate oratores parcium mutuo se inveniant. Pro nobis bonarum condicionum viros transmittemus, qui in festo sancti Jacobi, ut optatis, ibi aderunt, si pateat viarum securitas vestra diligencia obtenta; et sic eos instructos dimittemus, quod minime nobis imputabitur, si ex dieta illa effectus optimus non fuerit insecutus: advisantes nobilitates vestras, quando ex parte civitatum Hanse remissum animum intellexerimus, causam dabit, quod voluntas, qua nunc sumus, frigescet. Salvum conductum pro vestris ex harum nuncio recipietis, similem illi, quem ad nos pro nostris misistis. Et quia Lubicenses alium optant, transmittimus quoque illum deliberandum, si similem nuncio pro nostris consignent. Deus vos optimo servet statu, qui omnia potest. Ex palacio nostro Westmonasterii, nostro sub sigillo, mensis Aprilis die vicesima quinta, anno regni nostri quinto.

Edwardus R.

In dorso: Spectabilibus et egregiis viris, Proconsulibus et Consulibus civitatis Hamburgensis, amicis nostris carissimis.

---

[1]) Aus dem Original-Schreiben des hamburgischen Archives.

CXI. *König Edward IV. gestattet den deutschen Hansen den Genuss ihrer Privilegien bis Mitsommer 1471, falls hansische Gesandte für die Friedens-Unterhandlungen binnen zwei Jahren nach England abgeordnet werden. 1466, März 4.*

Eduardus, Dei gracia rex Anglie, Francie, et dominus Hibernie, omnibus ad quod presentes littere peruenerint, salutem. Sciatis, quod nos, ex certis causis et considerationibus nos specialiter mouentibus, de gracia nostra speciali ac ex certa scientia et mero motu nostris, concessimus et per presentes concedimus, pro nobis et heredibus nostris, mercatoribus regni Alemannie, illis, scilicet, qui habent domum in ciuitate London, que *Guildehalla Teutonicorum* vulgariter nuncupatur, quod ipsi continue a festo natiuitatis sancti Johannis baptiste, quod erit anno Domini Millesimo CCCCLXVI°, per quinque annos ab eodem festo proximo et immediate computandos, per totum regnum nostrum Anglie, necnon alia loca nobis subiecta, omnibus et singulis priuilegiis, libertatibus et liberis consuetudinibus, quibus ipsi progenitorum nostrorum, quondam regum Anglie, temporibus per eorum cartas ibidem racionabiliter vsi fuerunt et gauisi, libere et pacifice vti et gaudere possint, eaque habeant et libere exerceant, absque impedimento, inquietacione, molestacione siue perturbacione quacumque nostri seu heredum nostrorum, officiariorumque et ministrorum nostrorum aut suorum quorumcumque, sub modo et condicione huiusmodi: quod ipsi, videlicet mercatores regni Alemannie, infra duos primos annos a dicto festo natiuitatis sancti Johannis proximo continue numerandos, certos procuratores, nuncios, seu ambassiatores suos, pro parte et nomine tocius Hanse Teutonice mercatorum, plene instructos et sufficientem in ea parte potestatem habentes ad tractandum, communicandum, concordandum et finaliter concludendum nobiscum siue cum commissariis nostris, omniaque et singula faciendum et agendum, que ad intercursum et exercicium commerciorum et mercandisarum, seu ad innouacionem aut compositionem pacis, federis et amicicie perpetue inter nos et mercatores predictos necessaria fuerint, seu quomodolibet opportuna, ad nos mittant in regnum nostrum Anglie predictum. Ita quod, si infra dictos duos primos annos quinque annorum supradictorum, legationem seu ambassiatam huiusmodi in forma predicta ad nos non miserint, ex tunc et in illum euentum, volumus hanc concessionem et presentes litteras nostras per dictos duos primos annos solummodo et nullatenus vltra durare.

Et vlterius de gracia nostra speciali, atque ex sciencia et motu consimilibus, concessimus et per presentes concedimus, pro nobis et heredibus nostris, mercatoribus regni Alemannie supradictis, quod ipsi et eorum quilibet e predicto festo natiuitatis sancti Johannis baptiste per tempus, quo hec concessio et presentes littere nostre, vt premittitur, durabunt, quieti sint et exonerati, erga nos et heredes nostros, de omnibus et omnimodis subsidiis concessis, et durante termino predicto concedendis nobis, tam pro personis suis, quam pro omnibus bonis et mercandisis suis in regnum nostrum Anglie, citra finem temporis prescripti, vt premittitur, per quemcumque mercatorum predictorum adducendis et extra idem regnum nostrum Anglie educendis, debendis. Salvis nobis et heredibus nostris antiquis nostris prisis, iuribus, consuetudinibus et custumis quibuscumque, nobis, absque preiudicio priuilegiorum, libertatum et consuetudinum predictorum, qualitercumque debitis. Ita quod ipsi mercatores predicti nec aliquem, qui de ipsorum numero non existat, nec eius bona seu mercimonia, in fraudem aduocent seu submittant quoquomodo.

Volumus eciam, et per presentes concedimus prefatis mercatoribus, quod cancellarius noster Anglie ac custos priuati sigilli nostri, pro tempore existentes, et eorum vterque, tot et talia literas patentes, brevia et alia mandata nostra ex cartis predictis et presentibus litteris nostris, tam sub magno quam privato sigillis nostris fienda, tam collectoribus custumarum et subsidiorum nostrorum in quocumque portu regni nostri predicti, ac custodibus pacis et vicecomitibus in quocumque comitatu, ciuitate et villa regni nostri predicti, pro tempore existentibus, quam thesaurario et baronibus de Scaccario nostro, et omnibus aliis officiariis, ministris et ligeis nostris et heredum nostrorum, dirigenda, quot et qualia prefatis mercatoribus seu eorum alicui, pro execucione premissorum videbitur fore necessaria, seu quomodolibet oportuna, ac consimilia brevia et warranta sub eisdem sigillis, qualia iidem mercatores, pretextu alicuius mandati nostri ante hec tempora habuerant, de tempore in tempus, durante termino prescripto, absque dilacione fieri faciant et prefatis mercatoribus deliberari.

Proviso semper, quod si qui ex mercatoribus predictis, durante tempore huius concessionis et presencium literarum nostrarum, bellum forsan nobis seu subditis nostris quouismodo intulerint, aut contra nos seu subditos nostros mortales seu hostiles inimicicias exercuerint, seu aliquid per predam, vim armatam aut hostili more iniuste, seu alias malitiose attemptaverint, quo minus reintegracio, reformacio seu composicio concordie, amicicie et pacis perpetue inter regna, terras, ciuitates, oppida et loca Alemannie et Anglie eorumque populos et incolas, effectualiter procedat et debitum sortiatur effectum, extunc ipsi beneficium ac commodum aliquod ex presenti concessione nostra nullatenus consequantur, neque ad eos eadem concessio nostra extendatur ullo modo: nullo tamen per hoc aliis, qui in ea parte minime culpabiles fuerint, preiudicio generando. In cuius rei testimonium has literas nostras fieri fecimus patentes. Teste me ipso, apud Westmonasterium, quarto die Marcii, anno regni nostri sexto. Per breve de privato sigillo, et de data predicta auctoritate parliamenti.

Bagot.

In dorso: Irrotulatum in memorandis Scaccarii, videlicet, inter recorda de termino Pasche, anno sexto regis Edwardi quarti, rotulo secundo, ex parte rememoratoris regis.

CXII. *König Edward IV. bezeuget dem Rathe zu Hamburg seine Bereitwilligkeit, die hansischen Privilegien zu verlängern. 1467, März 4.* [1])

Edwardus, Dei gracia rex Anglie et dominus Hibernie, spectabilibus et egregiis viris, Proconsulibus et Consulibus civitatis Hamburgensis, amicis nostris carissimis, salutem. Literas vestras, mensis Novembris ultimi die tertio scriptas, nuper recepimus; quibus tandem, post nonnulla variaque sermone eleganti et ordine longo narrata, aggredi nos precibus videmini, velimus in aliquos denuo annos usum

[1]) Aus dem Originale des hamburgischen Archives, mit aufgedrucktem Siegel.

libertatum et privilegiorum Hanse mercatorum extendere. Enim prefecto, viri egregii, tametsi maxima cura, ingenti sollicitudine studioque summo causam illam antiquissimorum federum ac perpetue pacis inter nos et mercatores Hanse Theutonice resarciende componendeque fuerimus hactenus prosequuti, nec id quidem verbis solum et literis, verum eciam factis et geminata legacione in oras longinquas cum magnis impensis destinata palam fecimus tempore superiori; et preter hec, citra id temporis libertates predictas ad non modicum tempus indulsimus prorogandas, ea spe freti, quod medio tempore negotium illud finem debitum, ad utriusque nostrum reipublice utilitatem et optatum sortiretur effectum: nihil tamen, de quo summopere in admirationem ducti sumus, hucusque quod ad felicem tam salubris atque operis sancti consummacionem spem augeret, sequutum est; ymmo palliacionem pocius dilacionemque quam finem hac ipsa in re investigari expetique putetur. Que quamquam ita se habere videantur, nos tamen animum pristinum in tam saluberrimi operis instituto retinentes, ut ex parte nostra, quod istuc ipsum negocium promoveat, relinquatur nichil; idque ipsum item vestras prudencias curaturas arbitrati, vestris in hac parte supplicacionibus annuentes, privilegia et libertates consuetas vobis et mercatoribus aliis Hanse predicte, iuxta formam et tenorem, quem presentibus recipietis interclusum, duximus concedendas. Optantes, ut si quid fortasse usque antehac in hoc negocio parum diligenter aut tepide gestum fuerit, id iam tandem aliquando pro vestra sapiencia vel diligencia efficax intra tempus annotatum eluat atque expurget, finemque his rebus felicissimum, utrimque diu expectatum, Deo duce imponat: qui spectabilitates vestras incolumes conservare dignetur in annos plurimos. Datum nostro sub privato sigillo, apud Westmonasterium, quarto die Marcii, regnorumque nostrorum anno septimo.

In dorso: Spectabilibus et egregiis viris, Proconsulibus et Consulibus civitatis Hamburgensis, amicis nostris carissimis.

CXIII. *König Edward IV. verlängert die Privilegien der Hanse auf ein Jahr, damit diese mittlerweile Gesandte nach England abordnen. 1468, März 2.* [1])

Edwardus, Dei gracia rex Anglie et Francie et dominus Hibernie, omnibus ad quod presentes litere venerint, salutem. Sciatis quod *(wie oben No. CXI, mit Ausschluss der Zeitbestimmung)* illis, scilicet, qui habent domum in civitate London, que *Gildehalla Teutonicorum* vulgariter nuncupatur, quod ipsi, continue a festo nativitatis sancti Johannis baptiste proxime futuro, per unum annum integrum extunc proxime et immediate sequentem, per totum regnum *(bis zu)* suorum quorumcumque. Infra quod tempus certos procuratores, *(wie No. CXI. bis)* regnum nostrum Anglie. Et ulterius, de gracia *(das Folgende wie in No. CXI).*

Teste me ipso apud Westmonasterium, secundo die Marcii, anno regni nostri septimo.

Siverende.

---

[1]) Aus einer hamburger Abschrift.

CXIV. *König Edward IV. verlängert die hansischen Privilegien von St. Johannis Baptiste bis Ende August. 1469, Mai 10.* [1]

Edwardus, Dei gratia rex Angliae et Francie et dominus Hibernie, omnibus ad quos presentes litere pervenerint, salutem. Sciatis quod *(wie in No. CXIII bis auf die Zeitbestimmung)* illis, scilicet, qui habent domum in civitate London. que *Guildehalla Teutonicorum* vulgo nuncupatur, quod ipsi, continue a festo nativitatis sancti Johannis baptiste proxime futuro usque ultimum diem Augusti tunc proxime et immediate sequentem, per totum regnum etc.

Teste me ipso, apud Westmonasterium, decimo die Maii, anno regni nostri nono.

Kirkeham.

CXV. *Thomas Frowyk, Knape, überträgt an Margaretha Fitz Robert seine Ansprüche an die von ihrem Ehemanne auf seinen Vater einst gelangten Grundstücke u. a. in London. 1470, August 8.* [2]

Omnibus Christi fidelibus presens scriptum visuris vel audituris, Thomas Frowyk, armiger, filius et heres Henrici Frowyk, nuper civis et merceri ac aldermanni civitatis London. defuncti, salutem in Domino sempiternam. Cum Robertus Fitz Robert, civis dum vixit civitatis predicte, dederit, concesserit et per cartam, cuius data est London., vicesimo die mensis Augusti, anno regni regis Henrici sexti post conquestum Anglie duodecimo, [3] confirmaverit Johanni Neell, nuper magistro domus sancti Thome martiris dicti de Acon London., predicto Henrico Frowyk, patri meo, Johanni Grace, peautrer, civibus civitatis predicte, Willielmo Kirkeby, clerico, et Ricardo Davy, capellano, omnia, terras et tenementa, redditus, reversiones et servicia, cum omnibus et singulis suis pertinenciis, que adtunc habuit in parochiis beate Marie de Aldermarichirche, [4] sancti Antonini, [5] *Omnium Sanctorum ad fenum*, sancti Pancracii, [6] beate Marie de Colchirch, [7] sancti Martini Pomers [8] et sancti Laurencii in veteri Judaismo [9] in civitate London., et in parochia sancti Botulphi [10] extra Aldrichegate in suburbio eiusdem civitatis; habenda et tenenda omnia predicta, terras et tenementa, redditus, reversiones et servicia, cum omnibus et singulis suis pertinentiis, ut predictum est, prefatis Johanni Neell, Henrico Frowyk, Johanni Grace, Willielmo Kirkeby et Ricardo Davy, eorumque heredibus et assignatis imperpetuum, prout per cartam illam plenius apparet: et quia predicti Johannes Grace, Willielmus Kirkeby et Ricardus Davy obierunt

[1]) Aus einer hamburger Abschrift.

[2]) Aus dem Vidimus des londoner Magistrates vom Jahre 1475, August 11. [3]) 1434, August 20 siehe unten ebendaselbst. [4]) In Criplegate Ward; siehe oben § 6. S. 67. Note 2. [5]) St. Anthony's oder St. Antlins in Bridge Row, Ward of Cordwainer's Street. [6]) St. Pancratii, an der Nordseite von Pancras Lane, neben Queen Street, im Ward of Cheap. Diese Kirche ist 1666 verbrannt und nicht wieder hergestellt. [7]) St. Mary Colechurch, an der südwestlichen Seite von Old Jewry, in Poultry, Ward of Cheap. [8]) St. Martin Pomers. Vermuthlich ist zu lesen: St. Martin Orgars, in St. Martins Lane, neben Cannon Street, im Candlewick Ward. Sie verbrannte 1666 und ist nicht wieder aufgebauet. [9]) St. Lawrence Jewry im Ward of Cheap. [10]) St. Botulph Aldersgate without, eine sehr alte Kirche.

seisiti in dominico suo ut de feodo suo, (in) et de omnibus terris et tenementis, redditibus, reversionibus et serviciis predictis, in dictis parochiis *Omnium Sanctorum ad fenum*, sancti Pancracii, beate Marie Colchirch, sancti Martini Pomers et sancti Laurencii in veteri Judaismo in civitate London., et in parochia sancti Botulphi extra Alderichegate in suburbio eiusdem civitatis; [1]) habenda et tenenda omnia predicta, terras et tenementa, redditus, reversiones et servicia, cum omnibus et singulis suis pertinenciis, ut predictum est, prefatis Johanni Neell, Henrico Frowyk, Johanni Grace, Willielmo Kirkeby, et Ricardo Davy, eorumque heredibus et assignatis imperpetuum, prout per cartam illam plenius apparet: et quia predicti Johannes Grace, Willielmus Kirkeby et Ricardus Davy obierunt seisiti in dominico suo ut de feodo suo, et de omnibus terris et tenementis, redditibus, reversionibus et serviciis predictis, in dictis parochiis *Omnium Sanctorum ad fenum*, sancti Pancracii, beate Marie Colchirch, sancti Martini Pomers, et sancti Laurencii, [2]) post quorum mortem predicti Henricus, pater meus, et Johannes Neell supervixerunt et se tenuerunt in omnibus eisdem terris et tenementis, redditibus, reversionibus et serviciis per ius accrescendi, et fuerunt inde seisiti, (videlicet, predictus Henricus, pater meus, in dominico suo ut de feodo, et predictus Johanes Neell in dominico suo ut de libero tenemento, eo quod professus fuit;) et postea predicti Henricus, pater meus, et Johannes Neel obierunt sic inde seisiti, (scilicet, primo idem Henricus et deinde dictus Neel;) post quorum mortem reversio omnium terrarum et tenementorum, reddituum, reversionum et serviciorum predictorum, cum pertinenciis, in predictis parochiis *Omnium Sanctorum ad fenum*, sancti Pancracii, beate Marie Colchirch, sancti Martini Pomers et sancti Laurencii, situatorum, michi prefato Thome, ut filio et heredi predicti Henrici, patris mei, iure hereditario descendebat: noveritis me prefatum Thomam remisisse, relaxasse et omnino de me et heredibus meis imperpetuum quietum clamasse ***Margarete Fitz Robert*** vidue, nuper uxori Roberti Fitz Robert, filii Robert Fitz Robert, nuper civis et groceri London., in eiusdem Margarete plena et pacifica ac continua possessione existentibus et heredibus suis, totum ius meum, statum, titulum, clameum, demandam et interesse, que unquam habui, habeo seu aliquo modo iure vel titulo in futurum habere potero, de et in omnibus terris et tenementis, redditibus, reversionibus et serviciis predictis, cum suis pertinenciis, in predictis parochiis *Omnium Sanctorum*, sancti Pancratii et sancti Laurencii civitatis predicte. [3]) Ita, videlicet quod nec ego prefatus Thomas Frowyk, nec heredes mei, nec aliquis alius pro nobis seu nomine nostro, aliquod ius, statum, titulum, clameum, demandam seu interesse, de et in eisdem terris et tenementis cum ceteris premissis, seu in aliqua inde parcella, de cetero exigere clamare seu vendicare poterimus aut poterit in futurum sed ab omni actione, iure, titulo, clameo, demanda seu interesse inde petendis totaliter sumus exclusi imperpetuum per presentes. In cuius rei testimonium huic presenti scripto meo sigillum meum apposui. Datum octavo die mensis Augusti, anno regni regis Edwardi quarti post conquestum decimo.

---

[1]) Es fehlen hier also die Rechte in beiden erstgenannten obigen acht Kirchspielen. [2]) Es fehlt hier dies letzte der vorgenannten Kirchspiele. [3]) Hier sind also auch die Kirchspiele St. Mary Colechurch und St. Martin nicht mehr aufgeführt.

CXVI. *Die Hansen gestatten den nach Huy übersiedelten Dynantern auf zwanzig Jahre die hansischen Privilegien in England zu gebrauchen. 1471, April 4.*[1]

Allen vnd einem iewelikeu besunder den disse bref vorkamende wert, ene sen edder horen lesen, vnsen gunstigen leuen heren vnd besunderen guden frunden, don wy rades[2]) sendebaden vnd gedeputerden der gemenen stede van der dutschen Hense vp disse tit to Lubeke[3]) to dage vorgaddert, vnd de rat darsuluest, na erbedinge[4]) vnses willigen deustes vnd fruntliker grote, apenbar betugen[5]) in vnd mit dissen breuen, dat de erwerdige in Got vader vnd erluchtede vnd hochgebaren vorste vnd here, her Lodewich van Burboen, bischop to Ludich, hertige to Bullen vnde Geuelon, vns dorch de ersamen, vnse leuen frunde, de olderlude des gemenen koepmans van der dutschen Hense vp disse tit to Brugge in Flandern residerende[6]) schriftliken vnd ok bi oren gedeputerden muntliken hebben vorstan laten vnd to kennende gegeuen, wo dat Siner Gnaden stad von Dyenant nu to der tit vorstoret were, dar de nemeliken[7]) koplude in gewanet hadden, sine vndersaten wesende, de der steden van der dutschen Hense priuileien vnd friheiden, de desuluen stede in Engelant hebben, in dem namen vnd vp de tit dersuluen stad Dienanten gelik anderen dutschen kopluden van der Hense gebruket hadden. Vnd wente den Sine Gnade tolaten wolde, dat desuluen koplude binnen siner stad, geheten Huwy,[8]) ok in sinem stichte van Ludeke gelegen, wonen schollen, vnd vp dat sulue Siner Gnaden koplude vormiddelst dersuluen vorstoringe nicht en worden berouet der vorgeschreuen priuileien, was desulue Sine Gnade van siner egen vnd der vorgeschreuen siner koplude wegen van vns begerende na lude der breue, de desuluen Sine Gnade an den vorschreuen koepman to Bruggen gesant hadde, (dat) wi tolaten vnd den vorgeschreuen sinen koepluden vnd eren eruen gunnen wolden, dat (se) eren namen vnd titel na[9]) der vorschreuen vorstoringe[10]) der stad van Dienant van der vorschreuen stad Huwi hebben vnd aldar de vorschreuen priuileien rusteliken, gelik se to Dienant vorschreuen plegen to donde, gebruken mochten vnd in nenerlei wise daran vorkortet to werden ofte tolaten geschen, vnd darvan Siner Gnaden vnse breue vnd lofhaftige certificatien in sine hande auertosendende. Vnd wente wi rades sendebaden vnd fulmechtige gedeputerde der gemenen stede vorschreuen, im namen dersuluen stede, willende in allen temeliken saken na vnsem vormogen Siner Gnaden vnde den suluen sinen kopluden to leue[11]) vnd to willen wesen, also tugen vnd certificeren wi in der warheit in kraft disses vnses breues, dat wi hebben im namen der vorschreuen gemenen stede vp dersuluen Siner Gnaden begeren, mit vriheit van rade darup gehat, berecesset, beslaten, befulbordet vnd beleuet in kraft disses unses breues, dat de vorgeschreuen Siner Gnaden koplude van Dienant, de vnder dem titel vnd[12]) namen dersuluen stad, der vorgerorden stede vnd kopmans van der Hanse priuileien vnd vrigheide in dem rike van Engelant also andere dutsche koplude van der Hanse bet hirto gebruket hebben, nu tor tit der vorstoringe der vorschreuen siner stede van Dienant sik vortreken mogen mit der waninge

---

[1]) Aus dem Manuscript der hamburgischen Commerz-Bibliothek S. 82 flgd. [2]) Den wyrades. *MS.* [3]) To punt. *MS.* [4]) Gebedinge. *MS.* [5]) Betugeden. *MS.* [6]) Hbiseden. *MS.* [7]) De muntliken. *MS.* [8]) Holhulby. *MS.* [9]) In. *MS.* [10]) Storingen. *MS.* [11]) Beleven. *MS.* [12]) Van. *MS.*

binnen vnd in siner stad van Huwy, vnd eren namen daruan hebben. Vnd dat de vorscreuen koplude ere eruen, de betherto de vorschreuen priuileien vnd vriheiden vnd den namen vnd titel der stad Dienant vnd anders nemant in Engelant gebruket hebben, dersuluen priuileien vnd vriheiden in waninge binnen der stad van Huwy [1]) gelik se vnd ere vorfaren hir vormals vor der vorstoring der vorschreuen stad Dienant in Engelant gebruket hebben. Vnd weret [2]) also, dat desuluen koeplude mit enigen anderen kopluden iuwer vorgeschreuen stad Huwy nene vorgadering vnd geselschop in kopenschop en maken, edder dersuluen edder ander koplude gudere vor ere gudere nicht vordegedingen, ofte ok iegens de ordinancie vnd gebode der stede vnd koepmanne van der Hense vorschreuen, dardorch se der vorgeschreuen priuileien vnd vryheiden vntfriet mochten werden, nicht en misdoen, sunder sik holden alse [3]) se betherto gedan hebben, fridliken [4]) vnd fredesameliken, sunder enige sint vorkortet edder vorauntrichtet to warende edder tolaten geschen in eniger maneren, binnen dersuluen stat twintig iar lank gedinet bruken ein iar dat ander emptliken [5]) achterfolgende, beginnende dat erst iaer vp dat hillige fest Paschen na datum disses breues nogest volgende, bi disser condicien [6]) vnd vorworden, dat si [7]) also de vorschreuen stad Dienant binnen dissen vorschreuen XX iaren wedderumme gebuwet wert, dat desuluen koeplude alsedan mit dem ersten se konen ere waninge to Dienant vnd eren titel vnd namen daruan nemen vnd der vorgescreuenen priuileien vnd friheiden gebruken schullen darsuluest, gelik se tovoren, er se van dar togen, plegen to donde. Vnd weret [8]) also dat desulue stad Dienant binnen den XX iaren nicht wedder vmmegebuwet were, dat desuluen koplude edder ore fulmechtige procurator alsedan geholden scholen syn to kamende binnen den dren latesten iaren van den XX iaren bi de gemenen steden van der Hanse, dar de erste vorgaderinge were, vmme to slutende alsedan, wo men it mit der vorlenginge [9]) des breues holden scholde. Ok beholdende den gemenen steden vnd koepman van der Hense disser vorworde, dat de vorschreuen here bisscop nemande, he sy binnen edder buten der Hense, edder sine vndersaten vnd koplude nene engelsche laken in Siner Gnaden landen, herlichede vnd in ridixsen [10]) to bringende, to slitende noch dat darto vorende, steden noch geuen en schal, so dat desulue Sine Gnade dem vorgeschreuen kopman van der Hanse to Brugge residerende schriftliken togescreuen vnd gelauet heft tolaten noch gunnen en willen.

Vnd wante wi, des rades sendebaden vnd gedeputerde im namen der gemenen stede van der Hanse vorgeschreuen, de vorgerorde sake XX iar lank durende bi den composicien [11]) vnd vorworden vorgeroret [12]) holden willen, hebben mit sampt dem rade to Lubeke vorgeschreuen ....

Des to merer tuchnisse der warheit hebben wi, borgemestere vnd radmanne dersuluen stat Lubeke, vt bede vnd begerte der vorschreuen rades sendebaden, vnser stad ingesegel witliken benedden an dissen bref laten hangen, des wi samptliken hirto gebruket. Gegeuen vnd schreuen na der bort Christi vnses heren dusent verhundert in dem eyn vnd seuentichsten iar, des donnerdages vor Palmarum.

---

1) *Fehlt:* gebruken scholen. 2) Wy. *MS.* 3) Alse *fehlt MS.* 4) Fristliken. *MS.* 5) Sunder — emptliken. Unverständlich. 6) Kondisien. *MS.* 7) Bi. *MS.* 8) Vnd wy. *MS.* 9) Vorlegginge. *MS.* 10) Ridixsen? 11) Coupicien. *MS.* 12) Vorgeret. *MS.*

CXVII. *König Edward IV. gewährt den cölner Kaufleuten von der Gildhalle zu London ihre Privilegien für ein Jahr. 1471, Juli 6.* [1])

Bis auf die kürzere Zeitbestimmung gleichlautend mit dem Privilegium für die Cölner vom Jahre 1470, December 29, bei Rymer, T. V. P. II. p. 188, nämlich: dilectis mercatoribus civitatis Colonie in Alemannia, qui habent, et temporibus retroactis inter alios mercatores de Alemannia habuerunt, *domum in civitate London.* que *Guildehalla Teutonicorum* vulgariter nuncupatur, quod ipsi mercatores predicte civitatis Colonie continue a festo Pasche proximo futuro, per unum annum proximum (et) immediate sequentem, per totum regnum nostrum Anglie. .... Teste me ipso, apud Westmonasterium, VI die Julii, anno regni nostri undecimo.

Per breve de privato sigillo, et de data predicta, auctoritate parliamenti.

Heede.

CXVIII. *König Edward IV. gewährt den cölner Kaufleuten von der Gildhalle zu London ihre Privilegien für ein Jahr. 1472, Februar 18.*

Wie vorhergehende No. CXVII, mit dem Datum: Teste me ipso, apud Westmonasterium, XVIII die Februarii, anno regni nostri undecimo.

CXIX. *König Edward IV. Geleits-Brief für Henry Bentley. 1472, April 16.* [2])

Edwardus, Dei gracia rex Anglie et Francie, et dominus Hibernie, omnibus ballivis et fidelibus suis, ad quos presentes litere pervenerint, salutem. Sciatis quod suscepimus in protectionem et defensionem nostram Henricum Bentley, nuper de parochia de Elkystow in comitatu ...., [3]) alias dictum Henricum Bentley, nuper de civitate London. grocer, alias dictum Henricum Bentley, nuper de Bristowe, grocer, alias dictum Henricum Bentley, soldarium ville Calesie, seu quocumque alio nomine censeatur; qui, in obsequio nostro, in comitiva dilecti et fidelis nostri Johannis Triske, thesaurarii et vitellarii ville et marchie nostrarum Calesie, super salva custodia, defensione ac vitellacione ville et marchie predictarum moratur; et homines, terras, res, redditus et omnes possessiones ipsius Henrici. Et ideo vobis mandamus, quod ipsum Henricum, homines, terras, res, redditus et omnes possessiones suas manuteneatis, protegatis et defendatis; non inferentes eis vel inferri permittentes iniuriam, molestiam, dampnum aut grauamen: et, si quid eis forisfactum fuerit, id eis sine dilatione faciatis emendari. In cuius rei testimonium has literas nostras fieri fecimus patentes, per unum annum duraturas. Volumus eciam, quod idem Henricus interim sit quietus de omnibus placitis et querelis; exceptis placitis de

---

[1]) Aus einer hamburger Abschrift.

[2]) Aus einer hamburger Abschrift.

[3]) Elkestone in der Grafschaft Glocester, oder Elkystowe oder Elnestowe in Bedford.

dote, unde nichil habet, et quare impedit, et assisis nove disseisine et ultime presentationis et attinctis, et exceptis loquelis, quas coram iusticiariis nostris itinerantibus in itineribus suis summoneri contigerit: presentibus minime valituris post adventum ipsius Henrici in Anglia, ab obsequio nostro supradicto, si contingat ipsum interim recedere ab eodem. Teste me ipso, apud Westmonasterium, XVI die Aprilis, anno regni nostri duodecimo.

CXX. *König Edward IV. Geleits-Brief für William von Bristowe. 1472, April 16.*

Edwardus, Dei gracia rex Anglie et Francie, et dominus Hibernie, omnibus ballivis et fidelibus suis, ad quos presentes litere pervenerint, salutem. Sciatis quod suscepimus in protectionem et defensionem nostram Willielmum de Bristowe, alias dictum Willielmum de Mattocke de Hambury in comitatu Glovernie *(wie oben No. CXIX).*

CXXI. *Parlaments-Acte über die Einstellung der Feindseligkeiten zwischen England und der deutschen Hanse. 1473, October 6.*

Edwardus, Dei gratia rex Angliae et Franciae, et dominus Hyberniae, omnibus, ad quos praesentes literae peruenerint, salutem.

Inspeximus quendam actum, per nos in Parliamento nostro, apud Westmonasterium, sexto die Octobris, anno regni nostri duodecimo, [1]) summonito et tento, et per diuersas prorogationes vsque ad et in sextum diem Octobris, anno regni nostri tertio decimo, [2]) continuato de auisamento et assensu dominorum spiritualium et temporalium ac communitatis regni nostri Angliae, in dicto Parliamento eodem sexto die Octobris, dicto anno tertiodecimo, existentis, nec non auctoritate eiusdem Parliamenti factum in haec verba.

The Kyng, calling vnto his tendre remembrance, how that in tymes passed vnto nowe of late the marchaunts and people of the nation of Almayn, being vnder and of the confederation, ligue and company, called the Dutche Hannse, otherwise called marchaunts of Almayn, hauing *the howse in London*, commonly called *Guyldehalla Theutonicorum*, have had and vsed freendly communication and intercourse of marchandise with his subiects of this, his noble realme of England, and they with them to thenerease, auaile and common weale of booth parties, as experience euidently hath proved, and howe that sythen that the one partie tooke displeasure agaynst that other, greate inconveniences, losses and damages haue issued not onely by meane of open warre, doon and exercised by eyther vppon other, but also in withdrawing the accustomed auantages and commodityes, which els should haue commen to hym, his sayd subiectes and them also by free entercourse, they here in his said realme and his subiects in their partyes and contryes exercising fete of marchandise, as it is well knowen; in consideration whereof and to thentent, that by Gods grace the warre and

---

[1]) 1472, October 6. [2]) 1473, October 6.

hostilitie, that hath ben betwixt boothe parties, maye vtterlie sease and (be) avoyded, the oolde freendliehode also betwixt them to be renovelled in such wyse, as it maye abide and endure for ever, by the aduis and assent of the Lordes spiritually and temporallie and the commons, in this present parliament assembled, wolle of his gracious and bonteous disposicion, that it be ordayned, established and enacted, that none of the sayd marchaunts of the sayd Hanze, that nowe be or hereafter shal be, nor of their successors be greued, charged, empeched or letted in tyme to come in their persones, shippes, goodes, marchandises or any other thing by reason or occasion of any sentence, iudgement, marque or reprisalle, geuen, decried and graunted by his highnes and his counsell any tyme afore the XIXth daie of September, the thirthend yeare of his raigne, agaynst the said marchaunts of Almayne or the persons of the said Hause, by what name or names they been called or named in the said sentence or iudgement; so that from the said XIXth daye there be a perpetuall sursesing for and of any further execucion of any such sentence or iudgement, passed agaynst the same marchauntes or persones. and that all manner promises, obligations, suertyes, settings of borowes and all other bondes, made by any of the said marchauntes or persones of the said Hanze within this said reame by reason or occasion of any suche sentence, iudgement, lettres of marque or reprisals, geuen, decryed and graunted, as is afore said, or for thexecution of the same be voyde and of none effecte to that neyther the said marchaunts or persones, or none of them, nor any persone for them be from the XIXth daye charged, bound or acted to aunswere vppon or to the same or any of the same in any courte spirituall or temporall, but that they and euery of them be vtterlie discharged and assoiled from the premisses, as neuer such bounds nor promysses had ben made ne passed by or from them in this cause any tyme afore the said XIXth daye, and that all manner plees, questions, debates and actions by waye of marque, reprisals or otherwise moved other to be moued afore any iudge or iudges within this reame of England or elswheare betwixt any his subiects of the one saide, [1]) and the said marchauntes or persones of the Hanze of the other syde, for the taking of any persones, shippes or marchaundises or any other goods in open see, in havins or in any other places during the tyme of this last trouble and hostilitie, that fell betwixt boothe partyes, that is to saye from the XIXth daye of November the VIIIth yeare of his said raigne [2]) vnto the said XIXth daye, sesse [3]) and be set asyde; so that it be not lawfull nor permitted to any, his subiects or any other persone, of what nation that he be, to make or commence any processe within his this reame of England or other places vnder his obeisaunce by way of reprisall or otherwyse agaynst the marchaunts or persones of the cityes of the commynaltyes of the Hanze aforesaid, by pretence or cause, that they any shippes or goodes within that tyme haue taken from him, but be lawfull for boothe partyes, as well his subiects, as them of the said Hanze, bothe shippes and goodes so taken aforne the said XIXth daye freely and surely as well into this his reame of Ingland and other places of his obeisaunce, as elsewheare, to bring in and haue oute and at their pleasures to distribute, selle and aliene without that, that the first or former proprietaryes and owners of the same shall moue, chalenge and recover the said shippes or goodes or

[1]) Saide. *Lies:* Syde. [2]) 1468, November 19. Vergl. oben § 4. S. 52. Note 1. [3]) Sesse, *i. e.* cease.

any part thereof, and that they, that wheare the seruantes, familiares and adherentes to the one syde or the other during the tyme of the said trouble or warre, be not sued, arrested, troubled, ne vexed by any of that one other partie in any place or region for cause of the premisses, neyther in their persones, ne goodes, though all the same goodes had ben taken by occasion of the said trouble and dissention.

Moreouer whereas the marchauntes of the sayd Hanze haue and enioyed diuers priuiledges, libertyes and free vsages within this reame of England by reason of certayn grauntes, to them made by his noble progenitors, kings of England, as by the lettres patents, thereuppon passed from tyme to tyme, it maye clearly appeare of recorde, by cause and vppon trust onely, vppon priuiledges, libertees and free vsages the same marchauntes haue ben encoraged to make and continue their resorte vnto this sayd land, and for as muche as nowe the same marchaunts and persons haue a probable doute and fere, that in cas all other things weare thourghly passed and concluded betwixt his highnes and them, so that they might and would resorte with their goodes and marchaundises vnto this his realme agayn, they might be yet interrupted and empeched vppon their said priuiledges, liberties and free vsages, by pretence, that the chartours of his noble progenitors and his to them or theyr predecessors afore this tyme made and graunted, in that partie weare forfayted and lost by occasion of warre hostilitie, leuyed and made by them agaynst him, his liege people and subiects or for somme other cause, that might happen to be found, purposed and alledged agaynst them. In consideration hereof and for the weale publique, that may ensue vnto the king and his sayd land by the reconciliation of the marchauntes of the said Hanze and by that, that the kinges subiectes shall nowe,[1]) as often as them shall like, repaire and resorte vnto the land of Pruce and other places of the Hanze freelie and suerlie enter the same, their abide and depart from thence at their pleasuer, to bye and sell with all manner persones as freely and largely as any tyme heretofore they haue ben wonte to doo with enyoying all and every their free liberties and free customes, which they haue vsed and enyoyed resonably any tyme passed; and that no prises, exactions nor prestacions shal be sett vppon their persones or goodes or otherwyse then haue ben sett vppon them any tyme afore this hundrethe yeare nowe last past or aboue. Whereunto the said marchauntes of the Hanze by their orators haue assented the kyng of his bounteous and benigne grace, by the aduis and assent of the Lords spirituals and temporals and the commons in this present Parliament assembled, and by auctority of the same wille, that it be also ordayned, established and enacted, that all manner priuiledges, liberties, fraunchises and free vsages, graunted vnto the marchauntes of the sayd Hanze by hym or any of his noble progenitors, kynges of Ingland, and all manner chartours and lettres patents passed thereuppon, by whatsoeuer name or names the said marchaunts by[2]) named or called in the same, stand in full strenght, force and effecte, as de[3]) dide or should haue done, yf no such warre and hostilitie had ben leuied and made, as is aforesaid. And moreouer for the more suertie and certeinte of the same, the king, by the aduis, assent and auctority aforesaid, .wolle, that this lettres patents

[1]) Mone. *MS.* [2]) By, *lies:* Be. [3]) De, *lies:* They.

vnder his great seale be to the said marchauntes made after the forme and effect ensuyng and that the same lettres patentes so to them made be by the saide auctoritie good and auaylable to them and their successors after the tenor and forme of the same.

CXXII. *König Edward IV. bestätigt das vom Könige Richard II. der deutschen Hanse ertheilte Privilegium. 1474, Juli 28.* [1])

Edwardus, Dei gracia rex Anglie et Francie et dominus Hibernie, omnibus ad quos presentes litere peruenerint, salutem. Inspeximus literas patentes domini Ricardi nuper regis Anglie secundi post conquestum, progenitoris nostri, factas in hec verba: Ricardus Dei gracia rex *(folgt das Privilegium dieses Königes vom Jahre 1377, November 6)*. Nos autem literas predictas ac omnia et singula in eisdem contenta, rata habentes et grata, ea, pro nobis et heredibus nostris, quantum in nobis est, acceptamus, approbamus, ratificamus et tenore presencium dictis mercatoribus Hanse Theutonice concedimus et confirmamus: prout litere predicte pro eisdem mercatoribus Hanse predicte rationabiliter testantur, et prout ipsi mercatores Hanse libertatibus, immunitatibus et quietanciis, in literis predictis specificatis et contentis, per antea racionabiliter usi sunt et gavisi. In cuius rei testimonium has literas nostras fieri fecimus patentes. Teste me ipso, apud Westmonasterium, vicesimo octavo die Julii, anno regni nostri quarto decimo.

CXXIII. *R. Drope, Mayor zu London, und der Kämmerer W. Philipp verlassen an den Grafen H. von Essex, Schatzmeister von England, u. A. den Stahlhof in London für eine Rente von 52 £ 18 Sh. 10 Pf. 1474, December 8.*

Hec indentura testatur, quod Robertus Drope, maior ciuitatis London, et William Philipp, camerarius eiusdem ciuitatis, concesserunt, tradiderunt et ad firmam dimiserunt ‖ Henrico, comiti Essex, thesaurario Anglie, Johanni Say, militi, et Ricardo Fowler, cancellario domini regis ducatus sui Lancastrie, quoddam mesuagium siue quandam ‖ curiam, vocatam *le Stolehof*, alias *le Styleyerd*, situatam in parrochia Omnium Sanctorum magna in Thamestreete London, ac omnia alia territoria, tenementa et possessiones sua cum suis ‖ pertinentiis in eadem parrochia, que quondam fuerunt Johannis Reynwell, nuper maioris ciuitatis predicte, habenda et tenenda eisdem comiti, Johanni Say et Ricardo festo sancti Michaelis archiepiscopi [2]) iam vltimo preterito vsque festum Pasche proxime futurum; reddendo inde eisdem maiori et camerario et successoribus suis quinquaginta duas libras, decem octo solidos et decem denarios sterlingorum ad festa natalis Domini et Pasche proxime iam sequentia per aequales porciones soluendas. Et si contingat redditum predictum a retro fore in parte vel in toto

[1]) Aus dem hamburgischen Copial-Buche. Mit der obigen Parlaments-Acte vom Jahre 1473, October 6, in einem Patente vom obigen Datum zu London im Statepaper Office, Sir J. Williamson's Collection, General Treaty Book. Vol. I. p. 264.

[2]) *Lies:* archiangeli.

per octo dies post aliquod festum festorum predictorum, quo vt predictum est, solui debeat, quod tunc bene licebit prefatis maiori et camerario et successoribus suis in mesuagium, curiam ac territorium, tenementa et possessiones predicta cum suis pertinentiis intrare et distringere, districcionesque sic captas asportare, effugare et penes se retinere quousque de redditu illo eis plenarie fuerit satisfactum et persolutum. Et si contingat dictum redditum a retro fore in parte vel in toto per quindecim dies post aliquod festum festorum predictorum, quo, vt predicitur, solui debeat, quod tunc bene licebit prefatis maiori et camerario et successoribus suis in predictum mesuagium, curiam ac territorium, tenementa et possessiones predicta cum suis pertinenciis reintrare et in pristino statu suo rehabere, hac indentura in aliquo non obstante. In cuius rei testimonium tam sigilla officialium maioratus et camerarii dicte ciuitatis, quam sigilla dictorum comitis, Johannis Say et Ricardi hiis indenturis alternatim sunt appensa. Datum octauo die Decembris, anno regni regis Edwardi quarti post conquestum quarto decimo.

CXXIV. *Quitung abseiten des Mayors R. Drope und des Kämmerers W. Philipp zu London an den Kanzler von Lancaster Ricardus Fowler über den Empfang von 26 £ 9 Sh. 5 Pf. Rente aus dem Stahlhofe. 1474, December 8.*

Noverint vniuersi per presentes nos Robertum Drope, maiorem ciuitatis London. et Willelmum Philippum, camerarium eiusdem ciuitatis, || recepisse et habuisse die confectionis presentium de Ricardo Fowler, cancellario domini regis ducatus sui Lancastrie, viginti sex || libras nouem solidos et quinque denarios sterlingorum redditus soluendos termino natali domini Christi futuro, racione cuiusdam || indenture, cuius datum est die confectionis presentium, inter prefatos maiorem et camerarium ex vna parte, et Henricum, comitem Essex, thesaurarium Anglie, Johannem Say, militem, et predictum Ricardum Fowler ex altera parte, de firma cuiusdam mesuagii siue curie vocata *le Stolehof*, alias *le Styleyard*, cum aliis terris et tenementis in parochia Omnium Sanctorum magna in Thamestreete London facta. De quibus quidem viginti sex libris nouem solidis et quinque denariis fatemur nos fore solutos dictosque comitem, Johannem Say et Ricardum Fowler inde esse quietos per presentes. In cuius rei testimonium tam sigillum officii maioratus ciuitatis predicte, quam sigillum officii camerarii eiusdem ciuitatis presentibus duximus apponendum. Datum octavo die Decembris, anno regni regis Edwardi quarti post conquestum quarto decimo.

CXXV. *Der Mayor und der Kämmerer von London quitiren dem Grafen von Essex und Genossen für die halbjährliche Zahlung von 52 £ 18 Sh. 10 Pf. aus dem Stahlhofe. 1474, December 13.*

Omnibus Christi fidelibus, ad quos presens scriptum peruenerit, Robertus Drope, maior ciuitatis Londonensis, et Willelmus Philippus, camerarius eiusdem ciuitatis, salutem || in Domino. Cum nos predicti maior et camerarius, per quandam indenturam, cuius data est octauo die Decembris, anno regni regis Edwardi || quarti post conquestum quartodecimo, concesserimus, tradiderimus et ad firmam dimiserimus Henrico, comiti Essex, Thesaurario Anglie, Johanni Say, || militi, et Ricardo

Fowler, cancellario domini regis ducatus sui Lancasteriensis, quoddam mesuagium siue quandam curiam, vocatam le *Stolehof*, alias *le Styleyerd*, situatam in parochia Omnium Sanctorum magna in Thamestrete Londonie, ac omnia alia, terras, tenementa, et possessiones, nostra cum suis pertinentiis in eadem parochia, que quondam fuerunt Johannis Reynwell, nuper maioris ciuitatis predicte, habenda et tenenda eisdem, comiti, Johanni Say et Ricardo a festo sancti Michaelis archangeli iam vltimo preterito vsque festum pasche proxime futurum; reddendo inde nobis et successoribus nostris quinquaginta duas libras, decem octo solidos et decem denarios sterlingorum ad festa natalis Domini et Pasche proxime iam sequentia, per equales porciones soluenda, prout per eandem indenturam plenius apparet; noueritis, nos, prefatum maiorem et camerarium, recepisse et habuisse die confectionis presentium de predicto Ricardo Fowler quinquaginta duas libras, decem octo solidos et decem denarios in plenam solutionem predicti redditus, in dicta indentura specificati, pro predictis terminis natalis Domini et Pasche, ac eisdem comiti, Johanni Say et Ricardo Fowler concessisse per presentes, quod ipsi de solutione predictorum quinquaginta duarum librarum, decem octo solidorum et decem denariorum, in dicta indentura specificatorum, in posterum facienda sint penitus quieti et exonerati ac omnimodas acciones et demandas pro eisdem denariis prefatis comiti, Johanni Say et Ricardo remisisse et relaxasse per presentes; ita quod nos perinde ipsos, comitem, Johannem et Ricardum in posterum non molestabimus nec grauabimus quoquo modo, predictis indentura et dimissione in aliquo non obstantibus. In cuius rei testimonium tam sigillum officii maioratus ciuitatis predicte, quam sigillum officii camerarii eiusdem ciuitatis presentibus duximus apponendum. Datum terciodecimo die Decembris, anno regni Regis Edwardi quarti post conquestum quartodecimo.

CXXVI. *König Edward IV. ertheilt den Kaufleuten von der deutschen Gildhalle freien Handel in England und den Erlass der königlichen Zölle bis zum Belaufe von 10,000 £. 1474, December 14.* [1])

Edwardus, Dei gracia rex Anglie et Francie et dominus Hibernie, omnibus ad quos presentes litere peruenerint, salutem. Sciatis quod nos, considerantes qualiter grandia dampna *mercatoribus Hanse theutonice*, ipsis videlicet, qui *Gildam aulam theutonicam* in London. habuerunt, per subditos corone nostre Anglie fuerunt illata, nosque volentes omnia odia et displicencias, que versus subditos nostros gerunt, exstirpari et aboleri, in satisfactionem et recompensationem dampnorum illorum, de gracia nostra speciali ac ex certa scientia et mero motu nostris, concedimus et licentiam damus mercatoribus Hanse theutonice, qui gildam aulam predictam in ciuitate London. predicta habent vel habebunt, et de gilda eiusdem aule extiterint, quod ipsi mercatores de gilda illa existentes, omnia et omnimoda mercandisas et mercimonia sua, coniunctim et separatim, a quibuscumque partibus exteris in regnum nostrum Anglie adducere et ibidem ad terram ponere, et alia mercandisas et mercimonia sua et eorum cuiuslibet et quorumlibet, mercandisas stapule non existentes, in quocumque portu regni

---

[1]) Nach einer hamburger Abschrift, verglichen mit des Königes Befehl an seine Beamten zu Boston vom Jahre 1475, Juni 3.

nostri Anglie, in quibuscumque nauibus vel vasis ponere, eskippare et ad partes exteras traducere poterint; quarum omnium mercandisarum sic adducendarum vel educendarum custume et subsidia, iuxta earundem ratam et quantitatem custumarum et subsidiorum tantum et non ultra, (qualia custumas et subsidia mercatores Hanse predicte nobis aut progenitoribus siue predecessoribus nostris, ad minus ante annum quintum regni nostri soluerunt aut soluere consueuerunt pro custumis et subsidiis mercandisarum suarum,) ad summam decem millium librarum in toto se attingent, absque aliquibus custumis et subsidiis nobis aut heredibus nostris aut aliquibus collectoribus siue custumariis, siue aliis officiariis et ministris nostris, soluendis aut habendis; et absque impetitione nostri, heredum', officiariorum et ministrorum nostrorum quorumcumque; — per indenturas de tempore in tempus inter mercatores predictos siue eorum aliquos vel aliquem, et collectores et custumarios custumarum et subsidiorum, in portubus siue portu, in quos vel quem mercandise et mercimonia illa sic adducta fuerint, et extra quos vel quem huiusmodi mercandise et mercimonia ad partes exteras traducentur, huiusmodi adductiones et traductiones testificantes. Per quarum quidem indenturarum alteram partem volumus ipsos collectores et custumarios et eorum quemlibet, de omnibus custumis et subsidiis mercandisarum et mercimoniorum predictorum, erga nos et heredes nostros exonerari et acquietari. Et insuper volumus et concedimus prefatis mercatoribus, quod ipsi siue eorum aliqui custumas et subsidia predicta, iuxta ratam et quantitatem predictas, ad summam decem millium librarum attingentes, in manibus suis propriis habeant et retineant, absque computo seu aliquo alio nobis inde reddendo seu soluendo; et quod ipsi mercatores de omnibus aliis summis, que ab ipsis de custumis et subsidiis predictis, vltra ratam et quantitatem predictas, ad opus nostrum seu heredum nostrorum exigi poterunt quouismodo, erga nos et heredes nostros exonerentur et acquietentur ac eorum quilibet exoneretur et acquietetur. Prouiso semper, quod nullus alius, preterquam mercatores de Hansa predicta de gilda predicta existentes, et pro tempore quo de gilda illa fuerint, beneficium aliquod pretextu harum literarum nostrarum patentium, habeat et obtineat aut sorciatur vllo modo; et quod nullus mercatorum illorum aduocet aliquos siue aliquem fore mercatores siue mercatorem de Hansa predicta et de gilda predicta, qui non fuerint aut non fuerit de eadem gilda. Aliquo statuto, actu, ordinatione siue restrictione, seu alia causa quacunque, ante hec tempora facto, edito seu proviso, in aliquo non obstante. In cuius rei testimonium has literas nostras fieri fecimus patentes. Teste me ipso, apud Westmonasterium, quarto decimo die Decembris, anno regni nostri quarto decimo.

CXXVII. *Parlaments-Acte, betreffend die Uebertragung des Stahlhofes an die deutsche Hanse. 1475, März 23.* [1]

Edwardi Quarti Exemplificatio actus Parliamenti concessionis domus Stilliardanae de anno regis XV?

---

[1]) Das Original-Transscript, so wie ein anderes vom Könige James I. a. r. XVII (1620), Juni 17, so wie eine Abschrift in dem Pergament-Codex in Folio sind im lübecker Stadt-Archive. Diese Exemplification wird aufgeführt in Calendarium rotulorum patentium p. 320 und *Prynne's* Tower Records p. 697.

Edwardus, Dei gracia rex Anglie et Francie et dominus Hibernie, omnibus, ad quos presentes littere peruenerint, salutem. Inspeximus quendam actum in parliamento nostro apud Westmonasterium, sexto die Octobris, anno regni nostro duodecimo [1]) summonito et tento, et per diuersas prorogaciones vsque ad et in vicesimum tercium diem Januarii, anno regni nostri quarto decimo, [2]) continuato et tunc tento, per nos de auisamento et assensu dominorum spiritualium et temporalium ac communitatum regni nostri Anglie in dicto Parliamento dicto vicesimo tercio die Ianuarii existentium ac auctoritate eiusdem parliamenti factum in hec verba.

Whereas for the reducyng of the merchauntes of Almayne, beyng of the liege and confederacion of the Duche Hanze, to the oolde free communicacion and entercourse of merchaundise with the people of this reame of Englond and the people of the said Duche Hanze with theym for the common wele of either partie, amonge other appoyntements it hath been agreed and accorded betwene the kynge, our souereigne lord, and the people of the said Duche Hanze, that the said merchauntes of the Hanze should haue a certeyn place within the cite of London, called the *Stilehof*, otherwise called the *Stileyerd*, with diuers houses therto adioyning, to haue to theym and their successors in perpetuyte, beryng like charges for dedes of almes and pite, to be susteyned as the proprietaries of the same before tyme haue born by force of olde fundacions or by the laste willes of cristen people: for the accomplishement and perfourmyng whereof and for the consideracions aforeseid, where the maire and communialte of the cite of London be seased in their demeane as in fee of the said place called the Stilehof, otherwise called the Stileyerd, with thappurtenances late apperteynyng vnto *John Reynwell*, late alderman of the cite aforeseid, sette and liynge in the parissh of Alhalowen the more in Thamystrete, in the warde of Dowgate of London, to theatent, that thissues and profites therof should be disposed in dedes of pite and charite, accordyng to the laste wille of the seid John Reynwell, declared by the laste wille of *William Stafford;* and where also the seid maire and communialte of the seid citee be possessed of certeyn meases, londes and tenementes with thappurtenances adioygning to the same place, sett and liyng in the said parissh and warde, for terme of yeres, whereof XXXII yeres be to come ynmediately after the fest of Ester, that shal be in yere of our Lord MCCCCLXXV, [3]) to theutent aboue seid, the reuercion therof vnto the priour and couent of the *hospitall of oure lady of Elsinspittell within Crepulgate of London* and their successours belongyng; and also where the *bisshop of Winchestre* is seased in his demeane as in fee of an annuell rent of IIII shelynges VI pennys, goyng oute of the said place, called Stileyerd, as in the right of his church of seynt Swithyn of Wynchestre of olde fundacions and in pure and perpetuell almes; and where also the priores of the hous of oure *Lady of Clerkenwel* beside London in the shire of Middelessexe is seased in her demeane as in fee as in the right of the same hous of an annuell rent of XXXV shelynges yerely goyng oute of the said place called the Stileyerd of olde fundacions and in pure and perpetuel almes, as it is afore seid: It is ordeigned by oure said souereigne lord by thaduice and assent of his lordes spirituelx and temporelx and the commens in this present

[1]) 1472, October 6. [2]) 1475, Januar 23. [3]) Also bis zum Jahre 1507.

parlement assembled and by thauctorite of the same, that the seid merchauntes of Almayne, beyng vndre and of the confederacion, liege and compayne of the said Duche Hanze, otherwise called merchauntes of Almayne, hauyng an hous in the cite of London, commenly called *Gildhalla Teutonicorum*, that nowe be or hereafter shal be, shall haue, hold, enyoie and possede to theym and their successours for euer more the said place called the *Stilehofe*, otherwise called the *Stileyerd*, with thappurtenances; and also shall haue, hold, enyoie and possede to theym and to their successours duryng the said terme of XXXII yeres all the same meases, londes and tenementes with their appurtenances.

And also it is ordeigned by the said auctorite, that the same merchauntes shall haue to theym and to their successours all the same meases, londes and tenementes inmediately after the said terme of XXXII yeres determyned, yeldyng and paying oute of al the said place, meases, londes and tenementes, which the said merchauntes shall haue by vertue of this acte, to the said maire and communialte and to their successours of euermore yerely an annuell and acquite rent of thre score and ten pound thre shelynges and foure penys at foure festes of the yere, that is to say at the feste of the natiuite of seint John Baptist, seynt Michell the arcangell, the natiuite of oure Lord and Ester by euyn porcions; And also yeldyng and paying to the said maire and communialte and to their successours out of all the same place, meses, londes and tenementes yerely during the said terme of XXXII yeres thertene pondes, sextene shelinges and eight penys at the said foure festes by euyn porcions; yeldyng and paying also yerely to the said bisshop and to his successours oute of the same place, meses, londes and tenementes foure shelinges and sex penys at the said foure festes by evyn porcions; yeldyng also and paying yerely to the said priores and couent of the same hous and their successours oute of the same place, meses, londes and tenementes thirty and fyve shellinge at the festes aforeseid by euyn porcions; the first day of al the said paymentes to begyn at the fest of the natiuite of seynt John Baptist the said yere of oure Lord.

And yf it hapne the saide rent of LXX pondes III shelynges IIII penys to be behynd vnpaied, in part or in all, at any of the festes aforesaid, that thenne it shal be leful by thautorite aboue seid to the seid maire and communialte and to their successours, by theym, their attorneys, ministres and seruauntes for euermore into all the same place, meases, londes and tenementes with their appurtenaunces to entre and distreyne and distresses by theym so taken lefully carie and bere away and towardes theym reteyne vnto the tyme, that they of the same rent and the arrerages therof with their costes and damages therynne by theym had and susteyned be satisfied and contente. And if it hapne the said rent of XIII pondes XVI shelynges VIII penys to be behynd vnpayed in parte or in all at any of the festes aforeseid, whenne it aught to be payed duryng the said terme of the said XXXII yeres, that thenne it shal be lefulle to the said maire and communialte and their successours by theym, their attorneys, ministres or seruauntes into all the same place, meases, londes and tenementes their appurtenaunces to entre and distreyne and the distresses so by theym takenne lefully carie and bere away and towardes theym reteyne vnto they of the same rent of XIII pondes XVI shelynges VIII penys and the arrerages therof with their costes and damages theryn by theym had and susteyned to theym be fully satisfied and content. And if it hapne, the said rent of IIII shelynges VI penys to be byhynd vnpayed in part or in all at any of the festes aforeseid, whenne it aught to be payed, that thenne it shal be lefulle to the said Bisshop and his successours into all the same place, meses, londes and tenementes with their appurtenaunces to entre and distreigne and the distresses so takene lefulle carie and bere away and towardes theym reteyne vnto they of the same rent of IIII shelynges VI penys and the arrerages therof with their costes and damages thereynne by theym had and susteyned be fully satisfied and content. And if it hapne the said rent of XXXV shelynges to be behynd vnpayed in part or in all at any of the festes aforeseid, whenne it aught to be paied, that thenne it be lefulle vnto the said priores and couent and to their successours into alle the same place, meases, londes and tenementes with their appurtenaunces to entre and distreigne and the distresses so by theym takene lefulle to carie and bere away and to theym reteyne vnto they of the same rent of XXXV shelynges and the arrerages therof withe their costes and damages therynne by theym had and susteyned to theym be fully satisfied and content.

And where it is ordeyned by this present act, that the merchauntes aforeseid shalle haue to theym and their successours all the same meases, londes and tenementes sumetyme of the said priour and couent, as welle duryng the said terme of XXXII yeres, as also after the same terme fynisshed, withont eny thyng reserued to the same priour and couent by the same act, oute of whiche meases, londes and tenementes the said priour and couent had to theym and to their successours an annuelle rent of VII pondes yerely during the same terme. For recompence whereof it is ordeyned and establisshed by the said auctorite, that the said priour and couent and their successours shalle haue and perceyue of the feeferme of the cite of London and the counte of Middlesexe yerely duryng the said terme of XXXII yeres VII ponde sterlyng, to be paied by the handes of the shirefs of London and counte of Middlesexe for the tyme beyng at the festes of seynt Michelle tharchangelle and Estir by evyn porcions, withoute any manner of writtes called *Liberate* or *Allocate* or any fee or fyne or any other sute in that behalf to be had, savyng oonly the auctorite of this present acte, and that the said priour and couent and their successours by the said auctorite haue preferrement of and for the payment of the said VII pondes yerely duryng the same terme, any grauute or assignement made or to be made notwithstondyng.

And ouer that it is ordeyned by the said auctorite, that immediately after the said terme determyned the priour and couent of the said hospitalle for the tyme beyng shalle haue and perceyue to theym and their successours for euer XIII pondes VI shelynges VIII penys yerely of the said feeferme to be paied and takenne yerely by the handes of the sherefs of London and the counte of Middlesexe for the tyme beyng at the same festes of seynt Michelle tharchangelle and Ester, by euyn porcions, withoute any writtes, fee, fyne or other sute in that behalf to be had, as it is aboue said, sauyng oonly the auctorite afore said, and that the said priour and covent and their successours haue preferrement of the same payementes, as is aboue said, any graunte or assignement made or to be made notwithstonding; the same priour for the tyme beyng delyueryng vnto the shereffs for the tyme beyng vponne every such payment by theym so to be made a sufficiaunt acquitaunce and discharge therof vnder the seale of the same priour for the tyme beyng.

And that by the same auctorite the shireffs of Londonne and countе of Middlesexe for the tyme beyng shalle haue yerely allowaunce vpponne their accompt of euery such payment by force of the said acquitaunce withoute any writtes or other thyng to be had or sued in that behalf.

And that by the said auctorite this present acte take effecte from the XXVII day of Marche, that shal be in the same yere of oure Lord a MCCCCLXXV and not afore.

And where also the abbot of the monastery of *seint Sauiour of Barmondesey* in the counte of Surrey is seased in the right of his said monastery in his demeane as of fee of an annuel rent of XVIII shelynges goyng out of the said place, called the *Stilehof*, otherwise called the *Stileyerd*, it is ordayned by the auctorite of this present parliamente aforesaid, that the said place, houses, londes and tenementes called the Stilehof, otherwise the Stileyerd, and euery parcelle of theym of the said rent of XVIII shelynges against the seid abbot of Barmondesey and his successours be discharged, and in recompence of the said rent of XVIII shelynges so extincte, it is ordayned by the said auctorite, that the abbot of Barmondesey, that nowe is, by what name so euyr he is called, and his successours be discharged of all manner corrodies and sustentacions to be graunted at the kyngs prayour, desire, denominacion or writyng, and in no wise be chargeable to graunte any corrodie or sustentacion at the prayour, desire, denominacion or writyng of the kynge or of any of his heyres from hensforth. And that neithir the said nowe abbot nor any of his successours be charged of any corrodie or sustentacion to be graunted at the prayour, desire, denominacion or writyng of the kyng or of any of his heires, kynges of Englond hereafter; but thereof be discharged as sone and immediately as it shalle hapne, the said corrodie and sustentacion to be voide in any manner wise.

Nos autem tenorem actus predicti ad noticiam omnium et singulorum quorum interest in hac parte duximus exemplificandum per presentes. In cuius rei testimonium has litteras nostras fieri fecimus patentes, teste me ipso, apud Westmonasterium, vicesimo tertio die Marcii, anno regni nostri quintodecimo. Gunthorpe.

Exemplificatum per Johannem Gunthorpe et Ricardum Martyn, clericos.

CXXVIII. *Wilhelm, Abt zu St. Albans, giebt an W. Dudley, Dechanten der königlichen Capelle, Magister J. Gunthorp, Dechanten zu Wells, und W. Hatclyf, Secretair des Königes, das Grundstück und Kay in Wyndegos-Lane.*

1475, März 25.

Sciant presentes et futuri, quod nos Willielmus, permissione diuina abbas exempti monasterii sancti Albani, et eiusdem loci conuentus || vnanimi assensu et consensu nostris contemplacione excellentissimi et victoriosissimi principis, Edwardi, Dei gratia regis Anglie || et Francie et domini Hibernie, pro nobis et successoribus nostris dedimus, tradidimus et hac presenti carta nostra confirmauimus magistro Willelmo Dudley, decano capelle hospicii prefati domini nostri regis, magistro Johanni Gunthorp, decano ecclesie cathedralis Wellensis, et magistro Willelmo Hatclyf, secretario domini nostri regis, totum tenementum nostrum ac kayum adiacentem simul cum omnibus commoditatibus, aisiamentis et ceteris suis pertinenciis ac iuribus quibuscumque, predictis tenemento et kayo qualitercumque spectantibus, situatum in venella, vocata Wyndegoselane in parochia Omnium Sanctorum ad fenum Londonense, scilicet inter tenementum nuper Bartholomei Frestlyng ex parte orientali, et kayum, vocatum *Esterlynges Halle* ex parte occidentali, et aquam Thames ex parte australi, et tenementum nuper Radulphi Blakeney ex parte aquilonari, quod quidem tenementum cum kayo adiacente et suis pertinenciis predictis nos prefati abbas et conuentus nuper habuimus nobis et successoribus nostris in perpetuum ex dono et feoffamento Radulphi Boteler, militis, nuper domini de Sudeley et Johannis Hende iunioris, armigeri, licencia regia inde habita et optenta, habendum et tenendum predictum tenementum cum kayo adiacente, simul cum omnibus predictis commoditatibus, aisiamentis et ceteris suis pertinenciis ac iuribus vniuersis, predictis tenemento et kayo qualitercumque spectantibus, eisdem Willelmo Dudley, Johanni Gunthorp et Willelmo Hatclyf, heredibus et assignatis suis ad vsum eiusdem domini regis, heredum et assignatorum suorum in perpetuum, et vlterius ordinauimus et constituimus dilectos nobis in Christo Robertum Spayne, scriptorem. Et Hugonem Watson, piscenarium, ciues Londonenses, nostros veros attornatos, coniunctim et diuisim ad deliberandam pro nobis et successoribus nostris, plenam et pacificam seisinam et possessionem de et in dicto tenemento cum kayo adiacente ac ceteris premissis cum pertinenciis prefatis Willelmo Dudley, Johanni Gunthorp et Willelmo Hatclyf habendum et tenendum sibi, heredibus et assignatis suis ad vsum prefati domini regis, vt predictum est, iuxta vim, formam et effectum presentis carte nostre in perpetuum, ratum et gratum habentes et habituros totum et quicquid dicti attornati nostri seu eorum alter nomine nostro fecerint vel fecerit in premissis. In cuius rei testimonium tam sigillum prefati abbatis, quam sigillum commune predictorum abbatis et conuentus presentibus sunt appensa, Roberto Drope tunc maiore ciuitatis Londonensis, Thoma Hill et Edmundo Shae tunc vicecomitibus ciuitatis, ac Thoma Bledlowe tunc illius warde aldermanno. Hiis testibus: Willelmo Boylett, Johanne Stokes, Johanne Wotton, Thoma Draper, Ricardo West et multis aliis. Datum in monasterio nostro antedicto, in festo annunciacionis beate Marie virginis, anno regni regis Edwardi quarti post conquestum quintodecimo.

CXXIX. *W. Dudley und Genossen bestätigen dem Könige ihr Grundstück und Kay in Wyndegos-Lane. 1475, April 17.*

Sciant presentes et futuri, quod nos, magister Willelmus Dudley, decanus capelle hospicii excellentissimi et victoriosissimi || principis Edwardi, Dei gracia regis Anglie et Francie et domini Hibernie quarti, magister Johannes Gunthorp, decanus ecclesie cathedralis || Wellensis, et magister Willelmus Hatclyf, secretarius prefati domini regis, tradidimus, dimisimus et hac presenti carta nostra confirmauimus || prefato domino regi totum illud tenementum nostrum *(wörtlich wie oben No. CXXVIII vom Jahre 1475, März 25, bis)* quod quidem tenementum cum kayo adiacente et suis pertinenciis predictis nos prefati Willelmus Dudley, Johannes Gunthorp et Willelmus Hatclyf nuper habuimus nobis, heredibus et assignatis nostris imperpetuum ex dono et feoffamento Willelmi, abbatis exempti monasterii sancti Albani, et eiusdem loci conuentus, habendum et tenendum predictum tenementum cum kayo adiacente, simul cum omnibus commoditatibus, aisiamentis et ceteris suis pertinenciis ac iuribus vniuersis predictis, tenemento et kayo, qualitercumque spectantibus prefato domino regi, heredibus et assignatis suis imperpetuum. In cuius rei testimonium huic presenti carte nostre sigilla nostra apposuimus, Roberto Drope tunc maiore ciuitatis londoniensis, Thoma Hyll et Edmundo Shae tunc vicecomitibus eiusdem ciuitatis, ac Thoma Bledlowe tunc illius warde aldermanno. Hiis testibus: Thoma Danyell, Edmundo Newman, Nicholao Boylet, Ricardo West, Johanne Stokes et multis aliis. Datum Londonie, decimo septimo die Aprilis, anno regni regis Edwardi quarti supradicti quinto decimo.

CXXX. *Margaretha, Wittwe des R. Fitz Robert, überträgt dem Könige fünf Grundstücke in Wyndegos-Lane. 1475, April 15.*

Sciant presentes et futuri, quod ego Margareta Fitz Robert vidua, nuper vxor Roberti || Fitz Robert, filii Roberti Fitz Robert, nuper ciuis et groceri Londonie, dedi, concessi et hac presenti || carta mea confirmaui potentissimo et excellentissimo principi et domino nostro Edwardo, || Dei gratia regi Anglie et Francie et domino Hibernie, quinque mesuagia mea cum pertinenciis insimul situata et iacentia in Wendegoselane in parochia Omnium Sanctorum ad fenum London., videlicet inter aulam, vocatam *Esterlingeshall*, et gardinum, spectans eidem aule ex parte occidentali et dictam venellam, vocatam Wendegoselane ex parte orientali; vno capite inde abuttante super vicum dicti domini regis, vocatam Thamisestrete versus boriam, et altero capite inde abuttante super tenementum nuper abbatis et conuentus sancti Albani versus austrum, habenda et tenenda predicta quinque mesuagia cum pertinenciis prefato domino nostro regi, heredibus et assignatis suis in perpetuum. In cuius rei testimonium huic presenti carte mee sigillum meum apposui. Datum Londonie, quintodecimo die mensis Aprilis, anno regni regis Edwardi quarti post conquestum quintodecimo.

CXXXI. *König Edward IV. überlässt den Hansen zu London fünf Wohnungen zwischen ihrer Gildhalle und Wyndegos-Lane, so wie ein Haus und Kay daselbst, früher des Abtes von St. Albans. 1475, April 28.* [1]

Edwardus, Dei gratia rex Anglie et Francie et dominus Hibernie, omnibus ad quos presentes litere peruenerint, salutem. Sciatis quod nos, certis de causis et considerationibus nos specialiter moventibus, de gracia nostra speciali ac ex certa scientia et mero motu nostris, dedimus, concessimus et per presentes damus et concedimus pro nobis et heredibus nostris, mercatoribus et populis nacionis Alemannie existentibus sub et de confederatione, liga et societate Hanse Theutonice, alias dictis mercatoribus Alemannie, habentibus domum in civitate London. que *Gildehalla Theutonicorum* vulgariter nuncupatur, presentibus et futuris, *quinque mesuagia cum pertinentiis situata in Wendgoselane* in

[1]) Aus einer Abschrift im hamburger Archive.

parochia Omnium Sanctorum ad fenum London, videlicet, inter dictam domum et quoddam gardinum eidem domui spectans, ex parte occidentali, et dictam venellam vocatam *Wendgoselane* ex parte orientali; uno capite inde abuttante super vicum de Thamisestrete versus boriam, et altero capite inde abuttante super tenementum nuper abbatis et conventus exempti monasterii sancti Albani versus austrum. Que quidem mesuagia nuper fuerunt Margarete, nuper uxoris Roberti Fitz Robert,, filii Roberti Fitz Robert, nuper civis et groceri London., et que nuper habuimus nobis et heredibus nostris ex dono et concessione eiusdem Margarete. Necnon dedimus, concessimus et per presentes damus et concedimus, pro nobis et heredibus nostris, prefatis mercatoribus, quoddam *tenementum ac kayum* adiacens, simul cum omnibus commoditatibus, aisiamentis et ceteris suis pertinenciis ac iuribus quibuscumque, predictis tenemento et kayo qualiter [1] spectantibus, situata in venella vocata *Windegoselane* in parochia Omnium Sanctorum predicta, scilicet, inter tenementum nuper Bartholomei Frestlyng, ex parte orientali, et kayum vocatum *Esterlingeshalle* ex parte occidentali, et aquam Thames ex parte australi, et tenementum nuper Radulphi Blakenei ex parte aquilonari. Quod quidem tenementum, cum kayo adiacente et suis pertinenciis predictis nuper fuit abbatis predicti monasterii Sancti Albani et eiusdem loci conventus, et quod, cum kayo et suis pertinenciis predictis, nuper habuimus nobis et heredibus nostris, ex dono et traditione magistri Willielmi Dudley, decani capelle hospicii nostri, magistri Johannis Gunthorp, decani ecclesie cathedralis Wellensis, et magistri Willielmi Hatclyf, secretarii nostri; habenda et tenenda omnia predicta mesuagia, terras, tenementa et alia premissa cum pertinenciis, prefatis mercatoribus et successoribus suis, tute, libere, quiete et in pace, imperpetuum, absque aliquo nobis vel heredibus nostris inde reddendo vel faciendo. Quare volumus et firmiter precipimus, pro nobis et heredibus nostris predictis, quod predicti mercatores habeant et teneant sibi et successoribus suis, in forma predicta, omnia et singula premissa cum suis pertinentiis, absque impeticione, impedimento, perturbatione seu gravamine nostri vel heredum nostrorum, iusticiariorum, escaetorum, vicecomitum, coronatorum seu aliorum balliuorum vel ministrorum nostrorum vel heredum nostrorum quorumcumque; eo quod expressa mencio de vero valore annuo premissorum vel alicuius eorum, aut de aliis donis sive concessionibus eisdem mercatoribus et successoribus suis, vel aliquibus predecessorum suorum et successoribus suis, vel aliter, per nos vel progenitores aut predecessores nostros, ante hec tempora factis, in presentibus minime facta existit, aut aliquo statuto, actu, ordinacione aut aliqua alia re, causa vel materia quacunque non obstantibus. In cuius rei testimonium has literas nostras fieri fecimus patentes. Teste me ipso, apud Westmonasterium, vicesimo octavo die Aprilis, anno regni nostri quinto decimo. Per ipsum regem, et de data predicta, auctoritate parliamenti. Ive.

CXXXII. *Der Magistrat zu London bestätigt die von ihm mit der deutschen Hanse daselbst eingegangenen Verpflichtungen. 1475, Mai 12.* [2]

Universis et singulis Christi fidelibus ad quos presentes litere pervenerint, Robertus Drope, maior, et communitas civitatis London., salutem in Domino sempiternam. Propter casus varios emer-

---

[1]) Auch im Rotulo patentium steht: *qualiter* für qualitercunque.

[2]) Aus einem hamburgischen Copial-Buche.

gentes, disposuit iurisconsultorum antiqua prudentia, quod scriptum ex auctenticis literis causa legitima transsumptum aucteuticoque sigillo munitum auctoritatem haberet et fidem ubilibet in agendis. Noveritis igitur, quod scrutatis de mandato nostro singulis libris, rotulis et recordis in thesauraria civitatis predicte remanentibus, vidimus et inspeximus die confectionis presentium quandam compositionem, anno regni regis Edwardi, filii regis Henrici, decimo, inter Henricum le Waleis, tunc maiorem, et cives dicte civitatis ex una parte, et mercatores de Hansa Alemanie in eadem civitate tunc commorantes ex altera factam, et in libro signato cum litera C in dicta thesauraria remanente, folio eiusdem libri tricesimo registratam, in hec verba. *(Folgt die Urkunde vom Jahre 1282, Juni. S. oben.)* Vidimus etiam et inspeximus quoddam memorandum sive scriptum in libro signato cum litera E. in thesauraria predicta remanente, folio eiusdem libri CCXXXVII° registratum, in hec verba, scilicet. *(Folgt Abschrift der Erklärung des Magistrats, dass eine von den Deutschen zu London gezahlte Beihülfe eine freiwillige sei, vom Jahre 1369, October 18, gedruckt in Urkundliche Geschichte der deutschen Hanse. Th. II. S. 674.)* Vidimus etiam et inspeximus quoddam memorandum sive scriptum in libro signato cum litera I. in dicta thesauraria remanente, et folio eiusdem libri CCXIII° registratum, in hec verba. *(Folgt das obige Document vom Jahre 1418, Februar 9.)* Vidimus insuper et inspeximus quoddam aliud scriptum sive memorandum in libro signato cum littera R. in thesauraria predicta remanente, folio eiusdem libri XXXIII° registratum, in hec verba. *(Folgt das Document vom Jahre 1427, Februar 20. S. oben.)* Nos prefati maior et communitas civitatis predicte, compositionem, scriptum et memoranda predicta, et tenores eorum, ac omnia et singula in eisdem et in eorum quolibet contenta, rata habentes et grata, ea pro nobis et successoribus nostris renovamus, reassumamus et acceptamus, ac tenore presenciam prefatis mercatoribus et successoribus suis ratificamus et confirmamus, predictosque mercatores et successores suos, premissis omnibus et aliis quibuscunque suis libertatibus et antiquis consuetudinibus, quatenus per dominum regem, auctoritate parliamenti sui, aut aliter quomodocunque, renovate et confirmate sunt, uti et gaudere, quantum ad nos pertinet, promittimus per presentes, absque interruptione, impedimento vel contradictione nostrum vel successorum nostrorum, imperpetuum. In cuius rei testimonium sigillum nostrum commune presentibus apposuimus. Datum in Guyhalda civitatis London., duodecimo die Maii, anno regni regis Edwardi quarti post conquestum quinto decimo.

CXXXIII. *König Edwards IV. Befehl an die Zoll-Beamten von Boston, betreffend die Ausführung seines Patentes vom 14. December vorigen Jahres. 1475, Juni 3.*

Edwardus, Dei gracia rex Anglie et Francie et dominus Hibernie, custumariis siue collectoribus custumarum et subsidiorum nostrorum in portu ville nostre de sancto Botbulfo, qui nunc sunt et qui pro tempore erunt, salutem. Cum nos, considerantes, || qualiter grandia dampna mercatoribus Hanse Theutonice, ipsis videlicet, qui Gildam aulam Theutonicam in London habuerunt, per subditos corone nostre Anglie fuerunt illata, et nos, volentes omnia odia et displicencias, que versus subditos nostros ||

gerunt, extirpari et aboleri, in satisfaccionem et recompensacionem dampnorum illorum quarto decimo die Decembris vltimo preterito de gracia nostra speciali per has nostras patentes concesserimus et licenciam dederimus mercatoribus Hanse Theutonice, || qui gildam aulam predictam in ciuitate London predicta habent vel habebunt *(das Folgende siehe in dem angeführten Rescripte oben No. CXXVI bis)* fuerit de eadem gilda: prout in hiis nostris predictis plenius continetur, vobis mandamus, quod mercatores predictos omnia et omnimoda mercandisas et mercimonia sua coniunctim et separatim a quibuscumque partibus exteris in regnum nostrum predictum in forma predicta adducere et ibidem ad terram ponere et alia mercandisas et mercimonia sua et eorum cuiuslibet et quorumlibet, mercandisas stapule non existentes, in portu predicto in quibuscumque nauibus vel vasis ponere, eskippare et ad partes exteras traducere permittatis. Quorum omnium mercandisarum sic adducendarum vel educendarum custume et subsidia iuxta ratam et quantitatem predictas et non vltra pro custumis et subsidiis mercandisarum suarum ad dictam summam decem millium librarum in toto se attingent, ipsosque mercatores siue eorum aliquem custumas et subsidia predicta iuxta ratam et quantitatem predictas ad summam predictam attingentia, absque aliquibus custumis et subsidiis nobis aut heredibus nostris aut vobis soluendis et habendis ac absque compoto seu aliquo alio nobis inde reddendis seu soluendis, per indenturas huiusmodi adducciones et traducciones testificantes, inter vos et mercatores predictos siue eorum aliquos vel aliquem de tempore in tempus debite conficiendas, de tempore in tempus habere et retinere similiter permittatis iuxta tenorem litterarum nostrarum predictarum. Et nos per presens mandatum nostrum ac alteram partem indenturarum predictarum tam vos in compoto vestro ad scaccarium nostrum, quam prefatos mercatores et eorum quemlibet de custumis et subsidiis predictis iuxta ratam et quantitatem predictas ad summam predictam attingentibus ac de omnibus aliis summis, que ab ipsis mercatoribus de custumis et subsidiis illis vltra ratam et quantitatem predictas ad opus nostrum seu heredum nostrorum exigi poterint, erga nos et heredes nostros de tempore in tempus exonerari et acquietari faciemus. Teste me ipso, apud Westmonasterium, tercio die Junii, anno regni nostri quintodecimo. Heed.

CXXXIV. *Vidimus über die Documente, betreffend die von R. Cumberton auf R. Fitz Robert übertragenen Besitzungen. 1475, August 11.* [1])

Uniuersis et singulis Christi fidelibus presencium continenciam visuris vel audituris, Robertus Drope, maior, et aldermanni ciuitatis London., salutem in Domino sempiternam et fidem indubiam presentibus adhiberi. Nouerit uniuersitas vestra, quod die confectionis presencium vidimus et inspeximus quoddam scriptum, sigillis, ut asseritur, Willielmi Bysouthe, capellani, Johannes Brikelys, pannarii, et Roberti Treys, merceri, ciuium London., cera rubra impressis sigillatum, in hec verba. *(Folgt obige No. LI vom Jahre 1410, Februar 25.)* Vidimus eciam et inspeximus quandam cartam indentatam, sigillo, ut asseritur, Roberti Cumberton armigeri, cera rubra impresso sigillatam, in hec verba.

---

[1]) Aus einem hamburgischen Copial-Buche.

(Folgt obige No. LII, vom Jahre 1410, März 17.) Vidimus insuper et inspeximus quandam cartam, sigillo, ut asseritur, Roberti Fitz Robert, ciuis ciuitatis London., cera rubra impresso sigillatam, in hec verba. "Sciant presentes et futuri, quod ego Robertus Fitz Robert, ciuis ciuitatis London., dedi, concessi et hac presenti carta mea confirmaui, Johanni Neell, magistro domus sancti Thome martiris dicti de Acon London., Henrico Frowyk, aldermanno, Johanni Grace, peautrer, ciuibus ciuitatis predicte, Willielmo Kirkeby, clerico, et Ricardo Davy, capellano, omnia terras et tenementa, redditus, reversiones et servicia, cum omnibus et singulis suis pertinenciis, que habeo in parochiis beate Marie de Aldermarychirche, sancti Antonini, *Omnium Sanctorum ad fenum*, sancti Pancracii, beate Marie de Colchirche, sancti Martini Pomers [1]) et sancti Laurencii in veteri Judaismo, in ciuitate London., et in parochia sancti Botulphi extra Aldrichegate, in suburbio eiusdem ciuitatis, habenda et tenenda omnia predicta, terras et tenementa, redditus, reversiones et servicia, cum omnibus et singulis suis pertinenciis, ut predictum est, prefatis Johanni Nell, Henrico Frowyk, Johanni Grace, Willielmo Kirkeby et Ricardo Davy, eorumque heredibus et assignatis imperpetuum, de capitalibus dominis feodorum illorum per servicia inde debita et de iure consueta. Et ego vero predictus Robertus Fitz Robert et heredes mei, omnia supradicta, terras et tenementa, redditus, reversiones et servicia, cum omnibus et singulis suis pertinenciis, prefatis Johanni Neell, Henrico Frowyk, Johanni Grace, Willielmo Kirkeby et Ricardo Davy, eorumque heredibus et assignatis, contra omnes gentes warantizabimus imperpetuum. In cuius rei testimonium huic presenti carte mee sigillum meum apposui, Johanne Brokley tunc maiore civitatis London., Thoma Chalton et Johanne Kynge tunc vicecomitibus eiusdem civitatis. Hiis testibus: Willielmo Gregory, pellipario, Johanne Derham, mercero, Johanne Brikles, pannario, Saiero Acre, grocero, Philippo Pessell, cissore, Johanne Seaman, letherseller, Johanne Saymour, mercero, Ricardo Waltham, Johanne Mordon, civibus London. et multis aliis. Data London., visesimo die mensis Augusti, anno regni regis Henrici Sexti post conquestum Anglie duodecimo." [2])

Ac eciam vidimus et inspeximus quandam cartam indentatam, sigillis, ut asseritur, Johannis Neell, magistri domus sancti Thome martiris dicti de Acon London., Henrici Frowyk, aldermanni, Johannis Grace, peautrer, ciuium ciuitatis London., Willielmi Kirkeby, clerici, et Ricardi Davy, capellani, cera rubra impressis sigillatam, in hec verba. "Sciant presentes et futuri, quod nos Johannes Neell, magister domus sancti Thome martiris dicti de Acon London., Henricus Frowyk, aldermannus, Johannes Grace, peautrer, ciues eiusdem ciuitatis, Willielmus Kirkeby, clericus, et Ricardus Davy, capellanus, dimisimus, feoffavimus et hec presenti carta nostra indentata confirmavimus Margarete, relicte Roberti Fitz Robert, filii Roberti Fitz Robert, nuper ciuis et groceri London., omnia illa, terras et tenementa, redditus et servicia cum pertinenciis, que nos prefati Johannes, Henricus, Johannes, Willielmus et Ricardus nuper coniunctim habuimus, ex dono, concessione et confirmacione predicti Roberti filii Roberti, in parochia *Omnium Sanctorum ad fenum in Roperia London.*, habenda et tenenda omnia predicta, terras et tenementa cum pertinenciis, prefate Margarete et assignatis suis, ad totam vitam eiusdem Margarete, absque impeticione nostri, nostrorum heredum seu assignatorum nostrorum, de capita-

[1]) Pomers. *Lies:* Orgars. Vergl. oben No. CXV. Note 7. [2]) 1434, August 20.

libus dominis feodi illius, per servicia inde debita et de iure consueta. Sub ista tamen condicione, quod eadem Margareta annuatim, durante vita eiusdem Margarete, inveniet et sustineat unum capellanum, virum ydoneum et honestum, in capella beate Marie infra ecclesiam beate Marie de Aldermarichirche London., pro anima predicti Roberti filii Roberti, ac pro animabus patris et matris eius, secundum tenorem et. effectum vltime voluntatis eiusdem Roberti filii Roberti, divina cotidie celebraturum. Et, si contingat dictam Margaretam durante vita sua de invencione et sustentacione huiusmodi capellani per unum quaternum anni contra formam predictam cessare, extunc bene licebit nobis prefatis Johanni, Henrico, Johanni, Willielmo et Ricardo, et heredibus nostris, omnia predicta, terras et tenementa, redditus et servicia, cum pertinenciis, reintrare, reseisire et in pristino statu nostro retinere et possidere imperpetuum; tenenda de capitalibus dominis feodi illius per servicia inde debita et de iure consueta imperpetuum; presenti carta indentata et seisina inde habita et liberata in aliquo non obstantibus. In cuius rei testimonium, uni parti huius carte indentate penes predictam Margaretam remanenti, nos predicti Johannes, Henricus, Johannes, Willielmus et Ricardus, sigilla nostra apposuimus; alteri vero parti eiusdem carte indentate penes nos residenti, predicta Margareta sigillum suum apposuit. Henrico Frowyk antedicto tunc maiore ciuitatis London., Roberto Clopton et Thoma Catworth tunc vicecomitibus eiusdem ciuitatis, Nicholao Wotton tunc illius warde aldermanno. Hiis testibus, Johanne Bederenden, Johanne Brikles, Willielmo Creke, Roberto Smyth, Johanne Arcall, et aliis. Data London., sexto decimo die mensis Januarii, anno regni regis Henrici sexti post conquestum quarto decimo.[1])

Insuper vidimus et inspeximus quoddam scriptum, sigillo, ut asseritur, Thome Frowyk, armigeri, filii et heredis Henrici Frowyk, nuper civis et merceri ac aldermanni civitatis London. defuncti, cera rubra impresso sigillatum, in hec verba. *(Folgt obige No. CXV vom Jahre 1470, August 8.)* Quorum quidem scriptorum et cartarum predictorum tenores de verbo in verbum sub sigillo officii nostri maioratus ciuitatis predicte duximus exemplificandos per presentes. Scriptum London., undecimo die mensis Augusti, anno regni regis Edwardi Quarti post conquestum quintodecimo.

Dunthorn scripsit.

CXXXV. *Bestallung für den Secretair des Kaufmanns zu London, Hermann Wanmate. 1476, Juni 23.*[2])

Dissen bref hebben de gemenen stede her Harmen Wanmaten gegeuen, de des kopmans to Lunden sekretaries plach to wesende.

Witlik vnd apenbar sy alle denienen, de disse schrifte sen vnd horen lesen, dat de ersame her *Harmen Wanmate*, des kopmans to Lunden in Englant secretaries, vp der dachfart anno LXXVI Assumcionis, de to Lubeke de gemenen hansestede betekent den erliken rades sendebaden dar do wesende, in biwesende der erliken depnterden des kopmans to Lunden, alzo bi namen: *Arent*

[1]) 1436, Januar 16.
[2]) Aus der Handschrift der hamburgischen Commerz-Bibliothek. Fol. 98.

Brekewolt, olderman, vnd *Arent Wynekens*, bisitters, to kennende heft gegeuen, dat he demsuluen koepman to Lunden eine tit lank, bauen souen iare, in manigen swaren reisen, vt beuel der gemenen stede, dem koepman tom besten truweliken gedenet, in eren noden bistendich gewesen, to begerte vnd vmme vorschriuinge der stede, dem kopman to gude ok gerne to dachfarde si getogen, des kopmans beste gedan vnd nene arbeide gespart [1]) hadde, darauer he ok welker gensliken leuer quit were geworden. Begerde darumme desulue her Harmen, sodanes angesen, so it doch den steden wol witlik werę, daruor uan [2]) dem kopman erkenntnisse vnd beloninge to hebbende, so de kopman vnd he dat vor den radessendebaden erkanten. Her Harmens vorgeuen wort vnd redelik to sende [3]) vnd behorlik [4]) sodane sine truwen arbeit vnd denst em lon to geuende vnd to besorgende, hebben darumme de gemenen rades sendebaden darto gedeputert vnd gefoget de ersamen: her Hinrik Kastorp, borgermester to Lubeke, her Leueronge Roderik, [5]) secretarius derer van Hamborch, (her) Christoffer Hensebarch to Dortmunde vnd her Johan Boren, to Deuenter borgermester. Deienne twisken den deputerden des kopmans to Lunden vnd heren Harmen hebben bedegedinget vnd auerein gekamen sint in nascreuener wise, so dat her Harmen vp Bartolomeuen nogest kamende (schal) van des koepmans wegen tor dachfart to Bremen trecken vnd des kopmans sake dar na sinem besten vormogen vorstellen vnd vorwaren, vnd van dar in Engelant bi dem kopman in erem denst bet Michelis nu nogest kamende auer ein iar wesende vnd bliuende des kopmans besten don. Wor ok de kopman alzo Michelis auer dat iar vorschreuen were begerende noch dat halue iar, nemliken bet to Paschen deme darnogest volgende, heren Harmen dar to beholdende, denne schal vnd wil he dem kopman also gerne to willen don. Hiruor de kopman alle iar, dewile he so bi dem kopman in Engelant blift, bauen vrier kost, in dem mante Januario geuen scholen vnd willen tein punt sterlinges. Wanner sodane tit vorschenen [6]) is, wan her Harmen sick to huswart vogede, [7]) denne schal vnd wil eme de kopman tergelt [8]) auer afsnede [9]) vnd einen erliken drinkpennink geuen, welk her Harmen bi des kopmans redelichheit vnd egen consciencie geset heft to geuende wes se em gunnen. Vnd darto schal vnd wil de kopman demsuluen heren Harmen vor sinen groten, flitigen denst, moige vnd arbeit alle iar, dewile he leuet, vornogen, geuen vnd betalen vertich gulden marc gulden [10]) in dem mante Januario. Vnd des schal her Harmen vorschreuen wedder den kopman vorbunden vnd plichtig sin, oft he siner in enigen saken to donde hadden (vnd) in eren groten noden behoueden, dat he denne in Engelant to deme kopmane edder anderswor to dage vp des kopmans kost vnd teringe kamen vnd eme redich [11]) sin vnd denen schal na sinem vormogen. Vnd dit hebben wi vorschreuen deputerde van der gemenen rades sendebaden wegen, in aller mate bauen gescreuen twisken beiden parten bedegedinget, de dat ok beide beloueden, apenbarden vnd ratificerden. Vnd (de) deputerden des kopmans vorscreuen be-

---

[1]) Gespratk. *MS.* [2]) An. *MS.* [3]) *Lies:* to synde. [4]) Hier müssen einige Worte in der Abschrift ausgefallen sein. Der Sinn ist: Der Antrag des Herrn Hermann Wanmate ward billig befunden. [5]) *So für:* Laurencius Rodtideke. [6]) Vorschreuen. *MS.* [7]) Vogende. *MS.* [8]) *Tergelt*, Zehrgeld. [9]) Vermuthlich: na afrede. [10]) *Marc gulden.* Märkische Gulden? oder ist dieses ein Versehen des Schreibers? [11]) *Redich*, gewöhnlich rede, bereit. Bremisch-niedersächsisches Wörterbuch: reddich, arbeitsam.

degedingeden [1]) in des kopmans namen vor sick, den kopman nu wesende vnd alle ere nakomelinge heren Harmen in aller mate vorscreuen iarlikes to vulltende [2]) vnd wol to holdende sunder wedderinsage, helpinge, nige funde [3]) vnd ane alle argelist, so dit her Harmen en vnd eren nakomelingen vnd dem kopmane ok louede in maten vorscreuen wol to holdende. Desgeliken vnd tor sekerheit sint disser indenturen [4]) twe alles inholdes vnd ludes vtgesneden, de eine vt dem anderen bi dem bokstauen a b c d, worvan de kopman de ene vnd her Harmen de andere in vorwaringe hebben, de wi gedeputerde vorschreuen, to merer sekerheit, orkunde vnd vorwaringe mit vnsen anhangenden segelen, vmme bede willen beider parten, witliken hebben befestiget. Gescreuen vnd geschen binnen Lubeke, in dem iar vnses Heren dusent verhundert ses vnd seuentich, am mandage in der octaue Corpus Christi.

CXXXVI. *Sühne der Hansestädte mit der Stadt Cöln.* *1476, September 11.* [5])

Vor allen deniennen, de dissen bref sen ofte horen lesen, bekennen wi, Hinrik Suderman, borgermester, vnd Harmen Rink, ratman der stad Kollen, apenbar betugende, dat wi van wegen der werdigen stad Kollen in der twystegen sake der achtbaren vnd ersamen gemenen stede van der dutschen Hanse eren kopman in Flandern vnd Engelant, eines, vnd der stad Kollen vnd eren kopman des anderen dels, mit ein(ander) auereingekamen sint na lude einer scrift, ludende van worden, so hirna geschreuen steit. Alsodane twystinge, schelinge vnd mishelichheit twischen den erwerdegen, achtbaren vnd vornemen gemenen steden van der dutschen Hanse vp einer, vnd der werdigen stad Kollen vp der anderen side, irresen [6]) vnd bigekamen, is orsake baluen der [7]) ersamen olderluden vnd kopmans van der dutschen Hanse to Brugge in Flandern vnd to Lunden in Engelant residerende [8]) in Flanderen vtspratet [9]) vnd vororsaket itliker gebreken baluen, meist vnd in besunderheit, dat de kopman van Kollen in Brabant, Hollant vnd Selant ere kopenschop vnd guder hanterende sick iegen den kopman gestellet vnd gesettet hebben, weigernde vnd afstellende dem kopman sin vorgescreuen schot, gelik anderen van der Hense in den erbenanten landen Brabant, Hollant, Selant to geuende. Dar entiegen vele vorolges to donde in Engelant vthspraten vnhorsames baluen, darinne de koplude van Kollen iegen der stede der dutschen Hanse ere gebade, mandate vnd breue gefallen sint, indem se in tiden also de kopman gemenliken in Engelant, der van Kollen allene buten bescheden, belastet, besweret vnd gefangen wort, ere guder vntfremdet vnd afhendich, sunder ienige ere schulde ere hanteringe, kopenschop, vnd nichtes in Engelant gebruket vnd gehat hebben, nicht achteden edder to harten nemen, dat en de gemenen stede van der dutschen Hanse schreuen vnd boden, dat rike van Engelant gelik anderen eren kopluden (to) midende vnd sik darut mit liuen vnd mit gude to vntholdende. Welker mishe-

---

[1]) Benoden. *MS.* [2]) Vellettende. *MS.* [3]) Frunde. *MS.* [4]) Intetoren. *MS.*

[5]) Aus dem Manuscripte der Commerz-Bibliothek S. 87, berichtigt nach Detmar's Lübscher Chronik zum Jahre 1476 bei *Grautoff* Th. II. S. 384. [6]) Irresen *fehlt im MS.* [7]) Denn. *MS.* [8]) Reiseden. *MS. wiederholt.* [9]) *Vtspratet*, entsprossen.

licheit haluen, beide in Flanderen vnd anders irresen, vmme de [1]) vnd allen vnwillen twisken den ersamen olderluden vnd gemenen kopman to Brugge in Flanderen vnd Lunden in Engelant residerende, vp de eine, vnd de borgere vnd inwaner vnd koplude der stad Kollen, vp de andere siden, bitoleggende vnd to slitende vnd fruntliker wise to endende, dem gemenen besten to gude, vp dat de olde louelike vorsamelinge, eindracht, leue vnd fruntschop twischen den steden wesende, nicht gedelet vnd vornichtet werde, de gemenen stede van der dutschen Hanse ere erliken [2]) rades sendebaden sampt mit den erbaren der stad Collen rades sendebaden binnen Bremen vp Bartolomei [3]) sint vorschreuen vnd darsuluest godliken vorsammelt. Alle schelinge vnd mishelicheit vorschreuen, den partien vorbenomet entwischen wesende, vornemende vnd vorhandelende, sint darup fruntliken auerein gedragen vnd erliken gedegedinget, dat alle mishelicheit twischen den gemenen steden van der dutschen Hense vnd der stad Kollen wesende schal gruntliken bigelecht vnd guetliken geslaten wesen. Vnd de van der Hense willen schriuen an den irluchtigesten, grotmechtigesten heren konink to Engelant, siner Gnaden to vorwitlikende, dat se sik mit der stad Kollen gutliken vordregen vnd geslaten hebben, so dat se samt mit en endrechtigliken na also vore bliuen willen; [4]) ok dergeliken schriuen willen an de veer stapel, [5]) dat men de koplude van Kollen gelik anderen van der Hense schal vordegedingen vnd bescharmen. Behaluen doch in des heren hertigen landen van Borgingen, alse es mit sinen Gnaden mit den van Kollen vientliken gewant [6]) is, so dat de kopman to Brugge dar nicht inne geholden sy de [7]) tit der veide. [8]) Men so balde vorenige geschen is twischen demsuluen heren hertige van Borgengen vnd den van Kollen, den schal it angan. Ouerst in den anderen dren stapelen schal it van stunden, [9]) wen der stede breue auerantwort werden, angan vnde beginnen.

Vnd de rad der stad Kollen schal vnder wil ere koplude darto holden vnd willigen, [10]) dat se eren scot sunder wedderstal in Flanderen dem koepman darsuluest residerende, gelik anderen van der Hense, gutliken vtgeuen [11]) vnd betalen. Vnde ofte gebrek darinne schege vnd de olderlude dat dem rade to Kollen vorschreuen, dan schullen vnd willen sik de rad to Kollen darinne bewisen na lude der olden recesse. [12]) Ok schullen vnd willen de stad vnd rad to Kollen deme kopman to Brugge residerende iarlikes geuen edder geuen laten to Andorpen in deme pynxsten markede hundert gulden, tein iar lank durende. Welke tein iar erst beginnen scholen wan de koplude van Kollen in den landen Brabant, Holland vnd Selant ere kopenschop vnd handelinge ouen mogen. Wan auerst de tein iar sint vorschenen, [13]) vnd sodane dusent rinske gulden in vorschreuener wise [14]) denne geleuet deme ersamen rade to Kollen vortan sodane hundert rinske gulden to geuende, so scholen ere borger vnd koplude des schates haluen in den dren vorgeschreuen landen vnbelastet bliuen, de wile se sulke hundert rinske gulden iarlikes betalen. Wen en ouerst sulke hundert rinske gulden iarlikes nicht en be-

---

[1]) Ede. *MS.* [2]) Hanse marlyken. *MS.* [3]) August 24. [4]) Siehe dieses Schreiben, d. d. Lübeck, 1476, November 26, bei *Köhler* a. a. O. S. 77. [5]) An den vorstapel. *MS.* [6]) So Detmar. Bi anstliken gewant. *MS.* [7]) Den. *MS.* [8]) Beide. *MS.* [9]) Schal de it vorstunden. *MS.* [10]) Vnd wisliken willigen. *MS.* [11]) Vndgeuen. *MS.* [12]) Reise. *MS.* [13]) *Vorschenen*, verschieden. [14]) *Hier fehlt:* betalet unde.

leuet vt to geuende, den scholen vnd willen de van Kollen van den eren in den vorgeschreuen landen Brabant, Hollant vnd Selant dat schot gelik anderen kopluden geuen vnd betalen laten, vnd denne der hundert rinsken gulden iarlikes to geuen vntslagen wesen.

Vnd so de kopman der stad Kollen des kopmans to Lunden in Engelant residerende priuileie, boke, segel, schriften, suluersmyde, clenade, bussen, harnisch, rekenscop [1]) vnd wes de kopman to Lunden hadde, mitsamt ener bussen mit gelde in vorwaringe namen hadden, willen se deger vnd al dem koepman gutliken wedder auerantwerden. Vnd oft min gelt in der bussen funden worde, den darinne gewest ist, was men den nicht mit guder rekenscop kan inbringen, dat it dem gemenen koepman to gude vnd nicht den van Kollen vtgelecht si, dat scholen de van Kollen wedder gelden vnd tor stede bringen.

Forder wil vnd scal de ersame rad van Kollen schicken vnd vorfogen, dat er koepman in Engelant sine kopenscop vnd hanteringe hebbe belastet vnd vorplichtich were, (und) scholen van stunden de [2]) berorde vorschriuinge van den steden geschen. Vnd de koepman van Kollen wedder ingesettet is [3]) in Engelant dem kopmanne darsuluest residerende dubbelt schot to geuende. Welkes schottes de helfte de kopman in Engelant to dem gemenen profite schal hebben, vnd de ander helfte in besunderheit vorsamelen to samende van der behof hundert punt sterling, vnd darup geuen vor sick scedel, darut sick erfinde, wo vele vnd van weme se sodane schot gebort hebben. Sodane sine gelde na vorlope der tit van der helfte dagelikes vorsamelt sal de koepman to Lunden iarlikes auersenden den olderluden to Brugge vmme vortan to schickende an den ersamen rad to Lubeke, de van den gemenen steden beuel daruan heft, vmme dat to schickende na der stede willen. Vnd wan sodane derdehalf hundert punt sterlinges dorch den koepman van Kollen in vorberorde wise sint betalt vnd vtegeuen, denne so schal desulue kopman van Kollen des dubbelden scottes to geuende vortan syn entslagen vnd nicht hoger den andere koplude van der Hense to geuende vorplichtet wesen.

De kameren, de vnuordan sin, scholen de olderlude vnd bisitters na antale geborliken den van Kollen gelik denienen [4]) van den anderen steden delen vnd schicken, so dat elk sin rum vp dem stalhaue moge hebben, dar men ein hues vnd eine koken schal holden, so van oldinges gewontlik is gewesen. Vnd de kopman scholen ok samtliken vp den stahlhofe tohope wesen vnd nicht buten, dewile dat men rum dar mach hebben.

De olderman vnd de bisitters scholen ok nene sunderge bote eschen edder sick geuen (laten) van den borgern der stad Kollen sake haluen, dat se in vortiden iegen se edder de stede van der Hense mogen gebraken hebben. Also scholen vnd willen ok de koplude samt vnd elk besundergen nenen vnwillen saken [5]) noch vornemen iegen de koplude van der Hense vnd de eruen, de mit ene in Engelant gewest sint, desgeliken.

Hirup schal vnd wil de ersame rad to Kollen ere koplude samtliken vor sick vorbaden, se gutliken vnderrichten, dat se gelik anderen van der dutschen Hense den olderluden in allen den veer

---

[1]) Bussen, rescop. Vergl. oben und unten zum Jahre 1478. [2]) Van de. *MS.* [3]) *Vermuthlich fehlt:* plichtig. [4]) *Saken,* verursachen. [5]) De ein. *MS.*

stapelen [1]) horsam vnd willich syn vnd mit dem gemenen kopman fruntliken, fredesamliken vnd lefliken konuerseren vnd vmmegan, dat erenthaluen nene orsake ieniges vnwillen vnder malk anderen vntstan dorue. Des geliken willen de gemenen stede mede vorschreuen an de olderlude der veer stapel, dat se de koplude to en wesende vnderrichten dergeliken. Vnd hirmede schal alle vnwille, mishelichheit vnd twidracht bet an dissen dach wesende twisken den steden van dutschen Hense, eren koepluden vnd den van Kollen vnd eren kopluden irresen vor iaren [2]) vruntliken entliken vnd lefliken geslaten, bigelecht vnd vorgeten wesen. Alzo hebbe wi, ergenomt Hinrik vnd Harmen, rades sendebaden van Kollen, alle vorschreuen stuck vnd alle artikel samtliken vnd elk besundergen so beleuet vnd bevulbordet vnd beleuen vnd fulborden de so iegenwardigen in kraft dusses breues; vns vorder vorseggende vnd vorplichtende, dat de ersame rad van Kollen in eren apen vorsegelden breuen dem ersamen rade to Lubeke mit den ersten auertosendende sodane vorbenomede handelinge vnd schriften van worden to worden in eren breuen mede erem signet to ratificeren, [3]) aproberen, beuesten vnd beleuen schalden, de vor sick vnd ere nakamelinge stede, vast vnd vnuorbraken to vullenthende vnd to holdende sunder alle argelist.

Vnd des to groter tuchnisse hebbe wi erbenomet rades sendebaden van Kollen, vnser iewelik sin singenet an dissen bref don [4]) hangen, de gegeuen is vnd geschreuen is na der bort Christi [5]) vnses heren, binnen der stad Bremen, vertin hundert in dem sos vnd souentichsten iare, am vridage na Natiuitatis [6]) Marie virginis.

CXXXVII. *Vergleich des Comtoirs zu London mit der Stadt Cöln. 1478, November 11.* [7])

Witlik vnd apenbar si allen den gennen, de dissen bref sen vnd witliken sen oft horen lesen, dat alsodan in vorleden tiden vmme ichteswelker sake willen twistinge, [8]) schelinge vnd mishegelichheit twischen den erwerdigen gemenen steden van der dutschen Hanse, up de ene, vnd der erliken stad van Kollen vp de andere siden, irresen edder vpgerichtet vnd vpgestan weren, [9]) dewelke to Bremen vp der dachfart int iar vnses heren dusent verhundert sos vnd souentich vp Bartolomei geholden vnd vp den fridach Natiuitatis Marie virginis geslaten, geendet vnd lefliken geordeneret weren bi sodane beschede vnd vorworden: dat de koeplude der stad van Kollen Engelant hanterende dem gemenen koepman van der dutschen Hense to Lunden in Engelant residerende [10]) sine priuileien, boke, segel, schriften, suluersmide, klenodien, bussen, harness, rekenshop [11]) vnd wes de koepman to Lunden hadde, mitsamt einer bussen mit gelde in vorwaringe namen hadden, scholde deger vnd alle dem koepman vorschreuen gutliken wedder inbringen {vnd antwerden; nd ofte dar min geldes in der bussen ge-

---

[1]) Den vorstapeien. *MS.* [2]) Vornemen. *MS.* [3]) Mede in seuentt so rasineren. *MS.* [4]) Den. *MS.* [5]) Bort XI. *MS.* [6]) Trinitatis. *MS.*

[7]) Aus der Handschrift der hamburgischen Commerz-Bibliothek. Fol. 94. [8]) Twischen. *MS.* [9]) Wenner. *MS.* [10]) Reiseden. *MS.* [11]) *Lies:* retschop.

funden worde, den darinne gewest was, wes men den nicht mit guder rekenschop inbringen vnde bewisen konde, dat it dem gemenen koepman to gude und besten und nicht den van Kollen allene vtgelecht were, dat scholden de van Kollen wedder gelden und tor stede bringen; so dat allent de composicien [1]) to Bremen vp der dachfart mer, breder vnd klarer vtwiset vnd inholdet. Vnd vmme dat den de koeplude van Kollen vorschreuen der vorschreuen composicien [2]) na erem inholde nicht vulgedan vnd nagegeuen hebben, indem dat dar nastendich was gebleuen dorch eren fromten [3]) vnd schulde, dat se nicht inbrochten ein regester, darinne geschreuen weren de namen itliker koeplude van der dutschen Hense, dewelke in olden tiden dem gemenen kopman vorgescreuen vertein hundert punt sterlinges gelenet hadden, darmede de koepman van dem heren konink de priuileien kofte, dat men auer vor des anderen schulde und missedat nicht holden en scholde. [4]) Ok dergeliken, dat se in der rekenschop int iar unses hern dusent verhundert negen vnd sostich gemaket, und ok van den XL ℔ broke in der bussen wesende nicht klarliken bewisen konden, dat sodane gelt, als in dem vorfolgende, do de kopman geuangen lach, vtgegeuen was, in des gemenen gefangen kopmans nutte vnd beste sunderlingen gekamen were. Dergeliken dat se sodane harnes, pile vnd bussen nicht dem koepman so klarliken wedder [5]) toleuerden vnd inbrochten, alzo se dat ingenamen hadden. Vt welken punten vnd saken nuwe twistinge, mishegelicheide vnd schelinge twisken den erbaren olderman vnd gemenen koepman van der dutschen Hense to Lunden in Engelant residerende [6]) vp den enen, vnd den kopluden der stad Kollen, vp der anderen siden, reisen [7]) vnd vpgestanden sin, dewelke to fasten vnd to velen tiden twisken beiden siden vorsocht sin gewest nedder to leggende vnd in frundlicheit lefliken to slitende, dat na mennigen arbeide vnd vorsoke an beiden siden vmme alle vnwillen, mishegelicheiden vnd schelinge disser vorschreuen punte haluen bytoleggende vnd to slitende vnd in fruntliker wise to endigende vnd dem gemenen besten to gude vp dat (de) olde lauelike vorsamelynge, eindracht, leue vnd vruntschop twisken beiden delen nicht gedelget vnd vornichtiget, sunder vormeret vud gesterket moge werden. So is, dat de erliken vnd bescheden manne Peter van Syborch, Engelbrecht Seuenick, Rotger van Ril, Gert van der Grouen vnd Johan Russendorp, koplude vnd borger to Kollen, vulmechtich in dissen saken in namen vnd van wegen der stad Kollen vor sick, ere koplude vnd borger nu wesende vnd in ienigen tokameden tiden kamende vnd Engelant hanterende, mit dem ersamen olderman vnd kopman vorschreuen auereinkamen vnd beleuet, geslaten vnd in guden truwen belouet vnd bedegedinget hebben in mannere vnd formen, so hir geschreuen steit. In erst des registers haluen, dat se, van den gemenen kopluden van Kollen nu wesende vnd in ewigen tokamenden tiden tokamende, eren vtersten flit don willen sodane register na erem vermogen wedder vp to spörende vnd dem kopman wedder tor hand to bringende vnd des in ienigen tokamenden [8]) iegens de stede van der Hense oft van dem kopman to

---

[1]) Consiencien. *MS.* [2]) Kordesegen. *MS.* [3]) Fromten? Etwa Versomenisse? [4]) Dieses Recht findet sich in den Privilegien König Edwards III. vom Jahre 1354 verzeichnet, jedoch in solcher Weise, als ob schon König Edward II. dasselbe ertheilt habe. Vergleiche dessen Erkenntniss vom Jahre 1320 im hansischen Urkunden-Buche S. 385 und Geschichte der deutschen Hense. Th. I. S. 302. Den Lübeckern ward dieses Recht schon zugesichert von Henry III. 1267. Es muss hier eine viel neuere Bestätigung des fraglichen Privilegii gemeint sein. [5]) De kopman wedder. *MS.* [6]) Reiseden. *MS.* [7]) *Reisen. Lies:* irresen. [8]) *Es fehlt:* tiden nic

brukende. Vnd forder als van der rekeninge, bussen vnd harnesches wegen, so hebben de vorgescreuen koplude van Kollen beleuet vnd gelauet, dat [1]) se vnd ere selschop vnd nakamelinge dem kopman vorschreuen in dubbelden schotte dagelikes van tiden to tiden in geliker wise, alse de derdehalf hundert punt to Bremen bedegedinget inbringen vnd betalen scholen anderthalf hundert punt sterlinges in der konkordien to Bremen vorschreuen, begrepen vnd beleuet; vnd dat disse concordie der concordien to Bremen vorschreuen gemaket nicht iegens oft contrair wesen en schal, sunder dat de beide sunder vnderscheit in erem wesende vnd sunder [2]) ienige argelist bliuen vnd wesen scholen.

In kentnisse der warheit so hebben wi, Peter, Engelbrecht, Gerd vnd Johan vorgescreuen vt beuel, macht vnd sunderlinges hetende der vorschreuen stede vnd koplude van Kollen vnse syngenete an dissen bref gehangen, int iar vnses Heren MIIII^cLXXVIII, vp sunte Martynus dach des hilligen Confessoris.

CXXXVIII. *Vergleich der Kaufleute des Stahlhofes mit dem Prediger der Kirche Aller Heiligen beim Heu über den von den Hansen diesem zu entrichtenden Zehnten. 1483, Februar 18.*

Hec indentura facta inter magistrum Alexandrum Kyng, clericum, rectorem ecclesie parrochialis Omnium Sanctorum apud fenum London, ‖ ex vna parte, et mercatores Almanie, illos videlicet, qui habent domum in ciuitate London, que *Guyhalde Theutonicorum* ‖ vulgariter nuncupatur, ex parte altera, testatur, quod super iure decimandi pro illis domibus, shopis et mansionibus infra locum, ‖ vocatum *le Styleyerd*, necnon omnibus aliis domibus, shopis et mansionibus, prefatis mercatoribus pertinentibus et per eos occupatis, ac infra procinctum ecclesie parrochialis predicte situatis, ad gurgie, [3]) lites et contenciones, que pro eodem orriri [4]) in futurum poterint, penitus euitandas et exstirpandas, partes predicte amicabiliter condescenderunt [5]) et composuerunt adinvicem modo sequente: videlicet quod prefatus Alexander, rector ecclesie predicte, pro suo tempore parcipiet [6]) et habebit a prefatis mercatoribus et eorum successoribus quolibet anno pro omnibus huiusmodi domibus, shopis et mansionibus predictis, prouiso quod inter eosdem [7]) domos, shopas et mansiones, que sunt et occupantur versus vicum regium extra portam de le Stileyerd predicti, nomine decimarum tredecim libras, sex solidos et octo denarios, sibi ad festa annunciacionis beate Marie virginis, natiuitatis sancti Johannis baptiste, sancti Michaelis archiangeli et natalis Domini per equales porciones annuatim soluendos. Et sic anno in annum et festo in festum dicti mercatores et successores sui, quamdiu prefatus magister Alexander steterit rector ecclesie predicte, fideliter et sine diminucione absque fraude vel mali [8]) ingenio, siue antedicte domus, shope et mansiones omnes et singule per eosdem mercatores occupati [9]) fuerint, siue non, eidem rectori summam predictam forma premissa tradent et persoluent. Idemque rector

---

[1]) De. *MS.* [2]) Vnd nicht sunder. *MS.*
[3]) *Lies:* iurgia. [4]) *Lies:* oriri. [5]) *Lies:* concordauerunt *oder* consenserunt. [6]) *Lies:* percipiet. [7]) *Lies:* easdem. [8]) *Lies:* malo. [9]) *Lies:* occupatae.

absque vlteriori clameo, peticione aut vendicacione decimarum pro dictis domibus, shopis et mansionibus quoquo iure debitarum, predicta summa modo et forma suprascriptis persoluta reputabit se pro suis diebus et tempore contentum. In cuius rei testimonium prefatus magister Alexander Kyng, rector ecclesie predicte, vni parti huius scripti indentati penes prefatos mercatores remanenti sigillum suum apposuit, alteri vero parti eiusdem scripti penes prefatum Alexandrum Kyng rectorem remanenti predicti mercatores sigillum secretum communitatis sue apponi fecerunt.

Datum decimo octauo die mensis Februarii, anno regni regis Edwardi quarti post conquestum vicesimo secundo.

CXXXIX. *König Richard III. bestätigt das Privilegium der Hansen vom Jahre 1474, Juli 28. 1483, Juli 18.* [1])

Ricardus, Dei gratia rex Anglie et Francie et dominus Hibernie, omnibus ad quos presentes litere pervenerint, salutem. Inspeximus literas patentes domini E. nuper regis Anglie, fratris nostri, factas in hec verba. *(Folgt die obige No. CXXVI.)* Nos autem literas predictas, ac omnia et singula in eisdem contenta, rata habentes et grata, ea, pro nobis et heredibus nostris, quantum in nobis est, acceptamus et approbamus, ac prefatis mercatoribus Alemannie tenore presentium ratificamus et confirmamus, prout litere predicte rationabiliter testantur. In cuius rei testimonium has literas nostras fieri fecimus patentes. Teste me ipso, apud Westmonasterium, decimo octavo die Julii, anno regni nostri primo. Heed.

CXL. *Der Baillif des Bischofes von Winchester quitirt den Kämmerern zu London über die Rente von dem Steelyard. 1484, September 30.*

Nouerint vniuersi per presentes me, Radulphum Morton, balliuum domini Willelmi, episcopi Wintoniensis, manerii sui de Suthewark, || recepisse et habuisse die confectionis presencium de camerariis London. quatuor solidos et sex denerios [2]) quieti redditus exeuntes || de hospicio vocato *le Steilleierd*, de quibus quidem quatuor solidis et sex deneriis pro termino Micaelis vltimo preterito ante datum presentium fateor me dictum balliuum fore solutum. In cuius rei testimonium sigillum meum appossui. [2]) Datum in crastino sancti Micaelis, anno regni Regis Richardi tercii secondo. [2])

CXLI. *König Richard III. bestätigt das Privilegium der Hansen vom Jahre 1474, December 14. 1484, December 5.* [3])

(Die Bestätigung ist der vorstehenden No. CXXXIX gleichlautend.) Teste me ipso, apud Westmonasterium, quinta die Decembris, anno regni nostri secundo.

Per breve de privato sigillo et de data predicta, auctoritate Parliamenti.

---

[1]) Aus einem hamburgischen Copial-Buche. [2]) Sic! [3]) Ebendaher.

CXLII. *W. Martyn, Zoll-Einnehmer, befreiet die Kaufleute des Stahlhofes von der gegen ihn eingegangenen Verpflichtung. 1485, Juni 6.*

Nouerint vniuersi per presentes, me, Willelmum Martyn, ciuem et aldermannum ciuitatis London, nuper vnum custumariorum in portu ‖ London, remisisse, relaxasse et omnino de et pro me, heredibus et executoribus meis, imperpetuum quietum clamasse Mathie Hynckylman, nuper aldermanno loci ‖ de le *Stelyard* ciuitatis London, et toti communitati eiusdem loci, mercatoribus de Hansa in Alamania, omnes et omnimodas actiones personales, ‖ sectas, querelas, calumpnias, debita et demandas, que seu quas versus dictum Mathiam seu versus dictam communitatem, mercatores vt supra, aut versus eorum aliquem vel aliquos vnquam habui, habeo seu quouis modo habere potero, racione seu causa cuiusdam cedule siue apodixie, per quam dictus Mathias tam suo nomine proprio, quam nomine tocius dicte communitatis mercatorum michi tenebatur et obligatus erat tempore, quo officium custumarii predicti occupaui, ea intencione ad me indempnem conseruandum erga dominum regem tunc de quibusdam pecuniarum summis, eo tempore retentis per dictos Mathiam et communitatem, mercatores, in suis propriis manibus, ex custumis soluendis pro bonis et mercandisis suis exonustis in portu predicto. In cuius rei testimonium presentibus sigillum meum apposui. Datum sexto die Junii, anno Domini CCCC^{mo} octuagesimo quinto, et anno regni regis Ricardi tercii secundo.

Per me Willelmum Martyn, nuper collectorem parue custume in portu London, manu propria.

Nicoll.

CXLIII. *Der Baillif des Bischofes von Winchester quitirt den Executoren des Testamentes des J. Reinewell über die Rente vom Stahlhofe. 1485, September 30.*

Nouerint vniuersi per presentes, me Radulphum Morton, balliuum domini Willelmi, episcopi Wintoniensis, manerii sui de Suthwerk, recepisse et habuisse die confeccionis ‖ presencium de executoribus Johannis Raynwell, newper [1]) ciuis et aldermanni Londoniensis, quatuor solidos et sex denarios pro censili reddite exeunte ‖ de tenementis nuper eiusdem Johannis, iacentibus in parochia Omnium Sanctorum magna Londoniensi, modo parcellis de le *Stylyard*, quondam Johannis Northamton et postea Roberti Comberton armigeri. De quibus quidem quatuor solidis et sex denariis pro termino sancti Michaelis archangeli vltime preterito ante datum presencium fateor me dictum balliuum fore solutum. In cuius rei testimonium sigillum meum apposui. Datum in crastino Michaelis, anno regni regis Henrici septimi primo.

CXLIV. *König Heinrich VII. bestätigt das Privilegium der Hansen vom Jahre 1474, December 14. 1486, Juni 29.* [2])

Henricus, Dei gratia rex Anglie et Francie et dominus Hybernie, omnibus ad quos presentes litere pervenerint, salutem. Inspeximus literas patentes domini E. nuper regis Anglie quarti, factas in

---

[1]) *Sic!* [2]) Aus einem hamburgischen Copial-Buche.

hec verba. *(Folgt die obige No. CXXVI.)* Nos autem has predictas, ac omnia et singula in eisdem contenta, rata habentes et grata, ea pro nobis et heredibus nostris, quantum in nobis est, acceptamus et approbamus, ac prefatis mercatoribus Hanse predicte et eorum successoribus tenore presentium ratificamus et confirmamus, prout litere predicte rationabiliter testantur. In cuius rei testimonium has literas nostras fieri fecimus patentes: Teste me ipso, apud Westmonasterium, XXIX die Junii, anno regni nostri primo.

CXLV. *Quitungen der Priorin zu St. Marien in Clerkenwell über die empfangene Rente vom Stahlhofe. 1480—1487.*

Nouerint vniuersi nos Katerinam Grene, priorissam domus beate Marie de Clerkenwell, recepisse et habuisse die confeccionis ‖ presencium de Johanne Stote, aldremanno de *Stileyerde* London. triginta quinque solidos pro quieto redditu exeunte de tenementis suis de Stileyerde eiusdem situata in parochia Omnium Sanctorum de Heywharfe, videlicet pro vno anno integro vltime preterito ante datum presencium. In cuius rei testimonium presentibus sigillum officii nostri est appositum. Datum in crastino Pasche, anno regni regis Edwardi quarti vicesimo. [1])

Nouerint vniuersi me Katerinam Grene, priorissam domus beate Marie de Clerkenwell, recepisse et habuisse die confeccionis ‖ presencium (de) Harmanno Plowght, aldremanno de Stileyerde London. triginta quinque solidos pro quotanni redditu exeunte de *Stileyerde* predicta, situata in parochia Omnium Sanctorum de Heywharfe, videlicet pro vno anno integro vltime preterito ante datum presencium. In cuius rei testimonium presentibus sigillum officii nostri est appositum. Datum in crastino Pasche, anno regni regis Ricardi tercii secundo. [2])

Nouerint vniuersi me Katerinam Grene, priorissam domus beate Marie de Clerkenwell, recepisse et habuisse die confeccionis presencium ‖ de Harmanno Plowght, aldremanno de Esterlinges de *Stileyerde* London. triginta quinque solidos pro quotanni redditu exeunte de tenementis de Stileyarde predicta, situata in parochia Omnium Sanctorum de Heywarf, videlicet pro vno anno integro vltime preterito ante datum presencium. In cuius rei testimonium presentibus sigillum officii nostri est appositum. Datum in crastino Pasche, anno regni regis Henrici septimi primo. [3])

Nouerint vniuersi nos Katerinam Grene, priorissam domus beate Marie de Clerkenwell, recepisse et habuisse die ‖ confeccionis presencium de Harmanno Plowht, aldremanno de Stileyerde London. triginta quinque solidos pro quotanni redditu, exeunte de tenementis (suo) suis vocatis le *Stileyerde* predicta, situata in parochia Omnium Sanctorum de Heywharf, videlicet pro vno anno integro vltime preterito ante datum presencium. In cuius rei testimonium presentibus sigillum officii nostri est appositum. Datum in crastino Pasche, anno regni regis Henrici septimi secundo. [4])

---

[1]) 1480. [2]) 1485. [3]) 1486. [4]) 1487.

CXLVI. *Verhandlungen betreffend den Altermann Hans Kulle, welcher wegen eines unziemlichen Briefes an den Rath zu Hamburg abgesetzt ward. Ums Jahr 1487.* [1]

Item vp eine mitweken was de kopman int kuntor vorsammelt vnd *Hans Kulle* olderman, vnd hadde einen bref entfangen van Lubeke, ludende van mester *Iseheigen*, [2] daruan arge wassinge [3] qwam, dat *Matties Hynckelman* [4] senden lete smecken [5] luden er schriuent vnd er seggent de stede holden [6] wol vele dinge nalaten mit schriuent an den kopman. Item hirup antwerde Hans Kulle olderman vnd sede: "*Ik hor wol, wor gy henne willen: de worde luden vp mi: ik hebbe einen bref gescreuen an de stede van Hamborch, daruan wil ik iw de kopien halen;*" vnde stunt vort vp vnd halde de kopien int kuntor, las se darsuluen. Item so stunt [7] achter in der kopien: wo Hans Kulle olderman wol gesen hadde, dat de kopman ok sulk einen bref an de van Hamborch geschreuen hadde. Vnd furder stunt darinne berort, dat de van Hamborch scholden vorschreuen an vnse heren van Lubeke, dat de hir [8] schreuen scholden an den kopman einen scharpen bref, wente [9] hir synne weren, de dat recesse [10] to Lubeke gemaket anno XLVII torugge wolden stellen? vnd forder sick, [11] he woste wol, dat he der nenen dank mede vordenen scholde; doch he wolde sinen (ed) quiten, [12] he vore dar auer, wo Gott wolde.

Item hirup let de kopman Hans Kullen olderman entwiken, vnd bespreken sick darup. Vnd seden also degeuen de [13] dat iar mit em geswaren weren, also he erst berort, dat se enen syn darlegen hadden, dat sin bref nicht vort gink, dat were war, wente de syn duchte dem kopman nicht nutte en syn, so he en gesett hadde. Do wart Hans Kulle olderman qwat, lep henwech, let den kopman stan vnd sende sinen bref an de van Hamborch, sunder wetende des kopmans, vnd scref disse in punten darmede in so hir bauen berort steit. Item furder blef de kopman bestande in der halle vnd vorromede [14] einen bref an vnse heren van Hamborch van densuluen saken, vnd sende den auer eine [15] bi Hans Haluen an de van Hamborch. Vnd dar sende Kullen sinen bref ok mede, sunder weten des kopmans. Vnd dit toch sick de kopman to dem kopigen boke, dat se suluen bref an vnse heren gescreuen hadden bi dem persone, vnd it ok klarliken in dem kopienboke ter stunt gefunden wert; "*an Lubeke vnd Bremen*" stunt darbi gescreuen, men de clerk sede, it wer ok so geschreuen an Hamborch.

Item hir let men Hans Kullen olderman wedder inkamen, gaf em vor, [16] do he qwad wort, do sin bref nicht mochte fortgan, vnd lep en wech. Do vorramede de kopman einen bref an vnse heren van Hamborch van dersuluen sake, dat se mit dem kopienboke wolden bewisen, vnd lymplyken [17])

---

[1]) Aus der Handschrift des hamborger Commercii. S. 163 flgd. Ueber das muthmasslich angegebene Jahr siehe die Liste der Altermannen. [2]) Ein uns unbekannter Secretarius. [3]) Wassinge, was erwachsen ist, Gewächs. *Arge wassinge*, Aergerniss. [4]) *Matthias Hinkelmann* wird 1485 als gewesener Altermann des Stahlhofes bezeichnet. [5]) Lies: sinecken, wie hernach: sinnigen, frevelhaften. Doch ist der Satz dadurch noch nicht deutlich. [6]) Lies: hedden. [7]) Syntt. *MS.* [8]) *Hir.* hieher. [9]) Wethen. *MS.* [10]) Resese. *MS.* [11]) Syck. Lies: sede. [12]) *Sinen ed quiten*, seinem Eide nachkommen, wie auch unten. [13]) De gegeuen. *MS.* [14]) *Vorramede*, bestimmen, festsetzen, s. bremisch-niedersächsisches Wörterbuch. [15]) *Auer eine*, gleichzeitig. [16]) *Vorgeuen*, vorhalten. [17]) *Lympelik*, glimpflich, zierlich.

geset were, den sinen kopien vtwiset; vnd seden em, he hadde dem kopman in den punten leggen tal [1]) auerschreuen. Vnd forder sede he em, he wuste doch wol, dat de kopman den klerk ok an vnse heren van Hamborch gesant hadde, de doch alle sake wol wusten twischen beiden parten vnd vnse heren wol vnterrichtet hadde, so id [2]) de koepman vorstund [3]) in eren breuen. Vnd do begerde Kulle den bref to lesende an Hamborch: dar stunt "*Lubeke, Bremen.*" Item vorder fragede de kopman Hans Kullen: "we de sundergen weren, de de recess wolden torugge stellen, dat he dem kopman wolde van kundich maken, we se weren? Vnd he hadde dar qualiken an gedan. Hadde he sulkent geweten in dem kuntor, do se dar schulden in wesen, he scholde den kopman vnd geswaren vorbadet hebben [4]) vnd scholde it en geapenbart hebben vnd scholde se nicht an vnse heren van Hamborch vorschreuen hebben." Item hirup antwerde Kulle olderman vnd sede: "he wolde er anders nicht nakundich maken, do se in sinen kopien stunden." Vnd sede: "dat he it geschreuen an vnse heren van Hamborch, were em nicht led; he wolde nicht vmme XX sch. sunder he hadde it gedan." Item hirup let de kopman Hans Kulle olderman entwiken, vnd besprak sick darup vnd gaf em vor ein antwort: de kopman let de sake anstan wente to den negesten richtdage. Vnd let en wedder sitten gan in sine stede vnd scheden de anderen partien. Vnd gingen do van ander.

Item in dem nogesten richtdag do quam de kopman wedder mit dem olderman in dat kuntor vnd leten en wedder entwiken, bespreken sich malk anderen vmme disse saken, korderen, [5]) dat se en ens [6]) wolden fragen, we deienigen weren, de de reces wolden torugge stellen? dat he de in wolde van kundich maken. Item hir let de kopman den olderman wedder inkamen vnd gebeden em, dat he de sunnegen [7]) dem kopman nennen wolde, de den reces wolden torugge stellen. Item hirup antwerde Kulle olderman vnd sede dem kopman: "he wolde er anders nicht nakundich maken, do se in den kopien stunden, de he dem kopman toleuert hadde." Hirup leten se em entwiken.

Item hirup korderde de kopman in dat kuntor vnd dede examinacie vnder sick einen elken bi sinem ede, vnd konde nemande finden, de der sake schuldich was, de recessen torugge (to) stellende. Er meisten stemme gink, se dachten dar nicht mede to lidende, vnd so korderde de kopman, se wolden de geswaren, de it recht hadden, darto vorbaden, vnd wolden en it to kennende geuen, vnd wolden daraf gerichtet wesen.

Item hirup leten se Kullen olderman wedder inkamen vnd geuen em vort en antwort. "Nu he so hart van sinnen were, (dat he) de sinnegen nicht wolde nennen, [8]) so toge sick des de hele kopman an, vnd wolden de geswaren vorbeden den nogesten richtdach vnd wolden it den to kennende geuen." Item do gink Hans Kulle to vnd lede de slotel dal, de he van dem kopman entfangen hadde. Item hirup antwerde de kopman vnd sede: "*Her olderman, nemet gi de slotel wedder, hir is nemant, de se iw afesket.* Also emfangede he de slotel wedder, vnd se gingen van ander.

Item den nogesten richtdages qwam de kopman mit den geswaren int kuntor vnd leten Hans Kullen olderman entwiken, vnd de kopman gaf den geswaren de sake vor vnd let en de kopien lesen.

---

1) *Leg*, schlimm, böse; *tal*, Erzählung. 2) Iw. *MS.* 3) Versunden. *MS.* 4) *Vorbaden*, Botschaft bringen, anzeigen. 5) *Korderen*, *concorderen*, vereinbaren. 6) Vns. *MS.*; noch einmal. 7) *Sinnegen*, für: sündigen, gleich dem Englischen: sinuer. 8) Vme. *MS.*

Vnd so korderden de geswaren mit dem kopman, dat me Hans Kulle olderman scholde wedder inkamen laten vnd fragen en, we de sinnegen weren, de de recess wolden torugge stellen? dat he de wolde nakundich maken.

Item also leten se Kullen olderman wedder inkamen vnd geuen em vor, dat he wol wolde don vnd maken de synnegen nakundich, so he geschreuen heft in siner kopien, de de reces wolden torugge stellen. Item hirup antwerde Kulle olderman vnd sede: "he wolde er forder nicht nakundich maken, do se in der kopien stunden, de he den koepman geleuert hadde vnd ok dem kopman so rede vort antwort gegeuen."

Item hirup so leten se Kullen olderman entwiken vnd bespreken sick vp de sake. Vnd degennen, de dat iar mit em geswaren weren, seden: "se dachten dar nicht mede to lidende," vnd stunden vp vnd entwiken vt dem kuntor vnd seden: "so dat iemant mank iw, de der sake schuldich were, dat me iw recht dede; hadde id in Kulle olderman to vnrecht auergesereuen, dat men em ok recht dede."

Item so bleuen in dem kuntor de dat vorige iar in des kopmans reden gewest weren: *Timme Breck*, *Johan Russendorp*, [1]) *Eggert Meiger* vnd de geswaren, wol to XX personen, vnd bespreken sick vp disse saken. Vnder beken argewessegen [2]) leten se Kullen wedder inkamen vnd gebaden em bi sinem ede, "dat he dem rechte scholde horsam sin, so he geswaren hadde, vnd maken de synnigen nakundich, we se weren, de de reces wolden torugge stellen." Item hirup antworde Kulle olderman vnde nomede se bi namen, alzo: *Peter van Syborch*, *Maties Hynkelman*, *Hans Swalenborch*. Peter van Syborch gaf he schult, de he nyen borge [3]) wolde syn, do me de Islandesche gesellen vorborgen scholde. Item Hinkelman gift he schult, dat he dariegen weset hadde, sin bref nicht mochte vort gan. Swalenbarge wo dat he gesecht hadde, it wer ein olt reces. Item hir let de kopman Kullen wedder entwiken, vnd let beide parteigen tohope inkamen vnd gaf in vor, wes antwort in gegeuen was, we de sinnegen weren. Vnd bot den anderen personen, dat se wedder sitten gan scholden in eren steden, dar se touoren geseten hadden, vnd let de dre personen mit Kullen wedder vtgan vnd lesen do den anderen vor, wat sake he vp elken persone lede [4]) van den dren, de mit em vt weren.

Item hir leten se en inkamen mit den dren personen. Vnd de dre personen frageden en: "wer Hans Kulle in sulk tichten tolede?" Dar sede he: "*Ja*" vnd sede Peter van Siborch: "he hadde dar entiegen gewest, dat men de Islandesche gesellen vorborgen scholde." Hirup antwerde em Peter van Siborch vnd sede: "he hadde it vorlouet borge to syn, al were it sin broder. Vnd doch de hele kopman borgen stunde, dar he doch ein af were, vnd dar ok gutwillik sin kosten to geue, dat se de kopman vorborgen scholde; men allene dat he nen van den personen wolde sin, wente he hadde it vorlauet, dar he doch do dem kopman genoch togesecht hadde." Item Maties Hynkelman beschuldegede he, dat sin bref nicht mochte fortgan, den he vorromed hadde an vnse heren van Hamborch. Darup

---

[1]) *Johan Russendorp* und den im Nächstfolgenden wiederholt genannten *Peter van Syborch* fanden wir in der vorstehenden Urkunde vom Jahre 1478 als cölner Kaufleute, von ihren Mitbürgern deputirt, genannt. Nach Ersterem war eine Kammer benannt. Siehe § 6. S. 81. No. LXII. [2]) *Beken.* Lies: velen, oder wie unten: langen. Der Sinn: nach langem Streit. [3]) Borger. *MS.* [4]) *Lede,* legete, englisch: laid.

Maties antwerde: "de kopman hadde den it meiste part entlegen gewest, vnd dar ok doch persele[1]) in stunden, de dar nicht nutte in weren van en, des koninges van Dennemarken wegen, dat me doch in siner kopien noch wol finden scholde, de bi dem kopman legen. Vnd de kopman hadde it ok vorscreuen an vnse heren, vnd den klerk mede gesant, dat de partien dar nicht bi belet[2]) was. So vorhapede sick Maties, dat he der sake nicht schuldich were, vnd settede dat bi dem koepman." Item Hans Swalenbach gaf he schult, dat he gesecht hadde, dat it en old reces were. Worup Swalenborch antwerde vnd sede: "it were older den he were, vnd wes he deshaluen gesecht hadde, he hadde in arge waszegen secht, sunder qwat. Dar were ok van stunt wegen nemant belet bi den argewessegen. Vnd hadde ok dem olderman forder wat ane gelegen, so scholde he en vor den kopman vorklaget hebben vnd nicht an vnse heren touoren schreuen hebben."

Hirup let se de kopman entwiken vnde besprak siek vp disse sake vnd let se wedder inkamen vnd gaf en vor en antwort: "se scholden den nogesten richtdag wedder kamen." Vnd gingen van ander vnd entslogen de dre personen, dar se vnschuldich in weren, letten se sitten gan in ere stede.

Item den nogesten rechtdach qwam de kopman wedder togadder mit denienen, de swaren weren, vnd leten Kullen entwiken, vnd korderden vnder langen argewysse: "ia; dat Hans Kulle olderman schulde schriuen an vnse heren van Hamborch, dat he den kopman to vnrechte verschreuen hadde." Item hir let de kopman Hans Kullen olderman wedder inkomen vnd gaf em dit bauen schreuen punte. Item hirup antwerde Hans Kulle olderman vnd sede: "he wolde den se don, men he moste it io so screuen, dat it em an sine ere nicht en ginge."

Item hirup antwerde em de kopman und sede: "he scholde den bref schriuen vnd siek wol bedenken twisken der tit vnd negesten richtdagen, vnd scholde den bref bringen vor den koepman, det se en mochten horen lesen; dar wolden se em den en antworde vp seggen." Vnd gingen van ander.

Item den negesten rechtdag quemen se wedder tosamende de vorschreuen personen vnd frageden Hans Kullen olderman: wor[3]) he den bref gemaket hadde an vnse heren van Hamborch, so sin afschedent was van dem kopman? Item hirup antwerde vnd sede he: he hadde des nicht gedan, vmme reden were, bi wem he den bref geschreuen hadde an vnse heren van Hamborch? Dat scholde em ser an sine ere gaen. Vmme den willen hadde he it geachtet laten bliuen vnd bet[4]) den kopman, dat he de sake wolde stan laten vnde wolde en dar nicht mer mede moigen.[5])

Item hirup leten se Kullen olderman entwiken vnd kordereden bi eren eden vnder siek, dat Hans Kulle olderman nicht werdich en were vor olderman to sittende oft in des kopmans rade to sinde. Doch wert einem elken sin ed gelesen, de gesworen hadde, vnd seden: "en elk schulde siek darup bedenken tom negesten rechtdage." Item hir leten se Kullen olderman wedder inkamen vnd seden em: "de kopman wolde de sake laten anstan wente tom negesten rechtdage."

---

[1]) *Persele*, parcele, Stücke. Vielleicht: privacies, englisch: Geheimnisse. [2]) *Belet*, von beleden, verletzt, beschädigt, gefährdet. [3]) *Wor*, ob. [4]) *Bet*, bat. [5]) *Moigen*, bemühen.

Item den negesten rechtdag quemen se wedder tohope desse vorschreuen persone, vnd sloten noch, dat Kulle quat [1]) gemeldet hadde vnd den kopman legen [2]) tal auergeschreuen vmme de stede vnd den kopman to hope drengen. [3]) Vnd dat [4]) de ordeninge vtwiset, gemaket bi den steden vnd dem kopman, dat Kulle nicht lenger olderman scholde sin vnd ok nicht mer in des kopmans rad kamen.

Item hir leten se en inkamen vnd seden em de sententie, dat he nicht lenck olderman schal syn vnd ok nicht in des kopmans rade, vnd sinen slotel dem kopman leueren, den he van dem kopman emfangen hadde. Item hir leuert Hans Kulle sinen slotel vnd sede: "he hadde sick nicht vorhapet, dat en de kopman so scholde van siner ere gedrenget hebben vmme sulken schriuens willen, dat he an vnse heren van Hamborch geschreuen hadde. Vnd he doch dat gedan hadde den partien to gude vnd ok sinen ed to quitende, dat vnse heren de stede scholden hir [5]) schriuen, vmme dat ein elk, de hir schaden lede, vnd vor den kopman quemen an de synnigen, [6]) vnd dem kopmanne de beter scholde behulplick sin in sinem rechte vnd vele qwade argewassinge [7]) af to stellende vormiddelst vnser heren ere schriuent."

CXLVII. *Von Denen, welche gegen den Kaufmann gewesen.*

Ums Jahr 1500. [8])

Dyt is van den tein [9]) de iegen den kopman gewest sin vnd des kopmans recht mit willen auergegeuen hebben.

Item it schach int iar MIII^cLXXXIII. *Busse Kelner*, (de) olderman wes to Lunden, [10]) vtforde gud vt dem lande, dat he nie [11]) vorhastmmet hadde, vnd de koepman gebot eme, dat he it gelt wedder vorfolgen scholde. Des en wolde he nicht don. Do sette en den koepman vt dem rechte, vmme dat he dem kopman vngehorsam was. Vnd do he vtesettet was, do vorfolgede he den kopman wedder mit dem engelschen rechte, vmme eme quit to makende sine friheit, dat dem koepman gelt kostede. Noch behelt he sinen willen nicht, vnd hof vele mit schalkheit an vp den koepman, dat dat rode bok [12]) mit clarheit vtwiset, men he blef vt des kopmans rechte.

Item int iar MIII^cXCVII, [13]) V dage in Meie quam *Johan Swarte*, olderman van der dutschen Hense, vp de tit in der dutschen gilthalle, dar de gemene koepman vorgaddert was, vnd sede dat recht vp mit enem frien willen, vnd sede, wo dat he mit fruntschop vnd gnaden van dem konink en spottet [14]) hadde vnd hadde dem konink einen ed gedan vnd were ein vri Engelsman geworden, vmme mer profit daraf to hebbende wan van dem rechte, dat de kopman van Almaningen in Engelant hadde.

---

[1]) Radt. *MS.* [2]) Eligen. *MS.* [3]) Hengen. *MS.* [4]) Na. *MS.* [5]) *Hir*, hieher. [6]) In dem Vorstehenden fehlen einige Wörter. [7]) Argevesegen. *MS.*

[8]) Aus der Handschrift der hamburgischen Commerz-Bibliothek. S. 81. [9]) *Lies:* deniennen. [10]) In der Urkunde vom Jahre 1383, Februar 17, wird er Karsten Kelmer genannt. [11]) Ins. *MS.* [12]) Das rothe Buch war vermuthlich das der Ausgaben. [13]) MIIII^cXCVII. *MS.* [14]) En spottet?

Item MIIII^{c}XXX [1]) in Augusti qwam *Johan Wysseles* vor den kopman vnd gaf dat recht vp mit vrien willen, so hir bauen steit na suiker formen.

Item MIIII^{c}XXXIX in Augusti quam *Gotschalk Trunten* vor den koepman, vnd gaf dit recht auer mit vrien willen na der forme, so hir bauen steit, vnd bat den koepman, dat de koepman nicht vor ouel scholde nemen.

CXLVIII. *Statut zum Besten der Kaufleute der deutschen Hanse. 1503.* [2])

Be it ordeyned, established, enacted and provided, by the Kyng our soveraign Lorde, by thadvyse of his Lordes spirituell and temporall, and the Comens of the same, in this present parlement assembled, for merchaunts of the Hanse in Almaigne having the house in the Citie of London, comenly called *Gwildehalda Theotonicorum*, that by the auctoritie of this seid parlement, every acte, statute or ordinaunce, actes, statutes or ordinaunces heretofore made concernyng merchaunts, merchandises or other wares, extend not to the prejudice, hurte or charge of the seid merchaunts of the Hanse, contrarie to there auncient liberties, privileges, free usages, and customes of old tyme graunted to the seid merchaunts of the Hanse, as well by the King's noble progenitours, and ratified and confermed by the King's grace, as by auctoritie of diverse parliaments; but that all suche acte, statute and ordinaunce, actes, statutes and ordinaunces soo made or to be made in derogacion of ther seid liberties, privileges, free usages and custumes, stande and be, as ageynst the seid merchaunts and ther successours, and every of them, voide, repeled, annynctished and of none effecte; eny acte, statute or ordinaunce, actes, statutes or ordinaunces to the contrarie made or to be made notwythstondyng. Provided allwey, that this acte or any thyng therin conteyned, extende nott, or be in eny wysse prejudiciall or hurtfull to the Mayre, Shireffes, Citizens or Comynaltie of the Citie of London or eny of them, or the successours of eny of them, of or for eny interesse, liberties, pryveleges, fraunchesis or other thing to them or eny of them geven or graunted by the King's moste noble progenytours or predecessours, Kinges of this Realme, or by auctoritie of parliament or otherwysse; this present acte or eny thing therin conteyned notwythstonding.

CXLIX. *Tarif der Fracht. 1505.* [3])

Item anno XV^{c} vnd V wort gemaket disse fracht vnd vorbeteringe vp alle gud Selant, Holland bi.

Item dat stro [4]) wasses mot geuen	2 Gulden 3 Stüver. [5])	Item de mese, [6]) koep [7]) .	— Gulden 35 Stüver.
		Item de last hude	3 Gulden 4 Stüver

[1]) MIII^{c}XXX. *MS.* [2]) Statute 19. Henrici VII. Chapter 23 in den Statutes of the Realm. Vol. II. p. 665. [3]) Aus dem *MS.* des hamburgischen Commercii. Fol. 102.

[4]) Ein *Stro* könnte ein Strohgebinde bedeuten. Sollte vielleicht zu lesen sein: siroopvaat, holländisch: Sirupfass? [5]) Ich wüsste die hier im Manuscripte befindlichen Zeichen nicht anders aufzulösen und dürfte die Bestimmung in holländischem Gelde bei der Fracht nach Holland nicht befremden. [6]) Eine *Mese* entspricht der Tonne, siehe Urkundliche Geschichte der deutschen Hanse. Th. II. Register. [7]) *Koep* ist vermuthlich kip, kyp, Kiepe; siehe daselbst.

Item de scimmesse [1])	6 Gulden 2 Stüver.		Item 1 vat kopper.	2 Gulden 2 Stüver.
Item de last talges.	4 „ 8 „		Item 1 grot wrak fat [3]) . . .	5½ Gulden.
Item de last smal bant [2]) . .	3 „ 2 „		Item 1 middelmechtich [4]) fat	4 Gulden.
Item 1 sack wulle	4 „ — „		Item 1 vat vitriol	37 Stüver.

CL. *Untersuchungen unter den Königen Henry VII. und Henry VIII. über das Eigenthum des Stahlhofes. Ums Jahr 1509.*

Roll of the Styleard belongyng to the merchaunts of the Hanse.

Be it hadde in remembrance that a Commission by writte was directed oute of the Kyngs Escheker to the Sheriffs of London in anno XXII. [5]) Henrici VII., nuper regis Angliae, to enquere, ‖ who were the occupyers of the tenements hereafter folowyng, that is to say, one that kyng Richard the IIde gave to Richard Matford, chapleyn, the VIII yere of his reign ‖ the XXII day of September, [6]) called the *diehowse*, with II tenements therto adionyng etc. . . . . . . in Wyndgoselane besyde Themmes, whiche tenements the seide kyng Richard hadde by reason of attainder of one John Northamton, draper of London, and gyven to the seide Matford for time of his lyfe.

Item also it apperith by the seide wrytte, that the seide kyng Richard the XXI day of May, the VIII yere of his reign [7]) gave to one *Roger Syglem* de *Bohemia* for his habitation a tenement sette vpon the corner of Wyndgoselane betwene the same lane and the *grete Hall of Estlands*, whyche also belonged to the seide John Northampton, and that by the seide wrytte the seide Sheriffs shulde enquere, who were the occupyers of the same.

Item by vertue of the seide wrytte one Robert Johnson [8]) and William Copynger, the beying Sheriffs of London, returned the seide wrytte and certified before the barons of the Kyngs Escheker, that thei hadde taken an inquisition by the othes of XII men by vertue of the siede wrytte, whiche gave their verdicte, that there was some tyme a certain lane called Wyndgoselane optendyng from Themmes strete in the parishe of All Seints the More in London vnto Themmes and that the same lane lieth on the est syde of the grete hall belongyng to the merchaunts of Almayn, called the *grete hall of Estlands*. In whyche lane the tenement called the diehowse with II tenements lyeng therto, and also the tenement vpon the corner of the seide lane called Wyndegoselane be sette and lyen, whyche lane at the north ende is enclosed with a walle of stone and nowe all the seide tenements annexed to the mansions of the marchaunts of Almayn.

---

[1]) Eine *Scimmese* ist eine Tonne für Felle, siehe Urkundl. Geschichte der deutschen Hanse. Th. II. Register.
[2]) Eine Last *schmalen Bandes* lässt einen Schreibfehler vermuthen für smal want, schmales Tuch, oder smal waringe, kurze Waaren. [3]) Für ein zerbrochenes Fass scheint die Fracht zu gross. [4]) *Middelmechtig* für middelmetig.
[5]) 1506, August 22, bis 1507, August 1. [6]) 1384, September 22. [7]) 1385, Mai 21.
[8]) *Fabyan's* Chronicle nennt den Sheriff Thomas Johnson.

Item the XV yere of kyng Edward the IIIIth all the meses and tenements betwene the *hall of Estlande*, called *Guildehalda Theutonicorum*, and the *Stalehalfe*, whych ys theire dynyng hall, were gyven to the marchaunts of the Hanse and theire successors by auctorite of parliament, accordyng to dyvers appoyntations taken at a diete holden at Vtride betwene the seide kyng Edward the IIIIth and the marchaunts of the Hanse the XIIIIth yere of the reign of the seide kyng Edward the IIIIth.

All whyche premissed hath bene viewed and sene by the right honorable councellors to oure souereign lorde, kyng Henry the VIII. that nowe is, that is to say by Thomas Dokwra, lorde of saint Johnes Jerusaleme in Englonde,[1] sir Thomas Lovell knyght, Tresorer of howseholde with oure saide nowe souereign lorde,[2] and sir Thomas Englefeld knyght.[3]

CLI. *Verordnung wegen der höheren und der Gesellen-Tafel, des Aufwärters und der Küche. 1513, August 17.*[4]

In Gades namen Amen! Witlich sy, dat im iar XV^{C} vnd XIII, den XVII dach des mantes Augusti ein ersame copman rat der dutschen Hansse to Lunden vmme beters willen vnd profits gantzer gemeiner geselschop der koplude vp dem stalhaue gande, kamende vnd ok vor eine tit residerende heft geordineret, beleuet vnd beslaten desse nagesc ordinantie, de ok strechliken[5] intak vnd olt den XXII dach in Augusto vp gemeiner vorgadderinge, bi broke, in dersuluen ordinantie bestemmet, gebaden is to holden.

Ordinantie der hoger tafeln und vort der gesellentafeln mit dem deiste vp der maschop.[6]

Item inprimis is geordineret vnd beslaten, dat nimandes, he sy mester ofte geselle, schal enige geste vp de halle bringen, id sy bi orlaue des oldermans. Vnd de also bi des oldermans orlaue einen gast bringet, dar schal de meister ofte geselle vor betalen sine maltit. Vnd de hir tegen deit, schal sunder gnade vorbreken to der hoger tafelen: is VI sh. VIII den.

Ok schal geine geselle buten der maltit geine vromde lude bringen vp de halle, dar mit den to gelage sittende.

Item oft iemandes an der hoger tafeln vpgeloppet[7] werdet, dan schal de rekenmester bringen van[8] datsulue vat, dat de vplopping beginnet is, vnd den schal de rekenmester noch bringen[9])

[1]) *Thomas Dokwra* war seit 1502 Prior des Hospitals des Ordens St. Johannis von Jerusalem, bei Clerkenwell vor London belegen. Monast. Anglican. T. VI. p. 799. 1524 verhandelte er als Gesandter König Henry's VIII. mit dem kaiserlichen Gesandten Louis de Praet einen am 24. Mai zu London abgeschlossenen Vertrag zur Vernichtung des Königes Franz I. [2]) Sir *Thomas Lovell* in der obengenannten Würde erscheint als einer der Executoren des Testamentes König Henry's VII. in dem Documente seines Sohnes vom Jahre 1512 über die von jenem angeordnete Stiftung des Hospitales auf dem Platze des Grafen von Savoyen. Siehe *Rymer* T. VI. P. I. p. 38. [3]) Sir *Thomas Englefeld* wird noch 1529 genannt bei *Rymer*.

[4]) Aus der Handschrift des hamburgischen Commercii. Fol. 119 flgd. [5]) *Strechliken*, sogleich, oder lies: strengliken? englisch: strictly. [6]) *Maschop*, Maskopei, Genossenschaft. Doch der Sinn fordert hier etwa: maltyd. Oder maschop ist hier abzuleiten von mess, englisch: Gericht, von dem Mehrere speisen; also Zusammenspeisen. [7]) Vpgeloppet. *MS.* Vpeloppen, vom Gebot des Aufstehens vom Tische. [8]) Vragen an. *MS.* [9]) Vragen. *MS.*

tor anderen reise. Vnd stat he dan nicht vp, schal he betalen ein galen [1]) wins sunder gnaden tor tafelen.

Item ofte it also geborde, dat einmandes an der hoger tafeln in broke velle, it sy bi wedde auer tafeln ofte ander sust, vnd de sake to tryal [2]) kamen scholde der tafelbroder, so schal de meiste [3]) stan bi dem olderman, dem ersten vnd dem anderen rate, vnd nicht vorder. Was de dan der saken warden, [4]) dar schal it ok bi bliuen vnd nymandes sich dar tegen strecke bi dubbelder broke.

Item so is ok den hogesten vnd gesellen ernstliken beualen, se gude acht hebben der suluern potte. De welke dar enige dinge inne broke ofte borstede, [5]) willinges ofte vnwetens, schal it vp sinen egen kost wedder maken laten.

Ok dat nemandes de stenen potte an de erde worpen ofte sus mit vpsate breken sal, bi vorborte [6]) sunder gnade: is VI sch. VIII den.

Item so is den gesellen beualen, de na gerade vnd manneren ein tegen dem anderen ouer de tafeln sitten scholen, bi broke ein ℔ wasses.

Ok schal gein der gesellen, iunk efte olt, geine vate, de se van der mestern tafelen vp nemen, ander wor dan vp der gesellen tafeln in de rege setten vnd de eine dem anderen nicht to vorgange syn in vpneminge der vaten; ok bi broke ein punt wasses.

Item so is ok den gesellen, iunk vnd olt, ernstliken beualen, se [7]) geine kost, ok gein ber efte brot van der hallen dregen scholen, bi broke van XL den.

Ok dat de gesellen gene vate, schottelen efte andere typpen poten van der hallen dregen scholen, bi orlaue des spensers vnd des kakes ofte sunder orlof. Vnd de hir tegen dede vnd darmede befunden worde, sal vorbraken hebben de broke: is XL den, sunder gnade.

Ok is den gesellen beualen, se nicht van der hallen gan scholen tho [8]) der tit de becken van der tafeln gedragen syn vnd de meisters wedder gedenet syn.

Ordinantie der Spenser [9]) vnd in der Spensen.

Item so scholen de spensers na disser tit vort genen win tappen noch buten ofte binnen huses, den allene sodan win, als de kopman inleggende wert, scholen se tappen tor tafeln vnd dar dem husemester vor de tit synde rekenscop don.

Item is den spensers beualen, se acht hebben scholen des stortebers, [10]) so dat de copman sodane an sick nemen wil vnd den spensers ein ander redelike kantenisse wedder tokeren.

Item so schal de spinsers sodan vpgehauen win dem kake in einer kruken ouerleueren [11]) vmb des kopmans profit in der koken mede to donde.

---

[1]) *Gale*, siehe oben S. 119. Note 6. [2]) *Tryal*, englisch: Untersuchung. [3]) Unverständlich. Man erwartet ein Wort wie Urtheil, Sententie. [4]) Warden oder wareden, also von warden oder von waren; in beiden Fällen ungebräuchlich für: entscheiden; englisch: to award. [5]) *Borstede*, für: brostede, von bresten, bersten. [6]) *Vorbort*, von vorbaren, verwirken. [7]) De. *MS.* [8]) *Tho.* Lies ehe oder vor. [9]) *Spenser*, englisch: Haushofmeister, Aufwärter. [10]) Storteber. Vielleicht stout beer, starkes Bier. Oder etwa das übriggebliebene, zusammengegossene Bier? [11]) Ouertholenen. *MS.*

Ok scholen de spenser it ber mit den tinnen gaelpotten [1]) vnd nicht mit der leddern kruken [2]) na disser tit vphalen.

Item so is den spensers beualen, se nemande, it sy mester ofte geselle, genen scholen enich ber ofte brot van der hallen, it sy dat enich mester sinen dener darvor sende, vnd nicht sin waskewif. Vnd den gesellen nicht mit allen to senden, dan wes se vp der hallen eten efte drinken willen, na reden to geuende. Vnd wente hir eynmans tegen kerde [3]) vnd nicht mede tofreden were, schal vorbraken hebben sunder gnaden: is XL den.

Item so schal ok nemand, noch meister ofte geselle, in de spense gan. Kamet ouerst ein der meister to late tor maltit, mach he dar allene ingan, vnd vorder dar nicht bliuen sittende. Vnd hirtegen dede vnd darmede geprouet worde, sal elke reise [4]) tor hogen tafelen beste vorboret hebben: is XX den.

Item so is den spensers beualen, alle de gesellen nicht to boke stande van der hallen to holdende vnd vt der koken to wisende vnd alle anderen fromde lude; ok geinen waskwiuen vner ofte enige ander dingen afdregen laten, bi vorboringe in enigen desser puncten dem spenser sinen denst.

Item so is geordeniret, [dat men schal geuen dessen nogesten officers], also dem porter, dem waskewiue, dem botmen vnd dem dreckfeger, elken des dages einen pottel bers vnd ein verding brot, vnd darmede van der hallen wisen.

Ok schal de spenser de hantbecken vnd vuervate dre reise de weke schuren vnd schone maken.

Ordinantie der koken.

Item so is dem kake beualen, he mit gereden gelde tom markede gan schal vnd nicht mer inkopen, dan eme van noden bedunket to synde, vnd dat he elker weke van dem spenser id gerede gelt neme vmb mede tom markede to gande.

Item ok is den koken beualen vp eren denst, dat se alle vromde geselschop, de syn Engelsche ofte Dutsche, vt der koken vnd van der halle wisen scholen.

Item so sal men ordineren in de koke einen meisterkok vnd dre knechte. Vnd de scholen vort nemandes in de koken kamen laten van vromden luden, wat de ok syn. Ok schal de dreckfeger in der koken nicht arbeiden oft spet wenden, [5]) noch nemandes anders vromdes in der koken entholden werden.

Item so schal de husmester elkes iar vor de tit synde auerleueren to dem spenser alle suluersmide, tinnen potte vnd alle linnen tuch, so id tom huse belanget, vnd vort den koken ok to leueren alle tinnen schottelen, vate, trensers, [6]) ok alle ketel vnd potte, so it to der koken belangende is, vnd daruan eins van spenseren vnd kake rekenschop emfangen. Vnd wes dar gebreket, sal men einem ideren an sinem lone afbaten. Vnd weret sake, ein husmester hir vorsumylich inne worde vnd de dingen wo bauen steit, nicht strengelich helde, sal sodan husmester vorbraken hebben: is XL sch. sterl.

---

[1]) *Gaelpot*, englisch: galleypot, gallipot, weisses, irdenes Geschirr; hier von zinnernem gebraucht. [2]) *Leddern kruke*, Schlauch. [3]) Kurde. *MS.* [4]) *Elke reise*, jedes Mal. [5]) *Spet wenden*, den Bratspiess drehen. [6]) *Trenser*, englisch: trencher, hölzernes Vorschneideteller, auch Vorschneidemesser.

Item ok is dem bowmester [1]) vor de tit synde beualen, he elkes iar vp Paschen alle de rente buten vnd binnen dem Stahlhave inuorderen schal vnd mit allen vorseten renten clar maken. Vnd wor de bowmester ervaren kan, wor de slotel der kamer heft, (de) schal de rente antwerden. Vnd welker van den kopluden hir tegen dede, sal de bowmester sodanes mans name vp einen billen stellen vnd dem kopman int kuntor bringen. Wen ok enich bowmester hir vorsumich inne were, sal sunder gnade vorboret hebben: is XL sch. sterl.

CLII. *Interimistischer Vergleich zwischen den Gesandten Englands und denen der Hanse. 1520, August 12.* [2])

Tenor quarti et ultimi recessus inter legatos Anglicos et Hanseaticos Brugis habiti:

Cum post multa colloquia variosque congressus et tractatus inter nos, Willielmum Knight, L. L. Doctorem, Johannem Husey, Thomam Morum, armigerum, et Johannem Hewester, gubernatorem societatis mercatorum Angliae, serenissimi regis Angliae, etc. et Nicolaum Bromse, proconsulem, Matheum Packebusch, L. L. doctorem, Lambertum Witingheft, consulem, Mag. Paullum vam Velde, secretarium, Lubecenses, Adolphum Rinck, proconsulem, Hermannum Rinck, militem, Jodocum Erbach, D., Albertum von Gueyss, consulem, [3]) Mag. Thomam Burchman, secretarium, Colonienses, Gerhardum vom Holte, consulem, Mag. Joh. Reinike, Hamburgensem, [4]) magnificae communionis et civitatum Hansae Theutonicae oratores, nuncios et commissarios in hac dieta Brugis, oppido Flandriae, anno domini 1520, mense Junio, statuta et servata, super controuersiis, differenciis, querelis, damnis et iniuriis propositis et tractatis, ex certis causis concludi, transigi, finisque illis tunc imponi nequiuerit: idcirco pro mutuo exercitio et intercursu negociacionis et mercatus, et vt in vtriusque partis subditos amicitia et concordia perseueret, communi omnium nostrorum beneplacito, consensu et voluntate, de proroganda hac dieta ac aliis inter nos conventum, concordatum et conclusum est, modo et forma subsequenti.

Imprimis, conventum, concordatum et conclusum est, inter nos oratores praenominatos, quod haec praesens dieta tamen, ab hac die in antea ex nunc usque ad primam diem mensis Maii anni proxime sequentis, videlicet 1521, continuata et prorogata sit et esse debeat, prout eam sic prorogamus et continuamus.

Item conventum, concordatum et conclusum est inter nos oratores, quod pendente hac prorogatione licebit quibuscunque subditis serenissimi regis Angliae etc. ad civitates, oppida, districtus quoscunque communionis Ansae Theutonicae ire ac tute et secure ibi conversari et mercari, ac cum rebus et mercibus suis tute et secure inde recedere. Et pariformiter licebit hominibus magnificae communionis

---

[1]) Der Baumeister ist das Mitglied des Comtoirs, welches die Aufsicht über das Gebäude hat, wie der Structuarius bei Kirchen.

[2]) Aus dem Archive zu Cöln. [3]) Im Bürgermeister Claus Brömse und im Rathsherrn Albert von Gueyse bemerken wir zwei auch in den Stahlhofs-Häusern lange erhaltene Namen. Vergl. § 6. S. 80. No. 11, No. 40, No. 57 und No. 60. [4]) *Lies:* secreterium oder protonotarium, Hamburgenses.

Anzae in dictum regnum Angliae venire, illic tute et secure conversari et mercari, merces suas invehere et inde exportare. Ita quod, hac prorogatione pendente, omnia interim maneant utrinque in eodem statu, quo fuerunt tempore congressus dictorum oratorum et commissariorum. Et quod nil novi interim attemptetur ab alterutra parte, quod cedat in preiudicium, dampnum aut nocumentum alterius partis quovis modo.

Item conventum, concordatum et conclusum est, quod praestatuta die prima videlicet mensis Maii anni sequentis tam oratores serenissimi regis, quam oratores magnificae communionis Anzae in dicto oppido Bruggensi conveniant, suffulti authoritate et potestate sufficienti ad communicandum, tractandum, transigendum et concludendum super omnibus querelis, differentiis et dissensionibus, dampnis et iniuriis, specialibus et generalibus, vicissim propositis et proponendis.

Item conventum et concordatum est per oratores supra dictos, quod nulla clausula antescripta in hoc recessu deroget in posterum quocunque aut modo privilegiis dictae communionis de Hanza, quibus de iure gaudere debeant, aut iuri regis Angliae aut priuilegiis subditorum eius, quibus legitime et de iure gaudere debeant. In quorum omnium et singulorum fidem et testimonium nos oratores serenissimi regis Angliae supra nominati huic recessui nomina et cognomina nostra subscripsimus, sigillis et signis nostris communivimus et cum oratoribus magnificae communionis Hanzae tradidimus, duodecimo die Augusti, anni 1520.

CXIII. *H. Hülsemann entlehnt für die Stadt Lübeck von den Kaufleuten des Stahlhofes 10,000 Goldgulden. 1543, Januar 29.*

Ik, Herman Hulseman, borger van Lubeke, bekenne vnde betuge myt dusser iegenwardygen scryft, dat yck vp || geborth vnde vntfangen hebbe van deme ersamen kopman to Lunden yn Engelant vp demme Stalhaue resyderende, van wegen vnde ton besten deme gestrengen, erbaren rade van Lubeke yn kraft eynesz kredentzbreuesz, my van oren gestrengen erbaren wyszhet an gedachten ersamen kopman gegeuen, de summa van feerdusenth feerhundert feerundefertych angelotten, yn gudem, fulwychtygen golde vnde X stoters — den angelotten vor seuen schilling sess penning sterling, so ytz ganckbar, maken X dusent goltgulden, gereckent X stotersz vor den gulden. Desuluygen X dusent goltgulden edder IV dusent IV hundert feerundefertych angelotten vnde X stotersz heft der ersame kopman dem gestrengen erbaren rade van Lubeke gudtwyllych vp ore begertte vorstrecket vnde gelent, vme konyncklyke mayestat van Engelant to betalen de helfte van twyntych dusent goltgulden, den gulden to X stotersz, de syne konyncklyke genade deme erbaren rade van Lubeke yn vorschener tydt vorschotten vnde gelent hebben.[1] Vnde yck derwegen hyr gesant byn, dyt berorte gelt to vntfangen vnde wedderume to entrychten; deme ok also allenthaluen gescheen ysz. So gelaue vnde segge yck vnder guden, truwen gelouen, vth bouel vnde bete myner heren van Lubeke, de helfte van vpgemelten

---

[1]) Die Verschreibung vom Jahre 1534, August 2, über dieses Anlehen siehe in der Zeitschrift für hamburgische Geschichte. Th. III. S. 270.

teyn dusent goltgulden, bescheydelyck V dusent gulden, gerechent X stotersz vor den gulden, wo vorbororth, sollen van deme gestrengen vnde erbaren rade van Lubeke vp Pynxten negest komende deme ersamen kopman to Lunden yn Engelant vp deme Stalhaue yn aller frontschop vnde to danke gegulden vnde betalet werden, ane alle vortoch efte vorhyndrynge, sunder argelyst, nye funde vnde geferde. De ander helfte, nomelycken fyfdusent gulden, X stotersz vor den gulden, sollen dorch myne heren van Lubeke betalet werden vp bekweme termyne vnde tyde, alse syck orhe gestrengen erbar wyszhet sampt deme ersamen kopman darsulues vordragen werden. Yn tuchnysse der warheit hebbe yck dusse scryft myt myner egen hant gescreuen vnde myt mynen wontlycken pytzer vorseggelt. Datum London in Engelant, am 29. Januaryusz, anno 1543.

Van wegen myner heren van Lubeke per me Herman Hulseman.

CLIV. *Ausfuhr englischer Tücher durch die Hansen und durch sämmtliche fremde Kaufleute in England. 1552.* [1])

Shipped by the Merchauntes of the Stillyard, from the first yeare of King Edward the second unto Michaels last past, as by the Kinges recordes of his Grace's Excheguer it dothe plainely appeare, as hereafter followeth.

The first yeare of King Edward the second (1307) owt of this realme of England but	VI clothes.
Brought into this realme by the said Marchauntes in the same first yeare in all other wares and marchaundyse, but to the valew of $\text{M}^{li}\text{II}^{c}\text{XIX}^{li}\text{VI}^{s}\text{XI}^{d}$ whereof the kinges Matie had for his custome after the rate of III^{d} the pound .... Summa	$\text{XV}^{li}\text{IIII}^{s}\text{X}^{d}$.
The second yeare of the same king Edward the second the said Marchauntes of the Styllyard shipped owt of this realme but	VII clothes.
In all other wares and merchandize to the valew of so moch as paied the King in custome	$\text{XXXV}^{li}\text{XII}^{s}\text{X}^{d}$.
The first yeare of King Henry the sixt (1422) the said Marchauntes of the Styllyard shipped owt of this realme the nomber of	$\text{IIII}^{ml}\text{III}^{C}\text{LXIII}$ clothes XXII yeardes.
The first yeare of King Edward the fourthe (1461)...	$\text{VI}^{ml}\text{I}^{C}\text{LIX}$ clothes.
The fiftenthe yeare of King Henry the seaventhe (1500)	$\text{XXI}^{ml}\text{III}^{C}\text{IIII}^{XX}\text{IX}$ clothes.
The IIIIth yeare of King Henry the Eight (1513).....	$\text{XXI}^{ml}\text{V}^{C}\text{LVI}$ clothes.
The XXVIIIth yeare of King Henry the Eight (1537)..	$\text{XXXIIII}^{ml}\text{VI}^{C}\text{IIII}^{XX}\text{XIII}$ clothes & XI yeardes.

---

[1]) Aus einer Handschrift des britischen Museums. Manuscript Cotton. Claudius E. VII. Fol. 99.

The XXIXth yeare of King Henry the Eight................ XXXIII^{ml}VII^{C}LXXVIII clothes.

The XXXth yeare of King Henry the Eight................ XXXIIII^{ml}I^{C}XLII clothes.

The XXXIth yeare of King H. the Eight, which was the first whole yeare that Merchaunt straungers paied but English Custome................................ XXVII^{ml}II^{C}LX clothes.

The XXXIIth yeare of King Henry the Eight............... XXVII^{ml}VI^{C}XIX clothes.

The XXXIIIth yeare of King Henry the Eight.............. XXIII^{ml}IIII^{C}XII clothes VI yeardes.

The XXXIVth yeare of King Henry the Eight.............. XXIIII^{ml}II^{C}XXI clothes IX yeardes.

The XXXVth yeare of Henry the VIIIth.................... XXVII^{ml}LII clothes VI yeardes.

The XXXVIth yeare of King Henry the Eight............... XXXIII^{ml}IX^{C}LXIII clothes.

The XXXVIIth yeare of King Henry the VIIIth.............. XXXI^{ml}L clothes III yeardes.

The XXXVIIIth yeare of King Henry theight and the first yeare of King Edward the sixt. (1547)..................... XXIX^{ml}VI^{C}IIII^{XX}IX clothes.

The second yeare of King Edward the sixt................. XLIII^{ml}V^{C}IIII^{XX}III clothes.

The third yeare of King Edw. the sixt................... XLIIII^{ml}IIII^{C}II clothes.

The fourthe yeare of King Edward the sixt................. XXXIX^{ml}VIII^{C}LIIII clothes.

Shipped by the Merchauntes straungers from the XIIIIth yeare of King Henry the VIIth unto Michaels in the XXXVIIIth yeare of King Henry the Eight, as hereafter followeth.

The XIIIIth yeare of King Henry the Seaventhe (1523)...... III^{ml}I^{C}IIII^{XX}I clothes.

The IIIIth yeare of King Henry the Eight (1513)........... IIII^{ml}XXXI clothes.

The XXVIIIth yeare of King Henry the Eight (1537)........ V^{ml}II^{C}LXXIIII clothes.

The XXIXth yeare of King Henry the Eight................ IIII^{ml}VI^{C}VIII clothes VIII yeardes.

The XXXth yeare of King Henry the Eight. This yeare straungers paied Englische custome and VII yeares after...... XXVIII^{ml}III^{C}XVIII clothes.

The XXXIth yeare of King Henry the Eight................ XXIIII^{ml}V^{C}LXVI clothes.

The XXXIIth yeare of King Henry the Eight............... XXIX^{ml}VII^{C}XXXII clothes.

The XXXIIIth yeare of King Henry the Eight.............. XXIX^{ml}II^{C}LXVII clothes et VIII yeardes.

The XXXIIIIth yeare of King Henry the Eight.............. XIIII^{ml}VI^{C}LXXIX clothes.

The XXXVth yeare of King Henry the Eight................ XXIIII^{ml}II^{C}IIII^{XX}XIIII clothes.

The XXXVIth yeare of King Henry the Eight............... L^{ml}III^{C}LIX clothes.

The XXXVIIth yeare of King Henry the Eight.............. XLII^{ml}VIII clothes.

Ended the said 7 yeares, and since they paied straungers custome to the King.

The XXXVIIIth yeare of King Henry the Eight and the first yeare of King Edward the sixt........................... XIIII^{ml}VII^{C}IIII^{XX}XIII clothes.

The first yeare of King Edward the sixt from Michaels to the VIth of July next................................. VIII^{C}IIII^{XX}X clothes.

The second yeare of King Edw. the sixt.................. XIII^{C}LXI clothes.

The third yeare of King Edward the sixt................. XI^{C}IIII^{XX}III clothes.

CLV. *Geheime Raths Beschluss über die Aufhebung der Privilegien der Kaufleute des Stahlhofes. 1552, Februar 24.* [1])

In the matter touching the information exhibited against the Merchantes of the Hanse, commonlie called the Merchauntes of the Steelyard, vpon good consideration,' as well of the said information, as also of the answere of the said Merchants of the Steelyard, and of such records, writings charters, treaties, depositions of witnesses and other recordes and proofes, as hath beene exhibited on both parties, it was found apparent to the Kings Maiesties priuie Councel as followeth.

First, it is found, that all liberties and priuiledges, pretended to be graunted to the said Merchants of the Hanse, bee void by the lawes of the Realme, for as much as the same Merchants of the Hanse haue no sufficient Corporation to receiue the same. It appeareth also, that such graunt and priuiledges, as the said Merchaunts of the Hanse do claime to haue, doe not extende to anie persons or Townes certaine, and therfore vncertain, what persons or which townes should enioy the said priuiledges: by reason of which vncertaintie, they haue and do admit to be free with them whom and as many at they list, to the great preiudice and hurt of the Kings maiesties customes, and yeerely hinderance of twentie thousand poundes or neere thereabouts, besides the common hurt to the whole realme. It appeareth also, that if the pretended grants were good by the lawes of the realme, as indeed they be not, yet the same were made vpon condition, that they should not auow or colour any forreigners goods or merchandises, which condition the merchants of the Hanse haue not obserued, as may appear by office found remaining of record in the kings maiesties Exchequer, and by other sufficient proofes of the same. It appeareth also, that one hundred yeares and more, after the pretended priuiledges granted to them, the foresaid merchants of the Hanse vsed to transport no merchandise out of this realme, but onely into their owne countries, neither to bring in this realme anie wares or merchandise, but onely such as were commodities of their owne countries: where at this present they do not only conueigh the merchandise of this realme into the base countries of Brabant, Flaundres and other places neare adioining, and there sell the same to the great dammage and subuersion of the laudable order of the kings maiesties subiects, trading those parties for merchandise, but also do bring into this realme the merchandise and commodities of all foreigne countries, contrarie to the true meaning of the graunts of then priuiledges, declared by the ancient vsage of the same: by meanes whereof the kings maiestie hath not onely lost much in his customes, but also it is contrary to the conditions of a recognisance, made in the time of king Henrie the seuenth.

It appeared also, that like as the priuiledges heretofore graunted to the said merchants of the Steelyard, being at the beginning reasonably vsed, were commodious and much profitable vnto them, without any notable, excessiue or enorme preiudice to the royall estate of this realme, so now of late yeares by taking of such and so manie as they list into their society, and by bringing in the

[1]) Aus *John Wheeler* Treatise of Commerce. London, 1601. 4., in welcher seltenen Schrift es bisher von unseren Geschichtsforschern übersehen ist.

commodities of all other countries, as carrying out the commodities of this realme into all other places, their said pretended priuiledges are growne so preiudiciall to the king and his crowne, as without the great hurt thereof and of the whole estate of this realme, the same may not be long endured.

Item in the time of king Edward the fourth the said Merchants of the Hanse forfeited their pretended priuiledges by meanes of warre between this realme and them, whereupon a treaty was made and agreed, that the subiects of this realme should haue like liberties in the land of Prusse and other places of the Hanse, as they had and ought to haue vsed there, and that no imposts, newe exactions or other prestes should be set vpon their persons or goods otherwise or by other meane, then before ten, twentie, thirtie, fortie, fiftie, yea an hundred yeares agoe and aboue had beene or were set. Which hath beene and is daily much broken, and specially in Danzicke, not only by prohibiting English men freely to buy and sell there, but also in leuying vpon them certaine exactions and impositions, contrarie to the said treatie. And notwithstanding, that diuerse requests haue been made, as well by the kings maiesties father, as by his maiestie, for the present redresse of such wrongs as haue beene done to the English merchants, contrarie to the said treatie, yet no reformation hath hitherto ensued. In consideration of which the premises and such other matters as hath appeared in the examination of this matter, the Lords of the kings maiesties priuie Counsell, on his highnesse behalfe decreed, that the priuiledges, liberties and franchises claimed by the foresaid merchants of the Steelyard, shall from henceforth be and remaine seazed and resumed into the kings maiesties handes, untill the said merchants of the Steeleyard shall declare and proue better and more sufficient matter for their claime in the premises, sauing and reseruing vnto the said merchants of the Steelyard all such and like liberties of coming into this realme and other kings dominions, buying, selling, all and all maner of trafike and trade of merchandise in as large and ample maner, as any other merchants strangers haue or of right ought to haue within the same. This order aforesaid or anie thing herein contained to the contrarie notwithstanding.

This Decree was firmed by T. Ely, Chauncellour, Winchester, Northumberland, Bedford, Westmerland, Shrewsburie, E. Clinton, T. Darcie, N. Wutton, and W. Cecill. Westminster, the 24th day of Februarie, in the sixt yeare of the reigne of king Edward the sixt.

CLVI. *Recess der königlich englischen Deputirten und der hansischen Gesandten. 1553, October 24.* [1]

Cum inter Stephanum, Diuina permissione Wintoniensem Episcopum et regni Angliae summum Cancellarium, Henricum, comitem Arundel, dominum Maltrauers, ordinis garterii equitem ac hospitii illustrissimae ac potentissimae principis Mariae, Dei gratia Angliae, Franciae ac Hyberniae reginae, fidei defensoris et in terra ecclesiae Anglicanae ac Hyberniae summi capitis magnum magistrum, Gulielmum Paget, ordinis garterii equitem, Dn. Paget de Beaudesert, Robertum Rochestre, militem, hos-

[1]) Aus einer alten Abschrift bei den lübecker Acten.

pitii dictae dominae reginae contrarotulatorem ac ducatus Lancastriae cancellarium, Gulielmum Petre, militem, eiusdem dominae reginae secretarium primarium, dictae illustrissimae ac potentissimae principis commissarios ex una; et illustres ac magnifices viros, dominos Hermannum Falconem, consulem, Hermannum Cruserium, utriusque iuris doctorem, Gothescalkum de Wicquede, senatorem, Lubecenses; Hermannum Suderman, consulem, Henricum Suderman, J. U. D., Constantinum a Liskirchen, senatorem, Colonienses; Dithmarum Kenckel, senatorem, Joannem Rolwagen, J. U. D. et syndicum, Bremenses; Albertum Hackeman consulem,[1] Joannem Strubilium, J. U. D.,[2] Gerardum Niebur, senatorem, Hamburgenses; Dn. Joannem a Werden, auratae militiae equitem, capitaneum Dusmarcensem, haeredem in Neuburgk, proconsulem, et Georgium Clefeld J. U. D. et syndicum ac senatorem, Gedanenses, Liberarum Civitatum Ansae ex altera (parte) commissarios, tam de et super vigore et validitate cuiusdam decreti tempore felicis memoriae Eduardi sexti, Angliae regis, duobus ferme annis elapsis de resumptione privilegiorum et libertatum dictarum civitatum tunc facti, quam super illis ipsis privilegiis, quatenus valeant et extendantur, multa hinc dicta allegata et proposita fuissent, quae propter eminentes temporum ac negotiorum ac rei bene gerendae difficultates expediri non poterant, ut negotium hoc clare, mature ac certo iure ac autoritate concluderetur: visum est tandem per uiam recessus in eum, qui sequitur, modum conuenire, videlicet ut decretum de resumptione privilegiorum et libertatum dictarum civitatum in manus regias, tempore dicti nuper regis Eduardi VI. edictum, promulgatum et publicatum, dictis privilegiis et libertatibus, ipsisve civitatibus aut mercatoribus praeiudicare non debeat, quo minus merces suas evehant et inuehant suaque commercia libere exerceant, necnon caeteris privilegiorum, tractatuum ac constitutionum articulis integre fruantur, illis modo ac forma, quibus ex iure privilegiorum et libertatum concessarum ante promulgationem dicti decreti poterant, et deberent, praedicto decreto in aliquo non obstante, salvis tamen Maiestati reginali eiusque successoribus iuribus suis, quae ex lege et statutis huius regni competunt, contra eos, quos privilegiis ante dictis abuti contingeret. Ita tamen quod propterea innocentes per viam suspensionis, arrestationis aut quouis alio modo ab fruitione ac usu eorundem privilegiorum ac libertatum non impediantur. Saluis etiam libertatibus, privilegiis et liberis consuetudinibus mercatoribus Anglis in civitatibus Ansae et praesertim in terris Prussiae competentibus. In quorum omnium fidem ac testimonium, nos commissarii dictae serenissimae dominae reginae Angliae praesentes literas manu nostra subscriptas sigillorum nostrorum appositione muniri et roborari fecimus. Acta et conclusa fuerunt hec Londini, die mensis Octobris 24, anno Domini 1553.

CLVII. *Schuldverschreibung des J. Stikelton und J. Reynoldes über 200 £ an den Stahlhof. 1554, Juli 13.*

Noverint vniuersi per presentes, nos Johannem Stikelton, fremason, et Johannem ‖ Reynoldes, aurifabrum, cines Londonienses, teneri et firmiter obligari *Reginaldo Strusé*, aldir ‖ manno de *Le stil-*

[1] *A. Hackmann*, in diesem Jahre zum Bürgermeister erwählt. [2] *J. Strube*, früher Professor zu Rostock und Syndicus zu Lübeck; seit 1551 in letzterer Stellung zu Hamburg.

iard London. et fratribus suis, sociis eiusdem domus, in ducentis libris || legalis monete Anglie soluendis eisdem Reginaldo et sociis aut eorum vni vel eorum certo attornato seu executoribus suis. Ad quam quidem solutionem bene et fideliter faciendam obligamus nos et vtrumque nostrum per se pro toto et in solidum, heredes, executores et administratores nostros per presentes, sigillis nostris sigillatas. Datum tercio decimo die Julii, anno regni serenissime domine Mariae, Dei gracia Anglie, Francie Hiberniеque regine, fidei defensoris et in terra ecclesie Anglicane et Hibernice supremi capitis, secundo.

J. Stolard.

Sigillauerunt, subscripserunt et liberauerunt in presencia notarii. (Sign. notar.)

By me John Reynold.

The condicion of this obligacion is suche, that if the within bownd John Stickelton, his executours and assignes doo well and trulye holde, kepe and performe and fulfill all and euery the couenauntes, grauntes, clauses, articles and aggrementes and all other thinges on his and their partye to be obserued and fullfilled, mencioned and comprised in a paire of indentures of couenauntes of the date within written, made betwene the within named Reinold Struse and his feliship, on the one partye, and the saide John Stickelton on the other partye, that is to say in and by all thinges accordinge to the tenour, purporte and true meanynge of the same indentures, that then this present obligacion to be utterlye voide, or else yt shall remayne in full force and vertue.

CXVIII. *Bürgschaft über 40 £ für den abseiten der Stahlhofs-Gesellschaft zum Koch angenommenen Heinrich Lermyke. 1557, Februar 18.*

Nouerint vniuersi per presentes, nos Henricum Lermyke de Bruges in partibus || Flandrie, cocum, Tristramum Ballister de London, scirurgicum, et Pasqualem van der || Beke, residentem in parochia de le Savye apud Templebar, mercatorem extraneum, ac Cornelium Barnes de parochia sancti Clementis apud Templebar predictum, cordewayner, teneri et firmiter obligari *Reginaldo Strowse*, aldermanno domui [1]) Hanse Teutonice ciuitatis London. et *Henrico van Sigtten*, vnius [2]) magistrorum domui [1]) predicte, ac societatibus dicte domui [1]) in quadraginta libris legalis monete Anglice soluendis eisdem Reginaldo et Henrico aut eorum certo attornato seu successoribus suis, aldermannis et magistris dicte domui [3]) pro tempore existentibus. Ad quam quidem solutionem bene et fideliter faciendam obligamus nos et quemlibet nostrum per se pro toto et in solidum, heredes, executores et administratores nostros per presentes sigillis nostris sigillatas.

Datum decimo octauo die Februarii, annis regnorum Philippi et Marie, Dei gracia regis et regine Anglie, Hispanie, Frantie vtriusque Sicilie, Jerusalem et Hibernie, fidei defensorum, archiducum Austrie, ducum Burgundie, Mediolani et Brabantie, comitum Haspurgi, Flandrie et Tirollie, tercio et quarto.

E. Pewingar.

Sigillatum, subscriptum et deliberatum in presentia mei Georgii Revall, servientis notarii.

---

[1]) *So für:* domus. [2]) *So für:* uni. [3]) *So für:* dicte domus.

Auf der Rückseite steht: The condicion of this obligacion is suche, that wheare the within named alderman, maister and company of the house within written haue admitted the within bound Henry Lermyke to be theire cooke of the same house duringe suche and so longe tyme, as it shall please the same aldermanne, maister and company and their successors, for the yearelie waiges of .. poundes. If therefore the saide Henry Lermyke by all suche and so longe tyme as it shall please the saide alderman, master and company of the saide house, to haue hym continue theare, doo well, truelie honestlie and clenlie dresse all the meate within and for the same house, and doo allso in all things well, honestlie and decentlie vse and behaue hymselfe toward the maisters and company of the saide house, as a man in his office oughte to doe, at all due and laufull tymes withoute fraud or deceipte, that this presente obligacion shalbe vtterlie voide and of none effecte, or else it shall stonde, remayne and abyde in full strength and vertue.

CLIX. *Schiedspruch des Lord Schatzmeisters zwischen den Kaufleuten des Stahlhofes und dem städtischen Packmeister. 1563, April 9.*

Too all trewe Christen people, to whome thys presente wrytinge indentyd of awarde shall come, or the same shall see, here or rede, Wyllyam, earle of Wyllsheire, || marques of Wynchester and Lorde Treasorer of Englonde, sendeth greetinge. Whereas certeine controuersies, stryves and discordes heretofore haue byn stirred, moued and dependynge betwene the || *alderman and merchauntes of the Stylliarde* within the cytie of London, on the one partie, and *Rycharde Yonge*, citizeine and grocer of the citie of London and packer of the same citie, on the other partie, || for and conserninge the packeynge of clothes and wares by the saide alderman and merchauntes of the Styllyarde aforesaide or any of them, and for the fees and charges incidente to the packer for his trauell and paynes aboute the same; for the appeasinge whereof the Lordes and others of the quenes moste honorable pryvie counsell haue required and desiered me, the saide Lorde Treasorer, to call before me the saide aldermen and merchauntes of the Styllyarde aforesaide and the saide Rycharde Yonge, packer of the citie of London, and to here and determyne the saide matters in varyance, as aforesaid. Whereupon I, the saide Lorde Treasorer, accordinge to the desiere and requestes of the saide Lordes, haue called before me the saide parties sometime in the presence of the Lorde Maior of the citie of London and certeine of his brotheren, the alderman and recorder of the same citie, and at sundrie other tymes before dyuerse others, and coulde not at any tyme by the space of these two or three yeres nowe paste bringe them to eny good quietnes or concorde, till nowe by the good aduise and meanes of Thomas Smythe and Willyam Byrde, gentlemen, customers of the porte of the citie of London, by theire trauell with the saide parties, at the medyacion of me, the saide Lorde Treasorer taken, the saide alderman for hymselfe and his company, the marchauntes of the Stylliarde aforesaide, and the saide Rycharde Yonge, packer of the citie of London aforesaide, haue fully and absolutely determyned themselfes to stonde, obeye and performe the order and determynacion of me, the saide Lorde Treasorer, of and vpon all the saide matters in varyaunce betwene them. And thereuppon I, the saide Lorde Treasorer, takeinge vpon me the order and determynacion of the saide varyaunces by and wyth the mutuall assentes and agreementes of bothe the same parties, doo awarde, order, deme and iudge of and vpon the premisses in manner and fourme followinge. That is to saye: firste I doo awarde and order by these presentes, that the alderman and merchauntes of the Styllyarde shall pay to the saide packer for every maunde of greate or small lambeskynnes or shepeskynnes twelve pence, and for euery loast clothe a halfe penny, for euery three carseis a halfe penny, and for every fower dozeines a half penny, and for a fardell of wollen clothe, greate or small, tenne pence, and for euery maunde of connyskynnes, greate or small, nyne pence, and for euery hundreth goades of cotton packed one penny. And that the saide alderman and merchauntes shall requier the saide packer or his deputie, to see and vnderstande of theire packeinge, before they or any of them shall make his or theire entrie in the customers bookes, what he packeth. And that the alderman of the Stillyarde shall vndertake the same entrie to be truly done by the merchaunte, that oweth the clothe. Also I doo awarde and order by these presentes, that the saide packer shall haue libertie and accesse at all time and times conuenient to the customers bookes, to see whither the entrie in the customers bookes be made agreeable to the packeinge. And further I doo awarde and order by these presentes, that the saide packer shalbe called to the ouersighte of all manner of marchaundizes goinge forthe, as leade, tynne, corrupte butter, listes, saffron, and all other wares not before expressed, to the intente the quenes maiestie may be the better serued; for that the saide packer is contente not to take eny thinge for the ouersighte of the saide wares, other then for these wares and merchaundyzes, that be by me before rated and agreed vpon. Also I doo awarde and iudge by these presentes, that the saide alderman and merchauntes of the Styllyarde before the last daye of June nexte cominge shall well and truly pay or cause to be paide to the saide Rycharde Yonge, packer aforesaide, all suche somme and sommes of money, as by them or any of them is nowe vnpaide for the packeing of any of the wares, by them or any of them shipped before the date hereof after the rates, as is by me, the saide Lord Treasurer, before adiudged and awarded. And finally I doo awarde and order by these presentes, that the saide Rycharde Yonge or his assignes at all tyme and tymes hereafter from time to tyme, at and vpon the reasonable requeste and lawfull warnynge of the alderman and merchauntes of the saide Stillyard or eny of them, shall at the rates and prices aforesaide see the packinges of the goodes and wares of the saide alderman and merchauntes and euery of them at theire willes and pleasures for theire good expedycion.

In wytnes whereof to either parte of this my presente wrytinge of awarde indentid, I the saide Lorde Treasurer, haue sett my hande and seale.

Youen the nyneth day of Aprill, in the yere of oure Lorde God a thowsande fyve hundreth threescore and three, and in the fyveth yere of the raigne of oure soueraigne lady Elizabeth, by the grace of God quene of Englonde, Fraunce and Irelonde, defendor of the faythe etc.

Winchester.

Sigillatum et subscriptum per predictum dominum marchionem Winton. in presencia mei, Thome Atkynson, notarii publici.

CLX. *Die deutsche Hanse vermiethet an J. Grome ein Haus in der Themsestrasse für 26 Schillinge 4 Pfenninge jährlich. 1568, Juni 26.*

This indenture, made the sixt and twentie daye of June in the yere of our Lorde God a thowsande fyve hundreth ‖ threescore and eighte, in the tenth yere of the reigne of our soveraigne Lady Elizabeth, by the grace of God Quene of Englonde, ‖ Fraunce and Irelonde, defender of the fayth etc. Betwene *Morrys Tymmerman*, alderman of the societie of the marchauntes ‖ of the *Dutch Hance of Almayne*, and the same societie of the saide marchauntes on the one partie, and *John Grome* of London, porter, on the other partie: witnessethe, that the saide alderman and societie for dyvers good and reasonable causes and considerations, them speciallie movinge, demysed, have graunted, betaken and to ferme letten, and by these presents do demyse, graunt, betake and to ferme lett to the saide John Grome all that their tenemente with shoppes, cellers, sollers, chambers, lightes, watercourses, casementes, commodities, profitts and appurtenaunces whatsoever to the same tenemente belonginge or in any wise apperteyninge, nowe beinge in the tenure or occupation of *Henrye Barkeley*, citizeine and cowper of London, sett, lyinge and beinge in Thamesstrete nighe vnto the greate gate of the *Stilliarde* there, that is to saye betwene a tenemente, belonginge to the saide alderman and societie, nowe in thoccupation of *John Hall* of London, porter, on the east parte, and a tenemente also belonginge to the same alderman and societie, nowe in the tenure of *Rychards Poly* of London, marchaunte, on the west parte and the saide strete, called Thamesstrete on the northe parte, to haue and to holde the saide tenemente and all and singuler other the premisses with thappurtenawnces and everie parte and parcell thereof, to the saide John Grome, his executors, administrators and assigneis frome the feaste of the natiuitie of Sainte John Baptiste last past before the date hereof, vnto thende and terme of three yeres then next ensuinge and fullie to be complete and ended, yeldinge and payinge therefore yerelie duringe the saide terme to the saide alderman and societie and their successors twentie sixe shillinges and eighte pence of lawfull money of Englonde at two termes or feastes in the yere, that is to saye, at the feastes of the byrthe of our Lorde God and the natiuitie of Sainte John Baptiste, by euen porcions. And yf it happen the saide yerelie rente of twentie sixe shillinges and eighte pence to be behinde vnpaide in parte or in all by the space of fyftene dayes, over or after any terme or feaste of paymente thereof aforesaide, in which yt ought to be paide, that then yt shal be lawfull to and for the saide Alderman and societie and their successors and assigneis, into the saide tenemente and other the premisses with thappurtenaunces, by these presentes letten, or any parcell thereof to enter and distreyn and the dystres or dystresses then and there taken and founde lawfullie, to beare, leade, dryve and carye awaye and towarde them to deteyne and kepe vntyll they of the saide yerelye rente of twentie sixe shillinges and eighte pence, and tharrerages thereof, yf any be, be fullie contented and paide. And yf it fortune, the saide yerelie rente of twentie sixe shillinges and eighte pence to be behinde vnpaide, in parte or in all, over or after any terme or feaste of paymente thereof, in wise as aforesaide it ought to be paide, by the space of thirtie dayes and lawfullie asked, that then or at any tyme after yt shal be lawfull to and for the saide alderman and societie, their successors or assignies and eny, or anye of them into the saide tenemente and all or singuler other the premisses with thappurtenaunces before by these presents demysed and letten and everie parte and parcell thereof wholie to reenter and the same to have agayne, enioye and repossede, as in theire former estate and intereste; and the saide John Grome, his executors, administrators and assigneis and all other occupiers thereof from thence vtterlie to expell, putt oute and amove, this indenture, lease and graunte or any thinge herein conteyned to the contrarie thereof in any wise notwithstondinge. In witnes whereof to the one parte of these indenture, towardes the saide John Grome remayninge, the saide alderman and societie have caused their comen seale to be putt, and to the other parte of these indentures, towardes the saide alderman and societie remayninge, the saide John Grome hathe sett his seale. Yeven the daye and yere firste aboue written.

Sigillauit, subscripsit et liberavit in presentia mei, Nicholai Clergye, servientis Thome Atkynson, notarii publici.

Auf der Kehrseite: Indenture of a leas granted to John Grome.

CLXI. *P. Lyly quitirt dem Stahlhofe über das Kostgeld für Adam Wakendorf. 1564, Mai 12.* [1]

Be it knowne vnto all men by thies presentes, that I, Peter Lyly of the cittie of Caunterbury, gentleman, acknouleadge || myself by thies presentes to have receyved and had of the right wourshipfull maisters and governors of the house || comonly called the *Styllyard* in the citie of London by the handes of master Adam Wakendarff for his dyett and || entertaynement with me the space of twoo yeres the somme of twentye pounds of good and lawfull money of Ingland, over and besides thirtie shillinges also by me receyved for money to hym deliuered at tymes for his necessities. In witnes wherof I, the saide Peter Lyly, have written thies presentes with myne awne propre hand and therunto sett my name and seale, the tenth day of May, in the yere of our Lorde God a thousand fyve hundred three score and fower. Per me Petrum Lyly.

CLXII. *Schreiben des Geheimen Rathes an die hansischen Gesandten. 1585, October 3.*

Cum Regia Maiestas Serenissima, Domina nostra intellexit, quidnam inter nos, consiliarios suos ad id deputatos, et vos, oratores Anseaticos, actum sit: quia comperit id non praestari, quod ab aldermanno Styliardano mense Septembri superioris anni oblatum et promissum erat, nimirum decreta a dominis Anseaticis facta contra mercatores suos abdita iri, et una residentiam concedendam Hamburgi sub aequis et rationabilibus conditionibus: atque cum tunc temporis ex parte Maiestatis suo peteretur, ut Legati huc mitterentur sufficienter instructi ad tractandum et super tractatibus generalibus qualiter et

---

[1]) *Adam Wakendorf* kennen wir später als Secretair des Comtoirs.

quibus modis ea residentia concedenda esset: nunc vero a vobis oratoribus referatur decreta tantum istuc esse abrogata, et de residentia illa Hamburgensi vos non habere in mandatis, ut quicquam certi promittatur, — id quod et specialiter Maiestas sua in omnibus suis literis ad Dnos Anseaticos requisivit, et domini consiliarii semper in suis decretis praefato aldermanno significaverunt, qui ante quadriennium sub minore sigillo civitatis Lubecensis obtulit decretorum abrogationem, quam tunc temporis potuissent admittere, si ea sola voluissent esse contenti et una cum eorum decretorum abolitione residentiam Hamburgensem non conjungi debere existimassent, — quoniam in hac parte per vos dominos oratores non satisfactum est expectationi Maiestatis suae et oblationi praefati aldermanni, iisdem significandum duxit, se propter multas causas non posse in praesenti abolere decreta in hoc regno facta, quae Anseaticos concernunt, nisi prius certior fieri possit, suis mercatoribus residentiam esse concessam sub rationalibus conditionibus, prout semper requisivit et ab aldermanno fuit promissum et oblatum. Itaque si placuerit dominis Hanseaticis vel Hamburgensibus concedere talem residentiam, Maiestas sua pollicetur, quam primum de istis certior fuerit facta, decreta hic facta abolita iri, et mercatores Anse Teutonicae restitutos in omnibus iis privilegiis et immunitatibus, quibus a principio regni sui gavisi sunt in civitate Londinensi et in aula vulgariter vocata *Blackwelhall*, et alibi ement et vendent, prout ante consueverint, in custumis pannorum eadem ratio ipsorum, quae et naturalium subditorum regni. Serenitas etiam sua annuatim gratificabitur illis de convenienti numero pannorum alborum, non obstante statuto regni in contrarium. In aliis gravaminibus, de quibus conqueri soliti sunt adversus maiorem Londinensem relevabuntur, quantum pro tempore fieri poterit. De aliis controversiis sive generalibus concernentibus tractatus communes sive speciales, deputabit commissarios, qui cum oratoribus ipsorum sufficienter instructi amice tractabunt, ut totum negotium ad finalem aliquam transactionem deduci possit etc. Datum in aedibus Nonsuchianis, die mensis Octobris 3., Anno Domini 1585.

CLXIII. *Schreiben der Königin Elisabeth an den Senat zu Hamburg. 1587, Mai 22.*

Elisabeta, Dei gratia Angliae, Franciae et Hybernie regina, fidei defensatrix etc. Magnificis spectabilibus viris, Proconsulibus, Consulibus et Senatoribus civitatis Hamburgensis, amicis nostris carissimis salutem. Magnifici domini spectabiles et amici sincere dilecti! Quanta et quam antiqua fuerit a priscis usque avorum nostrorum, regum Angliae, temporibus inter status nostros sacrumque imperium Romanum Anseaticasque adeo omnes civitates amicitiae coniunctio et confederatio, variorum temporum historiae testantur, et vos grata animorum memoria recolere arbitramur. Cuius necessitudinis recordatione hoc quidem tempore maxime adductae sumus, ut eam commercii libertatem, quam anno 1585, mense Octobris per privati Consilii nostri deputatos quosdam Anseaticarum civitatum oratoribus Nonsuchiae tum obtulimus, eandem nunc iisdem urbibus denuo benigne offeramus, eiusque concessionis nostrae tenorem Aulae Vestrae Styliardensis praefecto, quem Aldermannum vocant, scripto tradi iussimus, qui de hac tota causa vos plene certiores facere poterit. Ut vero haec veteris commercii instituta ratio felicius procedat et ad optatum exitum provehatur, mercatoribus nostris adventuariis mandavimus, ut sex naves pannis Anglicis onustas ad inclytam vestram Hamburgi civitatem proximus mittant, unaque cum iis commissarios quosdam, qui plenis mandatis instructi, de perpetua commercii sede in illa Vestra civitate constituenda aequis conditionibus vobiscum transigant. Quos mercatores nostros ac mandatarios Magnificentias Vestras humaniter et amice tractaturas non diffidimus, nec iis quicquam quod aequitati modo consentaneum erit, negaturas. Eos certe Nos hac praecipue de causa misimus, ut bonae vestrae vicinitatis ac voluntatis periculum facerent, quibus si Magnificentiae Vestrae, immunitates et privilegia, quae ante haec in illa civitate obtinere soliti sunt, restituere velint, Nos vicissim ea omnia praestabimus, quae ad veteres confoederationes renovandas pertinere existimabimus, ut nihil ab aequis omnibus desiderari debeat amplius. Ideoque Ministris etiam Vestris concessimus, ut non minorem numerum alborum pannorum non expolitorum annuatim exportent, quam unquam antea post regni nostri initium exportare consueverunt. Pro eo igitur, ac Magnificentiae Vestrae vetera inter nos ac Germaniae status et Ansenticos foedera renovari ac continuari cupiunt, ita in id sedulo ac diligenter elaborabunt, ut haec mutui commercii negotiatio quam primum renovetur ac coalescat; quod maxima procul dubio commoda et utilitates utrique parti affatim allatura est. Bene et feliciter valeatis. Datum in aedibus Nonsuchianis, die mensis Maii 22, anno Domini 1587, regni vero nostri XXIX.

Vestrarum Magnificentiarum ex animo benevolo.

CLXIV. *Quitung der Kammer der Stadt London über eine vierteljährliche Zahlung abseiten des Stahlhofes. 1594, September 29.*

Notum sit vniversis per presentes me Thomam Wilford, Camerarium Civitatis London. recepisse et habuisse die confectionis presentium de mercatoribus Alemanie, existentibus sub et de confederatione, liga et societate Hanze Teutonice, habente domum in civitate London vulgariter nuncupatam *le Stillhoffe*, alias dictam *Stileyerd*, situatam in parochia Omnium Sanctorum magna London, decem et septem libras, decem solidos et decem denarios de arreragiis cuiusdam annuitatis septuaginta librarum, trium solidorum et quatuor denariorum, exeunte de platea predicta cum suis pertinentiis, per manus *Joachim Heitman*, Aldermanni mercatorum Alemanie predictorum, de quibus quidem decem et septem libris, decem solidis et decem denariis, ut de et pro termino sancti Michalis archangeli, anno regni regine Elizabeth etc. XXXVI° fateor me fore solutum dictosque mercatores inde esse quitos per presentes, sigillo officii mei sigillatas, datas festo, die et anno supradictis.

CLXV. *Decret der Königin Elisabeth an den Magistrat zu London über die Wegweisung der hansischen Kaufleute vom Stahlhofe. 1598, Januar 13.*[1]

Elizabeth, by the grace of God Queen of England, France and Ireland, Defender of the faith etc. To our right trustie and welbeloued, the Maior and Sheriffes of our Citie of London, greeting.

---

[1]) Aus A Treatise of Commerce by *J. Wheeler*. London, 1601. 4. p. 91. Der Anhang ist nur in der Uebersetzung aus den lübecker Acten bekannt.

Wheras there hath bin directed a commaundment by the name of a Mandate, from the Romaine Emperour to all Electors, Prelates, Earles and all other Officers and subiectes of the Empire, reciting sundry complaintes, made him by the allied Townes of the Dutch Hanses in Germany, of diuers iniuries committed against them in our Realme, and like wise vpon complaint made by them against the companie of the Merchant Adueuturers, without hearing any answere to be made to the saide Hanse Townes in disproofe of their complaints, the same being most notoriously vniust and not to be mainteyned by any trueth: and yet neuertheles by this Mandate the English Merchants, namely the Merchant Adueuturers are forbidden to vse any trafficke of Merchandise within the Empire, but are commanded to depart from thence vpon paines, and to forbeare openly and secretly from all hauens and landing places, or to vse any commerce by water or by land in the Empire, vpon paine of apprehension of their persons and confiscation of their goods, with sundry other extreme sentences pronounced against our said subiects: herevpon, although we haue sent our letters expresly to the Emperour and to the Electors and other Princes of the Empire, declaring our opinion of this proceeding, to be vniustly prosecuted by the said Hanse Townes, and therefore haue required to haue the saide Mandate either reuoked or suspended, yet being vncertaine what shall follow hereupon, we haue thought it agreeable to our honour in the meane time, to commaund all such as are here within our realme, appertaining to the said Hansetowns, situate in the Empire, and especially all such as haue any residence in our citie of London, either in the house commonly called the *Steelyard*, or in any other place elsewhere, to forbeare to vse any maner of trafficke of merchandise or to make any contractes, and likewise to depart out of our dominions in like sort, as our subjects are commanded to depart out of the Empire, vpon the like paines, as are conteyned against our subiectes in the said Mandate. And for the execution of this our said Citie of London and the Sheriffes shall forthwith repaire to the house, called the Steelyarde, and calling before you such, as haue charge there of or do reside there, to giue them knowledge of this our determination and commaundement: charging them by the foure and twentieth day of this moneth (being the day that our merchants are to depart from Stade) they do depart out of this Realme: charging them also, that they giue knowledge thereof to such as be of any of the Hanse Townes belonging to the Empire, remaining to any part of our Realme, to depart likewise by the said day. And you the Maior and Sheriffes, calling vnto you two of the officers of our Customhouse, to take possession of the said house the said 24 day, to remaine in our custodie, vntill we shall vnderstand of any more fauourable course taken by the Emperour, for the restitution of our subiects to their former lawfull trade within the Empire. And this shall be your warrant for the execution of the premises. In witnesse whereof wee haue caused these our letters to be made patent. Witnesse our selfe at Westminster: the thirteenth of Ianuarie, in the fortieth yeere of our Reigne.

Anhang vom 15. d. M., betreffend die Hansestädte in Polen.

Es ist zu verstehen, dass durch diess der königlichen Maj. Befehlich oder Mandat keinem von des Königs von Polen Unterthanen in diesem Reich residirend zu verharren verboten sei, sondern dass sie mögen bleiben und ihr Gewerb in diess Reich in gleicher Maasse treiben, als die Unterthanen von

England zugelassen sein, ihren Handel in den Gebieten des Königreichs Polen fortzustellen, es sei denn Sache, dass Einige von gedachtem Königreich Polen wären, so von der Hanse zu sein vorwendeten, öffentlich überzeuget würden, dass sie mit den Hansestädten in der ungerechten und schmähaftigen Klage dem Kaiser übergeben gewilliget hetten, worauf die Kaufleute von England in einer Maniren aus Deutschland verbannet sein; zu solchen ist es keine Billigkeit andere Gunsten zu erzeigen, dann gegen den Kaufleuten von England in Deutschland vorgenommen werden mag.

In der Rathsstuben zu Whitehall, den 15. Januarii, Anno 97.

CLXVI. *Königlicher Befehl, betreffend die Verlängerung des den Hansen gesetzten Termins für das Verlassen des Stahlhofes. 1598, Januar 26.* [1]

Memorandum quod vicesimo sexto die Januarii, anno regni Regine Elizabeth quadragesimo, ista billa deliberata fuit domino custodi magni sigilli Anglie apud Westmonasterium exequendum.

It may please your Lordship to give order, that this bill may passe by imedyat warrant.

Essex. W. Burghley.
Notingham. R. Cecyll.

Elizabeth Regina.

Elizabeth, by the grace of God, Queene of England, Fraunce and Irland, Defender of the faith etc. To our right trustie and welbeloved, the Maior and Sheriffes of our citie of London, greeting. Whereas of late by our Commission directed unto you we did commaunde you to repaire to the House, comonly called *the Stilliard*, in that our Citie, and for considerations in our said Comission expressed to charge all such marchauntes as belonge to the Haunce Townes, scituate in the Empyre, being resident either within our said Citie or anie other place, to forbeare the trafficque by way of marchandize and to depart out of our domynions by the eight and twentieth daie of this moneth; which our comaundement, we understande, you have signified unto the Alderman of that House and his Compañie, from whome petition hath ben made unto our Councell, that there might be a longer day given them for their departure: considering our marchantes at Stoade have had a farre longer tyme given them to depart by the Emperors mandat, and for that also it appearith by dyvers of our subjectes, that there are debtes due to them payable after the same daie, and some debtes also due unto them aunswerable after the same daie; for clearing whereof on both partes, and considering also we are informed of some favour used to our marchantes at Stoade, more then was looked for: Wee are pleased to have the daie of our said comaundement for their departure prolonged, and to permitt them to contynue in the House of the Stylliard untill the last daie of this next moneth of February, or further, as our Councell shall fynde our subjectes well used, to enlarge the same tyme by their letters to be directed unto you. Hereof we require you to gyve them pre-

[1] Aus The Egerton Papers ed. *J. Payne Collier.* (Camden Society.) p. 273 sq.

sent knowledge of this our favour, charging them, upon their perill, that none of them attempt to departe in the meane season, without satisfaction of our subjectes for their due debtes, as already our Councell by theire letters have gyven you direction.

CLXVII. *Schreiben des königlichen Geheimen Rathes an den Lord Mayor zu London, betreffend die Auslieferung des Stahlhofes an die königliche Marine. 1599, Januar 30.* [1])

Lettre to the L. Majore of London. Whereas it was founde needfull after the avoydinge and departinge of the strangers, that did possesse the *howse of the Stilliarde*, that the said howse should be used and employed for here Majesty's service for the better bestowinge and safe custodie of divers prouisions of her Navie, which might very conuenientlie be kept there; and thereup order has bin giuen heretofore for the storinge and laynge up of diuers of here Majesty's said prouisions of that place: Now for as much as the Officers of the Navie do finde continuallie wante of more stoage, and no place more fitt for it then that howse; And your Lordship by a lettre written to us of late has made some doubt, howe the rente shalbe answered to the Citty for that howse, if it be deliuered out of your possession into the handes of others; to satisfie your Lordship therein, you shall understande, that the Officers of the Navie shall giue your Lordship and the Citty sufficient assurance for payement of the rent dew for the same. And therefore wee doe praie and requier you, without any further scruple or controuersie to cause the possession of the said howse of the Stilliarde to be deliuered to the Officers of here Majesty's Navie or such of them as shall attende you for that cause, to be used and employed for here Majesty's seruice aboue mentioned, upon assurance given by them for payment of the rente. Which wee doubte not but your Lordship will see perfourmed. And so wee etc.

CLXVIII. *Schreiben des königlichen Geheimen Rathes an die Zoll-Beamten zu London, betreffend die Benutzung des Stahlhofes. 1599, Februar 26.*

A lettre to Mr. Carmarthen and the rest of the Officers of the customes of the Port of London, to whome it may appertaine. Whereas wee wrote our lettres the last month unto the Lord Major of the Cittie of London to cause the *howse of the Stillyard* to be delivered into the possession of the Officers of here Majesty's Navie, to be by them used and employed for the bestowing and safe custodie of diuerse prouisions belonging to here Majesty's said Navie, for asmuch as you, the Officers of the Custome, are authorized ioyntlie with the Lord Major by Commission under the great Seale of England to order and dispose of the said howse, so as his Lordship alone cannot conuenientlie performe our direction given him without your assistance: these shalbe therefore to requier you to make you repaire

[1]) Aus Ms. Harley. 4182. Register of Council Causes from 30th July 1598 until 10th April 1599. Fol. 152.

to his Lordship upon receipt hereof, and taking notice from him of the Contents of our said lettres written unto him in that behalf, to ioyne with him in the accomplishing thereof in such sorte as wee have therein prescribed: wherein there may be no default. And so etc.

CLXIX. *König Jacob I. lehnt das Ansuchen der Hansen um Wiederherstellung ihrer Privilegien ab. 1604, September 25.*

Jacobus D. G. Rex Britanniarum et Fidei Defensor. Clarissimis atque Ornatissimis viris, Proconsulibus et Consulibus Imperialis Ciuitatis Lubecensis, caeterarumque Hanseaticarum Civitatum Legatis aut Deputatis foederatam societatem Hansae Teutonicae representantibus, amicis nostris charissimis.

Si quis est omnis regum ac principum amicitiae colendae inprimis studiosus, eo nos animo esse ultro verissimeque profitemur. Si quis porro ab iniuria quoquomodo inferenda maxime alienus, in eo quoque (quod sine inani gloriola ac ostentatione dictum sit) priores partes nemini concedimus. Quae quidem ob causam a nobis dicta sunt eam, ut ad literas vestras diversis temporibus conscriptas, benevolentiae erga nos atque observantiae plenissimas, pariterque ad postulata quaedam literis comprehensa, et ab iis clarissimis viris, qui a uobis ad nos venerunt, fusius explicata respondeamus. Nam quod ob istam, quam Divina benignitate atque hereditario iure nostro adepti sumus, Imperii, dignitatis et potestatis accessionem ab omnibus Hanseaticis Civitatibus gratulationem nobis factam literae significant, quod veterem cum hoc regno Anglicano illarum civitatum coniunctionem et amicitiam commemorant, illiusque tuendae et conservandae studium testantur, quod omnia denique propensissimae voluntatis atque observantiae officia nobis deferunt, haec ita nobis sunt grata, ut merito sane culpandi simus, nisi tantum de nobis bene promerendi studium plurimum estimemus, idque tam mutua benevolentia, tam re atque factis (quantum in nobis erit) compensare conemur. Quod certe ita facturi sumus, ut nemo mortalium, qui non sit iniquissimus rerum aestimator, nos ulla in re officio nostro defuisse aut defuturos esse existimet. Quo magis dolemus maximis nos iustissimisque causis impediri, quo minus postulatis iam vestris assentiamur. Fatemur certe privilegia quaedam, quae a vobis commemorantur et quae a nobis rata haberi aut renovari cupitis, a maioribus nostris, Angliae regibus, antiquis temporibus esse concessa, eademque longo temporis usu esse continuata, sed eiusmodi tamen esse, quae conditionibus quibus astringebantur non observatis concidant, quae abusu possunt labefactari, quae ab illis principibus recentioribus temporibus, qui nostro iam regno propriores fuerunt, post accuratam sapientissimorum hominum disceptationem, pro vacuis habita sunt; quae denique nobis ad huius regni gubernacula accedentibus vel penitus amissa, vel (ut levissime dicamus) longo intervallo intermissa fuerunt. Neque tamen ista ad iuris normam tam accurate exigeremus, aut superiorum temporum preiudicia nostrae ad bene de vobis promerendum propensae voluntati obstare pateremur, nisi huiusmodi privilegia huic regno reique publicae essent incommodissima. Sed si omnem mercaturae ab hominibus nostris exercendae rationem labefactam, si eas habent in se difficultates et incommoda, quae rerum nostrarum statum gravissime conturbarent (quod cum consiliarii nostri coram legatis vestris satis declaraverint, haud necesse erit literis nostris fusius explicare), Vestrae tum prudentiae, tum aequitatis erit, responsionem hanc nostram in optimam partem accipere, si subditorum nostrorum salutem et utilitatem, totiusque reipublicae curam, nostrae fidei a Deo optimo maximo commendatam, aliorum commodo praeponderare sinamus. Quod si ea, quae sine reipublicae incommodo concedi possunt et quibus regni nostri instituta non conturbentur, vobis grata futura sunt, nihil est eius generis, in quo non vobis gratificari, aut quod libentiori animo ullis mercatoribus extraneis, quam Societati vestrae largiri velimus, nec quicquam erit nobis optabilius, quam ut rebus prosperis perpetuaque foelicitate perfruamini. Datae in Regia nostra Hamptoniae, die 25. Septembris Ao. 1604.

Inclitae Societatis vestrae amicus.

CLXX. *Vergleich der Hansen zu London mit den Vorstehern der Aller Heiligen Kirche über ihr Kirchengestühlte. 1616, December 20.*

This Indenture made the twentith daye of December, Anno Domini 1616 and in the yeares of the Raigne of our Soveraigne Lord James, ‖ by the grace of God King of England, Fraunce and Ireland, Defendor of the faith etc. the fourteenth and of Scotland the fiftith, Betweene John Wachendorffe, ‖ Harman Rickman and George Stampeel, Elders and Juratts of the Company of the Marchants of the Dutch Hannse resident in the Stilliard within the ‖ Cittie of London, on the one partie, And Samuell Streaton and Roger Snelson, Churchwardens of the parish of Great Allhallowes in Thame-Street London, on the other partie, Witnesseth that whereas the said Elders and Juratts have heretofore hadd and enioyed the vse aswell of fower long seates or pewes scituate and being in the South Ile of the same parish church aforesaid betweene the cloisterdoore and the chauncell there, as also of certen other pewes scituate on both sides of the north ile of the same parish church betweene the belfray and the topp of the chauncell there to and for their owne proper vses and behoofes. — And forasmuch as the said Elders and Juratts haue not of late tyme had any vse neither of the two hindermost pewes of the said fower pewes, nor of the pewes betweene the belfray and the topp of the chauncell afore said, They therefore at the instance and request of the said Churchwardens have bine contented to giue, leave and licence vnto the said Churchwardens and to their Successors, Churchwardens of the same parish for the tyme being, to place therein such parishioners, as to them shalbe thought most meete. Now this Indenture further witnesseth, and the said Churchwardens for them, their successors and assignes doe covenant, promise and graunt to and with the said Elders and Juratts, their successors and assignes, and to and with every of them, by theis presentes, that if it shall happen at any tyme or tymes hereafter the said Company of Marchants to encrease and be more in number, whereby they may have occasion to vse the said pewes themselues, that then the said churchwardens, their successors and assignes, churchwardens of the same parish for the tyme being, shall and will within the space of six monethes next after monicion or warning shalbe in that behalfe given to them or any of them by the said Elders and Juratts, their successors or assignes, remoue aswell out of the said two hindermost pewes as out of the said other pewes betweene the belfray and the topp of the chauncell aforesaid all such person and persons, as shalbe placed therein. And shall and will permitt and suffer the said Company of

Marchants and every of them peaceably and quietly to enioye and repossesse the same in such manner and forme, as formerly they haue done, without any lett, hinderance or interrupcion of any other of the parishioners for the tyme being. In witnes whereof to the one part of theis present Indentures with the said Churchwardens remayning, the said Elders and Juratts their common seale have caused to be put. And to the other part of theis present indentures with the said Elders and Juratts remayning, the said Churchwardens have sett their hands and seales. Yeoven the day and yeare first aboue written.

Samuell Stratton. (L. S.) Roger Snelson. (L. S.)

In dorso: Sealed and delivered in the presence of Robert Brabourn. And John Gillins scr.

CLXXI. *König Jacob I. verwendet sich bei dem Rathe zu Lübeck für den Pfalzgrafen Friedrich. 1622, Januar 8.*

Jacobus, Dei gratia magnae Britanniae, Franciae et Hiberniae Rex, Fidei Defensor etc. Magnificis atque amplissimis Viris, Consulibus et Senatoribus Imperialis et Liberae Ciuitatis Lubecae, Amicis nostris charissimis, Salutem et Felicitatem. Magnifici atque amplissimi Viri: Amici nostri charissimi! Pro nostra constanti erga Caesarem beneuolentia et perpetua synceritate, quae uel maxime eluxit, ex quo Gener noster rebus Bohemicis immisceri se passus est, non immerito expectasse nos arbitramur, vt eiusdem Generi nostri patrimonium, quo et charissimae Filiae nostrae illis in partibus fortunae et suauissimorum Nepotum dignitates hereditariae continentur, saltem nostra causa ab omni armorum periculo tutum esset. Sed expectationem euentus fefellit. Spes quidem alia nobis facta est et induciae aliquandiu intercedentibus nobis concessae, nunc autem et Palatinatus omnis superior et inferioris pars maior hostilibus armis occupantur. Poterint Magnificae Dominationes Vestrae, siue Religionem spectent, siue politicum Germaniae statum, pro prudentia sua facile animaduertere, quibus malis haec rerum mutatio aditum patefaciat, nisi communi periculo communi opera atque ope in causa aequissima mature occurratur. Ad nos quod attinet, nec Dignitas nostra nec ipsa Natura patitur, vt innocentissimorum Nepotum patrocinium deseramus. Haec Magnificis Dominationibus Vestris visum est exponere, pro nostro in Rempublicam vestram affectu beneuolo, quem ut verbis profitemur, ita et factis, data occasione, cumulate testabimur. Datum e Palatio nostro Albaulae, VIIIº die Januarii 1621.

Jacobus Primus.

CLXXII. *Geheimer Raths Beschluss zur Sicherstellung der Gilde und des Stahlhofes der Hansen. 1636, Januar 19.*

At Whytehall, the 19th of January 1635.

Present: Lord Archbishop of Canterbury, Earl Manchester, Earl Marshall, Lord Keeper, Mr. Secretarie Coke, Mr. Secretarie Coke, Mr. Secretarie Windebancke.

Whereas a peticion preferred to his Maiesty by the Agent of the Hanse townes concerning the *Stiliard* was by his Maiesty referred to the Lord Archbishop of Canterbury, the Lord Keeper, the Lord priuie Seale, the Earle Marshall and the two Secretaries of State, their Lordships after longe debate of the cause, finding bothe by the allegations of the petitioner and the testimonye of the Marcheants Aduenturers, that his Maiestys subiects at Hambrow and in those parts were fauorably treated and enyoied many priuileges, theire Lordships did thincke fit and ordre, that stay should be made of anie further prosecution of the informacion in the Exchequer, grownded vpon the inquisition taken in London in June 1632, and that there shall noe further proceeding be had vpon the said inquisition, but that the Marchants of the said Hansetownes shall quietly enioy the *Guild* and *Stiliard* with the appurtenances there into, as longe as the fayre vsagie of his Maiestys subiects in those parts shall invite his Maiestys fauour and grace to the said Hansetownes. Whereof his Maiestys Attornie Generall is prayed and required to take notice. Lastly his Maiestie being made acquainted with this ordre, did confirme the same, and commanded that it should be entered in the councel booke. Entr. Will. Becker.

CLXXIII. *Geheime Raths Befehl, betreffend die Anerkennung des Eigenthumsrechtes der deutschen Hanse an dem Stahlhofe. 1663, April 8.*

At the Court at Whitehall, the 8th of Aprill, 1663.

Present: The Kings most Excellent Majestie.

His Royall Highnesse the Duke of Yorke.	Lord Wentworth.
Lord Chancellor.	Lord Seymour.
Lord Treasurer.	Lord Holles.
Lord Privy Seale.	Lord Ashley.
Marquesse of Dorchester.	Sir William Compton.
Lord Chamberlain.	Mr. Treasurer.
Earle of Carlisle.	Mr. Vice-Chamberlain.
Earle of Lauderdaill.	Mr. Secretary Morice.
Lord Bishop of London.	Mr. Secretary Bennet.

Sir Edward Nicholas.

The matter depending at this Board concerning the propriety of the Merchants Almaine, or the Hansee Townes to the House called the Styliard, by them claymed, being by order of the first instant appointed to be heard this day, and all partyes concerned appearing and heard by their councell learned in the Lawes: the said Merchants, to prove the aforesaid propriety to the Styliard, produced the Exemplification of an Act of Parliament of 15to Edwardi 4^{ti} Whereby vpon an agreement between the said King and the Dutch Hansee, for reducing the Merchants of Almain, being of the Leige and Confederation of the Dutch Hansee, to the old entercourse of merchandize with the people of England, it was enacted, that the Merchants of the Hansee should have a certain place within the City of London, called the *Stylehof*, otherwise the *Styliard*, with divers houses there vnto adjoyning, to hold to them and their successors in perpetuity, rendring and paying such Rents and Rent-Charges, as in the said Act are particularly recited and expressed; since the yearely Acquittances of payments without interruption have also been produced and the proofes made by the Merchants. Vpon due Consideration of all which premisses and what was alleadged on all parts being fully heard and weighed, it was thought fitt and ordered, (His Maiestie present in Councell) that all suits depending in His Maiesties Court of Exchequer or in any other Court, concerning the said Styliard and howses with the appurtenants thereunto belonging be vacated, and that His Maiesties Attorney Generall doe forthwith enter a *Nolo prosequi*, and that the Lords and others the Committee of this Board, authorised to treate with the Ambassadors from the said Hansee Townes, do proceed in that treaty, not questioning any further the Title to the possession of the Styliard.

Edward Walker.

CLXXIV. *König Carl II. gestattet den deutschen Kaufleuten auf dem Platse, wo ehemals die Kirche Trinity the Less gestanden, sich eine andere zu bauen. 1672, September. 13.* [1])

Carolus secundus, Dei gratia Anglie, Scotie, Francie et Hibernie Rex, Fidei Defensor etc. Omnibus ad quos presentes literae pervenerint Salutem. Cum ecclesie parochiales Londinenses, que incendio illo luctuosissimo succubuerant, prospero iam molimine priscarumque fabricarum, Deo dante, plus quam emulo in dies exurgant, ut Hospites etiam Alienigenas comerciorum ergo Londini commorantes, quibus Religionem Protestantium publice profiteri eandemque iuxta ritus cuiusque patrios colere ex indulgentia nostra Regia permissum est, ad piam quandam Nostratium emulationem in edibus sacris tum extruendis tum adorandis provocent et adducant, cumque Germani aliqui aliique peregrini fidem Augustanae sive Lutheranae Confessionis amplectentes nobis humillime supplicarunt, ut iis certam sedem et locum intra Civitatem nostram London gratiose concedere dignaremur, ubi edem sacram sacris suis peragendis commodam sumptibus suis propriis extruere ibique Deo Optimo Maximo militare ac res et negotia ad statum et regimen ecclesiasticum spectantes pro patrio more pertractare possint et valeant; cumque etiam Maior et Aldermanni Civitatis nostrae London, cum quibus in hac parte comunicavimus et mandari fecimus, ut hoc eorum propositum debitum effectum quam citissime sortiretur, matura deliberatione inde habita adhibitisque consiliis ex approbationibus Reverendissimi in Christo Patris *Gilberti*, Divina providentia Archiepiscopi Cantuariensis, dilectissimi Consiliarii nostri, et Reverendi in Christo Patris *Humfridi*, Episcopi London, predilecti Consiliarii nostri, locum maxime oportunum et idoneum huic Templo edificando censuerunt esse solum sive fundum, in quo nuper stetit Ecclesia parochialis *Sanctae Trinitatis* in Vico vulgariter nuncupato *Trinity Lane* et ut possit ibi libere fundari et erigi unanimiter consenserunt. Nos igitur, ea qua sunt pietatis impensa promovere consulentes, precibus spectatissimi viri *Johannis Barckman Leyonberg*, Equitis Aurati et Baronet regis

[1]) Abschrift des Originals, welches sich im Archive der deutschen lutherischen Kirche (Trinity Lane, Bow Lane, City) befindet.

Sueciae, charissimi fratris nostri, consultissimi ablegati, quam maxime favere cupientes, de gratia nostra speciali ac ex certa scientia et mero motu nostris dedimus et concessimus et hac presenti Charta nostra pro Nobis, Heredibus ac Successoribus nostris damus, concedimus et confirmamus: *Jacobo Jacobson*, *Johanni Leemkuell*, *Theodoro Jacobson*, *Petro Splid*, *Statzio Ahrens* et *Nicolao Heyn*, mercatoribus, totam illam terram, solum sive fundum nostrum predictum scituatum, iacens et existens in parochia Sanctae Trinitatis infra Civitatem nostram London in Vico, vulgariter nuncupato *Trinity Lane*, in quo nuper stetit Ecclesia parochialis Sanctae Trinitatis. Habendum et tenendum solum, terram sive fundum predictum cum omnibus pertinentiis prefatis Jacobo Jacobson, Johanni Leemkuell, Theodoro Jacobson, Petro Splid, Statzio Ahrens, Nicholao Heyn et heredibus eorum in perpetuum, ea tamen lege et intencione atque sub hac speciali fiducia, quod ipsi predicti Jacobus Jacobson, Johannes Leemkuell, Theodorus Jacobson, Petrus Splid, Statzius Ahrens et Nicholaus Heyn vel eorum supervivventes aut supervivens vel heredes superviventes intra spatium quatuor annorum proxime sequentium fundant, erigant et edificent seu fundari, erigi et edificari faciant Templum sive Edem sacram in et super terram, solum sive fundum predictum eodemque Templo, sic ut prefertur, constructo, de tempore in tempus perpetuisque futuris temporibus permittant frui, gaudere et ibidem convenire omnes Augustanae Confessionis Socios cuiuscunque Nationis eandem fidem et Religionem eademque sacra colentes et ibidem sacrosancti Evangelii interpretationem, Sacramentorum administracionem celebrare ceteraque Religionis sue munia et res ecclesiasticas pro more apud suos recepto et legibus patriis approbato peragere, absque ullo impedimento, ab ipsis Jacobo Jacobson, Johanni Leemkuell, Theodoro Jacobson, Petro Splid, Statzio Ahrens et Nicolao Heyn, heredibus aut assignatis suis quomodocumque seu qualitercunque fiendo. Dedimus etiam ulterius et per presentes damus et confirmamus prefato Jacobo Jacobson, Johanni Leemkuell, Theodoro Jacobson, Petro Splid, Statzio Ahrens et Nicolao Heyn plenam licentiam et authoritatem fundandi et erigendi Edem sacram in et super solum predictum eandemque sic ut prefertur fundatam et erectam augendi decorandique eo, quo veneranda fidei misteria decet ornatu. Damus etiam et per presentes concedimus pro Nobis, Heredibus et Successoribus nostris, prefatis Jacobo Jacobson, Johanni Leemkuell, Theodoro Jacobson, Petro Splid, Statzio Ahrens et Nicolao Heyn, quod ipsi et eorum superviventes aliqui de tempore in tempus a dato presentium in perpetuis futuris temporibus habeant et habituri sunt plenam licentiam, potestatem et authoritatem convocandi, eligendi, locandi et constituendi personam et personas habilem et habiles, idoneam et idoneas ad officia Ministri et Sacerdotis, Decani et Incumbentis in Ecclesia predicta, sic ut prefertur, erigenda fungendum et in sacris ministrandis aliosque fiduciarios omnes Ministros incumbentes et officiarios in hac parte necessarios et idoneos quoscunque, eosque disponendi toties quoties et prout predictis Jacobo Jacobson, Johanni Leemkuell, Theodoro Jacobson, Petro Splid, Statzio Ahrens et Nicolao Heyn, heredibus et assignatis suis, videbitur id expediri. Et ulterius mandavimus et per presentes firmiter iniungendo mandamus et precipimus Archiepiscopo Cantuariensi, Episcopo Londinensi, Maiori, Vicecomitibus et Aldermannis Civitatis nostrae London et successoribus suis sive omnibus et singulis aliis Archiepiscopis, Episcopis, Justiciariis, Officiariis, Ministris et subditis nostris quibuscunque, quod permittant de tempore in tempus et perpetuis futuris temporibus prefatos Socios Augustanae Confessionis, sic ut prefertur, conventuros (ita tamen quod in huiusmodi peregrinorum conventibus subditi et ligei nostri intra regna seu dominia nostra nati Christianique nominis professionem iuxta ritus Ecclesie Anglicanae predicte pariter nobiscum iniciati nullatenus recenseantur, privilegientur seu admittantur) libere et quiete frui, gaudere, uti et exercere ritus et ceremonias suas proprias et disciplinam ecclesiasticam Augustanae Confessioni Germanorumque constitutionibus propriam et peculiarem. Non obstante quod non conveniant cum ritibus et ceremoniis in Ecclesia Anglicana receptis et usitatis, absque impedimento, perturbatione aut inquietacione eorum vel eorum alicuius statutis anno secundo et tertio Edwardi sexti, anno primo Elizabethe Regine, anno decimo quarto regni nostri, aliquo alio actu, ordinacione seu provisione, proclamatione, declaratione, iniunctione, restrictione seu usu antehac habito, facto seu promulgato in contrarium inde non obstante. Eo quod expressa mentio etc. Proviso tamen semper quod antedicti Germani ceterique peregrini dicte Confessionis Augustane infra districtum dicte parochiae sanctae Trinitatis commorantes ob eorum crimina, delicta morumque excessus, modo fidei dogmata et divini cultus celebracionem non respiciant, perpetuis omnibus futuris temporibus, prout parochiales et Inhabitantes dictae parochiae ab antiquo fuerint, Ordinario loci subditi et subiecti sint et existant, ac ab oneribus parochialibus de iure, legibus et constitucionibus huius regni Anglie iisdem incumbentibus nullatenus eximantur, premissis non obstantibus. In cuius rei testimonium has literas nostras fieri fecimus patentes. Teste me ipso, apud Westmonasterium, decimo tertio die Septembris, anno regni nostri vicesimo quarto.

Per Breve de Privato Sigillo. Pigott.

Anmerkung. Der Güte des Herrn Dr. *Reinhold Pauli*, welcher die Abschriften mehrerer hier abgedruckter Documente mir mitgetheilt hat, verdanke ich auch die folgenden Auszüge:

1. Indentur vom 9. Februar 1702, 1. Annae Reg., worin auf Grund der Letters patent, und da die anderen Feoffees gestorben, dem Theodore Jacobson und folgenden Genossen dieselben Rechte übermacht werden: Henry Jacobsen, Jacob Jacobsen, party to theis presents, George Ludewig Duntze, Clement Boehm, Peter Meier, Henry Ulken, Henry Sperling, Andrew Heidtridder, Herman Friederich Dorrien, John Henry Verpoorten, Johann Henrich Boock, George Stehn, Henry Erichs and Johan Jacob von Strassen.

2. Dieselben sind Trustees der Kirche und Theodor Jacobsen ihr Praesident; sie unterzeichnen sämmtlich eigenhändig eine darüber in deutscher Sprache ausgestellte Ordnung vom 1. July 1703, wonach an jedem Donnerstage nach dem 25. März, 24. Juny, 29. September und am 25. December eine allgemeine Versammlung Statt finden soll.

3. Indentur vom 20. December 1762. 3. George III., worin auf Grund der Letters patent und drei früherer Indenturen die Rechte der Kaufleute bestätigt werden. Die zweite und dritte Indentur finde ich nicht, wohl aber werden in der gegenwärtigen ihre Contrahenten aufgeführt:

Indenture bearing date the fifth Day of September 1729 and made between the said Jacob Jacobsen by the name of Sir Jacob Jacobsen, Knight, Clement Boehm and Henry Sperling of London, Merchants, Herman Frederick Dorrien of Hamburgh, Merchant, Johan Henrick Boock and George Stehn of London, Merchants, of the one part, and Martin Ludolph of London, Merchant, of the other part ... reciting that the said *(folgen die Trustees von 1702)* were all dead and that the said Sir Jacob Jacobsen, Henry Sperling and George Stehn had declined acting in the said trust. And further reciting a decree of the High Court of of Chancery made the fifteenth day of May 1705 in two causes, wherein the then Attorney General at the relation of Theodore Jacobsen and others was plaintiff and John Esdras Edzardi and others were defendants. Et e contra (it was amongst other things) ordered, that the Trustees and Assignees then assigned unto and all others, that should by the Consistory or Vestry after that time be chosen to be assignees, should act in the said trust by the consent of the said Consistory or Vestry. And reciting that the Consistory had been agreeably assembled on the seventeenth day of January then last past and had nominated, appointed and chosen the said Clement Boehm, Herman Frederick Dorien and Johan Frederick Boock, three of the former trustees, partys to the said recited indenture, and had also chosen and added Christian Colebrant, John Baptist Mayer (in the said indenture wrote John Baptist Meyer), Henry Vognell, John Luttman, John Janssen, John Christian, Herman Anthony Lutkens, George Christian Luders, Cornelius Pagenstecher, John Jacob Heldt and Abraham Boetefeur, all of London Merchants, and Peter Meyer of London Esquire to be trustees etc. — Von diesen übertragen die Ueberlebenden ihre Rechte an Martin Ludolph.

Indenture bearing date 8. December 1743 ... between the said John Baptist Meyer, Henry Vognell, John Lutman, Anthony Lutkens, George Christian Luders and John Jacob Heldt and Peter Meyer of the one part, and Libert Wolters of London, Merchant, of the other part, and also reciting etc. (das Vorhergehende) .... had nominated etc. the said Henry Vognell, Anthony Lutkens, John Jacob Heldt and Peter Meyer, four of the former trustees and have also chosen and added George Kruger, Lucas Steinman, Luder Mello, Anthony Furstenau, Libert Dorrien, Nicholas Magens, John Mackelcan, Paul Amsinck, George Christian Luders and John Luttman etc. — Anstatt der beiden letztern werden späterhin erwähnt: Vincent Guaden, Henry Remmers and Henry Voght.

Die Trustees der gegenwärtigen Indentur vom 20. December 1762 sind: John Jacob Heldt, Anthony Furstenau, Nicholas Magens, Paul Amsinck, Bernhard Joachim Boetefeur, Henry Anthony Langkopf, William de Drusina, Benjamin Lutkens, Arnold Mello, Frederick Ravencamp, Christian Samuel Geledneki, Godfrey Molling, Christopher Strothoff, Paul Amsinck Jun., Morrice Dreyer, Lewis Tonnies, John Boetefeur, William Amsinck Jun. and Charles Schreiber.

4. Indentur vom 6. November 1776, 17. George III. .... between Benjamin Lutkens, Arnold Mello, Christian Samuel Geledneki, Christopher Strothoff, Charles Schreiber, Bernard Joachim Boetefeur, Henry Anthony Langkopf, William de Drusina, Frederick Ravencamp, Godfrey Molling, Paul Amsinck Junior, Maurice Dreyer and William Amsinck Junior, surviving Trustees under the Letters patent and mesne Conveyance hereinafter mentioned, of the one part, and Henry Boetefeur, Henry Flagman, Tobias Kleinert, John Siri, John Ernst Bohede Junior, Christian Gottlieb Schuster and George Shum, the intended additional Trustees etc.

5. Indentur vom 9. August 1797, 37. George III. ..... between Benjamin Lutkens, Arnold Mello, Christopher Strothoff, John Ernst Bohde and Charles Schreiber, all of the City of London, Merchants, surviving Trustees under the Letters patent and mesne Conveyances hereinafter mentioned, of the one part, and Theophilus Christian Blanckenhagen, George Wolrath Holtzmeyer, John Meyer, Abraham Mello, Daniel Henry Rucker, Anthony Geledneki, John Andreas Baumbach, Ludewig Witte, Court Dirs, George Lilikendey, Henry Cirjacks, Nicholas Horn, Leer Mertens and John Christian Beeswanck, all of London aforesaid, Merchants, the intended additional Trustees etc.

6. Indentur vom 28. Februar 1821, 2. George IV. ...... between Abraham Mello, Daniel Henry Rucker, Ludewig Witte, George Lilikendey and Nicholas Horn, all of the City of London Merchants, surviving Trustees under the Letters patent and mesne conveyances hereinafter mentioned, of the one part, and John Mello, John Anthony Rucker. Henry Kolle, Henrich Herman Holtzmeyer, Martin Diederick Rucker, Paul Spanjer, Frederick Sack, Henry Reimers, John Abraham Droop and Charles Pike, all of London aforesaid, Merchants, the intended additional Trustees etc.

CLXXV. *Bittschrift, betreffend den Schutz der deutschen lutherischen Kirche zu London. 1670—1671.*

To the Right Honorable the Lords Spirituall and Temporall in the high Court of Parliament assembled, the humble Petition of John Leemkuall, Theodore Jacobson, Peter Spleet, State Ahrens and Nicholas Heyne, Merchants of London and Germans borne, but naturalized Trustees for the Protestant-Lutheran or Augustane Congregation in London.

Sheweth: That in the yeare 1669 vpon the instance and intercession of Sir *John Berkman Lyonberge*, then and still Envoy for the King of Sweden here, made in behalfe of the said Congregation in the name of his said Master, his Maiesty was graciously pleased by his letters patents under the great Seale of England to graunt licence to the petitioners to erect and build on the ruine of the late Church called *Trinitie the lesse* in London, demolished in the late dreadfull fire (being one of those Churches, which by the Act of Parliament made in the 19th yeare of his Maiesty's raigne, touching the rebuilding of the City of London, were ordeined not to be rebuild) a Church for celebration of divine worship in the Germane tongue, agreable to the discipline of the said Lutheran-protestant confession. And the soyle or ground, on which the said demolished Churches ordeined not to be rebuilt did lately stand, together with the Churchyarde thereunto belonging, being by the same Act of Parliament vested in the Lord Major and Aldermen of the City of London, and they thereby enabled with the consent of his Grace, the Lord Arch-Bishop of Canterbury, and the Bishop of London to alienate and sell the same to any purchaser or purchasers, the petitioners by vertue of his Maiestys' said gratious licence and graunt did for a valuable consideration in Money actualy paid, and with such consent as aforesaid, purchase of the said Lord Major and Aldermen the soyle or ground of the said late Church of Trinitie the lesse with the Churchyard thereunto belonging, who caused liverie and seizin thereof to be executed to the petitioners as Trustees for the Congregation aforesaid. And the petitioners did thereupon at their owne great cost and charge erect and build a Church accordingly, which hath ever since been used for the celebration of divine service in the Germane tongue.

That since the building of the said Church viz. in the 21st yeare of his Maiesty's raygne an additionall or explanatorie Act having been made in Parliament touching the rebuilding of the churches of the said City, by which it is enacted (amongst other things) that the scyte of the said Churches of the former Act ordejned and not to be rebuilt and the Churchyards thereunto belonging, not laid into Streets and Marketplaces, shall be used for burying places for the respective parishes, to which they did formerly belong, the inhabitants of the said late parish of Trinitie the lesse to entitle themselves to a right of burying their dead there, did in Michaelmass terme last in the name of one *William Throckmorton*, one of the said inhabitants, set on foot and bring an action at law against *Gerrard Martin*, the Minister appointed to officiate in the said Church, for hindring the burying of a servant of the said Throckmorton in the said Churchyard. And although upon the petitioners humble addresse thereupon made to his Maiesty and his most honorable Priuie Councile, his Maiesty was gratiously pleased after hearing Councile on both Sides on the 30th of October last, to order and require the said inhabitants to surcease the said suite and not disturbe the right and possession of the petitioners being in behalfe of a Congregation of Straingers, which order was afterwards confirmed by his Maiesty in November following, yet the said Throckmorton and other the said inhabitants contrary therunto and in manifest contempt thereof have proceeded in the said action and have obtejned a verdict by default against the said Minister for damages sustejned and doe threaten to bring more and other actions against the Petitioners and their said Minister to the disturbance of their said possession, though legally derived to them as aforesaid.

The premisses considered for as much as the Petitioners are advised, that they can have noe releife against the said verdict in any inferior Court either in law or equitie, but onely this most honorable and supreame Court of Parliament, the Petitioners therefore must humbly pray, that by Judgment of this honorable house, they may be releived against the said Verdict, and their right and possession in the said Church and Churchyard secured from like disturbance for the future.

CLXXVI. *Gerichtliche Feststellung eines Termins von vierzig Jahren für den Hauer-Contract über den Stahlhof. 1673, October 31.* [1])

Mr. Justice Raynsford, Mr. Justice Wyndham, Mr. Baron Thurland, present.

At the Court of Iudicature, erected and revived by several Acts of Parliament, for determination of differences touching houses burned or demolished by reason of the late fire, which happened in the yeare 1666 etc. in London, held in Cliffords Inne Hall, London, on Friday, the one and thirtieth day of October, in the XXVth yeare of the reigne of our Soveraigne Lord King Charles the Second, Annoque Domini 1673.

Theodore Jacobsen of London Merchant, Peticioner against Jacob Jacobsen, President of the Merchants of Almayne, and the said Merchants of Almayne being under and of the Confederacion, Leige and Company of the Dutch Hanze, otherwise called Merchants of Almayne.

Whereas the said Theodore Jacobsen lately exhibited his Peticion into this Court of Iudicature, hereby setting forth in effect, that he was possessed at the time of the late dreadfull fire, which happened in London, of One back Mesuage or Tenement with a Wharf and severall other Warehouses and buildings thereunto belonging, the Tofts and ground whereof doe conteyne the dimensions following, that is to say: On the South fronting the River of Thames from East to West One hundred fifty and seaven feet and One inch and thereabouts; on the Westside thereof from the said front to the Backside of the building in Thames-Street from South to North, two hundred eighty three feet and foure inches ore thereabouts, beside the said wharfe, on which Westside is one breake in the North Corner Thirty and seven feet from the backside of the North building two feet levell; on the North End from the Eastside to the West middle Walls One hundred forty two feet and five inches or thereabouts; and

---

[1]) British Museum. Additional-Manuscript 5101. Decisions of the Commissioners after the fire of London. Vol. XIX. Art. 7.

on the Eastside thereof from North to South, besides the said Wharfe, two hundred Eighty Six feet and three inches or thereabouts (on which said Eastside are foure severall small Breakes) situate, lying and being in the *Stilehoff*, alias Stileyard, in Thames Street in the Parish of All Hallowes the Great, in Dowgate Ward in London, as Tenant unto the abovenamed Merchants of Almayne, being under and of the said Confederacion, Leige and Company of the said Dutch Hanze, otherwise called Merchants of Almayne, having an house in the City of London, commonly called Guildhall Teutonicorum, in whome the said Stileyard with the said Mesuage, Warehouses and buildings (amongst other things) were vested by Act of Parliament, made in a Parliament held at Westminster on the Sixth day of October, in the Twelfth yeare of the reigne of King Edward the fourth, and there continued by divers Prorogacions to the Three and twentieth day of January in the fourteenth yeare of the reigne of said King Edward the fourth, whereby the said Stileyard (amongst other things) is limited to the said Almayne Merchants, that then were or that afterwards should bee, to have and to hold unto them and their Successors for ever; that the said Mesuage or Tenement, Warehouses and buildings were burned downe and consumed by the said dreadfull fire, which happened in London in the Moneth of September, in the yeare of our Lord One thousand six hundred sixty and six. And the Petitioner is willing to rebuild the same, soe as hee may have reasonable encouragement thereunto, which he has proposed unto the abovenamed Jacob Jacobsen, the said President of the said Almayne Merchants, and also unto the said Almayne Merchants of the said Guildhall Teutonicorum, which hath been as yett refused unto the Peticioner: hee therefore humbly prayed the Court to grant Warrants to warne the said Jacob Jacobsen and the said Merchants of Almayne to bee and appeare in this Court of Iudicature at a Day therein to bee limited to the end, that such Decree might bee made in the premisses, as the Court should thinke meet. Whereupon Warrants were granted and issued from this Iudicature directed to the said President and Merchants of Almayne to bee and appeare here this present One and thirtieth day of October. Whoe having been thereupon warned, the said Jacob Jacobsen, the said President, and John Lemkuell and George Matson, members of the said Company, appeared here in Court this Day on behalfe of themselves and of all the rest of the Members of the said Company, Mr. Bowes being of their Counsell; the Peticioner being personally present in Court, Mr. King being of his Counsell. And upon reading the said recited Peticion and opening the matters therein specifyed to the Court, the Peticioners said Counsell informed the Court, that the said Peticioner is willing to undertake the said building and is contented to give as much rent as any new Contractor will give for the said ground to build upon, and therefore has caused the said ground to bee measured and vallued by severall skilfull Workemen, who doe all agree, that the utmost value of the aforesaid ground is One hundred and tenn pounds per annum. And for further satisfaction of the Court touching the value of the said ground, three severall workmen, namely Caius Gabriell Libbers, Sampson Allen and Edward Helder, severally made Oath in Court: that they have measured the said ground and have estimated the value thereof and doe all agree, that the utmost the same is worth to bee lett to build upon between man and man, is One hundred and tenn pounds per annum groundrent. And the said Counsell further informed the Court, that the said Peticioner is obliged by the said Company to an extraordinary way of building, both for strength and ornament, and that to perfect and finish the same accordingly will cost him seven or eight thousand pounds. And therefore to encourage him to performe so chargable a Worke for the honor and splendor of the city, being a place much resorted to by the foraigners and straingers, the said Counsell prayed the Court to decree unto the said Peticioner a terme of forty yeares from Michaelmas last at the said yearly rent of One hundred and tenn pounds. And in regard the said building in respect of the largeness thereof will take upp more time then is usuall for ordinary buildings before the same can bee effected, the said Councell prayed, that the Peticioner may have time allowed him for building untill Midsomer next come twelve Moneths. And that the first Quarters Rent bee paid at Michaelmas then next following. Whereupon the aforesaid President and the said other persons appeareing on behalf of the said Company, nor their said Counsell not opposing any of the aforesaid matter, the Court being satisfied of the reasonableness of the said proposalls and being very desireous to give all due encouragement to soe great a building, pronounced the same Decree accordingly. Therefore for a finall Determinacion of all differences between the Peticioner and the said Defendants touching the premisses, the Court doth order, adjudge and decree unto the said peticioner Theodore Jacobsen an estate and terme of forty yeares of and in the aforesaid Tofts, soile and ground, conteyning the Dimensions herein before particularly expressed and of and in the Mesuage or Mesuages and buildings to bee thereupon erected and new built in pursuance of this Decree, and of and in the said wharfe with all appurtenaunces to the same premisses belonging or in any wise apperteyning, to have and to hold the same unto him, the said Peticioner Theodore Jacobsen, his Executors, Administrators and Assignes, from the feast day of St. Michael the Archangell now last past for and during and untill the full end and terme of forty yeares from thence next ensuing fully to bee compleat and ended, yeilding and paying. And the said Peticioner Theodore Jacobsen, his Executors, Administrators and Assignes shall yeild and pay for the first yeare and three Quarters of a yeare of the said terme of forty yeares the rent of One peppercorne, if the same bee demanded, and from thenceforth yearely and every yeare for and during the terme of Eight and Thirty yeares of the said terme of forty yeares the yearely rent of One hundred and tenn pounds of lawfull money of England, quarterly at the foure most usuall feasts or daies of payment of rent in the yeare, to witt: the feast daies of St. Michaell the Archangell, the Birth of Our Lord, the Annunciacion of the Blessed Virgin Mary and the Nativity of St. John the Baptist, by even and equall porcions. And that the first Quarters payment of the same bee made upon the feast day of St. Michaell the Archangell, which will be in the yeare of our Lord One thousand Six hundred Seventy and five. And also yeilding and paying for the last Quarter of a yeare of the said terme of forty yeares the rent or summe of seven and twenty pounds and tenn shillings of like money upon the last day of the said terme. And it is further ordered and decreed by the Court, that in Consideracion of the said terme of yeares hereby decreed under the Rents aforesaid, hee, the said Peticioner Theodore Jacobseu, his Executors, Administrators or Assignes, at his or some of their proper Costs and Charges, with all convenient speed shall cause to bee erected and new built in and upon the aforesaid Tofts, soile and ground one or more good and substantiall Mesuage or Mesuages and buildings, with such good and sufficient Materialls, as by the late Acts of Parliament for rebuilding the City of London it is directed and prescribed. And for the avoiding difficulties in the recovering of the said yearely rent of One hundred and tenn pounds, and for the better ascertaining of Covenants mutually to bee performed between the Peticioner and the aforesaid Defendants during the aforesaid terme, it is further ordered and decreed by the Court, that the aforesaid Defendants or their successors for the time being, upon the reasonable request and at the Costs and Charges of the said Peticioner, Theodore Jacobsen, his Executors, Administrators or Assignes shall make and duly execute unto him or them, requiring the same a good and sufficient Lease by Indenture under their common Seale of all the aforesaid premisses for the said terme of forty yeares hereby decreed, as aforesaid, or for soe many yeares thereof as shall bee to come and unexpired at the time of the making such Lease, at and under the yearely rent and rents aforesaid, payable as aforesaid, with reasonable Covenants and Condicions usuall in Leases made of houses in London, in such Lease to bee conteyned. And that the said Peticioner Theodore Jacobsen, his Executors, Administrators or Assignes, to whome such Lease shall be made, shall accept thereof and duly seale and deliver a Counterpart of the same. And lastly it is ordered and decreed by the Court, that the said Peticioner Theodore Jacobsen, his Executors, Administrators and Assignes at and under the aforesaid rents payable as aforesaid and covenants as aforesaid shall and may lawfully, peaceably and quietly have, hold and enjoy the aforesaid Tofts, soile and ground, conteyning the dimensions aforesaid, and the Mesuage or Mesuages and buildings to bee thereupon erected and new built, in pursuance of this present Decree, and the same Wharfe with all appurtenances to the same premisses, belonging or in any wise apperteyning for and during the said terme of forty yeares, hereby decreed as aforesaid, according to the tenor and purport of this present Decree and of the Lease hereby decreed to bee thereof made, as aforesaid, notwithstanding any other Estate, Right, Title, interest in Law or Equity, Trust, Charge or other Incumbrance whatsoever, according to the Act of Parliament for securing the Estates of builders lately made and provided.

Sign: Ri. Rainsforde. Hugh Wyndham. Edward Thurland.

CLXXVII. *König Karl II. erklärt, dass die Gildhalle der Deutschen zu London von Abgaben frei ist. 1683, Februar 28.*

Carolus Secundus, Dei Gratia Magnae Britanniae, Franciae et Hiberniae Rex, Fidei Defensor etc. Magnificis, Nobilissimis et Spectabilibus Viris, Consulibus et Senatoribus Civitatum Lubecae, Bremae et Hamburgi, reliquaeque Societatis Hanseaticae, Amicis Nostris perdilectis, Salutem. Magnifici, nobilissimi et spectabiles Viri, Amici perdilecti! Quemadmodum singulari amicitia et fauore Hansas Teutonicas semper prosecuti sumus, quod et variis in rebus abunde testati sumus, ita acceptis Literis Vestris Mense Julio novissime elapso exaratis, querelam prae se ferentibus, *Guildehallam* scilicet *Teutonicorum* sive *Stillierdam* Londini tributis quibusdam onerari, eademque occupatis bonis Theodori Jacobson ibi loci habitantis, colligi, in praeiudicium eorum priuilegiorum, quibus decessores nostri regii

Hansas Teutonicas muniverunt, et quae ad hoc usque tempus inviolata permanserunt, querelam hanc sub examen revocari iussimus, et de re tota plenius edocti, iis omnibus magistratibus, quorum interesse poterit, praecepimus, ut non modo occupata bona restituant, verum etiam id imprimis satagant, ne dicta Guildehalla Teutonica eiuscemodi tributis imposterum oneretur, nec eandem incolentes ulla molestia afficiantur, colore quaesito vel imponendorum vel colligendorum eiuscemodi onerum. Id quod hisce Vobis significandum duximus, ac etiam praefatum Theodorum Jacobson tum in hac, tum aliis omnibus in rebus, quae ad Hansas Teutonicas spectant, industria et studio se gessisse, id enixius semper curans, ut eaedem ad facilem exitum promoverentur inque Vestrum commune commodum; qua de causa ipsum Vobis commendatum esse cupimus. Adeoque Vos Vestrasque Ciuitates Dei O. M. Tutelae ex animo commendamus. Dabantur in Palatio Nostro de Whitehall, 28vo die Februarii, Anno Domini 168⅘, Regnique Nostri tricesimo quinto.

Vester bonus amicus Carolus R.

Sunderland.

Magnificis, Nobilissimis et Spectabilibus viris, Consulibus et Senatoribus Ciuitatum Lubecae, Bremae et Hamburgi, reliquaeque Societatis Hanseaticae, Amicis Nostris perdilectis.

CLXXVIII. *König Wilhelm III. bestätigt die Befreiung des Stahlhofes von allen Abgaben. 1689, Mai 24.*

William Rex. Trusty and well beloved, We greet you well. Whereas the Agent of the Hans Towns residing here, has presented a Memorial unto Us, touching certain Immunities and Privileges humbly claimed by him for the Still Yard; and the like Memorial having been formerly presented unto Our Royal Uncle, King Charles the Second of happy Memory, and by him referred to the then Lord Mayor of that Our City of London, the Matter thereof was in every particular consented unto and approved; to wit, that the said Agent and the House, called the Still Yard, in Our said City of London, ought to be exempted from all Duties and Taxes whatsoever. We having the same Inclination and Desire to maintaine and continue the Immunities and Privileges granted to the said Hans Towns by Our Royal Predecessors, and beeing well informed, that Our Subjects residing in any of the said Hans Towns do at this day enjoy the like or greater Privileges there, have thought fit to signify Our pleasure unto You, that the said Agent and House, be accordingly freed from all Duties and Taxes; and that You give effectual Order, not only for restoring to the said Agent, any Distress that may have been made upon him, but also that for the future, no Molestation be given, nor Distress made upon him, under pretence of refusing to pay any Duties or Taxes, whether by Order of Our Lieutenancy of London, or the Commissioners or Managers of the Hearth-Money, for any Arrears untill Ladyday last past, or of any other City Taxes whatsoever. And so We bid You Farewell. Given at Our Court at White Hall, the 24. Day of May, 1689. In the first Year of Our Reign.

By His Majesty's Command.

Nottingham.

CLXXIX. *König Wilhelm III. Befehl, betreffend die Erhaltung der Abgaben-Freiheit des Stahlhofes. 1691, Januar 31.*

William Rex. Right Trusty and Well beloved, We greet You well. Whereas the Agent of the Hans Towns residing here, did some time since present a Memorial unto Us, touching certain Immunities and Privileges, humbly claimed by him, for the House called the *Still-Yard;* and the like Memorial having been formerly presented unto Our Royal Uncle, King Charles the Second of happy Memory, and by him referred to the then Lord Mayor of that Our Citty of London, the Matter thereof was, in every particular consented unto and approved, vizt. that the said Agent and the House called the Still-Yard, in Our said City of London, ought to be exempted from all Duties and Taxes whatsoever; We did by Our Letters bearing Date the 24 day of May, in the first Year of Our Reign, signify Our pleasure to the then Lord Mayor and Court of Aldermen of Our said City, that as well out of a Desire to maintain and continue the Immunities and Privileges, granted to the said Hans Towns, by Our Royal Predecessors, as in regard Our Subjects, residing in any of the said Hans Towns, did enjoy the like or greater Privileges there, the said Agent and House, should be freed from all Duties and Taxes, and that effectual Ordres should be given, not only for restoring to the said Agent any distress that had been made upon him, but likewise that for the future no Molestation or Distress whatsoever should made upon him, under pretence of refusing to pay any Duties or Taxes whatsoever. And whereas the said Agent hath by another Memorial lately presented unto Us, represented, that notwithstanding Our said former Letters, such has been the practice of some in the ward of Dowgate, as to make another Attempt on the said House and Agent, by distraining and taking away the said Agents Goods, to the Value of about Twenty Pounds Sterling, and therefore in the Name of the respective Hans Towns, praying the Conservation of the said Ancient Privileges, belonging to the said House and Agent, and Our Directions therein: We have thought fit to signify Our pleasure, and accordingly the same is, that the said Agent and House, be not only freed from all Duties and Taxes whatsoever, but that You also forthwith give effectuall Orders for restoring to him the Goods lately distrained; and for the future that no Molestation be given, nor distress made upon him, under pretence of refusing to pay any Duties or Taxes whatsoever. And so We bid You heartily Farewell. Given at Our Court at Kensington, the 31 day of January, 169½. In the Third Year of Our Reign. By His Majesty's Command.

Sydney.

To Our Right Trusty and Well beloved, and to Our Trusty and Well beloved, the Lord Mayor and Court of Aldermen of Our City of London, and to the respective Commissioners of Taxes, whom it may concern.

Anhang von Urkunden,

die Hansen zu Boston und Lynn betreffend.

I. *König Heinrich III. erlässt einigen Hansen die über dieselben zu Boston verhängten Strafen. 1272, August 26.* [1])

Henricus, Dei gratia rex Angliae, Pontio de Mora et sociis suis, in nundinis *sancti Botulphi* commorantibus, salutem. Quia intelleximus, quod Vos lanas et mercimonia Arnoldi Scotelmund, [2]) Johannis le Core, Luderi de Dertemund, [3]) Werneri de la Rige, et Richeri, filii Cinnert, mercatorum ducis de Bruneswick, de Lubek et de Dertmund pro eo, quod communicaverunt cum Flandrensibus contra inhibitionem nostram, et etiam pro eo, quod qvandam navem, sine licentia nostra, lanis carcari fecerunt, et insuper pro eo, quod pactum fecerunt cum quodam Lombardo de lanis suis deliberandis, videlicet pro quolibet sacco lanarum predictarum solvendo duodecim denarios, arrestari fecistis in nundinis praedictis et ea praefatis mercatoribus adhuc detinetis: nos illud, quod ad nos pertinet de transgressione praedicta charissimae consorti nostrae Eleonorae, reginae Angliae, dedimus de gratia nostra speciali, et eisdem mercatoribus ad instantiam praefatae reginae nostrae dictam transgressionem perdonavimus et ipsos inde totaliter quietamus. Et ideo vobis mandamus, quod praefatos mercatores de transgressionibus illis quietos esse permittatis, et centum et tres saccos lanae et alia mercimonia eorundem mercatorum, praeterqvam infra potestatem comitis Flandriae, ad commodum suum inde faciendum prout melius viderint, expedire. Teste Me ipso, apud Westmonasterium, XVI die Augusti, anno regni nostro LVI.

II. *Der Mayor und die Bürger zu Lynn bestätigen allen Kaufleuten von der deutschen Hanse alle von altersher besessenen Rechte. 1310, August 1.*

Notum sit vniuersis presentes litteras visuris vel audituris, quod nos ... Maior et Burgenses ville *Lenne*, tocius communitatis nostre assensu, concessimus et imperpetuum || statuimus omnibus mercatoribus de *Hansa Alemanie*, presentibus et futuris, libertates subscriptas. Videlicet quod ipsi

---

[1]) Aus *Sudendorf* Welfen-Urkunden. S. 122. No. LXXI. Dieses Rescript bezieht sich auf den Vorfall oder einen ähnlichen, von dem das Schreiben des Altermannes der Deutschen zu Lynn im lübecker Urkundenbuche. Th. I. No. 329 spricht. [2]) *Arnold Scotelmund*, später Rathmann zu Lübeck. Siehe auch lübecker Urkundenbuch a. a. O. [3]) Vermuthlich der *Luderus de Dunevare*, civis Tremoniae, in der obigen Urkunde vom Jahre 1282.

habeant Lenne totum ius, quod *antiquo tempore* ibidem || habuerunt in aquis et terris, quantum est in nobis. Ita scilicet, quod vnicuique eorum liceat, vnicuique petenti bona sua vendere, tam parua quam magna, et simili modo ab aliis || emere pro pecunia vel permutare merces cum mercibus, vnicuique eorum conuenientibus, siue sit burgensis siue hospes alienus seu vndecumque fuerit, absque cissura et fragmento, exceptis mercatoribus dicte Hanse in predicta villa morantibus, quibus nil vendere debeant, vt ipsi postea illud ibidem aliis vendant. Item concessimus et statuimus, quod bene liceat singulis mercatoribus dicte Hanse, absque calumpnia alicuius nostrum, habere hospicia sua apud eosmet ipsos, tam in expensis quam in aliis negociacionibus vsitandis in hospiciis suis, que pro suis denariis conduxerint. Item concessimus et statuimus singulos mercatores dicte Hanse liberos fore ab omni muragio, pauagio, pontagio et ab omni inusito et inconsueto theolonio, excepto kayagio, quod dabunt, vt ab antiquo tempore soliti fuerunt, de bonis super kaya positis; set de bonis ultra kayam portatis liberi sint et quieti. Item concessimus et statuimus, quod bene liceat omnibus mercatoribus dicte Hanse bona sua, absque calumpnia alicuius nostrum, seruare tam in aqua quam in terra et in hospiciis suis, quousque terminum ad emendum et vendendum seu nauigandum sibi viderint conuenientem et oportunum. Item concessimus et statuimus, vt cum venerint naues dicte Hanse ad portum seu villam nostram, quod bene liceat nautis et mercatoribus earundem nauium ipsas naues applicantes per vnum tempus aque ligare et firmare vbicumque voluerint et sibi aptum crederint, absque vlla pecunia seu redemptione quacumque. Set si ille naues vltra vnum tempus aque ad kayam alicuius ligate fuerint, nisi de possessore illius kaye domus per mercatores illarum nauium conducta fuerit, dabunt possessoribus illius kaye aliquam pecuniam pro ligatione illarum nauium, sicut melius poterunt conuenire. Item concessimus et statuimus, vt cum venerint bona mercatorum dicte Hanse ad villam nostram Lenne, quod nos ipsa diligenter prouideamus antequam argentum Dei vel arras inde tradamus, quia post argentum Dei datum nolumus aliquam in precio facere diminutionem, nec volumus, quod mercatores dicte Hanse vltra tria aque tempora cum argento Dei in aliquibus mercandisis obligentur. Item si mercatores dicte Hanse vendendi bona sua facultatem aptam non habuerint, liceat eis ea bona abducere quo voluerint, sine calumpnia alicuius nostrum. Habeant etiam mercatores dicte Hanse in quibuscumque mercandisis suis absque calumpnia alicuius nostrum pondus suum, sicut in carta per dominum regem eis concessa plenius continetur. Et si aliquis de nostris discordet cum aliquo mercatore dicte Hanse super aliquo contractu mercium, concessimus et statuimus, quod statim tunc maior Lenne eliget duos fideles burgenses nostrum, et *aldirmannus* dicte Hanse duos fideles mercatores eiusdem Hanse, qui quatuor electi cum diligencia, qua poterunt, discordantes, si possint, concordabunt. Et nos predicti, maior et burgenses communitatis ville Lenne ac successores et heredes nostri omnes et singulos articulos prescriptos et eorum quemlibet sic concessos et statutos in perpetuum firmiter tenebimus, nullis exceptionibus, cauellationibus, defensionibus nec cautelis in contrarium valituris. In cuius rei testimonium sigillum nostrum commune communitatis nostre Lenne presentibus litteris apposuimus. Datum apud Lenne in plena curia nostra ibidem, primo die mensis Augusti. Anno Domini ab incarnatione millesimo CCC^{mo} decimo, et anno regni regis Edwardi, filii regis Edwardi, quarto.

III. *Schreiben des Altermannes und der Brüder zu Boston an die deutsche Hanse zu London. Ums Jahr 1320.*

Discretis viris, *aldermanno* ceterisque fratribus *hanse Alimanie* in *Londonia* existentibus *aldermannus* ceterique fratres apud *sanctum Botholfum* existen || tes salutem in auctore salutis. Sicut vobis in litteris nostris declarauimus, sic adhuc litteratorie vobis publicamus, quod consensu aldermanni || nostri Londoniensis et omnium confratrum nostrorum scottum ordinatum fuit, sicut scitis, de qualibet libra sterlingorum duodecim denariorum. Super quod nos || apud sanctum Botholfum existentes, quatuor socios ordinauimus ad dictum scottum colligendum, quibus communi consensu talem vim dedimus, quod quemlibet [1]) fratri nostre hanse precipere possent, sub pena X librarum, scottum eius ad eorum ordinationem et terminum subtus ab eisdem prefixum deportare. Hos vero collectores tali condicioni ordinauimus, quod sub pena XX librarum contradicere non valebant, et quod plenam nobis de scotto recepto facient compotationem, sicut cum rotulis suis possunt confirmare. Hinc est quod vos petimus, rogamus et fieri volumus, ut et vos taliter ordinetis, quia a vobis secundum rotulas suas plenam habere volumus compotationem, et nos econverso vobis plenam compotationem faciemus et volumus, vt vestri collectores eadem potestate vtantur, sicut et nostri. Volumus etiam ne aliquis scotti nostri rotulas habeat nec custodiat, sed soli collectores, et si contingat aliquem collectorem exire officium suum, volumus vt suum factum sigillet et custodiat usque ad plenam compotationem, etiam ut collectores scottum a quolibet per numerum recipiant et per arduum iuramentum et illum cum sua summa in rotulis suis signent, item quod de hoc scotto nulla pecunia ad quod factum defalsetur, [2]) sed sola pecunia, que concessa fuit ad libram, pro qua nunc laboratur, et hoc suo iuramento confirmet. Insuper volumus, ut si quis fratrum nostrorum transierit, et munitus [3]) non satisfecerit, ut talis littera senioribus nostris trans mare scribatur, ut ab illo XX libre pro pena, vna cum scotto suo, tollantur; si vero immunitus transierit non, sed simplex scottum soluat. Volumus etiam, quod istud scottum soluatur de omnibus bonis, que a tempore paschali in istis terris fuerunt et erunt; licet etiam aliqua bona ante Pascha in Anglia fuissent et post Pascha mansissent, de illis bonis satisfaciet, licet ante ordinationem extra terras forent destinata. Etiam si aliquem nostrum confratrem pecuniam hic tollere contingat, in Flandria vel alias reddendam, volumus vt de hac satisfaciat, tali condicione, quod non tollat dictam pecuniam soluendam de suis bonis, de quibus satisfecit. Volumus etiam si aliquis fratrum nostrorum ita ribellis inuentus fuerit, quod omnino satisfacere noluerit, ipsum signate, donec maiorem potestatem nostres fratres puniendi habeamus. Et quia istud scottum ad quingen .... cum est ordinatum, decet, vt eo nobis medius [4]) et districtius de conputationibus nostris prouideamus. Et quia ordinationi nostre per litteras vestras antea nobis consensum vestrum intimastis, rogamus ut hanc ordinationem a nobis communiter ordinatam pro communi nostra vtilitate, sicut nobis videtur, non indigne feratis. Valete nobis precipientes et ad premissa facientes, sicut vestre et nostre competit vtilitati.

---

[1]) *Leg.:* cuilibet. [2]) *Leg.:* defalcietur. [3]) *Munitus*, i. e. monitus. [4]) *Leg.:* melius.

Mittite nobis rotulam de pecunia, que concessa fuit ad libram, et ordinate de scotto vestro ut infra XV dies habeatis. Johannes Albus [1]) fecit scottum suum et dicit, quod pixis [2]) teneatur sibi in XIIII libris de cera, que data fuit nuper pro dilatione arrastamenti. Rogamus, ut nobis rescribatis, vtrum sit ita, an non.

IV. *König Heinrich VI. Schutzbrief für die Hansen zu Boston. 1423, April 23.*

Henricus, Dei gracia rex Anglie et Francie et dominus Hibernie, uniuersis et singulis iusticiariis, vicecomitibus, maioribus, constabulariis, balliuis, ministris et aliis fidelibus suis tam infra libertates, quam extra, ad quos presentes littere peruenerint, salutem. Sciatis, quod cum tam omnes *mercatores de societate de Hansa Alemanie in villa de sancto Bothulfo iam existentes*, quam alii de societate predicta, in regnum nostrum Anglie venire volentes, metuant, tam sibi, quam marinariis, hominibus et seruientibus suis dampnum de corporibus suis ac iacturam de nauibus, bonis, mercandisis et rebus suis per quosdam emulos suos et eorum complices et fautores de facili posse euenire: Nos volentes securitati ipsorum mercatorum ac marinariorum, hominum et seruientum suorum predictorum in hac parte prouidere, et ipsos ab huiusmodi damnis et iacturis, in quantum possumus, preseruare, suscipimus tam ipsos mercatores iam in regno nostro predicto existentes, quam omnes alios mercatores de societate predicta in regnum nostrum predictum venire volentes, et eorum quemlibet, ac marinarios, homines et seruientes suos in regnum predictum veniendo, ibidem morando, et exinde ad propria redeundo, necnon naues, bona, mercandisas et res suas quascumque in protectionem, tuitionem, saluam gardiam et defensionem nostras speciales. Et ideo vobis et cuilibet vestrum mandamus, quod ipsos mercatores ac marinarios homines et seruientes suos et eorum quemlibet, in regnum nostrum predictum veniendo, ibidem morando, et exinde ad propria redeundo, necnon naues, bona, mercandisas et res suas quascumque manuteneatis, protegatis et defendatis, non inferentes eis vel eorum alicui, seu, quantum in vobis est, ab aliis inferri permittentes iniuriam, molestiam, dampnum, violenciam, impedimentum aliquod seu grauamen. Et si quid eis et eorum alicui foris factum vel iniuriatum fuerit, id eis et eorum cuilibet sine dilacione corrigi faciatis et debite reformari. Dum tamen iidem mercatores, marinarii, homines, et seruientes sui predicti aliqua nobis seu regno nostro Anglie preiudicialia non faciant, nec facere vel attemptare presumant quouismodo. In cuius rei testimonium has litteras nostras fieri fecimus patentes per vnum annum duraturas. Teste me ipso, apud Westmonasterium, XXIII° die Aprilis, anno regni nostri primo.

Thoralby.

---

[1]) Ein Lübecker gleiches Namens ward 1320 oder kurz vorher zu Boston mit Beschlag belegt. Siehe Urkundliche Geschichte der deutschen Hanse. Th. II. S. 387. [2]) *Pixis*, Büchse, Casse. Siehe daselbst S. 229.

V. *Joh. Tate und Th. Bledlowe übertragen ihre Rechte auf einen Platz, Gebäude, Kay und Garten zu Lynn auf den König Edward IV. 1475, April 25.*

Sciant presentes et futuri, quod nos Johannes Tate et Thomas Bledlowe, aldermanni ac ciues || ciuitatis Londonie, dimisimus, feoffauimus, liberauimus et hac presenti carta nostra confirmauimus || prepotentissimo et excellentissimo principi et domino nostro, domino Edwardo, Dei gratia regi Anglie et Francie || et domino Hibernie, totam illam placeam et tenementum cum cayo et gardino adiacentibus ac domibus ante situatis, celariis, solariis et omnibus aliis suis pertinenciis in villa de *Lenne Episcopi*, que olim fuerunt Philippi Wythe, olim burgensis eiusdem ville, edificatam et situatam ex opposito ecclesie sancte Margarete eiusdem ville inter vicum regium ibidem ex parte orientali et communem aquam dicte ville ex parte occidentali et tenementum quondam Johannis Lakynghithe, postea Johannis Thoresby ex parte boriali et tenementum nuper Roberti Lathee ex parte australi. Que quidem placeam et tenementa cum cayo, gardino, domibus, celariis, solariis et omnibus aliis suis pertinenciis per nomen septem mesuagiorum, vnius gardini et vnius cayi cum pertinenciis in Lenne Episcopi predicta nos prefati Johannes Tate, Thomas Bledlowe per nomen Thome Bledlowe, groceri, civis Londonie, simul cum Thoma Barker, mercer, et Thoma Wright, tinctore de villa Lenne Episcopi, qui totum ius eorum, statum, titulum, clameum, demandam et interesse de et in premissis et pertinenciis per scriptum suum relaxationis, cuius datum est terciodecimo die mensis Aprilis, anno regni dicti domini nogis quintodecimo, nobis eisdem Johanni Tate et Thome Bledlowe, heredibus et assignatis nostris remiserunt et relaxarunt, nuper habuimus ex dimissione et feoffamento Johannis Maldon, habendum et tenendum predictam placeam et tenementum cum cayo, gardino, domibus, celariis, solariis et omnibus aliis suis pertinenciis prefato domino nostro regi, heredibus et assignatis suis imperpetuum. In cuius rei testimonium huic presenti carte nostre sigilla nostra apposuimus. Datum vicesimo quinto die mensis Aprilis, anno quintodecimo supradicto. Clyfford.

VI. *König Edward IV. überträgt einen Platz, Gebäude, Kay u. a. zu Lynn. 1475, April 29.* [1]

Edwardus, Dei Gratia Rex Anglie et Francie et Dominus Hibernie, omnibus ad quos presentes litere pervenerint, salutem. Sciatis quod nos, certis de causis et considerationibus nos specialiter moventibus, de gratia nostra speciali ac certa scientia et mero motu nostris, dedimus, concessimus, et per presentes damus et concedimus, pro nobis et heredibus nostris, mercatoribus et populis nacionis Alemanie existentibus sub et de confederatione, liga et societate Hanse Teutonice, alias dictis mercatoribus Alemanie, habentibus domum in civitate London. que Gildehalla Teutonicorum vulgariter nuncupatur, presentibus et futuris, totam illam placeam et tenementa, cum cayo et gardino adiacenti-

[1] Nach einem hamburger Copial-Buche, verglichen mit dem lübecker Copial-Buche auf Pergament. Fol. 56 b und 57.

bus, ac domibus ante situatis, celariis, solariis et omnibus aliis suis pertinenciis, in villa de *Lenne Episcopi*, que olim fuerunt Philippi Wythe, olim burgensis eiusdem ville de Lenne, edificatis et situatis ex opposito ecclesie sancte Margarete eiusdem ville, inter vicum regium ex parte orientali, et communem aquam dicte ville de Lenne ex parte occidentali, et tenementum quondam Johannis Lakingbithe, postea Johannis Thorysby, ex parte boriali, et tenementum nuper Roberti att Lathe ex parte australi, — quae quidem placeam et tenementa, cum kayo et gardino adiacentibus ac aliis premissis cum pertinentiis nuper habuimus nobis et heredibus nostris ex traditione et dimissione Johannis Tate, Thome Bledlowe, aldermannorum London, — habenda et tenenda placeam et tenementa predicta, cum cayo et gardino adiacentibus ac aliis premissis cum pertinenciis, prefatis mercatoribus et successoribus suis, libere quiete et in pace, imperpetuum; absque aliquo nobis vel heredibus nostris inde reddendo vel faciendo. Et nos ac heredes nostri predicta placeam et tenementa, cum cayo et gardino adiacentibus ac aliis premissis cum pertinenciis, prefatis mercatoribus et successoribus suis contra omnes gentes warantizabimus et defendemus imperpetuum. Ac volumus et concedimus prefatis mercatoribus et successoribus suis, quod si contingat dicta placeam et tenementa, cum cayo et gardino adiacentibus et aliis premissis, aut aliquam inde parcellam, ab eisdem mercatoribus vel successoribus suis imposterum recuperari aut evinci, quod tunc nos et heredes nostri debitam recompensationem prefatis mercatoribus et successoribus suis de valore inde, sine difficultate aliqua, facere teneamur; dum tamen iidem mercatores et successores sui a nobis aut heredibus nostris auxilium petant et debitam diligentiam apponant circa saluacionem et defensionem de eo, quod versus eos peti contingat. Quare volumus et firmiter precipimus, pro nobis et heredibus nostris predictis, quod predicti mercatores habeant et teneant sibi et successoribus suis, in forma predicta, omnia et singula premissa cum suis pertinenciis, absque impeticione, impedimento, perturbatione seu gravamine nostri vel heredum nostrorum, iusticiariorum, escaetorum, vicecomitum, coronatorum seu aliorum ballivorum vel ministrorum nostrorum vel heredum nostrorum quorumcunque: eo quod expressa mencio de vero valore annuo premissorum aut alicuius eorum, aut de aliis donis sive concessionibus eisdem mercatoribus et successoribus suis, vel aliquibus predecessorum suorum et successoribus suis, vel aliter, per nos vel progenitores aut predecessores nostros ante hec tempora factis, in presentibus minime facta existit; aut aliquo statuto, actu sive ordinacione, aut aliqua alia re, causa vel materia quacunque, non obstante. In cuius rei testimonium has literas nostras fieri fecimus patentes. Teste me ipso, apud Westmonasterium, vicesimo nono die Aprilis, anni regni nostri quinto decimo.

Per ipsum regem, et de data predicta, auctoritate parliamenti.

J. Morton.

VII. *König Edward IV. über des Ritters John Saye und Richard Fowler Vertrag, betreffend ein Haus in Boston. 1475, Mai 8.*

Edwardus, Dei gratia rex Anglie et Francie et dominus Hibernie, Omnibus, ad quos presentes litere nostre peruenerint, salutem. Sciatis, quod Johannes Saye, miles, et Ricardus ‖ Fowler in curia nostra coram iusticiariis nostris apud Westmonasterium implicauerunt Johannem Bolles et Katarinam, vxorem eius, de vno mesuagio et quarta parte vnius acre terre cum pertinentiis in ‖ Boston per breve nostrum de recto, quia capitalis dominus feodi illius nobis inde remisit curiam suam. Quod quidem placitum sequitur in hec verba:

Placita apud Westmonasterium coram Thoma ‖ Bryan et sociis suis, iusticiariis domini regis de banco, de termino Pasche, anno regni regis Edwardi quarti post conquestum quintodecimo. Ro. CCCII. Lincoln.

Johannes Saye, miles, et Ricardus Fouler per Thomam Rayner, attornatum suum, petunt versus Johannem Bolles et Katarinam, vxorem eius, vnum mesuagium et quartam partem vnius acre terre cum pertinenciis in Boston vt ius et hereditatem suam per breve domini regis de recto, quia capitalis dominus feodi illius remisit inde curiam suam regi etc. Et vnde dicunt, quod ipsimet fuerint seisiti de mesuagio et quarta parte predictis cum pertinenciis in dominico suo vt de feodo et iure, tempore pacis, tempore domini regis nunc, capiendo inde explecionem ad valentiam etc. Et quod tale sit ius suum, offerunt etc. Et predicti Johannes Bolles et Katarina per Ricardum Cok, attornatum suum, venerunt et defenderunt ius predictorum Johannis Saye et Ricardi et seisinam eorum, quando etc. Et totum etc. Et quicquid etc. Et maxime de mesuagio et quarta parte predictis cum pertinenciis vt de feodo et iure etc. Et vocant inde ad warandiam Dionysium Gayer, qui presens est hic in curia in propria persona sua. Et gratis mesuagium et quartam partem predictam cum pertinenciis eis warantizavit. Et super hoc predictus Johannes Saye et Ricardus petiuerunt versus ipsum Dionysium, tenentem per warandiam suam mesuagium et quartam partem predictam cum pertinenciis in forma predicta etc. Et vnde dicunt, quod ipsimet fuerint seisiti de mesuagio et quarta parte predictis cum pertinenciis in dominico suo vt de feodo et iure, tempore pacis, tempore domini regis nunc capiendo inde expletionem ad valenciam etc. Et quod tale sit, ius suum offerunt etc. Et predictus Dionysius vt tenens per Warandiam suam, defendit ius predictorum Johannis Saye et Ricardi et seisinam eorum quando etc. Et totum etc. Et quicquid etc. Et maxime de predictis et quarta parte predictis cum pertinenciis vt de feodo et iure etc. Et ponit se inde in magnam assisiam domini regis. Et petit recognicionem fieri, vtrum ipse maius habeat tenendum mesuagium et quartam partem predictam cum pertinenciis sibi et heredibus suis, vt tenens inde per warandiam suam, vt illa tenet, an predicti Johannes Saye et Ricardus habendum mesuagium et quartam partem predictam cum pertinenciis, vt illa superius petiuerunt etc. Et predicti Johannes Saye et Ricardus petiverunt licenciam inde interloquendi. Et habent etc. Et postea idem Johannes Saye et Ricardus reuenerunt hic in curiam isto eodem termino per attornatum suum predictum. Et predictus Dionysius, licet solempniter exactus, non reuenit, set in contemptum curie recessit et defaltum facit. Ideo consequens est, quod predictus Johannes Saye et Ricardus recuperent seisinam suam versus prefatos Johannem Bolles et Katarinam de mesuagio et quarta parte predictis cum pertinenciis, tenendum sibi et heredibus suis, quietis de prefatis Johanne Bolles et Katarina et heredibus suis et de predicto Dionysio et heredibus suis in perpetuum. Et quod predicti Johannes Bolles et Katarina habeant de terra predicti Dionysii valenciam etc. Et idem Dionysius in nusam etc. Nos autem omnia et singula premissa, ad requisitionem predictorum Johannis Saye et Ricardi, tenore presencium duximus exemplificanda. In cuius rei tetimonium sigillum nostrum ad brevia in banco sigillanda deputatum presentibus apponi fecimus. T. T. Bryan apud Westmonasterium, VIII die Maii, anno regni nostri quintodecimo. Copley.

VIII. *Der Gouverneur des Stahlhofes zu Lynn vermiethet ein zu demselben gehöriges Gebäude an A. Chapman. 1505, Mai 30.*

Hec indentura facta inter Lutkyn Smyth, mercatorem de Hansia ac custodem et gubernatorem de *le Stylehoffe* in villa *Lenne Episcopi*, ex vna parte, et Aliciam Chapman de Lenna predicta ‖ viduam, ex altera parte testatur, quod prefatus Lutkyn Smyth concessit, tradidit et ad firmam dimisit predicte Alicie vnum paruum tenementum, dicto le Stylehoffe annexum ex parte australi eiusdem ‖ iuxta communem venellam ibidem; habendum et tenendum predictum paruum tenementum prenominate Alicie et assignatis suis a festo natiuitatis sancti Johannis baptiste proxime futuro post datum presentium ‖ usque ad finem termini octo annorum extunc proxime sequentium et plenarie complendorum; reddendo inde annuatim prefato Lutkyn Smyth et successoribus suis, custodibus de dicto le Stylehoffe, duodecim solidos legalis monete Anglie ad festum natiuitatis Sancti Johannis baptiste. Et si contingat dictam firmam duodecim solidorum aretro fore, in parte vel in toto, post festum natiuitatis Sancti Johannis baptiste aliquo anno durante termino predicto, quod extunc bene licebit prefato Lutkyn Smyth et successoribus suis custodibus, vt predictum est, in predictum paruum tenementum intrare et distringere, districtionesque ibidem inuentas et captas licite asportare, abducere et penes se retinere quousque de predicta firma duodecim solidorum et cuiuslibet inde parcelle plenarie fuerit eis satisfactum, persolutum et contentum. Et dictus Lutkyn Smyth et successores sui predictum paruum tenementum in omnibus bene et sufficienter reparabunt et manutenebunt sumptibus eorum propriis et expensis per totum terminum supradictum. In cuius rei testimonium partes predicte hiis indenturis sigilla sua alternatim apposuerunt. Datum penultimo die mensis Maii, anno regni regis Henrici septimi vicesimo.

IX. *Miethe-Vertrag der deutschen Hanse zu London mit Henry Hood über das jetzt von Robert Mickelbarowe bewohnte Haus zu Boston. 1550, Juni 19.*

This indenture, made the XIXth daye of Juyne in the fourth year of the raign of our souerraign Lorde, Edwarde the sixt, by the grace of God King of Englonde, Fraunce and Irelonde, defendor ‖ of the fayth and in earthe of the Church of Englonde and also of Irelonde the supreame hedde, bytwene the Aldirman and Societie of the marchaunts of the Hanse, resydent in the *Stillyarde* ‖ *in London*, on the one partie, and *Henry Hoode* of Bostonne, in the county of Lyncolne, marchaunt of the Staple of the towne of Calleys, on thother partie: Witnesith, that the foresaide ‖ Aldirman and Societie of one assent haue grauntyn, demysyn and to ferme letten, and by thise presents doo demyse, graunt and to firme lette vnto the saide Henry All that their house or mesuage, belonging to the saide Styllyarde, by vertue of their pryvylegies, graunted to them by the Kings Maiestie and his mos noble progenitours, wyth all shoppes, sellers, vauts, warehouses, sollers, casements, commodities and appurtenaunces, whatsoever to the saide mesuage or house belonging or in anny wise apperteynyng, set, lying and beyng in *Boston* aforesaide, nowe in thoccupacyon of *Robert Mickelbarowe*, to haue and to holde all the said mesuage or tenyment and other the premyssies with thappurtenaunces vnto the foresaide Henry Hoode, his executours and assignes from the feast of the natiuitie of sainte John Baptist next commyng after the date hereof vnto thende and terme of fyftene years than next ensuyng and fully to be compleate and endyd, yelding and paying therefore yearly during the saide terme vnto the foresaide Aldirman and Socyetie and to their successours, Alderman and Socyetie of the saide Styllyarde, for the tyme beyng, or to one of them, or to their certeyn assigne Thirtye thre shillings and four pence of lawfull money of Englonde in the Cyttie of London at the feast of the nativytie of saint John Baptist at one hole and entyre payment yearly to be payde. And the foresaide Henry Hoode covenauntyth and grauntyth by these presents well and truly to expende and bestowe twenty pounds lawfull money of Englonde, within the space of a year next ensuying the date of thise presents, in and vppon the reparacyons, amending and newemaking of the foresaide mesuaige and other the premyssies with thappurtenaunces, and that he, the saide Henry Hoode, his executours and assignes than after all the same mesuage and other the premyssies with thappurtenannces shall well and sufficyently repayre, susteyn, vpholde and mayneteyn and ayenst wynde and rayne shall make and kepe defencyble; and the sigies or pryvies thereof shall doo to be pourgid and clensyd; and the pavements of the same as well wythin as without shall doo to be paved, made and amended from tyme to tyme, as often and when as nede shall requyre in the premyssies or anny of them during all the saide terme; and the same mesuaige and other the premyssies with thappurtenaunces so suffycyently repaired and amendyd in thende of the saide terme shall leave, yelde and surrender vnto the foresaide Aldirman and Socyetie of the foresaide Styllyarde or theire assignes wythout fraude or rovine. And if it happen the foresaide yearly rent of thirty thre shillings and four pence to be behinde vnpayde, in parte or in all, ovir or after anny terme of payment thereof whearyn, as is afore saide, it ought to be payde by the space of fourtene dayes, or if it happen the foresaide reparacyons not to be donne from tyme to tyme in fourme aforesaide accordingly during the saide terme, that then in either of the saide cases and at all tymes than after yt shall be lyfull vnto the foresaide Aldirman and Socyetie of the saide Styllyarde and their successours for the tyme beyng or to their certeyne assigne into all the foresaide mesuagies and other the premyssies with the appurtenauncyes above demysed wheolie to reenter and the same to haue agayne, retaign and repossede, and the saide Henry Hoode, his executours and assignes thereof and therefroo vttirly to expell, put out and amove, this indenture to the contrary in anny wise notwithstonding. Provydid all waye, and yt is aggreed bytwene the saide parties, that is to saye, the foresaide Henry for hym, his executours and assignes covenauntyth and grauntyth by thise presents, that every suche parsone and parsones, as are and hereafter shalbe free of the saide house of the Styllyarde, resorting vnto the foresaid mesuage, shall have reservid and assigned vnto hym and them wythin the same mesuage and the site thereof, chamberrome and warehouserome all the whyle of his and their abode there from tyme to tyme during the foresaide terme.

And the foresaide Aldirman and company for them and their successours covenauntyn and grauntyn by thise presents, that the saide Henry, his executours and assignes all the saide mesuage and other the premyssies above demysed wyth thappurtenaunces for the yearly rent aforesaide and in manner and fourme above declared shall quyetly and peacybly haue, holde and enjoye during all the foresaide terme of XV years by thise presents. In witnes whearof the partyes aforesaide to thise indentures enterchaungeably haue put their sealls. Jovin the daye and year above wrytten.

(L. S.) By me Henry Hoode.

X. *H. Hood, R. Hulston und W. Browne erklären, der Gesellschaft des Stahlhofes 40 £ schuldig zu sein. 1550, Juni 29.*

Nouerint vniuersi per presentes, nos Henricum Hood de Boston in comitatu Lincoln, mercatorem stapule || ville Caleti, Radulphum Hulston, ciuem et pannarium Londonensem, et Willielmum Browne de Stromshed || in comitatu Lincoln predicto, mercatorem, teneri et firmiter obligari *Reginaldo Struse*, impresentiarum || aldermanno domus de *le Stilliarde Londonensis*, et societati eiusdem domus in quadraginta libris legalis monete Anglie, soluendis eisdem Aldermanno et societati aut eorum vni vel eorum certo attornato seu successoribus suis. Ad quam quidem solucionem bene et fideliter faciendam obligamus nos et quemlibet nostrum per se pro toto et in solidum, heredes, executores et administratores nostros per presentes. In cuius rei testimonium presentibus sigilla nostra apposuimus. Datum vicesimo nono die Junii, anno regni Edwardi sexti, Dei gracia Anglie, Francie Hibernieque regis, fidei defensoris et in terra ecclesie Anglie et Hibernie supremi capitis, quarto.

By me Henry Hoode. Per me Rauff Hulston. Per me Willielmum Browne.

The condicion of this obligacion is suche, that if the withinbound Henry Hood, his executours *u. s. f. fast wörtlich wie die Urkunde vom* **13.** *Juli* **1554**, *oben No. CLVII.*

XI. *Schuldverschreibung von J. Porter, W. Williamson und E. Dowe aus Lynn an die londoner Stahlhofs-Gesellschaft über 40 £ zur Garantie eines Miethe-Contractes. 1550, August 5.*

Nouerint vniuersi per presentes nos Johannem Porter, Willielmum Williamson et Edmundum Some,[1] de regio || oppido Lynne in comitatu Norfolcie, mercatores, teneri et firmiter obligari prefecto siue aldermanno et societati || mercatorum Anze residentium in le Stillyarde Londonensi, in quadraginta libris legalis monete Anglie, soluendis eisdem aldermanno et societati dicte Anze pro tempore existentibus vel eorum certo attornato in festo natalis Domini proxime futuro post datam presentium. Ad quam quidem solucionem bene et fideliter faciendam obligamus nos et quemlibet nostrum per se pro toto et in solidum, heredes, executores et administratores nostros per presentes. In cuius rei testimonium presentibus sigilla nostra apposuimus.

---

[1]) *Some.* Nach der sehr deutlichen Unterschrift muss der Name heissen: Dowe.

Datum quinto die Augusti, anno Domini millesimo quingentesimo quinquagesimo, regnique Eduardi sexti, Dei gracia Anglie, Francie Hibernieque regis, fidei defensoris et in terra ecclesie Anglicane et Hibernice supremi capitis, anno quarto.

Per me John Porter. E. Dowe.

Per me William Williamson.

The condycyon of this obligacion is such, that yf the within bounde John Porter do well and truely obserue, perfourme, fulfill and kepe all and every the covenaunts, graunts, payments, aggrements and all other things, which on the partie and behalfe of the saide John Porter, his executours and assignes, are to be observid, perfourmyd, fulfillid and kepte, mencyoned and comprysed in a payre of indentures of lease, bearyng the date wythin wrytten, made bytwene the wythin named aldirman and socyetye of the Stillyarde in London on thone partie, and the saide John Porter on the other partye, that is to saye in and by all thinges according to the tenour, purporte and true meanyng of the same indentures, that then this present obligacyon shall be vttirly voyde and holde for nought, ore else it shall stonde and remayne in all the full strengthe, force and vertue.

XII. *Vertrag der deutschen Hanse zu London mit A. Skinner über das bisher von H. Hood bewohnte Haus zu Boston. 1566, März 4.*

This indenture, made the foureth daye of Marche 1566 and in the nineth yere of the reigne of oure soueraigne Ladye Elizabeth, by the grace of God ‖ quene of Englonde, France and Irelonde, defendor of the faith etc. betwene *Maurice Tymmerman*, alderman, and the socyetye marchauntes *Easterlynges* of the Duche hanse, resydent in ‖ the *Styllyarde* within the cytie of *London* on thone partye, and *Alexander Skynner* of Boston in the countye of Lyncolne, gentleman, on thother partye: Witnesseth that ‖ the foresaid alderman and socyetye for them and their successors and assignes of one assent haue graunted, demysed and to ferme letten, and by these presents do demyse, graunt and to ferme lette vnto the saide Alexander Skynner all that theyr howse, place or mesuage, one vourte (?) .. thervnto belongyng, the key, wharf, wharfage and plankage apperteyning to the said alderman and socyety by vertue of their pryvyleges, graunted to them by the Quene's maiesties noble progenytors, with all shoppes, cellers, warehowses, sollers, casements, commodytyes and appertenances whatsoever to the saide mesuage or howse belongyng or in any wyse apperteynyng, sytuat, lying and beyng in the borough of Boston aforesaide, now or late in the occupacon of Henry Hoode — to haue and to holde all the saide mesuage or howse, and other the premysses with thappertenaunces vnto the foresaide Alexander Skynner, his executors and assignes from the feaste of the natyvytie of St. John Baptist next comyng after the date hearof vnto thende and terme of twentye and one yeres then next ensuying and fully to be complete and ended, yelding and payeng thearfore yerely vnto the saide alderman and socyetye and to theyr successors, alderman and socyetye of the saide Stylyarde in London for the tyme beyng or to one of them or to theyr certeyne assigne, the some of fortye shillings of lawfull monye of Englonde wythin their sayde mansyonhowse of the Styllyarde in London as the feaste of the natyvytye of sainete John Baptist aforesaide at one whole and entyre payement yerely to be payed. And the saide Alexander Skynner for him, his executors and assignes couenaunteth and graunteth to and with the sayde alderman and socyetye, theyr successors and assignes by these presents, that he, the sayde Alexander, his executors and assignes, in and by all parts and thinges shall repayre and make the saide howse or mesuage with thappertenances (the wharf only excepted) tenantable in flowryng with borde all the seuerall hall and chambers, and in making all and singuler the dores, lockes, kayes, wyndows and in tylyng and all other reparacons agaynste wynde and rayne to make it defensyble, and the wyndows of the hall, parlours and three chambers shall do to be glased before the feaste of the natyvytie of St. John Baptist next comyng after this date, at the proper costes and charges of the same Alexander, his executors or assignes; and the same howse so well and suffyciently tyled, borded, flowred, repayred, sustayned, glased and amended, as before ys sayde, shall also from tyme to tyme in the same good and suffycient reparacons kepe and maynetayne duryng the saide terme; and by all the saide twenty and one yeres shall not onely cause to be contynually enhabyted and dwelled in by an honest howseholder, but also in thende of the saide terme shall yelde and render up to the sayde alderman and socyetye, their successors and assignes, in suffycient repayre, wyndethight and waterthight, as aforesayde, the said mesuage with thappertenances. For and towardes the which reparacons and charges in bording, flowring, glasing and repayring, as sone as the same in all presents shall appere to be donne and fynyshed before the feaste of mydsomer next, as before ys sayed, the saide alderman and socyetye for them, their successors and assignes couenaunte and graunte by this indenture well and truely to content and paye or cause to be contented and payed vnto the sayde Alexander, his executors or assignes the some of eight poundes, thurtene shillinges and foure pence of lawfull mony of Englonde at the sayde feaste of the natyvytie of St. John Baptiste next comyng wythowte delaye. And if yt happen, the saide yerely rent of fortye shillinges to be behinde vnpayed, in parte and in all, ouer or after any terme of payement hereof, wherin, as it is afore saide, yt ought to be payed, by the space of one moneth, or yf the sayde suffycyent reparacyons (after the same is once repayred and made tenauntable) be by the sayde Alexander Skynner omytted and lefte vndonne, after falte founde by the sayde Alderman, society or theyr successors or assignes and warnyng geuen for thamendement and repayre of the same fault, within one moneth next after the same warnyng, whensoever any suche neede shall requyre, that then in eyther of the said cases and at all tymes then after yt shall be lawfull vnto the sayde Alderman and socyetye and theyr successors for the tyme beyng or to theyr certeyne assigne in all the foresaid mesuage and other the premysses with thappurtenaunces aboue demysed wholly to reenter and the same to haue agayne, retayne and repossede, and the saide Alexander Skynner, his executors and assignes therof and therfro vtterly to expell, put oute and amoue, this indenture to the contrary in any wyse notwythstanding. And yt shall be lawfull to the saide Alderman and socyetye, their successors or certeyne assigne at all tymes once a yere during the sayde terme at theyr lybertye and pleasure to come and enter into the saide mesuage or tenement and other the premysses aboue letten with the appurtenances and every parte or parcell thearof, theare to vew and serche, what reparacyons shalbe neadefull to be made and donne. Prouyded allwayes and yt ys agreed betwene the sayde partyes, that is to saye the foresayde Alexander Skynner, for him, his executors and assignes convenaunteth and graunteth by these presents, that every suche personne and personnes, as are or hearafter shal be free of the saide howse of the Stylyarde, resortyng vnto the sayde mesuage shall, vppon three moneths warnyng, haue reserued and assigned vnto him or them within the sayde mesuage and the scyte thearof twoo chamberromes and twoo warehowses all the whyle of his or theyr abode theare from tyme to tyme during the sayde tearme uppon reasonable rente to be payed thearfore to the sayde Alexander and his assignes after the rate of the sayde rent yerely. And the foresayd Alderman and socyetye for them and theyr successors convenaunten and graunten by these presents, that the sayde Alexander Skynner, his executors and assignes all the foresaide mesuage and other the premysses aboue demysed with thappertenances for the yerely rent aforesaide in manner and fourme aboue declared shall quyetly and peaceably haue, holde and enjoye duryng all the foresayde tearme of one and twentye yeres by these presents. In wytnes wheareof to thone parte of this indenture, remayning with the sayde Alexander, the sayd Alderman and socyetye theyr common seale haue putte, and to thother parte of this indenture, remaynyng with the sayde Alderman and socyetye, the sayde Alexander hath putte his seale. Youen the daye and yere fyrst aboue wrytten.

Per me Mauricius Zimmerman, Alderman.

Sealed, subscribed and delyuered in the presence of me Thomas Stapelton, seruant to Thomas Wytton. NB. These wordes: "the wharf onlie excepted" weare enterlyned in the XVIth lyne by thassent of bothe the said parties before the resealing hereof.

Auf angeheftetem Papier: Decimo die Aprilis 1567. I Henry Beare of Hull merchant, do promys to paye vnto Alexander Skynner, one of the custumers of Boston all such money as he, the saide Alexander at request of Mr. Alderman and company of the Styllyard of London shall deburse and lay out vpon the reparacions and amendments of the *Styllyard wharffe in Boston*, eyther for tymber, hard wood, iron, plankes, cariage, workmanship or for any other necessary and nedfull provysion to be employed vpon or about the same. And the same money do bynde me to repay vnto the saide Alexander, as sune as it shall appere by his accompt and reconing in wryting to be sent to me to Hull, that he hath layd it out for the charge of the same wharff without delay, the same Alexander within his said accompt charging himself to such soms of money, as vnder his own handwryting shall appere to be by him receyued.

Per me Hennrych Beygerr vann Danczick.

Rückseite dieses Blattes: Witnes that I Alexander Skynner have at sondry tymes bestowed upon the new buylding of the said Styllyerd Wharffe in Boston within the yeres 1567 and 1568 upon a warraunt to me dyrected by the Alderman of the Styllyerd of London for the debursement of the same; the particulars wherof appere under my hande delyuered to thalderman aforesaid and also in my long boke within my study: the hole some of LXVIII lib. IX shill. IIII pence. The which some I, the said Alexander, haue received as followeth. Videlicet: of Henry Beare by mine acquitaunce XI. Aprilis 1567 VIII lib.; of John Lauam, which upon my letter Henry Beare payed for the said

John to Mr. Parker of Hull XXIX. Aprilis 1567 XIII lib. VI sh. VIII pence; of Mr. Mauryce Tymmerman, Alderman, by myne acquitaunce in London 15. Junii 1567 XX lib. Of the saide Henry Beare by thordre of Mr. Peacock by myne acquitaunce 24. Junii 1568 VIII lib. XIII shill. IIII pence. Of the saide Alderman by thordre of Symon Martyn upon myne acquitaunce XV. November 1568 XV. lib. and of the same Alderman in full payment, when I delyuered vp my boke of partyculars in London LXIX sh. IIII pence. In all as before LXVIII £ IV sh. IIII d. Alex. Skynner.

Auf der Rückseite: The Styllyarde in Boston graunted to Alexander Skynner for XXI years at XL schillinges per annum.

Is surrendered againe the XXIIII of June 1575.

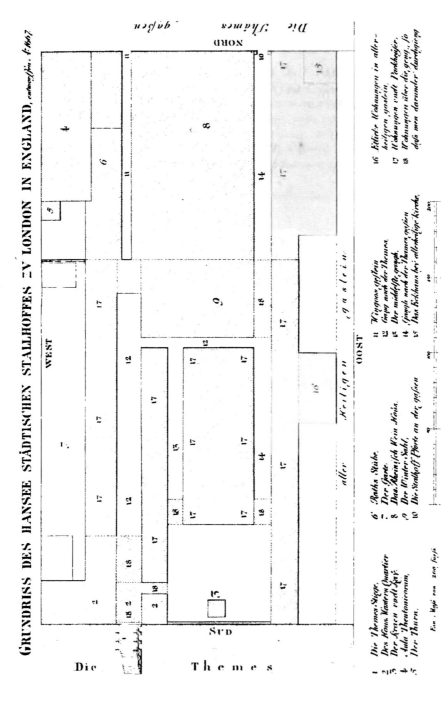

Grundriss des Hansee Städtischen Stallhoffes zv London in England, entworffen. A: 1667

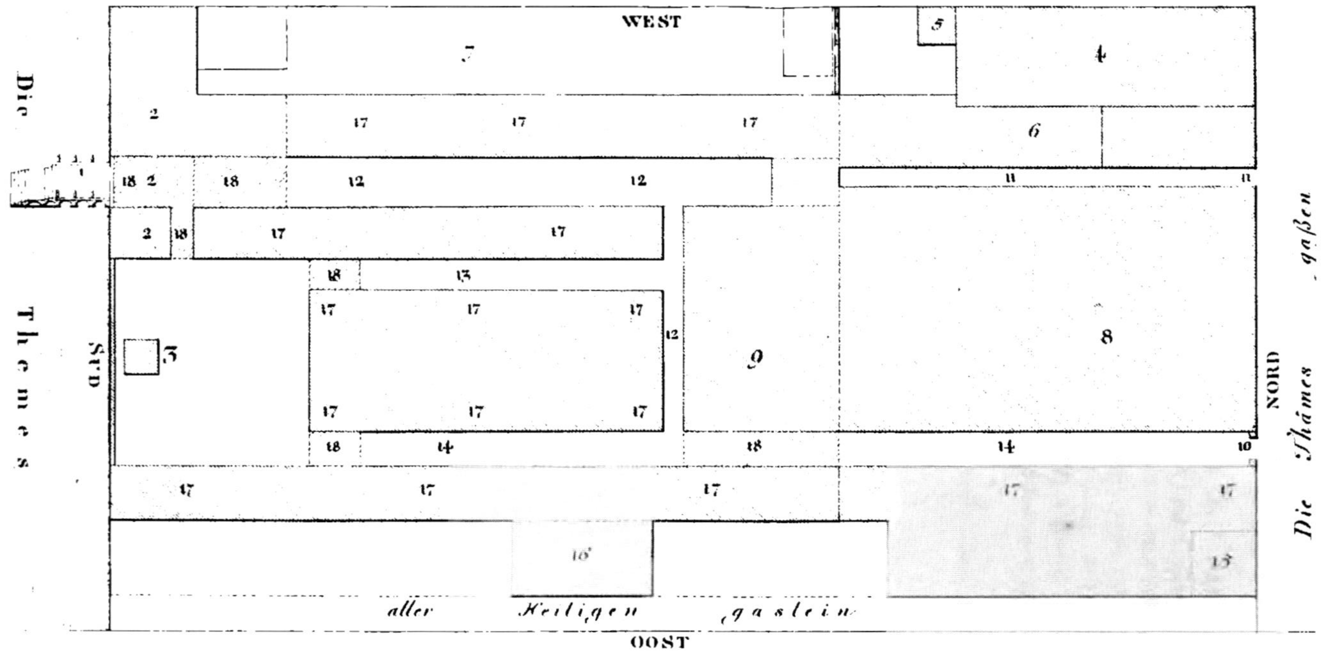

1 Die Themes Stiege,
2 Des Hous. Masters Quartier
3 Der Kraen vndt Kay.
4 Aula Theutonicorum,
5 Der Thurn,
6 Raths Stübe,
7 Der Garte.
8 Das Rheinisch Wein Hous.
9 Der Winter Sahl,
10 Die Stalhoff Pforte an der gaßen
11 Wingoos geßlein
12 Gang nach der Themes,
13 Der middelste gangh,
14 Gangh nach der Thames gaßen
15 Das Eckhaus bey allerheilige kirche,
16 Etliche Wohnungen in allerheiligen gaslein,
17 Wohnungen vndt Packheijser,
18 Wohnungen über die geng., so daß men darunder durchgieng

Ein Maß von 200 füeß

nach einem Kupferstich v. Wentzel Höllar von Prag cop. v. Lint G.

III.

DER STAHLHOF zu LONDON 1797.

A.C. Wohnhaus des Herrn Pearson
B. Wirthshaus des J. Barker
D. Wohnhaus des W. Bampton
E. Wohnhaus des Edw. Eames
F. Speicher an Street u. Harper
G. Haupthaus Bureau an der Werfte
H. Pförtners Wohnung
I. Comptoir
K. Kutscherraum, jetzt Packraum.

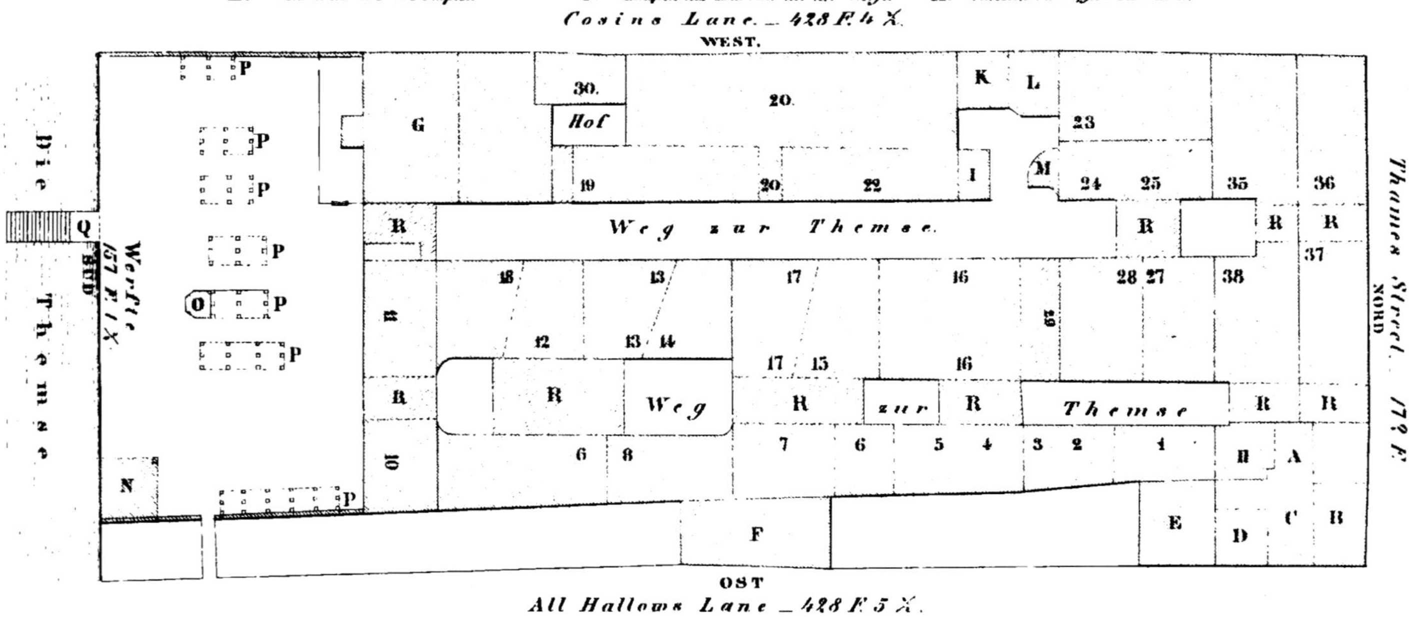

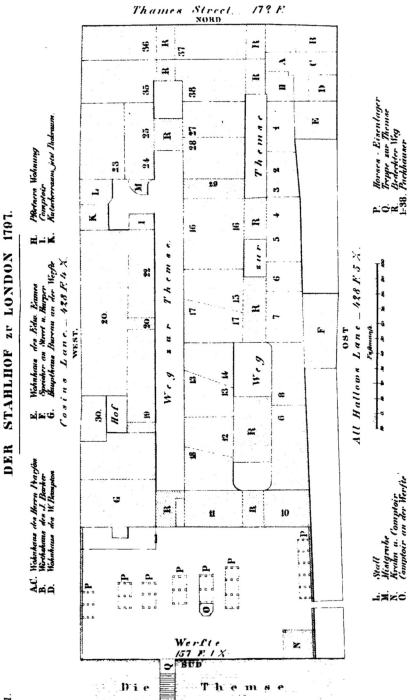

L. Stall
M. Mistgrube
N. Krahn u. Comptoir
O. Comptoir an der Werfte
P. Horses - Eisenlager
Q. Treppe zur Themse
R. Bedeckter Weg
1-38. Packhäuser